陶飞亚

〔美〕魏克利（Philip Lauri Wickeri）

主编

中国基督宗教史【635-1949】

一种跨文化视野

HISTORY OF
CHRISTIANITY IN CHINA
(635-1949)

AN INTER-CULTURAL
PERSPECTIVE

社会科学文献出版社
SOCIAL SCIENCES ACADEMIC PRESS (CHINA)

大秦景教流行中国碑

1892年夏厦门长老会聚会的本地传道人和传教士（美国南加州大学数字图书馆藏）

1898年圣约翰学堂的军乐鼓手（上海图书馆藏）

1900 年手持大刀的义和团战士（英国伦敦会档案，伦敦大学亚非学院图书馆藏）

NEW AMBULANCE OF ST. LUKE'S HOSPITAL, SHANGHAI.

上海圣路加医院的新式救护车（《教务杂志》1905 年 5 月号）

DR. GRIFFITH JOHN.

REV. J. HUDSON TAYLOR.　　　　DR. W. A. P. MARTIN.

左起戴德生牧师、杨格非牧师、丁韪良牧师（《教务杂志》1905 年 8 月号）

DR. CHRISTIE, NATIVE ASSISTANTS, AND SOME CONVALESCENT WOUNDED, IN THE MOUKDEN HOSPITAL.

司督阁医生、中国助手与康复中的病患于沈阳医院（《教务杂志》1906 年 1 月号）

中国圣教书会董事会（《教务杂志》1906 年 3 月号）

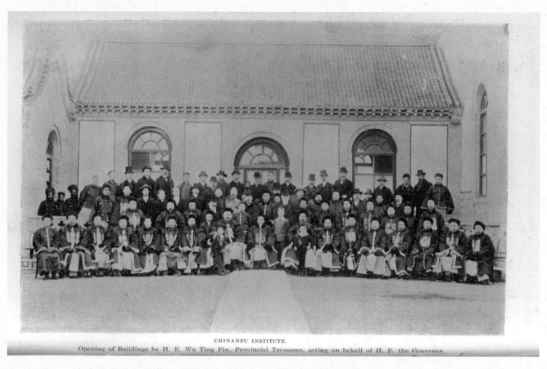

CHINANFU INSTITUTE.
Opening of Buildings by H. E. Wu Ting Pin, Provincial Treasurer, acting on behalf of H. E. the Governor.

济南广智院开业典礼省财政官员等出席照片（《教务杂志》1907 年 10 月号）

THE WEST CHINA MISSIONARY CONFERENCE AT CH'ENGTU.

成都华西传教士大会的照片（《教务杂志》1908 年 4 月号）

1910年冬江苏海州，身穿当地服装的传教士儿童（美国南加州大学数字图书馆藏）

1929年福建泉州，培英青年会理事部全体摄影（长老会／中国宣教史数字档案藏）

CENTENARY CELEBRATION, AMERICAN BIBLE SOCIETY, TSINAN, SHANTUNG.
See article, "A Century of Bible Work in China."

美国圣经公会来华百年庆祝大会代表在济南的合影（《教务杂志》1934 年 3 月号）

DELEGATES TO CONFERENCE ON CHURCH UNITY.
(Shanghai, January 23-24, 1935)
Standing
L. D. Cio—W. P. W. Williams—C. W. Sheppard—Y. Y. Tsu—J. W. Cline—M. H. Throop—Alfred Chow
J. G. Bird..........K. E. Zi......Y. C. Hsu—J. C. Magee......C. Lacy......John Hind—G. F. S. Gray
Sitting
T. A. Scott—T. K. Shen—Handel Lee—C. L. Boynton—T. T. Lew
F. Rawlinson...L. C. Hylbert...T. T. Yui.....T. C. Bau......R. Kepler.

1935 年 1 月中国基督教合一运动大会全体代表照片（《教务杂志》1935 年 2 月号）

INTERDENOMINATIONAL INSTITUTE FOR CHRISTIAN MINISTERS, July 1936
KULING, KIANGSI

1936 年 7 月 8 日中华基督教会传道人员进修会照片（《教务杂志》1936 年 9 月号）

1936 年 10 月 13-18 日浸信会来华百年大会照片（《教务杂志》1936 年 12 月号彩插）

BAPTIST VETERANS

(See opposite page)

中国和外籍百年浸会资深成员的照片（《教务杂志》1936 年 12 月号）

注：出席 1936 年 10 月 13-18 日在广州召开的浸会入华百年大会的 11 位中外资深教会代表，
均在教会服务 45 年以上。

Missionnaires Franciscains (Chefoo - Chine)

方济各会传教士于中国烟台，约 1920-1940 年（美国南加州大学数字图书馆藏）

1949 年，桂林的玛利诺修女正在检查婴儿的眼睛（美国南加州大学数字图书馆藏）

1949 年 8 月，吴贻芳参观金陵大学纪念陶行知展览（美国南加州大学数字图书馆藏）

吴耀宗（美国南加州大学数字图书馆藏）

辅仁大学女部图书馆（*Catalogue of the Catholic University of Peking, 1936-1937* 插图）

陆鸿年绘《圣母领报》（美国波士顿学院利玛窦中西文化历史研究所藏）

陆鸿年绘《圣母领报》（美国波士顿学院利玛窦中西文化历史研究所藏）

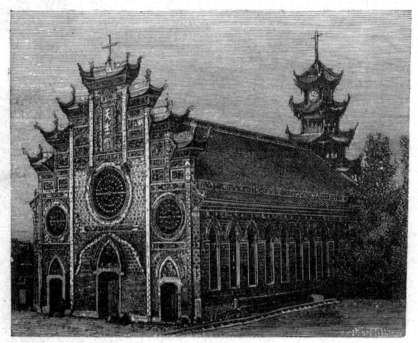

KOUY-TCHÉOU. — Église Saint-Joseph, à Kouy-yang ;
d'après une photographie.

清同治光绪年间重建的贵阳圣若瑟堂

民国时期天主教本地化的成果之一：开封大修院（赵水泉神父提供）

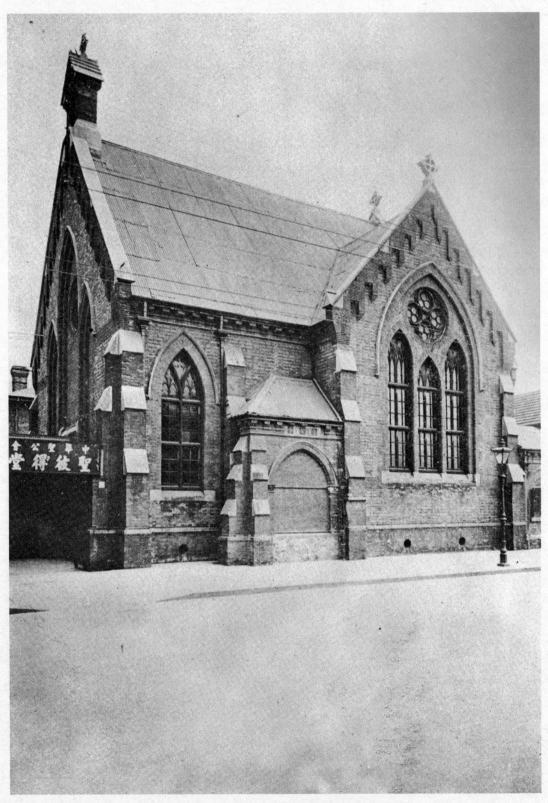

上海圣彼得堂（建于 1857 年）（香港圣公会档案馆藏）

◆ 〔美〕魏克利

香港圣公会大主教神学及历史研究顾问，香港大学出版社"圣公会：在华圣公宗历史研究系列丛书"总编辑，研究兴趣为东亚基督教史及跨文化神学。近著包括《尔国临格：港澳及内地圣公宗图片史》（合著；香港，2019）、《办好教会：丁光训与他的时代》（Orbis，2007；中文版，香港，2023）。撰写及编辑中英文著作逾十本，另发表有上百篇中英文论文。

◆ 陶飞亚

香港中文大学哲学博士，上海大学历史系教授，担任过上海市历史学会副会长及秘书长，上海市宗教学会副会长，《宗教与历史》集刊主编。多年研究基督教与中国社会相遇后的历史与变迁，亦对近代中西文化关系有研究兴趣。著有《边缘的历史：基督教与近代中国》（2005）、《中国的基督教乌托邦：以民国时期耶稣家庭为例》（2012）等8部著作，发表《共产国际代表与中国非基督教运动》（2003）、《传教士中医观的变迁》（2010）、《晚清国家基督教治理中的官教关系》（第一作者，2016）等中英文论文70多篇。编辑《汉语基督教珍稀文献丛刊》（2017）等文献集及论文集8部。

◆ 陈铃

上海大学历史学博士，杭州电子科技大学马克思主义学院副教授，主要研究方向为基督教与中国政治关系。发表的主要论文有《1950 年周恩来关于基督教问题谈话新证》（2016）、《去留之际：美国新教在华传教士对国共内战的因应》（2017）。出版学术专著《落幕：美国新教在华传教事业的终结（1945—1952）》（2023）。

◆ 陈睿文

香港中文大学宗教研究哲学博士，香港圣公会研究员，主要研究领域为中国基督教史。近著包括 *Fragrant Flowers Bloom*：*T. C. Chao*，*Bliss Wiant and the Contextualization of Hymns in Twentieth Century*（Leipzig，2015），*A Short Biography of Bishop John Shaw Burdon*（Hong Kong，2018），*Thy Kingdom Come*：*A Photographic History of Anglicanism in Hong Kong*，*Macau and Mainland China*（合著；香港，2019）等。奥地利维也纳国立音乐与表演艺术大学访问学人（2013，2023）。

◆ 陈永涛

赫尔辛基大学神学博士，金陵协和神学院基督教神学教授，著有《赵紫宸的中国基督论》（Brill，2016）。对 20 世纪中国基督教神学、基督与文化、基督教与中国文化、基督教中国化等有一定研究，发表中英文论文数十篇及译作数篇。

◆ 胡卫清

华东师范大学历史学博士，山东大学历史文化学院教授，中国义和团研究会副会长。研究方向为中国基督教史、近代中西文化交流史。著有《普遍主义的挑战：近代中国基督教教育研究（1877—1927）》（2000）、《从教育到福音》（2006）、《苦难与信仰：近代潮汕基督徒的宗教经验》（2013），发表学术论文 60 余篇。

◆ 李强

上海大学历史学博士，上海社会科学院宗教研究所助理研究员，研究方向集中于中国天主教史、近代耶稣会在华史及基督宗教与近代中国社会文化等领域。代表成果有《金鲁贤早期（1926—1946 年）著述文献整理与研究》（2019）、《利玛窦与自鸣钟》（2022）、《儒耶对话：晚清江南中国耶稣会士群体的发展与影响（1842—1912）》（*Journal of Jesuit Studies*，第一作者，2023）等。

◆ 刘国鹏

意大利米兰圣心天主教大学天主教会史方向博士，研究员；中国社会科学院世界宗教研究所基督教研究室主任、中国社会科学院基督教研究中心副主任；中国宗教学会理事；《基督宗教研究》（CSSCI）执行主编；"知止"中外经典读书会召集人。研究领域为现当代天主教会史、比较宗教学、中西文化比较等。出版学术著作有《刚恒毅与中国天主教的本地化》（2011）、《夹缝与挑战：时代语境下的中国天主教会》（全三册，2021）、《中国化与大公性双重张力下的中国天主教会》（2023）等。

◆ 刘家峰

华中师范大学历史学博士，山东大学历史文化学院教授，兼任中国义和团研究会秘书长。著有《福音与犁：美国在华农业传教士研究》《中国基督教乡村建设运动研究（1907—1950）》，主编《离异与融会：中国基督徒与本色教会的兴起》等。

◆ 舒健

南京大学历史学博士，上海大学历史系副教授。聚焦中外关系交流史和韩国近现代基督教史研究，著有《韩国现存元史相关文献资料的整理与研究》，主编《宗教与历史》（第三辑）、《大数据时代的历史研究》、《医疗社会史研究》（第九辑），发表论文 20 余篇。

◆ **王成勉**

美国亚利桑那大学东亚研究博士。2018 年自"中央"大学历史研究所特聘教授之职退休。主要研究领域为基督教在华史、中美外交史、明清转接史。先后专著与编辑 20 余部作品，包括 *The Life and Career of Hung Ch'eng-ch'ou（1593－1665）：Public Service in a Time of Dynastic Change*（AAS monograph，1999），*Contextualization of Christianity in China：An Evaluation in Modern Perspective*（Monumenta Serica Institute，2007），《百年钩沉——二十世纪基督教在华史研究》（2023）。

◆ **王皓**

复旦大学历史学博士，上海大学历史系副教授。主要研究方向为中西文化交流史、中国基督教史、近代中国学术史等。代表性论文有《陈垣史学与教会因缘》（2017）、《陈垣的基督教华化思想发微》（2019）、《试释陈垣与梁启超论辩玄奘年代及相关之问题》（2022）等。

◆ **吴义雄**

中山大学历史系教授，研究方向为近代中外关系史、中西文化交流史等。著有《在宗教与世俗之间——基督教新教传教士在华南沿海的早期活动研究》（2000）、《条约口岸体制的酝酿——19 世纪 30 年代中英关系研究》（2009）等 5 部著作，发表论文 70 余篇。

◆ **肖清和**

北京大学—香港中文大学联合培养哲学博士，北京大学哲学系长聘副教授，上海大学历史系兼职教授。著有《"天会"与"吾党"：明末清初天主教徒群体研究》（2015）、《天儒同异：清初儒家基督徒研究》（2019）等。

◆ **肖玉秋**

南开大学历史学博士，南开大学世界近现代史研究中心教授，南开大学历史学院教授，博士生导师。著有《俄国传教团与清代中俄文化交流》（2009）、《中俄文化交流史》（2018，主编、第一作者），译有《东正教在华两百年史》（2007，合译），发表论文 50 余篇。主持国家社科基金项目"清代俄国东正教驻北京传教士团文化功能研究"，担任国家社科基金重大项目"俄罗斯版《中国通史》翻译与研究"子课题负责人。

◆ 杨卫华

香港中文大学历史学博士，上海大学历史系教授，博士生导师。主要研究领域为近代中西文化交流史、中国基督教史。曾主持国家社会科学基金项目等多项。在《近代史研究》《世界宗教研究》《道风：基督教文化评论》等发表论文 30 多篇，合作编著有《基督教与中国社会研究入门》《汉语文献与中国基督教研究》等。

◆ 赵晓阳

中国人民大学历史学博士，中国社会科学院近代史研究所研究员。著有《基督教青年会在中国：本土和现代的探索》（2008）、《当代中国基督宗教史研究》（2016）、《域外资源与晚清语言运动：以〈圣经〉中译本为中心》（2019），译著《革命之火的洗礼：美国社会福音和中国基督教青年会（1919—1937）》等 4 部，主编中国近代思想家文库的《吴耀宗卷》《赵紫宸卷》等。

◆ 周萍萍

南京大学历史学博士，清华大学哲学系博士后，同济大学人文学院教授。主要研究方向为中西文化交流史、中国教会史等。著有《十七、十八世纪天主教在江南的传播》（2007）、《英敛之评传》（2019）等，在国内外学术期刊发表论文30 余篇。

◆ 周伟驰

北京大学哲学博士，中国社会科学院世界宗教研究所研究员、基督教研究中心研究员。著有《记忆与光照——奥古斯丁神哲学研究》（2001）、《奥古斯丁的基督教思想》（2005）、《太平天国与启示录》（2013），译有奥古斯丁《论三位一体》《论原罪与恩典》、莫尔特曼《三一与上帝国》等名著。

◆ 朱东华

北京大学哲学博士，清华大学人文学院教授，清华大学景教与中国宗教研究中心主任。主要研究领域为宗教现象学、唐元景教以及原始基督宗教研究（尤其是叙利亚教父研究）。著有《从"神圣"到"努秘"——鲁道夫·奥托的宗教现象学抉微》（2007）、《宗教学学术史问题研究》（2016）、《唐元景教综合研究》（待出版）。

| 引 言 |

　　本书是中西学者合作撰写中国基督宗教史的一次尝试，希望借鉴、融合过往 30 年所涌现之中西研究方式及研究成果，做出新的探索和叙述。

　　本书阅读的对象为一般读者及具研究生水平者，其目的是呈现一部准确、可读，且具有跨学科视角的中国基督宗教史读本，以帮助他们更好地了解这段历史。

跨文化视角：中国基督宗教史书写的新探索

　　基督宗教在唐代进入中国之前，中国并不是宗教的真空。本土生成的儒教、道教和正在中国化的佛教，逐渐形成儒释道三教与民间信仰共同主宰中国人精神世界的局面。① 在基督宗教东来之前，中国已经经历了印度佛教在中国跨文化传播的机遇和挑战，中国人对外来的宗教现象并不完全陌生。②

　　但与上述宗教不同的是，世界基督宗教的传教运动带给了中国史无前例的一神宗教，它把自己的普世传播看成一种使命。世界基督宗教传教引起的隐修运动（313—907）、托钵运动（1000—1453）等均带动了基督宗教在华的传播。在发现时代（1492—1773）、进步时代（1792—1914）及迄今的岁月中，基督宗教先后以先知、精神导师、教化者、福音传布者及与征服者同来的宗教家的身份，一次

① 关于儒教的提法，较早出自任继愈先生。详见李申《中国儒教史》，上海人民出版社，2000。
② 参见牟钟鉴、张践《中国宗教通史》，社会科学文献出版社，2003；David A. Palmer, Glenn Shive, Philip L. Wickeri eds., *Chinese Religious Life*，Oxford：Oxford University Press, 2011。

次搅动了中国人的精神世界。德尔图良（Tertullian，155—240）、奥古斯丁（Augustine，354—430）以律法为主旨的传统保守神学思想，奥利金（Origen，184—253）以真理为标准的自由派神学思想，以及伊里奈乌（Irenaeus，130—202）以历史为主旨的神学思想的诞生，成为向中国传播基督教的动机。

另一个不同是，佛教是中国人主动向外求取的，基督宗教则是不请自来的。当唐僧玄奘（602—664）在赴印度取经（628~645）路上奔波时，基督宗教正沿着连接欧亚大陆的古丝绸之路来到中国。景教传教士波斯人阿罗本及其同行者经过长途跋涉后终在635年抵达唐代都城长安，开始了基督宗教在中国最早的传播活动。13世纪，景教传教士和罗马天主教传教士依然沿着丝绸之路到元朝开拓传教。不过，经由中东和欧亚大陆而来的景教和天主教都像点亮过夜空的闪电一样在历史的长河中消失得无影无踪，直到明朝末年景教碑出土才重新唤起了人们的记忆。基督宗教继续东来：大航海时代的商船把从利玛窦开始的意大利、法国、葡萄牙、西班牙等国的天主教传教士，以及后来以马礼逊为首的西欧、北美的新教传教士络绎不绝地送达中国，开始了天主教和新教在中国一波三折但再无中断的传播，对远来宗教的猜疑及对西方侵略中国的担忧，令早期传教事业不时伴随腥风血雨。当王朝时代化作历史，天主教和新教已经在中国扎下根来，自民国起便成为得到法律承认的合法宗教。如此不同的基督宗教也成为中华文化的新成员，确实是值得探索的世界宗教文化现象。

因此，相应的历史书写自然不曾间断。中国人在治史这一点上具有悠久的传统，但就基督宗教的研究而言则是始于欧洲，因基督宗教本身即是欧洲文化的一部分，且帮助塑造了欧洲文明。启蒙运动前，西方基督宗教的历史以教义史或宗教史的形式书写，以服务教会的旨趣及意图。自16世纪起，基督宗教便暴露在理性批判的光芒之下，以更为客观的方式被人研究。斯宾诺莎（Spinoza，1632—1677）、莱布尼茨（Leibniz，1646—1716）、伏尔泰（Voltaire，1694—1778）、康德（Kant，1724—1804）、黑格尔（Hegel，1770—1831）、马克思（Marx，1818—1883）、恩格斯（Engels，1820—1895）、哈纳克（Harnack，1851—1930）、特洛奇（Troeltsch，1865—1923）等均将基督宗教置于历史的审视之下。正因为这批人及其后继者，西方的基督宗教研究得以被更好地理解，且被视作西方历史的一部分，与其他社会现象、宗教文化理念置于同一标准及评断之下。

与此同时，在华基督宗教历史首先被西方罗马天主教及新教传教士研究，其将中国视为差传历史的一部分，且倾向于赋予其理想化的外观。就正统西方学界对在华基督宗教史的研究而言，主要经历了从传教史模式、"冲击—回应"模式、"传统—现代"模式及至中国中心史观的转变;① 就汉语学界而言,则经历了文化侵略范式、中西文化交流范式、现代化范式至全球地域化范式等的转变。②中国、日本及西方的学者亦运用后启蒙运动历史学家的见解,对在华基督宗教史发展出客观的视角,使过往四十年间,人们对基督宗教在中国历史上的性质及发展有了较为深刻的认识。

相较上述研究成果,本书希望提出一个新的审视中国基督教宗史之方法,即跨文化研究视角。在历史研究中,"intercultural"一词直指不同文化间互动的一种必然性。这是一个描述性的术语,而非一个惯例性术语。任何宗教,当其进入一个新的历史语境时都会带有一种跨文化成分,因为宗教乃是镶嵌在文化之中的。宗教的跨文化面相,可能是有意识或无意识的,可能是被强加的,也可能是被共享的。跨文化现象,使学者必须将对文化的"传递"(sending)及"接收"(receiving)纳入宗教历史分析。跨文化的过程包括传播、接收和运用,但"传递"与"接收"的程度从此时期至彼时期、从此团体至彼团体,都有很大变化,当然有时也会存在某种相同。

在中国基督教宗史的发展过程中,上述提到的文化侵略、文化交流、"福音传道",以及基督教的社会服务、教育、本色化、处境化等,都是跨文化的过程。而中国化(sinicization)一词,更暗示出基督宗教在中国历史发展中的一种跨文化面

① 其中,传教史模式强调通过传教差会实现基督教的传播。西方是中心,中国是外围;传教士是主要参与者,中国人则是助手及皈依者。这一范式的代表作参 Kenneth S. Latourette, *A History of Christian Missions in China*, London: Society for Promoting Christian Knowledge, 1929。"冲击—回应"模式由费正清(John King Fairbank)倡导,就中国基督宗教发展而言,视传教士及其在华活动为西方冲击中国的重要载体,在使中国走向衰落的同时,也帮助其走向近代。列文森(Joseph Richmond Levenson)的"传统—现代"模式则将传教士视为中国现代性的先驱,视其所带来的西学是中国摆脱传统走向现代的重要力量。这两种模式的代表作参 John King Fairbank, ed., *The Missionary Enterprise in China and America*, Cambridge: Harvard University Press, 1974。美国学界从自 1980 年代开始向"中国中心史观"转变,视基督教发展为中国历史的一部分,而非西方的宗教。此范式强调中国基督教的本色化、处境化,代表作参 Daniel H. Bays, *A New History of Christianity in China*, Chichester, West Sussex; Malden, MA: Wiley-Blackwell, 2012; Daniel H. Bays, ed., *Christianity in China: from the Eighteenth Century to the Present*, Stanford, Calif.: Stanford University Press, 1996。

② 文化侵略范式作为一种价值判断,是国内 1949 年至 1980 年代中国基督教研究的主要取向,代表作参顾长声《传教士与近代中国》(上海人民出版社,1981)。中西文化交流范式则将基督教在华事业视作中西两大文化传统的相遇。这一范式西方也运用,如 Nicolas Standaert, *The Interweaving of Rituals: Funerals in the Cultural Exchange between China and Europe*, Seattle: University of Washington Press, 2008。现代化范式语境下的中国基督教史研究强调传教士及传教活动推进了中国在教育、医疗、科技、政治等方面的现代化转型。代表作如王立新《美国传教士与晚清中国现代化:近代基督新教传教士在华社会、文化与教育活动研究》(天津人民出版社,1997)。全球地域化范式既关注中国基督宗教的全球化视野,亦关注其地域性关怀,同时讲求全球化与地域化的相互流动向度,可参吴梓明《全球地域化:中国教会大学史研究的新视角》,《历史研究》2007 年第 1 期。

相。同时跨文化的方法也包含三方面：一是要在更为平等和磨合的文化视角下处理不同宗教文化的"传递"与"接收"；[①] 二是要在同样的视角下描述这个过程中"传递者"和"接收者"的活动，以及彼此间的相互影响；三是要考虑国家与国际政治对基督宗教跨文化进程的影响。

因此，当 21 世纪的今天在跨文化的视角下回望基督宗教自西徂东的历史时便会发现，两种宗教文化（西方的和中国的）在中国社会经历了漫长的、趋向平等的过程，这一磨合过程的结果就是基督教在思想、制度、形象等方面的中国化。解读这种具有跨文化特质的基督宗教中国化历史现象，将是本书所期望的，即对中国基督宗教历史诠释做出的新探索。

本书架构及内容

本书分为编年史和专题史两篇，这种架构是和本书跨义化的视角联系在一起的。编年史部分的目的，是要在历史脉络中观察是哪些中外人士、通过什么方法、经历了哪些事情把基督宗教传入了中国，并涉及中国社会及中国人的接收和反应问题。在编年史部分，起初关于"传递者"的书写多一些，但在民国之后"接收者"的作用逐渐彰显。在专题史部分中，除东正教一章外，更多是"接收者"的故事。这也符合在跨文化视角下，"传递者"和"接收者"影响力的消长最终成就了基督宗教的中国化。编年史的分期原则既考虑了政治统治的更迭，也结合了在华基督宗教自身发展的转折点。专题史部分则更多体现了世界基督教运动中的中国特色问题。

编年史部分共十章。

第一章"世界基督宗教的发展与衍变"，叙述了从耶稣降生、基督教萌芽、早期教会团体的出现、教会权威与《圣经》形成直到君士坦丁大帝与基督宗教合法化的历史，勾勒出基督教是植根于历史的宗教，但也受制于历史的力量。该章另外描述了中世纪既是基督教向欧洲、北非及其他地区蓬勃发展，修道院得到复兴，古典神学达到高峰的时期，也是天主教和东正教最终分裂的时期。其后，新教在 16 世纪的宗教改革中从天主教分裂出来，又形成了诸多的宗派，变成了一个分裂的基督宗教世界。同时，西方启蒙运动冲击了教会的权威，影响了社会的世俗化倾向。16 世纪起，现代传教运动勃兴，天主教及新教传教士先后进入中国，最终把中国卷入了世界基督教运动的浪潮。

---

① 关凯：《超越文明冲突论：跨文化视野的理论意义》，《澎湃新闻》·澎湃号·政务，2019-11-25。

1500 年以前在中国的基督宗教是第二章的主题。这一章先讨论了景教前身东叙利亚基督教（有时也称为聂斯托里教）的来龙去脉，景教在唐代传播盛况、景净的译经与贡献及景教在唐代衰落的由来。接着考察了蒙元时期景教和天主教的传播，以及这种机会性的传教为何来去匆匆无功而返。不过有趣的是，唐朝至元朝时期，基督宗教是一种跨文化的现象，它更为平等地采用中国本地文化的宗教语言来表达基督宗教的概念。

第三章讨论明末清初的基督宗教。从阐明明末清初天主教传教士入华多方面的背景着手，分别叙述了利玛窦时代、汤若望时代、南怀仁时代等耶稣会及其他修会传教士跨越明末清初的传教活动，中国基督徒群体的形成及其经历的反教运动。最后论述了明末清初的天主教文献和科学传播、当时天主教思想与群体活动，以及反教人士的猜疑。这两种都是以自己为中心的文化观念交锋的开始。

这种交锋的过程跌宕起伏，第四章就处理了礼仪之争与清前中期的天主教问题。它叙述了耶稣会通过效忠清廷获得保护的模式，及其争取到了康熙保护天主教的"容教令"，也论述了皇权保护终在礼仪之争为禁教令所取代，从而开启百年禁教的时代。但官方没能禁绝天主教，反而使其以"帝国潜流"的方式到民间社会发展，进一步促进了此时期天主教的本土化，使中国籍主教、神父、本土传道员及贞女的作用得以凸显。在这个上层教会受到压制的时期，底层教会发展出了耐人寻味的跨文化性。本章最后分析了当时的中西文化交流。

19 世纪初基督教传教史上划时代的大事是新教传教士来到中国。此后，我们将同时关注新教和天主教在中国的活动。第五章考察了鸦片战争前，新教传教士在中国沿海的传教活动及天主教转入底层社会后教区、教会的生存状态。在分析鸦片战争后不平等条约对传教活动的初步弛禁后，叙述了此后到第二次鸦片战争时期内新教在华南、华东沿海城市地区的开拓传教，以及天主教恢复发展及其内部的种种矛盾。最后叙述了两次鸦片战争之间官方与教会关系的变化。

第二次鸦片战争后在不平等条约庇护下，天主教在使中国人皈依方面取得进展，新教福音派的中华内地会专注劝人皈依，而新教中的社会福音派则积极引入现代教育、医疗及出版事业，参与晚清改良。这些内容都包括在第六章的第一部分中。本章还叙述了一批基督徒投身辛亥革命。就传教士向中国人教会转移权力而言，尽管新教传教士受到中国信徒的批评，但和天主教会的西人专权相比，已经不可同日而语。本章还指出，这一时期基督教会与清政府的关系在经历教案与义和团冲突后走向了务实合作。本章和第五章清楚呈现国家政治与国际关系的变迁对基督宗教跨文化传播进程的影响。

从清末民初到全面抗日战争爆发，中国的社会环境大变，基督宗教面临的新挑战和获得的新发展是接下来两章的主题。第七章论述了清末民初到七七事变前的新教。这是一个新的时期，民国约法提升了中国信徒的地位，在有利的社会氛围下中国新教运动的重心开始从传教士向中国人转移。新教运动有了新的方向。各种教会自立运动纷纷兴起，中国基督宗教精英崭露头角，新社团新刊物鼓吹教会改革，推动了新教各宗派教会合一运动的兴起，从中华续行委办会一直演变为中华基督教协进会。与此同时，基督教也面临反帝爱国运动的新挑战，甚至产生了神学思想的新分歧。

第八章转向叙述这一时期前后两个阶段在华天主教的演变。本章认为，这个时期一方面是天主教团体和教会事业的显著发展；另一方面是刚恒毅来华后大力推动的天主教"本地化"促进了天主教与中国社会、南京国民政府的良性互动，也进行了中梵建交的尝试。本章最后讨论了此阶段在华天主教神学、礼仪革新及宗教艺术成就。新教和天主教同在中国传播基督教，但在与中国社会的磨合方面差别一直是很明显的。

第九章关乎全面抗战时期的中国基督教会。从七七事变前中日新教徒的和平努力开始，阐述了战争给新教、天主教造成的影响及巨大的财产损失，以及新教、天主教在难民救济和战时服务上所做出的重要贡献。最后讨论了沦陷区、大后方及中共根据地新教教会和天主教会的处境与状况，描述了战争时期大部分传教国家成为中国抗战盟友，新教和天主教因同仇敌忾参与抗战的爱国行动，使基督宗教得到了中国人史无前例的认同。

第十章叙述了抗战胜利到新中国成立前夕，新教和天主教面临国共内战时期的挑战与选择。本章细描了抗战后两教克服复员的困难，从而使教会事业在许多方面得以恢复与发展。尽管战后美国教会在华影响上升，但新教主流教会革新派代表选择了向新政权靠拢，而天主教则被罗马教廷和教会亲蒋势力裹挟，站在了新政权的对立面，这些抉择为新教和天主教教会的未来命运准备了不同的条件。

专题史部分共八章，重点是在世界基督教史的视野下讨论中国基督教运动中本土特色的一些问题。

第十一章是关于基督宗教分支俄罗斯东正教在中国的历史。本章首先梳理了东正教入华、第一届俄国传教团来北京的历史，另阐述了这一传教团具有外交、商务和文化等多种功能的特点。其后论及俄国传教团在中国发展教徒对象的多次演变及最后退出中国的经过，亦讨论了俄国传教团在中国的翻译出版及办学活动。从跨文化视角看，俄罗斯东正教与欧美教会相比在华传教影响寥寥。

　　基督宗教与中国的现代化事业是第十二章的主题。本章从基督宗教的文字、教育、医疗、慈善四个方面叙述了新教、天主教在促进中国人认识、接受西方文明过程中所扮演的重要角色。另指出基督宗教培养了大量有用、有爱国心的人才，在推进中国社会现代性转型方面起到重要作用。同时本章也指出基督宗教在推进文化科教方面用非所长的局限性，并论证就基督教来华的主要目标而言，基督教跨文化传播中的附属事业，如教育、医疗等事业有点喧宾夺主分散了传教运动的资源和目标，故而在某种程度上影响了其来华传教运动的进展。

　　接下来几章，"传递者"的身影渐渐淡去，"接收者"的作用越发重要。第十三章论述的洪秀全是第一个不被传教士认同的"接收者"。本章梳理了洪秀全接触基督宗教，受千禧年主义影响并结合中国传统文化创造出的异化基督教神学，建立了政教合一的神权统治，后被清政府及洋人联合绞杀的历史。本章另从理论上指出，太平天国神学是千禧年主义的中国变体，天王原型来自《启示录》，天王也接受部分传教士的观点，即秦汉前中国人认识上帝，但在后世堕落迷失，因此自己才承担了下凡救世的任务，并形成了《天朝田亩制度》和《资政新篇》两种建国蓝图。本章从太平天国神学的视角诠释了这场运动的本质和特点。

　　第十四章集中讨论了 20 世纪上半叶中国基督宗教思想的发展，阐明了中国"接收者"在对传教士西方神学批评和扬弃中发展了中国的基督教宗教思想。而中国民族主义兴起则推动了新教的本色教会和天主教的中国化，出现了赵紫宸、马相伯等一批基督宗教思想家。他们在基督教与中国文化、基督宗教与救国、"道成肉身"基督论、信知行合一、宗教与伦理等问题上的中国化探索，对中国宗教思想的发展起到了筚路蓝缕的作用。

　　第十五章考察了中国的自立教会与本土教派。本章分析了中国基督徒自立思想对传教士三自思想的接续、突破及其原因，叙述了各种类型的自立教会和本土教会包括基督徒会堂和基督徒聚会处的来龙去脉。最后指出，近代中国主流教会的自立局限于堂会的自治自养，激进的独立教会在与原属母会的对抗中引入了外部权力，从而削弱了教会的独立性。本土教会在反抗西方教会宗派制度时都建立了中国传统的家长制模式，同时完全与教会历史和传统切割，往往陷入对《圣经》解释的随意性，也没有系统地培养教牧人才，某些教派的反文化倾向是其明显的局限。

　　第十三至十五章很能说明，在基督教思想的跨文化移植中，中国"接收者"与"传递者"的基督教思想会产生什么样的变异。

　　基督宗教在中国边疆少数民族"接收者"中的传播是第十六章的主题。本章勾勒出天主教及新教在中国东北、内蒙古、甘肃、新疆、广西、云南及西藏等地的传播情况，并对少数民族民众接受宗教的状况进行了探索。本章阐明与沿海沿江和中原地区相比，在边疆传教还要面对部分少数民族自身宗教信仰对基督教排斥的问题，故而更加困难，但一些具有民间信仰的少数民族"接收者"在工具理性的作用下则更容易接受基督教，并通过基督教与外界文明建立了此前没有的联系。

尽管女性发挥着重要作用，但其始终处于"隐身"和"失语"的状态。第十七章分别讨论了"接收者"天主教贞女和修女的背景及其从事的教会工作，以及"传递者"新教女传教士的地位及其传播基督教女性意识的内容和作用。本章亦通过一些具体的个案，论述了本土女信徒的成长，指出中国社会环境经常为女传教士提供较其母国更多的发展空间，并使其成为中国女信徒的榜样。最后，本章论证了基督宗教为中国女性地位变迁创造了条件和机会，成为中国社会转型的"边缘的贡献者"。

基督宗教与中国艺术的跨文化传播是第十八章的主题。本章在历史脉络中叙述了唐元时期景教不仅留下大秦景教碑、《棕枝主日》、十字架等文物，还催生了历代文人的诗作和志怪小说。明清时期天主教出版的撰译书籍及绘画、传教士带来的西洋乐器，以及耶稣会宫廷画家的创作已经成为珍贵文物。清中晚期，新教、天主教的教堂建筑艺术、绘画、赞美诗及文学艺术提升到新的水平。民国年间，在新教本色化和天主教中国化形势下，各种基督教艺术得到进一步发展，教会建筑发展出中西融汇的风格，中国知识分子基督徒在诗歌小说方面出现了一个繁荣期，甚至影响了鲁迅和其他作家的作品。

本书的讨论范围截至新中国成立这个历史转折点。在这之后，传教士全部退出中国，各种援助和控制一并消失，几乎一夜之间基督教进入中国人独立办教的新时代。本书在跨文化视野下讲述基督教的故事，有助于读者理解中国基督宗教的前世今生，也可以成为今后基督教中国化方向发展的借鉴。

背景知识、参考书目、照片及图片

在这样一部涉及基督宗教在中国漫长历史而又篇幅有限的著作中，要做到面面俱到是不可能的。因此，为了帮助读者理解基督宗教历史上一些特殊的宗教名词、重要的组织和事件，本书每章均针对上面提到的问题择选4~5个知识点加以专门解释。同时，结合各章内容，全书结尾处提供一些参考书目，以帮助有兴趣的读者进一步深入了解中国基督宗教的历史。

此外，每章分别选择了4~5幅照片或图片以辅助阅读。这些图像均展现了当年基督教在华活动的某些面相，例如基督教学校、医院、教堂，教会活动甚至全面抗战时期教会救助难民的视觉记忆，其中一些人物的肖像照片是首次被运用于这样的学术著作。有人说过照片是历史的眼睛，有时一张照片或图片对基督教历史的呈现可胜过千言万语。

在这样一部众人合作的著作中，肯定存在著作者在方法、思路、风格上的不同。本书由编年史和专题史两部分组成，尽管所有作者都围绕自己的主题撰写，但仍可能存在些交叉和重复。本书对基督宗教史的解读是作者们多年研究的结果，故而编者并不把自己的观点加诸各位作者。当然，本书不足之处编者与有责焉。

本书可以被视作 20 世纪以来基督教本色化研究的新发展，它当然没有也不可能囊括历经漫长的十几个世纪基督教中国化的故事。它所希望阐明的是：基督教中国化证明了中国不是一个封闭的国家，新的东西即便是与本土文化存在很大差异的基督教，也是能被吸收及演变为中国的基督教，从而成为中国历史和文化的一部分。本书希望能在这段中国历史研究方面有些许贡献。

编者

2023 年 10 月

| 致　谢 |

编撰这样一本书的构想始于 2012 年，正式开展则是从 2014 年起。两位编者就本书的构架、内容等分别在香港、上海两地进行了多次探讨，汲取了众多中国基督教史研究学者的建议，最终确立了本书的主题及内容，并于 2016 年及 2017 年分别在山东大学和上海大学召开了提纲讨论会，项目得以稳步推进。

本书 20 位作者分别来自纽约、北京、上海、广州、杭州、济南、天津、台北、香港。本书出版实有赖于他们多年的理解、支持及宝贵的合作精神。

上海大学文学院院长张勇安教授、爱德基金会（The Amity Foundation）丘仲辉理事长、亨利·路义思基金会（Henry Luce Foundation）亚洲部主任科兰达（Helena Kolenda）女士、亚洲基督教高等教育联合董事会主管黄慧贞教授分别为本项目提供了慷慨的经费资助，在此我们深表谢忱。

香港圣公会邝保罗大主教、香港圣公会历史档案研究委员会众委员对本书予以多次探讨及长期关注。我们同样感谢钟嘉文（Gareth Jones）院长与明华神学院对本项目的支持，以及美国加州伯克利太平洋教会神学院（Church Divinity School of the Pacific）和院长理查德森（Mark Richardson）在接收亨利·路义思基金会资助时给予的协作。

感谢本书评审专家卓新平、徐以骅、钟鸣旦（Nicolas Standaert）、段琦、李建欣及袁朝晖拨冗审读书稿，对本书的修改完善贡献良多。

我们还要衷心感谢社会科学文献出版社的大力支持，特别是本书责任编辑孙美子女士精心审阅全稿，帮助遴选插图，她提出的专业意见为本书增色不少。徐思彦编审是本书一些作者多年的朋友，谢谢她费心审阅本书文字。

本书的两位编者，一位来自纽约，一位来自上海。这两座城市都是国际大都市，也均为基督宗教发展的重镇，故而本书的开展可视作基督宗教历史研究方面中美人文交流合作的结果、友谊的象征。在这里再次向本书所有作者致以由衷的感谢，正是我们之间的紧密合作才成就了此书。

感谢上海图书馆、香港圣公会档案馆、美国南加州大学数字图书馆、美国波士顿学院利玛窦中西文化历史研究所、嘉诺撒仁爱女修会等机构以及一些朋友提供的图片和照片。这一类的视觉资料对理解本书的历史场景弥足珍贵。

最后，感谢上海大学研究生院的经费支持，使本书得以顺利付梓。

目录
CONTENTS

|第一篇|
编年史

| 第二篇 |

专 题 史

|图目录|

第一篇

编年史

|第一章|

世界基督宗教的发展与衍变

〔美〕魏克利

基督宗教于唐朝抵华，其时基督宗教已有 600 多年历史。从巴勒斯坦开始，先传至整个罗马帝国，后至波斯（今伊朗）及东方，以不同的教会及知识形式建构自身，对世界文化及社会产生了巨大影响。

第一节　作为历史宗教的基督宗教

耶稣及基督宗教之始

早期的记载将基督宗教的起源追溯至公元 1 世纪，即中国的东汉时期。除《圣经》及其他早期基督宗教文本所载之外，犹太史学家约瑟夫（Flavius Josephus，约37—约100）曾提及耶稣，罗马史学家塔西佗（Cornelius Tacitus，约55—120）也曾提到过。大多数史学家均认同耶稣是公元 1 世纪早期生活于巴勒斯坦的一位历史人物。"Christian" 一词，是公元 1 世纪中叶安提阿城内他者对耶稣追随者的称呼（《使徒行传》11：26）。这最初可能只是一个嘲讽之词，但其后则被基督徒用来自称，以将自身与犹太教徒及异教徒区分开来。

背景知识 1-1　什么是基督宗教？

　　基督宗教是有关拿撒勒人耶稣及其追随者的信仰及修行。耶稣住在公元前 4 年至 30~36 年的巴勒斯坦。基督宗教从以色列的犹太教而来，宣称《希伯来圣经》（或《旧约圣经》）预言的实现。在某些方面，耶稣同其他在古代近东传播福音的漂流先知、苦行僧、救世主似的人物相似。他大致被历史学家理解为犹太教的历史人物，在 1 世纪吸引了一批门徒。基督徒相信耶稣是基督、是弥赛亚、是受膏者；他是上帝的儿子，被派遣来传扬上帝的爱、救赎人类、给予永生。在遭到人们反对后，耶稣在耶路撒冷的罗马政府中受审，在十字架上受死。早期基督宗教的见证者相信三天后他从死里复活，在升天前向门徒显现。《新约》四福音书是有关耶稣追随者所讲述的耶稣基督的故事。神学家、教会领袖、平信徒及基督宗教神秘主义者一直在争论何为基督宗教的“真正”含义。虽然基督宗教的信息时常表达出对迫害、帝国主义、压迫、性别歧视、战争的支持，但基督徒同时也宣扬和平与爱，在教育事工、医疗关爱、社会事工中支持贫弱、边缘的人们。基督宗教在过去的 2000 年中在全世界传播，以截然不同的形式发展，兴起了不同的教会、团体及宗派。大多数新教教会及五旬节主义的表述并不将历史的基督宗教作为自身的起点。千百年来，基督宗教信仰及理念通过不同文化的神学、艺术、文学、音乐、政治、哲学得以表达。

　　基督宗教是一个从犹太教及古代以色列民众信仰和修行发展而来的宗教。耶稣及其所有的第一批门徒均是犹太人。犹太人的神话、历史及文学都经由《希伯来圣经》保存下来（基督徒其后称之为《旧约》）。考古学家于 1946 年在库姆兰洞穴中发现死海古卷，极大地拓展了人们对古代以色列的认知。犹太人的宗教生活及思想特别关注耶路撒冷的圣殿。当犹太人离散于罗马帝国时，地方会堂成为希腊犹太团体公众集会的地方。《希伯来圣经》被译成希腊语，称《七十士译本》（*Septuagint*，简写LXX），这是因为据传这一译本是由 72 位学者共同译成。耶路撒冷的圣殿在公元 70 年被罗马人捣毁以镇压一个短暂的起义。此后，圣殿献祭走向终结，犹太会堂及散居的拉比成为犹太信仰及修行相互关联的中心。

　　罗马帝国在 1 世纪的基督宗教时代处于鼎盛时期，此前其已控制了包括巴勒斯坦在内的地中海西部地区长达 3 个世纪。巴勒斯坦有着世界性的文化，自亚历山大大帝（Alexander the Great，前 356—前 323）时期起，就受到希腊文化的强烈影响。罗马政府以其所掌管的各地区的军事与政治控制为后盾，建立了自身的法律体系，统治了不同文化、不同语言的人，从英国到南欧，从希腊到北非，从埃及、巴勒斯坦到现今的土耳其向皇帝进贡的所有人征税。罗马帝国的文化是世界性的，拉丁语及希腊语被运用于公共生活中，但同时也保持着地方的语言及文化。帝国崇拜聚焦恺撒大帝（Julius Caesar，前 100—前 44），但地方宗教（包括犹太教）也仍持续。犹太地区（以耶路撒冷为首都的巴勒斯坦区域）在公元前 63 年归罗马统治。至 1 世纪，希律王及其子嗣代表罗马统治了犹太区域。

耶稣生活在公元前 4 年至公元 30~36 年，生于巴勒斯坦经济并不富裕的地带加利利的拿撒勒，出身卑微。对于他的早年生活我们所知不多，但其公共事工则始于施洗约翰（John the Baptist）在约旦河为其受洗之后，当时耶稣年近三十，已吸引了一批追随者。第一批追随者在传统上被称为十二门徒（或十二使徒）。耶稣带来一个特殊的信息，他宣扬上帝的爱、恩典和宽恕，呼吁人们从原有的家庭、种族及宗教信仰中走出来，进入一个新的团体，这个团体最终被称为教会。

对耶稣带来的信息做历史评断是困难的，因为早期基督宗教的写作——从《圣经》到其他我们所依靠的资料——均将耶稣生平及事工的传统同宗教诠释混于一体，对于“历史耶稣的诉求”在现代学者中没有达成共识。[1] 我们可以自信地说，耶稣的言行吸引了宗教及政治权威的注意，这些权威认为耶稣扰乱了秩序。他被十二门徒之一的犹大出卖，交到罗马人手里，在耶路撒冷被捕，在罗马巡抚本丢·彼拉多（Pontius Pilate，26~36 年在任）手下受审，于十字架上受死，这种刑罚也是当时罪犯普遍承受的刑罚。耶稣在十字架受死的那一天即是当今所说的黑色星期五。

早期的基督教团体

聚集在犹太及加利利的一些门徒，最开始被耶稣在十字架上的受死击垮了。耶稣基督的复活，即基督徒所称的复活节，是就信仰而言，而非就历史而言。这是基督教会最古老、最重要的节期，传统上在星期天主日。对门徒而言，复活节是一个强有力的经验，门徒将复活的信仰传给他人。最早的基督徒都是巴勒斯坦的犹太人，他们相信耶稣是基督、是弥赛亚或是受膏者、是上帝的儿子，受派遣来传扬上帝的爱并救赎全人类，使信他的人得蒙救赎及永生。耶稣复活后，他的门徒相信基督已升天。《新约·使徒行传》中记载的五旬节（犹太节期逾越节后第 15 天），标志着基督教传统中教会的创始。

耶稣的追随者是一个犹太群体，一开始只在巴勒斯坦及离散区域，人数可能很少。《使徒行传》记载了耶稣的第一批追随者及其建立基督教团体的早期历史，但作者采用的方法是神学而非历史的。《使徒行传》主要是有关保罗（卒于 62 年

---

[1]　参见 Albert Schweitzer, *The Quest of the Historical Jesus*, London：SCM Press, 2000；J. M. Robinson, *A New Quest of the Historical Jesus*, London：SCM Press, 1959。

前后）在皈依犹太教、迫害基督徒后，将耶稣的福音（或称"好消息"）从巴勒斯坦传至地中海东部城镇的故事。与彼得及雅各不同的是，保罗指基督宗教是所有人的宗教，而不仅仅是为了犹太人。外邦人（非犹太人）不需要追随摩西的律法或践行犹太仪式而成为基督徒。公元52年前后举办的耶路撒冷会议（《使徒行传》第15章），旨在裁决保罗、彼得和雅各就外邦人皈依上的不同意见。

保罗的传教之旅是当时宗教界前所未有的。《新约》中超过一半的篇幅是保罗写给教会的书信，其中他讲述了"基督的福音及其受难"。这对于1世纪的犹太人而言是不能容忍的激进福音，也必然令许多外邦人感到迷惑。但许多人被这种基督教导所说服，并在基督教团体中开始了新的生活。保罗是第一位传教士，也是教会中第一位神学家。基督宗教能从一个无名犹太群体所信仰的宗教转变为一个普世宗教，主要是由于保罗及其身边的人。

新的宗教强调对所有人及所有国的普世性。因而，基督教在罗马世界许多阶层的民众中持续发展，包括离散中的希腊化的犹太人、受教育的民众及政府官员，同样也有目不识丁的平民、妇女、奴隶及其他社会边缘的人。成为基督徒的犹太人在基督里见到了救赎主式的希望。外邦人被基督信仰的新奇或权柄所吸引，其他人则在基督教团体中找到舒适感并得到支持。为了成为基督徒，许多人需要同他们的家庭或宗教团体割裂。有的人在天启教义的末世论即将要到来的世界生活中找到希望。为了基督的缘故而受苦是早期基督教的一个重要面向。许多早期的门徒为此而殉道，包括保罗自己，但他们直面迫害的信仰鼓舞了新的皈依者。新约时代结束后的数十年间，在希腊、小亚细亚、叙利亚、北非、埃及、法国高卢及罗马均能找到基督徒。

由于没有一个中心权力来管辖基督教团体，基督徒对于他们的新宗教持有广泛且不同的意见：集中在耶路撒冷的犹太基督徒希望严格恪守犹太律法；外邦的基督徒则因其不同的皈依方式及持有的不同《新约》书信而对诸事有着广而不同的看法。有些人强调早期门徒诠释的有关历史耶稣的教导，有些则强调要以基督复活为中心。根据保罗书信记载，基督徒们常常围绕福音的意义进行争辩。2~3世纪，教会权威强调限制这些分歧，其后则发展了信经，以概括何谓基督徒及何谓非基督徒。

初代的基督徒发展了公共崇拜的礼仪，这与会堂或异教的圣殿不同。在水中的浸礼是基督徒们的入门仪式，象征着罪蒙赦免。崇拜的中心行为是每主日的圣餐（有时称为"主的圣餐"），且以一种喜悦及感恩的精神来进行掰饼（象征基督破碎的身体）及饮酒（象征基督的宝血），以纪念耶稣的受死及复活。福音的宣召也是基督教崇拜的中心内容，讲道则用来教导及鼓舞新的信徒。在崇拜中通常有祷告，就像在犹太崇拜的会堂中。基督教的仪式以祝福结束，至3世纪，总是以"奉圣父、圣子、圣灵的名"的三一公式而结尾。

2世纪的教会领袖主要关心的是如何对不同的基督教修行及信仰进行统一及合

一。在保罗书信中，他常告诫基督徒要以爱和宽容的精神聚集在一起。他也因基督徒对耶稣信息的错误诠释而提出告诫。其他早期基督徒作者也重复强调了这些。约翰和彼得的团体（即约翰和彼得的追随者）在任何一方面都不追随保罗。神学差异观乎耶稣基督是谁、他的基本教导及基督如何以他的名义与许多团体联结起来。基督教通常是对耶稣的皈依。

教会权威：异端、迫害及《圣经》

教会是否有权决定正确的教义及修行（东正教），以及确保教会合一的议题在2世纪兴起。爱任纽（Irenaeus，130—200）指出，真正的权力在于主教（们）一职，以及源自十二门徒的使徒统绪。主教在大多数使徒曾讲道过的城市中受命，但主教也会在他们从未踏足过的城市被任命。然而，无论如何都无法将不同城市的主教联系在一起，因为他们是权力竞争的来源。3世纪举行的议会试图解决这一问题，但进展甚微。① 重要的城市如安提俄克（今土耳其安塔基亚）、亚历山大省、迦太基（今北非突尼斯境内）、耶路撒冷等，基于其财富及面积都想要统领早期的会议，声称在他们的教会中有特别的使徒权力。

在2~3世纪中，教会进一步在整个罗马帝国扩张，这便带来新的挑战。其中最具普遍性的是现在所谓的"诺斯底主义"（Gnosticism）——这是一个抱有二元哲学的复杂宗教运动，强调为少数受拣选的人提供显明的知识（希腊语为 *gnosis*）。在"诺斯底主义"和《新约》中有重合的部分，一些学者认为"诺斯底主义"和教会同时间产生，另一些则声称其开始早于基督宗教。2世纪的教父包括爱任纽和德尔图良（Tertullian，约160—225）等均公开谴责"诺斯底主义"，反映出"诺斯底主义"当时仍在基督教团体中施加影响。受"诺斯底主义"影响的摩尼教（Manicheanism）是3世纪的一个波斯宗教，在罗马帝国中有其自己的团体，该教在唐代传入中国。②

另一个2世纪的异端则由马吉安（Marcion，卒于160年前后）建立。马吉安全然反对《旧约》（《希伯来圣经》），指出既然基督福音是基于爱，那么律法就应该被剔除。他甚至排斥大部分《新约》，除了早期的保罗书信及部分《路加福音》。另有许多其他的早期基督教异端，大部分聚焦基督位格及其事工，包括孟他努派（Montanism）、幻影说（Docetism）、亚波里拿留派（Apollinarianism）和聂斯托利派（Nestorianism），本节我们不予讨论。一些学者在2世纪声称没有"正统的教"（即

---

① See Adrian Hastings, ed., *A World History of Christianity*, Grand Rapids, Michigan: William B. Eerdmans Publishing Company, 1999, p. 31ff.

② 摩尼教来源于摩尼的教导，由东方波斯的诺斯底教发展而来。这是一种二元的世界观，建基于好与恶、光明与黑暗的冲突。信徒对不同形式的禁欲有所实践，以确保从世俗冲突中出来。

正确的信仰），也没有"异端"（即不正确的信仰），而是不同基督教诠释间的争论与辩论。[①] 我们现在所说的东正教是在 4 世纪的基督教会议上决定的。

背景知识 1-2 《圣经》

"Bible"一词，源于希腊词"Biblia"。这是一个复数词，意为"书的集合"。该词成为欧洲语言中对基督教"圣卷"、教会教导资源，以及整个欧洲文化重要来源进行描述的独特术语。《犹太圣经》（即《旧约圣经》或《希伯来圣经》）以希伯来文写成，包括律法、先知书及智慧书。《旧约》正典于 1 世纪末成书，其时已被译成希腊文，称《七十士译本》，因传说是由 72 位学者共同翻译而成。《旧约》包括 39 卷书。《新约》则由希腊文写成，包括 27 卷书。历来对哪些书卷应被纳入正典，以及不同的传统对正典《新约》的不同诠释都有过争论。最近，学者对非正典的福音书及其他诺斯底派的著作兴趣日增。现存有一些早期《新约》的叙利亚语、科普特语、拉丁文及其他古代语言的译本。《圣经》在基督教会被视为"上帝鼓舞的话语"——尽管对其权威的解释不同。从 16 世纪起，启蒙运动的思想家们挑战了《圣经》的权威，18~19 世纪的历史批判进一步削弱了《圣经》的权威。从那时起，教会开始在保守的（基要主义）、开放的（现代主义）诠释之间被划分，《圣经》也失去了其在西方文化中的中心地位。

至 3 世纪早期，大部分零散的《新约》书卷得到普遍认同——虽然官方的正典直至 5 世纪才得到公认。《新约》共有 4 卷福音书，包括《马太福音》《马可福音》《路加福音》《约翰福音》，皆是有关耶稣基督的故事，由他的早期追随者及追随者的助手诠释写成。其后是《使徒行传》，此乃从五旬节至保罗抵达罗马期间的神学历史，由第三卷福音书作者路加写成。紧随着的是 14 卷的保罗书信——虽然并不全由保罗写成，但这些书信包括《罗马书》《哥林多前书》《哥林多后书》《加拉太书》《以弗所书》《腓立比书》《歌罗西书》《帖撒罗尼迦前书》《帖撒罗尼迦后书》《提摩太前书》《提摩太后书》《提多书》《腓利门书》《希伯来书》，均是写给个别教会或个人的书信，由保罗或其追随者写成，涵括了《新约》的一半篇幅。所谓的普通书信，大部分是写给普通教会的。保罗书信之后，有《雅各书》《彼得前书》《彼得后书》《约翰一书》《约翰二书》《约翰三书》《犹大书》，最后一卷是《启示录》（亦称《约翰启示录》）。所有的 27 卷书均由希腊文写成，但也以其他文字得以存留。大部分学

[①] Bart Ehrman, *The Triumph of Christianity*：*How a Forbidden Religion Swept the World*, New York：Simon and Schuster, 2018, p. 84. 这一观点最初由鲍尔（F. C. Bauer, 1792—1860）阐述，参见 Paul A. Hartog, ed., *Orthodoxy and Heresy in Early Christian Contexts*：*Reconsidering the Bauer Thesis*, Eugene, Oregon：Pickwick Publications, 2015。

者均认同这些书卷成书于 54~110 年。它们被视作"新"的经文，与《旧约》（以希伯来文写成，并被译成希腊文）的 39 卷书并列。在一些基督教传统中，有一些稍稍不同的《圣经》版本。[①] 此外，亦有一批在新旧约之间的《伪经》或《次经》（共 19 卷），虽然一些基督教传统承认这些经卷，但并非所有的传统都如此。

背景知识 1-3　主要的基督教传统

　　耶稣希望他的门徒做到合一，但即使是在新约时代，我们依然能看到所涌现的对于基督信息的不同诠释。至 4 世纪，拉丁语系及希腊语系的基督宗教分离，这些分离使得其后进入不同的教会固定传统。罗马天主教以罗马教宗为中心，而教会则缓缓发展成一个等级系统：由主教监督教区。这些教区共同组成了天主教会。教宗对教会律法及经文的诠释有着最终决定权。在东西教会间，就语言、礼仪、教义及权利方面有着持续张力。1054 年，教会分裂。东正教建立，以君士坦丁堡主教为其普世牧首。他没有与教宗同等的权利，因为每个东正教都主教有其自己的管辖权。最终，俄国东正教会及希腊东正教会成为东正教世界的两大中心。东正教强调对"一个不分割的教会"及 7 次大公会议教条声明的延续。16 世纪的宗教改革产生了许多不同的新教派别，路德宗、加尔文宗、圣公宗、浸信会。在这些新教派别之间有着许多不同的教义与组织，但它们都拒绝承认教宗的权威，以支持《圣经》地方化的诠释权利。新教允许牧职人员结婚，并从 20 世纪开始按立女性牧师。罗马天主教与东正教则持续反对这种做法。19 世纪晚期，五旬节派成为基督宗教的第四支。与其他教会不同，该派将其权利植根于《使徒行传》中所言的"圣灵的恩赐"，而不是植根于教义发展的历史。最后，20 世纪的本土教会成为第五种基督宗教表述，也是基督宗教在全世界国家中的地方表述。上述五种主要的基督教传统有逾 20 亿信徒，对追求普世教会或教会合一的信众而言，被证明是难以理解的。

　　基督徒对宗教理念及不同时代的看法有着广而不同的视角。一直以来，有保守及传统的教会，也有自由及进步的教会，有时处在历史前沿，有时则落于历史之后。

　　早期教会讲希腊语——虽然耶稣不太可能讲希腊语，但《新约》中也有一些书卷的早期版本或书卷的零碎片段用叙利亚文（接近耶稣所讲的亚兰文）、科普特文或其他语言文字写成。3 世纪，虽然希腊文版本持续运用于东罗马，但在罗马及北非另有拉丁文版本的《新约》译本。耶柔米从 4 世纪晚期开始翻译整部拉丁文《圣

---

① 对于《新约》的文本，参见 Bruce M. Metzger and Bart D. Ehrman, *The Text of the New Testament: Its Transmission, Corruption and Restoration*, 4th edition, Oxford, New York: Oxford University Press, 2005。

经》，成为罗马天主教会数个世纪所用的标准《圣经》，史称《圣经武加大译本》，未被纳入武加大译本的经籍则被收在《伪经》中，这些经籍大部分成书于《旧约》及《新约》之间。现代《圣经》研究始于 17 世纪的欧洲。学者们考察了《圣经》的最初文本，引介了科学的《圣经》诠释的历史批判方法，大大增加了人们对古代文本知识及诠释的了解。

对基督徒断断续续或小范围的迫害向来都有，但 250 年前后的德修大帝（Decius，249~251 年在位）迫害及 258 年的瓦勒尼迫害是强烈且广泛的。这些迫害由罗马帝王发起，旨在抑制基督宗教的影响，许多主教及普通基督徒被杀戮，但同时也反过来加深了基督教团体的信仰。戴克里先（Diocletian，284~305 年在位）迫害是罗马最为广泛，也是最后一次迫害。在戴克里先死后，迫害在西方停息，但仍在伽列里乌斯大帝（Galerius，305~311 年在位）所统领的东部愈演愈烈。最终伽列里乌斯大帝意识到这样做只会适得其反，终止了迫害。基督徒们回到了自己的教会，"大迫害"以失败告终。

君士坦丁大帝与基督宗教的合法化

基督宗教在罗马帝国越来越被视为一个强有力的社会团体及宗教临在，教会也不再被边缘化。君士坦丁大帝（Constantine the Great，306~337 年在位）成为教会生命的转折点。其母海伦娜是一位基督徒，在君士坦丁于 306 年称帝后敦促其对教会要宽容。其后，君士坦丁在 312 年说自己在梦中被告知要在基督教十字架标记引领下征战米尔维安大桥下的敌人，最终他夺得胜利并将之归功于基督教的上帝。次年，他与东罗马皇帝李锡尼（Licinius，308~324 年在位）颁布《米兰诏令》（*Edict of Milan*），给予基督教全然的宽容及帝国的支持。于是在很短的时间内，教会就成为罗马帝国的国教，而君士坦丁也被视作教会的世俗领袖——即使在他自身成为基督徒之前也是如此。

在 325 年的尼西亚大公会议上，敌对政党呼吁君士坦丁须处理有关基督位格的阿里乌争论。阿里乌（Arius，约 250—336）和阿里乌教派否认基督的全然神圣，这一观点被正统教派在会议上拒绝。在由尼西亚大公会议通过的《尼西亚信经》中，基督被定义成与圣父"同体"，基督"即是完全的神，也是完全的人"。尼西亚大公会议是第一次普世会议，其信经及法令为教会所接受，阿里乌则被驱逐。[1] 与尼西亚相关联的恺撒利亚的尤西比乌斯（Eusebius of Caesarea，约 260—约 340）应被提及，他在尼西亚被恢复主教职分。尤西比乌斯被称作"基督教史学之父"，他也是

---

[1] 原本及较短篇幅的信经出自尼西亚大公会议，较长及普遍使用的版本是《尼西亚—君士坦丁堡信经》。这最有可能是出自 381 年的第一次君士坦丁堡大公会议。

君士坦丁的支持者。自使徒时代写起的尤西比乌斯教会史是早期教会史的基本资料，是一部深刻的神学阐释作品，至君士坦丁统治时期结束。[1]

君士坦丁的兴趣不在于神学议题，而在于教会合一及帝国和平。在尼西亚大公会议召开前一年，他成为唯一的君王，并定都拜占庭，于 330 年改其名为君士坦丁堡。他在死前才领洗，在东正教教会中被尊为"第十三使徒"。其统治将教会与帝国威权联结起来，后被称作"君王对教会及国家的绝对控制"（Caesero-papism），这在西罗马中世纪中以不同形式得以存留，也在东罗马之地实施。

尼西亚大公会议上的争论清楚地展示出基督宗教为希腊哲学术语所诠释的状况，特别是运用了柏拉图（Plato，卒于公元前 347 年）的语言。柏拉图有关心灵—身体的二元论自那时起开始影响西方神学，被用来阐释道成肉身及灵魂的永恒存在。"同体"（one substance）的整套语言出自希腊哲学传统，对用犹太思维思考耶稣的人而言是陌生的。通过柏拉图，基督教神学被希腊化，以适应希腊及罗马文化。

4~5 世纪时，历史基督教的基本信经、传统及教导兴起。信仰上帝在耶稣基督里道成肉身及三位一体（作为父、子及圣灵的上帝）乃是中心。基督教的核心架构及信仰形成了西罗马拉丁语系的罗马天主教及东罗马希腊语系的东正教的基础。东正教基督徒的信仰被建立，非正统的"异端"则在东西方 7 个被公认的普世公会议中遭到拒绝。如果一个大公会议包含主教及其他所有教会的代表，并由认可的权威召集，那么这个大公会议就是普世的（"普世"在希腊语中的意思是"全人居住的世界"），其行动及教义对所有基督徒有约束力，现只有 7 个这样的大公会议被认为是普世的：

尼西亚大公会议（325 年）

第一次君士坦丁堡大公会议（381 年）

以弗所大公会议（431 年）

迦克墩大公会议（451 年）

第二次君士坦丁堡大公会议（553 年）

第三次君士坦丁堡大公会议（680~681 年）

第二次尼西亚大公会议（787 年）[2]

---

[1]　*Eusebius' Ecclesiastical History*：*Complete and Unabridged*，trans. Christian Frederic Cruse，Peabody，Mass.：Hendrickson Publishers，1998.

[2]　Leo D. Davis，S. J.，*The First Seven Ecumenical Councils*（325 - 787）：*Their History and Theology*，Wilmington，Delaware：Michael Glazier，1988. 罗马天主教会承认 14 个附加会议，最后一个会议是梵二会议（1962~1965）。

大公会议对在可被接受的基督教教义中发展其核心理念起到决定性作用。教义及对其的诠释也自那时起一直得到发展。东西方的神学家及教会领袖、平信徒、修士及神秘主义者持续为基督教的"真"义及基督教应如何回应不断变化的社会文化语境而有所争论。除了大多数的基要主义者或教条的信徒，基督信仰被认为是一种总在进行的对话，而不是对于教义陈述的一种固定确认。

第二节　东西罗马帝国及以外的基督宗教

东西罗马帝国中的基督宗教

至尼西亚时代，人们可目睹讲希腊语的东罗马与讲拉丁语的西罗马之间持续增加的差异。君士坦丁大帝及其继任者控制了东罗马的教会，当时罗马主教成为西罗马最为显赫的权威。381年，在宣布君士坦丁堡的主教地位居于罗马主教之后，只有东罗马另外两个重要城市亚历山大港及安提俄克反对。至6世纪，君士坦丁堡主教被称为普世牧首——虽然这一称呼并没有得到罗马的承认。希腊人视君士坦丁堡为新罗马。早在1054年东西方基督教会大分裂前，政治、教会及神学差异就将我们现在所知的罗马天主教从希腊东正教中分离出来。

在东罗马和西罗马，基督宗教均已成为一个具有政治及社会实体的宗教。社会及文化变得基督教化，教会领袖帮助其建构了新的社会及政治秩序，并且缔结了基督教及古典文化之间的联盟。① 基督教的世俗化及社会的基督教化是齐头并进的。360年，罗马皇帝犹利安（Julian，361~363年在位）拒绝基督教，支持异教主义的回归并颂扬希腊文化。他以"叛道者犹利安"为人所知，且制定了严格的反基督教政策。然而他的统治是短暂的，罗马帝国在其死后又重新拥抱了基督教。

从某种意义上而言，修道主义或许可被视作一种反对教会日益增长的世俗化反映。修士希望通过终其一生的祈祷、节制及禁欲生活回归到使徒时代的简朴。最早的基督教修士是退至沙漠独居的隐居修道士。埃及的安东尼（Antony of Egypt，卒于356年）抛弃所有的财产在沙漠中过着简单的生活，他虔诚的生命因亚他那修（Athanasius，卒于373年）所著的传记而受到纪念。亚他那修是亚历山大（Alexandria）以来很有名望的神学家及教会领袖。集体修道制在来自埃及的帕科缪（Pachomius，卒于346年）的协助下有所发展。修士或修女在修道院中与世隔绝。修道院则与城市宗教生活相结合，依靠教会得到经济支持，并受主教管辖。修道生活及文学在东部繁荣起来，修道院则影响了西部教会，许多有修士及修女的修会在那里开启了。

---

① Chares Norris Cochrane, *Christianity and Classical Culture*: *A Study of Thought and Action from Augustus to Augustine*, Oxford, New York: Oxford University Press, 1944.

6世纪的《圣本笃会规》成为组织修会兴建修道院的标准。在西方中世纪里，修士参与抄写阐释宗教手稿、维护图书馆的事工。天主教的修会以其教诲及学术而闻名，最终将传教士派往世界其他地方。

教宗制度在西罗马得以发展，耶稣第一批门徒之一的彼得被认为是第一位罗马主教，其后所有的教宗都是使徒传统下圣彼得圣座的线性继承者。虽然教宗至上（papal primacy）从未被东部教会接受，但该体制作为一个专制主义及权威系统幸存至今——尽管在中世纪有各种与教宗有关的丑闻及争论。一直到19世纪，教宗职分都是一个世俗又属灵的权力，梵蒂冈也仍然是拥有最高权力的国家。教宗无谬论指的是教宗在作为教会领袖发言时永远不会错，这是在第一次梵蒂冈大公会议（1869~1870）上定立的。教宗对《圣经》及教会教义的诠释是否正确及是否具有权威性有着决定权。

基督教教义及神学在5~6世纪持续遭受争议。431年举行的以弗所大公会议谴责了聂斯托利（Nestorius，卒于451年后）对基督人性的过分强调以及对三位一体的模糊定义，另有其他混淆神性及人性的异端邪说。451年的迦克墩大公会议对此进行了确认，并预备了东西部均可接受的大公信仰的决定性诠释。这迫使强调基督一性的教会及东正教拒绝迦克墩大公会议，在政治及宗教上超越罗马或君士坦丁堡而独立。在神学议题的背后，政治及地理因素的参与可能是更为重要的。学者们对这一历史有着不同的看法：基督教学者依靠自己对教会的见解，而更为科学性的历史学家，想为既定事件找出合理结论，却缺乏足够的证据。

这时期最重要的基督教人物及西罗马自保罗以来最为重要的神学家是奥古斯丁（Augustine of Hippo，354—430）。[①] 早期教会对奥古斯丁生平及事工的了解比任何一位基督教人物都多。奥古斯丁曾是一位摩尼教徒，其著名的皈依故事记述于《忏悔录》。他对基督教历史的神学方法及对异教的争论与其《上帝之城》有所关联，其权威性的教义著作《论三位一体》则塑造了西方教会的神学。由于阅读希腊文对奥古斯丁而言并非易事，故而他没有太多关注希腊教父，其神学对东部教会影响最小。相反，奥古斯丁对西方神学及文化产生了深远影响，其关于罪、性及治国的理念被北美及欧洲神学家及政治家援引，即使批评家们认为他在神学上过度依靠对罪、性及治国的自我经验。

西罗马在4~5世纪已达到高峰，以不朽之城为人所知的罗马城多次被入侵的军队攻陷，最终于476年落在了日耳曼蛮族奥多亚塞（Odoacer，433—493）的手里。此时，基督宗教已传至北欧的一些地方，及高卢、西班牙。在爱尔兰，其守护圣者帕

---

① Peter Brown, *Augustine of Hippo*: *A Biography*, Rev. ed., Berkeley, California: University of California Press, 2000.

提克（St. Patrick，390—460）一直在进行福传。随着罗马的衰弱，大部分西部的情况变得混乱。意大利自身没有中心秩序，被战乱、瘟疫及饥荒所毁坏。格里高利一世（Gregory the Great，590~604 年在位）成为教宗后，开始改革意大利的教会及国家，其最伟大的成就，是在 597 年下令以坎特伯雷的奥斯定（Augustine of Canterbury，卒于 604 年）为首，将教宗的使命传向英格兰，标志着罗马天主教会在英国的开始。

在东罗马，即希腊及地中海东部区域，教会即使在罗马沦陷后依然强大且富有自信。东部的帝王是一位专制统治者，与普世牧首联盟，将宗教与政治紧密联合。查士丁尼一世（Justinian I，约 483—565）于 527 年登基，是年标志着君士坦丁堡帝国统治的开始以及东正教的复兴。查士丁尼一世从政治及宗教领域恢复帝国合一，迫使许多异教徒皈依基督教，亦迫害异教徒。继任者也实行他的政策，但没有相当的权力、活力及力量。

东部教会持续发展迦克墩的基督教教义、礼仪及修道院传统。约翰·卡西安（John Cassian，360—430 年后）对东西方修道神学贡献良多。在早期希腊教父成果的基础上，东部神学的发展与讲拉丁语的西部有所不同。亚略巴古的伪丢尼修（Dionysius the Pseudo-Areopagite，约 500 年出现）发展了神秘神学，将新柏拉图派哲学与基督宗教相结合。他在东正教世界的影响现在依然重要。[1] 东部教会比西部教会更多的是对圣人的圣骨、圣像进行敬拜。耶稣的母亲马利亚——诞神女（希腊语 Theotokos）是代祷的一个特别重要的形象，教会和皇帝都对此有所推动。在东正教世界里没有教会和国家的分离，而是两相融合，共同使社会团结起来。即使在今天，对于圣像的敬奉仍是东正教的一个显著特征。他们通过亲吻、俯伏在地及焚香来抵御罪恶，获得世俗的祝福。从这层意义而言，圣像的功能有别于西部教会中的基督形象，西部教会的雕塑及绘画则更具教导意图，而不仅仅是一尊供尊崇的物体。725~842 年，希腊教会发展起破圣像论战。虽然圣像破坏运动的起源并不明确，但这与禁止《旧约》中的图像及伊斯兰教的兴起有关。在逾一个世纪中，发布了禁止圣像的法令。随着麦托丢（Methodius，卒于 847 年）于 843 年被选为牧首，圣像的使用最终又被重申。在东正教教会中仍举行"正

图 1-1　基督全能者圣像
图片来源：香港圣公会档案馆。

---

[1]　Vladimir Lossky，*The Mystical Theology of the Eastern Church*，Crestwood，New York：St. Vladimir's Seminary Press，1976.

信凯旋主日"（Feast of Orthodoxy），以尊重这一事件。东部教会的这一争论导致了东西教会在 1054 年的最终分裂。

罗马帝国外的基督宗教

行文至此，我们都在罗马帝国内探讨迦克墩基督教的历史。但教会也同时在罗马帝国外，或者说是在其外围发展起来，特别是在迦克墩大公会议后发展起来。各种持基督一性论的基督徒拒绝基督的二性，并藐视其后与天主教及东正教进行和解的尝试。埃及的科普特教会及叙利亚的麦基教会与迦克墩的教会保持着一些联系，在亚历山大里亚（Alexandria）有一个强大的基址，但它们不依靠罗马帝国教会而存在。亚美尼亚东正教会也是独立的，从未融合。埃塞俄比亚东正教会的起源可追溯至埃塞俄比亚太监的皈依（《使徒行传》8：26—40），但其可记录的历史则是自 4 世纪起，从那时起一直在国家中存在，并有其自己的语言吉兹语，自我的礼仪、教义、艺术及圣像。虽然与罗马天主教及东正教有越来越多的持续对话，但这些小型的东正教会依然持续独立地存在。

对我们而言更为重要的是东方教会，这与聂斯托利的追随者有关，他们持有激进的基督两性论，或指基督的神人两性。虽然迦克墩大公会议接受了大部分的聂斯托利基督论，但反对他强调基督的人性以及将之与神性分别开来的讲法。451 年后，聂斯托利走出罗马帝国，成为东方教会的一部分。东方教会在安提俄克发展，吸收了摩普绥提亚的狄奥多若（Theodore of Mopsuestia，约 350—428）的神学，该教会向全亚洲派遣传教士，向印度当然也向中国派遣。至 7 世纪，其宗主教区（Patriarchal see）位于现今巴格达南部的塞琉西亚—泰西封城（Selucia-Ctesiphon）。东方教会发展了富有活力的传教项目，超过罗马天主教及东正教。至 7 世纪，东方教会的传教士出现在印度及中国（长安）。然而东方教会始终在小范围传播，从未发展为帝国宗教。东方教会在波斯帝国发展良好，但拒绝伊斯兰教直至 8 世纪其在中亚的兴起。

至此，我们简要介绍了东西罗马帝国内外基督宗教的发展，以及基督教传至中国的历史。这一简介将基督宗教描绘成一个植根于历史的宗教，也受制于同样塑造了整体社会的历史力量。从一个无名的犹太宗派转变成发展的宗教，这一转变运用了耶稣的普世视角，更重要的是保罗的普世视角。一旦基督宗教成为罗马帝国的官方宗教，它就成为东西政治力量的支持者而非敌人，这将对世界基督宗教的未来起到决定性作用。

第三节　中世纪基督宗教发展

与伊斯兰教的相遇、修道院的复兴、东西教会分裂

"世界基督教"（World Christianity）及"全球基督教"（Global Christianity）两

个术语在 20 世纪 90 年代得到普遍运用，以描绘国际范围内的基督宗教跨学科研究。这些术语被不同学者以不同的方法进行定义，有时是神学层面的，有时是历史层面的，有时则是社会科学层面的。① 当我们以历史方法运用这些术语时，旨在描述基督教的发展：不仅指基督宗教的扩张——从巴勒斯坦起源，围绕地中海，再进入欧洲、北非及其他地区——也是对不同地方本色化基督宗教的表述，并将基督宗教与其他世界宗教（包括佛教、伊斯兰教、犹太教等）并列。

世界基督宗教可以说是始于上文提到的耶路撒冷会议。其后的 600 年，正如我们所见，基督宗教发展成为罗马帝国的国教，也超越罗马帝国在埃塞俄比亚、亚美尼亚、波斯、东方教会中发展起来。这一阶段后，基督宗教与伊斯兰教相遇。伊斯兰教由先知穆罕默德（Muhammad，卒于 632 年）创建，其律法及教导记录在《古兰经》中。7~8 世纪，伊斯兰教传遍了中东及中亚地区，削减了其所控制区域教会的增长，但允许基督教团体继续发展。这两个世界性的宗教交织自此开始，且相互影响，既有积极面，又有消极面。

在东部的东正教中，从 8 世纪至十字军东征标志着该教向斯拉夫国家及向俄罗斯的扩张。② 所到之处，东正教传教士都将礼仪及经卷翻译成当地语言，这种做法与罗马天主教在所有教会均使用拉丁语不同。为此，东正教传教士发明了地方字母。东正教也希望整个民族都皈依基督教——从领导者及其家庭开始。

这一时期的另一特征是修道院的复兴及传播。一些修道院由教会开办，一些则由拜占庭帝王控制。10~11 世纪的特征是罗马东部修道院神秘主义的更新，最出名的乃是新神学家西缅安（St. Symeon，949—1022）的事工。他的静思方法将基督论与对圣光的强调相结合，对东正教神学及灵性而言一直都是一种鼓舞。修道院也有其属世的一面：它们从教会及个人家庭中获得财产。修道院也确保其权益受法律保护，并通过基金会得到捐赠，最著名的是建于 8 世纪的希腊阿索斯山（Mt. Athos）的修道院，现今依然兴旺。

最后，东西教会在这一时期最终分裂。君士坦丁堡与罗马之间在很长时期内都有张力，反映出两者在文化、神学及政治事务上的分歧。在神学上，主要的议题是罗马在尼西亚—君士坦丁堡信条中，加入了"和子"（filioque）一词，但另有其他的考量，比如罗马天主教禁止神职人员结婚。在此，我们无需探讨导致主教团去往君士坦丁堡谈判的复杂诱因，但在 1054 年，教宗及宗座牧首被逐出教会。一些历史学家将最后的分裂定于 1204 年，其时为第四次十字军东征之后，君士坦丁堡被罗马天主教

---

① Philip Jenkins, *The Next Christendom*：*The Coming of Global Christianity*, 3rd edition, Oxford, New York：Oxford University Press, 2011, pp. 1-20.

② Diarmaid MacCulloch, *Christianity*：*The First Three Thousand Years*, New York：Viking-Penguin, 2010, pp. 466-503.

军队掠夺。直到 20 年前，两者的教会领袖才开始有了重新对话及相互的接受。

中世纪西罗马：神圣罗马帝国、从内更新、十字军东征

在中世纪的西罗马，基督宗教在这一时期逐渐传遍了整个欧洲。罗马天主教巩固了其属灵及机构权力，教会也影响了日常生活的每一方面：从出生至死亡，从家庭到农场，再至工作场所。教会、社会及文化是相互交织的。这一时期，教会中也产生了大量的知识分子，特别是在直至 16 世纪都兴盛的经院哲学时期。此处不赘述这一时期教会扩张的细节及其影响欧洲社会生活方方面面的状况，[①] 而须关心与世界基督宗教相关的三个方面的主要发展。

首先，随着查理曼（Charlemagne，742—814）的即位，加强了教会与国家的关系。公元 800 年的圣诞节，查理曼在罗马由教宗利奥三世（Pope Leo III，750—816）加冕为皇帝，其执政被誉为"神圣罗马帝国"（Holy Roman Empire）。查理曼扩张了其法兰克帝国，推动教会改革，并在罗马弥撒中寻求礼仪改革，甚至对神学问题有兴趣，亦推动了学术及对古典知识的研究。查理曼的统治至今被称为一种复兴，但从这一时期起直至宗教改革时期，教会内部持续着有关教会和政治秩序恰当关系的争议，以及对教会及国家权威的挑战。

其次，这一时期，天主教修会的发展旨在寻求从内更新基督宗教，并从欧洲内外传播基督宗教。努西亚的圣本笃（St. Benedict of Nursia，约 480—约 550）于 6 世纪已在今天意大利的卡西诺山建立了一个修会。他为整顿修道院所制定的规则成为修会须遵守和服从的标准。中世纪重要的新修会包括由圣方济各亚西西（St. Francis of Assisi，1181—1226）创建于 1209 年的方济各会，及创建于 1215 年的多明我会等。所有的修士须发安贫、禁欲、顺从三重誓，并受修道院院长的严格管辖，其日常包括从清晨至夜间的定时崇拜等。除此之外，不同修会有其特别的旨趣。多明我会强调讲道和研习，这也被教宗及天主教国家根据自身目的及使命所运用。方济各会强调合大众口味的讲道及在贫穷人中开展工作。也有为宗教妇女或修女所设的修会，亦有许多为修士而设的修会，这些修会都肩负天主教的传教目的。方济各会修士在元朝曾穿越中亚到达中国。

多明我会的修士托马斯·阿奎那（Thomas Aquinas，约 1225—1274）是中世纪教会杰出的哲学家及神学家，也是西方继奥古斯丁后最重要的神学声音。他吸收亚里士多德的学术旨趣，发展出基于首要原则及事物存在与本质差异的哲学。从亚里士多德开始，阿奎那发展了经验主义的哲学及以其自我方式具备"科学性"的哲学。阿奎那的神学建基于天启的真理之上，并举例证明了三位一体、道成肉身及

---

① Diarmaid MacCulloch, *Christianity: The First Three Thousand Years*, pp. 363-425.

圣礼的教义，且指万物都源于上帝的启示，但启示通过人类的理性进行诠释，因为神学也是一门科学。阿奎那的思想在著作《神学大全》中得以概括，该书涵盖了所有领域的有关天主教的询问。阿奎那的讲道以更能被接纳的方式传递出他的思想。虽然阿奎那在其时代具有争议，但其思想却成为 16 世纪后天主教的正统教义，其著作则成为天主教神父及神学家的必读书目。

最后，从 11 世纪末起（即北宋强盛时期），旨在从穆斯林手中重夺圣地的十字军东征揭示了中世纪教会第三方面的特征，并由此塑造了东西世界基督宗教的发展。① 各种十字军东征得到教宗批准，他对胜利者及殉难者（如果十字军战士在战争中被杀害）赏以赎罪券。共有至少 4 次十字军东征，基督教军队向东而行，依靠所攻克的城镇存活下来。至少从军事上来看，其结果是无定论的。耶路撒冷从未被最终收复，一直到 20 世纪都掌握在穆斯林手中。方济各会的修士尝试运用十字军东征去传播福音，并在蒙古征服西亚后，与东方教会联系上。东方教会与方济各会修士在元朝去往中国。13 世纪奥斯曼土耳其人的兴起意味着伊斯兰教和西罗马的持续张力，最终以君士坦丁堡在 1453 年的陷落告终。十字军东征鼓舞了西班牙与葡萄牙在 16 世纪的探索。这与欧洲殖民主义及基督教差会去往更宽广的世界相关联。相应的，十字军东征留下的后遗症就是对欧洲企图的不信任及基督教徒与穆斯林之间的对抗。

欧洲中世纪晚期以持续增长的文化多元性及对教宗权威的挑战为特征。这一时期诞生了许多丑闻，有时有多位教宗因执政期间的腐败而引发民众关注。文艺复兴强调对古代经典文本的恢复，强调艺术上的现实主义及哲学和文学上的人文主义，这即是要削弱天主教的教条。早在 16 世纪前，艺术家及作家就在试探天主教控制的界限。此外，诸如法国的阿尔比派（Albigenses）和卡特里派（Cathars）这样持异议的异端基督教运动，也挑战了对天主教义无反顾的效忠。② 地方政府持续增长的权力以及商业团体和贸易组织的兴起，进一步削弱了教宗的集中权力。

第四节　16 世纪的教会改革

马丁·路德与宗教改革

新教改革从马丁·路德（Martin Luther，1483—1546）于 1517 年 10 月 31 日在

---

① 对此的标准英文通史是 Jonathan Riley-Smith, *The Crusades: A History*, London: Bloomsbury Academic Press, 2014。

② Norman Cohn, *The Pursuit of the Millennium: Revolutionary Millenarians and Mystical Anarchists of the Middle Ages*, Oxford, New York: Oxford University Press, 1970.

维登堡门外张贴《九十五条论纲》开始。[①] 路德是一位奥古斯丁修道院的修士，也是维登堡的一名学者。他对教会腐败的反对日益强烈，主要集中在赎罪券上：如果做好事或为教会做出经济贡献，就能得到教宗的赎罪券，使罪得赦免。对路德而言，他的反对逐渐变为对持守律法主义的罗马天主教修会的全然拒绝。在后期的写作中，他甚至称教宗是反基督。其自我的神学建基于"因信称义"（而非因作工而称义），概括起来就是四重的"唯独恩典""唯独圣经""唯独信心""唯独基督"。路德发动了这场运动，并鼓舞了其他欧洲国家的改革。他自身的贡献，包括第一部完整译成德文的《圣经》，在德国文化上留下了永不磨灭的印记。2017 年，即他发表《九十五条论纲》500 年后，这一事件在全世界的教会庆典及国际学术会议中被纪念。

图 1-2 马丁·路德像
图片来源：香港圣公会档案馆。

其他宗教改革

路德的举动对新教而言是具有决定性的。但大多数学者现在所讲的是发生在天主教与新教内的一系列改革及新教改革运动，而不单单只是新教改革。我们在上文已提及中世纪末对于教宗权威的挑战。爱国的捷克改革家扬·胡斯（Jan Hus，1370—1415）及英国哲学家约翰·威克里夫（John Wycliffe，1330—1384）可被视作新教改革运动的先驱，因他们强调《圣经》的权威高于教宗的权威。文艺复兴时期伟大的人文主义者鹿特丹的伊拉斯谟（Erasmus of Rotterdam，1466—1536）对宗教改革也有着巨大影响——虽然他将自己与路德保持距离，也仅在天主教会内发声。

16 世纪，其他改革家以路德为榜样，在自己的国家开启宗教改革运动。乌利希·茨温利（Ulrich Zwingli，1484—1531）向瑞士的教会和社会介绍了激进的反天主教改革，得到世俗权威的支持。当天主教武装力量攻击城市时，他在战斗中被杀害。海因里希·布林格（Heinrich Bullinger，1504—1575）则继承了茨温利的做法，帮助苏黎世及全瑞士加强及传播宗教改革。

约翰·加尔文（John Calvin，1509—1564）是最具影响的第二代改革家，他成

---

① 在 2017 年纪念新教改革 500 周年时，有许多有关马丁·路德的新研究。最近的一部传记，参见 Eric Metaxas，*Martin Luther*：*The Man Who Rediscovered God and Changed the World*，New York：Viking Press，2017。一部有关路德在西方的持续影响的研究，参见 Christopher Ocker，*Luther*，*Conflict*，*and Christendom*：*Reformation Europe and Christianity in the West*，New York：Cambridge University Press，2018。

为伟大的神学诠释家，从某种程度上来说，他是和阿奎那相辅相成的新教人物。像路德一样，他对欧洲文化的持续影响是巨大的。加尔文在巴黎大学受过法律训练。因对宗教改革的日益同情，他于 1533 年从巴黎被驱逐，于 1536 年在日内瓦安顿下来。几年后他在斯特拉斯堡受邀回到日内瓦，在那里尝试组织神权政府。日内瓦是一座欢迎全欧洲流亡者到来的城市。加尔文的主要作品是《基督教要义》（*Institutes of the Christian Religion*），此书自 1539 年起以拉丁文及法文形式出版，是对基督教信仰的系统解释，其间吸收了路德的见解，并运用人文主义的方法，且采用加尔文自身的改革宗神学。① 比其他改革家更进一步的是，加尔文对教会的组织形态及教会和国家的关系有兴趣。长老会及改革宗教会全都起源于约翰·加尔文。

激进派是 16 世纪改革运动的另一股潮流。其拒绝众多传统的基督教教义及修行，鼓吹对政治权威的抵抗。托马斯·闵采尔（Thomas Müntzer，1489—1525）是一位德国改革家，他组织了农民起义，其后因弗里德里希·恩格斯（Frederich Engels，1820—1895）于 1850 年撰写《德国农民战争》（"The Peasant War in Germany"）一文而不朽。再洗礼派的激进反映在他们对婴儿洗礼及对欧洲不同地方信徒团体构成的反对上。路德、茨温利及加尔文都反对激进的改革者。这导致激进改革者遭到其他基督徒的迫害并殉道，但激进的改革传统仍然持续，以门诺派、莫拉维派及阿门派等为代表。

英国的改革则与欧洲大陆的不同。② 因教宗反对亨利八世（King Henry VIII，1509~1547 年在位）与阿拉贡的凯瑟琳（Catherine of Aragon，1485—1536）离婚并娶安妮·博林（Anne Boleyn，卒于 1536 年）为妻，他拒绝教宗在英国教会行使权力。因妄想有一位男性继承人，最终成婚 5 次。亨利八世解散了天主教修道院并侵吞了他们的土地。在其后的一个世纪中，天主教与新教教会间仍有持续的张力。亨利八世领导了英国圣公会的创立，采纳了许多宗教改革的教义，也保持了天主教的架构，并通常强调在信仰和修行上保持中道（*via media*）。公祷书成为圣公会教会礼仪的准则，国王或女皇是教会的首领。圣公会伟大的神学家理查德·胡克（Richard Hooker，1554—1600）视教会在行使权力时与社会相连。非圣公会信徒或"自由"教会（主要是长老会、公理会及贵格会）在英国国教之外，与此同时，英国的罗马天主教也始终强大。18 世纪，循道宗在圣公会之外发展。苏格兰教会属长老会，爱尔兰则被划分在天主教（大多数）与新教之间，威尔士则主要是圣公会及循道宗。

---

① 〔法〕约翰·加尔文：《基督教要义》（上、中、下册），钱曜诚等译，生活·读书·新知三联书店，2012。参见 John Calvin, William T. McNeill, ed., *The Institutes of the Christian Religion*, 2 Vols., Louisville, Kentucky: The Westminster John Knox Press, 1970。

② A standard history is John R. H. Moorman, *A History of the Church in England*, 3rd edition, Moorehouse Publishers, 1980.

尽管这些教会各具特色，但改革者和他们所发展的不同教会在许多事物上具有相同点：[1] 他们拒绝教宗的权威，着重《圣经》的最终权威；将圣礼的数目从 7 个裁至 2 个，即洗礼与圣餐，或作主的晚餐；倾向强调"所有信众的牧师"，以拒绝教权主义；牧师及主教可以成婚。所有的改革家都将译成本国语言的《圣经》交到平信徒的手中。相反的，罗马天主教仍然继续使用拉丁语文本直到第二次梵蒂冈大公会议。宗教改革的教会对教会与国家间的关系持有不同的观点，但新教（除激进的改革家外）接受在其领域内所建立的政治权威，并在国家意愿中认同自我。

罗马天主教对于新教改革的回应原被称作反宗教改革（Counter-Reformation），但该词有误导作用。这一时期从特利腾大公会议（Council of Trent，1545~1563）到三十年战争时期（1618~1648），代表着天主教的更新，这是一种依靠自我权力而进行的改革。新的宗教修会实际上是教会内的更新运动。著名的例子有依纳爵·罗耀拉（Ignatius Loyola，1491—1556）及其开创的耶稣会。耶稣会在 1540 年得到教宗的批准，是一个强调知识及教育的修会，在其后的 200 年都向远至欧洲以外的地区传播基督教。耶稣会于明末清初在中国开展的事工是特别值得纪念的。与此同时，南德意志地区及波兰对天主教教义的重新确认标志着其对新教教义的推翻。建于 1622 年的"传信部"是罗马教廷的办公所在地，以对天主教事工进行精神管辖，并协助实行教义统一。自宗教改革时期以来，天主教会自身得到加强，尽管事实上教会已支离破碎。

东正教没有进行宗教改革，与西罗马保持隔离。欧洲发生之事仅是加固了其坚持到底的决心。但东正教也有传教的兴趣。彼得大帝（Peter the Great，1672—1725）扩张了帝国，促进了教会更新。东正教于 18 世纪在北京建立了一个小型的俄国差会。传教士也去往西伯利亚东部、俄罗斯，及亚洲包括中国等地传教。18 世纪晚期，俄罗斯吞并了阿留申群岛，在阿拉斯加建立了传教地，向南一直到达加利福尼亚州。19 世纪及 20 世纪，希腊和俄罗斯的移民领导了一场在西欧及北美扩张东正教的运动，与东正教的新关系也被建立起来。

16 世纪的宗教改革留下了一个分裂的基督教世界，这是西欧前所未见的。教会和政治管辖现今彼此分裂，在一些特别的地区，持续的张力与敌意存在于不同的、相互竞争的宗教团体中。比如，原本的天主教会所在地（现为新教所有）的名称及所有权导致了政治及宗教的争端，这种争端将在数十年甚至更长时间里得不到解决。神圣罗马帝国分崩离析，人们常说，神圣罗马帝国既不神圣，也不罗马，更非帝国。

三十年战争主要在中欧进行，通常是新教反抗天主教军队。结束战争的《威斯特

[1]　Diarmaid MacCulloch, *The Reformation：A History*, London；New York：Penguin Books, 2005.

伐利亚和约》（*The Peace of Westphalia*，1648）基本上是一份持不同宗教观点的国家间的和平声明，保证了对少数宗教团体的保护，建立了"教随国定"（cuius regio，eius religio，拉丁语，意思是统治者的宗教决定被管辖的人民的宗教）的原则。《威斯特伐利亚和约》代表现代国家体系的开始，从这一意义而言，也代表着现代世界的开始。欧洲教会逐渐建立了自己，也彼此有了来之不易的和平。

第五节　启蒙运动、现代传教运动与世界基督宗教

启蒙运动

启蒙运动（1715~1789）是一场知识运动，它根本地改变了 17 世纪末至 19 世纪初的欧洲文化及思想形态。启蒙运动的思想家挑战了已被接受的大体上的宗教观念，特别是基督教的观念。[①] 启蒙运动以"理性时代"为人知晓，强调理性主义、人类进步、事务分类、科学及乐观主义，强调自然律法高过天启、人的能力高过原罪、科学方法高过教条声明。因此，这一切挑战了"君权神授"及威权教会的等级制度。虽然一开始这并不是一场民主运动，但民主的理念被美国所强调，更重要的是被法国革命所强调。大多数早期启蒙运动思想家都来自贵族阶层，一个例外是巴鲁赫·斯宾诺莎（Benedict Spinoza，1632—1677），他是阿姆斯特丹的一位犹太哲学家，以泛神论的方法来处理宗教，发展历史《圣经》批评。法国哲学家伏尔泰（Voltaire，原名 François-Marie Arouet，1694—1778）对天主教会有所苛评，并倡导宗教宽容。约翰·洛克（John Locke，1632—1704）是圣公会的，但基于经验主义与基督教理性主义而敦促宗教宽容。启蒙运动为社会的世俗化铺平了道路。

启蒙运动的思想家持有广泛的宗教观点，但在总体上，他们倾向于淡化教条主义及基督信仰中的超自然。牛顿（Sir Isaac Newton，1643—1727）的物理学强有力地影响了这些思想家们的宇宙观。他们是反教权的，但未必反基督教。基督教以新的方式被诠释：自然神论者相信上帝是一位"神圣的钟表匠"，创造了世界但丢下不管了；有神论者认为上帝持续通过美和自然秩序参与世界，两者对可被接受的基督教教义有着鲜明对比的态度。一些启蒙运动的思想家开始对非基督教的宗教感兴趣，从而淡化了基督徒的独特性。譬如，伏尔泰是一位中国儒学的欣赏者，他从耶稣会士对中国文本的翻译中获得这些知识。其他宗教的文本也被译成各种欧洲文字。

---

① 对启蒙运动最佳的历史阐述，参见 Jonathan Israel, *Radical Enlightenment: Philosophy and the Making of Modernity, 1650-1750*, Oxford, New York: Oxford University Press, 2001; *Enlightenment Contested: Philosophy, Modernity, and the Emancipation of Man, 1670-1752*, Oxford, New York: Oxford University Press, 2006; *Democratic Enlightenment: Philosophy, Revolution, and Human Rights, 1750-1790*, Oxford, New York: Oxford University Press, 2011.

教会对启蒙运动及后启蒙运动的现代性有着广泛且不同的观点，所有教会的自由派基督徒都支持启蒙运动的观点。福音派的基督徒则因他们视《圣经》为权威而较为保守。圣公会在一个全面的教会秩序内吸收了启蒙运动，并将《圣经》、传统及理性列为教会权威的来源。长老会则采纳了更为实际的苏格兰启蒙运动的观点，但保持对《圣经》权威的重视。罗马天主教拒绝了大部分启蒙运动及现代性的观点，重申第一次梵蒂冈大公会议（1869～1870）中的传统信仰。需要记住的是，天主教会在17世纪谴责伽利略·伽利莱（Galileo Galilei，1564—1642）的科学发现，将其视为异端。始于19世纪末的基要主义运动影响了许多新教教会，特别是长老会和浸信会，它们也拒绝启蒙运动，以及所有形式的现代自由神学、历史批评及进化论。东正教则根本没有启蒙运动的经验。

现代传教运动

从16世纪开始，基督宗教就从欧洲向更为广阔的世界传播。传教运动紧随着殖民主义。早在1494年，《托尔德西里亚斯条约》（the Treaty of Tordesillas）在教宗的授权下，已将欧洲以外的世界分开，一些归西班牙，一些归葡萄牙。天主教传教士以帝国征服者的身份来到亚洲、非洲及拉丁美洲。在此基础上，整个拉丁美洲至16世纪都皈依了罗马天主教。方济各会的修士帮助其在加利福尼亚州、佛罗里达州及新墨西哥州建立了西班牙的传教地。巴西则成为拉丁美洲唯一说葡萄牙语的国家。

澳门在1557年成为葡萄牙的居留地，以及东亚葡萄牙天主教差会的基地。西班牙的方济各会修士将天主教传给菲律宾，1521年第一批菲律宾人受洗。菲律宾是亚洲唯一基督徒人口占比例较多的国家。第一个到亚洲去的耶稣会士是圣方济各·沙勿略（Francis Xavier，1506—1552），他在印度、斯里兰卡、东南亚及日本传扬基督的福音。他本想去中国大陆，却在澳门南部的上川岛离世，功亏一篑。其他清朝的耶稣会士的叙事，以及多明我会、方济各会的故事留待以后书写。耶稣会士在全世界大范围地存在，直到1773年受到教宗克莱孟十四世（Pope Clement XIV，1769～1774年在位）的镇压。这是由于其他修会对耶稣会的反对，以及其与梵蒂冈之间的神学分歧，包括在中国及印度所发生的礼仪之争等。后于1814年被教宗恢复。

新教传教士的工作始于17世纪的荷兰加尔文主义者。建于1602年的荷兰东印度公司向亚洲派遣商人及传教士。他们殖民了印度尼西亚及锡兰（今斯里兰卡），并尝试于1624年在中国台南开拓一个教会，但荷兰人被郑成功于1661年驱逐，其工作付诸东流。丹麦的路德宗教会则在17世纪向印度派遣传教士，为印度开启了新教。[1]

---

① Robert Eric Frykenberg, *Christianity in India：From Beginnings to the Present*，Oxford，New York：Oxford University Press，2010.

　　大不列颠是迄今最大的新教及圣公会殖民大国。詹姆斯敦殖民地（弗吉尼亚州）建于 1607 年，成为美国南部殖民地的圣公会中心。英格兰逃离宗教迫害的清教徒于 1620 年在马萨诸塞州的普利茅斯建立了一个聚居地。介于新英格兰及弗吉尼亚的殖民地则更为多样化。荷兰人是第一批在纽约定居下来的人，他们在那里建立了归正会。长老会、斯堪的纳维亚的路德宗、贵格派、罗马天主教占据了殖民地的中部。东海岸的 13 个殖民地教会在 17 世纪末及 18 世纪进行扩张。随着美国于 1776 年独立，圣公会、长老会、公理会成为美国的主要新教组成部分。[1] 美国宪法宣布政教分离，这是第一个这样做的国家宪法。随着美国于 19 世纪在整个大陆占领及购买领土，教会及学校成为他们建造的第一批建筑物。

　　大不列颠也在加拿大、印度、非洲、澳大利亚、新西兰及许多南太平洋和加勒比的小国中建立殖民地，有道是"日不落帝国"，即太阳也永远不在教会帝国上落下。[2] 这些国家讲英文，又或如印度，以英语为官方语言，保持着从欧洲教会传承下来的教会传统。而法国也在世界的许多地方建立了殖民地，天主教受到法国政府保护。德国、丹麦及其他欧洲国家亦建立了自己的殖民地，并派遣传教士去海外服侍。

　　我们已然得知罗马天主教会早在 2 世纪就于南非建立，埃塞俄比亚东正教始于 4 世纪，基督宗教直到西方殖民主义时代才进入非洲的其他地方。[3] 葡萄牙、西班牙、荷兰、英国、比利时、法国、德国相继在非洲建立了殖民地，来自这些国家的教会或差会向非洲派遣传教士，并在非洲建立教会。来自其他西方国家的传教士也去往非洲及世界其他地方，特别是美国和斯堪的纳维亚（主要是瑞典、挪威及丹麦）。从 19 世纪末起，非洲独立教会也开始扎根。1906 年始于美国（或也同时在其他国家兴起）的五旬节主义亦在 20 世纪初传播至非洲。20 世纪晚期，非洲基督教成为世界上增长最为快速的教会。南非的主教图图（Desmond Tutu）喜欢说："当传教士来到非洲，他们有《圣经》，我们有土地。其后，他们有土地，而我们有《圣经》。我们得到了更好的交易。"他指的是一种非洲大陆上的混合的基督教遗产。

　　在非洲及所有新教派遣过传教士的国家中，当务之急便是将《圣经》译成当地语言，因为《圣经》对大多数教会而言是最终权威。几个世纪以来，东正教也在《圣经》翻译上起到先驱作用，他们认为民众应使用自己的语言来进行崇拜。东正教及其后的新教协助发展了与他们同工的民众的书面语言。翻译是一项重要的传教行为，

---

① Mark A. Noll, *A History of Christianity in the United States and Canada*, Grand Rapids, Michigan： William B. Eerdmans Publishing Company, 1992.

② Norman Etherington, ed., *Missions and Empire*, Oxford, New York： Oxford university Press, 2005.

③ Bengt Sundkler and Christopher Steed, *A History of the Church in Africa*, Cambridge, UK；New York： Cambridge University Press, 2000.

这意味着教会不得不使自己适应当地文化。① 在中国，17 世纪及 18 世纪的耶稣会士虽然没有翻译整本《圣经》，但也做了大量译经工作。在印度的契根巴（Bartholomew Ziegenbalg，1683—1719）及在中国的马礼逊（Robert Morrison，1782—1834）是两位著名的传教士翻译家。他们与身为其学生及语言老师的印度及中国翻译者们一起工作。《圣经》翻译帮助许多国家发展了方言文学及现代写作，是文化交流的重要面向。

基督宗教为 18～19 世纪的奴隶贸易扩张提供了便利，这几乎是与殖民主义并驾齐驱。由荷兰归正会推动的南非种族隔离制度是一个相关议题。现代奴隶制的支持者可在《旧约》及《新约》中为此找到正当理由。这是 1 世纪希腊和罗马社会体系中不可分割的一部分。现代奴隶制及跨大西洋的非洲奴隶为经济及政治因素驱使，但被大多数基督徒接受。西班牙、葡萄牙、法国及英国的土地所有者拥有非洲及印第安（美国原住民）奴隶。天主教修会在拉丁美洲也有一些奴隶殖民地。英国的贵格会及福音派社会改革者声言反对奴隶制，许多基督徒个人亦是。英国于 1808 年废除奴隶制，但奴隶制直到美国内战（1861～1865）结束后才在美国终结。作为奴隶制的后遗症，对于黑人的种族歧视依然存在——虽然许多美国教会一直以来都在尝试纠正这种不公。

19 世纪标志着由英国、法国及德国所引领的西方殖民主义的高潮。这也是现代传教运动的高点。通过政治干预进行巩固，以及通过外观的基督教信息来进行驱动，传教运动因西方殖民主义而变得有所可能。19 世纪差传的口号是"所以，你们要去，使万民作我的门徒……"（《马太福音》28：19），新教及天主教传教士使民众皈依基督教，并建立教会。他们通常否认其他宗教的价值，如佛教、印度教及伊斯兰教等。传教士也为他们所服侍的国家带来了现代教育、医疗科学及对社会议题的新视角。《圣经》及基督教教导曾被用作文化帝国主义的工具，但《圣经》的教导及基督教学校也教授民主思想并对不公义的行为予以抵制。传教士留下的遗产是混合的：一方面，传教运动为殖民主义驱使，招致了剥削及大众的反对；另一方面，在传教士主导下的社会福音事工也出人意料地给当地带来"现代化"的因素。

五旬节派是基督教的新枝，强调"圣灵的礼物"并提倡说方言。② 这一派也是反对启蒙思想的。五旬节派始于 1906 年在洛杉矶举办的一次复兴会议，人们开始说方言并讲述进入狂喜后的宗教经验，后快速地在美国及全球传播。信徒形成了自己的派别，如神召会等，而后也在新教及罗马天主教的其他教会中引发出"灵恩运动"。五旬节派一直以来都是发展最快的基督教运动，在亚洲、非洲及拉丁美洲发

① Lamin Sanneh, *Translating the Message：The Missionary Impact on Culture*, 2nd edition, Maryknoll, New York：Orbis Books, 2009.

② Allan Heaton Anderson, *To the Ends of the Earth：Pentecostalism and the Transformation of World Christianity*, Oxford, New York：Oxford University Press, 2013.

展，特别是在穷人中发展，吸引了众多不同背景的基督徒。该派与其他教会一样有着曲折的历史，但它们也逐渐被主流宗派接受。

19~20 世纪，除新教主流教会，新的本土教会于亚洲、非洲及北美兴起。这些教会的特殊教义塑造了其信徒在快速适应变迁社会时的身份。更重要的是，他们是基督教复兴的运动，跨越宗派，并在从传统到现代社会的过渡中回应新的挑战。传教运动仅仅是这样的运动之一。18 世纪及 19 世纪美国福音派的"大觉醒"是一场复兴运动，旨在新的国度中产生宗教狂热，这也促使了美利坚民族的形成。大不列颠及其他西欧国家的基督教社会主义运动在 19 世纪兴起，以回应快速工业化引起的社会混乱，这也是为应对欧洲工人阶层面对持续加大的马克思主义挑战设计的。

图 1-3　梵蒂冈城中的圣彼得大教堂
图片来源：香港圣公会档案馆。

20 世纪的普世运动被组织起来，以寻求不同基督教宗派间的合一，以及为处理社会议题而联合作工。这有许多种形式，有国内的，也有国际的。1948 年，第一届普世教会协会会议在日内瓦召开，成为一种可见的基督教合一表述，也持续成为一个供每个国家的主要东正教、新教及五旬节派教会讨论、合作及推动基督教合一的重要论坛。就罗马天主教而言，梵二会议帮助教会更有效地回应了多方面的挑战，也将教会带入现代。天主教开始与其他教会及宗教发展出更为亲近的关系。虽然不是普世运动的成员，但天主教与普世教会协会在许多领域中均有合作。

结　语

　　基督宗教被证明是一个富有弹性的社会及宗教运动。在过往的两千余年中，该宗教传遍世界，以迥然不同的方式发展，并衍生出大公教会、各种修会及宗派。基督宗教不但对西方文化产生了不可磨灭的影响，对许多非西方文化亦是。基督教得以延续及具有弹性的基本要素，体现在其基本信仰、教义及修行上具有适应及变化的能力。道成肉身、文化适应、本色化、本土化、处境化等，都是指向这一适应及变化能力的相关术语。因此，教会以各种本土化面貌发展为希伯来、希腊、罗马、欧洲、俄罗斯、亚美尼亚、英国、美国、太平洋岛、非洲、印度、中国的教会。值得一提的是，现代世界中有组织的宗教都持续面对着世俗化带来的挑战，对基督宗教而言，虽然改变世界的能力有限，但不会放弃接受挑战。

第二章

1500 年以前的基督宗教在中国

朱东华

中国景教源自东叙利亚基督教，是东方教会传统中的重要组成部分之一。从公元 635 年阿罗本携带经像入华开始，直至伊斯立碑、景净译经的鼎盛时期，景教在中国一度达到了"法流十道""家殷景福"的盛况，极大丰富了丝路东段的多元文化景观。唐末至两宋时期，景教在中原地带消失，但在西域地区仍有流传。到了元代，景教又在也里可温教的名义下流布四方、兴盛一时。元代的基督宗教，除了也里可温教，还有入华的天主教，共同为东西方文化交流做出了重要贡献。

第一节　更远的叙事：景教入华前

学者对"景教"名义已多有探讨。综合起来看，"景"字，一是表示"光也"，现代学者指出"景"所具有的光明内涵，正与《新约》光照之义相合；二是指"大也"；三是指"仰也"，表示唐代景教的名义中已经包含了对基督宗教之敬虔的深入体察。如果说，"景"字的"光""大"内涵立足于信仰对象的维度，那么"景"字的"景仰（敬仰）"内涵，则立足于信仰行为的维度。

下面我们以景教的使徒统绪，以及景教的学术传统来理解中国景教的底源。

景教使徒统绪：圣多马、使徒阿岱及马睿

按照《多马行传》的描述，耶稣受难之后，十一门徒抽签认领一地去传福音，

其中多马抽到了印度。他在印度为穷人治病赶鬼，向他们传布"新神"福音，并为皈依者举行洗礼、圣餐礼。① 印度史学者大都认为，多马的确曾经前往印度传道，并在一个叫作马拉坡的地方殉道。

图 2-1 多马像（多马触摸耶稣的钉痕）

图片来源：Dominican Friars of Mosul，MS.13，f.60r，现藏美国圣约翰大学希尔博物与写本图书馆。

据《阿岱垂范》记述，阿岱曾经前往埃德萨行医治病并且传道，从而建立了教会。该传记最后还述及阿岱的临终训诫，以及阿贼继任的情景。② 而《马睿行传》则记载了马睿受阿岱差遣，前往美索不达米亚传播福音、行医兴学的经历。马睿在底格里斯河岸名城苏邻（又译塞琉西亚—泰西封）按立了大法主职位（Papa），景教大法主世系由此肇始。此外，《阿岱与马睿祭文》也一直为东叙利亚教会继承。罗马教会的学者们经过研究，已然阐明阿岱与马睿的圣事祝祷属乎古礼。2001 年 10月，罗马签署了《迦勒底教会和东方教会之间的圣体圣事援用指南》这一文件，明确了在何种情况下，流寓各地的迦勒底天主教徒可以被允许在东方教会里面领圣餐。

① A. F. J. Klijn，*The Acts of Thomas*：*Introduction*，*Text*，*and Commentary*，Second revised edition，Leiden：E. J. Brill，1962，pp.149-158，161，167，173，183，188，204，217，228，267，289，290.

② Cf. *The Doctrine of Addai*，*The Apostle*，English translation and notes by George Phillips，London：Trübner & Co.，1876，pp.47-50.

罗马天主教会的上述努力，表现出对东方教会传统的必要尊重。[①]

马睿之后的法主传承世系是环环相扣、清晰而完整的，叙利亚语和拉丁语的传记材料有不少相关叙述。

背景知识 2-1 · 使徒统绪

所谓"使徒统绪"（apostolic succession）乃是指早期使徒教会所采用的推元模式，其特点是将法主（宗主教）职分的按立追溯到耶稣基督的某一位核心使徒（十二使徒以及圣保罗），以按手礼为记号，通过构建环环相扣的传承链环，来确认教会的合法性与权威性。教会的这种推元意识源自耶稣基督针对使徒所说的如下设立语："你们要传教万国，要奉圣父、圣子、圣灵之名，为他们施洗。"（《马太福音》28：19）

按照东叙利亚教会所建构的使徒统绪，其教会渊源可以追溯到马睿，马睿与阿赅一并师事阿岱，阿岱师事多马。其中马睿、阿赅、阿岱属于路加福音第10章所谓"七十门徒"之列，而多马则属"十二使徒"之一，由其而直承耶稣基督。[②] 在19世纪末发现的多种叙利亚语文献中，有3世纪的《多马行传》、5世纪的《阿岱垂范》及《马睿行传》。这三部文献分别体现了景教（东方叙利亚基督教）使徒统绪中"耶稣—多马"环节、"多马—阿岱"环节、"阿岱—马睿"环节，以及"马睿—法主世系"环节的成功构建。它们环环相扣，构成了一脉相承的完整链环。[③]

景教思想家：塔提安、阿弗拉哈、遍拂林、狄奥多若、纳赛、大巴贝

在早期叙利亚教父中，首先值得关注的是塔提安（Tatian，110—180）。他师从殉道者游斯丁（Justin Martyr，约100—约165），著有《针对希腊人的演说》，其日后所编的《四福音糅合本》（*Diatessaron*）是第一部叙利亚语福音书，在《新约》文本发展的早期阶段享有颇为重要的地位。[④] 塔提安是禁戒派的创立者，他在东方

---

① Michael Angold, *Eastern Christianity*, Vol. 5 of *The Cambridge History of Christianity*, Cambridge：Cambridge University Press, 2008, pp. 534-535. 同时值得一提的是，1994 年罗马天主教教宗若望·保禄二世（John Paul Ⅱ）与东方叙利亚教会大法主摩丁卡四世（Mar Dinkha Ⅳ）发表《共同基督论之宣言》，指出双方在基督论问题上的历史分歧乃是因误解而导致的。

② Wilhelm Baum & Dietmar W. Winkler, *The Church of the East：A Concise History*, pp. 12-14.（亦有叙利亚语文献认为是七十二门徒。）

③ Amir Harrak, *The Acts of Mār Mārī the Apostle*, Atlanta：Society of Biblical Literature, 2005, p. xxxi.

④ William Lawrence Petersen, *Tatian's Diatessaron：Its Creation, Dissemination, Significance, and History in Scholarship*, Brill Academic Publishers, 1994, p. 432.

禁欲主义传统形成过程中起到了重要作用。[1]

4世纪著名神学家阿弗拉哈（Aphrahat，? —350）有"波斯智者"的雅号，其所著《明示》涉及信仰、爱、禁食、祈祷、复活、谦卑、割礼、济贫等23个议题，展现了早期波斯教会的信仰生活。同时期的另一位神学家遏拂林（St. Ephrem，? —373）素有"圣灵之琴""教会柱石"之美誉。他创作了大量深受欢迎的神学颂诗，是基督教诗歌创作史上堪与但丁并驾齐驱的杰出诗人之一。此外，他还留下了数量可观的布道文、护教著作和释经著作。遏拂林原籍尼西比斯，他在当地创办了学校。363年尼西比斯割让给萨珊波斯之后，遏拂林迁往埃德萨，又创建了埃德萨的波斯学校，使之成为叙利亚神学东传的重要窗口。

此外，为景教奠定思想基础的还有安都学派的经学宗师狄奥多若（Theodore of Mopsuestia，? —428）。他于公元392年就任摩普绥提亚的主教，其间留下了一系列释经著作以及教义疏讲。公元410年，苏邻城会议接受了有所调适的《尼西亚信经》。自公元430年起，埃德萨学校受到狄奥多若思想的巨大影响。不久，狄奥多若的全部希腊文著作被翻译为叙利亚文，并且被列为学生必读书目。该时期的埃德萨学校和尼西比斯学校，对早期东方教会的神学思想起到了巨大塑造作用，它们均将"经师"狄奥多若的著作奉为圭臬。[2]

背景知识 2-2　景教的《尼西亚信经》表述

《尼西亚信经》乃是公元325年召开的第一次普世教会大公会议（尼西亚会议）所定下的信仰文件。东叙利亚教会（景教）的核心教义深受修订版本的《尼西亚信经》的影响。景教《尼西亚信经》表述如下：

我信独一的阿罗诃，威严的圣父，有形、无形万物的造主。

又信独一主耶稣弥施诃，阿罗诃的独生子，一切造物中的长子。在万世以前为祂的父所生，而非受造。出于真神而为真神，并与圣父同质。藉着他，万世乃立，万物乃成。祂为了我等世人，为了拯救我们而从天国降临，披戴人身，并同人出世。祂由室女玛利亚所生，并在本丢·彼拉多治下被钉死在十字架上，然后下葬。并照着圣经所说，第三天复活，升入了天国，并坐在阿罗诃的右边。祂还将复临，来审判活人和死人。

---

[1] Arthur Vööbus, *History of Asceticism in the Syrian Orient*, 2 Vols., CSCO; Louvain: Secretariat du CSCO, 1957, 1960; Vol. 1: *The Origin of Asceticism, Early Monasticism in Persia*, pp. 31-39.

[2] Alphonse Mingana, "Prefatory Note," in *Commentary of Theodore of Mopsuestia on the Nicene Creed*, pp. 3-4.

又信独一圣灵。祂是从父那里生发出来的，是生命的赐予者。

又信独一大公教会。使罪得赦。为肉体复活及永生。[1]

公元489年，埃德萨学校被迫关闭之后，校长纳赛（Narsai）逃亡尼西比斯，在那里他又创办了尼西比斯学校，为东方教会培养了大批人才。纳赛本人有"圣灵的竖琴"之雅号，是东叙利亚教会又一位重要的诗人、神学家。正是由于纳赛的努力，遏拂林、狄奥多若等人的思想在东方教会成了正统和主流。544年，大法主摩阿巴一世主持会议，确立了大法主选举方案，其后他创立了苏邻神学学校。608~628年，著名神学家大巴贝领导教会，他所提出的"二性及其二相（Qnome）"的基督论表达式，影响甚巨，至今有效。其后教会迎来了一段和平发展时期，教会规模不断扩大。东叙利亚教会有"内区"和"外区"之分。前者包括美索不达米亚及伊朗境内，后者则相当于"东方"，这些地方的教会乃是5~8世纪期间景风东扇的成果。

第二节　景风东扇：唐代中国的景教

在景教入华的早期阶段，东方教会正处于由强转盛的阶段：在教义思想上，已有著名神学家大巴贝清晰阐述了景教基督论的要义；在礼仪实践上，又有伊兹拉修道院院长阿罗憾拟定的礼仪规章。阿罗憾于6世纪初前往尼西比斯求学，后游历至埃及，对当地沙漠隐修的制度和生活方式产生了浓厚兴趣，并期望东方教会的修院能够以之为楷模使其复兴。阿罗憾在伊兹拉山区建立的大修道院，日后成为东方教会最为重要的灵修中心和神学策源地。阿罗憾的礼仪改革也有十分积极的影响，他被公认为景教"削顶"礼仪的肇始者，该礼仪将景教教士的头发剃成头顶为秃的车轮状发型，以明严守戒律之志，即《大秦景教流行中国碑》所谓的"削顶所以无内情"。[2] 6~7世纪，大巴贝又曾将安都学派宗师狄奥多若的神学思想进一步明晰化，他提出了"二性及其二相"的基督论表达式，即指弥施诃（基督）具有神人二性，此二性又个别呈现为二相，并且其二性及其二相又紧密地融合在弥施诃（基督）的一个身位之中。大巴贝的表达式影响甚巨，至今有效。

此外，特别值得一提的是，大法主格德拉的易肖亚伯二世（Ishoyahb II of Gdala，628—646）在位期间，很重视神学教育，兴办了多所学校。易肖亚伯二世擅长外交斡旋，能够寻求萨珊当局的支持，于传教事业多有推进。

正是在这样一种形势之下，景教入华并且获得了唐王朝的隆重接待。而至伊斯、

---

① 参见朱东华《尼西亚信经与景教神学》，《道风：汉语基督教文化评论》第47期，第27~48页。

② 吴昶兴编注《大秦景教流行中国碑：大秦景教文献释义》，橄榄出版社，2015，第17~18页。

景净树立景教碑的时期，时任大法主提摩太一世更是雄才大略，其辖下教会盛极一时。相应的，景教碑竖立的年代，也恰是唐代中国景教发展的高峰时期。

景教入华发展：初入、坚守、复兴、鼎盛

景教首次进入汉地，有明确而可靠文献记载的，是在公元635年。《大秦景教流行中国碑》，以及景教敦煌文书《尊经》之案语均有记载。入华传教士名曰阿罗本，他是唐太宗派了宰臣房玄龄"总仗西郊、宾迎入内"的，且在朝廷上有房玄龄、魏徵两人亲自为其宣译奏言。此后，阿罗本还得到了特别允可，得以在"书殿"（帝国图书馆）翻译景教经典，并且可以在大唐帝国境内传教。

经过阿罗本的努力，景教很快站稳了脚跟，并且在短时间内获得了较大的发展。据景教碑文的记载，阿罗本来华3年之后，唐太宗已经对景教教义有了进一步的考察，并且对其"济物利人"的功用表示肯定，从而责成有关部门在京城义宁坊建造了一座景教教堂。这样，在阿罗本按立了21位神职人员之后，长安景教教会便初具规模。

唐太宗封阿罗本为"镇国大法主"。其后，唐高宗继承了唐太宗对景教的优遇政策，仍崇阿罗本为镇国大法主，并且于诸州各置景寺，以至于出现了"法流十道、国富元休、寺满百城、家殷景福"的盛况。虽然这里所谓的"十道""百城"，恐非实指，而属文学修辞，[①] 但我们从现今西安、洛阳两地均有唐代景教重要文物出土这一事实出发，可以想见当时景教已有一定的规模。当时至少有11座教堂是有案可稽的，包括长安的两座，洛阳、盩厔（今周至）、成都、峨眉山、灵武，以及其他4处地方各有一座。由此可以推想，阿罗本在华期间，对中国景教的发展做出了重要贡献。

学界通常将敦煌景教文书《一神论》与《序听迷诗所经》认定为阿罗本时期的作品。[②] 其中，《一神论》是一篇相当重要的长篇神学论文，《序听迷诗所经》则因其援引的是塔提安的《四福音糅合本》，而显得尤为珍贵。

武则天时期，因武后与佛教有甚深渊源，故当时佛教徒得势用壮，景教徒受其攻击、排斥。所幸景教徒在唐玄宗继位之初的艰难处境持续不久，便得以改善。这主要归功于僧首罗含、大德及烈等人的坚守和重振。景教碑文形容他们对在华教会所起的作用是"共振玄纲、俱维绝纽"，即在逆境中坚守、在思想上重振。经过若干年的努力，局面终于为之一变——在华景教又受到朝廷的恩待和礼遇，在历经一时波折后，再入佳境。

---

① 林悟殊：《唐代景教再研究》，中国社会科学出版社，2003，第32页。
② 王兰平：《唐代敦煌汉文景教写经研究》，民族出版社，2016，第124、173页。

自唐玄宗、肃宗以至代宗与德宗年间，中国景教迎来了鼎盛时期。732 年，波斯王遣首领大德僧潘那蜜与大德僧及烈来朝。唐廷授首领为果毅，赐僧紫袈裟一副及帛 50 匹，放还蕃。其间唐玄宗"令宁国等五王亲临福宇，建立坛场"。742 年，唐玄宗又令大将军高力士将送 5 位帝王的写真安置于景寺。744 年，东方教会总部又派了大德佶和来华，罗含、普论等 17 位教士又奉诏前往玄宗理政游宴之所兴庆宫（号称"南内"）与佶和一起举行景教礼拜仪式。唐玄宗还亲自为景寺题写了寺榜。745 年，唐玄宗下诏指出"波斯经教出自大秦"，并将"波斯寺"更名为"大秦寺"，表明唐人对景教的底源已经有了更为准确的认识。安史之乱得以平定之后，唐肃宗于灵武等五郡重立景寺。

伊斯立碑及景净译经

781 年，伊斯立《大秦景教流行中国碑》。碑阳下侧、碑身左右两侧，刻有叙利亚文人名 70 余人（多数有汉语对照），可以一睹唐朝两京教会组织之轮廓。

伊斯来自吐火罗斯坦的小王舍城（Balkh）的景教家庭，其父米利斯是当地教会的已故长老。《大秦景教流行中国碑》碑文描述伊斯的品性是"和而好惠、闻道勤行"，称其才华是"术高三代、艺博十全"（即指其医术高超）。伊斯在郭子仪军中地位独特，其与郭子仪的关系非同一般。伊斯在平乱之后定居都城长安，其在教会

图 2-2 大秦景教流行中国碑（现藏西安碑林博物馆）

图片来源：夏鸣雷著《西安府界教碑》卷首衬页（Henri Havret, *La Stèle Chrétienne de Si-ngan-fou*, Shanghai: Imprinierie de la Mission Catholique, 1895）。

中的地位也很高：景教碑叙利亚语铭文称其为都城长安的副主教，并且享有"摩"（ܡܪܐ）的尊号，所以他能够"每岁集四寺僧徒，虔事精供，备诸五旬"。汉语碑序还称其为教会的大施主，"能散禄赐、不积于家"，能够出资修缮旧寺、重广法堂，能够为饥饿者提供饮食，为受冻者提供衣被，为生病者提供医疗，为死难者提供葬资。伊斯作为唐肃宗、代宗、德宗三朝景教教会的赞助人和保护者，其功勋之卓著，令碑文作者景净赞不绝口。

景净（教名亚当）是唐代中国景教的长老、副主教及教父，[①] 同时又是唐代中国景教最重要的神学家和翻译家。据敦煌文书《尊经》记载，景净所译作品达35部之多。他所撰述和翻译的作品存世数量有限，却弥足珍贵。其中尤其值得一提的是，现藏西安碑林的《大秦景教流行中国碑颂并序》、2006年发现于洛阳的经幢《大秦景教宣元至本经》，以及若干敦煌文书如《三威蒙度赞》《至玄安乐经》等。当年王国维先生看了天津大藏书家李盛铎所藏的两种敦煌景教文书（包括景净所译《宣元至本经》的片段），不禁发出如下感慨："李氏诸书，诚为千载秘籍，闻之神往！……景教经二种不识但说教理，抑兼有事实，此诚世界宝籍，不能以书籍论矣。"[②]

图 2-3　洛阳经幢《大秦景教宣元至本经》
图片来源：洛阳博物馆。

---

① Henri Havret, *La Stèle Chrétienne de Si-ngan-fou*, Shanghai: Imprimerie de la Mission Catholique, 1895, p. xv.

② 王国维：《观堂书札》（第九十三札），《中国历史文献研究集刊（第一集）》，湖南人民出版社，1980，第37页。

景净所撰写的《大秦景教流行中国碑颂并序》是景教神学及教会史之概论，可视为景净撰述生涯的第一个重要关节点。此时景净的神学思想已臻成熟，他有关"三一妙身""三一分身""三一净风"之"创世—经世内涵"的神学叙述，为其后翻译神学论文及赞美诗奠定了坚实的基础。当然，景净这一成熟神学体系的建构并非凭空而来，其早期所译《宣元至本经》《志玄安乐经》等神学论著，均在术语和观念方面为其建构完整的神学体系提供了强而有力的支持。景净撰述生涯的第二个重要关节点是其与罽宾国般若三藏合作翻译《六波罗蜜经》。这一合作为景净的"援佛入景"的思想熔铸工作提供了可能。"妙身—应身—证身""三身一体"概念的援用，尤其是"应身"取代"分身"概念，体现了景净前后期神学核心术语上的关键变化。与景教碑"分身"概念注重性体分析有所不同，"应身"概念注重的是该身位的经世内涵。这些用语具有鲜明的景教特色，充分体现了中国景教思想与东叙利亚教会的叙语言境和神学传统之间的密切关系。景净在翻译过程中采取了深度中国化的策略，他尝试吸纳儒、释、道的术语与思想资源，来熔铸汉语景教的概念与思想的体系。景净的翻译与撰述工作，为基督教中国化做出了重要贡献，值得深入研究。

晚唐景教在中土的衰落及其后在西北少数民族中的传播

唐宪宗至唐文宗时期（806~840），景教仍得到持续的发展。米继芬墓志、花献夫妇墓志、洛阳经幢等出土文物表明，灵武、洛阳等地以昭武九姓为主体的景教徒社区依然活跃。唐武宗即位后开始排佛，波及了景教。845年，诏毁天下僧寺，僧尼还俗，并勒大秦、穆护、祆三千余人，并令还俗，不杂中华之风。此后，尚有其他事件冲击大秦景教在华发展。比如，据记载，唐末黄巢起义军进据广府（广州）时，有12万侨居的伊斯兰教徒、基督教徒、火祆教徒和犹太人遭到杀戮。[①] 此处所谓12万数未必据实，但景教（基督教）一并受到冲击是极有可能的。随着唐王朝的分崩离析，景教也便在中土销声匿迹了。

此后景教沿着两个趋向发展：一是被民间信仰吸纳（或隐匿到民间宗教之中），一如福建霞浦摩尼教科仪文书中所见景教内容（如《吉思咒》[圣乔治传记]）表明的那样；二是边疆化的发展，如在乃蛮、克烈、蔑里乞、汪古，以及新疆的畏吾儿、吉尔吉斯等民族中继续传播。唐宋时期新疆的景教以高昌为中心，到了元朝便迅速扩张到和田、吐鲁番、哈密、乌鲁木齐等地。

---

① 参见〔英〕阿·克·穆尔《一五五〇年前的中国基督教史》，郝镇华译，中华书局，1984，第82~83页。

图 2-4　高昌壁画《棕枝主日》

图片来源：柏林东亚艺术博物馆。

第三节　元代景教

元代也里可温教与唐代景教具有同源关系，都是东叙利亚教会东传的结果。

克烈部、汪古部的景教传播及其与蒙古宗室之关系

一些以狩猎、游牧为生的部落，曾经居住在贝加尔湖的东南部大草原，其中包括克烈部、乃蛮部、蔑里乞，以及住在内蒙古一带的汪古部。迄 12 世纪初，上述部落都已经局部或全部皈依景教。

蒙元时期依次划分了蒙古、色目、汉人、南人 4 种位所，其中克烈部属于"国人"蒙古一族，汪古部则属于色目一族。11 世纪初，克烈王带着整个部落（约 20 万族人）皈依了景教。其后近 3 个世纪里，有不少克烈部女性景教徒嫁入蒙古宗室为后为妃（可敦），从而对蒙元时期景教的发展和传播产生了很大的影响。

1250~1251 年的部族大会中，蒙古帝国的大权转移到成吉思汗第四子拖雷的后人手上。在此过程中，拖雷遗孀唆鲁忽帖尼起了非常重要的作用。唆鲁忽帖尼信奉景教，富有政治智慧，其长子是蒙古大汗（宪宗）蒙哥，二子是元世祖忽必烈，三子旭烈兀是伊利汗国的缔造者。正是在其母亲信奉景教的影响下，三位君主均对景教采取了优待政策，其中伊利汗国诸君王与景教关系尤为密切：三子旭烈兀之妃

（可敦）乃克烈部王汗之孙女脱古思。脱古思富有才智，常庇护景教徒，因而这一时期（旭烈兀至阿鲁浑在位期间，1256~1291）的景教常被史家视为其最后的鼎盛时期（该时期也正好是景教大法主雅伯拉哈三世在位期间）。

继克烈部之后，汪古部对景教在蒙元帝国的传播起了重要作用。鄂多立克（Odoric de Pordenone，约 1265—1331）和马可·波罗（Marco Polo，1254—1324）均以西方传说中的约翰长老，附会汪古部景教之渊源。但无论如何，至 13 世纪，汪古部首府所在地东胜已是东方教会的一个主教住锡地。日后成为雅伯拉哈三世的马可即是东胜人，其父白桌尔乃是当地的一位副主教，所以马可也可谓是出身景教世家。马可与其师列班扫马（1225—1294）前往耶路撒冷朝圣之际，曾经路过自己的家乡东胜，并且受到大汗驸马君不花和爱不花（同为景教徒）的热情接待。[1]

元代宗教政策、爱薛与崇福司

蒙古统治者大都信奉萨满教。成吉思汗、忽必烈等人都是如此。蒙古人在欧亚大陆扩张并建立庞大帝国的过程中，也遭遇了基督教、佛教、摩尼教、伊斯兰教的渗透。成吉思汗对各宗教持一种颇为开明的态度，《成吉思汗法典》即采取了宗教宽容的立场。成吉思汗大军之中，既有基督徒，也有穆斯林。忽必烈虽然在佛教僧侣海云和八思巴等人的影响下，对佛教颇为心仪，但由于其母唆鲁忽帖尼是景教徒，所以他也对景教徒予以优待。

1289 年，朝廷特置秩二品的崇福司，以爱薛（1227—1308）为司使，"掌领马儿哈昔、列班、也里可温、十字寺祭享等事"，其下大小官员 19 人，各司其职。崇福司乃是掌领元境基督教事务的中央机构，品级仅次于掌领佛教的宣政院（从一品），与掌领道教的集贤院相同（从二品）。1315 年，朝廷复将其升格为崇福院。由此可见，在元代宗教宽容政策之下，也里可温教已然达到了颇为繁盛的地步。

爱薛出身于拂林（叙利亚）景教世家，乃祖乃父皆有名望。德高望重的拖雷妃唆鲁忽帖尼，奏请遣使延请爱薛之父。其父因年老"辞不能往"，以子爱薛能继其家学，通晓西域诸国语言和星历、医药之学，将他极力推荐于使者，让他代父应召。爱薛到蒙古后，事奉唆鲁忽帖尼母子，甚受亲信，得娶其同族（克烈氏）景教徒为妻。爱薛夫妇一同当过蒙哥汗之女的"傅父""傅母"，与拖雷家族的关系十分密切。1283 年，爱薛副孛罗丞相出使伊利汗国，并充译人。今梵蒂冈档案中有 1285年阿鲁浑汗致教宗书信的拉丁文本，信中提及大汗所遣使者，即指爱薛。爱薛回朝

---

[1] *The History of Yaballaha III and Bar Sauma*, tran. James A. Montgomery, New York：Columbia University Press, 1927, p. 33.

后益受元世祖爱重；1289 年置崇福司，这无疑是爱薛为本教争取到的地位和权益。爱薛及其子相继担任崇福使。后元武宗因爱薛的忠诚，封其为秦国公，卒进封太师拂林忠献王。

圣徒马·薛里吉思及其所建十字寺

随军进入是基督教传入元代主要模式。这种军事性的移民，使也里可温教能够在短时间内迅速发展。[①]

据梁相《镇江大兴国寺记》所载，苦行僧及传教士马·薛里吉思（Mar Sargis）祖上世居也里可温行教之地薛迷思贤（撒马尔罕），祖父可里吉思、父亲灭里、外祖父撒必都是景医。其中，外祖父撒必在成吉思汗西征河中时期，曾献药露"舍里八"（又称舍利别、舍儿别，元代西域风行的一种医用饮品，又译"渴水"）治愈太子拖雷，并因此获封为"也里可温答剌罕"（首领）。马·薛里吉思也精通"舍里八"制作之法，并先后于 1272 年和 1275 年应召前往云南、闽浙制作"舍里八"。1277 年，钦受宣命虎符怀远大将军、镇江府路总管府副达鲁花赤。马·薛里吉思虽登荣显，但他持教尤谨，常有志于推广教法。《镇江大兴国寺记》叙述了颇具戏剧性的一幕：一夕，马·薛里吉思梦见天门开了七重，二神入告曰："汝当兴寺七所。"马·薛里吉思醒来之后，深为启示所感动，于是就辞官建寺。马·薛里吉思所建 7 座十字寺（忽木剌）分别为：铁瓮门八世忽木剌大兴国寺、西津竖土山答石忽木剌云山寺、都打吾儿忽木剌聚明山寺、丹徒县开沙打雷忽木剌四渎安寺、登云门外黄山的廉海牙忽木剌高安寺、马里吉瓦里吉思忽木剌甘泉寺、杭州荐桥门样宜忽大剌大普兴寺。七寺建成之后，又礼请撒马尔罕的圣徒（马里哈昔牙）、主教麻儿失理（门）前来"阐扬妙义"，并且"安奉经文"，从而使七寺的教义和礼仪得以完备。其间，丞相完泽以其事奏闻，乃有玺书护持，并获拨赐官民田产为七寺常住。当时也里可温之盛，可见一斑。[②]

列班·扫马和大法主雅伯拉哈三世

北京房山的三盆山上有大十字寺，相传是当年景教徒列班·扫马的隐修之地。后有也里可温马可来此修行，并相约前往耶路撒冷朝圣。一路上，他们克服了种种困难，终于到达伊利汗国，拜谒了时任大法主登哈。其间，他们遍访诸城圣迹，敬拜了祖师马阿里的陵墓。由于通往耶路撒冷的道路受阻，只得暂时留在伊利汗国。1280 年，大法主登哈任命马可为"契丹及东方"的都主教，并赐名"雅伯拉哈"，

---

① 殷小平：《元代也里可温考述》，兰州大学出版社，2012，第 139 页。
② 江文汉：《中国古代基督教及开封犹太人》，知识出版社，1982，第 129 页。

意为"天赐"。与此同时，登哈又任命列班·扫马为按察总使。

1281 年，马·雅伯拉哈被推举为景教新任大法主，号为雅伯拉哈三世。在蒙古人统治之下，伊朗和美索不达米亚境内的基督徒迎来了一段美好时光。一座座教堂建立起来，基督徒甚至还可以免缴人头税。雅伯拉哈三世在伊利汗国首府马拉盖造了一座巨大的修道院。得益于蒙古统治下亚洲的统一，其幅员囊括了 30 个省份和 250 个主教区，雅伯拉哈三世的在位代表了景教的鼎盛时期。

1287 年，列班·扫马奉伊利汗国王阿鲁浑及大法主雅伯拉哈三世之命，出使西方。他首先来到君士坦丁堡，参拜各处圣迹。然后他去了罗马，当时正值教宗逝世，于是他与 12 位红衣主教见面，谈到了东方教会的使徒统绪、神学义理和礼仪传统，触及了双方教义思想的若干关键的异同之处。其后，列班·扫马一行又先后拜会了法王腓力四世（Philippe Ⅳ，1285～1314 年在位）和英王爱德华一世（Edward Ⅰ，1272～1307 年在位），呈递了国书及礼物。他们在日内瓦过冬之后，又回到了罗马，并受到了新任教宗尼古拉四世（Pope Nicholas Ⅳ，1288～1292 年在位）的接见。按照叙利亚语文献，该教宗承认雅伯拉哈三世为东方教会之牧首。其间，列班·扫马还亲自主持了一次弥撒，当地有大批基督徒参加了这次活动，嗣后他们赞叹道："虽语言不同，但礼仪相同！"①

其后由于汗位更替，景教经历了诸多灾难，日益式微。

背景知识 2-3　和子句争议与景教的圣灵论

589 年的西班牙托雷多会议首次添加了"和子句"（the filioque clause），此后这一做法在拉丁教会逐步流行。与此同时，由于拉丁教会将拉丁语"和子"（filioque）一词插入尼西亚—君士坦丁堡信经（"圣灵是从父和子那里发出来的"），这种双重生发的圣灵论从一开始就引发了诸多的争议，直至 11 世纪初（1054），罗马恢复使用带有"和子句"的信经，并导致了东正教与西方拉丁教会的最终决裂。"和子句"争议也可以在早期安都学派与亚城学派的争论中见到端倪：以区利罗（Cyril of Alexanderia）为首的亚城学派强调神性的统一性，因而主张双重生发的"和子句"立场；而以狄奥多勒（Theodoret of Cyr）、狄奥多若为代表的安都学派则强调位格的区分，因而反对"和子句"立场。狄奥多若认为，信经言及圣灵时，称其"是从父那里发出来（نفق）的、是生命的赐予者"。这一表述脱胎于《约翰福音》15：26："我将要差来给你们的保惠师，就是从父那里出来（نفق）的真理的灵，祂来到的时候，要为我作见证。"由此可见，在"和子句"问题上，东叙利亚基督教的立场与东正教的立场一致。

---

①　罗香林：《唐元二代之景教》，香港：中国学社，1966，第 260 页。

1287 年，元代景教大德列班·扫马出使罗马，曾在教廷与红衣主教们论及"和子句"的问题，表明景教遵循狄奥多若以来的传统，不赞成"和子句"表述。从列班·扫马所给出的三个模拟（心灵—理解力—生命活动、日球—光—热、亚当—塞特—夏娃）来看，他其实赞同"圣子由圣父所生、圣灵由圣父所发"这一东方模式，反对圣灵发自圣父和圣子的西方模式（反对"和子句"表述）。列班·扫马的圣灵论的这一显著特点，正是唐元景教同源关系的有力证据之一。

第四节　元代天主教的东传

元代天主教入华的背景

元代天主教遣使入华，具有深刻的政治、经济、文化和军事背景。13 世纪初，蒙古大军在一代天骄成吉思汗的率领下，开始了强悍的西征，对西方基督教世界构成了巨大威胁。因此，从初期、局部的背景来看，元季天主教入华的直接动机是劝化、止杀。在十字军战争和强权暴行成为显著标志的年月，圣方济各的苦修、和平之路可谓寄怀悠远、发人深省，而且影响深远。其所创立的方济各会（Ordo Fratrum Minorum），与多明我会（Ordo Dominicanorum）一起，得到了罗马教宗的大力支持，成为这一时期天主教的重要差会。面对 13 世纪初蒙古大军西征欧陆所带来的杀戮和流离失所，罗马教宗英诺森四世（Pope Innocent Ⅳ，1243~1254 年在位）于 1245 年在法国里昂召开全欧主教会议，决议征召方济各会与多明我会修士出使蒙古，劝止蒙古军队的征伐和杀戮，这体现了天主教遣使的外交和政治目的。

同时，从长期、整体的背景来看，亚欧世界的大国格局已经形成。蒙元崛起，缔造了一个短暂却空前强大的欧亚大帝国，为 13~14 世纪的亚洲带来了难得的和平、统一和宗教上的自由。在此和平时期，蒙古统治者对各宗教采取了怀柔、包容的政策，这为天主教入华提供了有利条件。[①] 在 1245~1346 年的百余年间，曾有多个使节、传教士或差会入华，其中仅方济各会便有柏朗嘉宾（Jean de Plan Carpin，1182—1252）、孟高维诺（1289~1328 年在华）、马黎诺里（Giovanni de Marignolli，1290—约 1359，1342~1346 年在华）等著名会士入华。

柏朗嘉宾与鲁布鲁克

柏朗嘉宾是圣方济各的忠信门徒，早年曾受差遣前往日耳曼、西班牙等地，后于 1245 年（此时柏朗嘉宾年事已高），又奉教宗英诺森四世之命，由里昂出发，经

---

① Cf. Daniel H. Bays, *A New History of Christianity in China*, Chichester, West Sussex; Malden, Mass.: Wiley-Blackwell, 2011, p. 11.

过长途跋涉，抵达蒙古都城和林，得以参加将在不久后举行的贵由大汗的登基大典。柏朗嘉宾其后觐见定宗，呈上教宗礼物及信函。教宗在信中直言蒙古屠杀之非："君等侵入无数基督教国，残破其地，居民无问男女老少，悉遭屠戮。"他劝说大汗信教、罢兵，勿杀害无辜，以免遭受天罚，并要求优待基督徒。[①] 定宗则以君主惯常的傲慢口吻，——回绝教宗之批评与诉求，包括为缔结和平事，教宗及王公应前来朝见；不解他为何必须领洗成为基督徒；蒙古军队之杀戮，乃因对方不闻上天及成吉思汗之命，且加害蒙古使者。[②] 显然，教宗和定宗在宗教立场、政治理念与战争态度上存在巨大分歧，彼此之间仍处于误解乃至对立的阶段。不过，因为太后本人也是基督徒（也里可温），所以柏朗嘉宾又多次蒙太后接见，温语慰劳，临行之际还获赠貂皮缎袍。1247 年，柏朗嘉宾返回里昂，撰写拉丁语《蒙古行纪》，并被任命为安蒂瓦利大主教。[③]

鲁布鲁克也是方济各会士，大约于 1253 年奉法兰西王路易九世（Louis IX，1226～1270 年在位）之秘密使命，从君士坦丁堡出发，先是去了钦察汗国撒里答，以及拔都的幕帐，后于 1254 年，数度接受元宪宗蒙哥汗的召见，其间递交了法王的书信并承接了蒙哥汗的复信。1255 年，鲁布鲁克返回的黎波里，撰写《东行纪》，呈送法王。鲁布鲁克的出使，上承柏朗嘉宾，下启马可·波罗。《鲁布鲁克东行纪》也是西方对于亚洲心脏地带人民及其宗教最早的准确记载。

波罗一家的东游与马可·波罗的游记

波罗一家为威尼斯巨贾，其父名为安德烈·波罗（Andrea Polo），有子三人：伯曰马可（Marco）、叔曰马菲奥（Maffeo）、季曰尼古拉（Niccolo）。长兄马可留有产业在克里米亚，在其去世之后，马菲奥与尼古拉兄弟二人即前往克里米亚。后二人幸遇蒙古使臣，受邀同访蒙古。他们因熟谙蒙古语言，深得忽必烈的信任，经常蒙诏相询欧洲诸国及教廷情形，以至受命出使教廷、传信教宗，请求派遣 100 位通晓七艺的基督徒学者东来，并携带耶路撒冷圣墓灯油。

波罗兄弟于 1269 年返回欧洲，其时教宗格勒门四世（Pope Clement IV，1265～1268 年在位）去世未久，于是二人回归故里，当时尼古拉妻已逝，他们便又携尼古拉的儿子、15 岁的马可·波罗再往中国。正当他们途径亚美尼亚之时，新任教宗格里高利十世（Pope Gregory X，1271～1276 年在位）又将他们紧急召回，命携复函再走。三人于 1275 年夏抵达上京，觐见元世祖忽必烈。年轻的马可·波罗开始学习汉语，以及蒙古语、藏语、畏吾儿语、西夏诸语，深受元世祖爱赏，在元仕宦凡 17

---

① 〔瑞典〕多桑：《多桑蒙古史》上册，冯承钧译，中华书局，2004，第 270 页。
② 〔法〕伯希和：《蒙古与教廷》第一卷，冯承钧译，中华书局，1994，第 13～14 页。
③ 《柏朗嘉宾蒙古行纪·鲁布鲁克东行纪》，耿昇、何高济译，中华书局，1985，第 12 页。

年，虽屡请归国，皆因元世祖不舍而未得应允。直到 1291 年初，马可·波罗奉旨护送阔阔真下嫁波斯王阿鲁浑，全家三人始得西返。他们先在波斯王廷逗留九月，后经由君士坦丁堡，于 1295 年返回故乡威尼斯。其时正值威尼斯与热那亚战争，马可·波罗被俘，在狱中口述东游闻见，狱友鲁斯蒂谦（Rustichello of Pisa）为其笔录，于是就有了传世名著《马可·波罗游记》。①

孟高维诺与中国天主教主教区的建立

孟高维诺也是方济各会士，他博学多才，不畏艰险、不辞辛劳，对元季中国天主教主教区的建立做出了突出贡献。孟高维诺早年曾经受差遣前往亚美尼亚和波斯觐见各国君主，呈递教宗信函。1289 年，在完成波斯王与教宗之间的信函传递之后，他又奉教宗尼古拉四世之命，作为教廷使节前往东方诸国。孟高维诺先是在印度逗留一年有余，后经由中国南方某港口（可能是泉州）登陆。1294 年，孟高维诺抵达大都（北京）觐见元成宗，呈交教宗信函，并蒙成宗恩准在华传教。孟高维诺在华的最初十余年间，筚路蓝缕，颇有建树，尤其值得一提的是，他熟悉"鞑靼人的日用语文"（蒙古文），并以这种文字翻译了整部《新约》和《圣咏》（即《诗篇》）。可惜孟高维诺的译经作品没有流传下来。1305～1306 年，孟高维诺修书两封，发往欧洲。1307 年，教宗格勒门五世（Pope Clement Ⅴ，1305～1314 年在位）复信任命孟高维诺为汗八里总主教，统理中国各处主教及远东教务。另又祝圣方济各会士七人为主教，来华协助孟高维诺，其中三人抵达中国，并祝圣孟高维诺为总主教。②

孟高维诺于 1328 年去世，享年 81 岁。他在京传教牧灵 34 年，对元季天主教在华开教做出了突出贡献。对此，赖德烈有过公允评价："他的一生，充满事变，充满勇气。他几乎凭一己之力，在当时最伟大的帝国首都，建立了天主教信仰。他的成就，比迄今所知任何宗教的任何差会所做的都胜一筹。就其一生对时辈及后人的影响而言，他恐非使徒中的至伟之人，但就其专心侍奉、默默笃守的精神而言，他堪称一切时代一切信仰的典范。"③

鄂多立克与马黎诺里

鄂多立克与马可·波罗、伊本·白图泰（Ibn Baṭṭūṭah）、尼科洛·康蒂（Niccolo Conti）并称为中世纪四大旅行家。鄂多立克 15 岁入方济各会，大约于 1318 年开始东

---

① 方豪：《中国天主教史人物传》上册，中华书局，1988，第 25 页。
② 〔英〕道森编《出使蒙古记》，吕浦译，周良霄注，中国社会科学出版社，1983，第 262~269 页。
③ Kenneth Scott Latourette, *A History of Christian Missions in China*, New York：MacMillan Company, 1929, pp. 71-72.

方之旅，经波斯、印度、渡南海，再由广州登陆。1322~1328 年，在中国内地旅行达 6 年之久，先后游历泉州、福州、金华、杭州、南京、扬州、济宁等地，后至北京，居凡 3 年，协助年迈的总主教孟高维诺，为两万人施洗，取得了显著的传教成果。1328 年，鄂多立克返欧请求教宗增派传教士来华。他途经波斯返回意大利。后在病榻上口述东游经历，成书《东游记》，广为流传。1331 年，鄂多立克觐见教宗后，欲携传教士 50 人再度来华，未及成行，不幸病逝。1755 年，教宗本笃十四世（Benedict ⅩⅣ，1740~1758 年在位）将其列入真福品级。

马黎诺里也是方济各会士。孟高维诺去世之后，信奉天主教的阿兰官员请求元顺帝遣使教廷，希望其能够派遣主教前来中国署理教务。1338 年，顺帝的使团在亚威农（Avignon）觐见教宗本笃十二世（Benedict ⅩⅡ，1334~1342 年在位）。教宗在使团返回时，派出了马黎诺里在内的报聘使团。据日后马黎诺里修《波希米亚史》所言，马黎诺里曾向元顺帝贡献异马，《元史》也可佐证。马黎诺里在中国游历 4 年之后，于 1346 年经杭州、宁波、泉州西返，并于 1353 年抵达亚威农复命。次年被任命为波西尼业尼主教，并受德皇赏识，被聘为皇家牧师，奉命重修《波希米亚史》，其中叙述其来华闻见，可以与《元史》等文献相互佐证，尤其是当年献马盛事，时人多有《天马颂》《天马赋》等赞美之词。①

结　语

唐季景风东扇，拉开了基督宗教入华的序幕。以阿罗本、景净、伊斯等人为代表的景教大德用章古礼，焕启新篇，以"援华入景"的方法译介《圣经》及教父诗文，在西安、洛阳、敦煌、吐鲁番等地留下了王国维所谓的"世界宝籍"，成就了基督宗教中国化的第一种历史形态。唐代景教一度达到了"法流十道""家殷景福"的盛况，在后世以"景教后学"自命的中国基督徒学人心目中，成了西学东渐正面而积极的动力因。元代也里可温教流布四方，续写了基督宗教入华的第二个历史篇章。其间既有景教大德列班·扫马与雅伯拉哈三世的西行伟绩，可与马可·波罗等人的东游相映生辉；又有天主教传教士柏朗嘉宾、孟高维诺、马黎诺里等人在华传道并开创主教区，可与爱薛、薛里吉思等人的建功与弘教相媲美。唐元时代的基督宗教，已然为中外宗教文化的交流做出了重要贡献。

---

① 唐晓峰：《元代基督教研究》，社会科学文献出版社，2015，第 117 页。

第三章

明末清初的基督宗教

肖清和

地理大发现之后新航路开辟，东西方世界的联系进入新的阶段。天主教传教士梯山航海第三次进入中国。与前两次传教活动最后都销声匿迹不同，这一次在明末清初社会剧变的氛围下，新的修会、新的传教士、新的方法终于使基督教在中国扎下根来。

第一节　明末清初入华天主教的历史背景及早期传教实践

近代早期基督教世界对华传教运动的因缘际会

与之前的天主教入华不同，明末清初天主教入华具有如下四个方面的特征。

首先，中世纪基督教的发展为 16 世纪天主教对外传教奠定了基础。中世纪的天主教会在神学、人才、制度等方面得到了长足发展，并在政治、经济、社会方面产生了深刻影响，这些发展与影响为天主教入华做了有益预备。中世纪的经院哲学，尤其是托马斯·阿奎那神学，成为后来利玛窦（Matteo Ricci，1552—1610）等传教士进行汉语论说的重要思想资源。中世纪教会自身良好的修会制度、宗教礼仪改革，以及所具有的社会资源为天主教入华提供了源源不断的支持。

其次，文艺复兴与人文主义思潮亦影响到对华传教运动。入华传教士对古代思想资源的重视，尤其是耶稣会（Society of Jesus）传教士诉诸自然理性的传教方式，直接影响了明末清初天主教在华的传教策略。

再次，宗教改革是天主教传教士入华的直接原因。1517 年，马丁·路德的宗教改革直接促使新的修会即耶稣会的诞生。作为"教会的排头兵"的耶稣会的主要目的是培养可以与文艺复兴时期的人文主义者相竞争的传教士，并赴世界各地传播福音。针对北部欧洲的宗教改革运动，天主教会本身的"反改革运动"促使天主教会在诸多方面做了调整与变革，并让天主教会进入复兴运动时期。[①] 耶稣会士在华传教的过程中借助理性，重视与文人学者之间的交流与对话，通过书籍、知识来传教等可视作天主教会因应宗教改革的产物。

图 3-1　徐光启像

图片来源：上海图书馆徐家汇藏书楼特藏。

---

① 参见 Ronnie Po-chia Hsia, *The World of Catholic Renewal，1540-1770*，New York：Cambridge University Press，2005。

最后，地理大发现与早期全球化为天主教入华奠定了物质与技术基础。早在 15 世纪，来自伊比利亚半岛的西班牙、葡萄牙的航海家们不断开辟新的航路。随着新航路的开辟，东西方之间的贸易网络开始形成。天主教传教士通过这些贸易网络得以在全球不同地方传教。

因此，16 世纪天主教传教士入华是多种因素造成的结果。宗教改革与早期全球化是其中最为重要的因素。明末清初天主教入华与其他阶段不同。首先，16～18 世纪的天主教入华，以耶稣会士为主的传教士采取了"适应"的传教策略，与中国本土文化之间的冲突没有那么激烈；其次，明末清初天主教传教士入华时，中西双方之间并无直接利益或军事冲突；最后，明末清初的天主教传教士不仅向中国传播西方天主教及西方文化，还作为媒介向西方传播中国文化，如同西方对东方、印度的发现一样，中国文化西传也同样深刻影响了欧洲的精神世界。[①]

背景知识 3-1　保教权

> 保教权是指由罗马教廷授予世俗政权承担保护天主教在非天主教国家或地区进行传播的权利与义务。获得保教权的政权，将为其所庇护的在非天主教地区传教的传教士提供保护。1493 年，教宗亚历山大六世授予葡萄牙国王远东地区的保教权，赴远东地区传教的传教士需要经过葡萄牙国王的同意。到远东传教的传教士应向葡萄牙政府登记，应搭乘葡萄牙的商船前往亚洲；东亚的主教应由葡萄牙国王向教宗推荐，当地因传教发生的交涉事务应由葡萄牙政府代理；在当地进行宗教仪式时，葡萄牙国王的代表应在各国代表之前；葡萄牙政府负责提供传教津贴。在中国，葡萄牙驻澳门总督负责监督中国的传教事务。鸦片战争之后，天主教在华保教权逐步让给法国政府。

葡萄牙、西班牙与东方传教

明末天主教传教士入华与葡萄牙、西班牙的保教权有着密切关联。1452 年，教宗尼古拉五世（Pope Nicolas V，1447～1455 年在位）颁布通谕授予葡萄牙国王保教权；1493 年，教宗亚历山大六世（Pope Alexander VI，1492～1503 年在位）以威特岛（Verd Island）为界将地球一分为二，东、西半球的保教权分属葡萄牙与西班牙；1494 年，西班牙与葡萄牙正式签订《托尔德西里亚斯条约》，将 1493 年所划

---

① 参见 Raymond Schwab，*The Oriental Renaissance：Europe's Rediscovery of India and the East，1680－1880*，trans. Gene Patterson-Black and Victor Reinking，New York：Columbia University Press，1984。

"教宗子午线"向西移 370 里格（约 2056 千米）。① 因此，来华欧洲传教士需要经过葡萄牙国王的同意，并从葡萄牙港口里斯本出发。在早期全球化时期，官方使团、民间商船以及传教士，是联系中西的主要媒介。

耶稣会的教育与传教策略

明末来华的传教士以耶稣会士为主。除此之外，还有奥古斯丁会（Ordo Sancti Augustini）、多明我会（Ordo Dominicanorum）、方济各会（Ordo Fratrum Minorum）等修会的被称为"托钵僧"的传教士。清初还有遣使会（Congrégation de Mission）、巴黎外方传教会（Missions étrangères de Paris）的传教士进入中国传教。②

耶稣会于 1540 年由教宗保禄三世（Pope Paul Ⅲ，1534～1549 年在位）批准正式成立，西班牙贵族依纳爵·罗耀拉成为第一任总会长。耶稣会带有很强的"反宗教改革"特征，强调对修士人文素质的培养与教育，强调"三绝"（绝财、绝色、绝意）誓愿，以及对教宗的绝对服从，无条件执行教宗的一切命令。耶稣会非常注重对修士的培养，修士成为耶稣会士之前需要学习"七艺"。修士学习的学院如罗马的日耳曼学院中的老师往往是当时欧洲著名的学者或科学家，如利玛窦的老师"丁先生"，即为著名的数学家克拉维乌斯（Clavius Christoph，1538—1612）；汤若望（Jean Adam Schall von Bell，1592—1666）的老师之一则为伽利略。

利玛窦等传教士在欧洲所受的教育及其习得的文化、知识传统，成为他们在中国传教的重要资源。耶稣会传教士与其他修会的传教士，在对华的传教策略上有所不同。耶稣会传教士采取"适应"的传教策略，主张适应中国文化、入乡随俗传播福音。"适应"策略包括"慢慢来""自上而下""知识（书籍）传教""科技传教"等内容。而多明我会等修会传教士则主张直接传播福音，尤其是向下层百姓直接宣讲天主教教义。无论是耶稣会还是其他修会，都重视向中下阶层群体传播天主教，并撰写了大量汉语天主教著作。

晚明中国社会、思想与宗教

学者常用"天崩地解"来形容晚明的中国社会。虽然当时的社会情势"溃如烂瓜"，但在文化思想层面却呈现出多种色彩。因为科举的缘故，作为官方意识形态的程朱理学正统地位稳固；精英阶层则对带有反叛气质的阳明心学甚有兴趣，并出入于三教之间；民间社会则兴起三教合一之热潮。处于早期资本主义萌芽阶段的晚

---

① 顾卫民：《中国天主教编年史》，上海书店出版社，2003，第 49～50 页。
② Nicolas Standaert, ed., *Handbook of Christianity in China*, Volume One, 635–1800, Leiden：Brill, 2001, pp. 286–353.

明中国，无论在经济还是在文化层面都在当时处于全球首屈一指地位。晚明社会流行着复古、非主流、追求奇异之风与个性解放等各种思潮。手工业与商品经济得到长足发展，尤其在江南地区，城市发展滋生出各种各样的社会文化。

在多元的社会文化氛围中，作为异质的西方天主教及西方文化进入中国，至少从表面上满足了晚明世人的好奇之心。与此同时，晚明时期的宗教氛围亦较为浓重；佛教界出现了晚明四大高僧，江南地区的佛教居士文化极为突出；道教则在嘉靖帝的推崇下得到进一步发展；民间所出现的新兴宗教三一教表明，晚明社会对宗教有着迫切的需要。同时，晚明的社会情势则促使天主教与西学能够满足当时社会的"需要"。士大夫及信徒认为天主教在道德方面提供的功能，以及西学在科学方面的效用，可以挽救大明国势。

早期传教士与传教策略的转变

当时的中国对于欧洲传教士而言就是一块巨大的、有待于开垦的信仰"处女地"。在彼此契合的情况下，晚明中国与欧洲之间发生了具有重要意义的文化接触与信仰对话，其中开拓者当属第一位来华的传教士沙勿略。

沙勿略是耶稣会第一任总会长罗耀拉的朋友。沙勿略一开始传教的地方是印度，后来去了马六甲、印尼等地。1549 年，沙勿略前往日本，但在日本传教并不成功。当地的日本人曾对沙勿略说："如果你们所说的是真理，为什么作为一切智慧之源的中国人未曾听说过它呢？"因此，沙勿略决心向中国传教。1552 年 8 月，沙勿略到达距离广州 30 海里（约 56 千米）的上川岛。各种进入中国内地的尝试失败之后，沙勿略于 1552 年 12 月 3 日在上川岛去世。据传，沙勿略去世之前曾面朝中国大陆发出最后的喟叹："岩石，岩石，你何时才能裂开？"沙勿略在远东传教的经验，为后来入华的耶稣会士采用，如来华的传教士应学识渊博、善于讲道、能够回应教外人士的质询、会用中国话进行交流，并可以与官方建立关系以求得传教之自由等。

另一位对后来传教策略有深刻影响的是范礼安（Alexandre Valignani，1538—1606）。1573 年，范礼安被任命为远东教务视察员。范礼安要求传教士在中国传教时不能像在其他国家传教那样，必须了解中国的礼俗、社会与民情，同时要派遣学识与品德均出众的传教士，且要学习中国语言文字与文化。

第二节　利玛窦与第一代基督徒

罗明坚及其对华宣教

沙勿略未能进入中国内地。真正进入中国内地的第一位传教士是意大利籍耶稣会士罗明坚（Michel Ruggieri，1543—1607）。罗明坚生于 1543 年，29 岁入耶稣会初学院。1578 年，罗明坚从里斯本乘船前往印度，旋即受命前往澳门。1579 年 7月，罗明坚抵达澳门。在澳门期间，罗明坚学习汉语，但因年龄稍长，学习起来颇为吃力。1582 年 12 月 27 日，罗明坚抵达肇庆，真正进入中国内地。罗明坚献自鸣钟于总督，以获得肇庆东门外佛寺中的居留权，此为中国境内最早的耶稣会神父住所之一。罗明坚在肇庆所施洗的衣衫褴褛的病人是晚明中国的第一位受洗者。罗明坚曾随肇庆知府前往杭州府开教，后又前往桂林传教，但很快遭到反对只好返回肇庆。在肇庆，传教士的处境极不稳定，罗明坚决定返回欧洲请求教宗派遣使团觐见北京朝廷。1588 年，罗明坚从澳门出发，于 1589 年抵达里斯本。适逢四位教宗去世，派遣使团之事搁置。1607 年，罗明坚在萨莱纳（Salerne）去世。

罗明坚在晚明天主教历史上常被利玛窦的光环所掩盖。实际上，罗明坚对晚明天主教事业的发展居功至伟。罗明坚至少在如下三个方面有突出贡献。首先，编辑出版第一部汉语天主教著作《新编天竺圣教实录》，开创了晚明天主教 "书籍传教"之先河。在此书中，罗明坚第一次向中国读者介绍西方天主教的基本教义与思想，对于重要术语采取音译。其次，编写第一部汉外辞典即《葡汉辞典》，此书是汉语拼音的早期方案，并证明了明代官话的方言基础是南京话。最后，第一次将儒家经典译成西方语言。因此，罗明坚可谓是来华传教士当中最早从事中国古典文献西译的人。除此之外，罗明坚还是第一位在欧洲绘制中国地图之人。

利玛窦及其在华宣教事业

1583 年 9 月，利玛窦与罗明坚一同进入肇庆。利玛窦出生于 1552 年，1582 年抵达澳门。此时，根据耶稣会士在日本的传教经验，利玛窦等传教士穿僧袍，自称来自西方的番僧，被两广总督延入佛寺（即天宁寺）。新任两广总督郭应聘、肇庆知府王泮接见利玛窦、罗明坚等人，并准许其择地建堂。

1589 年，新任两广总督刘继文因故将利玛窦驱逐出肇庆。利玛窦前往韶州南华寺，但并不礼佛。同年，对利玛窦传教策略产生重要影响的瞿太素从南雄来到韶州。瞿太素劝说利玛窦改穿儒服，其主要理由是虽然佛教在中国有一定影响，但作为社会精英的儒家士大夫对僧侣并不尊重。1594 年，范礼安批准利玛窦蓄须发，改穿儒服。自此，利玛窦自称西儒。易服色之举象征着利玛窦在传教路线上的转变，也标示着利玛窦 "适应" 策略的内涵是附会儒家，而与佛（道）相区隔（即后来的"补儒易佛"）。

1595 年，因为丰臣秀吉入侵朝鲜，大明兵部侍郎余立起复再用，由柳州经韶州往北京。利玛窦得以同往北上，5 月 31 日，抵达南京。但因为战争之故，利玛窦继续北上的愿望无法实现，只好折返前往南昌。结果，利玛窦在南昌取得了极大成就，不仅成为地方藩王如建安王、乐安王的座上宾，而且与地方名流、缙绅往来晋接，并在南昌刻印了影响极大的《天主实义》。南昌是晚明心学重镇，对于外来天主教与西学颇为接纳。利玛窦与南昌各个阶层往来频繁，交往甚多，声名大噪，通过庞大人际网络为天主教在华传教。晚明心学与西学在诸多方面存在着相似性，尤其是士大夫所引陆九渊的"东海西海，心同理同"，成为联结中学与西学的重要理据。

利玛窦所结"关系网"很快起到作用。1598 年，利玛窦的朋友礼部尚书王忠铭愿携带利玛窦进京，利玛窦一行于 9 月 7 日抵达北京，但王忠铭未获升迁，利玛窦未能如愿被引见。1599 年，利玛窦只好折返至南京。1600 年，利玛窦再次以进贡的名义入京，途中遭受太监马堂的阻拦。1601 年春天，利玛窦终于将贡品送入宫内。因为自鸣钟之故，利玛窦得以留在北京，并能自由出入紫禁城。利玛窦在北京交游广泛，结识了各个阶层的儒家士大夫。1610 年 5 月 11 日，利玛窦在北京去世。第二年，天主教为利玛窦举行了盛大而公开的、融合中西的丧葬礼。

利玛窦对于明末清初的天主教具有重要贡献。首先，利玛窦继承了罗明坚的"书籍传教"方式，撰写、刊印了大量中文著作。这些著作不仅在中国，而且在整个东亚儒家文化圈都得到广泛传播。其次，利玛窦采取了"适应"策略，尤其适应儒家文化，将天主教的"天主"等于先儒经典中的"上帝"与"天"，向晚明士人准确传达了天主教一神论。最后，利玛窦运用"科技传教"，对于推动西学在中国的传播起到了积极作用。利玛窦去世之时的晚明中国已有上千名信徒，类似徐光启这样的进士、翰林院官员已受洗入教。

第一次反教运动

天主教的初步发展，尤其像徐光启这样的士大夫成为天主教的信徒，引发了官府的反弹。1616 年 5~12 月，南京礼部侍郎、"素乏时誉"的沈㴶向万历帝三上奏章，掀起明末第一次官方反教运动。对于此次官方反教的原因众说纷纭，主要有三种观点：佛教反教说、礼部职掌说、党争说。至于反教目的，杜鼎克（Adrian Dudink）认为是"为了将天主教纳入传统的政教关系框架之内"[①]。从沈㴶本人来说，在反天主教之前，其有禁无为教的经历。因此，沈㴶反天主教可以从两个方面予以理解：其一，儒家有反异端的传统思想，儒家正统之外的思想与宗教，自然会引发儒家士大夫尤其是保守的士大夫的警惕；其二，对于党争激烈的晚明官场来说，通过政治运动可以起到打击对手、树立权威的作用。先前的研究成果认为东林党、复社与天主教在价值观等方面相当亲近，但最新材料表明东林党魁高攀龙对于沈㴶反教甚是赞同。[②] 新

---

① 孙尚扬、〔比利时〕钟鸣旦：《一八四〇年前的中国基督教》，学苑出版社，2004，第 257 页。
② 肖清和：《"天会"与"吾党"：明末清初天主教徒群体研究》，中华书局，2015，第 110 页。

的研究成果也表明东林党、复社与天主教并没有特殊的亲近关系。

南京教案的结果是，沈㴶与南京官方逮捕了传教士、查封了南京教堂、解散了教堂里的人员、遣散了信徒。随着 1618 年沈㴶的获罪削职，反天主教运动逐渐平息。虽然有信徒及传教士因南京教案而遇难，但是随着赴各地避难的传教士的传教，天主教得以在其他地方传播。南京教案对天主教的另一个影响是，天主教徒群体意识开始形成。在南京教案中，无论是类似徐光启等士大夫信徒，还是普通平民信徒都积极为教会奔走呼号，为传教士提供庇护。庞迪我（Diego Pantoja，1571—1618）撰《具揭》、徐光启撰《辨学章疏》、杨廷筠撰《鸮鸾不并鸣说》等成为重要的护教文献。天主教在晚明中国的第一次教案具有示范作用，后来的反教运动基本与此类似。

背景知识 3-2　《辨学章疏》

《辨学章疏》是徐光启针对 1616 年南京教案所撰写的、为天主教进行辩护的章疏。此章疏是晚明天主教徒第一次向皇帝公开为天主教进行辩护。在此章疏中，徐光启对天主教的"本质"进行了界定，并突出天主教的"社会功能"。徐光启认为天主教不仅可以改变世道人心，还能为大明带来改变。徐光启带有非常强"功利性"的论证，是为天主教在华提供合法性。徐光启在奏疏中还提出了对天主教进行三种"试验之法"，以考察天主教是否有益于国家、社会，此种"试验"非常类似今天的"特区"。徐光启的《辨学章疏》体现了晚明士大夫对天主教的认知，也符合中国对外来宗教的"要求"，即对中国社会有益、对世道人心有益。康熙时期，此道章疏被勒石刻碑。

明末儒家基督徒群体

1618 年，后金以"七大恨"的名义宣布对大明起兵，大明局势非常危急。在此情况下，类似徐光启等儒家天主教徒企图用西学资源以挽救大明国势。徐光启生于 1562 年，来自松江府上海县的自耕农家庭。1581 年中金山卫秀才，直到 1604 年才中进士。徐光启的仕途并不顺利，直到崇祯初才官复礼部侍郎，后升礼部尚书，并兼东阁大学士，入参机务。1633 年加太子太保兼文渊阁大学士，同年逝世于任上。

从晚明局势，以及徐光启的成长经历，我们可以梳理出徐光启受洗入教的主要原因是拯救自己，以及拯救大明。所谓拯救自己，是指遭受科举不顺、家庭艰难等挫折与苦难之时，徐光启需要新的思想与意义体系予以解释与支撑。年轻时的徐光启曾加入三一教，这段经历可以反映出在种种挫折与苦难之中，徐光启对新的意义体系的追寻。所谓拯救大明，是指在大明国势动荡的情况下，徐光启认为传统的儒家已经丧失功能，尤其在伦理道德与实际效用方面，因此迫切需要西学西教予以补助。

徐光启属于"理智型"皈依。徐光启在受洗之前经过思考，并慎重接受受洗。他不仅是一位科学家、农学家、政治家，同时也是一位虔诚的天主教徒。他对晚明天主教的贡献不仅在于为天主教提供保护，而且在于其提出的"补儒易佛"思想为天主教在晚明社会的发展提供了合法性。作为第一代儒家基督徒，在徐光启的认同中儒家仍占据主要地位，作为信仰的天主教，以及作为有效资源的西学仍是儒家之补充。

明末天主教三柱石除徐光启之外，还有李之藻、杨廷筠。学者认为后者分别属于"情感型"皈依和"实验型"皈依。李之藻生于杭州仁和，[①] 1594 年中举，1598年中进士。1610 年，李之藻升南京工部员外郎，但不久即生病。在生病的过程中，李之藻受到利玛窦的细心照料，因此受洗入教。1629 年，李之藻受徐光启的邀请，入局修历。1630 年入京，同年卒于北京。李之藻对西学多有研究，曾协助利玛窦译《同文算指》《圜容较义》《浑宪通盖图说》，订正熊三拔（Sabbathin de Ursis，1575—1620）《泰西水法》，与傅汎际（François Furtado ou Heurtado，1587—1653）合译《名理探》，编辑出版《天学初函》。

杨廷筠，因洗名为弥格尔（Michael），故又号弥格子，杭州仁和人，1592 年中进士，1611 年受李之藻影响而受洗入教，1627 年病逝。杨廷筠在入教之前，曾佞佛，对佛教深有研究；受洗之后，杨廷筠对佛教展开深入批评，撰有《代疑篇》《代疑续篇》《圣水纪言》《天释明辨》等著作。杨廷筠一开始是一名合儒佛两家的信徒，后来则变成一位合儒家与基督宗教思想的人。杨廷筠对儒家与基督教的态度是一种"综合主义"与"内在的正统"。杨廷筠想要重新把握"道统"的精粹，并有意识地选择另一种与原始和真正儒家道统相契合的宗教。[②]

除三柱石之外，明末著名信徒还有韩霖、王徵、孙元化等。韩霖为山西绛县人，与其兄韩云、弟韩霞受洗于高一志（Alphonse Vagnoni，1566—1640）。韩霖为著名地方士绅，与傅山、董其昌等人颇有交往。韩霖撰有《铎书》，曾大量引用中西典故，将天主教伦理思想糅进中国传统与本土文化。王徵为陕西鲁屋（今周至）人，曾在入教之后娶妾，后绝食殉国。王徵与金尼阁（Nicolas Trigault，1577—1628）撰有《西儒耳目资》，与汤若望撰有《崇一堂日记随笔》。孙元化为上海外高桥（今浦东新区

① 方豪：《李之藻研究》，台北：商务印书馆，1966；郑诚：《李之藻家世生平补证》，《清华学报》2009年第 4 期。

② 〔比利时〕钟鸣旦：《杨廷筠：明末天主教儒者》，香港圣神研究中心译，社会科学文献出版社，2002，第 272~273 页。

高桥镇）人，是徐光启的门生，因孔有德等人所发动的吴桥兵变而被捕，1632 年被崇祯帝以"祸乱之首"处死。

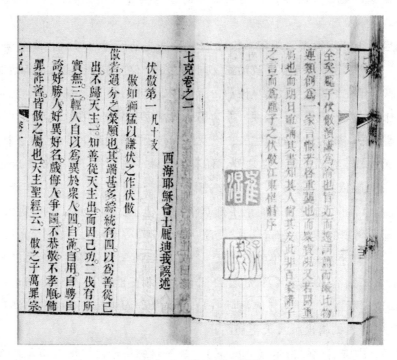

图 3-2 《七克》书影

图片来源：上海图书馆徐家汇藏书楼特藏。

　　在这些儒家基督徒群体之外，还存在一个联系广泛的友教士大夫群体，即那些与传教士、信徒交往，并为教会提供庇护的士大夫群体。在此群体之中，形成了因同年、同乡、同学、师生等名分构成的主要关系类型。研究成果表明，友教群体对晚明天主教的传播与发展同样起到了重要作用，如曾为《天主实义》撰写序言的冯应京，带利玛窦入京的王忠铭，刻印利玛窦世界地图的郭子章，赞赏利玛窦品格的章潢，赠诗于利玛窦的李贽，等等。

第三节　汤若望与第二代基督徒

汤若望的宣教活动与清初历法之争

　　汤若望是继利玛窦之后最重要的传教士。汤若望，字道未，1592 年出生于德国科隆城郊外的吕符腾堡，1611 年入耶稣会，1622 年入华，后入西安传教。直到1630 年 5 月，因为邓玉函（Jean Terrenz ou Terentio，1576—1630）去世，受召与罗雅谷（Jacques Rho，1593—1638）赴京。1633 年，汤若望在京中举行第一次弥撒，后宫嫔妃、太监入教者甚多。1636 年，汤若望设铸炮厂一所，铸成大炮 20 门，可容 40 磅（近 18.15 千克）炮弹。[①] 1640 年，汤若望将巴伐利亚公爵赠金尼阁天主事迹图汉译刊刻，题名《进呈书像》，进献给崇祯帝。1643 年，汤若望在北京刻印出版《主教缘起》。

1644 年 5 月，清军占领北京后，朝廷下令北京内城居民限三日内悉数搬至外城。汤若望上疏后有旨："恩准西士汤若望等安居天主堂，各旗兵弁等人，毋许阑入滋扰。"1645 年，汤若望将《崇祯历书》改为《西洋新法历书》，进献给新王朝。清廷对汤若望投桃报李，让汤若望担任钦天监监正。1646 年 6 月，加汤若望为太常寺少卿。1650 年，顺治帝赐汤若望宣武门内天主堂侧隙地一方，重建圣堂。1651 年，顺治帝亲政，诰封汤若望为通议大夫，又貤赠汤若望父母、祖父母。1652 年，宣武门内天主堂建成，顺治帝赐"钦崇天道"匾额。1653 年，顺治帝赐汤若望"通玄教师"。1654 年，顺治帝赐汤若望坟地。1657 年，顺治帝在《御制天主堂碑记》中对汤若望多有褒奖。同年，授汤若望通政使司通政使，加二级又加一级。1658 年，又授汤若望光禄大夫。

1664 年，杨光先掀起"历狱"。1665 年，礼部、刑部会审，汤若望拟死，其他传教士杖充，涉案中国天主教徒被处死多人。因京师大地震，汤若望被释回舍。1666 年，汤若望病故，享年 75 岁。钦天监监正改由杨光先充任，废《时宪历》，改用《大统历》。康熙即位之后，1669 年南怀仁任钦天监监正，杨光先革职，汤若望案平反，受牵连之许之渐等人官复原职，被处死的李祖白家人受恩恤。

汤若望在晚明的主要活动是修历及铸造火炮。汤若望在科学方面贡献良多，如最早将其老师伽利略的天文望远镜译介给晚明士人，撰有《远镜说》；在铸造火炮方面则撰有《则克录》（又名《火攻挈要》）；在医学方面撰有《主制群征》；在天文历法方面，与罗雅谷等撰有《崇祯历书》。

徐光启所引入并推动的火炮与历法，并没有挽救大明王朝。汤若望因为修历在清初获得无上荣耀，也遭众多非议，亦改变了其晚年的命运。曾遭受张献忠迫害的安文思指控汤若望违背此三大誓愿。也是因为中西历法之不同，引发了儒家保守主义者杨光先的弹劾与攻击，最终引发了所谓的清初"历狱"事件。虽然此事件最终以南怀仁得到康熙帝授意而被平反，但也表明天主教在清初面临着与晚明不一样的社会处境，并昭示出儒家保守主义将成为西学西教在华传播的最大阻力。

艾儒略与地方宗教

汤若望在北京有着极大影响力，而艾儒略（Jules Aleni，1582—1649）在福建的

---

① 方豪：《中国天主教史人物传》，宗教文化出版社，2007，第 231 页。

影响则无人比肩。艾儒略，字思及，1600 年加入耶稣会，1613 年入华。艾儒略入华之后，在北京、上海、扬州、陕西、山西等地传教。艾儒略传教最为成功的地方则为福建，当地士子称其为"西来孔子"。1624 年，内阁首辅叶向高致仕归乡，途经杭州，邀请时在杭州传教的艾儒略入闽。1625 年，艾儒略在福州共学书院首次登台亮相，由此开启了他与福建士绅"往来晋接"之大幕。从 1625 年入闽到 1649 年病逝于延平，20 余年间，艾儒略的足迹遍及八闽大地，所接触、交往的士大夫众多。艾儒略受到福建士大夫群体的高度推崇，从《熙朝崇正集》（又名《闽中诸公赠泰西诸先生诗初集》）可见一斑。

艾儒略在福建地区的传教贡献还在于其所创建的天主教徒社区，如著名的李九标、李九功兄弟就是艾儒略在福清县海口镇的天主教社区领袖。李九标等人编辑的《口铎日抄》八卷，是一部记录晚明地方天主教社区信息的"百科全书"。福清之外，泉州有张赓、漳州有严赞化、建宁有李嗣玄等。这些信徒领袖不仅撰有大量天主教汉语文献，而且对明末清初天主教在福建地区的发展起到了重要作用。艾儒略在福建传教的过程中，依然延续耶稣会士的"适应"策略，注重适应本地文化进行传教，采用为当地百姓喜闻乐见的传教方式，如使用图像、科技仪器介绍西学等。在传教的过程中，艾儒略也注重与当地文化的融合，如在丧葬礼、伦理方面进行中西对话与沟通。福建本地的习俗、民间宗教活动颇为兴盛。艾儒略在传教时，也与各种民间习俗、宗教派别进行对话，如与风水、择日等民俗进行对话，与道教修真会的信徒进行交流，等等。

明末天主教与佛教之间的冲突

虽然艾儒略积极适应本土文化，但在某些关键教义与思想方面却没有办法与中国传统思想与文化尤其是儒家思想进行调和，如一夫一妻与孝道。同时，艾儒略在福建极为成功的传教活动，"钝汉逐队皈依"，引发了福建地区反教士大夫的反弹。福建地区反教领袖是自称佛教"白衣弟子"的黄贞，黄贞曾经亲自询问艾儒略有关文王后妃众多的问题。艾儒略答到"文王亦怕入地狱去了"，让黄贞非常不满。另外，耶稣会传教士自利玛窦所确立的"辟佛"策略，以及传教士与信徒撰有大量的"辟佛"著作，让福建地区的佞佛士大夫对天主教群起而攻之。

福建地区的反教运动，与浙江等地的反教运动相互响应。反教成果即为由佛教居士徐昌治编辑而成的《圣朝破邪集》八卷。在此文献中，我们可以看到福建、浙江地区的居士领袖在反天主教运动中的重要作用，亦可以看到人际网络在反教群体形成中起到的重要作用。佛教对民间社会产生深刻影响，并成为天主教在民间社会传播的竞争对手之一。徐昌治曾将南京教案发起者沈㴊的文章辑入《圣朝破邪集》，但在编辑的过程中将沈㴊反佛教的内容删除。天主教的策略是"补儒易佛"，而佛教则联合儒家反天主教，尽管儒家对佛教亦不甚认同。

明末教务概况

福建地区的传教士除耶稣会传教士之外，还有多明我会、方济各会传教士。后期入华的多明我会、方济各会传教士与耶稣会传教士在传教方法、路线、对象等方面有所不同。多明我会传教士黎玉范（Juan Baptista de Morales，1597—1664）、方济各会传教士利安当（Antonio de Santa Maria Caballero，1602—1669），曾因敬孔、祭祖等礼仪问题与耶稣会传教士及耶稣会传教士受洗的信徒之间发生矛盾与冲突，成为引发礼仪之争的导火索。天主教在福建地区的传播对当地社会产生了深刻影响，如在闽东福安地区出现了大量的贞女，在婚姻圈、宗族信仰方面都有影响。

南明时期（1644～1662），传教士继续活动，并与南明政权有比较多的接触，如隆武帝曾敕建福州天主堂；永历时期的重臣瞿式耜、太监庞天寿、皇后、太后、太子均受洗入教。此外，利类思、安文思与张献忠的大西政权亦有接触。

第四节　南怀仁与第三代基督徒

在清初顺治、康熙两朝，天主教在中国的发展进入了一个新的阶段。此阶段的天主教传教士、信徒人数均呈增长趋势，到1700年达到顶峰，正如当时的信徒张星曜所谓"如日中天"。但也在此时，天主教因礼仪问题而陷入争议的泥淖。

南怀仁及其伙伴的宣教活动与康熙帝的策略

与晚明不同，清初传教士与皇帝本人建立了比较亲近的关系，如汤若望与顺治帝、南怀仁与康熙帝。顺治帝曾称汤若望为"玛法"（满语 mafa 的音译，对祖父、老翁的尊称），多次出入其馆舍。但从1657年开始，顺治帝或因董鄂妃的缘故开始亲近佛教而疏远汤若望。顺治帝开始召见玉林通琇、茚溪森、木陈忞等佛教僧侣入宫。据《北游集》记载，顺治帝曾欲削发出家，而董鄂妃去世后用的是佛教葬礼。

顺治帝驾崩后，汤若望即卷入"历狱"一案。康熙帝玄烨冲龄继位，授意南怀仁为汤若望翻案。南怀仁，字敦伯，1623年出生于比利时，1641年加入耶稣会，1659年入华。来华后，南怀仁被派往陕西传教。1660年5月9日，南怀仁入京协助汤若望。汤若望因"历狱"身陷囹圄之时，南怀仁为其辩护。1669年，亲政之后的康熙帝清除了鳌拜势力，并为汤若望平反。对西学颇有兴趣的康熙帝，让南怀仁接替汤若望成为钦天监监正。南怀仁也通过施展自己和其他传教士的才能为康熙帝及大清服务，并以此显示传教士对康熙帝及大清的忠诚，如充当葡萄牙使团的翻译，修铸在平定叛乱中发挥重要作用的火炮，从事如开掘运河、疏通河道等工程，为康熙帝测绘舆图，在《尼布楚条约》签订中担任翻译等。1688 年，南怀仁在北京去世。

正是因为康熙帝与南怀仁之间的亲密关系，康熙帝对其他传教士也多示优容之心；即使在南怀仁去世之后，康熙帝对传教士仍予以礼遇。康熙帝巡游江南时，曾多次接见传教士，与传教士之间有深入交谈，并赠送其礼物。

南怀仁去世之后，由徐日昇（Thomas Pereira，1645—1708）任钦天监监副。徐日昇、安多（Antonio Thomas，1644—1709）、张诚（Jean-François Gerbillon，1654—1707）等传教士与康熙帝过从甚密。如 1690 年，康熙帝巡视塞外，张诚、安多、白晋（Joachim Bouvet，1656—1730）扈从；1691 年，康熙帝巡幸北塞，张诚随驾。1692 年，康熙帝颁布所谓的"容教令"。

背景知识 3-3　钦天监

　　钦天监是中国传统时期的官方机构之一，主要职责是观察天文、推算历法，还承担预测日食、月食，解读天象，为皇家择日、择地等职能。钦天监历代沿革略有不同。周朝有太史，秦汉以后有太史令。隋代设太史监，唐代设太史局，后又改司天台，隶属秘书省。宋、元两朝有司天监，961 年西域鲁穆国马依泽应诏入华，962～963 年编制"应天历"。元代又设太史院，下设三局，即推算局、测验局、漏刻局，1280 年又设有回回司天监，任务是"观象衍历"。明初有司天监和回回司天监，有天文、漏刻、大统历、回回历四科；1369 年阿拉伯鲁密国的黑的儿、马德鲁丁、马哈麻父子先后出任监正；1370 年改称钦天监。明朝以后即有欧洲传教士加入。

对于康熙帝而言，优容、亲近传教士是其统治策略之一。康熙帝将这些传教士笼络在北京，并通过在京传教士而对在华外国人进行全面掌控。另外，"康熙容教令"是传教士与皇帝本人之间亲密关系的产物。传教士自觉依附皇权，而皇权则成为这些在华外国人的保护者，此种"效忠—回报"的关系是清初处理中外关系策略在传教士身上的体现。此种关系与朝贡模式非常类似，均是在效忠于、臣服于皇权之下而获得合法性。但此种关系也暗藏危险：天主教的合法性取决于皇帝本人的好恶，一旦皇帝本人不喜欢天主教，那么天主教离被禁止的下场也就不远了。这种关系是比较脆弱的，我们将在后面的章节看到影响中西方宗教与政治经济文化关系的"礼仪之争"。

清初儒家基督徒群体

与明末不同，清初没有出现类似"三柱石"式的信徒。清初地位较高的信徒有佟国器、许缵曾、朱宗元、李祖白、刘蕴德等人。其中，佟国器为汉军正蓝旗人，许缵曾为徐甘第大之子，朱宗元为举人，李祖白、刘蕴德等人为钦天监官员。

清初信徒部分来自明末第一代天主教徒的后代，如严谟为严赞化之子，李奕芬为李九功之子，孙致弥为孙元化之孙，等等。另，由于汤若望、南怀仁等人长期供职于钦天监，因此钦天监中多有天主教徒。在钦天监中聚集了一批"官员天主教徒"，除李祖白、刘蕴德，还有邬明著、鲍英齐、焦秉贞、席以恭、李式等人。另外，清初遗民群体中也有天主教徒，如吴历、冯文昌、祝石等。

除此之外，刘凝、张星曜、郭廷裳、陆希言、陈薰、王宏翰、何世贞、赵仑等信徒也留下了众多文献。虽然他们并没有取得科举功名，但是仍通过撰写著述为天主教辩护。天主教的本土化策略也让清初出现了中国籍修士，如中国籍耶稣会士吴历，甚至出现了第一位中国籍主教罗文藻。

清初士大夫群体与西学西教的关系同明末亦有所不同。黄宗羲、钱谦益、董含、张鹏翮等人对西教颇不认同，但方以智、梅文鼎等人则对西学有着广泛的吸收与借鉴。清初贰臣胡世安、龚鼎孳、金之俊等人与传教士关系颇为亲近，但张伯行则力反天主教。[①]

清初佛教与天主教之间仍有辩论，但没有晚明那样激烈；儒家与天主教之间的冲突则以"历狱"作为顶峰。杨光先虽然是回族，但以儒家正统自居。杨光先对羲和历法的坚持，指称天主教为邪教、判定天主教在华图谋不轨，实际上是一种儒家保守主义者的立场，此立场与晚清时期的反天主教、反西方文化是一致的。

禁教之后的天主教逐渐在一些封闭的山村地区发展，形成了村民全部都是天主教徒的教友村。在这些教友村，天主教对当地的伦理道德产生了重要影响，"贞女"与"修女"群体的出现是其中最重要的体现之一。

第五节　明末清初天主教文献与科学传播

明末清初汉语天主教文献

明末清初天主教进入中国，出于传教需要，传教士与信徒撰写了大量的汉语文献。这些文献大部分为稿本，有些则被刊刻出版，不仅在中国流传，而且在朝鲜、越南、日本等东亚儒家文化圈流传。如果对这些文献进行分类，则颇为复杂。因为按照今天的分类法，无法对某些文献进行归类，如传教士译介的《寰有诠》，从今天的角度看属于科学著作，但其中又有介绍天主论的内容。这些文献是耶稣

---

① 参见徐海松《清初士人与西学》，东方出版社，2000。

会士"适应"策略，尤其是利玛窦等传教士主张"书籍传教"的产物。除了耶稣会士，其他修会的传教士也撰有汉语著作。这些文献可以根据阅读对象的不同分为两类，一类是针对教外士大夫，以及各种介绍西学、西方文化、西方科学的著作；另一类主要针对教内信徒。这些汉语文献总量约2000部，现藏于世界各地。晚清民国时期，这些文献则被教会出版机构，如河北献县天主堂、上海慈母堂、土山湾印书馆等再版。

明清士大夫在这些文献的撰写、出版与流通过程中起到了极为重要的作用。传教士或信徒常请士大夫为其著述撰写序或跋。士大夫也常在自己的著作中征引或推介天主教著作。初步统计，明清两代参与天主教书籍的编辑活动（校订、校梓、参阅、笔录、修润等）的士人共有404位之多，其中89人为进士。以这些汉语文献为载体，西学、西教，以及西方文化对明清思想产生了深刻影响。学者认为利玛窦等传教士主张回到先秦古儒的诠释方法，对清初朴学（考据学）的兴起有直接影响。在明清思想史或中国思想史著作中，都会讨论明清西学的内容。

虽然明末清初并没有完整翻译《圣经》，但在宗教生活中，福音宣讲是在频繁进行的。早期的《圣经》翻译活动仍有传教士在尝试，如《圣经直解》《古新圣经》等。对于基督教核心术语的翻译，并没有较大的变化，如"三位一体""天神""魔鬼""救赎""道成肉身"等术语比较早就已经得到确定，并成为传教士与信徒著作中的固有名词。传教士对于这些重要术语，一般都是音译，但为了向信徒进行解释，也会采用意译，如"三位一体"中的"圣父""圣子""圣灵"，传教士会音译为"巴德肋""费略""斯彼利多三多"，又解释为"父""子""灵"。又如"道"，一般音译为"物尔朋"，但又解释为"言"或"道"。

对于传教士的翻译活动，学者较多从比较文学的角度予以关注。明末清初的传教士尤其是耶稣会士采用了大量的欧洲"证道故事"，并根据需要进行翻译，以吸引中国士子加入教会。传教士还最早将《伊索寓言》译成中文。学者认为传教士的"翻译"与今天所谓的"翻译"不同。明末清初传教士的"翻译"不仅是一种语言的转换，而且是一种再创作的过程，学者称之为"译述"。①

传教士西文著作与中国上古编年史之争

传教士在撰写大量汉语基督教文献之外，还撰写并出版了大量外文文献，如金尼阁将利玛窦的《基督教远征中国史》修改后在欧洲用拉丁文等语言出版；柏应理（Philippe Couplet）曾在欧洲出版《中国哲学家孔子》及《康熙传》等。传教士尤其是耶稣会士的外文文献除了汇报在中国的传教成果（如年信），另一重要内容是

---

① 李奭学：《译述：明末耶稣会翻译文学论》，香港中文大学出版社，2012。

介绍儒家经典，如翻译中国的四书五经；介绍中国历史与文化，如介绍中国上古史及记述传教士所经历的明清历史。

耶稣会士对于儒家经典及其注疏态度的演变有四个阶段。[①] 第一阶段以利玛窦为代表。利玛窦直接跳过后儒注释而回到先秦儒家经典，而龙华民（Niccolo Longobardi，1559—1654）则反对。此阶段，大部分耶稣会士采纳了利玛窦路线，而龙华民路线被边缘化。第二阶段是耶稣会士开始翻译儒家经典的 17 世纪 60 至 80 年代，以殷铎泽、柏应理为代表。虽然翻译之时参阅了后儒注疏，但仍遵从利玛窦路线。第三阶段是 1680~1704 年前后为了礼仪之争而使用儒家经典，以方济各（Francesco Filippucci，1632—1692）、卫方济（François Noël，1651—1729）为代表。卫方济不再像利玛窦那样批评宋明理学，而且将"太极"与"理"等概念与上帝的运作联系起来。第四阶段肇端于 18 世纪 10 年代延续至 30 年代，以在北京的法国耶稣会士为代表。对他们而言，问题已不是一百年前的传教士面对的用不用注解，而是该用何种注解。因此，此时龙华民路线成为主流。

17 世纪，中西双方都对古代编年史产生兴趣。欧洲有两类古代编年史：一类以拉丁文《圣经》为基础，认为世界的创造是在公元前 4004 年 10 月 23 日，大洪水是在公元前 2348 年；另一类以希腊文《圣经》为基础，认为世界的创造是在公元前 5622 年，大洪水是在公元前 3366 年。中国古代编年史就给欧洲编年史带来了问题，因为中国古代编年史有记载的内容出现在大洪水之前，而据《圣经》的内容大洪水毁灭了除诺亚一家以外的所有人类，那么中国人的始祖应该来自诺亚的后代，而中国古代编年史只能记载大洪水之后的事情。为了应对这种挑战，传教士大多采用希腊文《圣经》的编年史，因此伏羲也只是大洪水之后的帝王。18 世纪 20 年代，索隐派则挑战了这些观点，如傅圣泽认为可信的历史开始于公元前 424 年。杜赫德（Jean Baptiste du Halde，1674—1743）等人有意缩短中国古代编年史，从而确保《圣经》编年史的权威，认为尧的即位时间是在公元前 2357 年。而历史派传教士仍然通过历史文献及天文观察来论证中国古代编年史的真实性。通过翻译中国经典及知识，欧洲汉学开始兴起。传教士汉学奠定了欧洲专业汉学的基础。

明末清初天主教与科学传播

虽然传教士东来的主要目的是传播福音，但出于传教需要也将西方的科学传入中国。在中国科学技术史上，明末清初是一个非常重要的时期，西方的天文学、几何学、地理学、机械学、物理学、光学、医学、数学、历法、矿物学、植物学、动

---

① 以下参见 Nicolas Standaert, *The Intercultural Weaving of Historical Texts*：*Chinese and European Stories about Emperor Ku and His Concubines*, Leiden, Boston：Brill, 2016, pp. 306–310。

物学、水利、测绘、火炮等传入中国。如利玛窦译《几何原本》，汤若望撰《远镜说》《火攻挈要》《坤舆格致》，汤若望等撰《崇祯历书》，熊三拔撰《泰西水法》，利类思撰《狮子说》《泰西肉攟》，等等。西方科学的传入，一方面对中国本土的科学产生了积极影响，在明末清初出现了格物穷理之学；另一方面则推动了西方科学在中国的实践与运用，如王徵撰《远西奇器图说》。更为重要的是，西方科学的引入深刻影响了明末清初的思想世界，如西学在熊明遇、方以智等人的学问体系中占据了重要地位；同时，科学的引入在某种程度上起到了"祛魅"的作用，让明末清初的中国更早接触到了西方近代性思想。传教士介绍科学出于传教目的，在译介西方科学之时夹杂了宗教内容，因此此种"祛魅"并不彻底。

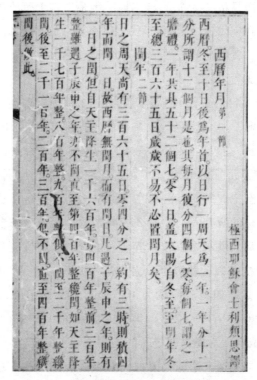

图 3-3   利类思撰《移动瞻礼表》书影

图片来源：上海图书馆徐家汇藏书楼特藏。

第六节   明末清初天主教思想与群体活动

明末清初在华天主教核心教义、思想与礼仪

明末清初以耶稣会为主的传教士将西方文化与儒家文化进行融合，对基督教的核心概念进行了中国本土化的诠释。其中，在上帝论方面尤为明显。利玛窦在《天

主实义》中明确提出："吾国天主，即华言上帝。"利玛窦将天主教的最高神"天主"等同于儒家经典中的"上帝"或"天"。为了向士人论述一神论的"天主"，利玛窦等传教士主要使用的思想资源是古儒经典，尤其是《诗经》《尚书》等四经。类似"上帝""天"，传教士及中国信徒还提出"大父母""大父""大主""公父""共主"等名词，以此说明天主的唯一性及普世性，此即许理和（Erik Zürcher）所谓的"儒家一神论"（Confucian monotheism）。"儒家一神论"是将儒家的"天""上帝"等概念诠释成天主教的一神论，突出"一神"特征的"上帝""天"，成为传教士与士大夫共识的基础。但也有反教者批评传教士将儒家本身不具有宗教性质的"天"改造成一神论的"天主"。

在一神论的基础上，传教士与儒家伦理思想进行了交流与对话。传教士认为儒家的"五伦"还不够，需要加入人与上帝之"大伦"。传教士又对宋明理学的最高概念"太极""理"等进行批判，认为这些概念不可与"天主"同日而语，不能创造万物。传教士还对儒家的"万物一体"等概念进行批判。

利玛窦将"上帝""天"等于"天主"，为后来发生的礼仪之争埋下了隐患，并不是所有的传教士都赞同直接将此儒家术语等于天主教的最高神。在教内文献中，传教士更多是使用音译原则，如将"Deus"译为"陡斯"。只是为了更好地向信徒进行解释，传教士只好采用意译。利玛窦给人的印象是突出"天主论"，而对基督论有所疏略，在《天主实义》中仅有很少的内容是在介绍耶稣救赎。但利玛窦之后的传教士则对基督论有较为完备的介绍，如艾儒略、汤若望、阳玛诺等。

明末清初天主教在礼仪方面进行了大量的调适、融合与会通，形成了颇具特色的礼仪体系与实践，可视作基督教中国化的最早尝试。钟鸣旦用"之间"（in-betweeness）以及"交织"（weaving）等术语来描述此种会通，如明末清初天主教徒的丧葬礼、弥撒礼等。传教士一方面将西方传统礼仪引入中国，另一方面根据中国社会处境进行调整，如采用中文弥撒、男女分堂等。礼仪活动对于形塑明清天主教徒群体的身份认同起到了积极作用。天主教礼仪在与佛道教、民间宗教竞争之时也提供了较为丰富的资源。传教士尝试使用天主教的礼仪来取代其他宗教的礼仪，尤其是在一些具有相似性的礼仪活动层面，如告解、念经、大赦与佛道教的经忏。天主教的礼仪在时间、空间、服饰、行为等层面，为天主教徒群体形成了一道与众不同的"边界"，从而在明清社会出现了一群与儒释道不同的天主教徒群体。

中欧文化交流与宗教群体组织及其影响

明末清初是中国与西方（主要是欧洲）在较为平等的基础上进行文化交流与对话的璀璨时期。随着天主教传教士进入中国，以传教士作为媒介，中西方文化进行了前所未有的接触、交流与对话。西方文化进入中国，为明清社会吸纳与接受的同时还丰富了明清社会文化传统，中国文化传入西方，对西方社会与思想也产生了深刻影响。研究中西文化交流史的学者对此阶段颇为关注，并有大量著作出现。

谢和耐（Jacques Gernet）在其著作《中国和基督教：中国和欧洲文化之比较》中提出了明清基督教失败论的著名观点。从群体的视角来看，明末清初天主教徒群体的形成及其变化，可以为审视明清基督教提供一个新的视角。从明末到清初，天主教徒群体及其交往与认同都发生了明显变化。维系明清天主教徒群体认同的一个重要内容是仪式活动，如丧葬礼。

明末天主教来华也开展了各种各样的慈善活动。传教士根据天主教自身的慈善传统，并结合中国的慈善传统与实际需要，针对弃婴、疾疫、灾民等展开救济。传教士还创办各类善会，如仁会等来进行慈善活动。天主教的慈善活动可以分成两类，第一类面对非信徒，如各种育婴堂；第二类则主要针对信徒，如各种善会组织。天主教慈善的思想来源是《哀矜行诠》中所表达的"行哀矜"与"神哀矜"，但对于传教士来说"神哀矜"比"行哀矜"更为重要。因此，明末清初天主教的慈善活动除物质（或肉体）层面的救济之外，还包括灵魂（或精神）层面的拯救。由于明末特殊的情势，类似王徵、叶益蕃等信徒创办仁会，以改变人心、拯救灵魂的形式来拯救社会；而在清初，随着出生率的提升，弃婴现象频发，传教士与信徒则对弃婴展开救济活动。康熙帝甚至拨款让传教士进行赈济灾民的慈善活动。传教士向欧洲信徒募集资金，在中国建造了大量的育婴堂，并对这些弃婴进行洗礼。徐甘第大在松江一带广布慈善，建造了大量的育婴堂。教会针对弃婴的慈善活动，引发了反教士人的猜忌与反弹。尤其在晚清，天主教的慈善活动成为诸多攻击天主教言论的来源。

结　语

明末清初是基督宗教在华传播的第三个阶段，也是（前）近代意义上中西双方处于较为平等地位上进行交流与对话的时期。此时期的中国开始卷入早期全球化的浪潮，即梁启超所谓"世界之中国"。此时期的基督宗教采取了"适应"策略，积极探索中国化的模式与途径，与中国本土文化之间进行互鉴与对话，形成了学者所谓的"儒家一神论"的新学说及儒家基督徒等新群体，留下了数量庞大且内容丰富的汉语基督教文献。耶稣会、方济各会等不同修会采取的传教方式不尽相同，但对于传教事业整体而言，他们之间的传教方式恰好可以互相补充。原先学界认为，明末清初以耶稣会为主只在上层传教，现在已改变了这个认识，认为各个层面都有努力，这为之后的传教及教务发展奠定了基础。当礼仪之争的白热化引发了百年禁教，天主教则开始在中下阶层传播、发展，此种"帝国潜流"现象表明基督宗教并非在中国大地消失，而是以另外一种形式在发展。

| 第四章 |

礼仪之争与清前中期天主教

周萍萍　肖清和

清初汤若望、南怀仁所开创的天主教"如日中天"景象，被中国礼仪之争①
(The Chinese Rite Controversy) 打破。礼仪之争同时也打破了利玛窦等耶稣会士"补
儒易佛"的愿望。礼仪之争使得耶稣会士的"上层路线"，因为"教权"与"皇
权"之间的罅隙而日趋无效，方济各会、多明我会等修会传教士的"民间路线"则
渐成主流。礼仪之争之后，官方采取禁教政策，天主教成为帝国大地上的"潜流"。
除了几次较大的教案引发的关注，此时期的天主教一直在默默传播与发展，并与地
方社会、文化相互融合，变成了地方/社区宗教之一种。

第一节　"效忠—保护"模式与容教令

耶稣会士所形成的"效忠—保护"模式，在南怀仁等清初传教士身上得到淋漓
尽致的表现。在平定以吴三桂为首的"三藩之乱"（1673～1681）时，南怀仁监制
的火炮发挥了巨大威力；中俄《尼布楚条约》（1689）的签订，张诚和白晋功劳较
大。康熙帝对西洋科学技术颇感兴趣，让传教士进宫为其讲授天文地理、测算音律
等方面知识，并对其以礼相待。他曾让白晋回国，"招致其可能招来之传教师若干

---

① 学者李天纲考证，中国礼仪之争这一提法最早见于罗光《教廷与中国使节史》（台湾传记文学出版社，
1969），参见李天纲《中国礼仪之争：历史、文献和意义》，上海古籍出版社，1998，第 124 页。

人"。南怀仁等传教士为大清皇帝效力，可谓鞠躬尽瘁，获得了康熙帝本人的认可与信任。因此，当1691年浙江巡抚张鹏翮下令在全省驱逐传教士、禁止百姓信奉天主教之时，康熙帝则施以援手为天主教提供了"庇护"。康熙三十一年（1692）二月初三，康熙帝批准了礼部所拟的容许天主教在华传教的奏本，此即为教会所称的"容教令"，内中提及"喇嘛僧道等寺庙，尚容人烧香行走，况西洋人又无违法之事，反行禁止，似属不宜。相应将各处天主堂俱照旧存留，凡进香供奉之人等，仍许照常行走，不必禁止。俟命下之日，通行直隶各省可也"[1]。早在顺治二年（1645），清廷就已在全国推行度牒制度，将佛教和道教事务纳入国家行政管理体制。因此，在康熙帝看来，既然西洋传教士忠心耿耿地为朝廷服务，没有违法乱纪的行为，那么天主教同样可以置于国家权力的保护之下。

显然，"容教令"是建立在"效忠—保护"的模式之上，即将传教事业的合法性建立在皇帝本人的好恶之上。尽管此种模式具有非常大的不可靠性，但是对于经历"历狱"风波、行事处处小心的西洋传教士而言，"容教令"无疑是天降甘霖。

图 4-1 南怀仁神父像

图片来源：A. M. Colombel, *Histoire de la Mission du Kiang-nan*, Shanghai：Zi-Ka-Wei, 1905。

---

[1] 〔法〕樊国樑：《燕京开教略》，《中国天主教史籍汇编》，台北辅仁大学出版社，2003，第372页。

他们确信自利玛窦以来推行的学术传教策略对传教事业大有裨益，于是通过各种途径积极在欧洲宣传"容教令"，以获取更广泛的支持并招徕更多的传教士。很快，来华其他修会的传教士便发现耶稣会士奉行的文化适应策略存在较大问题。反对者们对"敬孔""祭祖"等礼仪是否属于偶像崇拜的质疑，打破了耶稣会士精心维持的"效忠—保护"模式，必然引起统治者的反感。当礼仪之争白热化之时，康熙帝下令禁教，由此开启了百年禁教时期，促使天主教以另外一种方式在中华大地上传播与发展。

第二节　中国礼仪之争过程

礼仪之争的发生与扩大

中国礼仪之争，有广义与狭义之分。广义的礼仪之争是指从利玛窦时代开始到1939 年长达 300 多年的、有关中国礼仪的争论。狭义的礼仪之争即指康熙年间，在康熙帝与西方教宗之间围绕中国礼仪、译名等问题所展开的争论。

任何宗教的传播都会涉及翻译问题。基督宗教在东方传教的过程中，一直伴随译名、礼仪等方面的纷争。在印度、日本、中国，译名之争围绕着 Deus 如何翻译成本地语言展开。在中国，译名问题自利玛窦开始就埋下了隐患。在"补儒易佛"的策略之下，利玛窦主张用中国儒家典籍中的"上帝""天"翻译天主教的 Deus，并容许儒家基督徒祭祖、敬孔，但利玛窦之后的耶稣会士如龙华民则对此颇有疑虑。1628 年，耶稣会士在嘉定召开会议以解决译名与礼仪问题。会议最终达成妥协，在礼仪上遵循利玛窦规矩，而译名上则使用龙华民提出的"音译"原则。因此，龙华民常被视为礼仪之争的始作俑者。①

龙华民的疑虑随着其他修会传教士的参与而日益被放大。方济各会、多明我会等修会传教士与耶稣会士在神学背景、传教方式、对中国文化的理解等方面存在着一定的差异。随着方济各会等不同修会的参与以及欧洲社会、西方教廷、中国皇帝的卷入，礼仪问题不只是耶稣会士内部的纷争，而变成了修会之间、中西之间的争论。

需要提及的是，礼仪之争爆发之前，在华传教士之间曾经有关中国历书产生争议，即"中国历书之争"。艾儒略、安文思、傅汎际、李安西等质疑汤若望所撰修的《民历铺注解惑》是否是迷信。汤若望、潘国光等则为自己辩护，认为铺注中的吉凶、择日、占候等不属于迷信，汤若望本人及其门生无须为此负责。历书之争反映出传教士内部关于儒家礼仪理解之分歧。

1643 年，多明我会士黎玉范抵达罗马，向教廷汇报中国礼仪问题，正式掀开了

---

① 〔法〕费赖之：《在华耶稣会士列传及书目》，冯承钧译，中华书局，1995，第 65 页。

**图 4-2 反对中国教徒祭祖的
教宗英诺森十世像**

中国礼仪之争的大幕。1645 年，罗马教廷经教宗英诺森十世批准，发布通谕禁止中国天主教徒参加祭祖祀孔。1654 年，耶稣会士卫匡国抵达罗马，向教宗申诉中国礼仪问题。1656 年，教宗亚历山大七世决定准许耶稣会士照他们的理解参加祭孔等活动，但对以前教廷的禁令也没有废止。这样，有关中国礼仪问题罗马教廷有两份自相矛盾的裁决，是否采取中国礼仪取决于在华传教士本人的决定，这就为后来再次爆发争论埋下了种子。

1664 年，"历狱"发生后，19 名耶稣会士、3 名多明我会士和 1 名方济各会士被押送到广州，他们在 1667 年底至 1668 年初，举行了一次长达 40 天的会议，被称作"广州会议"。与会者基本同意了一项包含 42 条内容的声明书，其中一条就是应当遵守 1656 年的谕令。多明我会士闵明我（Domingo Fernández Navarrete，1618—1689）当时同意了会议的决定，但是他悄悄返回西班牙后，出版了一部攻击耶稣会士和中国礼仪的著作，他的行为再次引发了关于中国礼仪的讨论。在欧洲各国，王公贵族、有识之士，以及不同修会的神父和神学家都参与了这场辩论，纷纷发表自己的见解，但仍然意见不一。

背景知识 4-1 龙华民与《论中国宗教的若干问题》

龙华民（Niccolo Longobardi，1559—1654）被视作引发中国礼仪之争第一人。龙华民，号精华，意大利籍耶稣会士，1596 年从里斯本出发前往东方传教，1597 年抵达澳门，一开始在韶州传教，1609 年到达北京，于 1610 年接替利玛窦成为在华耶稣会会长。龙华民对利玛窦的传教方法颇有疑虑，并撰有《论中国宗教的若干问题》，对利玛窦合儒政策进行了批判与反思。正是这部著作后来成为其他修会反对耶稣会士中国礼仪的证据来源。这部著作也成为研究中国礼仪之争、耶稣会士对宋明理学的理解等议题的重要文献。

礼仪之争的经过和康熙帝下令"领票"

17 世纪后期，耶稣会因热衷干预和介入政治，开始为欧洲国家排斥，在天主教内也受到排挤。1658 年，罗马教廷为摆脱葡萄牙保教权的垄断，设立了宗座代牧制，并派出以巴黎外方传教会为主体的传教士前来中国，以扩大教廷的影响力。1683 年，巴黎外方传教会的创始人之一陆方济（François Pallu，1626—1684）主教赴中国传教，主管福建等省教务。陆方济去世后，由颜珰（又作阎珰，Charles Maigrot，1652—1730）继任福建宗座代牧。1693 年，即康熙帝颁布"容教令"的次年，颜珰发表了关于中国礼仪的 7 项禁令，主要有：严禁在教堂悬挂有"敬天"字样的牌匾、不允许信徒参加每年两次的"祭祖敬孔"仪式等。他还派两名传教士返回罗马，上书教宗指责耶稣会士容许"敬天祭祖"是违背了基督教教义。①

当时的欧洲教会正在为"印度礼仪"和"中国礼仪"争得不可开交，巴黎大学的神学教授认为耶稣会在东方的做法是容忍异端。为此，在华的法国耶稣会士李明（Louis Daniel Le Comte，1655—1728）回到巴黎，参加论战。为了争取罗马教廷对中国礼仪的认可，并更好地与对手辩论，李明准备了一份请愿书，托人从欧洲带回中国请求康熙帝签字，希冀用来自中国最权威的证明来说明中国礼仪不是宗教崇拜，只是民间世俗活动。康熙帝欣然朱批，表示同意。

康熙帝的批复被寄回罗马，以回应颜珰的指责，孰知这更成为反对派攻击的口实。在教会看来，世俗权力特别是教外势力干预教廷事务是不能容忍的，教廷对耶稣会的这一做法表示不满。1700 年，教宗克莱孟十一世就任后，决心尽早解决关于东方礼仪问题的纷争。1701 年，教宗宣布派遣铎罗主教到东方，调查并解决已经争论了近百年的印度礼仪问题，同时一并解决最近几十年日趋激化的中国礼仪问题。1703 年，铎罗抵达印度，于次年发表了禁止迁就印度婆罗门礼仪的决定，罗马教廷的态度显然对耶稣会很不利。解决了印度礼仪问题后，铎罗启程前往中国。

在铎罗一行前往东方期间，当时的中国学者，包括士大夫、官员，以及中国信徒，在很大程度上也参与了这场有关中国礼仪的争论。新披露的一批特别的中文和欧语文献为礼仪之争中的"中国声音"提供了新证据。这批撰于 1701～1704 年的文献包括约 60 封被寄往罗马的中文书信，尤其引人注目的是其中约 430 个不同的亲笔签名，此外还有大量的个人证词。这是礼仪之争中的"中国声音"，签名者都支持耶稣会的观点，他们想让罗马教廷听到中国信徒关于礼仪之争的意见。② 但显然罗马教廷对东方国家的礼仪问题早有成见在胸。

1705 年 12 月，铎罗带着还没有公布的教宗敕谕到达中国，他知道康熙帝维护中国礼仪。面对急于知道教宗态度的耶稣会士，他避而不谈敕谕内容，而是召唤当事人福建主教颜珰来京。1706 年 6 月，在第二次拜见康熙帝之后，铎罗表示打算启程返回欧洲，并推荐了已经到京的颜珰主教来接替他与皇帝讨论礼仪问题。颜珰是将中国礼

---

① 参见吴旻、韩琦《礼仪之争与中国天主教徒——以福建教徒和颜珰的冲突为例》，《历史研究》2004 年第 6 期；〔德〕柯蓝妮《颜珰在中国礼仪之争中的角色》，王潇楠译，《国际汉学》2010 年第 1 期。
② 〔比利时〕钟鸣旦：《礼仪之争中的中国声音》，《复旦学报》（社会科学版）2016 年第 1 期。

仪问题推向白热化的始作俑者，他虽然是一位非常有学问的神学家，可是中文能力实在太差。颜珰不能很好理解康熙帝的问询，以至于不得不请耶稣会士从中翻译，而在关于“天”等问题的解释上，他的回答显然不尽如人意。在这次不愉快的见面后，康熙帝确信西方对中国礼仪的误解完全是由像颜珰这种不通文理、不了解中国文化之人引起的。

康熙帝下令驱逐颜珰。这时铎罗已离开北京，沿运河到达南京。在南京，他不听耶稣会士的辩解，执意公布罗马教廷发出的禁止中国礼仪的裁决。按照这个决议，中国礼仪被正式裁定为一种异端宗教活动。这个决议用最严厉的制裁——革除教籍来保证执行，可见罗马教廷想一劳永逸地解决这个问题的决心。与此同时，康熙帝下令只有领取印票、遵循利玛窦规矩的传教士方可以继续在华传教，没有“领票”的传教士一律被遣往澳门，不得在内地教堂居住。“领票”一方面表明康熙帝坚决维护中国礼仪，另一方面也表明他支持利玛窦等所奉行的传教路线。

背景知识 4-2　利玛窦规矩

“利玛窦规矩”出自中国礼仪之争期间康熙帝之口。礼仪之争期间，康熙帝要求所有在华外国传教士必须遵守利玛窦规矩，并宣誓永不回西洋，方可在华传教。所谓利玛窦规矩，即是利玛窦在华传教所立规矩，即尊重中国传统与权威，尤其是认可儒家正统、接受儒家礼仪，承认中国传统的政教关系，具体而言即采纳“上帝”“天”的译名，允许信徒祭祖、敬孔等。利玛窦规矩对于今天基督宗教中国化具有一定的参考价值。

1707年3月12日，铎罗被遣送至广州。康熙帝以铎罗拒交教宗任命状为由，将其押解至澳门。康熙帝下令，将铎罗监禁至派往罗马的使臣带着教宗对中国礼仪的明确答复返回后为止。铎罗未等到康熙帝的使臣回来，便于1710年6月去世。铎罗作为教宗特使的使命以其去世而告终，而担任康熙帝使臣前往欧洲的几位耶稣会士或在海上遇难，或即使抵达罗马，教廷给予的答复依旧是遵守1704年敕谕。罗马教宗下令驳回耶稣会士的请求，支持铎罗的决定，禁止进一步讨论礼仪，严禁任何宗教人员印行和出版任何形式的有关中国礼仪的内容，违者将遭受禁书目录所规定的惩罚。

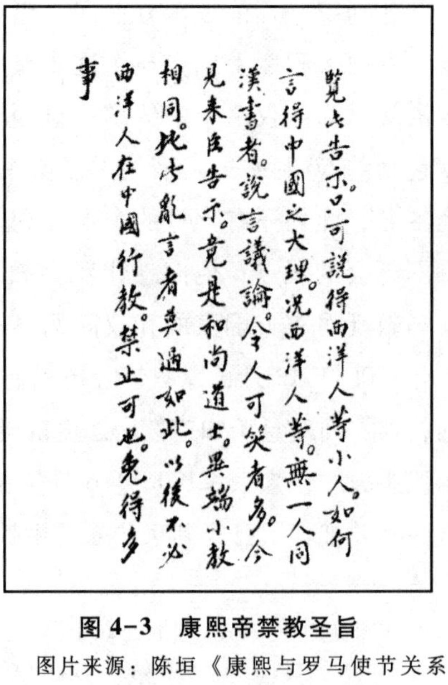
覽此告示。只可說得西洋人等小人。如何言得中國之大理。況西洋人等。無一人同漢書者。說言議論。令人可笑者多。今見來臣告示。竟是和尚道士。異端小教相同。比此亂言者莫過如此。以後不必西洋人在中國行教。禁止可也。免得多事

图 4-3　康熙帝禁教圣旨

图片来源：陈垣《康熙与罗马使节关系文书》，文海出版社有限公司，1974。

在华传教士中一些人不想放弃在中国的传教事业，他们寄希望于教廷收回成命，因而领取了"印票"，更多传教士则因拒绝"领票"被遣送。1708 年的一份满文档案记载，当时有 48 人领了票，其中耶稣会士 39 人，方济各会士 9 人。① 1715 年 3 月 19 日，罗马教廷再一次发布《自登极之日》（*Ex illa die*）的通谕，坚决反对中国礼仪。除严厉重申了 1704 年敕谕中的禁令，还增加了一项宣誓内容，即所有传教士都必须在教廷调查官、宗座巡阅使、主教或宗座代牧面前发誓服从本谕，这些誓言签名后要送往罗马。无论这份宣誓是否针对康熙帝要求的"领票"制度，教廷禁止中国礼仪的决心是不言而喻的。

为传达这项禁令，罗马教廷又派宗主教嘉乐来华。1720 年 12 月 25 日，嘉乐入京请求康熙帝同意教宗有关中国礼仪的禁令。嘉乐显然在策略上比铎罗更加高明，他在觐见康熙帝时不断保证说自己有权在礼仪问题上可以有所松动，而且也愿意回罗马后向教宗转达康熙帝的想法。但是当康熙帝让白晋等翻译嘉乐带来的禁约，发现与以前没有多少差异时，他失去了与罗马教廷斡旋解释的耐心，直接拒绝了嘉乐的请求。康熙帝认为既然那些不通中国诗书、不解中国文义却妄辨中国道理的人主导了罗马教宗的意见，那么天主教在华也没有传行的必要了，他最终下令禁教："以后不必西洋人在中国行教，禁止可也。免得多事。"从此开启了长达一个多世纪的禁教时代。

礼仪之争的核心内容与诠释学张力

中国礼仪之争的核心内容有两个方面：其一是译名问题，其二是礼仪问题。译名问题是采取何种方式翻译 Deus（或其他类似术语）。对于此问题分属两派：以利玛窦为代表的一派主张用儒家经典中的"上帝"或"天"来翻译 Deus，而以龙华民为代表的一派则反对。礼仪问题是如何处理中国本土礼仪尤其是儒家礼仪，以耶稣会为代表的传教士主张适应儒家礼仪，如祭祖、敬孔，或对儒家礼仪进行改造；而以多明我会为代表的托钵僧传教士则反对。这些传教士均有各自的理由。利玛窦等从先秦儒家经典中发现了一神论的特征，故用"上帝"或"天"来翻译 Deus，以减少儒家士大夫对于天主教的反感；而龙华民则通过考察儒家经典以及宋明儒家的注疏，认为儒家对"天"的理解是一种物质主义或无神论，而对"上帝"的理解则属于偶像崇拜，因此反对利玛窦的做法，主张用"天主"或音译。对于中国礼仪，耶稣会士从"文化适应"的角度出发，在减少文化冲突的目的下，主张认可儒家礼仪或者对其进行基督教式的改造。耶稣会传教士从儒家的"大传统"或儒家文本的立场如理解儒家礼仪，认为祭祖、敬孔等均属于世俗性质或政治礼节，不属于

---

① 《总管内务府开列的领票与否西洋人名单》有误，把方济各会士康和子（Carlo Orazi da Castorano，1673—1755）误作耶稣会士。当时领票耶稣会士应为 38 人，方济各会士为 10 人。

宗教礼仪，因此可以被接受；而对于诸如带有一定宗教色彩的礼仪，如祭祀城隍、木主等，则可以进行基督教式的改造，以剔除其中带有的宗教特征。但多明我会等托钵僧则认为耶稣会传教士所容忍的祭祖、敬孔等礼仪属于偶像崇拜，他们依据的是民间调查，或者儒家的"小传统"，将祭祖等同于诸如弥撒一类的宗教礼仪，因此需要被禁止。

可以发现，在译名问题上形成了利玛窦与龙华民之别；而在礼仪问题上则形成了"利玛窦规矩"与"多明我会路线"之异。之所以出现分歧，不仅在于不同修会的神学背景、传教实践，而且在于他们对于中国经典、礼仪的认知与诠释。基于各自的诠释，形成了不同的解读结果。

第三节　官方禁教与"帝国潜流"

康熙帝的禁令并没有严格执行，但是为清政府对天主教的政策定下了基调。这种禁教政策为其后继者效仿，且执行日益严厉。官方虽然采取了禁教政策，但是天主教并未消亡，而是以"帝国潜流"的方式在民间社会发展。

雍正朝禁教

雍正帝在做亲王时就对天主教态度冷漠，他曾多次表示对天主教教义教理难以认同。他认为天主教"悖理谬妄"，若让它在中国自由传布，定会危害国人，危及清王朝的统治。况且康熙末年，储位之争十分激烈，传教士卷入了图谋皇位的宫廷斗争，支持了雍正帝的政敌，[①] 使雍正帝更不喜天主教。雍正帝即位后，坚决打击一切可能危及其统治的各方势力，来自西方的天主教自然也不能幸免。雍正帝禁教的政策界限非常鲜明，利用和限制并存，即利用西洋人的科学技能，并容许他们自行其教，但不能向中国人传教。

1723 年，福建福安县抓获两名在当地传教的多明我会士，上奏朝廷后，雍正帝颁布谕令，在全国各地禁止传播天主教、驱逐传教士出境，即使在康熙年间领取了印票的传教士也不例外。在京城，他保留了一批掌握科学技艺的传教士为其服务，教堂仍由其居住。但是京城之外的传教士一律于 1724 年被押送到广州，集中住在天主堂内，不许他们外出传教，也不许百姓入内，到 1732 年则全部逐至澳门。除北京的四大堂之外，各地教堂或被拆毁，或被改作他用，如上海老天主堂被改作关帝庙、南京汉西门天主堂及教士住院被改作积谷仓。

---

① 传教士穆敬远（Jean Mourao, 1681—1726）卷入了立储之争。他支持皇九子胤禟，两人交往甚密。穆敬远希冀胤禟能够成功登基，日后开禁教令，给传教以自由。但最终皇四子胤禛即位，对其他兄弟或贬或囚，传教士穆敬远被监禁，后死于狱中。

在陆地关卡查禁较严的情况下，一些不愿意放弃信仰的信徒不得不迁居他乡，山多田少、条件恶劣、人迹罕至的地方往往成为他们的栖息之所，如湖北磨盘山崇山峻岭环绕，偏僻荒凉，官府的控制力比较弱，因此逐渐发展为天主教社区。① 在水网密布的江南地区，舟楫小船则成为神职人员传教、举行宗教仪式的极佳场所。

雍正朝皇室苏努家族遭际悲惨，究竟是因为其举家奉教，还是复杂的宫廷争斗而获罪？教内学者多认为奉教是其中的一个主要原因，而学者陈垣经过多方考证，认为雍正帝是厌恶苏努父子而连带厌恶天主教，先后不能颠倒。② 苏努是清太祖努尔哈赤的四世孙，与雍正帝是从昆弟行，但是苏努与儿子曾帮助皇八子允禩谋取帝位，为雍正帝忌恨。苏努父子最先被流放的是苏努第六子勒什亨，因其结党皇九子胤禟被革职发往西宁。他与弟弟乌尔陈在西宁领洗入教，并和传教士穆敬远在附近乡村发展教徒，建造教堂，被人告发，雍正帝大怒，立即将其押回北京，下狱押禁。1724 年，苏努被革去贝勒，全家发往塞外。苏努死后被削去宗籍，撤去黄带子，后又按照大逆罪被戮尸扬灰，其信教最热忱的 5 个儿子则被分禁各省，后相继死去。

乾隆朝禁教

乾隆帝即位后，一方面出于天文历算等的需要，另一方面出于对西洋物件的追求，故仍在钦天监、如意馆中留有西洋传教士为之效力，不少传教士在宫中受到了很高的礼遇，如郎世宁（Giuseppe Castiglione，1688—1766）、王致诚（Jean Denis Attiret，1702—1768）、马国贤（Matteo Ripa，1682—1746）、戴进贤（Ignatius Koegler，1680—1746）等人。在对待天主教的态度上，他承袭祖制，继续禁止天主教在华发展。与雍正帝不同的是，他对天主教并不像其父那样深恶痛绝，但是一来受到祖训禁教的约束，二来不断有仇教的官吏屡屡上书对传教士加以揭发和毁谤，因此乾隆帝几次重申禁教之令。

乾隆帝在位 60 年，虽然自始至终在禁止天主教，但在实行上无法始终做到雷厉风行，每当官府放松对信徒的监视与控制，潜藏于各地的传教士又昼伏夜行，巡视各个会口，悄悄传教。当传教活动活跃，引起地方官府的警觉后便又会引发新一轮的严禁。乾隆帝统治时期有两次较大规模的禁教：第一次是 1746 年，在福建处理白多禄（Petdro Sanz，1680—1747）主教一案后，谕令查禁天主教，延续了几年之久；第二次是 1784 年，在全国范围内查禁天主教。除此之外，基本上没有什么大的风波，被驱逐出境的西洋传教士多又重新潜回内地，甚至有新的西洋传教士从欧洲暗

---

① 类似湖北磨盘山这样的天主教乡村社区模式，还有湖北长阳的石滚塪、河北崇礼县的西湾子、浙江西部的麻蓬村、广西北海的涠洲岛等。关于湖北磨盘山的研究，参见康志杰《上主的葡萄园——鄂西北磨盘山天主教社区研究（1634—2005）》，辅仁大学出版社，2006。

② 陈垣：《雍乾间奉天主教之宗室》，《陈垣学术论文集》第一集，中华书局，1980。

地前来传教。

1746 年，福建巡抚周学健等先后上疏，奏报拿获了在福安县传教的白多禄等 5 位神父，以及藏匿西洋神父的中国信徒数百人。周学健惊讶于白多禄在 1724 年被驱逐出境后，竟能够在 1738 年又潜回福建，并在福安发展教徒 2000 多人。他请求皇帝乘此案件，治传教士以重罪，以儆效尤，断绝其再入中华的念头。同时，他联想到全国情形，为国家安全计，提醒乾隆帝应当彻底搜查有无西洋人在境内传教。乾隆帝听从了周学健等的建议，禁教行动遂在全国渐次展开。

福安教案，引发了乾隆时期全国范围的教案，江南、江西、湖北、广东等地相继严厉查核有无传教士、教民活动，结果江南苏州府抓获了谈方济（Tristano de Attimis，1707—1748）、黄安多（Antoine Joseph Henriques，1707—1748）两名神父，湖北、广东等省相继查获了很多依旧奉教的百姓。这波教案中，在福安传教的白多禄被斩首，余均监毙于狱中，在苏州传教的谈方济、黄安多则被监毙于狱中，开启了清政府处死西洋传教士的先例。1752 年，湖北发生了马朝柱反清案。马朝柱宣称西洋不日起事，兴复明朝，引起官府对西洋传教士的怀疑，搜捕马朝柱的同时，秘密传教的西洋人和依旧奉教的中国信徒都成为打击对象。在全国性的大搜捕之下，1754 年福建福安再次查获多名奉教百姓；江南则拿获西洋人张若瑟（Joseph de Araujo，1721—1755 年后）等 5 位传教士。张若瑟等虽被监禁，但这次乾隆帝网开一面，下令将他们释放，驱往澳门。

经过教案风波之后，各省表面上渐趋平静，官府似乎放松了一些警惕，教会发现可乘之机又慢慢活跃起来。鉴于内地传教的需要，澳门主教奉罗马传信部的意旨，于 1784 年先后派出了三批传教士潜入内地，为了不被发现，他们采取每到一个传教点就由当地信徒接送到另一个传教点的接引方式。1784 年 8 月，当第三批拟进入陕西传教的四位神父走到湖北襄阳时，被当地官兵拿获。当时正值乾隆闭关实行海禁，严禁外国人进入辖内，且 1781 年在甘肃爆发了大规模的回民起义，官府在陕甘继续查拿余众，乾隆帝担心潜入的传教士可能会勾结陕甘的回民造反，于是下令在全国范围内严查天主教。这次教案牵涉两广、陕西、甘肃、山东、四川、直隶（今河北省、北京市、天津市等地）等十几个省份，共有 18 名外国传教士、7 名中国神父和数百名中国信徒被抓入狱，受牵连人数之多是前所未有的，一些传教士被羁押死于狱中。

在 1784 年大教案中，乾隆帝督促最严、上谕和督抚奏折中反复提及的就是接引西洋人赴陕甘地区传教的要犯蔡伯多禄。据梅欧金（Eugenio Menegon）博士考证，蔡伯多禄（即蔡若祥，字鸣皋，也写作"蔡如祥"）1739 年出生于福建龙溪县，1742 年在岭东受洗，曾远赴那不勒斯圣家书院学习天主教神学，回国后以游医身份往来于山西、陕西、湖北、广东等地，熟识各地信徒及传教士，故而成为接引传教士的关键人物。大教案爆发后，蔡伯多禄摆脱了追捕，于 1784 年 11 月 30 日晚离开中国。^① 1785 年初，乾隆帝逐渐感到抓获蔡伯多禄已希望不大，搜捕活动被迫终止。后来乾隆帝虽对西洋传教士宽大处理，下令全部释放，押送至广东，但是仍将抓获的中国神父全部发配伊犁给厄鲁特为奴，信徒或发配伊犁为奴或枷号杖责。

嘉庆、道光前期禁教

嘉庆帝不仅对天主教教理茫然不知，而且连西洋艺术也不喜欢。对天主教的漠不关心使得嘉庆帝在即位之初，对传教士采取听任的态度，直到 1805 年发生了德天赐案后才开始严厉禁教。因此，教会在 1805 年之前呈复兴状态，之后则频遭打压。

1805 年的全国性大教案因德天赐（Santo Agostino Adeodato，1757—?）寄送地图而起。德天赐是意大利人，1784 年来华，以绘画为清廷服务。为向罗马传信部报告中国教务情况，1804 年，他托广东信徒陈若望将一份传教地图和信件带至澳门，但陈若望被官府查获。嘉庆帝怀疑这份地图是为久在山东半岛徘徊的英国人侵略山东提供参考，于是下令严查，结果查出了各省都有传教士在暗地传教，特别是许多旗人竟然也入了教。震怒之下，嘉庆帝发动了全国性的、极严厉的大搜捕，并指示两广督抚严禁传教士由澳门潜入内地。

德天赐案和旗人奉教案的发生，导致嘉庆帝对在京传教士的监管更加严密，他先后颁布了《管理西洋堂夷务章程》和惩治天主教的治罪专条等，杜绝外籍传教士外出传教和与中国信徒联系的一切可能，并停止选派西洋传教士进京当差。清政府为天主教传教制定罪名、对失察官员详定惩罚，使得各级官吏不遗余力查拿天主教徒。山西、四川、贵州、湖北等地相继发生教案，被抓获的信徒或被逼背教，或发往伊犁为奴，或枷号杖责。在 1814 年颁布的谕旨中，清廷将天主教视为"灭绝伦理，乃异端为害之尤者"^②，认为其对国家的危害超过了曾有过叛乱的白莲教。在清政府严厉的刑罚措施下，天主教在华的处境可想而知。但是从皇帝一再下旨禁教来看，教是禁而不止的。终嘉庆之世，传教工作一直在秘密进行。据赖德烈（Kenneth S. Latourette）统计，"1800 年全国大概有 25 万罗马公教教徒，而这个数字直到 1835 年或 1840 年没有增长，也没有减少"^③。

道光帝即位后，他没有解除嘉庆帝的禁教谕令，但是也没有继续对天主教加以

---

① Eugenio Menegon, "Asian Native Voices in Southern European Archives: The Case of Pietro Zai（Cai Ruoxiang, 1739-1806）, Pupil of the Chinese College of Naples," in Michele Fatica ed., *Matteo Ripa e il Collegio dei Cinesi di Napoli（1682-1869）. Percorso Documentario e Iconografico. Catalogo della Mostra, Archivio di Stato di Napoli, 18 Novembre 2006-31 Marzo 2007*, Napoli: Universita'degli Studi di Napoli "L'Orientale," 2006, pp. 87-100.

② 《寄谕两广总督蒋攸铦着晓谕沿海商民及来粤西洋人严禁传习天主教》，中国第一历史档案馆编《清中前期西洋天主教在华活动档案史料》第三册，中华书局，2003，第 1004 页。

③ 〔美〕赖德烈：《基督教在华传教史》，〔奥〕雷立柏等译，道风书社，2009，第 155 页。

迫害，对天主教的态度比其父稍微宽松。因此，表面上在北京公开为朝廷供职的西洋传教士日益减少（道光初年在京西洋人仅有 4 名），以至于完全绝迹，但是实际上长期处于秘密传教状态的教会又逐渐活跃起来。这一时期在华的传教士主要是遣使会（Congrégation de Mission）传教士。在道光帝即位初期直至鸦片战争禁教解除这一阶段，虽然发生了几次地区性的教案，但这都是仇教的地方官吏遵行前朝的遗制所致，全国性的教案几乎没有。

1824 年，传教士福文高（Domingo Joaquim Ferreira，1758—1824）去世。1825年，另一位传教士高守谦（Verissimo Monteiro da Serra，? —1852）辞职回国。次年，传教士李拱辰（José Ribeiro-Nunes，1767—1826）去世。1838 年，北京地区主教毕学源（Cajetanus Pires Pireira，1763—1838）去世，从此清廷不再任用外国传教士供职钦天监，从而结束了自汤若望以来西洋传教士主持钦天监的历史，合法在京的西方传教士绝迹。北京城中著名的四大教堂已在此前后或毁于火灾，或被拆除，或被没收充公，昔日的繁荣景象成为历史。法国遣使会士此前即已经发现在京的活动空间越来越有限，因此努力在塞外经营，将总部从北京转移到了非常偏僻的崇礼县西湾子，并以此为中心，逐渐向内蒙古东、西两个方向建堂传教。

清代禁教的残酷程度比不上日本、朝鲜。对于清朝统治者而言，禁教的实质是对天主教以及其他民间宗教进行控制，以防止对帝国统治造成威胁，此种"控制"符合传统的政教关系，并随着帝国的封闭、衰败而日益加剧。因为禁教政策，被官方称为"邪教"的天主教积极与民间、地方文化融合，形成了与明末清初不同的发展样式。

第四节　清中前期天主教的本土化

礼仪之争令耶稣会士的"补儒易佛"策略失效，并且造成了天主教在华合法性缺失。官方禁教政策的实施，让天主教会调整以前的传教方式，逐渐以底层、民间、偏远、边缘群体为主。教会更加注重培养中国籍神职人员，本地的传道员和贞女也成为传教工作的重要助手。

传教对象逐渐民间化

礼仪之争后，因为教廷禁止中国信徒"祭祖敬孔"，使得文人士绅不能应科举而入仕，故而信徒构成中没有特别显达之人，世家大族更大多游离于天主教之外。平民百姓信教则少有或没有深邃的宗教理念上的阐释和思考，他们多是出于信仰的需要。在没有刊本、抄本的情形下，这些信徒通过口传经文保持信仰，世代相传。

传教对象的逐渐民间化使信徒鲜与官府结交往还，以致清朝中期的各级官吏大多对天主教缺乏了解与认识，不清楚其教理教义。他们认为天主教教义教理有悖人伦，爱天主是叫人无父无母，"惟知事奉天主，不顾父母"，仪式则荒诞不经，恐为巫术，"咸谓夷人于饼酒之中，暗下迷药，是以一经领受，终身不知改悔"。①再加上传教士昼伏夜行，常在夜间为信徒们举行仪式，信教者又多为下层民众，更为外界误解，为官府警惕，认为他们是借着宗教的名义秘密结社、图谋不轨。

传教区域逐渐扩大至内陆边疆

明末，中国西部除陕西、山西有部分信徒外，余均较少涉及，北部也只是到北京一带，蒙古、东北等地亦几无信徒。1640 年，利类斯、安文思进入四川传教，四川开始有首批信徒。在禁教时期，云贵川等地因为地处偏远、山势险峻，传教不易被发现而逐渐成为传教重镇，是当时全国教务发展最迅速的地区。1786年，在四川、云南、贵州有 469 位成年人受洗，在 1792 年有 1508 位成年人受洗，在 1795 年有 1401 位成年人受洗，在 1800 年有 1250 位成年人受洗，而在 1804 年则有 2143 位成年人受洗。据报告，1756 年的四川大约有 4000 位信徒，而在 1792年大概是 25000 位，另一份报告说在 1801 年是 4 万人。1799 年的贵州据说有 600位公教信徒。②

天主教在蒙古地区的传教中心是西湾子，雍正年间（1723～1735）这里开始兴建教堂。在禁教期，地处偏远的西湾子成为信徒的避难地，"现在主教驻所西湾子村得以发达者，实因北京教堂之被封，及 1828 年法籍传教区迁移之结果"③。甘肃具有一定规模的天主教传教活动始于 1711 年，到雍正年间，这里的传教点已经遍布除西部安西及东部的秦州（今隶属于甘肃省天水市）、阶州（今甘肃省陇南市武都区）以外的全省各地。青海在雍正年间开始有了传教活动，苏努之子勒什亨与乌尔陈被发配到西宁，穆敬远神父为他们领洗，他们两人与穆敬远神父一起在西宁开始传教。1707 年，意大利卡普清修会（加布遣小兄弟会，Les Capucins）传教士入藏传教，直至 1745 年遭到当地僧俗民众强烈抵制不得不离开西藏。

1773 年，罗马教廷宣布解散耶稣会，耶稣会原在中国的传教区大部分由遣使会接管。1785 年，遣使会士来华，此时在中国的传教士主要是遣使会士、方济各会士和巴黎外方传教会士，传教最活跃的地区是北京和四川。那时，全国各地教案纷起，但是北京的传教士却享有一定的自由，教堂仍可以进行正常的宗教活动。在宫廷服

---

① 《福建巡抚周学健奏报严禁天主教折》，中国第一历史档案馆编《清中前期西洋天主教在华活动档案史料》第一册，中华书局，2003，第 87 页。

② 〔美〕赖德烈：《基督教在华传教史》，〔奥〕雷立柏等译，道风书社，2009，第 147 页。

③ 杞忧：《全国各教区简史》，《圣教杂志》1934 年第 23 卷第 1 期，第 32 页。

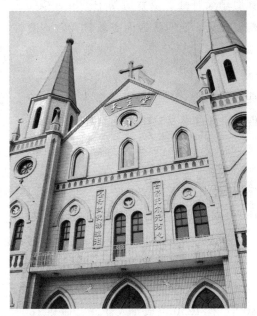

图 4-4　河北崇礼西湾子天主堂钟楼
图片来源：本章作者摄于 2007 年。

务的传教士不能到北京以外的地区传教，但北京教堂里印有不少教理书籍，外地信徒可以前来索取。在京的西洋传教士不能越过长城亲赴长城以北的蒙古地区进行传教，他们只有委派中国籍传教士不定期地探视和寻访天主教村落，发展新的信众，保持北京同塞外的联系。

培养华籍神父

明末直至清康熙时代，传教氛围较为宽松，故中国籍传教士人数并不显著，作用也未凸显。但是 1664 年，杨光先挑起的"历狱"发生后，谪居广州的西洋传教士就曾谋求培养中国传教士，因为以华人劝化华人会有很多便利。那时，澳门成为培养中国籍神职人员的重镇。一些内地教徒被送往澳门的修院学习，培养成神父后再回内地传教；也有一些在澳门领洗入教的中国籍青年晋铎后入内地传教。

禁教以后，潜藏于中国内地的传教士处境艰难，"及过关卡，则扮作病夫，蒙头盖脑，僵卧不起"[①]。罗马教廷鉴于中国禁教情形，在继续派遣传教士潜入内地的同时，开始注重培养中国籍神职人员。这些中国传教士由于不易被人认出，所以能够取得比欧洲人大得多的成果。巴黎外方传教会来到四川后，为栽培四川、云南和贵州的修生，在暹罗（泰国）设立了一座神学院，一些中国孩子被送到此处接受教育。当然也有派往欧洲修道院学习的中国修道生，其中历时最久、成绩最佳，专门为中国培养传教人员的修院是在意大利成立的圣家书院（又名"中国学院"）。

圣家书院由传教士马国贤创立。雍正帝禁教时，马国贤率领 4 名年幼的中国学生和他们年长些的中国老师回到了意大利，在那不勒斯建立了一座中国人的书院。该书院于 1731 年正式成立，专门培养中国传教士及那些宣誓愿意到中国传教的人。后来，中国内地也成立了神学院。中国籍神父李安德于 1764 年在四川成都附近的凤凰山建立了一所很小的学校，起名为"圣诞神学院"。1778 年前后，刘神父

---

① 萧若瑟：《天主教传行中国考》，河北献县天主堂印行，1931，第 373 页。

（Thomas Hamel，1745—1812）与艾若望（Jean François Gleyo，1734—1786）神父在云南龙溪成立了一座修道院，两者都培养了一些中国籍传教人员。

第一位中国籍主教多明我会士罗文藻（一说名为罗文炤）[①]，1617 年出生于福建福安，16 岁时领洗入天主教。他曾三次在马尼拉进修学业，其中包括在圣托马斯大学攻读西班牙文、拉丁文、哲学和神学等课程，并由此具备了作为神职人员所应有的基本条件。1654 年，晋升为神父。1664 年，"历狱"发生后，西方传教士已难以在中国内地传教，在这艰难时期，罗文藻是唯一一位能在中国各个传教区之间进行联络与沟通的神职人员。因为出众而又正统的信德，罗文藻于 1674 年被罗马教廷任命为南京宗座代牧。礼仪之争中，作为本土神职人员，罗文藻倾向于耶稣会的文化适应策略。

图 4-5　第一位中国籍主教罗文藻

图片来源：A. M. Colombel, *Histoire de la Mission du Kiang-nan*, Shanghai：Zi-Ka-Wei, 1905。

背景知识 4-3　华籍神父吴历

吴历是清初著名画家，被称为清初六大家之一。字渔山，号墨井道人，江南常熟人。康熙二十一年受洗入教，旋赴澳门加入耶稣会。在澳门学道一年，后在嘉定、上海等地传教三十年。57 岁时，由罗文藻主教祝圣为司铎。吴历的绘画造诣高深，在诗词歌赋方面亦有作品，甚至创造出"天学诗"和融合民乐的《天乐正音谱》。吴历的神学主张被学者称为"华化天学"。

本土传道员作用凸显

传道员又被称为"相公""讲说教义人""教经先生"等。自 17 世纪 30 年代，随着中国信徒人数不断增长，传教人手严重不足，传教士开始在普通信徒中培养传道员做其传教助手。

---

① 宋黎明：《罗文炤还是罗文藻？——为中国首位国籍主教罗主教正名》，《海交史研究》2019 年第 5 期。

　　沙百里（Jean Charbonnier）把传道员区分为两类，即地方负责人（"会长"）和巡回福音传播人（"巡回传道人"）。两类传道员的职责各不相同，地方负责人确保作为会长的稳定服务，巡回福音传播人则全力以赴地为《福音书》服务。传道员要陪同司铎或单独被派遣出差，并致力于对异教徒的归化，而这一切又都必须以足够的神学和教理修养为前提。① 对此，钟鸣旦教授持不同看法，他对"巡回传道人"这一说法没有异议，但对地方传道员又做了一次细分，进一步说明并不是所有的地方传道员都是会长。②

　　通常，被教士们挑选出来做会长、负责当地天主教事务的传道员都是本地人，他们的任务主要是一年四次访问信徒家，然后向神父们提交一份书面报告。为此，会长要非常熟悉当地的环境。他们负责一块专门地区，通常就是自己居住的小镇，以便造访信徒，进行传教。在这些负责当地教会的传道员中，传教士往往会选择符合条件的、最负责任的人作为司铎候选人。

　　传道员承担传扬天主教教义的职责，他们可以编写基本的、教理问答方面的书籍。当神父不在的时候，他们可以带领信徒诵读祈祷文，可以布道。尤其在禁教时期，传道员的作用更显得尤为重要，这些传教之人四处巡回布道，并为临终者施洗、为病危信徒领终傅等，在维持教务工作方面扮演重要角色。在禁教十分严厉的情况下，一些旗人信徒亦担起了传道员的重责，如嘉庆年间（1796~1820）发生的教案中，被抓获的旗人周炳德是教经先生，在京城各堂讲经讲道，管理传教事宜；旗人汪茂德身为畅春园看门人，是天主教的会长。在此种情形下，天主教在大部分地区成为中国传教人员管理下的宗教。

贞女从幕后走到台前

　　除传道员外，贞女在禁教时期也担任了重责。她们一般都在家清修，和家人一起生活，独身不嫁。鄢华阳（B. E. Entenmann）教授的研究表明，当时传教会对守贞女子在家清修有一定要求："她们举止要贞洁，若没有父母、神父的允许，或没有人陪同，她们不能轻易出门；她们要避免会见除直系亲属外的 10 岁以上男性亲戚，要与神父保持最严格的距离，不能陪神父就餐、进神父的房间、给神父端茶；她们不能向男子施教。"③

　　最初，传教会对女子守贞的年龄没有做出限制，但后来出现了一些风波，即已

---

① 〔法〕沙百里：《中国基督徒史》，耿昇、郑德弟译，中国社会科学出版社，1998，第 208 页。

② Nicolas Standaert, ed., *Handbook of Christianity in China*, *Voloum One*：*635-1800*, Leiden；Boston；Köln：Brill, 2001, p. 471.

③ B. E. Entenmann, "Christian Virgins in Eighteenth-Century Sichuan," in Daniel H. Bays, ed., *Christianity in China*：*From the Eighteenth Century to the Present*, Stanford：Stanford University Press, 1996, pp. 185-189.

订过婚约的女子萌生守贞念头，要求退婚，从而引起两家发生争执。守贞与结婚的矛盾促使神父们开始对女子守童贞的年龄做出规定。1744 年，巴黎外方传教会马青山（Joachim Enjobert de Martillat，1706—1755）主教颁布一项条例，该条例的要点是：在 25 岁之前，女子不允许发愿。祝圣后童贞修女不允许参与任何对外的布道工作。童贞修女仅在其家庭环境中才是布道人。中国女性一般早婚，在 25 岁这个年龄早就应该结婚生子了。若那时还不打算结婚，说明她已立誓守贞奉主了。

严厉禁教期，在中国传道人手不足的情况下，贞女挑起了重担。她们渐渐走出家门，负责教导妇女和儿童、传播教义、为濒死的婴儿施洗，甚至从事救济和医药护理，同时积极劝化皈信者。

禁教时期的天主教在某种程度上业已"中国化""民间化"。但禁教政策带来了两种负面后果：其一使官府、士大夫对天主教认识不清；其二使天主教日益隐蔽，与社会脱节。因此，禁教政策并没有使天主教消亡，却让政教、民教隔阂加深，从而为晚清的教案冲突埋下了隐患。

第五节　清前中期中西文化交流

17~18 世纪，以来华耶稣会士为载体的中西双方展开了大规模的文化交流。传教士不仅将西欧正在兴起的自然科学传入中国，帮助中国修订历法、绘制地图，而且将儒、道经典翻译为西文，著书立说向西方介绍中国文化，使西方知识界耳目一新。中国传统文化中的理性意识和人文精神，为方兴未艾的启蒙运动增添了养分。此外，中国的丝绸、瓷器、园林艺术、扇子等对西方也有重要影响，形成了"中国艺术风格"。德国启蒙思想家莱布尼茨曾热情地讴歌这种中西文化交流是一次"文明之光的交换"，是超出人们想象的光辉伟业。

西学东传

来华传教士大都通晓天文，他们中的许多人被清廷任命在钦天监工作。即使爆发了礼仪之争，清廷仍旧"禁其教、用其艺"。清代，在钦天监任职的西洋传教士先后有数十人，如汤若望、南怀仁、闵明我、庞嘉宾（Kaspar Castner，1665—1709）、戴进贤、徐懋德（André Pereira，1689 或 1690—1743）、刘松龄（August von Hallerstein，1703—1774）、鲍友管（Anton Gogeisl，1701—1771）、傅作霖（Félix da Rocha，1713—1781）、高慎思（José de Espinha，1722—1788）、安国宁（André Rodrigues，1729—1796）、索德超（José Bernardo de Almeida，1728—1805）、汤士选（Alessandro de Gouvéa，约 1751—1808）、罗广祥（Nicolas Joseph Raux，1754—1801）、福文高、李拱辰、高守谦、毕学源等。他们担任钦天监监正或监副，或参与编纂了《历象考成》《历象

考成后编》《仪象考成》《仪象考成续编》等大型天文图书，或制造了天体仪、赤道经纬仪等天文仪器，并进行了大量的天象观测。

除钦天监外，外国传教士在宫廷任职的也很多。他们中很多都有渊博的知识及专门的技能，有的是画家、建筑艺术家，有的是机械学家、哲学家、数学家等，得到了皇帝们的重视。康熙帝曾向传教士学习数学、天文学、地理学、音乐理论、绘画等领域的知识。在康熙帝的组织及支持下，1713～1722 年，由梅毂成（也写作"梅珏成"）等优秀的中国数学家会同西方传教士张诚、白晋等人，编成数学百科全书《数理精蕴》。1708 年，康熙帝下令编绘《皇舆全览图》，由传教士雷孝思（Jean Baptiste Régis，1663—1738）、杜德美（Pierre Jartoux，1668—1720）、冯秉正（Joseph Marie de Mailla，1669—1748）等与中国学者何国栋、明安图等共同参与，历时 10 余年完成。这一幅全国地图既是当时世界上工程最大的制图，也是最精确的地图，奠定了中国地图用三角测量的基础。

雍正帝继承了康熙帝的做法，任用西方传教士进行测绘地图事业，编绘了十排《皇舆图》，这对于了解和处理西北边疆的军事、外贸和交通等问题，具有很大的现实意义。乾隆帝更偏好西方的艺术和工艺，在如意馆中聚集了众多的西洋画家，其中有郎世宁、艾启蒙（Ignaz Sichelbarth，1708—1780）、王致诚、贺清泰（Louis Ant. de Poirot，1735—1814 或 1804）等。同时，乾隆帝对西洋科学文化也是认可的。他并没有因禁教而废书，在编著《四库全书》时收入了一些传教士书籍。以明末李之藻所编《天学初函》为例，该书共 19 种，分为理编 9 种和器编 10 种，其中器编收录了介绍西方科技的著述，故而全部被收入。

乾隆时代，中西建筑文化交流达到了高潮，这以圆明园中长春园大规模欧式宫殿（俗称"西洋楼"）的出现作为标志。西洋楼是在中国的皇家宫苑中第一次大规模仿建的西洋建筑和园林，它始建于 1747 年，至 1759 年完工，包括 6 组西洋式建筑、3 组喷泉和无数景观小品，由传教士郎世宁、蒋友仁（Michel Benoist，1715—1774）、王致诚等设计指导，中国匠人建造。圆明园建筑形式是欧洲文艺复兴后期的"巴洛克"风格，但也汲取了不少中国传统手法，可谓当时中国西式建筑之集大成者。王致诚在 1743 年写回欧洲的一封信中，极力推崇圆明园，称之为"万园之园"。

东学西传

从提倡在华传教采取适应策略的利玛窦开始，直至从未踏上中国大地、依据耶稣会士寄回国的年报和信件而编著《中华帝国全志》的杜赫德（Jean Baptiste du Halde，1674—1743），其间有数位耶稣会士在其著述中不仅将在华见闻和中国文化介绍给西方，甚至将中国儒、道经典翻译为拉丁文、法文等引介到西方，出现了席卷西方的"中国热"。"中国热"历时一个多世纪,波及欧洲社会生活的众多方面,从国王到平民都不同程度地萌生了对中国的兴趣。

早在明朝末年,利玛窦、金尼阁就曾先后将四书五经翻译成拉丁文,介绍到西方。在礼仪之争中,耶稣会士为了让欧洲更多了解中国的文化、礼仪、习俗等,加强了对中国历史、思想、语言和社会习俗等各方面的研究,当时还出现了在中国古代典籍中寻找上帝启示踪迹的"索引派"。这些耶稣会士将儒家和道家学说翻译介绍到西方,在西方知识界和上层社会得到了流传和宣扬,西方人从中了解了中国的政治学、伦理学,了解了中国的圣人——孔子。

17~18 世纪的欧洲处于一个发现、勃兴的时代,欧洲启蒙运动者通过来华耶稣会士笔端的描述构建了一个自认为完整的中国形象,并以此作为改造社会与文化的借鉴和参照,中国的儒家学说、治国理念成为他们汲取精神力量的源泉。孔子以"天"为自然法则的学说、以"仁"为核心的伦理道德,以及提倡教育的思想,成为法国哲学家笛卡尔(René Descartes,1596—1650)倡导理性主义的基本来源。中国历史上传统的仁君统治和"大一统"的思想,特别是清康熙年间安定繁荣的社会景象,成为主张开明君主专制的启蒙思想家攻击封建专制制度最强有力的武器。中国文化还给莱布尼茨的古典思辨哲学、伏尔泰(François-Marie Arouet)的自然神论和魁奈(Francois Quesnay,1694—1774)的重农学派以丰富的养料。

随着交流的深入,欧洲在文化上也卷入了"中国热"。耶稣会士把元曲《赵氏孤儿》译介到西方,这是第一部译成外文的中国剧本,在欧洲广为流行。伏尔泰对《赵氏孤儿》进行了改编,改编的新剧本名为《中国孤儿》,寄托了他与专制政治继续斗争的信念。18 世纪的大文豪歌德(Johann Wolfgang von Goethe,1749—1832)在沟通中德文学方面尤其值得称道,他对中国文化推崇备至,将中国抒情诗移植到了德国。可以说,这些欧洲巨匠从未到过中国,也不懂中文,他们都是通过入华耶稣会士的介绍而间接地利用中国资料以构筑其理想体系。虽然他们对中国文化的认识不十分准确也不全面,甚至带有主观臆想,但这是欧亚大陆两极的两种哲学思想和文化首次大规模的冲撞和最早的交流。正如莱布尼茨所言,"我们能够几乎像注射一样,把我们的知识技能一瞬间传授给他们,我们也一样能从他们那里一下子认识一个崭新的世界"。

结　语

中国礼仪之争是明清天主教发展的一个转折点,也是基督宗教在华发展的必然阶段。由于中西双方未能就译名、礼仪等问题妥善处理,从而造成了"双败"的结局,对中西双方均造成了极为深远的影响。在这场争论中,作为教会主体的中国信徒的"声音"被各种"权威"掩盖。中国信徒为了维护自己的信仰，积极发声，传达自己的观点。然而，宗教问题始终与政治、利益等纠缠在一起，他们的声音最终也未能改变礼仪之争的结局。礼仪之争引发的禁教加剧了清前中期天主教本土化进程。此时期的传教士依然在中西文化交流方面做出了重要贡献，促进了不同文明的交流互鉴。随着中西关系的变化，天主教会也被迫卷入了政治冲突的旋涡。

虽然礼仪之争是中国天主教发展史上不和谐的一个乐章，但是以入华耶稣会士为载体的中西双方展开了广泛而有效的文化交流。那一时期，中国在很多领域，如政治思想、农业经济、伦理道德及文化艺术等方面，仍处于世界先进地位；而西方在新航路开辟后迅速崛起，数学、天文学、历法等自然科学领域跻身世界先进水平之列。来华传教士将西欧正在兴起的自然科学传入中国，与中国科学家共同修订历法、绘制地图，同时将儒、道经典翻译为西文，著书立说向西方介绍中国文化，使之在西方的知识界和上层社会得到了流传和宣扬。但正是由于礼仪之争，伴随传教士东来的中西文化交流逐渐中断。

第五章

19世纪上半叶基督宗教
在华活动的新开端

吴义雄

19世纪上半叶对基督宗教来华传教是一个转捩的年代。世纪之初，清廷继续实施严厉的禁教政策，但在这个史称百年禁教的时期，仍有一些天主教修会在中国暗中坚持传教。1814年，罗马教廷恢复耶稣会名分，这个修会的传教士相继入华开展秘密活动。各修会苦撑待变，一直熬到鸦片战争后清政府对天主教弛禁。

对新教来说，这个时期更是具有划时代的意义。荷兰人据台湾期间，其东印度公司曾资助该国新教传教士赴台传教。荷兰人被郑成功驱逐后，这些传教士也随之离开。18世纪末19世纪初，欧洲的"福音奋兴运动"（Evangelical Revival）和美国的"大觉醒运动"（Great Awakening），使得欧美各国新教教会纷纷对中国产生了强烈的传教冲动。这种传教冲动和19世纪上半叶工业革命后西方列强的全球扩张汇聚到一起，终于在1807年拉开了新教在华秘密传教的序幕，直到鸦片战争以后，它也随天主教一起进入基督宗教在华传教的新阶段。

背景知识5-1　美国两次"大觉醒运动"

第一次大觉醒运动发生于1726~1760年，是北美殖民地新教复兴运动，强调基督徒个人生活的改变，提倡严格的道德和虔敬。该运动发起人是荷兰归正教会牧师富瑞林怀森（Theodore Frelinghuysen，1691—1748），他从1726年开始，以清教徒精神在美国新泽西传道。第一次大觉醒运动因主要发生在归正宗教派中，故而可被视为英国福音派奋兴运动在北美的发展。18 世纪 30 年代中期，这一运动发展到美国新英格兰和南方地区，形成宗教复兴热潮，对美国新教神学思想发展产生重大作用。这一运动亦对美国独立战争有一定催化作用。

1790 年代，由耶鲁大学校长提摩太·德怀特（Timothy Dwight）带领、康涅狄格州公理会教徒发起全国性教会复兴运动。面对法国自然神论和实证主义的冲击，以及宗教情绪的普遍淡漠，提摩太·德怀特以神学和讲道进行反击，逐渐发展为第二次大觉醒运动，运动促进了美国教会，以及海外传教工作、神学教育、宗教事业的发展。

第一节　19 世纪初新教在中国

作为伦敦会物色前往中国传教的第一位人选，马礼逊（Robert Morrison，1782—1834）于 1807 年 9 月 4 日抵达澳门，9 月 7 日进入广州，标志着新教进入中国大陆传播之始。

伦敦会在华早期事工：马礼逊、米怜、麦都思

马礼逊到达广州后投入很大精力学习中国语言文化，两年后便能用中文写作，并开始翻译《圣经》。1809 年，东印度公司聘请马礼逊为广州商馆中文译员，这使他有了合法居留广州的身份。此后 20 多年中，他边从事传教活动，边履行东印度公司译员的职责。英国商馆则为他编纂、出版活动提供经济帮助。马礼逊最终翻译出版了完整的《圣经》中译本，同时编纂了 6 卷本英汉双语《字典》，成就斐然，影响深远。他还编印了《神道论赎救世总说真本》（1811）、《问答浅注耶稣教法》（1812）等传教小册子，另有多种中文、英文语言研究著作，以及向西方读者介绍中国状况的著作。1817 年，格拉斯哥大学为表彰马礼逊的成就，授予其神学博士学位。

马礼逊亦将进行直接的传教活动作为其目标之一。1814 年 7 月 16 日，由马礼逊施洗入教的第一位中国人是帮助其刻印中文《圣经》的蔡高（1786—1818）。此外，经马礼逊施洗入教的中国信徒，还有梁发之子梁进德、屈昂和曾在马六甲英华书院任汉文教师的朱靖，[1] 马礼逊和梁发陆续施洗入教的十几名中国信徒，成为中国最早的一批新教徒。

---

① Eliza A. Morrison，ed.，*Memoirs of the Life and Labours of Robert Morrison*，London，1839，Vol. 2，pp. 225，433，463-464.

　　1813 年，伦敦会派往中国协助马礼逊的第二位传教士米怜（William Milne，1785—1822）抵达澳门。由于米怜无法在广州合法逗留，马礼逊便与他商定到南洋马六甲建立传教据点，并共同制订了恒河外方传道团（The Ultra-Ganges Mission）的计划，即在恒河以东的广大地区进行传教。由于清廷的禁教政策，他们决定由米怜前往马六甲创立传道团。①

　　1815 年 4 月，米怜与其家属、私人教师及刻工梁发一起离开中国前往马六甲。是年夏，他所办的《察世俗每月统记传》（*Chinese Monthly Magazine*）在马六甲创刊，这是历史上最早发行的中文期刊，旨在向中国民众阐释基督教教义，另刊登一些科学知识，在新闻、出版史上具有重要意义。1815 年底，恒河外方传道团图书馆在马六甲建成开放。1817 年，在马礼逊和米怜的一再要求之下，伦敦会派遣麦都思（Walter H. Medhurst，1796—1857）到马六甲协助米怜监管印刷事务。同年 5 月，米怜编辑并任主要撰稿人的《印中搜闻》（*The Indo-Chinese Gleaner*）在马六甲创刊。这份英文季刊主要报道中国及周边国家的各种消息，并介绍它们的历史、哲学、文学及宗教状况。其后，米怜到广州，与马礼逊共同从事翻译《圣经》和编写传教材料的工作。

　　米怜还先后在马六甲开办了一所中文男童学校和一所广东话学校，可视作基督教传教士创办中文教育事业的开端。1818 年 11 月，马礼逊和米怜创办了更高等级的英华书院。1822 年，米怜去世。之后，马礼逊料理英华书院和传教事务直至 1834 年于广州去世。

　　马礼逊去世后，麦都思于 1835 年抵达广州。此前麦都思一直在马六甲学习中文，并协助米怜从事传教活动、管理马六甲的学校。他在南洋及中国本土传教数十年，共用中文撰写出版了 59 种作品，包括他翻译的《圣经》和宣传宗教知识的传教小册子，以及《地理便童略传》《东西史记和合》等知识性书籍。② 麦都思到达广州后，利用当地信徒开展活动。1835 年秋，他与美国传教士史第芬（Edwin Stevens，1802—1837）一起乘"休伦号"（Huron）商船在中国沿海地区航行传教。鸦片战争后，麦都思长住上海，成为伦敦会在华传教士的实际领袖。

背景知识 5-2　中文《圣经》翻译

　　马礼逊在《圣经》翻译上做了先驱工作。其后，麦都思与郭实猎合作，对马礼逊译本进行修订，于 1830 年代完成一个新译本，该译本完成后为太平天国采用。1840 年代，由于对有关"上帝""洗礼"等基本基督教译词有争论，在

---

① William Milne, *A Retrospect of the First Ten Years of the Protestant Mission to China*, Malacca, Anglo-Chinese Press, 1820, pp. 135-139.

② Alexander Wylie, *Memorials of Protestant Missionaries to the Chinese, Giving a List of Their Publications and Obituary Notice of the Deceased with Copious Indexes*, Shanghai, 1867, pp. 27-36.

华数个宗派各指派一位代表，以合作方式于 1852 年出版风格简洁古雅的《新约》译本，有"上帝"和"神"两种译本。与之相配的《旧约》有几个译本。这一《委办译本》在其后的 19 世纪被广为运用。此后，为出版一本既适合中等水平读者亦能为高等水平读者接纳的版本，1890 年第二次在华传教士大会决议联合译经出版《和合本》，为此成立三个委员会，参与译经的有不同国籍与宗派的西方译者 30 余人及一批中国助手。历经将近 30 年，1919 年官话和合本《圣经》出版，广受欢迎，1923 年再出修订本，迄今为止仍是中国基督徒和海外华人社群运用的标准译本。

图 5-1　工作中的马礼逊

图片来源：《教务杂志》1907 年 5 月号。

伦敦会与中国早期基督徒

鸦片战争前，与翻译、出版、教育等方面的成绩相比，伦敦会传教士在吸收信徒方面显得缓慢而谨慎。在为数不多的中国皈依者中，最著名者为梁发。梁发于 1789 年生于广东高明县，1804 年到广州学习雕版印刷技术。1810 年，他为马礼逊刻印《使徒行传》，与后者关系日益密切。1815 年，梁发跟随米怜前往马六甲，协助其刻印中文书籍资料。1816 年米怜为他施洗。1819 年之后，梁发往来奔走于广州、澳门与南洋之间，帮助马礼逊和米怜进行传教活动，其间受到清政府的逮捕和多次通缉。米怜去世后，梁发回广州协助马礼逊。1823 年，马礼逊回英国休假前，将梁发封立为宣教师（evangelist）。1830 年，马礼逊为另一名中国基督徒屈昂施洗。屈昂也是马礼逊从广州派给米怜的刻工之一，跟梁发学习刻书技艺，他在受洗后亦参加传教活动。1831 年，屈昂被马礼逊雇用为助手，之后他向马礼逊的儿子马儒翰（John Robert Morrison，1814—1843）学习平版刻印技术，在澳门、广州两地刻印散发基督教宣传品。

1834 年夏，英国驻华商务监督律劳卑与广东当局发生争拗。律劳卑用中文张贴公告，指责中国官府。广州官府怀疑有中国人为其刻印，对梁发等展开缉捕。梁发出逃到新加坡、马六甲活动。次年，屈昂也被告发与外国人勾结，遭缉捕后逃亡到马六甲。他们在南洋一带的华人中传教，仅 1837 年，就为几十人施洗入教，在劝人皈依方面效率远高于传教士。①

美部会在华早期事工：裨治文、雅裨理、卫三畏、伯驾

在伦敦会之后派遣传教士来中国的，是美国的美部会（American Board of Commissioners for Foreign Missions）。19 世纪 30 年代，美部会已成为主要的基督新教海外传教差会之一。

1827 年，马礼逊和美国商人大卫·奥立芬（David W. C. Olyphant）致函美部会，指出美国教会开拓对华传教事业切实可行。美部会遂于 1829 年遴选裨治文（Elijah Coleman Bridgman，1801—1861）和雅裨理（David Abeel，1804—1846）作为第一批传教士来华。两人搭乘奥立芬的"罗马人号"商船，于 1830 年抵达广州，开始了美部会在华传教的历史。

裨治文到达中国后不久，即在马礼逊的安排下开始学习中文。经过长期努力，可用中文出版传教作品，并主持中文《圣经》的修订，另编写出版了对中国学术思想界颇有影响的《美理哥合省国志略》等书。裨治文最初在广州的欧美人士当中布道，后经马礼逊介绍，与梁发和雅裨理合作。1830 年，裨治文等人在广州成立了"中国基督徒协会"（Christian Union in China），旨在加强成员之间的合作和互相鼓励，并为印刷出版中文《圣经》和传教资料筹措经费。他另创办英文《中国丛报》（*The Chinese Repository*）并任主编，此乃鸦片战争前西人在华最重要的出版物之一。自 1832 年在广州创刊至 1851 年终刊，裨治文一直担任《中国丛报》的主编。

雅裨理则受美国海员之友会派遣，于 1830 年到广州，在海员聚集的黄埔锚地进行布道。他在为海员之友会服务一年期满后，被美部会接纳为该会传教士（此前属美国荷兰归正会）。1830 年 12 月，他结束与海员之友会的关系，到南洋一带华人中传教，后因病回美休假。

---

① 〔英〕麦沾恩：《中华最早的布道者梁发》，中国社会科学院近代史研究所近代史资料编辑组编《近代史资料（总 39 号）》，中华书局，1979，第 196 页。

1832 年，美国海员之友会又派出史第芬到广州。史氏于 1835 年初转为美部会传教士。不久即与普鲁士传教士郭实猎（Karl Friedrich August Gützlaff，1803—1851），及英国人戈登（Gordon）携带大批传教书籍由珠江口北上。1835 年 8 月，史第芬又和麦都思一起，租用美国商船"休伦号"，在中国沿海航行传教，产生了较大影响。他还在广州与中国信徒一起散发宗教书籍，洪秀全正是从他那里得到了梁发的《劝世良言》。

1833 年春，美部会领导层决定进一步开拓在华传教事业，而派艾拉·特雷西（Ira Tracy，1806—1875）作为传教士、卫三畏（Samuel Wells Williams，1812—1884）作为印刷工，一起前往中国。[1] 他们于 1833 年秋到达广州。其后，特雷西于 1834 年曾前往新加坡传教，并开办了一间诊所及一所面向当地人的学校。梁发从广州逃到南洋后，也一度与他一起活动。卫三畏未受神职，其身份一直是印刷工，主管美部会印刷机构。由于感到在广州印刷中文传教材料不安全，美部会传教士于 1835 年将印刷所迁至澳门。除了管理督印宗教方面的出版物，卫三畏的另一项重要业务是印刷《中国丛报》，他承担这项任务直至刊物停刊。1847 年，在裨治文离开广州后，卫三畏实际负责该刊的编纂工作。他亦爱好研究中国历史文化，后出版名著《中国总论》（*The Middle Kingdom*）。

美部会在 1834 年向广州传道团派来一名精通医术的传教士，即后来著名的传教医生伯驾（Peter Parker，1804—1888）。伯驾获耶鲁大学医学博士学位，在费城被按立为传教士。他与奥立芬等同船到达广州。伯驾先听从郭实猎的建议去往新加坡，加入了特雷西主持的美部会传教站。他在新加坡的华人中布道，学习福建话，开了一间诊所为当地人治病，很受欢迎。1835 年他抵达广州，开创了近代中国第一家眼科专科医院，即广州眼科医院（Canton Ophthalmic Hospital），该院创立亦可视为近代西医在华传播的开端。这个被称为"新豆栏医局"的医院具有很高声誉，林则徐也曾派人就病情向伯驾求教。[2] 伯驾的行医成为接近和了解本地民众的有效途径，扩大了传教士的影响。1839 年，梁发从南洋回广州后，长期在该医院传教。除开办医院，伯驾还在 1838 年 2 月发起成立"中国医务传道会"（Medical Missionary Society in China），促进了基督教在华传教事业，对近代中国医学的进步亦起到推动作用。

---

① *Brief History of the American Board of Commissioners for Foreign Missions in China*，p. 14，ABCFM Papers，16. 3. 11.

② "The First Report of the Ophthalmic Hospital at Canton," *The Chinese Repository*，Vol. 4，No. 10（Feb. 1836），p. 462.

背景知识 5-3　医务传道

医务传道（Medical Mission）是伯驾等来华传教士在中国开创的传教方法，由医学传教士通过开办医院、提供专业化的医疗服务，为基督教事业在地方社会获取广泛影响，最终达致推进基督教传播之目标。在来华西人群体的支持下，伯驾等传教士于 1838 年成立"中国医务传道会"，其宗旨是"促进中国人与外国人进行积极友好的交往"，"传播欧洲和美国的文化和科学"，"最终将有助于传播救主的福音"。伯驾等在西方医学传入较久的广州、澳门地区获得丰富的经验，鸦片战争后，该会将这一传教方法向其他通商口岸推广，在上海、福州、厦门、宁波及香港等地建立医院，在当地民众中行医传教。19 世纪后期，"中国医务传道会"的事工向中国更为广袤的城乡、内陆地区扩展。医务传道方法为近代基督教在华传播事业打下了积极的基础，也在西方国家产生重要影响。各国母会纷纷派遣具有医学技能的传教士来华，帮助开拓教务。这一方法在世界其他各地的传教工场亦发挥了相当的作用。基督教医务传道事业为西医进入中国开辟了一条重要路径，从而对中国社会产生深远影响。

1834 年，马礼逊去世后，广州的美部会传教士是基督教在华的主要势力。1836 年春，他们正式组成了中国传道团，另外成立了一个"联合教会"（the Union Church）。19 世纪 30 年代，广州出现的"马礼逊教育会"（Morrison Education Society）、"在华实用知识传播会"（Society for the Diffusion of Useful Knowledge in China）及"中国医务传道会"等组织，均以这些传教士为骨干力量。

郭实猎与荷兰传道会

随着西方对中国兴趣日增，欧美其他基督教教派也开始重视对华传教。1803年，生于普鲁士的郭实猎于 1823 年接受荷兰传道会（Dutch Missionary Church）招募，在 1826 年被送到英国学习传教事务，结识了正在休假的马礼逊。1827 年，郭实猎到达巴达维亚传教，很快与伦敦会的麦都思等传教士相识，学习中文，并参与恒河外方传道团的活动。[①] 1828 年，由于郭实猎想到暹罗华人中传教的要求被荷兰传道会拒绝，他断绝了与后者的关系，成为一名独立传教士，并寻找进入中国的机会。1831 年，他得到一位广东商人的帮助，乘商船在中国沿海传教，北至辽东半岛，南返澳门后受到马礼逊的欢迎。

郭实猎将这次航行当作在华传教之路的探索，并为此撰写了航行记发表，宣传

---

① Herman Schlyter, *Karl Gützlaff Als Missionar in China*, Lund: Hakau Ohlssons Boktryckeri, 1946, pp. 292-293.

传教士应冲破清廷禁令，到广州以外的中国沿海地区，利用行医等手段，寻求更广阔的传教地域。这在西方引起了热烈反响。1832 年 1 月，东印度公司广州特选委员会命大班林赛（Hugh H. Lindsay，1802—1881）乘"阿美士德号"（Lord Amherst）商船到中国沿海航行，寻找新的通商口岸，郭实猎被邀请担任翻译和医生。1832年，"阿美士德号"在中国沿海航行半年多，郭实猎再次撰写航行记分享其经历，阐述对华传教主张。一个多月后，他又得到机会进行第三次中国沿海航行，事后撰写出版了《中国沿海三次航行记》。

郭实猎关于冲破清政府将中外交往限于广州一口岸的政策，向整个中国沿海拓展商业和教务空间的观点，得到了广泛赞同。他后来还多次寻求机会实行自己的沿海航行传教主张，又策划到日本传教。鸦片战争前，郭实猎用中文撰写出版了 40 余种传教小册子和介绍西方情况的书籍，与裨治文、麦都思合作修订《圣经》中文译本，并编纂出版中文期刊《东西洋考每月统记传》等，成为基督教在华传教士中具有重要影响的人物。

叔未士、罗孝全与美国浸礼会

美国浸礼会（American Baptists）最初在暹罗华人中开展对华传教事业。1835年，该会指派叔未士（John Lewis Shuck，1812—1863）夫妇到曼谷。然而，叔未士夫妇未按差会指示去曼谷，而是于 1836 年由新加坡转赴中国。此后数年都在澳门周围传教，鸦片战争后移往香港。1837 年，他们为其从新加坡带来澳门的仆人夏阿罗（Ahea A Loo）施洗入教，收获了传教工作的第一份成果。[①]

1836 年，美国浸礼会派罗孝全（Issachar Jacox Roberts，1802—1871）抵达中国。罗孝全未受正规神学教育，于 1835 年初决心到中国传教，并创建了"罗孝全基金会"（Roberts' Fund），另发起成立"密西西比谷地中国传道会"（China Mission Society of the Mississippi Valley）作为后援机构。他说服美国浸礼会海外传道会，以"密西西比谷地中国传道会"提供资金、美国浸礼会差会管理为条件，派他到中国传教。故罗孝全到中国时，只是一名非正式的、差会不予经济支持的传教士。他于 1837 年 5 月来到澳门，不久在传教事务上与叔未士产生矛盾。1842 年，美国浸礼会传教站转到香港后，罗孝全大部分时间仍在澳门附近独自传教。他与郭实猎建立起极为密切的关系，两人结成了一个实际上的传教团体。

美国圣公会

美国圣公会国内与海外传道会（Domestic and Foreign Missionary Society）在 19

---

① "Chinese: Communications of Mr. Shuck," *The Baptist Missionary Magazine*, Vol. 18, No. 3（Mar. 1838），pp. 56-57.

世纪 30 年代初曾考虑向中国派遣传教士。1835 年，该会派遣亨利·洛克伍德（Henry Lockwood）和韩森（Francis R. Hanson，1807—1873）赴华传教，但他们在广州只待了一个月，就前往南洋的巴达维亚，在当地华人和马来人中传教。1837 年，该会增派文惠廉（William Jones Boone，1811—1864）到南洋传教。文惠廉在爪哇一面传教，一面学习中国语言，1840 年到澳门。鸦片战争后，文惠廉于 1842 年来到英军占领下的厦门建立圣公会传教基地。[①]

大英圣经会、美国圣经会

大英圣经会在鸦片战争前开始资助中文《圣经》和其他传教书籍的印刷和散发。1812~1816 年，该会用于资助马礼逊翻译印刷《圣经》的费用，约 4000 英镑。马礼逊、米怜、麦都思、郭实猎等写的传教小册子，郭实猎、麦都思修订的《圣经》中译本等，其印刷乃至散发，都得到该会资助。1836 年底，该会的李太郭（Tradescant Lay，1800—1845）来到澳门，在澳门和南洋的中国人当中散发传教书籍，参与在华传教士的活动。[②]

美国圣经会在美国传教士来华之前，马礼逊与它已有联系。裨治文等到广州后，使用并散发了不少由美国圣经会资助印刷的传教书籍，以及英美传教士写的传教小册子。1862 年之前，美国圣经会用于中文《圣经》印行的经费达 10 万余元。

第二节　19 世纪初天主教在中国

天主教传修会及教区

18 世纪末 19 世纪初，清政府依然奉行查禁天主教的政策，不时发生的教案中仍有西洋传教士和中国信徒被监禁和处死。由于嘉庆和道光两朝君臣厌恶传教士，钦天监的耶稣会士也越来越少。1837 年，北京仅剩高守谦和毕学源两人，同年高守谦回欧洲去请求增派人选，便一去不返。毕学源则于 1838 年去世。自从 1601 年利玛窦进京两百多年以来，北京城第一次没有任何西洋传教士。京城的教堂，东堂、西堂、北堂均被拆毁和出售，仅剩南堂因俄罗斯东正教士保管而幸存。

传教士失去北京立足之地，但在其他地方都还有教区存在：在北方有北京、蒙古、满洲和山东四个新的教区；在中部，湖广、陕西和山西也曾是一个代牧区，几经变化，到 1840 年前，三省的教务逐渐由意大利方济各会士负责；西部四川、云南

---

① Ametle B. Richmond, *The American Episcopal Church in China*, 1907, pp. 9-12.

② Donald MacGillivray, ed., *A Century of Protestant Missions in China (1807-1907)*, The American Persbyterian Missoion Press, Shanghai, 1907, pp. 553-555.

及贵州三省也是一个教区，教务由巴黎外方传教会士负责。

南方各省中，广东、广西直接由澳门主教经管，1840年后也由巴黎外方传教会士负责。因多年来传教士经澳门到广州再进入内地的路线已经处在官府的严密监视之下，故而由福建沿海取而代之。西班牙多明我会的传教士一直维持着在福建的传教活动。在福建福安，有的村落全村都是天主教徒。法国遣使会则在耶稣会被解散后接管浙江、江西以及在北方的直隶。

江南在天主教文献中指南京教区，管辖江苏、安徽的教务。在鸦片战争前的半个世纪里都由中国神父自行管理。高龙鞶的著作中记录了19世纪初江南教会中29位中国神父的姓名和籍贯，这些神父来自中国各地，其中有来自直隶、山东和蒙古而在崇明传教的神父。①

背景知识 5-4 江南传教区

江南传教区（La Mission du Kiang-nan）在近代天主教文献中泛指涵盖江苏、安徽两省地理范围的传教区域，在晚清时期属两江总督辖制。该传教区域起源于利玛窦在华时期，利玛窦等传教士与徐光启等人的晋接也促成南京、上海形成了多个天主教会口，奠定了江南传教区的基础。1674~1690年，江南和其他几个省，属于宗座代牧主教管辖。1690年4月10日，教宗亚历山大八世设置南京主教区，置于印度果阿总主教和葡萄牙保教权之下。1696年10月15日，教宗英诺森十二世发布敕令，把南京主教区的辖区限于江南省和河南省。17世纪在江南的传教士主要是耶稣会士，18世纪共有过五位主教，三位是耶稣会会士，其余两位分别是方济各会会士和圣衣会会士。1804年8月20日，北京的葡萄牙籍遣使会会士毕学源被祝圣为南京主教，因而在19世纪上半叶此区域内有不少外籍和中国籍的遣使会会士以及会外中国神父活动。1840~1842年耶稣会被召重来江南时，南京主教区被委托于意大利籍传信部传教士罗伯济。1856年，传信部撤销南京主教区，并代之以建立一个委托于耶稣会的宗座代牧区，第一任代牧主教为年文思。

天主教教徒与基层组织

天主教文献记载各地信徒的数字并不全面，四川在1802年时有4万名信徒和16名神父。福建省福清县则有3万名信徒。1836年，全国信徒约有22万人，在这些信徒中约有神父120名，其中西洋神父40名，中国籍神父80名。

---

① 〔法〕高龙鞶：《江南传教史》第二册，周士良译，天主教上海教区光启社，2008，第664~668页。

　　此一时期，大多天主教徒只能小规模地以家庭、宗族或生活所在村庄为范围聚会，以这种血缘、亲缘、地缘作为"信缘"的纽带，聚居在一起。宗教组织也以此为基础，形成由不同数量信众组成的"会口"。传教士和中国神父只能定时或不定时地游行于各个会口之间，施行各种圣事。此时的"会口"尚不能称作"堂口"，因天主堂基本上是不能公开举行宗教活动的，大多被毁坏或改作他用。根据成员谋生方式的不同，各"会口"之间也可形成大的善会，以沟通更大区域的天主教信众。根据《诸巷会记》记载，江苏即有七百多个会口，而诸巷会则是聚集了朱、沈、秦、周、陆等几姓天主教徒宗族的会口。① 他们本世居青浦淀山湖诸巷村，"弛禁"后，大多迁居上海董家渡等地，成为影响力颇大的天主教社群，也即堂口。而信众数量集中的几个会口，也设立共用的宗教场所以举行宗教活动，比如崇明地区的"大公所"，后期则成为地方传教中心，设立学校、养老院等，也提供本地传教人才。

　　神父之下的传道员都由中国人担任。他们中一些成为当地教会团体的领袖"会长"，管理团体的日常事务。另外则是巡回传道员，无论是陪同神职人员还是单独去传教，他们在吸收信徒方面都起到重要作用。优秀的传道员以其宗教信仰和行为成为信徒的榜样，而行为不端者则使得教会毁于一旦。云南宗座代牧主教马青山曾经为传道员制定过类似守则的 16 条条文，对他们的职责做了详细的规定，这些条文影响了传道员制度的发展。后来，还在一些地区建立传道员学校，为此提供了完善的传教方法。在外国籍神父经常不能看顾教会的时代，这些人和传教方法对教会的生存至关重要。

第三节　鸦片战争后清廷对传教活动的初步弛禁

　　19 世纪最初的几十年里，鸦片贸易成为清政府和英国及其他西方国家之间的问题所在。这种紧张关系最终导致了 1840～1842 年的鸦片战争。中国在鸦片战争中遭遇惨败。战后的不平等条约迫使中国向西方国家开放，基督教在华传教运动由此合法化，中国政府被强加了"保护"传教士和本国信徒的责任。在这种重大转变的历史背景下，基督宗教在中国的传播进入了新的阶段。

　　1844 年 7 月，中美签订《望厦条约》，参与订约的美国公使顾盛的翻译裨治文和伯驾均为美国传教士。该条约在中英《南京条约》和《五口通商附粘善后条款》已获外国人五口居住和治外法权外，首次将基督教相关权利写进条约。《望厦条约》第 17 条规定了美国人可在"五港口贸易，或久居，或暂住，均准其租赁民房，或

---

① 沈宰熙：《诸巷会记》，1917 年初版。

租地自行建楼，并设立医馆、礼拜堂及殡葬之处"，在该条约下，美国及其他西方国家教会在通商五口取得租地建堂的权利。

1844 年 10 月，中法签订《黄埔条约》，规定在五口地方"佛兰西人亦可一体建造礼拜堂、医人院、周急院、学房、坟地各项"。这样，清廷对于在五口地区活动的法国天主教会不仅不可再行镇压，反负有保护之责。1846 年，英国援引《南京条约》中片面最惠国待遇规定，同样享有了在通商五口建立教堂的权利。由此，清政府在五口地区实际上解除了对英、美、法等外国人的禁教政策。

法国公使拉萼尼（Theodore de Lagrene）在谈判中法《黄埔条约》的同时，还与两广总督耆英就中法通商及弛禁天主教等问题展开谈判。拉萼尼在交涉中恫吓劝诱，最终说服耆英在给道光皇帝奏折中请求清廷对天主教弛禁。1844 年 12 月，道光皇帝上谕批准耆英建议，从全面禁止国人信教和传教演变成为禁传不禁信。一个半世纪的全面禁教政策变成部分禁教。在随后涉及天主教的谈判中拉萼尼继续施压，最后清廷再做让步。1846 年 2 月，清廷在谕旨中基本同意拉萼尼的要求：中国学习天主教为善者免罪，其礼拜堂和宗教活动均毋庸查禁，地方官滥行查拿者要给以应得处分。同时清廷坚持：对"藉教为恶"和假借天主教名义"藉端滋事"者按律惩办，教产只发还中国信徒，改为庙宇和民居的教产不在发还之列，外国人概不准赴内地传教，以示区别。这表明清政府天主教政策的又一次重大转变，它完全解除了对中国信徒的禁教措施，并且被迫发还教产和承诺停止地方官对信教者的查拿。

各国天主教会获得上述弛禁待遇后，英、美等国的新教教会也力争获得相应权利。美国圣公会上海主教文惠廉及英国伦敦会牧师麦都思等人，请拉萼尼在广州与耆英交涉帮助说明，终于使耆英明白天主教与新教的差别。耆英在给拉萼尼的照会中称"本大臣于各国习教规矩，本不知晓，今已知之较多，故再宣布，天主教无论供奉十字架图像与不供奉十字架图像，凡习教为善者，中国概不禁止。至规矩之异同，断无分拒之理"。[1] 1845 年，清政府正式对法、美等国宣布了上述照会，使耶稣教也享有同天主教一样的权利。清政府实行了 100 余年的禁教政策就此终结，基督教在华传教事业获得了前所未有的政治条件。

第四节　新教在华传教事业的发展（1842—1860）

鸦片战争后，被英国割占的香港一度成为传教士的首选地点，他们纷纷前往香港建立基地。马礼逊教育会、中国医药传道会、英华书院、《中国丛报》等由传教士开办的机构和组织均陆续迁到香港，但香港作为新教传教士活动中心的历史也很

---

① "Toleration of the Christian Religion," *The Chinese Repository*, Vol. 14, No. 12（Dec. 1845），p. 589.

短暂。五口通商后，随着中西交往重心的逐渐北移，基督教传教活动中心也随之迁移，上海变成新的传教中心。这个过程在五口通商后的数年间完成。

华南：各差会传教事业的恢复与发展

就美部会而言，1842 年裨治文前往香港，与美部会另一名传教士波乃耶（Dyer Ball，1796—1866）组成美部会传道团的香港传教站。他另在香港主持美部会中国传道团会议，制定战后对华传教规划，确定各通商口岸扩展教务的各项目标。1845 年，美部会中国传道团一分为二，分成华南传道团和"厦门传道团"（Amoy Mission）。清廷弛禁基督教后，裨治文、波乃耶等于同年从香港迁往广州，裨治文在广州重建传道团，广州重新成为美部会在华南的活动中心。1847 年，裨治文到上海修订《圣经》中译本，其后卫三畏成为美部会华南传道团资格最老的成员。伯驾的医务传道活动在新时期遭遇挫折。19 世纪 40 年代初，因质疑其医务传道的价值，美部会取消了给伯驾的经费。1845 年伯驾被美国政府任命为驻华使团秘书和中文翻译的职务，此后美部会解除伯驾该会传教士身份。[①] 之后，伯驾除担任美国使团的秘书、代办等职务外，继续在广州眼科医院从事医务活动。19 世纪 60 年代，美部会华南传道团与美部会在厦门、上海等地的传道团一起被关闭，直到 1883 年才恢复。

伦敦会传道团在战后的活动中心是香港。1838 年底，麦都思与传教医生雒魏林（William Lockhart，1811—1896）一起再次东来。1839 年初，雒魏林被中国医务传道会指定去澳门主持一所医院，后转往舟山。此后，该会来华的传教士还有传教医生合信（Benjamin Hobson，1816—1873）、传教士美魏茶（William Charles Milne，1815—1863）等。合信先承担澳门医院事务，后分别在香港和广州行医，另致力于在中国传播西医知识，留下多部中文医书。伦敦会的美魏茶是米怜之子，来华后一度与美国圣公会的文惠廉共同管理马礼逊教育会。1843 年，麦都思等伦敦会传教士邀请几乎所有的在华基督教传教士赴香港开会，讨论对马礼逊《圣经》中译本做全面修订。理雅各于 1840 年初到达马六甲，负责英华书院的管理和教学工作，监管恒河外方传道团在马六甲的印刷所。《南京条约》签订后，他按照伦敦会理事会的决议，将马六甲的传教站和英华书院等附属机构迁至香港。理雅各后来渐成伦敦会在中国的领袖人物，作为 19 世纪著名的汉学家，他曾将四书五经翻译成英文。此外，伦敦会传教士也尝试恢复在广州的工作。理雅各和另一位伦敦会传教士吉勒斯皮（William Gillespie）到广州进行活动。1848 年，合信来到广州，租用民房开设了一间诊所，梁发亦将该诊所作为布道场。[②]

---

① Edward V. Gulick, *Peter Parker and the Opening of China*, Mass. : Harvard University Press, 1973, pp. 136-137, 141.

② "Medical Missions," *The Chinese Repository*, Vol. 19, No. 6 (June 1850), pp. 300-306.

美国浸礼会传道团也取得了较大进展。罗孝全在 1841 年被美国浸礼会接受为正式传教士。[①] 叔未士和罗孝全在 1842 年从澳门迁往香港，成立"香港第一浸礼教会"。在暹罗华人中传教的美国浸礼会传教士粦为仁也于同年到香港掌管潮州人教堂。1843 年，粦为仁以该教堂为基础成立了"香港潮州教会"，任该会牧师。罗孝全则在香港岛南端赤柱传教。叔未士等以上述教会为基础，于 1843 年春建立美国浸礼会香港传道团，但与罗孝全之间的矛盾持续激化。罗孝全后于 1844 年带两名助手到广州，开启了美国浸礼会在广州活动的历史。他于 1845 年在广州东石角成立"粤东施蘸圣会"（The Uet-tung Baptist Church），自任牧师，此外还派中国助手到佛山建立传教站。太平天国运动的领袖洪秀全，就是在广州与罗孝全相识。1845 年春，叔未士到广州考察后，决定把香港的传道团也迁移到广州，并在广州成立"广州第一浸礼教会"（the First Baptist Church of Canton Church）。广州存在两个浸礼会教会，表明罗孝全与叔未士已势同水火。在叔未士敦促下，美国浸礼会差会对罗孝全提出责难，在 1845 年底终止罗孝全与差会的关系。美国浸礼会受其时美国南北分裂影响，分成南北两部。广州浸礼会传道团归属美国南部浸信会差会，罗孝全和叔未士都加入该会。但罗孝全与新差会的关系也不和睦，1851 年 10 月，美国南部浸信会差会将罗孝全除名，他从此成为一名独立传教士。

鸦片战争后 10 年间，美国长老会（American Presbyterian Church）亦开始在广东沿海传教。1841 年，原在新加坡的该会传教士麦克布莱德（Thomas L. McBryde）夫妇来到澳门，次年夏前往英军占领下的鼓浪屿。而该会直接派到中国的第一名传教士是娄礼华（Walter Macon Lowrie，1819—1847），他于 1842 年 5 月抵达澳门。1844 年，该会又派了 7 名传教士到中国传教。1845 年，娄礼华等决定分别到广州、宁波、厦门、舟山建立传教站。到广州的是哈巴安德（Andrew Patton Happer，1818—1894），他先在香港马礼逊学校任教，后回到澳门开办了一所学校，1847 年春将学校迁移到广州，同年开办了一间小型诊所。哈巴安德在广州一直活动到 19 世纪 90 年代，是岭南大学的倡办者。华南地区成为美国长老会在中国的重要传教区域。

瑞士巴色会（The Basel German Evangelical Missionary Society）的韩山文（Theodore Hamberg，1819—1854）和黎力基（Rudolph Lechler，1824—?）继续在广东东部客家人中传教。韩山文先在新安（今广东深圳）一带传教，黎力基则到汕头进行了几年的传教工作。[②]巴满会（Barmen Mission）的叶纳清（Ferdinand Genähr,? —1864）则在东莞地区活动，1850 年底，他离开香港到镇口（虎门）设立传教站。礼贤会（Rhenish Missionary Society）传教士科容（Krone）也和叶纳清一起在这一带活动。

---

① G. B. Pruder, *Issachar Jacox Roberts And American Diplomacy in China During the Taiping Rebellion*, Ph. D Thesis, American University, 1977, p. 41.

② Donald MacGillivray, ed., *A Century of Protestant Missions in China*（1807-1907）, pp. 474-475, 179.

英国圣公会差会（Church Missionary Society for Africa and the East）的斯夸尔（Edward B. Squire）于1837年底被派到新加坡，次年到澳门、广州，为圣公会的传教工作打基础。但不久中英冲突爆发，他于1840年春回英国。

郭实猎在鸦片战争后，将目光投向中国内地。1843年，他任英国驻华使团中文秘书，须常住香港。但他经过摸索，形成了依靠和训练中国人向中国人传教的方法。早在1838年前后，他就提出利用中国信徒到内地传教的主张，在罗孝全的协助下，他在澳门一带以经济手段聚集雇用了一批生活困苦的中国人，派他们去内地传教。1844年，他将追随者组成一个团体，叫"福音宣教圣会"（Christian Association for Propagation the Gospel），后改名为福汉会（The Chinese Christian Untion）。福汉会显示出很浓的本土化色彩。郭实猎将早期入会的部分骨干任命为"宣教师"（preacher）和"散书者"（tracts distributor）派往各地活动，这些人又发展新的会员。福汉会名义上由中国信徒自己管理并从事传教活动，但实际权力由郭实猎操诸己手。郭实猎也得到了西方基督教组织的广泛支持，如瑞士巴色会的韩山文和黎力基。韩山文后来与洪仁玕关系密切，是《太平天国起义记》的作者。郭实猎的助手另有礼贤会的叶纳清和柯士德（Heinrich Küster）。1847年，郭实猎宣称已在70个地方建立了稳固的基地，次年福汉会发展到80个，基地分布至12个省，成员发展到1000多人。然而，福汉会致命的危机也倏然到来，郭实猎的报告逐渐受到质疑，质疑者称很多本土宣教师并未从事宣教工作，而郭实猎未加有效控制，并隐瞒真相。1850年春，福汉会在香港的成员只剩下大约40名。1851年，郭实猎病逝于香港。福汉会在基督教对华传教史上颇有影响。巴色会、巴陵会和巴满会（礼贤会）在华传教活动之端，均与郭实猎和福汉会有直接关系。中国内地会（China Inland Mission）的创始人戴德生（Hudson Taylor，1832—1905）来华，亦与福汉会的影响相关。[1] 戴德生在中国内地传教的方针，以及内地会避开教派背景的组织形式，都从郭实猎和福汉会中得到启发和借鉴。

厦门：美部会（美国归正会）和伦敦会的重要传教口岸

美部会的雅裨理在1842年抵达英军占领下的鼓浪屿，开启了基督教在厦门活动的历史。当年夏，美国独立传教医生坎明（William Henry Cumming）也来到鼓浪屿，在雅裨理住处开办一间诊所。次年，美国长老会传教医生合文（James Curtis Hepburn，1815—1911）来到厦门。雅裨理与合文一同在周围地区传教，雅裨理还与当地官员有过接触。不久，雅裨理的健康状况再次恶化。1844年底，他离开厦门回美国，次

---

① Jessie G. Lutz and R. Ray Lutz, "Karl Gützlaff's Approach to Indigenization: The Chinese Union," in Daniel H. Bays, ed., *Christianity in China, from the Eighteenth Century to the Present*, p. 291.

年即去世。1844 年，美国归正会传教士罗啻（Elihu Doty，1809—1864）和波罗满（William J. Pohlman），应雅裨理的要求从南洋来到厦门，后成立美部会厦门传道团。1847 年，另一名美部会（归正会）传教士打马字（John Van Nest Talmage，1819—1892）与一度回国的罗啻同来厦门。1857 年，美国归正会海外传教差会决定停止与美部会在传教方面的合作，美部会将厦门传道团转交给归正会差会。

伦敦会在厦门的传教活动始自两个从南洋来的传教士约翰·施敦力（John Stronach，1810—1888）和威廉·杨（William Young）。他们于 1844 年来到厦门。1846 年，约翰·施敦力的哥哥亚历山大·施敦力（Alexander Stronach，1800—?）也从南洋来到厦门，就此组成了一个传教站。

1830 年前后到过厦门活动的还有美国圣公会、美国长老会、英国长老会和美国浸礼会传教士。与雅裨理同行的文惠廉，是第一位到厦门的美国圣公会传教士。美国长老会的合文于 1843 年冬到厦门，行医传教一年有余。1850 年，英国长老会传教医生詹姆斯·杨（James Young）到澳门行医。次年，英国长老会的威廉·宾（William C. Burns，1815—1868）到厦门传教。美国浸礼会的劳德（John Lloyd）和布朗（H. A. Brown）在 1847 年也曾到过厦门。

福州：美部会和美以美会的重点传教口岸

《南京条约》签订后，福州开埠通商。最早来福州建立传教基地的是美部会和美以美会（American Methodist Episcopal Church）的传教士。1847 年，美部会原在暹罗的传教士史蒂芬·约翰逊（Stephen Johnson，1803—1886）首先来到福州。当年秋，美部会传教士弼莱门（Lyman Burt Peet，1809—1878）夫妇也从广州来到福州。1848 年，该会又派来 3 名传教士，组成了美部会福州传道团。1850 年，又派卢公明（Justus Doolittle，1824—1880）加入传道团。其后，美部会在其他口岸的传道团都被裁减，福州成为该会在中国最重要的传教地点。

1847 年，美以美会决定将其中国传道团设在福州。同年，该会传教士怀德（Moses C. White，1819—1900）夫妇和柯林（Judson Dwight Collins，1823—1852）到达福州。1850 年，美以美会福州传道团拥有 6 名传教士，成为该会在中国的主要传教机构之一。

1850 年，瑞典信义会（Lutheran Church Missionary Society of Sweden）的两名传教士发士（Carl Joseph Fast，1822—1850）和吕吉士（A. Elquist）曾寻求到福州活动，但发士遇海盗袭击被害后，吕吉士也很快离去。同年，英国圣公会传教士杰克逊（R. D. Jackson）和传教医生温敦（W. Welton）来到福州。他们在寻觅住处时，看中并租赁了乌石山的神光寺，引起当地绅民的反对，由此引发"神光寺事件"，为道咸年间著名的中外交涉事件。

英国圣公会在福州的事工亦始于 1850 年。福建教会作为维多利亚教区的一部分，最终成为圣公会在华辐射范围最广的区域。

1850 年前后，到福州的基督教传教士及其配偶，共达 27 人。在短短的几年中，福州就成为基督教在华传教的一个区域中心。

宁波与舟山教务的开拓

鸦片战争期间，有不少基督教传教士造访舟山。其中伦敦会派出的传教医生雒魏林于 1841～1842 年在定海以"中国医药传道会"的名义开设医院。1843 年，他再次来到舟山办医院。伦敦会另一名传教士美魏茶于 1842～1843 年在舟山、宁波从事传教活动，成为第一名到宁波的新教传教士。[①]

美国长老会的麦嘉缔（Divie Bethune McCartee，1820—1900）于 1844 年作为传教医生到宁波行医。同年，一度聚集在澳门的该会传教士娄礼华、克陛存（Michael Simpson Culbertson，1819—1862）、露密士（Augustus Ward Loomis，1816—1891）和祎理哲（Richard Q. Way）等，先后来到宁波。1845 年，这几名传教士组成了"宁波长老会"，此后该会陆续派遣多名传教士到宁波，包括产生重要影响的丁韪良（William Alexander Parsons Martin，1827—1916）。娄礼华于 1847 年抵达上海，参加新教传教士修订《新约》中文本的工作，在从上海回宁波途中，他所乘船只在乍浦附近遭海盗袭击遇难，成为第一个在中国遇害的新教传教士。

美国浸礼会第一名到宁波的传教士是玛高温（Daniel Jeron MacGowan，1814—1893）。玛高温作为传教医生于 1843 年春抵达香港，当年在宁波开办了一所医院，该医院也被纳入医务传道会体系。这所医院同时也是美国浸礼会的传教站。玛高温在美国南方浸信会与北方浸礼会分裂后，属于北方的浸礼会差会。1850 年前后，美国浸礼会在宁波的力量也得到持续加强。

此外，英国圣公会的考博尔德（R. H. Cobbold）和陆赐（William A. Russel，1821—1879）于 1848 年到宁波建立了传教站。同年，两名英国浸礼总会（English General Baptist Society）的传教士胡德迈（Thomas Hall Hudson，1800—1876）和嘉维廉（William Jarrom，1814—1882）到宁波，开拓当地的教务。

上海：新的传教中心

上海于《南京条约》签订后开埠。基督教传教士在上海的传教活动从 1843 年正式开始，到 1851 年，已有 6 个新教差会在上海设立了传教机构。短短几年，上海

---

① Alexander Wylie, *Memorials of Protestant Missionaries to the Chinese, Giving a List of Their Publications and Obituary Notice of the Deceased with Copious Indexes*, Shanghai, 1867, pp. 122-123.

取代了广州，成为新教对华传教的新中心。

伦敦会的麦都思和雒魏林于 1843 年一同到上海考察后，决定放弃在舟山的工作，而将上海作为该会在华传教的重点。此后，该会美魏茶、慕维廉（William Muirhead，1822—1900）、艾约瑟（Joseph Edkins，1823—1905）等传教士，以及印刷工伟烈亚力（Alexander Wylie，1815—1887）等接踵而来，他们后来都成为在中西文化交流史上颇有影响力的人物。

美国圣公会的文惠廉于 1843 年离开厦门回国，次年秋被选为中国传道团主教，1845 年抵达上海，与他一同来到上海的还有几名圣公会传教士及女助手。其后几年又有几位传教士到沪。文惠廉等把上海传道团当作美国圣公会对华传教总部来发展。

美国南方浸信会在上海的传教活动始自晏玛太（Matthew Tyson Yates，1819—1888）。他于 1847 年抵达上海。不久，叔未士也抵达上海。1848 年，他们在洋泾浜建了一座教堂，在上海城南设立了一个传教站，并开办了一所学校，打下发展的基础。

1850 年前后在上海设立传教机构的还有其他一些差会。英国安立甘会（Anglican Church）的麦克拉齐（Thomas McClatchie）于 1845 年到上海，1849 年建起了教堂。1848 年秋，美国监理公会（Methodist Episcopal Church South）传教士泰勒（Taylor）到上海，开始了该会在中国的传教活动。1847 年夏，美国安息浸信会（Seventh Day Baptists）传教士贾本德（Soloman Carpenter）和瓦德纳（Warder）先后到沪，建立该会在中国的第一个传教站。

1845 年之后，上海及其周围的江浙地区明显成为新的传教中心。除人数上的差异外，新教传教士中的精英分子也逐渐向上海集中。基督教传教士中的重要人物，麦都思、雒魏林、美魏茶、文惠廉、叔未士、慕维廉、艾约瑟、伟烈亚力、晏玛太等，大多流向上海。新来中国的差会大多将上海作为其首选的地点，这与 1845 年后中外贸易中心从华南逐渐北移到上海的大趋势同步。

第五节　天主教的恢复与新建（1842—1860）

天主教会的复兴

在清廷对天主教弛禁之前，罗马教廷已经先后在浙江和江西、湖南和湖北、长城以北地区、山东、蒙古建立新的宗座代牧区，在香港建立监牧区。弛禁之后天主教进入复兴时期。一些新的天主教修会来华传教，1846 年后两个修女会团体、米兰外方传教会先后进入香港、澳门。1855 年后，中国人创办的献堂会和圣母圣心修女会先后在上海和东北成立。

背景知识 5-5　献堂会

献堂会（Présentandines）全称圣母献堂会，是由江南传教区内华人贞女组成的女修会，它的出现肇始于江南传教区的天主教贞女传统以及外籍传教修女会在晚清时期的大规模来华。1855 年，耶稣会士薛孔昭发起成立"圣母贞女会"，总院先后设于横塘、董家渡，1864 年迁至徐家汇王家堂；1867 年，郎怀仁委托法国拯亡会（Helpers of the Holy See）修女培育和管理此团体；1868 年，献堂会总院正式迁入徐家汇圣母院，并于 1869 年 9 月 8 日开设献堂会初学院。该会成员一般称为"先生"或"某某姑"，与其他女修会修女称为"姆姆"有所不同，也显示出彼时这一中国修女会的半修会性质。

民国时期，该会规定有志进会者需小学毕业并熟悉天主教的六样经，再至位于徐家汇圣母院的备修院圣诞学校学习初高中课程。入会年龄应在 20 岁以上，报名后即住进总院，经三个月初试，修谦逊、听命、爱人的德性，并勤于做各种手工，然后进初学院初学两年，合格后经六天避静后被派往指定地点服务，即卒试。卒试合格者则举行大规模的带圣牌礼，成为正式的成员。献堂会修女根据各自才能在不同会口举办教育，做手工、整理祭服或管理伙食，亦有行医治病者。献堂会在现今上海、安徽天主教教区仍发挥着重要作用。

耶稣会传教士于 1840 年后重新入华，很快有 60 余名耶稣会士进入中国，但他们未能像修会前辈那样在北京恢复"科学传教事业"，而是把传教中心建立在上海徐家汇地区，同时他们还获得直隶东南的宗座代牧区。遣使会一度完全退出江南，集中在河南、蒙古、江西、浙江和直隶大部分地区。1842 年以后，遣使会也在浙江和江西传教和建堂。西班牙背景的道明会多年以来一直在福建服务。巴黎外方传教会和方济各会先后退出福建。巴黎外方传教会传教地区除四川、云南、贵州外，还开拓了满洲、广西和包括海南岛在内的广东省，并且在 1846 年后尝试进入西藏。方济各会在传统的湖南、湖北、陕西和山东等地传教。到 1858 年，天主教传教士已经在中国 18 行省和满洲、蒙古等地开展传教。

由于天主教传教活动的发展，罗马方面希望提供更多的主教来监管，这遭到了葡萄牙政府的强烈反对，但罗马还是陆续增设了一些新的宗座代牧区。1844 年以后，河南、贵州、山西、陕西、湖北、湖南先后成为单立的宗座代牧区。1856 年，罗马又将南京和北京两个老牧区调整为直隶 3 个江南 1 个宗座代牧区。随后，四川被划分两个牧区，西藏成为宗座代牧区，1858 年广东和广西脱离澳门教区成为监牧区。

传信部于 1851 年在上海举行了不公开的主教会议，会议向罗马建议在中国建立

Un petit abandonné reçu à l'orphelinat.

**图5-2　徐家汇育婴堂的修女收养
被遗弃的婴孩**

图片来源：法国巴黎省耶稣会刊物 *Relations
de China*。

像欧洲一样的圣统制，应该设立总主教和主教，外籍和中国籍神职人员都可以参加总主教和主教的选举，并有资格担任上述职位，但罗马当时并没有采纳这些建议。

中国信徒的状况

两次鸦片战争期间，清政府尚无保护信徒的明文规定。这一时期激进的传教士们迫不及待地开展传教，但长期禁教仍然使得中国信徒如惊弓之鸟。郎怀仁神父曾说："要把多年被教外人轻视的人，转变为被人追求和尊重的人。当年传教士被迫若丛林中昼伏夜行的野兽……今天，我们可以自由自在地在乡间通行无阻了。"但从《江南传教史》的叙述中可以看到，即使在江苏和安徽这样沿海沿江地区，对传教士和教徒的"保护"经常需要列强出动炮舰施加压力才得以解决。

这一时期中国教徒的社会经济状况与当地非信徒大致相仿，如在耶稣会传教区域教徒中各阶层的人都有，大部分是贫苦农民和渔民。往往第一代信徒入教不过是为了解决温饱。耶稣会士鄂尔璧曾说，对早期信徒来说天堂就是早晚能吃顿饱饭，而地狱则意味着挨饿。此外，在这些人中，特别是刚入教的教徒，还有不受欢迎的人和乞丐，甚至有强盗。他们入教不是为了修身，而是了为了继续犯罪，继续从事欺诈等不法活动。这也成为这一时期个别地方上教会与社会冲突的根源，成为教会自身须治理的问题之一。

耶稣会传教的地区，大江以南教徒的生活比较富裕，传教士在旅途中常常能住进砖瓦房屋。在上海、松江、苏州及南京有一批富有的信徒，成为支撑教会的基础，是一种比较罕见的情况。在大江以北以及崇明、海门地区，茅草屋是传教士唯一的住宿处。在饮食上江南由教徒负责传教士生活，他们一般都慷慨好客。在江北和安徽的那些新传教区，传教士则自己负担生活费用。

天主教会的基层组织内，协助神父传教者除男性助手外，贞女也发挥了重要作用。她们在会口的公所内组成小团体，教授孩子们天主教基础知识并帮助维持教会活动。但在缺乏神父指导的情况下也会发生丑闻，并且有些贞女和教会办事人员在面对经济账目核查时会给神父造成种种困难。

一般来说，大部分信徒能遵守教义教规并为此忍受苦难。在信徒比较多的地区，往往能保持信仰，但在那些孤零零生活在非信徒占大多数村子里的教徒往往很难做到这一点。因此，天主教到后来倾向于以群体皈依的方式推进传教事业。

内部冲突

由于传教士长时间缺位，本地信徒形成了自身的教会权力运行机制，新的传教士到来后，也就与本地信众产生了一些冲突。在以上海为中心的江南地区，这种冲突比较明显和激烈。复杂的冲突在文本上主要集中于《本主教类思罗》《昭然公论》《诬谤论》三份针锋相对的中文文献，而争论焦点集中在传教方法、办理神工、道理讲解、念经仪式等方面，体现了传教士与本地教徒在神学、教会权力分配方面的不同意见。

各修会在教区划分和管理上也存在矛盾。仍以江南教区为例，虽然耶稣会传教士在该地区管理修道院，传行教务，但教区权力并不在耶稣会手中，而传信部及其他修会的代牧主教采取的系列措施限制耶稣会的发展，比如对于江南修道院修生加入耶稣会一事，几任主教都采取一系列措施禁止修生入耶稣会，这导致江南修道院早期修生黄伯禄等人在加入耶稣会上受到很大阻碍。[①] 直至 1856 年，原有南京教区改为江南宗座代牧区，耶稣会掌管该地区教务后，情况才有所改变。

由于罗马教廷采取将各省分配给某个修会管理的方式，各修会之间基本不存在较大的冲突。不过，1857 年 6 月罗马传信部在把直隶东南代牧区交给耶稣会管理的信函，错误地写到把直隶西南部也交给耶稣会士郎怀仁主教。后来罗马传信部通知他从那里退出，交给北京孟振生（Joseph M. Mouly，1807—1868）主教管理，而后面本属于直隶东南代牧区的天津也划归北京代牧区管理，这就造成耶稣会管理的代牧区在物质上的损失。但这并未引起耶稣会和遣使会修会之间较大的冲突，郎怀仁默默地接受了罗马教廷在教区划分上的安排。

慈善活动的开展

1850 年前后，江南地区发生水灾和饥荒，天主教方面不仅在上海附近设立了孤儿院，时任主教赵方济（François Xavier Maresca）还在董家渡教堂蒙口开办了一所医院诊治病人，且每天施饭给难民吃，徐家汇也同时开展类似的慈善事业。此外，法国耶稣会士梅德尔（Mathurin Lemaître）等人还到刚开设不久的英租界去募集救济款。这些慈善事业极大地帮助了天主教在江南地区的立足。

---

① 参见李强《黄伯禄与英国汉学家庄延龄中国宗教研究著作关系考析》，《国际汉学》2019 年第 2 期，第 36 页。

背景知识 5-6　董家渡天主堂

董家渡天主堂（St. Francis Xavier Church）的第一块奠基石由罗伯济安放于1847 年 11 月 21 日，以建设主教府和座堂。地基由传教士根据不平等条约中的"传教条款"和弛禁上谕，以要求归还上海城内老天主堂产业为由从上海道台处拨付而来。经过五年多的建设，1853 年 3 月 20 日由时任主教赵方济祝圣，并宣布该堂主保为圣方济各·沙勿略。董家渡天主堂遂逐步成为江南传教区的中心，也是江南传教区与地方官交涉"教务"的重要场所，双方在春节和元旦形成了互相拜访的例行礼仪。

"小刀会起义"期间，董家渡天主堂周边受到法国领事和军队的保护，与徐家汇、张家楼等处皆悬挂法国国旗。"太平天国运动"后，原籍青浦诸巷的"诸巷会"天主教徒迁居至董家渡周边，遂逐渐形成规模更大的堂区。该堂于1866 年进行扩建。"诸巷会"也出现了大批修道男女，1926 年罗马教宗祝圣的六位华人主教之一的耶稣会士朱开敏即出自该会。出自该堂区的朱志尧、陆伯鸿等人也在民国时期领导公教进行会等平信徒组织，发展实业、慈善和教育事业，具有一定社会影响力。

设立在蔡家湾的孤儿院，至 1855 年时收留的孤儿已有 122 名，孤儿院里第一个工厂专为印刷和雕刻而设，第二个工厂专为制鞋，第三个工厂专为学木工。病弱和低能的孤儿则从事纺纱。这些孤儿除职业学习外，还要上课学习天主教教理。传教士虽然对孤儿照顾有加，但因营养较差，1855 年即死去 34 名孤儿。1858～1859 年孤儿院收留了 305 名儿童；至 1860 年时，总计共收留过 464 名孤儿。孤儿院后来发展成为著名的土山湾孤儿院。

图 5-3　上海土山湾孤儿院上音乐课

图片来源：上海图书馆。

这一时期，法国圣婴善会的慈善活动也借助在江南的耶稣会士展开。据天主教方面的统计，1845～1866年，传教士在崇明地区设立的圣婴善会在各个天主堂共收容了1589名婴孩，存活下来的有506名，当时崇明天主教徒共有7944名，平均100名天主教徒收容20名婴孩。506名活下来的孩子，占崇明天主教徒数量的6%。

第六节 弛禁之后的官教关系

值得注意的是，在上述传教活动推进的同时，天主教和新教传教士并不满足于鸦片战争后条约订立的有限开放传教，力图深入内地传教。对此清政府坚持禁止传教士越界传教，要求各级官员坚守成约，勿令节外生枝。但由于条约中的领事裁判权与人身保护条款，外国传教士即使违约被中国官员拿获，只能解送相应的领事官处理，已无生命之虞，这使得外国传教士纷纷试图进入内地传教。各地方官员处理外国传教士越界传教事件，均将传教士解送五口处理。此后清廷还一再下令各地督抚，说明不准外国传教士赴内地传习，以防蔓延滋弊。当然，此时地方官员除了将传教士押解至通商口岸交付领事外，也采取变通办法。如1847年广东番禺县县令为美国牧师罗孝全试图设堂传教一事发布告示宣布，罗孝全在自己礼拜馆内讲经劝善，凡愿意听经者可以安静前往听讲，不愿往听者不可藉此滋事。这是地方官员对违约传教的认可。但总体上在处理外国传教士违约进入内地问题上，清廷一贯坚持解送五口的立场。

除了越界传教外，传教士还力图在条约限定范围外租借房屋传教。1850年，英国传教士札成（R. D. Jackson）和医生温敦至福州传教，向福州城内乌石山神光寺僧人租屋两间，并由侯官知县兴廉用印批准，但福州士绅以条约载明传教士不得租住内城为由群起反对。闽浙总督刘韵珂和福建巡抚徐继畬迫于众议，迫使英国传教士搬至英翻译所租赁之道山观，妥协了案。清廷因此事措置未宜，令刘韵珂因病开缺，徐继畬传旨申饬。示意官员在处理传教问题上引以为戒。

天主教弛禁后，清政府并无应对弛禁民人信教和外人传教的操作性章程。1851年9月，两江总督陆建瀛酌拟"内地民人习教章程"，其中规定：第一，内地民人不得擅建天主堂；第二，内地民人不得私卖祖辈遗产和公共产业；第三，内地民人因各项词讼请教士出头会官者，先治以诬告之罪，再为审理以杜干预；第四，营兵、衙役、书吏及一切在官等及贡监职员如入教，要查照定例治罪；第五，外国习教者只准在五口地方建堂礼拜，如"越界妄行"，地方官员可捉拿送领事管束惩治。这一章程意在对民人信教附加更多的限制，清廷予以批准，下令将此章程咨行内地实行，但不给"夷人照会"，避免引发交涉。

咸丰三年，太平天国起义中的基督教色彩，使清廷对民人习教和外人传教更为警惕。1853 年起，清廷查办了京城、直隶安肃县、察哈尔、热河朝阳和江苏等地民人信教外人传教事件。清廷在处理习教民人时，新旧办法兼施。对钦天监官生贾洵等人信奉天主教习教一案，要求涉案官生跨越十字架并出具未习教甘结。对地方民人信教，接受桂良建议，以是否滋事为标准分别处理。对法籍教士孟振生等人潜入内地传教，仍解回沿海口岸移交该国领事处理。对风闻洋人在热河朝阳建堂，清廷认为该处不属通商之地不准建立教堂。清廷始终认为习教者具有异己性，并担心习教者与太平军"勾结"，但不愿概行株连"激生事端"，实行内紧外松的政策。但有些偏远地方的官吏，并不能体会朝廷既要限制传教又不至惹出事端的政策，仍延续禁教时期查拿拘押传教士和信徒的做法。1856 年，广西西林知县张鸣凤处死非法越界传教的法籍神父马赖（Anguste-Chapedelaine）及教民数人，成为法国参与第二次鸦片战争的借口。

第二次鸦片战争从 1856 年到 1860 年延续四年之久，此后形成了第二轮条约体系。如 1858 年条约除索要赔款、派驻在京使节、增开通商口岸外，外国人亦有权前往通商口岸之外的地区。《天津条约》大体上均要求清政府保证宽容基督宗教、保护传教士及中国基督徒。此外，1860 年《北京条约》对法条约重申 1846 年的敕令，要求归还教产。

结　语

这些强加给清政府的不平等条约使基督宗教的"传递者"和中国"接收者"获得了前所未有的法律权利，这一方面有利于宣教事业的发展；另一方面也将宣教事业与西方列强对华侵略捆绑在一起，成为基督教"传递者"及"接收者"与中国社会交往中的心理壁障。中国社会与基督教的互动由此掀开了新的一页。

第六章

晚清基督宗教的困境与推进
（1860—1911）

陶飞亚

第二次鸦片战争后的条约体系中，规定了中国人可以公开信仰基督教，清政府必须发还禁教时期没收的天主教"教产"。参与谈判的法国传教士还通过不诚实的手段，在条约的中文版本中加入了传教士可以在中国内地买地建堂的文字，为基督教传教士在中国各地取得了有自己产权的立足点。狄德满（Rolf G. Tiedemann）说："这些条约，尤其是法国条约，既规定外国势力可以保护传教士和教徒，也给宗教带来了更大的自由。换句话说，传教士更紧密地、更具侵略性地与帝国主义融为一体，渗透进中华帝国。"[①] 此后到清朝终结的半个世纪，基督宗教"传递者"和"接收者"的身份既是"合法的"，又是备受中国朝野质疑甚至是反对的。他们不得不在主动和被动的变化中消解和适应这种困境，最后竟然在屡经挫折后取得了显著的进展。

第一节　天主教在晚清中国

天主教在中国的教区、修会和传教士

天主教充分利用第二次鸦片战争后所取得的利益，至 1865 年中国境内已有 22

---

① 〔德〕狄德满：《基督教与现代中国社会历史——东西方学术理路的态度变迁》，吴梓明、吴小新主编《基督教与中国社会文化：第二届国际年青学者研讨会论文集》，香港中文大学崇基学院宗教与中国社会研究中心，2006，第 32~33 页。

个教区。教宗良十三世（Pope Leo XIII，1878~1903 年在位）在 1879 年又将中国全境划分为五大传教区，上海及北京成为天主教主要的教务中心。此前已经进入中国的耶稣会、多明我会、奥斯定会、方济各会、巴黎外方传教会、遣使会继续派遣神职人员来华。法国"保教权"也吸引了更多新兴修会如米兰外方传教会（Foreign Missions of Milan）、圣母马利亚圣心会（Congregation of Immaculate Heart of Mary）、圣言会（Society of the Divine Word）等的传教士相继抵达中国传教区。20 世纪初，美国等欧洲以外国家的天主教传教士也逐步来华，但数量较少。美国天主教会在一战结束之后大量输送传教士至中国。1903~1904 年，来华外籍传教士达到 1110 人，中国神职人员的数量为 534 人，1907 年中国天主教徒人数增长至 1038000 余人。与新教差会和人员在中国的分布相比，有更多的天主教传教士散布在远离中国沿海沿江城市的偏远地区。这或许和梵蒂冈第一届大公会议谴责唯物主义、理性主义的精神有关。传教士们认为，在物质缺乏的偏远地带更有利于信仰的传播。

远渡重洋来到中国的天主教传教士一般都有超乎常人的宗教激情。不过，他们年轻时就读的修会（耶稣会是个例外）管理下的学校在很大程度上与当时非教会世界的思想隔绝，来到中国后他们对传教范围之外中国社会状况的变迁知之甚少。尽管他们在中国生活了很长时间，但其对当地语言并没有全面的了解。他们也没有像新教传教士那样的休假制度，来到中国后通常很难再回到祖国，尤其是在基层的天主教传教士也不像新教传教士那样了解世界和祖国教会的形势。因此，也有人思乡情切，甚至放弃传教工作回到欧洲。这种情况对天主教的传教工作产生了消极影响。天主教文献也认为，他们的传教士"高尚、无私、不出风头，甚至愿意牺牲"，但除了发展信徒建立天主教社区，对其他事情缺乏兴趣。

天主教传教士在生活上一般穿中式服装，在内地的传教士饮食起居更接近中国人的方式。但在中国官方和新教传教士的文献中，一些天主教传教士有插手和干预民教纠纷的坏名声，这点直到义和团运动之后才有较大的改观。

背景知识 6-1　天主教教区与修会制度

教区是天主教使用的一种管理区域或机构，由数个堂区组成，并设有一位主教担任最高领导者。1946 年，中国天主教正式实行圣统制，将原有的传教区性质的代牧区改为正式的教区。此后共设有 21 个总教区、100 个教区，以及 30 个宗座监牧区（初具雏形、尚未成立正式教区的传教区域），目前仍是圣座认定的教区划分。

修会制度是指在早期基督教会和其后天主教会中的部分信徒，实行独处或集体隐居、离世苦修的神学主张和制度，一度产生了较大的影响。近代以来，各修会的社会影响进一步削弱，追随者日微。为此，1962 年召开的梵蒂冈第二次大公会议专门发布《修会生活革新法令》，强调修会生活的革新包括"继续返回基督化生活的根源及各修会原来的目标，以及对时代环境变迁的适应"，要求按照现代社会的需要来改革天主教隐修制度。主要修会有本笃会（Order of St. Benedict）、方济各会、多明我会、耶稣会等。明末清初（16 世纪晚期至 17 世纪中叶）来华的罗明坚、利玛窦、罗如望、艾儒略、汤若望、南怀仁等著名传教士都出自耶稣会。

天主教修女会与慈善事业

除担负直接传教任务的男性传教士，外籍修女也陆续来华到各传教区内服务，她们发愿弃世，专心修道，致力于慈善、教育工作来辅助传教事业。

各个修女会因其创会主旨不同，服务于不同的社会对象，如 1842 年的仁爱会（Sisters of Charity），专门从事救济弃婴、养育儿童的慈善事业。1867 年，北京主教孟振生（Joseph Martial Mouly，1807—1868）致函总理衙门，告知清廷由法国民众出资支持的天主教在中国育婴事业的情形，孟振生并以仁爱会修女在京津地区的育婴事业为例，希冀中国政府认可其"善举"的价值。此外，如安老会（Little Sisters of the Poor）修女于 1904 年自法国至上海，后在上海董家渡附近设立院所，专门收养孤寡老人，扶助 60 岁以上的贫穷男女养老。1842~1910 年，共有 12 名天主教外籍修女会来华。

一些教区主教们专门为中国守贞不嫁的女性设立修女会。1911 年，各地天主教会创立了 16 个由中国女天主教徒组成的修女会。这些中国修女会不单为信仰天主教的中国女性提供了宗教神修的组织，也为天主教会在中国社会的慈善和教育事业提供了人力资源。当缺少男性神职时，这些修女在地方信仰社区中承担了领导角色。

修道院与中国神职人员的培育

各修会建立传教区后，陆续设立修道院培植中国神职人员。以辖江苏、安徽两省的江南教区为例，1843 年，委任耶稣会士李秀芳（Benjamin Brueyre）在松江建立和管理修道院。1860~1912 年，江南教区修道院和耶稣会培育了 117 位中国神父。他们中间涌现了黄伯禄、李问渔等著名人物。天主教在培育中国神职人员的问题上，也一直面临着如何平衡西方宗教教育和中国传统文化知识教育的问题。耶稣会在江南修道院的课程设置上，强调修生对中国典籍特别是儒家经典的掌握。修道院学生在出院时，中国学问要达到能考取秀才的程度。天主教系统化的神职培育制度，是其有效推进传教事业的关键。

天主教入教的要求与仪式

在吸收信徒方面，天主教各个修会的做法略有不同。遣使会在江西的方式是：一个人要成为"望教者"，要宣布他信独一上帝，然后老信徒就教他画十字架的手势。他学会后就在圣坛上点两根蜡烛跪下来，手里拿着他要重复念诵句子的一张纸。老信徒跪在他旁边进行指导。仪式以画十字架的手势开始，然后 5 次匍匐先后背诵："我相信上帝，弃绝过去的错误。""我希望上帝的至善宽恕我的罪。""我爱和崇拜完美全能的上帝，胜过世上一切。""我从心里厌恶过去一切罪恶，发誓永不再犯。""我求圣母玛利亚，因她的大能，求上帝给我最后保全我的恩典。"接着是使徒信经，我们的天父、万福玛利亚，十诫。然后是感谢上帝创造、养育、保全、救赎和赦免等五谢。这个仪式之后此人就成为"望教者"，了解这些基础的宗教知识和礼仪，望教者认为自己已经是天主教徒了。此后一年他还要通过日常生活中的道德行为考察，如果合格才被视作新"教徒"。再经过一年见习，合格便可以受洗，有些人被选为传教员。由于传教士不经常到村子，传教员通常称为"教头"，成为地方上平信徒的领袖。[1] 这种方式和巴黎外方传教会在贵州的做法几乎一模一样。耶稣会通常拒绝给孤立的个人甚至一个家庭施洗，因为单个受洗信徒回去后生活在脱离宗教的环境中，会遇到许多困难。只有村中受洗者达到一定数量或五六个家庭的小群体有学习宗教意向时，中国传教员才被派来进驻村庄，并在以十字架和圣像取代各家的祖先牌位和各种神像后，开始对这些望教者进行宗教培训。直到这些候选人符合要求接受洗礼领第一次圣餐。[2] 其他修会接纳慕道友受洗要简单得多，然后使其接受指导一直到领第一次圣餐为止。其他修会的传教士从一个村庄到另一个村庄，在那里检查布道员带来的学生，完成对他们的指导。由于传教士或者传教员人地生疏，在发展信徒时，特别是早期，信徒中良莠不齐也是在所难免。

经过这种天主教神学的训练和完成洗礼仪式，学会天主教的宗教仪式和特定的姿势，对一个新教徒来说，是完成一种新的身份认同。在传教士笔下，这些人在精神上获得了新的生命。在实际生活中，也为教徒提供了与传统社会中不一样的、以天主教为核心的社会联系，使其在有些时候比如发生灾荒和冲突时能得到这种新关系的支持。但是对中国社会来说，正如欧洲社会发生过的那样，这也造成了一种对本地社会文化异己的疏离，成为民教冲突的根源之一。

---

[1] Alan Richard Sweeten, "Catholic Converts in Jiangxi Province: Conflict and Accommodation, 1860-1900," in Daniel H. Bays, ed., *Christianity in China: From the Eighteenth Century to the Present*, Stanford, California: Stanford University Press, 1996, pp. 26-27.

[2] Joseph de la Serviere, "The Work of the Catholic Church in China," *The Chinese Recorder and Missionary Journal*, Vol. 44, No. 10 (Oct. 1913), p. 619.

中国天主教徒的构成与特点

两次鸦片战争战败后，中国被迫开放的结果是中国人憎恨西方侵略，也仇视西方的宗教和教会，使得西教最初很难在中国传播。最初的天主教徒是由 17、18 世纪信徒的后代和新发展的信徒两类人构成。就江南教区而言，第一类人占到了总数的 2/3。老信徒的特点是信仰很深，严格遵守传统习俗。传教士经常批评他们对不信教同胞的皈依漠不关心。因此，在老信徒把持的地区新的皈依者相对很少。第二类人中一部分来自收养弃婴。天主教徒把弃婴送到最近的孤儿院受洗，然后托付给乡村中的奶妈。弃婴断奶后被抱回孤儿院，由基督徒家庭领养。在领养不太流行的地区，这些婴孩就由修会收留在孤儿院，所有孩子都接受某种职业训练。女孩子被培养为家政人员，如裁缝、洗涤妇女、绣花工或者花边工人，男孩子则有 10 多种职业选择。孤儿院培养的孩子在上海的商店、工厂都广受欢迎。每年数以千计的天主教徒正是这样被吸收进了中国教会。另一部分也是最重要的部分来自成年人的皈依，但这方面的发展并不顺利。尽管传教士的人数已经是利玛窦和南怀仁时代的 20 倍之多，江南教区的经费也有保障，但直到 1894 年的中日甲午战争之前传教效果收效甚微。

造成这种进展迟缓的原因大致有四点。首先，是文人阶层的抵制，最早的传教士曾经从文人中找到最能干的助手，现在他们却对天主教深闭固拒。另外，中国民众被基督教国家的侵略激怒，也不欢迎这些国家的传教士。其次，居住在条约口岸的西方人提供一种坏榜样，他们的道德和对当地人民的态度绝不会引起当地人对"欧洲人宗教"的尊敬。再次，政府官员被称为是"西洋鬼子教"最坚定的敌人。最后，天主教在办学方面远远落后于新教，也被视作无法影响精英教徒的因素。19 世纪 90 年代情况有所变化，据统计，1889 年中国有天主教徒 542664 人，到 1909 年达到 1200054 人，20 年间增加了 65 万多人。

辛亥革命时期，中国大约有 150 万天主教信徒，大部分来自中国卑微的阶级，正在形成中的天主教精英层正在努力提高自己的地位。如马相伯 12 岁时到徐家汇的法国天主教学堂——圣依纳爵公学就读，1862 年入耶稣会初学院；1870 年他被祝圣为神父；两年后被任命为徐汇公学校长并在该校讲授天文和数学；1903 年他创办了震旦大学。再如李问渔（1840—1911），16 岁加入耶稣会中学生圣母无染原罪会；1879 年创办天主教周刊《益闻录》；1887 年创办了天主教月刊《圣心报》；他还撰写了 17 部著作，翻译了 39 种图书，并且领导了 4 部文集的编写工作。作为耶稣会士的马氏兄弟（马相伯、马建忠）和李问渔尽管有时会遭到那些不顾中国习俗的外国同僚的欺压，他们还是选定了为科学和地方发展服务的总方向。[1] 1902 年，北京

---

① 〔法〕沙百里：《中国基督徒史》，耿昇、郑德弟译，中国社会科学出版社，1998，第 290~291 页。

的天主教徒英敛之在天津创办《大公报》，对时事多有评议。但总的来说，这些人在中国天主教徒中的比例是很小的。

图 6-1 徐汇公学圣母会五十周年庆合影（1903）
图片来源：法国耶稣会《中国通讯》（*Relations de Chine*）1905 年 1 月刊，第 408 页。

天主教内部矛盾

造成天主教发展困境的另一原因是欧洲传教士难以舍弃自身的文化优越感，在宗教权力上压制中国神父。1870 年，中国各传教区主教聚集罗马教廷参加第一次梵蒂冈大公会议时谈到中国神职人员的地位问题，主教们会后决定，对中国神职人员不应过度轻视，也不应过分地激起他们的自尊意识。这一方针一直到 1880 年中国主教在香港举行公议会时，仍未改变。一些中国神职人员愤然反抗，如马相伯即于1879 年离会返俗，部分原因是他与外籍耶稣会会长的冲突。[1] 总体而言，整个晚清时期，中国神父人数的增长较外国神职人数的增长更为明显。这是因为前者的基数是从零开始，但实际上到清末所有的宗座代牧区本地神父都是只占少数。江南地区被称为本地神父占比最高的地区，在 1910 年 7 月只有 71 位本地神父（47 位是院外神父、24 位是耶稣会士），而欧洲籍神父（都是耶稣会士）却有 133 位。同时外国传教士把握决策权，无视中国神职人员在管理教会事务中的声音，极不情愿让权给后者。在华列强以保护国民为由，间接控制了各个传教区，尤其是法国凭借其保教

---

[1] Daniel H. Bays, *A New History of Christianity in China*, p. 67, 73.

权，经常干预天主教在华事务。①

相较本地神职人员的增长缓慢，中国人被提升到最高教区职位的情况则引起了欧洲天主教人士的批评，他们甚至认为"欧洲传教士缺乏吸收和培训他们中国助手的热情，这是由于他们急于要使自己变得不可或缺"。但一位宗座代牧辩解道："因为本地神父在中国没有得到官方承认，没有法律地位……在这样的情况下，我不能想象，在当前这个时刻，任何一个聪明的中国基督徒，会向往有一个中国人来当主教。"② 但联系到刚恒毅时代祝圣中国主教的困难重重，就知道这或许也是欧洲神职人员不愿与中国神职人员分享其独占权力而寻找的借口而已。

晚清天主教的社会影响

清政府发布的允许天主教在华传播的理由是其宗旨是"劝人为善"。实际上对普通民人和信徒来说，天主教会这些有组织的活动，在一定意义上增加了中国乡村中贫乏的社会文化活动和经常性道德上的劝说和训诫。教会为村民提供了经常性活动的场所，通过读《圣经》了解宗教的奥义，做礼拜和唱诗也使他们接触了近代音乐。在中国乡村，妇女处于受压抑的地位，但教会活动提供了机会使她们的情感得到宣泄，思想得到交流。宗教活动密切了基督教徒之间的联系，宗教的行为规范或多或少影响了信徒的道德修养。因为吸食鸦片、纳妾、不守教规如赌博、脾气暴躁或非正当男女关系等都要受到教会的惩罚，这对净化社会风气、化解基层和家庭的冲突具有正面意义。

天主教在晚清社会上层的活动有几个相对不足之处，如与基督新教相比，天主教的现代性事业匮乏，社会改良活动参与度较低等。这个时期，在中国的欧洲传教士中找不到类似利玛窦、汤若望、南怀仁等传教与传播科学一身二任的人物。在中国教徒中，有马相伯和英敛之这样的杰出人才，③ 他们是天主教信仰群体中少有的投身晚清中国社会改革活动中的人物。

天主教在文字出版方面有着悠久的历史传统，部分明末清初时期传教士遗留的汉语宗教文献由晚清在华天主教会再版。与明末清初时宗教与西学文献共同出版的局面不同，晚清天主教传教士更多侧重宗教文献的出版；而且较为显明的是，更多中国神职人员承担了著书立说的工作，如黄伯禄、李问渔等人。值得一提的是，新耶稣会来华后，曾试图恢复"科学传教"的传统，并尝试进驻北京，但因时局紧张及教

① Ernest P. Young, *Ecclesiastical Colony: China's Catholic Church and the French Religious Protectorate*, New York: Oxford University Press, 2014, p. 54.

② Joseph de la Serviere, "The Work of the Catholic Church in China," *The Chinese Recorder and Missionary Journal*, Vol. 44, No. 10 (Oct. 1913), p. 623.

③ Daniel H. Bays, *A New History of Christianity in China*, p. 113.

会内部意见分歧，这个想法无法实现。该会以上海徐家汇为中心设立了气象台、博物院、学校、藏书楼、印书馆等机构，又组织出版《汉学丛书》（*Variétés Sinologues*），一定程度上传播了西方科学知识，促进了中西学术和文化交流，但逐渐失去在该领域的领导地位。[①]

慈善事业方面，天主教的主要机构是修女会建立的孤儿院，这同时又是一种救灵的方式。天主教建立的医院比较少，从而也就没有更多的资源影响教徒团体以外的人。19 世纪下半叶，多次到山东考察天主教的德国人李奇霍芬（Ferdinand von Richthofen，1833—1905）批评天主教会只是在传授基督教教义，而不注重发展与宗教教义相结合的文化成分。一般认为新教团体设立的医院和学校更具开放性，辐射中国社会的范围更广。天主教更重视建立信仰群体，因而天主教的现代性事业给社会留下的印象并不深刻。[②] 另外，天主教引起的教案冲突则远超过新教，下面将会谈到这个问题。

第二节　基督新教在晚清中国

新教差会

1860 年 10 月《天津条约》签订后，一个新教传教士扩展活动的新时期开始了。一方面是老差会的发展：此前已经进入中国的英国伦敦会、英国长老会、英国圣公会、英国的卫斯理宗监理会（the Wesleyan Missionary Society，英国循道会）、美国长老会、美国浸信会、美国圣公会、美国北部的美以美会与南部的循道会（the Methodist Episcopal Church of the Southern States）等差会开始从中国沿海沿江向北方和内地拓展传教活动。另一方面是新的差会陆续进入中国：最著名的是由来自苏格兰的戴德生于 1865 年创立的内地会，该国际性非宗派差会主要在中国腹地传教。戴德生任命平信徒为传教士，因降低门槛扩大了传教士的来源。他要求传教士穿本地服饰、说流利中文，并且生活要简朴。内地会也是第一个大量吸纳单身女性作为传教士的差会，甚至派这些女传教士在没有男性陪伴的情况下单独至乡村地区传教，此举在当时引起很多非议。1884 年，内地会打破从社会中下层吸收传教士的惯例，

---

① 李天纲：《徐家汇—土山湾：上海近代文化的渊源》，卓新平、许志伟主编《基督宗教研究》第 14 辑，宗教文化出版社，2011，第 29~47 页。

② 青岛市博物馆等编《德国侵占胶州湾史料汇编》，山东人民出版社，1986，第 62 页；〔美〕赖德烈：《基督教在华传教史》，第 478 页；Kenneth Scott Latourette, *A History of Christian Missions in China*, p. 565。

从培养贵族精英的剑桥大学吸纳了"剑桥七杰"①，并请他们在欧美各地现身说法，此举大大扩大了差会的影响力。戴德生同时与男女青年会（YMCA，YWCA）紧密合作，出版差会杂志《中国百千万》（*China's Millions*），这些激进的举措都推进了其在华传教事业。内地会把上海作为差会总部所在地，而不像其他差会的总部设在英国伦敦或其他西方国家。因此，内地会发展迅速，1905 年该会传教士人数更扩大到 825 人，成为当时在中国的第一大差会。内地会对中国新教的影响巨大，塑造了整个国家的乡村基督教群体。

在戴德生和内地会的感召下，欧洲其他国家也纷纷派人来华传教。瑞典有瑞华会（Swedish Mission in China）、瑞典圣洁会（Swedish Holiness Union）。傅兰迅（Frederick Franson）于 1892 年成立北美瑞挪会（Scandinavian Alliance Mission）、在巴门（Barmen）成立德华盟会（German China Alliance Mission）。德国有立本责信义会（Liebenzell Mission，1892）、圣基索纳分会（St. Chrischona branch of the China Inland Mission，1895）。挪威的挪威中华会（Norwegian Mission in China）、芬兰的芬兰自由教会（Free Church of Finland）也在内地会的影响下成立。1885 年，来华的监理圣经会（Bible Christian Methodist Mission）也和内地会展开合作。1890 年以后澳大利亚传教士也陆续来华。

图 6-2　从事汉语圣经翻译的中西人士

图片来源：《教务杂志》1906 年 7 月。

---

① "剑桥七杰"为施达德（Charles Thomas Studd，1860—1931）、司米德（Stanley P. Smith，1861—1931）、宝耀庭（Cecil Henry Polhill-Turner，1860—1938）、亚瑟·端纳（Arthur T. Polhill-Turner，1862—1935）、何斯德（Dixon Edward Hoste，1861—1946）、章必成（Montagu Harry Proctor Beauchamp，1860—1939）、盖士利（William Wharton Cassels，1858—1925）。

1900 年时已有 61 个差会在华活动，1906 年差会数量为 67 个，到了 1919 年增长至 130 个。[①] 差会林立的现象会导致工作的重复，还可能产生摩擦而降低传教运动的效率，因此最好的办法是合作和联合。清末，不同程度和形式的联合已经发展起来。新教差会分别于 1877 年、1890 年、1907 年召开了 3 次由不同差会代表参加的全国传教士大会表明了联合的意愿。4 个圣公会团体的主教自 1897 年起举行过 4 次聚会，决定组织中华圣公会，并在 1912 年举行了中华圣公会第一次总议会。[②]

背景知识 6-2　基督教差会和教会

基督教差会和教会是向非基督徒人群传播并劝其皈依基督教的新教传教士团体。差会通常由母国教会派遣的传教士组成。在组织上受母国教会的董事会领导，由母国教会提供经费、各种帮助和调配人员。差会在传教过程中，在条件成熟的情况下，会指导当地信徒建立教会。通常在初期阶段差会控制本地人教会的行政、财务和人事。有时这会导致两者之间关系的紧张，促使后者走上分离和独立的道路。差会在不同国家和地区工作时，除了传教劝人皈依基督教，还会根据当地情况开展教育、医疗及慈善等方面人道主义的活动，在贫穷落后地区尤其如此。在多数情况下，这些活动扩大了基督教会的影响，但不一定以接受帮助者的皈依为前提条件。

新教传教士

随着新教差会的增多，传教人员数量随之增加。1860～1911 年，先后来到中国的新教传教士共有 5860 人。[③] 不过，即使按新教传教士在华人数最高的年份来看，晚清中国有 1549 个县，传教士还是寥若晨星，与他们要把福音传遍中国的愿望是不成比例的。

绝大多数的英国新教传教士来自中产阶级，接受过大学教育的不多。当然也有"剑桥七杰"这样受过著名高校教育的人。1897 年，受过大学教育的男传教士开始来到中国，但人数依然不多。绝大多数的美国新教传教士来自乡村或小城镇，通常

---

① 〔美〕赖德烈：《基督教在华传教史》，第 502～508 页。
② 〔美〕贝德士著，章开沅、马敏主编《贝德士：中国基督教史著述选译》，上海社会科学院出版社，2017，第 67 页。
③ A. H. Smith, "A Centennial of Protestant Missions in China," *The Chinese Recorder and Missionary Journal*, Vol. 38, No. 8（Aug. 1907），p. 417.

是某个差会学院的毕业生，如果从神学院毕业则被按立为牧师。① 例如美国公理会在华北的 101 名传教士中，99 名都进过大学，他们共获得 35 个学位，其中 9 个是硕士学位。相当数量的女传教士在各种各样的神学院和社区学院学习过。女传教士中 7 人有大学学位，3 人有硕士学位，只有 12 名女传教士仅完成了高中教育。② 新教传教士为什么来中国？正如赖德烈所说，"在新环境中要获得成就的激情" 鼓动他们不远万里前往中国。他们到中国来的动机也各种各样，或听从宗教的呼召，或渴望改变自己的生活现状，或寻求在一个充满机会的地方建功立业，等等。美国作家赫西（John Hersey）在长篇小说《召唤：一个在中国的美国传教士》中说："对（乡村青年人）特立达珀来说，最有诱惑力的纯粹是传教工场的浪漫"，回到逼仄的家乡怎么能与此相比呢？③ 简·亨特（Jane Hunter）说："女传教士加入传教运动的大军，得以向上帝证明自己，同时也得到了获得自我满足的机会。"④ 传教队伍中的西方女性也把中国当成实现梦想的舞台，值得一提的是，女性几乎占在华传教士人数的 2/3。

图 6-3　1898 年英国浸信会传教士在山西

图片来源：美国南加州大学数字图书馆。

---

① Andrew Finlay Walls, *The Missionary Movement in Christian History*: *Studies in the Transmission of Faith*, Maryknoll, New York: Orbis Books, 2009, pp. 187−188.

② Sidney A. Forsythe, *An American Missionary Community in China*, *1895−1905*, Cambridge, Mass.: East Asian Research Center, Harvard University, 1971, p. 12.

③ John Hersey, *The Call*: *An American Missionary in China*, New York: Alfred A. Knopf, 1985, p. 88.

④ 〔美〕简·亨特：《优雅的福音：20 世纪初的在华美国女传教士》，李娟译，生活·读书·新知三联书店，2014，第 41 页。

新教传教士不仅试图改变中国人的宗教与伦理生活，还试图改变这个国家的知识与社会。在这一点上他们与天主教传教士有很大的区别。新教和天主教传教士都在不同程度上懂得中国的书面语言和口语。开始时他们都以批评的眼光看待中国文化，但当他们了解中国文化之后，其中一些人甚至还能成为中国文化某方面的专家，或者成为"新家乡"优点的热忱崇拜者。不过，新教传教士与当地人民的接触还是比较有限的，除了内地会传教士之外，大多数新教传教士还是聚居在传教点的寓所里，按照自己祖国的方式过日常生活，通常传教士的生活水准要高于当地普通民众，这也是一些人觊觎教堂财富的原因之一。

背景知识 6-3　三次在华新教传教士大会

　　欧洲北美新教来华传教士在上海召集的讨论传教事业的全国性大会。第一次于 1877 年 5 月举行，为期两周，有 29 个差会 126 名传教士出席，其中男性74 名，女性 52 名，代表当年在华 473 名传教士。厦门英国长老会传教士杜嘉德任大会主席。大会讨论基督教与中国传统文化、传教策略、教务建设及教会与中国社会等问题。第二次于 1890 年 5 月 7~20 日举行。有 445 名传教士出席，其中男性 233 人，女性 212 人，其中 427 人来自 35 个宗派团体，18 人为独立传教士，有 3 名中国传道人员参加会议。英国传教士李修善、美国传教士倪维思任大会执行主席。内地会创始人戴德生主领开幕式礼拜。大会讨论对中国社会认知、教务建设、对辅助传教手段认识及禁鸦片毒品等问题。第三次于 1907 年4 月 25 日至 5 月 7 日举行，同时纪念马礼逊入华传教一百周年。有 1179 人出席大会，代表 3833 名在华传教士，其中传教士代表 500 多人，来宾 604 人。美国圣公会主教郭斐蔚任大会执行主席，美国圣经会海格思致欢迎词。清政府两江总督端方莅会致辞。会议除了讨论以往问题外，中国教会和中国教牧人员及教会睦谊和联盟第一次得到特别关注。第三次大会上，传教士已产生基要派和社会福音派的分歧，在华传教运动的共识不复存在，此后再也没有举行过类似大会。会后出版《基督教在华传教士大会记录，1877 年》《基督教在华传教士大会记录，1890 年》《基督教在华传教百年大会记录，1907 年》《百年大会演说集》《基督教在华传教一百年，1807—1907 年》等重要文献，是研究基督教在华传教史的重要资料。

新教的传教方式、内容及其对信徒的影响

传教站作为传教士长期的定居点，通常包括讲道堂、教堂、学校（一个或多

个）、诊所或医院、传教士及中国同事的居室。所有这些建筑大部分可能在一处，也可能分散在一个城市的各处。传教士们的住所通常是西式的，外设围墙，还有小花园和草坪，成为中国城乡的不同景观。街头小堂（street chapel）一般位于人多且交通便利之处，是传教士或其中国助手和大众轻松聊天的地方，这种安排有利于消除教会的神秘感。教堂可能是改建后的中式建筑，也可能是西式的。为了尊重中国的传统，教堂中男女分坐两旁。宗教仪式于每晚和每个星期天举行，有些是为基督徒的，有些是为慕道友的。仪式通常包括证道、训导、祈祷及唱诗，起初所有的唱诗都是西式的。新教传教士的仪式比较简单。

从中心传教站，传教士们向周边城市和乡村巡回。与非基督徒的第一次接触有时是传教士自己，更多是由中国信徒（通常是教会雇用的人）来进行。大街上的宣讲和临时小堂的宣讲，教堂的定期宗教仪式，通过医院或诊所，或者偶尔在学校，都是接触宗教好奇者或者有兴趣者的场所。与女性的接触往往通过女性来进行。

传教士们对如何传教有不同的看法。内地会的牧师亚历克斯·桑德斯（Alex. R. Saunders）认为中国的大多数人口是农民，布道须把重点放在农村，要面向农民。对那些通过学校、医院、出版物都无法接触到的以文盲为主的农民，只有巡回布道才能深入其中。[1]

莫勒（A. E. Moulle）在中国 30 年，其传教生涯主要是巡访，几年内他走了差不多 300 个市镇和村庄。也有一部分传教士认为，新教兴办的学校和医院也是传教工场。基督徒精英大部分出自教会学校和神学院。

通常情况下，对非基督徒的教导与公开宣讲主要包括以下内容：上主是万物的创造者与维持者；人是有罪的；耶稣是上主派来将人从罪恶中拯救出来的那一位；耶稣的生活是完美的，耶稣被钉于十字架上，最后复活；人因信得救，进入永远的生命。为了让中国民众能理解与中国文化有极大差异的基督教教义，传教士纷纷编写通俗的宣教小册子。比如赫士（Watson McMillen Hayes，1857—?）编撰流传很广的《耶稣教问答》，它从超然"神"的概念开始，对中国人难以理解的"原罪""末日审判""得救永生""十条诫"都给了浅显的解释，向信徒说明了信的是什么宗教，怎样可以信教，信教对信徒的生命有什么意义，等等。这为信徒提供了最基本的基督教知识。[2] 对中国人来说最容易接受的，还是一些与中国文化高度吻合的观念，如孝顺父母、祸福报应和得救永生等，但对"原罪"与"三位一体"等说法则并不容易接受。

---

① Rev. Alex. R. Saunders, "China Inland Mission, The Problem of Reaching the Masses in China," *The Chinese Recorder and Missionary Journal*, Vol. 41, No. 3 (Mar. 1910), p. 209.

② 〔美〕赫士编《耶稣教问答》，圣教书局，1939，第 1~2 页。

大多数传教士要求对慕道友有一年或几个月的考验期，慕道友通常每周或每天学习基督教的主要信条。与天主教会相似，新教也强调一个人在生活中表现出来的品德和素质。当传教士或者本地牧师认为一个人已了解信仰的主要部分并且在当地口碑尚可时，他（她）就被施洗。当然，传教士和牧师受蒙骗的例子也时有发生。成为基督徒的中国人要脱离本地的宗教习俗，不能继续祭祀祖宗、孔子和所有传统的神祇。这使得基督徒在当地社会中成为抛弃中国传统文化的，特立独行的一个群体，在非信徒占据绝大多数的场合会感受到文化疏离的压力，有时候还会酿成与平民的冲突。

随着某地信众的增多也会形成自己的小教堂和学校。当这个团体发展到一定程度时，牧师会被派到当地，这个团体就部分或全部独立，不再依靠传教士们的经济支持。这样就形成以传教士为主的"差会"和中国人为主的"教会"，这种在华基督教运动中的二元结构。传教士每年一次或数次视察各个团体，或者举行考试，或者施洗，或者训导警诫，解决矛盾纠纷。这些信众团体就成为新传教点的起点。

背景知识 6-4　基督教青年会与中国基督教青年会

基督教青年会（Young Men's Christian Association，简称 Y.M.C.A.）于 1844 年 6 月 6 日由英国商人乔治·威廉创立于英国伦敦，希望通过坚定信仰和推动社会服务活动来改善青年人精神生活和社会文化环境，现已蓬勃发展于世界各地，约 110 个国家有青年会组织，总部设在瑞士日内瓦。青年会活动于 1851 年传到美国后，逐渐从单纯以宗教活动为号召的青年职工团体，发展成以"德、智、体、群"四育为宗旨的社会活动机构。1855 年，欧美各国青年会在巴黎举行第一次国际会议，组成"基督教青年会世界协会"（World Alliance of the Young Men's Christian Association Society）。19 世纪 80 年代，基督教青年会在中国建立并存在至今，其目标是："发扬基督精神，团结青年同志，养成完美人格，建设完美社会。""不但注意个人的灵德，而且还看重体、智、群三方面的提炼。"

学生志愿传教运动与基督教青年会

美国学生志愿传教运动的兴起给传教模式带来了新的变化。19 世纪 80 年代，美国海外传教运动扩展到教育界。1881 年，俄亥俄州奥伯林学院的学生传教团向中国派出第一名学生传教士。1885 年，福州和直隶建立了最初几个基督教青年会。基督教女青年会则于 1888 年在中国出现。1896 年 9 月，基督教青年会北美协会

（International Committee of Y. M. C. A.'s of North America）总干事穆德（John Raleigh Mott, 1865—1955）来华，他几乎访问了中国的所有高等教育机构，很快便产生了22 个学校青年会（简称"校会"）。当年在上海召开了中国基督教青年会第一届全国大会，开启中国学生立志传道运动。1900 年，基督教青年会在 8 个省中有 48 个组织。在 1901 年的全国会议上，与会代表有 3/4 是中国人。基督教青年会除在基督教学校活动，还组织了城市青年会（简称"市会"），制定了宗教、教育、社会及体育等各项活动计划。此外，青年会在官办学校中也建立了组织，他们的目标是提供人道的关怀，培养中国年青的一代。1907 年，来华百年传教大会特别决议把向青年学生传教事业委托给青年会，希望赢得中国的知识阶层。

学生志愿传教运动还注意到在美国大学迅速增长的中国留学生和留美学生青年会的传教潜能。1910 年，在纽约州罗彻斯特召开的学生志愿传教会议上，耶鲁大学学生、留美学生青年会总干事，后来成为中国青年会第一任中国籍总干事的王正廷强烈表示，中国人应对中国基督化负有更多的责任。学生志愿传教运动和青年会结合起来把社会福音传入中国。它强调国家救赎、社会救赎和群体救赎，与中国传统文化中集体利益优于个人利益具有一致性。它强调"社会服务"，弥补了中国教会素来偏重个人福音的倾向。更重要的是，它改变了传教队伍的成分，传教成员不仅是受过神学训练的传教士，更多是受过高等教育的大学生。

1909 年 3 月，山东广文学堂传教士的路思义（Henry Winters Luce, 1866—1941）认为应该在本地学生中发起奋兴运动。丁立美的布道促成了"中华学生立志传道团"的成立。1910 年 6 月，在通州协和大学华北区学生夏令营上成立了全国性的"中华基督教学生立志传道团"。学生志愿传教运动对基督教在华事业产生了重要影响。中国基督教史上的著名人物，如全绍武、李荣芳、鲍哲庆、钟可托、浦化人、赵紫宸、刘凤山等都是通过这种方式走上为教会服务的道路。[①]

中国新教教徒的增长及其与传教士的关系

这个时期新教教徒的增长最初也面临与天主教传播同样困难的社会环境。传教士把中国教徒的增长分为两种类型：一是自然增长型的，即依靠已经存在的教会，通过基督徒的后代、亲戚和教会学校培养基督徒；另一种是外向型的，是指在新的村镇开辟工作。他们认为，自然增长是一个活跃和健康发展的教会的标志，但外向型发展是教徒增长的主要原因。一些老的传教站把时间和精力都放在牧养信徒和维持教会上，有一种与外界隔离的倾向，造成教徒群体有被社会孤立的感觉。但是，在天主教传教士看来新教传教士更有传教的热情，"首先是因为他们传教士所见证

---

① 赵晓阳：《美国学生海外志愿传教运动与中华基督教学生立志传道团》，《宗教学研究》2008 年第 3 期。

CHINESE Y. M. C. A. CONFERENCE, SHANGHAI, JULY 11-19.

图 6-4 中华基督教青年会大会（上海，1908 年 7 月 11~19 日）

图片来源：《教务杂志》1908 年 8 月号。

的精神力量，其次是他们所兴办的社会事业，同时还因为他们向渴望进步的中国输入了现代特色的潮流。当天主教传教士以教义、戒律和熟背经文的模式培养其皈依者时，新教传教士则对情感经验的直接交流的方式比较有兴趣……启示向所有人发出，不分任何阶级，尤其要帮助的是遭受社会不公正待遇的人"。①

在这种传教方式下，新教信徒逐渐增长。以中国沿海省份山东为例，至 1898 年山东新教的信徒已经达到 13364 人。不仅如此，义和团运动之后，社会氛围大变。1911 年，山东的新教信徒已经达到了 21947 人。13 年之间新教信徒人数约翻了一番。19 世纪初，马礼逊和米怜曾猜测到 19 世纪末中国可能会有 1000 名基督徒，但在 1907 年时中国基督徒人数已经达到 10 万人，中国教会已经明确存在了。

在"差会—教会"的二元结构中，传教士与中国基督徒之间是有张力的。在传教士看来，中国信徒比较忠诚，有很强的管理能力，善于传道和讲故事，甚至文盲都能讲得很好，但他们认为中国基督徒缺乏合作精神，如果教会事务转到中国人手中，教会领袖和信徒都更需要和谐合作的工作能力。他们还觉得中国基督徒由于民族性格的原因，在总体上来说缺乏灵性。从逻辑上讲，中国人是实用主义的。在生活中，中国人倾向于物质主义。缺乏灵性成为教会和信徒的一种内在危险。② 中国

---

① 〔法〕沙百里：《中国基督徒史》，耿昇、郑德弟译，中国社会科学出版社，1998，第 271 页。

② "Weakness and Strength of Chinese Christians," *The Chinese Recorder and Missionary Journal*, Vol. 43, No. 1 (Jan. 1912), p. 9.

基督徒也感到传教士过分强调自己的作用，认为在教会中有能力的中国牧师应该负更多的责任。他们还认为建设中国教会的任务最终一定要由中国人来完成，如果所有差会的工作能托付给中国人的话，就能加快这一进程。

中国自立教会的萌芽

事实上，传教士也认识到他们不可能完全和永远代替中国人传教。倪维思（John Livingstone Nevius，1829—1893）就认为"中国大地之广，五万万人口之多，怎能全靠外国人遍传主道"。同时，用外国金钱来支持本地教会发展造成了本地教会的依赖性。倪维思认为"雇佣方法直接造成或间接导致一种唯利是图的精神，增加吃教者的数量"。倪维思认为中国教会应该马上自养的主张遭到了明恩溥（Arthur Henderson Smith，1845—1932）及狄考文（Calvin Wilson Mateer，1836—1908）的反对，他们认为在中国教会发展的初期应该由西方差会提供资源，否则要贫穷的教徒来负担教会发展只能归于失败。

19世纪末20世纪初，随着中国信徒人数的增长和民族意识的觉醒，在社会经济文化相对发达地区，中国传教人员开始了自主自办的尝试。广东新会的浸信会教徒陈梦南（1840—1883）于1873年组建了粤东广肇华人宣道会，这是中国基督教历史上第一个由中国人自立的教会。① 1885年，毕业于狄考文创办的文会馆的邹立文、李道辉等40余名校友成立了山东酬恩布道会，准备自立传道，但没有成功，直到1915年才正式成立山东中华基督教自立会。② 1899~1902年，天津教会三次创办自立教会三次受挫，直到1910年才正式成立天津中国基督教会。1902年，上海谢洪赍、高凤池等发起中国基督徒会。1905年，广州长老会自立会，广州救世自立浸信会分别成立。1906年1月25日，上海基督教界在红礼拜堂举行公祷会，俞国桢牧师在上海基督徒商人支持下，宣告成立中国耶稣教自立会，该会成立后得到清政府上海道台瑞澂批准立案。

尽管自立教会仅占当时全中国教会的很小部分，但仍得到较大的关注。1907年全国传教士大会上，英国长老会传教士汲约翰（John Campbell Gibson，1849—1919）在主题发言中指出，中国民族精神的觉醒在教会内外都已经达到惊人的程度，对外国的控制乃至外国影响失去耐心。大会将传教政策调整为"培养中国教会自立之心，令其能善为督理各务"，特别是母会要在宗教和行政事务上放弃控制权。但就是这次大会，500名选派代表中却没有一位是中国人。这种情况要到辛亥革命之后才有所改变。

---

① 罗伟虹主编《中国基督教（新教）史》，上海人民出版社，2014，第319~321页。
② 陶飞亚、刘天路：《基督教会与近代山东社会》，山东大学出版社，1995，第86~87页。

图 6-5　丁立美牧师与金陵大学志愿传教团的学生（1911 年 5 月 29 日）
图片来源：耶鲁大学神学院图书馆。

第三节　晚清时期的教会与官方关系

晚清时期，基督教在中国社会传播引起过许多冲突。这不仅与西方侵略中国的背景有关，也和传教运动冲击中国文化传统，以及教会与地方社会的矛盾有关。教案的发生和处理都牵涉晚清国家基督教治理中的官方与教会的关系，核心问题有两点：一是外来的基督教如何在一个非基督教传统的国家存在下去；二是失去部分主权的中国官方，在无法改变大局的情况下，如何管理享有条约权利的传教士和中国信徒。

早期的冲突

1860～1870 年，第二次鸦片战争中国战败后开始被迫全面开放传教，太平天国打着基督教旗号造反，加深了社会上对西方列强和基督教的敌意。传教士对中国的政治文化知之甚少，也不善于与中国官方交往，教会与官方关系普遍比较恶劣。这种反洋教情绪与平民和信徒利益冲突叠加在一起，教案冲突不断。据统计，这一时期各地上报到总理衙门的天主教索还教产案共有 33 起，传教士擅用官场仪制案 6 起，教民触犯传统等级制度案 7 起，命案 9 起。这些问题的接连爆发使清政府的地方治理和对外关系陷于被动，但清政府并没有什么有效办法来防范教案。直到 1867 年 10 月，清廷为准备和西方国家修订条约而征求沿江沿海 17 名总督和巡抚对传教问题的看法时，他们中多数人认为基督教是"邪教""异端"，没有一个人承认基督教对社会也有好的一面，也没有人提出应对传教运动的新建议，朝廷奉行的还是笼统的"阳为抚循，阴为化导"的策略。官员们经常采用的办法是以种种理由阻止新的教堂的建立，传教士常常因买地建堂与官员们发生争执。

不过也是在这一时期，在北京和上海的天主教一些耶稣会士比较注意缓和关系，像郎怀仁等还受到清廷的肯定。新教中有些人与官府接触较多，如曾经是伦敦会传教士的德贞（John H. Dudgeon，1837—1901）、美国长老会的丁韪良与北京高官关系良好。新教传教士通过举办教育、医疗事业和参与救灾活动等也有助于改善教会与地方社会的关系。尽管传教士在遭遇暴力反教时，会求助自己国家的驻华代表，但他们明白最有效的保护还是来自各级政府官员。为了改善官教关系，1867 年新教中文刊物《教会新报》创刊后大量报道官方保护教会的新闻。新教英文刊物《教务杂志》则呼吁每一位读者理所当然应该经常地为这个国家的皇上和大臣祈祷。1867 年9 月，《教务杂志》还刊出了介绍"中国十八省督抚"专文，以便传教士了解中国重要官员的情况。新教方面也意识到，要消除教案必须要对教徒加强约束，要防范"紊乱教规之人"利用教会或者"籍隶于教为非作歹"。① 此外，新教还通过报纸解释基督教的教义，消除社会上对教会的误解和反对。

在朝廷对教会的负面定性没有变化之前，各级官员对反教的同情还是相当普遍的。1870 年 6 月 21 日，天津有人谣传教堂贩卖残害儿童，引起民情激愤。地方官员消极作为，以及法国驻津领事的粗暴干涉，使随后爆发的群体性骚乱中有 20 余名西人毙命，结果引发重大政治危机。清政府对天主教治理的失效显而易见。对于列强驻华代表和教会来说，数十条生命和巨额财产顷刻之间化为乌有，也是触目惊心的教训。

背景知识 6-5　教案

晚清西方在华教会势力与中国官民发生的冲突事件后，经中国官方立案，独立审理或会同教会、列强外交官等议结的行政、民事及刑事案件称为教案。两次鸦片战争后，清政府退还禁教期没收的天主教教产，进而引起较多行政诉讼。民事案件则以教会租房买地案为多。刑事案件一般是突发的群体性打教事件，如扬州教案、天津教案、长江沿岸教案、福建古田教案等。列强往往出动炮舰压迫清政府答应教会的要求，也有列强利用教案达到强租中国领土港口的战略目标，如 1897 年 12 月德国利用巨野教案强租山东胶州湾 99 年。民事案件也会转变为刑事案件，如山东冠县梨园屯民教双方争执该村庙产达 30 年之久，

---

① 〔美〕林乐知：《本书院主人启》，《中国教会新报》1868 年第 5 期，第 5 页。

败诉的村民寻求当地民间结社义和拳的支持与天主教会对抗，最后打出"扶清灭洋"旗帜，成为震惊世界的义和团运动的起源之一。中日甲午战争后，社会动荡造成教案发案率上升。义和团运动之后，清政府与教会达成管控教会和民教矛盾的协议，教案数量大幅下降，至晚清末年教案只是偶发现象。

务实与合作的开端

天津教案后，朝廷终于把建立管理制度提上日程。1871 年 1 月，总理衙门向各国驻京公使递交照会，阐述了清廷管理传教八条章程，但因为完全不提保护教会的合法权益，一厢情愿地强化"官"对"教"的监管，章程在遭到各国公使拒绝后不了了之。[①] 但天津教案后朝廷越来越强调迅速和公平地处理教案，及时管控纠纷，取得一些成效。

天津教案对传教士也是当头一棒。他们普遍认为，对于民教冲突"应该尽一切可能采取一种友好的方式来进行协商和仲裁，或者直接、间接地通过中间人来解决矛盾"。李提摩太（Timothy Richard，1845—1919）认为改变教案多发的关键可归为两方面：一方面，需要教会改善与官方的关系；另一方面，通过"做善事"使中国人了解基督教，减少对教会的反感。新教的医疗事业在这一时期有较大的发展，传教士医生成功治愈了清廷高官李鸿章妻子的疾病，得到李鸿章赞扬和奖励的事情在社会上流传很广。传教士还非常重视通过兴办新式教育与官方建立合作关系，在一些官教合办的学校中对于官方强调限制传教的要求，也做出实用主义的妥协。

这一时期两教在约束教徒方面也制定了一些措施。一方面，是教会自己订立教规。如 1871 年福州美以美会教士译有例文一本，要求入教者了解教徒应遵守的规矩，特别是其中要求教徒"守国法服官长，实属尽善尽美"。另一方面，是地方官员赢得教会支持发布治理教士教民的告示。天主教方面还有官教合作发布的告示，特别对"奉教之人"列出必须遵守的入教条件，并秉承政教分离的原则，强调教会司铎"专理教内灵魂事务"，其他民事案件及与挑衅教会无关的事件，都由地方官员按律办理，神父一概不管。

中国信徒也开始撰文为"耶稣教"辩护，并尝试在"耶稣教"和儒学之间折中平衡。天主教徒黄伯禄编辑出版了以官方文献为主要内容的《正教奉传》，强调天主教在中国奉旨传教的合法性。19 世纪 90 年代，新生代传教士明确提出要重视官教在某些问题上的直接沟通。教会创办育婴堂等慈善事业容易引发谣言和教案。

---

① 《总理衙门各国大臣商办传教条款》，（清）李刚己辑录《教务纪略》卷 3 下，上海书店，1986 年影印本，第 4~11 页。

1893年，上海县令黄承暄与教会方面达成一致，育婴堂接受官方到堂查核的制度安排，后由两江总督刘坤一报告总理衙门一体仿照办理，试图将地方治理经验推广至全国。

一般来说，天津教案以后，经过20年的接触，官教之间的猜疑正在淡去，基督教会生存环境有所改善。

教会影响朝廷与官方政策的变化

1891年，长江沿岸城市系列教案爆发的原因及处理结果与天津教案的模式很相似，不同的是清廷的立场发生了重要变化。总理衙门大臣奕劻在1891年6月的奏折中肯定了"泰西之教，本是劝人为善"，清政府对基督教慈善事业等的认同受到教会方面的欢迎。1894年，慈禧太后六十大寿，新教女传教士发起向慈禧皇太后献《圣经》祝寿的活动。天主教也像新教教会一样，一再向朝廷表达忠诚。表面上，此时传教士与清廷的关系进入比较密切的阶段。

维新运动前后也许可以看成官教关系短暂的蜜月时期。一方面，与教会打了几十年交道的高官张之洞在《劝学篇》中，从国家治理之道出发，明确提出了"非攻教"主张；另一方面，光绪帝和一些改革派官员对西教，特别是新教表现出一些好感。即便是"戊戌维新"之后，官教的权力关系依然在向教会方面倾斜。1899年3月，清政府颁布了《地方官接待传教士章程》，促使地方官必须按一定级别接待传教士，以便直接在地方上了结教案，不要动辄上升到国家层面。这项政策遭到新教传教士的猛烈抨击，因为这可能导致教会方面滥用相关权力。

但这种关系非常脆弱。戊戌维新失败之后，仇视教会的保守派官员逐步控制清廷中枢权力。自中日甲午战争结束到义和团运动爆发的短短几年，特别是巨野教案后德国借此强占山东青岛，传教事业与西方列强的联系更加明显。直隶和山东地区的天主教传教士行事过于武断，这不仅导致这些地区出现群体性皈依天主教的现象，也加剧了地方性的反洋教运动。

义和团运动与基督教会

朝廷内部的政治危机直接导致了官教关系的恶化。慈禧皇太后因废立计划未得到列强支持，对外态度趋于强硬，促成其支持从山东、直隶蔓延开来的义和团反洋教运动，逐渐发展到允许义和团进北京，打击京城教会和围困西方驻京使馆，造成中外关系重大危机。1900年6月16日，八国联军借口解救使馆，进犯大沽炮台，6月21日，清廷颁布宣战上谕。7月1日，清廷下令教民能悔过自首者既往不咎，凡是教民必须向官府报告，听候处理，各国教士一律驱逐回国。在朝廷这些命令之下，各地应对不尽相同：京津和华北、东北等地官员普遍镇压教会，陕西与河南比

Reception of the Delegates of the
Christian and Missionary Alliance
Tai Yuen Fu, Shansi, Jan. 2. 1902.

Rev. J. J. Turner.　　　　Rev. S. B. Drake.

Ting Chih Hsien.　Shen Tao T'ai.　Ch'en Nieh T'ai. Rev. J. Woodberry. Mrs. Woodberry. Wu Fan T'ai.　Hu Tao T'ai. Rev. A. Sowerby. Capt. P'ang.

[See Missionary News department.]

图 6-6　山西官员接待基督教宣道会的代表（山西太原府，摄于 1902 年 1 月）
图片来源：《教务杂志》1902 年 6 月号。

较消极，另外有南方各省与有关各国订立《东南互保章程》以期维持现状。7 月 17
日，清廷转变政策，下令剿办土匪乱民，保护教士教民。8 月 2 日，下令文武不得
杀戮感悔投诚之教民。但在这一过程中教徒约 23000 人、传教士 241 人被杀。清廷
政策骤然转变后，义和团成为清军和八国联军的屠戮对象。这一事件中死伤的中国
军民难以计数，被劫掠和破坏的财产无法统计。尽管事后传教士只要求重建学校、
医院和教堂，没有为死去的传教士索要"血钱"，但《辛丑条约》巨额赔款被中国
人认为是与基督教难脱牵连的残忍勒索，义和团运动虽然有被清政府误导和落后的
一面，但本质上是爱国主义的，是对外敌长期侵略和压迫的反抗。不过，耐人寻味
的是，义和团运动之后基督教迎来迅速发展的"黄金时期"。

妥协与合作的治理

　　庚子事变对官教双方都是创巨痛深，官方与教会都希望寻得长治久安的办法。
1901 年签订的《辛丑条约》没有直接提到基督教问题，但一些地方官员与当地教会
合作讨论了如何处理传教问题。教会和官方的共识是在过去基础上协商制定管理和
保护基督教的章程。这个过程首先是从各省开始的，1902 年两广总督陶模与美法
两国签订了地方性的《广东教务章程》，由于该章程最为翔实且具有可操作性，后
来被清廷转发全国"一体奉行"。1903 年，中美签订《通商行船续订条约》，其中

图 6-7　新教在华传教百年大会上传教士与清政府代表

图片来源：香港圣公会档案馆。

的"传教条款"，除了明确表明清廷在国家层面保障传教和信教自由外，新增的许多内容体现了"衡平"的原则，第一次把对教徒教士的限制写得清清楚楚。这一"传教条款"成为随后与葡、德、意等国谈判时的模板。西方驻华官员也开始注意约束传教士不得为中国信徒事务直接与地方官交涉。所有这些都是在条约体系之内的修补，单就国家治理基督教而言，有了彼此认同的成文法则有助于减少官教纠纷。尽管晚清最后十年教案还时有发生，甚至出现南昌教案这样的命案，但基督教治理已经不再是清廷政务议程上的大问题了。

第四节　基督宗教与晚清的改良与革命

基督教与晚清的改革运动

晚清中国处于缓慢的现代化转型期。新教传教士与晚清改良运动的关系，大部分属于间接的、基础性的影响。贝德士认为传教士原本是来传教和建立教会的，但中国社会需求如此迫切，民众如此贫穷落后，令基督徒心生同情，组织起来从事教育、医疗、赈灾、反缠足、禁烟等工作和运动。容闳在澳门和香港就读的学校是基督教在中国创办的第一所教会学校。每一个大的传教站在职能上都是教育中心，通常从小学发展到学院，后来新教在中国创办的 13 所教会大学，大部分起源于这个时期。中国的女子教育、针对盲聋哑儿童的特殊教育、最早职业教育的源头都可以追溯到传教士那里。尽管到 1911 年在华教会学校的学生只有 10 万名，接触到基督教传播西学的人数在整个中国的比率极小，但是他们通过创办西式学堂，输入和传授了科举考试体制外的知识，培养了具有与传统士人不同知识结构的新知识分子。

新教特别注重通过文字出版事业介绍西方各个学科的知识。马礼逊编辑了第一本《华英词典》，此后字典、语法书、音节表和其他著作源源而来。传教士还出版了许多关于动物学、植物学、地理学、历史、人种、宗教和民间传说的著作。传教士出版机构大量印刷发行各类人文科学知识的书刊也成为传播西学的有力渠道。19 世纪 90 年代，同文书会（广学会）一些出版物的发行量达到数万册。1898 年，广学会的一份报告中说："全国各地的中国学生纷纷请求传教士教他们英语、法语、德语或一些西学。因此，传教士与各地知识阶层之间的友谊代替了憎恨与敌对……"

新教传教士还创办了中国新式医疗事业。伯驾和雒魏林等人开设新的医疗机构的举措是现代西方医学事业在华发展的开端，晚清中国最先进的西医院都是由新教教会建立的。广州女子医学院开中国之先例，传教士医生为解除中国妇女病痛带来了革命性的变化。北京协和医学院为中国医学革新提供了榜样，慈禧皇太后曾为它捐助 1 万两银子。世界上最早的医学传教士协会博医会（China Medical Missionary Association）亦诞生于中国。

还有一批传教士被清政府聘用到不同文教机构任职。美国长老会传教士丁韪良于 1869 年被清政府聘任为北京同文馆教习，1898 年出任京师大学堂总教习，影响了晚清官办学堂的发展。不仅如此，他于 1864 年翻译的《万国公法》是近代国际法学体系第一次输入中国。英国圣公会传教士傅兰雅（John Fryer, 1839—1928）自 1868 年起，被聘为上海江南制造局翻译馆译员，从事教育与介绍西学的活动，在 28 年的任期内口译各种科学著作达 113 种，向中国人介绍、宣传科学技术知识，以至被传教士们称为"传科学之教的教士"。另一位美国监理会传教士林乐知（Young John Allen, 1836—1907）于 1864 年经冯桂芬、应宝时等人推荐，受聘上海同文馆（广方言馆）英文教习，1867～1881 年再次担任此职。1868～1874 年，他先是编辑出版关注教务的《教会新报》，后于 1874 年开始创办《万国公报》（Chinese Globe Magazine），刊译了各种社会科学和自然科学知识，在近代维新派知识分子群体中影响深远。1895 年，清廷在中日甲午战争中惨败，林乐知和中国合作者蔡尔康合著《中东战纪本末》，期望中国吸取教训，以求变化而自强。

最为活跃的应该是英国浸礼会传教士李提摩太，除了鼓吹改革，与清廷高官多有来往。1890 年 7 月，他应李鸿章邀请，赴天津出任《时报》（Shin Pao）主笔，在《时报》上撰写了大量鼓吹改良的文章。在戊戌维新运动期间，李提摩太与改良派领袖康有为、梁启超等建立了良好的个人关系。李提摩太曾聘用梁启超担任他的私人中文秘书，并对其积极施加思想影响，甚至耳提面命，由梁启超执笔撰写了大量影响很大的时论文章。在反映梁启超其人思想的《饮冰室文集》中，许多热情宣传泰西政治经济制度的文章，实际上都是受到李提摩太影响而撰写的。李提摩太因此被认为是晚清来华西人中的政治家和改革家。

值得一提的是，这一时期传教士推动的西学东渐已经影响了中国知识分子，出现了如柯文所说的沿海口岸基督徒知识分子。如广东的容闳、伍廷芳、王煜初、区凤墀、何启等，上海的王韬、沈毓桂、蔡尔康、任廷旭、范祎等，他们与官方的洋务派和改良派相呼应，有的直接是一身二任，对中国社会改革运动产生了某种影响。但是，晚清在华西方传教士是通过自发的形式推动或者参与政府的现代化活动，它激发了社会上特别是知识分子和官员向西方学习和改革中国制度的愿望。不过，作为当时社会边缘群体的基督教会对晚清中国改良的影响仍然是有限的，特别是改革领袖康有为，虽然他理解基督教的社会功能，但还是认定对中国而言应该是儒家而不是基督教在起这种推动作用，梁启超也反对西方之所以进步是由于基督教这样的观点。

相较新教传教士对晚清社会改革活动的热情，天主教传教士比较消极。天主教会的一位评论家认为，天主教传教士担心自己"会造就一条有惊人力量的巨龙，一个无所顾忌和没有良知的竞争对手"。他还看到天主教来华传教的"目标不是把中国人变成法国人、英国人或者意大利人，而是基督徒。天主教传教士重视建立天主教社区，而不去接触中国的艺术、文学、传统或者人民的思想。他的天主教徒也是循规蹈矩的。但新教传教士是要来改造社会的，新教传教士带来了新的思想，造成了变化，影响了中国的艺术、文学、传统和思想"[1]。

传教士、中国基督徒与辛亥革命

晚清最后十年，反清革命的风暴愈演愈烈，在中国生活的数以千计的基督教传教士对这场革命的发生是有所察觉的。早在 1901 年，耶士谟（William Ashmore，1824—1909）即谈到基督教的布道与发行报纸杂志令学生受到革命思想的影响。孙中山也确实讲过他"提倡革命，奔走呼号，始终如一，而知革命之真理者，大半由教会得来"[2]。但总体而言，传教士希望与革命保持距离。季理斐（Donald MacGillivray，1862—1931）发表文章"警告"传教士不要成为"中国熟人的工具"，以免损害与当局的关系。1907 年，新教在华传教百年大会建议传教士必须警惕："在民族觉醒之际以免教会被用于革命目的，以免基督徒由于无知和思想混乱参与到反政府的行动中。"尽管一些传教士已经隐约意识到中国革命不可避免，但欧洲革命的经验却使一些人对革命可能造成类似法国大革命的乱局深怀恐惧。在传教士看来，清廷为

---

① Rev. Bertram Wolferstan, S. j. , *The Catholic Church in China*, *From 1860 to 1907*, pp. 272-274.

② 孙中山：《在北京基督教等六教会欢迎会的演说》，中国社会科学院近代史研究所中华民国史研究室等合编《孙中山全集》第二卷，中华书局，1982，第 446~447 页。

了应对不断深化的危机，也采取了一些改革措施即通常所说的新政，但这种调和政策很难避免革命的到来。随着局势的发展，传教士越来越多地谈论起有关革命的内容。黄花岗起义失败后不久的 1911 年 7 月，传教士已敏锐地认识到虽然"最近的一次广州革命失败了，但是它清楚地表明形势正在起变化"。

但辛亥革命毕竟是中国人的革命，中国基督徒不可避免地在这场革命中留下了深刻的印记。费正清（John King Fairbank）指出，早期革命的鼓动者正是基督徒。柯文（Paul A. Cohen）说："几乎和忽视了基督教对中国早期改革的影响一样，基督教在初期革命运动中同样占有一席之地。孙中山 1884 年在香港接受洗礼是人所共知的。他把自己一生的斗争始终与上帝的呼召和耶稣的精神联系在一起。""香港兴中会的大多数领导人，即世纪之交广州、香港地区的早期革命者的核心人物，也多是基督徒。"① 更准确地说，这批投身反清革命的基督徒大都是有文化的青年人，如陆皓东、陈少白、黄兴、谢缵泰等人，他们的爱国意识并没有因为信教而消极，反而因通过教会教育和网络了解世界大势，而痛感国家民族的落后。

不过，基督教徒并不是作为组织整体与革命发生联系的，爱国基督徒以不同形式支持反清起义。在革命爆发以前，他们以传教为掩护鼓吹革命，掩护革命者脱离危险，将教会作为革命党人的活动机关。他们还在财力上支持革命，这样的事例在广州、长沙、武昌、上海、福州及海外华侨中都有发生。两湖地区特别是武汉的黄吉亭、曹亚伯、刘静庵、殷子衡等人都是投身革命的基督徒，他们成立"日知会"利用美国圣公会背景的掩护宣传革命思想，积极组织和参加革命活动，其中刘静庵被清政府逮捕死于狱中。圣公会创办的文华书院也是宣传革命思想的园地。余日章、张纯一创作的文华学生军歌为武昌首义的新军传唱。在革命运动中，一些基督徒直接投身革命。1895 年，广州起义中基督徒革命党人是重要骨干；1900 年，惠州起义中基督徒占起义者 30%，革命党人同时策划的刺杀广东巡抚署理总督德寿的行动，从部署到实施几乎都由爱国教徒负责。陆皓东、史坚如等一批爱国基督徒在起义中为革命献身；1911 年，黄花岗起义 72 名死难烈士中 24 位是基督徒。

除了参加武装起义外，唐日安（Ryan Dunch）的研究证明了福州地区的基督徒深入和广泛地卷入了当地的社会和政治变革。有基督徒担任常驻议员的福建谘议局在 1911 年的革命中起到了重要作用。此外，基督教仪式也影响了辛亥革命后当地一系列如旗帜、歌曲等象征中国国家身份的仪式建构。②

---

① 〔美〕柯文：《在传统与现代性之间——王韬与晚清改革》，雷颐、罗检秋译，江苏人民出版社，1998，第 242 页。

② Rayn Dunch, *Fuzhou Protestants and the Making of a Modern China*, *1857 - 1927*, New Haven：Yale University Press，2001.

RECEPTION TO DR. SUN AT THE INTERNATIONAL INSTITUTE, SHANGHAI.
(Dr. Sun with rosette in coat collar.)

图 6-8　举办于上海尚贤堂的孙中山先生（佩玫瑰者）欢迎会

图片来源：《教务杂志》1912 年 6 月号。

　　尽管革命并不是基督教运动的目标，但是许多人看到了基督教对辛亥革命的影响。传教士们认为革命的到来和清廷的倾覆在一定程度上是由于种族的对抗，但更多则是"西方思想和现代政府的理论经过长期作用后爆发的体现"。他们在某种程度上把革命视作自己工作的成果，"作为几十年来不断宣传的结果，革命终于到来了。这次革命不仅是政治动荡的反映，也体现着中国人在道德上的觉醒。它一直以文明的方式进行，不管哪种形式的战争都体现了文明的精神"。传教士以播种者的口吻说道："（1911 年）最重要的一件事是我们看到了一些新的观念成功地为人们所接受。"当时中国的政治家，从孙中山、袁世凯到黎元洪等，无不认为这场革命与基督教在中国的传播有关。

结　语

　　实际上，如果在此时此刻回望半个世纪以来基督教在华传播的历程，"传递者"和"接收者"都已经发生了惊人的变化。基督教已经不再被视作"邪教"或者"异端"。传递者群体中已经有了许多分工，他们不仅传教，也在传递西方的先进文明，接收者群体也发生了分化，他们中除了是新宗教的皈依者，有些还是最早向西方文明学习的一代精英，成为中国社会近代转型的推动者。这可能已经超出了来华传教运动的初衷。当然，对基督教来说，在革命之后，中国基督教运动的"传递者"和"接收者"将迎来更大的机遇，以及更广泛的挑战。

第七章

新环境、新方向、新行动：
1912—1937 年的中国基督新教

王成勉

中华民国成立后，1912 年 3 月通过之《中华民国临时约法》明订"人民有信教之自由"。自此中国信徒得以以"国民"身份享受国家法令的保护，脱离晚清"教民"被蔑视的身份，也无虞遭受晚清官绅仇教、反教之情况。这使得中国基督徒在国家与社会上有更大地发挥空间。对于中国基督新教而言，一个新的发展阶段开始了。

第一节　教会内兴起的改革力量

新一代基督徒精英分子

20 世纪初中国社会出现了许多基督徒精英分子，在教会内外都有杰出表现。这些人大多受过良好的教育，成为教会界或社会上著名人物。他们不但改变了 19 世纪基督徒的形象，也为基督教带来了新的冲击与改变，影响到后来教会势力的发展。

在神学教育方面，常为人所称述的有贾玉铭（1880—1964）、陈崇桂（1884—1964）、赵紫宸（1888—1979）。贾玉铭毕业于山东登州（今蓬莱）的文会馆（齐鲁大学前身）及附设的神学院，曾巡回布道并在山东一带牧会。自 1915 年起，他先后在金陵神学院、华北神学院、金陵女子神学院任教并负责行政工作。后于 1936 年创办中国基督教灵修学院。陈崇桂则是基要派领袖之一，自少入教会学校读书，后毕业于武昌博文书院，曾赴美国惠顿大学（Wheaton College）留学。除了曾短期在冯玉祥军队担任牧师外，还先后在荆州神学院、湖南圣经学院负责行政与教学，抗战时则在重庆开办重庆神学院。赵紫宸少年时曾就读于东吴附中与东吴大学。1914年，他前往范德比大学（Vanderbilt University）攻读神学，3 年后取得社会学硕士和神学士学位。回国后，任职东吴大学，随后应燕京大学之聘，前往该校教授神学，并于 1928 年起继刘廷芳出任宗教学院院长。这批人的神学思想未必相同，但都长期投身神学教育、培养人才，同时著作等身，对当时与后世影响深远。

此时也出现了许多华人布道家，特别值得一提的本书第六章提及的丁立美（1871—1936）。丁立美在登州文会馆修习大学与神学。他特别注重青年学生的宣教，当"中华学生立志传道团"成立时，丁立美为第一位游行干事，足迹遍布中国的 18 个省，在各地引起轰动，常有数千人参加他的布道会而受到感动，更吸引了 1000 多人加入为团员。丁立美的口才与奋兴布道非常著名，后被与 19 世纪西方著名的传道人穆迪（Dwight Lyman Moody，1837—1899，或译慕迪）相媲美，有"中国之穆迪"（The Moody of China）之称。

更多的华人基督徒在社会上为人称道，例如长期献身基督教青年会事业的余日章、从事平民教育事业的晏阳初、创办南开大学的张伯苓、曾任中华基督教青年会全国协会总干事、后来在外交上卓有名声的王正廷等。在教会界中则有曾任燕京大学宗教学院院长，并编辑基督教诗歌本《普天颂赞》的刘廷芳、致力推动本色教会的诚静怡、投身基督徒学生运动的顾子仁、创办"耶稣家庭"的敬奠瀛等。在女基督徒里，则有投身医疗宣教的石美玉、著名的女布道家与作家蔡苏娟、曾经赴韩宣教的奋兴布道家余慈度、首位女青年会总干事丁淑静等。这些基督徒精英在社会参与的面向很广，同时能够带动教会与社会的改革，显示了基督教的新气象。

值得一提的是，上述人物，有些如赵紫宸、刘廷芳等后成为中外新教合作建制中的中流砥柱；有些如敬奠瀛、石美玉等则成为小宗派教会、独立布道团的领袖。这些团体构成了 20 世纪二三十年代中国基督教的主要形态。

新思潮的三大团体

自进入民国以后，基督徒在言论与活动的范围上都大为扩展。基督徒开始集会结社，就教会事工或是社会事务发表意见。他们往往借着组织团体和发行刊物，来陈述意见、团结同志，扩大影响。根据教会界统计，至 1914 年时，基督教界只有 25 份中英文杂志，但到 1924 年，教会刊物已达到 136 份，可以看出教会文字事业快速发展的情形。文字事业兴旺的动力即是教会界众多团体，对时代话题予以回应。当时教会界社团众多，现以非常具有特色与意义的生命社、文社、基督教青年会来做介绍。

生命社

众多社团中，生命社具有一定典型性。"生命社"是一群以北京基督徒知识分子为主组成的团体。在新文化运动和五四运动的冲击下，基督教界的知识分子反思当前的文化与国情，觉得有义务"护教与卫道"。当时以燕京大学与北京基督教青年会为主的中外人士，就筹组了"北京证道团"来讨论教会改革，后于 1924 年改名为生命社。其成员有燕京大学的教授，如校长司徒雷登（John Leighton Stuart，1876—1962）、高厚德（Howard Galt，1872—1951）、博晨光（Lucius Porter，1880—1958）、吴雷川、赵紫宸、刘廷芳等，而北京基督教青年会的成员则有柴约翰（J. L. Childs，1899—1985）、艾德敷（Dwight Edwards，1905—1986）、胡学诚、徐宝谦、吴耀宗、陈立廷等。这些人多为北京基督教界的精英，其合作反映出当时中外教会人士融洽与共谋改革的精神。

图 7-1　《真理与生命》书影
（本章作者拍摄、供图）

生命社于 1919 年 11 月发行《生命月刊》，以此来推动中国化的教会，同时就文化与社会议题加以讨论。也许是顾及成员中有外国传教士，不便论述教会与国家的问题，所以部分中国成员，如吴雷川、徐宝谦、赵紫宸、刘廷芳、胡学诚、吴耀宗、简又文等，另行在 1922 年成立真理社，次年发行《真理周刊》，针对教会与中国时局等问题发表意见。1926 年，两社觉得双方在神学观点上没有冲突，于是将两份刊物合并成《真理与生命》（见图 7-1），着眼于中国教会的发展。后来由于日本侵华，刊物于 1934 年停刊，生命社也无法继续活动。这份机关报的特别之处在于它邀稿对象皆为当时的新知识分子，不少大学教授、主流社会人士都在刊物上发表对当今基督教的看法，并驳斥对基督教侵略、资本垄断的偏见。再加上它不只谈论基督教，亦会讨论当代教育、思想，因此很快便获得知识界的赞扬与认可。特别值得注意的是，他们对自身信仰的坚定，同时愿意与当代知识分子对话。例如北京证道团成立之初，就由基督教青年会的胡学诚、徐宝谦邀约北京大学的胡适、李大钊、蔡元培、蒋梦麟等著名教授到北京卧佛寺与北京证道团讨论宗教与文化。这可能是当时第一场教会内外知识分子的文化对谈。

生命社的成立，以及其成员与立场，具有多重的意义。第一，该团体代表着教会界中外合作、中外平等的现象。这些受过良好教育的社会精英，在共同的信仰下，采取开放的态度，组成团体发行刊物，来谋求教会的改革，是上述所提的"中外新教合作建制"（Sino-foreign Protestant Establishment）的具体体现。第二，生命社反映出教会界人士对于时代变动的认识。过去基督徒往往生活或工作在自己的圈子，鲜有注意社会与国家的议题，但在五四新文化运动的冲击下，基督徒知识分子基于义务与使命要站出来为自身信仰辩护。这是宗教上的觉醒，也是教会与社会互动的积极现象。第三，生命社的组成，代表基督教界已经发展出精英分子的团体，能团结足够的人员，有实力在学术界与社会上维护基督教的信仰。第四，从《生命月刊》以迄《真理与生命》的发行，可以视作基督教本色化的努力。当时基督徒试图将基督教教义与中国文化结合，同时用中国的表达方法宣教。新一代的教会精英勇于尝试，为教会带来新的气象。

背景知识 7-1　"中外新教合作建制"

　　"中外新教合作建制"（Sino-foreign Protestant Establishment）概念由当代著名基督教学者裴士丹（Daniel H. Bays）教授提出，指 20 世纪前半期，新教发展虽仍受外国差会控制，但中国教会及华人领袖已开始成长，且中国基督徒与西方传教士为了基督教中国化这一目标而共同工作，与西方传教士不再是先前的"助手"关系，而是"同事"关系，且彼此间的合作相较 19 世纪渐多且平等。1910 年，英国爱丁堡世界宣教大会后，在华新教差会的协作意愿加强。1913 年，中华续行委办会成立后，华人信徒开始参与领导与差会联系密切的全国性基督教机构。1922 年，全国基督教大会的召开成立了中华全国基督教协进会，使"中外新教合作建制"更趋明显。1927 年，中西多宗派合一的中华基督教会成立，是当时全国最大的教会，在实践层面体现出"中外新教合作建制"的特点。华人信徒如诚静怡、余日章、刘廷芳、洪业、吴雷川、陈崇桂、吴耀宗等在原由西方传教士主导的教会或基督教机构任职，通过协进会、中华基督教会、男女青年会等实体机构发挥决策作用，实质性地推动了基督教在华发展。

文社

　　自基督教入华以来，文字事工即为传教重点之一。然而在整个 19 世纪，西方传教士长期主持笔政，致宣教文字在辞意或观念上难以引起中国读者的共鸣，更易受到中国文人的鄙视，故改善文字事工屡屡成为宣教上的议题。协进会于 1922 年成立后，次年即召开中外基督徒参与的小组会议，广泛讨论在华的文字事工。当时与会者咸认中国基督教文字必须经过本色化，否则在文字、思想上均难以达到效果，遂决议组织专责机构，由华人主其事，西人为顾问。在这一背景下，于 1924 年 2 月成立了中华基督教文字事业促进社，次年改名为中华基督教文社，一般简称为"文社"，①推时任东吴大学文理学院院长的赵紫宸为社长，另聘金陵神学院旧约教授沈嗣庄为副执行干事来襄助。文社从各地征引社员，以鼓吹演讲、举办征文、出版书籍、发行刊物、翻译神学书籍等活动来提倡本色教会，力言文字本色化之重要。由于 1925 年春得到了美国社会宗教研究社（Institute of Social and Religious Research）在经费上的大力支持，文社决定积极招收会员，发行《文社月刊》（见图 7-2），并定下"提倡能促进中国本色基督教运动之图文著作，并引起此类文字阅读之兴趣为宗旨"，从此一跃而为基督教本色化之先锋。《文社月刊》成为中国教会史上一份非常独特的刊物，全力鼓吹本色文字和本色教会思想，尤其是文社的作者们以锐利的言论、深入的见解，来广泛讨论本色教会的诸多问题，更是在中国教会史上罕见。

文社代表着教会界推动文字本色化的努力及苦心，对当时教会界的种种问题采取公开讨论的方式，率直地指出外人主持文字工作的弊病。他们直言，西人对于中国的文化与文字修养不足，教会文字创作少、译作多，与社会脱节，没有与中国文化融合，故呼吁西人将教权移交中国信徒，并提倡培养文字事工人才，谋求本色作品，将基督教精神与中国文化相调和。他们还强调开放与批判的精神，注重时代的转变与反应，以促使教会文字进步，为社会所接纳。文社的产生可视作 20 世纪 20 年代在中国民族主义的冲击下，基督教内一群少壮派的精英对时代的反应，他们的立场与文社的言论立刻吸引了教会内外人士的注意。

文社的发展非常迅速，1928 年，社员已达 300 多人，《文社月刊》的月发行量也达 2000 多份，可见其在教会界之声望与地位。唯此时因为美国方面停止经费补助，以致活动中断，主持人物他去而告终。

基督教青年会

基督教青年会是一个以青年事工为主的教会组织。1895 年在华正式成立，25 年后，已成立 174 个学校青年会（简称"校会"），31 个城市青年会（简称"市会"），会员人数达到 60500 人，广布中国各大都会，成为当时成长最迅速的教会组织之一。无论是在事工内容，还是在发展策略上，基督教青年会都有其独特之处。

青年会亦非常注意文字宣教。自 1897 年起就发行《学塾月报》，而后在 1917 年将《青年》与《进步》合并成《青年进步》月刊，发行量高达 7500 份，为青年会面向社会最主要的传播工具，从德、智、体、群来建造青年的新品格与新视野，让现代青年具有新知识、新科技与新教育的素养，广受知识界欢迎。

---

① 有关文社沉浮，参见王成勉《文社的盛衰：二〇年代基督教本色化之个案研究》，宇宙光出版社，1993。

一战时期由于协约国严重短缺人力，所以积极向外招募工人，14 万名中国劳工应募前往欧洲。因为华工多为文盲，对欧洲及其语言一无所知，故生活艰苦，还发生许多误解与冲突。当北美基督教青年会得知消息后，邀请中华基督教青年会与在北美留学的中国青年组成"华工青年会"，以青年会"德、智、体、群"的理想服务并教育华工，使其生活与士气都大为改善。其中留美青年晏阳初为华工创办的《基督教青年会驻法华工周报》（简称《华工周报》）尤其著名，其在回国后被青年会延揽来推动平民教育，成为中国平民教育之父。[①]

基督教青年会强调为整个中国谋福，造就健全的中国国民。关于这一点，不但使其避开义和团运动、辛亥革命、袁世凯与军阀统治、五四运动等各种政治冲击，也赢得了当时中央与地方政权的好感。

图 7-2　《文社月刊》书影（本章作者拍摄、供图）

第二节　合作运动

晚清以来，入华的基督教界常有合作的呼声。这一方面是由于中国幅员辽阔、人口众多，基督教界不存在竞争的问题；另一方面是当时国外来的宣教团体主要出自"敬虔主义"（Pietism）与"福音派运动"（Evangelical Movements），在教义与体制上相近，故彼此较有合作的可能。而后入华基督教的宗派与团体越来越多，由于缺少在教会力量与资源上的统合，常有浪费与无法发挥最大作用的情形，故教会界屡次寻求事工上的合作。本书第六章已经提到晚清的三次传教士大会，特别是 1907 年第三次宣教大会则决定朝向"合作，培养本土领袖，与建立中国教会"发展，并筹组"中华基督教联盟"，但这个联盟的理想还未来得及在各地落实，教会在中国的合作就被另一个世界性的计划取代。

背景知识 7-2　教会合一

进入 20 世纪，中国教会大致出现两种趋势的合一。一种是宗派内的合并，从而形成全国性的宗派教会，如中华圣公会、中华信义会、中华基督教长老会等。譬如，就圣公会而言，英、美圣公会早在 1897、1899 年第一、第二次联席

---

① 有关《华工周报》，详参李宜涯《一份海外劳工报纸的诞生——〈华工周报〉的构想、内容与意义》，《中国现代文学》2010 年第 17 期，第 199~224 页。

INTERDENOMINATIONAL INSTITUTE FOR CHRISTIAN MINISTERS, July 1936
KULING, KIANGSI

图 7-3　1936 年 7 月 8 日中华基督教传道人员进修会摄影

图片来源：《教务杂志》，1936 年 9 月号。

会议上就对教会术语翻译的统一、主教区的分割等问题进行探讨，并于 1903 年第三次联席会议上决议筹立自主的中国教会。1909 年，联席会议就如何成立总议会及通过教会宪章规例进行探讨，最终于 1912 年 4 月 26 日成立了由美国、英国、加拿大、中国安利甘人士所组成的"中华圣公会"。

　　另一种是跨国跨宗派的合并，如融合公理会、长老会等 16 个宗派的中华基督教会，但这一合并形式也引起传统教派、基要主义宗派及本土教派的抗拒。如代表传统教派的中华圣公会因自身的教制及使徒统绪的神学传统拒绝加入中华基督教会。信义宗亦未加入。代表基要主义宗派的华北长老会及代表本土教派的基督徒聚会处与基督徒会堂因担心合一会将信仰混淆以及指责现代派为不信派而拒绝加入。

中华续行委办会（1913 年）

世界宣教大会（World Missionary Conference）于 1910 年 6 月在英国爱丁堡召开，被认为是奠定基督教"普世运动"（Ecumenical Movement）的基石。大会为推动"普世运动"的理想，特别组成了"爱丁堡续行委办会"（Edinburgh Continuation Committee），在穆德的主持下调查各地宣教的方法与问题，并维持与推广教会在宣教事工上的合作。于是穆德在 1912 年 10 月至 1913 年 5 月，走访了亚洲的各主要宣教地区。

DELEGATES TO CONFERENCE ON CHURCH UNITY.
(Shanghai, January 23-24, 1935)
Standing
L. D. Cio—W. P. W. Williams—C. W. Sheppard—Y. Y. Tsu—J. W. Cline—M. H. Throop—Alfred Chow
J. G. Bird..........K. E. Zi......Y. C. Hsu—J. C. Magee......C. Lacy......John Hind—G. F. S. Gray
Sitting
T. A. Scott—T. K. Shen—Handel Lee—C. L. Boynton—T. T. Lew
F. Rawlinson...L. C. Hylbert...T. T. Yui.....T. C. Bau......R. Kepler.

图 7-4 中国基督教合一运动大会代表合照（上海，1935 年 1 月）

图片来源：《教务杂志》1935 年 2 月号。

穆德在亚洲总共召开了 21 次会议，其中 7 次在中国举办。穆德在每一次的会议中都提出宣教事工合作的建议，得到大多新教西教士与中国教会领袖的热烈响应，一起思考如何合作以发挥最大的宣教力量。与会者咸认他们正逢一个前所未有的宣教大好时机：不但中国信徒已获法律上的平等地位，许多信徒还位居政府高职，并享有良好的社会地位。与会者也都同意教会之间需要更多的合作，以及需要全面调查中国的情势与教会在中国的势力与发展。1913 年，在上海召开的全国基督教第一次大会结束之时，与会的 120 位中西代表通过决议，成立全国基督教中心机构"中华续行委办会"（以下简称"委办会"），作为联络福音事工的办公室。委办会的成立，取代了原来构想与正在推行的中华基督教联盟。

根据委办会的章程，其功能"纯粹是咨询与顾问性质，并无管理权与立法权，亦无权约束任何教堂与差会"。所成立之委办会之组成特别注意到"教堂、差会、各项基督教事业与各级职员"之代表性，也特别规定中国委员人数不可少于 1/3。1920 年，在中外会员之比例上做了调整，中国委员分配数目增加至 1/2。

委办会组织之目的有五，包括实行全国大会的决议、做中西沟通的机关、提倡通力合作的事业、发表教会的公见，以及备各教会的咨询。委办会的第一年就成立了调查、神学、布道促进、教士养成、名词统一、教会书报 6 个特委会（即"委员会"）以推动各样事工。由于教会事工的分歧，特委会往往会因时而做改变、合并、终止或增加。委办会也特别与《教务杂志》的编辑部达成协议，将杂志作为机关报。

中华续行委办会的成立及其运行的 10 年，在中国基督教史上颇具意义。第一，如委办会英文秘书罗炳生（Edwin C. Lobenstine，1872—1958）指出的，委办会的存在就是最有意义之事。当欧战正在进行之际，交战国的传教士却能够联合在一起，共谋基督教发展的最大利益。委办会的存在与其所扮演的角色就成了一个见证。第二，中国基督徒广泛地参与委办会的各种会议与特委会，显示出基督教在华发展已进入新的阶段。甚至在 1913 年全国大会时，中国基督徒与会者即占全体的 1/3（116 位应邀与会的人士中有 35 位是中国基督徒）。至 1920 年，中国委员分配数目增加至 1/2。在各个特委会中，都可以发现中国信徒的参与。虽然委办会的会长是外国传教士，但两位副会长中有一位是余日章，而最初的两位专职干事，有一位是诚静怡。这可以显示中国基督徒受到西方传教士的尊重与接纳。第三，委办会促进了教会间的合作，并且扮演了桥梁的角色，不但联络了国外差会与在中国的福音工作者，而且将不同的教会事工联系起来。可以说，委办会的风格、结构与精神，都成为日后协进会的前身。第四，起草和通过《睦谊协约宣言》（Statement on Comity）被认为是委办会的一项重大成就。西方传教士在中国传教时，为了促进合作与避免潜在的竞争，长久以来即在思考如何敦促睦谊的精神。1917 年，委办会提出《睦谊协约宣言》，获得与会会员的通过。基于这项宣言的精神，在中国的差传工作能更加紧密地合作，而委办会也更能来调解差传之间所有的误会与争端。第五，早在穆德进行中国的分区会议之时，即有人呼吁要详尽调查各宣教地区，以促进教会之间的合作并增进对中国情况的了解。委办会在此方面的重大贡献即是研究某些传教与教会的问题，并对在华基督教的发展与团体做全面的调查。调查工作于 1918~1919 年进行，最后出版了一份调查报告，名为《中华归主》（The Christian Occupation of China），是当时最好且最完全的教会势力报告书。[①]除此之外，委办会出版的中英文教会年鉴，即《中华基督教会年鉴》（见图 7-5）与 China Christian Year Book（1925 年以前名为 China Mission Year Book）亦为当时范围最广与内容最丰富的教会报道。此外，每次宣教大会的报告书，其中有各种报告与大会及特委办的讨论事项，均为在华教会发展的重要史料。

---

① 中华续行委办会调查特委会编《1901—1920 年中国基督教调查资料》，中国社会科学出版社，2007。

背景知识 7-3　《中华基督教会年鉴》

中华续行委办会成立后，其任务之一就是调查各宣教地区，以促进教会之间的合作，并增进对中国情况的了解。该委办会自1914年开始出版《中华基督教会年鉴》，自1924年第七期起由中华全国基督教协进会接替出版，至1936年共出版13期。内容系邀请各地、各宗派或各事工的专家撰写报道，同时有分析时政、转刊政府相关法令与宗派会议记录等，提供基督教各地布道事业之全景，同时往往附加统计数字。年鉴内容充实，极具史料之价值，为研究现代中国基督教发展史的重要史料。

图7-5　《中华基督教会年鉴》书影
（本章作者拍摄、供图）

"中华归主运动"（1919年）与全国基督教大会（1922年）

中华续行委办会将自己界定为一个临时委员会，为过渡时代之需，希望将来能组织一个全国的基督教机关。由于时局动荡难有适合时机召开全国大会，所以一些积极推动的中外基督徒先于1919年底在上海召开了一个小型的全国大会，有来自15个省份的117位基督教代表参加。这些代表中西各半，而且"均系与教会有切己关系，且能代表全国各大教会团体"。此次会议催生了"中华归主运动"，提出提高信徒的文化水平、实践远方布道、改良中国社会、开展全国性的布道运动等意见。同时，"中华归主运动"也反映出中国的一些基督教会领袖对教会中过多西方传教士，及对西方差会控制的情形不满。

"中华归主运动"对中华续行委办会产生了三个重要影响：第一，委办会自次年起（1920）将会员与执行委员之中国人数目从1/3增加至1/2；第二，在1920年第八次中华续行委办会全国大会时，决定在1921年召开基督教全国大会，预计由全国各教会选派代表1000人参加，中西各半；第三，决定召开以"中国教会"为主题的全国大会，后因故展延至1922年5月在上海召开。

1922年的全国基督教大会是基督教在华发展史上的重大创举，中国基督徒首次成为主要基督教大会中的多数，而且中文与英文都是大会的正式语言。中国基督徒不但在会议讨论中提出自身的观点，并且在会中承担重要角色。例如诚静怡被选为大会会长，副会长则由巴慕德（Harold Balme，1878—1953）、钟可托、毕范宇（Frank Wilson Price，1895—1974）担任。由于基督教界的广泛参与，这次会议被认为是"中国基督徒在中国第一次真正的代表性集会"。

与会代表来自中国各地及基督教界的各个团体，代表各种教会事工与各类教会意见。当时有越来越多的中国基督徒对于西人控制教会，以及教会中过分洋化的色彩感到不满。他们希望能有一个不受宗派牵连的中国教会，并切实能够朝着本色的方向发展。当"中国教会"成为大会主题时，他们认为时机已经到来。中国代表在会中表示，他们对于会造成分裂的宗派主义不感兴趣，而希望所有中国基督徒能够合一。此外，虽然过去宣教大会中旧有的议题，如福音传布、教育、医疗、文字事工等仍受到关注，但是该次全国大会强调当时中国的环境。在讨论未来教会事工时，出现了一些新的议题，例如农民生活、乡村教会、基督徒与经济及工业情况、文盲问题等。这显示教会逐渐关切中国的社会议题，这种走向在后来变得更加清晰。

中华基督教协进会（1922 年）与中华基督教会（1927 年）

全国基督教大会产生了由众多基督教团体所组成的中华基督教协进会，旨在"培养与表达在华基督教会的团契与合一，以及实现世界教会在主内为一体，并且为这项目标，提供一个联合祈祷与合作的机会"。组织规章中特别注明，在选出的 100 位教会领袖作为协进会会员中，中国基督徒必须占多数。至于协进会的功能则"仅为顾问与咨询性质"。

当协进会于 1923 年 5 月举行第一届年会时，青年会全国协会的总干事余日章被选为会长，副会长则由罗运炎与巴慕德担任。在 21 名执行委员中，中国人 12 名，西人 9 名，以上海为工作中心。4 名专职的干事则是中西各半，分别为诚静怡、罗炳生、范玉荣和霍德进（Henry Theodore Hodgkin，1877—1933）。

协进会成立了许多专题委员会来进行教会事工（见图 7-6），其功能后来被简化为五点。第一，是属灵团契的加深，即在相互谅解与合作的精神下，协助不同团体聚集起来，以得到更深的团契。第二，是传布消息的中央机构。协进会旨在将过去的调查与收集的信息，提供给各项特殊事工，以促成更全面与更深入的宣教。第三，作为研究发展与交换新观念的基地，传递与交流各种经验。第四，协进会与各教会保持密切联系，设计各种方案，促成中国基督徒对教会的参与及领导，协助本色教会之发展。第五，以协进会来显示中国教会与差会对所有重大的事件有合一的心志，致使所有教会力量在面临问题时能采取共同的立场。

晚清以来，入华各个教派逐渐体会到事工合作的需要，而中华基督教协进会代表着中国教会界合作运动的高峰。至 1927 年，成立了中外多宗派合一的中华基督教

图 7-6 中华基督教协进会 1927 年海报

图片来源：香港圣公会档案馆。

会，是当时全国最大的教会，也是合作的具体体现。中外人士在较平等的情况下彼此合作来推展教会，更是世界"普世运动"下宣教界在中国的合作。唯后来因为中国的非基督教运动、民族主义的浪潮、神学上的争议，以及不断的战争，让合作运动无法继续推展。

第三节　教会发展中的问题

从上文观之，基督教会自民国起在人数增长、教会事工与合作事业上都展现出长足的进步。但同时教会内外也都有一些不利的因素，不但影响到教势的发展，甚至直接冲击到教会，主要表现在反教风潮、收回教育权运动、教内神学争议三方面。

反教的背景与风潮

晚清以来，中国由于一再的战败、赔偿与不平等条约，国民郁积了长期的屈辱。而民国初年，国政依然没有更新，外侮也没有改善，加上中日的"二十一条"与巴黎和会的结果进一步侵犯了中国主权，终于爆发激昂的民族主义，形成 1919 年的五四运动。五四运动开辟了一条新的救国之道，就是积极提倡民主、科学和反帝救国。自此中国的思想界与学术界往往以民主和科学来探讨国事与社会环境。在民主的思潮中，民众逐渐对破坏民主政治的军阀和侵略中国的强权加以批评，在社会上形成了反帝反军阀的风气。而在科学方面，配合了实证主义的流行，也有反迷信和反宗教的说法。

在这种情形下，国外传来的基督教由于长久以来和外国政府的密切关系以及受诸多教案影响，虽然没有马上遭遇强大的批评，但所欠缺的只是攻击的导火线而已。

此时另有着更复杂的国际背景，即共产国际在国际上推动无产阶级革命，打击欧美的资本主义势力。在华迅速发展的基督教教会，被视为西方在华势力的代言人，成为共产国际批判和打击的对象。受共产国际的影响，新成立的中国共产党也开始进行宣传抨击基督教与基督教青年会的思想。1922年4月，第十一届世界基督教学生同盟会议在华召开，上海"非基督教学生同盟"发表宣言，谴责资本主义与被认为与资本主义相关的基督教，这成为非基督教运动的起点。这一宣言中的遣词用字，显示出他们深受马列主义观念的影响。在北京接着有"非宗教大同盟"的组织，从不合科学和不讲人道为出发点来谴责宗教和基督教。虽然当时有不少学界名人列名其中，但是没有什么具体的反教行动，这些对基督教的批评没过多久就消沉下去。

1925年的"五卅惨案"让反教者再次找到着力点。惨案爆发后，大学、中学校园马上陷入混乱的局面。激动的学生立即以罢课、集会和游行来表达抗议。同时，参与层面也从学生扩大到"工商学联合会"，出现了罢工、罢市的局面。在反帝爱国的浪潮下，学生们也注意到与帝国主义有关的教会及其教育机构。由于外国传教士与学校当局的反应并不能让群众满意，反教风潮更趋强烈。中国共产党领导下的全国学生联合会甚至制定了反基督教的8种具体方法，并将圣诞节前后确定为反基督教周，同时要求学生在寒暑假向农民、工人宣传反基督教思想。根据1927年的《中华基督教会年鉴》，从此时到年底，至少有300多篇反教文章，而学校风潮也多达43起。在此情况下，教会学校受到严重波及，他们饱受批评。在学潮和反基督教宣传的影响下，教会学校的学生人数持续减少。

在国共合作的背景下，共产国际的观念也对北伐产生了重要影响。故自1926年北伐正式开始，对教会之批判更加强烈。北伐军所到之处，民族主义情绪高涨，常常引发反教风潮，不时有进占教堂、破坏教产的行动，这种趋势直至1927年3月的"南京事件"达到顶点。当时北伐军攻克南京后，有部分士兵突入英美领事馆，掠夺教会与外人财产，混乱之中金陵大学的副校长文怀恩（John E. Williams，1871—1927）遇难。"南京事件"引发英美方面的强烈抗议，长江上的英美军舰还炮击南京，造成人员伤亡和财产破坏。直到4月，国民党右派"清党"，才将原本随北伐而一再扩大的反基督教运动暂时中止。

而后国民政府则与基督教关系愈趋密切。一方面，蒋介石与宋美龄在1927年12月成婚，并在1930年10月受洗成为基督徒；①另一方面，国民政府有越来越多的

①　有关蒋介石夫妇对基督教的皈依，参见王成勉《补上一页欠缺的历史：蒋介石夫妇的基督教信仰》，宇宙光出版社，2013。

基督徒进入内阁。国民党高层中的基督徒积极推进"党教合作"，反教趋势随之扭转，并使反基督教运动告一段落。自 1934 年起，国民政府推出"新生活运动"，全国开展国民教育，横跨全面抗战，教导民众礼义廉耻，提倡纪律、品德、秩序、整洁等，是基督教思想与儒家思想的混合物（见图7-7）。基督教以精神力量和社会服务团体的双重面相加入该运动，既是对"新生活运动"的补充，又能辅助争取国外的支持。此外，乡村建设运动亦是党教合作的具体体现。①共产党对基督教的态度，在 1935 年红军到达陕北后也发生转变。因着建立国际国内抗日统一战线的需要，开始视西方社会及中国社会有广泛联系的各教各派为统一战线的重要力量；且红军领袖在与宗教界、传教士的接触中，对宗教问题也有了新的经验，认识到寻求各国各阶级各社会集团共同点的重要性。中共自身在理论上对宗教的认识有了进一步的发展。因而随着中日全面战争的迫近和爆发，国共两党及基督教在新的局势下调整目标和关系，一起被吸收进民族救亡运动之中。

图 7-7　新生活运动

图片来源：香港圣公会档案馆。

背景知识 7-4　乡村建设运动

20 世纪初，美国出现了一批从事农业和乡村服务工作的新型传教士。在著名农业专家、平信徒包德裴（Kenyon L. Butterfield）的倡导下，农业成为一种新的宣教方法。来华农业传教士意识到要使"中华归主"，须使占中国人口 80% 以上的"乡村归主"，中国基督教的乡村建设运动自此开始。

---

① 参见刘家峰《中国基督教乡村建设运动研究（1907—1950）》，天津人民出版社，2008。

比较著名的例子有基督徒晏阳初持续十年的乡村实验，涉及卫生、乡村医生、乡村学校、农业技巧、农民信贷合作的改善。又如直接由基督教协进会贯彻的南京附近淳化镇设立的乡村训练机构。金陵神学院教授毕范宇带领学生参与其中。国民政府将基督教协进会的这些努力延续下去，派美国公理会传教士牧恩波（George Shepherd）去江西黎川从事乡村建设工作。

从 20 世纪年代末到全面抗战爆发，以基督教会为背景发起的乡村建设实验是全国乡村建设运动中的一支重要力量。基督教乡建运动在本质上是社会福音思潮运动的一种实践及宣教理念，使基督教认识到在中国乡村实现"中华归主"的重要性，也使农业成为一种重要的宣教方法，促进了中国教会本色化的实践历程。但基督教改革家们也遭遇到现实问题，如虽然改善平民生活在基督教语境下有益，但对当地农村精英造成威胁从而引起其反抗等。

收回教育权运动

五四新文化运动的民主和科学精神，使得学术与教育界也产生了排斥基督教的现象。民初所涌现的大量现代西学中译，使得知识界欲用科学与理性来解释、建构人类社会。无法用科学证实的宗教，遂被认为是幻象与虚构。既然认为宗教无法见容于现代科学，同时又阻碍个人智慧的自由发展，这些亟欲提高中国现代地位的知识分子，遂提出利用各种学说来取代宗教的说法。

当时特别值得注意，又对教会学校影响重大的，就是国家主义学派对于教会学校的批评，以及对教育法令的推动。当时对国家主义的提倡，主要来自少年中国学会，特别反映在该学会的机关报《醒狮周报》上。少年中国学会的领袖多在教育界工作，他们特别注意到教育在国家主义提倡上的重要性，深信教育对于国家复兴、民族强大有重大之功效，且为当时中国之所必须，故提出"国家教育权"的主张，认为基于教育为救国、建国之必须，教育工作的策划和推动当交予国家。

由于教会学校在 20 世纪开始大受欢迎，以及当时日本在东北办校强调日文与日本文化，国家主义人士深受刺激。在 1923 年初就出现从国家主义观点来抨击教会教育的文章。少年中国学会对国家主义教育和收回教育权的立场，更见于同年 10 月通过的该学会纲领第 4 条："提倡民族性的教育，以培养爱国家、保种族的精神；反对丧失民族性的教会教育及近于侵略的文化政策……"接着，少年中国学会进一步将其主张普及至全国性的教育组织。例如 1924 年 10 月于开封举行的全国教育联合会年会，就通过了两项有关收回教育权的决议：一为取缔外人在国内办理教育事业的办法；二为禁止学校内传布宗教的办法。这可以看出当时对于收回教育权的强烈气氛已经在教育界中形成。

此后由于教会学校中的风潮不断，再加上"五卅惨案"的发生，在民族主义的激化下，收回教育权的呼声日高。政治上开始回应这种诉求，首先是北京政府于 1925 年 11 月颁布《外人捐资设立学校请求认可办法》六条，内容大致为：学校需向官方注册、校名冠以私立、校长须为中国人、中国人在学校董事会应占过半数、学校不得以传布宗教为宗旨、课程照部（即教育部——作者注）定标准，宗教科目不得为必修。而后国民党在 1926 年 1 月第二次全国代表大会时，也通过了收回教育权的决定。等到国民政府奠都南京，先后发布了一系列教育法令，规定学校必须向政府立案，校长必须由中国人出任，董事会须有 2/3 以上的中国人，课程照部定标准，宗教科目不得为必修。另外对学校的组织、设备、教职员的资格都有较严格的规定。

神学争议

在华的传教士与教会，一直到 20 世纪初，都还注重教派之间的和谐与合作，力求避免对立。可是随着日后在合作运动与教势扩展中的频繁接触，"神学上"的冲突遂难避免。自由派（或称现代派、新派）一方面以批判眼光和科学精神来检讨《圣经》；另一方面则是回应时代潮流，关注社会问题。这种观点与态度和保守《圣经》传统的基要派（或称保守派、旧派）发生冲突，产生严峻的对立与论战。基要派鉴于自由派神学在华的发展，甚至于 1920 年在中国组织了"中华圣经联会"（The Bible Union of China）来表明其立场。自此，西方的差会与在中国的传教士非常注意所有的教会运动。任何大型的联合活动，都可以看到神学上的考量。

如 1922 年轰轰烈烈成立的协进会，自始就未得到传教士界全面的支持。虽然协进会在章程中特别声明："所有神道与教政等问题，均不在本会范围之列"，但是一些传教士并不满意这种模糊不清的立场。例如在筹组全国大会之时，教会界主力之一的美南浸信会（Southern Baptists Convention）即拒绝参加大会。直到 1926 年 3 月，内地会认为协进会有自由派的倾向，决定退出协进会。不久，"宣道会"（The Christian and Missionary Alliance）也决定不再参与。可以说，20 世纪的中国教会长期陷于新旧神学之争。

另外，标榜合一精神的中华基督教会，在 1927 年 10 月成立时，是融合 16 个宗派的教会，占全国信徒人口的 1/3。同时该教会采取高举基督，淡化《圣经》、组织、仪式、教义以避免纷争。虽然如此，中华基督教会依然无法避免当时教会界基要主义与新派神学之争。一方面，保守的传教士依旧批评中华基督教会神学立场含糊而不愿加入；另一方面，尽管中华基督教会强调合一与重视华人基督徒，也未能争取到本土教派人士如王明道、倪柝声等知名基督徒的参与。在神学立场与非基督教运动的夹击下，中华基督教会成立后，在会众人数成长上显得缓慢。

结　语

自 20 世纪开始的有利环境，使基督教在华进入前所未有的发展。教会不但人才辈出，而且勇于展开行动，如自立运动、本色化运动、合作运动等，都具划时代的意义，让中国基督教达到新的境地。他们的作为呼应了国家与社会的需求，也得到民众的肯定，使得教会能够快速成长。从 1900 年的 10 万名基督徒，成长到 1937 年超过 50 万名的数目，可谓中国教会史上极为重要的阶段。同时，从上述生命社、文社、基督教青年会、协进会诸案例中均可看出，这些本土新教精英赢得多数传教士的尊重、支持及参与，使中国从原本 19 世纪以宣教士为主的宣教地区，逐渐演化成为中外基督徒合作共建的阶段。

反教风潮与收回教育权运动，虽然让基督教会及其事工受到不同程度的冲击，但是对于基督教也有正面的意义。此时教会界普遍有反省的现象，他们一方面力图澄清外界的误解，另一方面则更加呼吁进行本色化，让中国基督徒在教会中有更多的参与及承担。整体来说，教会界也变得更加关心国事。至于收回教育权运动，则提醒了教会学校改革长期以来的基督教教育，不再套用西方的模式，而以更中国化与时代性的模式在校园彰显基督教的精神。至于教会内部的神学争议，虽然在抗日战争时期被暂时搁置，但是无法避免日后再度浮现。

在全面抗战以前，虽然传教士在民初时保持政教分离的立场，甚少论及政教关系的理论与实际，但华人教会却是生活在动荡的战乱之中。九一八事变日本侵华时，基督徒对于国难态度有三种主张：第一，抵抗派（包括武力主义派与非武力主义派）；第二，不抵抗派；第三，稳健派。所谓武力主义抵抗派就是把日本的暴行视为人类罪恶的表现，故基督徒以武力铲除这种罪恶自是可以的，此乃是自卫，而自卫是上帝赐予人类的特性；至于非武力主义抵抗派的原则是唯爱，基督徒不能采用武力去对付他人，故抵抗日本的方法是不合作运动。在不抵抗派方面，则是让上帝来裁决，基督徒对外应将日本暴行诉诸世界，求得公义之解决，对内则应向上帝恳切祈祷与悔改。稳健派则是不赞成武力主义抵抗派，认为非武力主义抵抗派并非救国根本之道，并指斥不抵抗主义太不负责。他们主张一方面努力以不合作运动来促醒日本，另一方面主张中国要从自立自强做起，从整顿政府到修养人格，而基督徒就是要做这种救国建设的功夫。

很快，教会中关心国事者对于教会界的无积极作为感到不耐烦。起先他们批评教会中少有效之建议，所说所喊空洞，对国际、外交无知，缺乏具体挽救国难的计划。紧接着，对试图以基督教的爱来化解冲突的唯爱主义也加以批评。中国的唯爱社起先还能在其机关报《唯爱》中坚持福音书中耶稣关于非武力的教导与实践，可是在日军不断扩大侵华的情况下，唯爱主义的精神似乎难以再说服他人，甚至动摇了唯爱社主要成员的立场。当时对于唯爱主义最大的打击，就是担任唯爱社中国分社主席的吴耀宗在 1937 年退出社团。中国基督宗教史的发展之后还要经历更多不确定与新未来并存的局面。

| 第八章 |
1912—1937 年的中国天主教

刘国鹏

　　1912~1937 年，天主教在中国的状况大体可以分为 1912~1922 年和 1922~1937 年截然有别的两个阶段。第一阶段上承民国肇造，下讫首任宗座驻华代表刚恒毅（Celso Costantini，1876—1958）抵华；第二阶段从刚恒毅入华履新到抗日战争之全面爆发，其核心事件是影响在华天主教的分水岭式运动——"本地化"运动，使天主教在华传教和发展状况出现显著变化。

　　本章第一部分讲述 1912~1922 年天主教在华的发展，包括其教育、文字、社会服务面向；第二部分则以刚恒毅入华履新为始，考察本地化运动，及诠释两次非基督教运动中在华天主教的立场及应对；第三部分阐述国民政府时期天主教在面对政府收回教育权、教产处理方面与中方的对话与调适；第四部分则尝试梳理中梵几次尝试建交议题；第五部分阐述天主教教会神学本地化及其礼仪改革。

背景知识 8-1　宗座代表

　　宗座代表（Delegazione apostolica），系天主教会派驻在与圣座（Santa Sede）尚无外交关系的国家内，在该国地方天主教会及其主教们的协助下，代表教宗处理该国天主教宗教事务的代表。宗座代表与宗座大使（Nunziatura apostolica）并称为宗座使节（Legazione pontificia），与后者同领总主教衔。不同的是，宗座大使为圣座派驻在与之有外交关系的国家或政府内，处理外交事务的代表。

第一节 1912—1922 年在华天主教

1912—1922 年在华天主教发展概况

1900~1920 年，天主教会获得了极大的发展。1912 年民国鼎革，并未打断天主教快速发展的趋势。

从修会来看，1900 年之前，在中国传教的外籍修会仅有 10 个，1900 年之后来华传教修会在数量和频率上均呈现显著增长，1900~1920 年来华传教修会新增 5 个。与此相较，传教修女团体在 1900 年之前仅有 8 个来华。1900~1920 年来华的传教女修会新增 6 个，速度远较此前为快。[①]就信徒人数而言，1900 年中国教徒有 741562 人，1910 年为 1292287 人，1921 年为 2056338 人，突破了 200 万人大关。[②]

从中外神职人员的数量来看，1900 年来华的外籍传教士为 886 人，1910 年增至 1391 人，1920 年人数略有下降，为 1364 人；与此相较，本籍传教士 1900 年的人数为 470 人，1910 年为 521 人，到了 1920 年则多达 963 人。[③]与此同时，1900 年之后，天主教逐渐重视培植本地修生和神职人员。1876 年中国神职人员不过区区 73 人，至 1910 年则增加到 548 人。1910~1920 年较之 20 世纪前 10 年，本地司铎的人数增长最快，1920 年更是增至 1306 人。这是由于一战的爆发，欧美本土的传教士被征召入伍者不在少数，就连远在中国的传教士，也多有回国参战者，因此各传教区被迫从本土教徒中大量培养修生和神职人员，以填补欧美传教士不足的现状。此外，随着 1912 年中华民国的成立，中国人渴望独立解放的情感与日俱增，天主教徒也概莫能外，其要求参与教会事务的呼声不断高涨，在此情况下，给予中国神职更多的地位、发言权和声望，增加他们的人数和权力就成为大势所趋。

1912~1922 年，来华各修会根据教廷传信部的指派，拥有各自独立的传教区域，但彼此之间"很少或根本没有什么协作关系"。各修会主导的传教区均直接听命于教廷传信部（Propaganda Fide），后者则以教宗的名义统辖天主教的传教工作。[④]

---

① 德礼贤《中国天主教传教史》一书中文译本较法文原著错讹与出入之处甚多，此处的名称和数据均以法文本为准，圣若瑟小姊妹修女会（The Little Sisters of St. Joseph），中文本标明为 1922 年来华，法文本则为 1933 年。参见〔意〕德礼贤《中国天主教传教史》，商务印书馆，1933，第 97~100 页；P. Pascla M. D' Elia, S. J., *Missions Catholiques en Chine*, *Résumé d' Histoire de l' Eglise Catholique en Chine depuis les origines jusqu' à nos jours*. Imprimerie de T' ou-Se' -We', Shanghai, 1934, pp. 50 -52.

② 〔意〕德礼贤：《中国天主教传教史》，第 89~96 页。

③ P. Pascla M. D' Elia, S. J., *Missions Catholiques en Chine*, pp. 50-58.

④ 中华续行委办会调查特委会编《1901—1920 年中国基督教调查资料（原〈中华归主〉修订版）》（下卷），中国社会科学出版社，2007，第 1258 页。

截至 1923 年，在华天主教传教区共分为 5 大传教区，54 个代牧区，由 61 位代牧和 1438 位外籍司铎主导传教工作。[①]

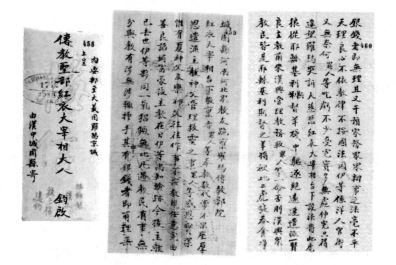

图 8-1　1918 年汉中天主教教区教徒向传信部部长状告当地外籍夏、乐二位神父之诉状

图片来源：梵蒂冈万民福音传播部历史档案馆藏 Archivio Storico "de Propaganda Fide"，1913，NS. Vol. 633，p. 460。

教育事工

与基督新教相比，天主教传教工作的重点集中在农村地区，并强调全家或全村皈依天主教，从而尝试建立完整的乡村天主教社区，也倾向于把教育活动限制在教徒子女本身。因此，在 20 世纪 20 年代以前，天主教传教区没有出现可与义和团运动以后的新教徒活动相比的教育和医学事业的大发展。[②]

天主教会将教育活动更多地限制在教徒子女当中，因此，1900~1920 年天主教在教育事业方面的发展和影响远较基督新教的成就为弱。首先，就天主教教育机构的设置而言，1920~1921 年天主教各类学校共计 5895 所，男女学生总数为144344 人。其次，在学制和课程内容上，天主教会开办的教育机构，无论学制还是课程内容，均未改变过去态度和采取重大步骤来适应中国教育部所推行的教育体制。再次，在高等教育方面，1900~1949 年天主教在华所办大学主要有震旦大学、辅仁大学和津沽大学（后改为天津工商学院）3 所。1920 年之前成立的仅有

---

① 参见杞忧《全国各教区简史》，《圣教杂志》1934 年第 1 期，第 32 页。

② 〔美〕费正清编《剑桥中华民国史：1912—1949 年》（上卷），中国社会科学出版社，1998，第 187~188 页。

震旦大学 1 所。因此，在 1920 年之前天主教在大学设立的数量和学生人数招收上与其广大的教徒人数不相匹配，也难以望其基督新教之项背。最后，尽管天主教会在高等教育方面存在着严重不足，但其对教徒的宗教教育却颇为重视和成功。每个教区均设立有天主教启蒙学校 1 所，教育对象为成年男女信徒及儿童，此类学校由神父担任灵性指导。此外，孤儿院、教会医院、教友家中也常常成为施行宗教教育的场所。①

社会服务、文字事工

天主教的社会服务工作和慈善事业既有常设性的孤儿院、养老院、教会医院等慈善机构，也有突发性、短期性的慈善与社会服务行为，如赈灾捐款等。据统计，截至 1920 年，天主教修会多强调关怀儿童的工作，全国的孤儿院数量在 150 所以上，孤儿院收容的儿童多以女孩为主，其比例高达 90% 以上，收容的孤儿总数为1700 多名。养老院的统计资料则不够完整，但在调查的 10 个省份当中，其数量则多达 37 所。此外，天主教会开办的医院共有 50~60 所。

在教会的文字出版事业方面，截至 1920 年，天主教会在中国已创办了多达 13家具有一定规模的印书馆，这些印书馆一般而言由各个修会创办，在中国的各类传教、学术和通俗性读物绝大多数出自这些印书馆。

同时，新闻媒体对于天主教传教事业的重要性不言而喻，其作用不仅可以宣扬福音、普及教理知识，而且可以辨别视听、捍卫教会形象及地位，其优长早已为传教士认同。作为教会宣教事业的一部分，截至 1920 年，天主教会在中国先后出版了 15 种报纸期刊，其中法文 9 种、中文 3 种、葡萄牙文 1 种、拉丁文 1 种、英文 1 种。②

在来华的传教士中，也涌现了不少对中国文化具有丰硕研究成果的汉学家，这其中除了向来重视学术传教的耶稣会士，也包括巴黎外方传教会等其他修会人士。③如于直隶献县教区传教的法国耶稣会士顾赛芬（Séraphin Couvreur，1835—1919）、

---

① 《天主教会之教育事业》，转引自李楚材编《帝国主义侵华教育史料——教会教育》，教育科学出版社，1987，第 24 页。

② 中华续行委办会调查特委会编《1901—1920 年中国基督教调查资料（原〈中华归主〉修订版）》（下卷），中国社会科学出版社，2007，第 1052、1068~1069 页。

③ 如巴黎外方传教会的拉玛斯（Henri Lamasse）神父曾于 1920 年出版《中国书面语新手册》（*Nouveau Manuel de langue écrite chinoise*），以及同会的吉贝尔（Lucien Gibert）神父于 1934 年出版的厚达 1040 页的巨著《满洲历史地理词典》（*Dictionnaire historique et géographique de la Mandchourie*），两书均具有相当研究水平，是具有参考价值的汉学成果，参见 Jean Charbonnier，*Histoire des Chrétiens de Chine*，Paris：Les Indes Savantes，2002，p. 242。

戴遂良（Léon Wieger，1856—1933），[1] 在上海和江南一带传教的禄是遒（Henri Doré，1859—1931）等。

通过对 1912～1922 年天主教会在华传教事业的整体考察和回顾，不难发现这一时期的天主教会在各个方面呈现欣欣向荣的景象，其规模和体量均有惊人发展，但在这一繁荣表象背后，却孕育着巨大的危机。此时的传教士，被单纯追求皈依数字和"欧化"当地文化的不正确指导思想牵引，尚未省察到传教事业早已濒临危境。他们固然也为教友服务，却也受殖民主义者习气的熏染，给自己预备了统治者的地位，不肯对本地神职一视同仁，更遑论扶植和让贤。同时，各个修会之间常常刻意引起敌意的竞争。1912～1922 年的 10 年大致可以视为稍后在华天主教会异常重要的历史进程——"本地化"时代正式演出之前的彩排。但是，由于传教方法与之前并无多大变化，"本地化"仍被外国传教士视为洪水猛兽，即便罗马教廷自上而下小试牛刀，也遭遇到基层传教士和外籍主教们的极大抵制，这一所谓的"黄金时代"不过是虚假的繁荣。对于上述弊病的纠治要等到 1919 年《夫至大》（*Maximum illud*）牧函的发布和 1922 年宗座代表刚恒毅来华之后。

传教"大宪章"：《夫至大》牧函的革命意义

1919 年 11 月 30 日，教宗本笃十五世（Pope Benedict XV，1914～1922 年在位）针对传教区所发布的《夫至大》牧函，被认为是 20 世纪有关天主教传教事务的"大宪章"。这一牧函的发表，主要是缘于一战后召开的巴黎和会对教宗的超国家的道德权威的拒斥，以及弥漫在传教士当中的日益严重的民族主义，从而促使教宗下决心以牧函的形式，宣示其在国际社会的道德权威并积极为传教区的"本地化"指明方向。

这一牧函的内容被认为在很大程度上参考了部分在华宗座代牧于 1918 年提交给传信部的传教报告，以及 1916～1917 年天津"老西开事件"的主要当事人雷鸣远（Vicent Lebbe，1877—1940）、汤作霖（Antoine Cotta，1872—1957）等人的传教备忘录，这一点从其内容的高度相似性可窥端倪。牧函明确提出了"建立本地传教区

---

① 戴遂良，法籍耶稣会士，医生、神学家和著名汉学家。1856 年出生于法国斯特拉斯堡，1881 年入耶稣会，1887 年晋铎，同年来华，首在直隶东南耶稣会修院任教，大部分时间居住在献县。早期关注医药，后致力于汉学。戴遂良一生著述丰富，共出版过 30 余册有关中国文化、道教、佛教和中国语言文字方面的著作。其知名著作如《中国佛教》（I、II 卷）（1910、1913）、《中国现代民俗》（*Le Folk-Lore Chinois Moderne*，1909）、《现代中国》（*Chine Morderne*，十册，1921—1932 年）、《中国宗教信仰及哲学观念通史》（*Histoire des croyances religieuses et opinions philosophiques en Chine depuis l' origine jusqu' a nos jours*，1917、1922、1927 法文本；1927 英译本出版，1969 纽约再版，1976 再度被译为英文出版）、《道教的天师》（*Les Pères du système Taoisme*）、《道教》[*Taoisme*（I、II），1911]等。

的目标"，虽然其覆盖范围并不限于中国传教区，但就 1840 年以降天主教再度入华直至 20 世纪 20 年代在华天主教传教事务的成就和危机来看，其对中国传教区的革命性影响，恰如著名的中国籍耶稣会士、《圣教杂志》主编的徐宗泽（1886—1947）所言："在中国圣教史上，开一新纪元。"[①]

《夫至大》牧函的核心思想共有如下六点：第一，传教区的全体负责人当尽最大努力促进各地传教区的发展壮大，并利用适当的时机创设新的传教中心和传教区；第二，本籍神职的培养方面，本地神职具有外国传教士不可替代的优点，不应仅充当后者的辅助角色，更应担负其管理和牧养本国信徒的职责；第三，传教事业不应当受到帝国主义的玷污，而应超越所有的世俗利益；第四，抨击传教区追逐物质利益胜于精神财富的弊端；第五，传教事业应辅助以文化之培养、交流；第六，强调传教士必须学习和掌握当地语言，从而亲自讲解福音要理。

《夫至大》牧函在整个天主教会内部掀起巨大波澜，由于其对传教区的弊病提出了直言不讳的批评，并对传教事业的"本地化"指明了方向。因此，其在中国的外国传教士和本国神职人员、信徒当中引起了截然相反的态度和反响，前者多采取沉默和冷漠的抵制态度，后者则备感欢欣鼓舞，如中国本土的天主教代表人物、震旦学院与复旦公学的创始人马相伯（1840—1939）率先以文言文译出牧函中文版，并广加传播。

无论如何，在近代天主教在华传教事业希望与危机并存之际，《夫至大》牧函的出台，无疑表明罗马圣座已开始自觉同殖民主义划清界限，并为教会传教事业的本地化提出了基于实践层面的迫切要求。这就为 1922 年之后在华天主教的"本地化"运动拉开了序幕，其影响可谓至深至远。

第二节　1922—1937 年在华天主教

由于此前传教路线的错误，天主教在华传教事业虽然在 20 世纪初期出现表面上繁荣的局面，但其内部的机体依然无法适应新的时代需要。首任宗座代表刚恒毅（见图 8-2）于 1922 年底来华后对教会"本地化"路线自上而下地贯彻和坚持，才使得天主教传教事业真正呈现一种破冰状态，并日渐于中国社会出现良性互动局面。这一系列做法极大推动了中国天主教会的"本地化"成效，为天主教会在中国的日后发展奠定了坚实根基，使 20 世纪二三十年代成为中国天主教会历史上一段充满活力的时期。

[①]　徐宗泽：《中国天主教传教史概论》，（上海）土山湾印书馆，1938，第 284 页。

图 8-2　1924 年在武昌召开的第一届全国主教会议筹备会议代表合影
（前排左起第 5 人为首任驻华宗座代表刚恒毅）

图片来源：梵蒂冈万民福音传播部历史档案馆藏，Archivio Storico "de Propaganda Fida"，1923，NS. Vol. 806，p. 76。

"本地化" 举措

刚恒毅的使命在于践履教宗本笃十五世（Pope Benedict XV，1914～1922 年在位）于 1919 年 11 月 30 日颁布的《夫至大》（*Maximum illud*）牧函和教宗庇护十一世（Pope Pius XI，1922～1939 年在位）《教会事件》（*Rerum Ecclesiae*）通谕的精神，以建立本地教会，培养本地神职。为此，他强调积极、灵活地推进天主教在中国 "本地化" 的进程，并采取了一系列鲜明措施，取得了一系列积极成果。

首先，首届全国主教会议的召开。1924 年，刚恒毅成功在上海召开了第一届全国主教会议。如此全国规模的中国主教会议，乃是天主教会在华传教史上之首次。按照大会《决议案》（见图 8-3），中国神职人员有资格担任教会内任何职务。这一决议为日后中国主教的遴选和祝圣工作铺平了道路。

其次，刚恒毅于 1926 年着手推举中国神职人员担任主教职务一事，并最终确定了 6 位人选：宣化教区主教赵怀义、汾阳教区主教陈国砥、台州教区主教胡若山、海门教区主教朱开敏、蠡县教区主教孙德桢和蒲圻教区主教成和德。时教宗庇护十一世为彰显中国籍主教任命的意义，特命刚恒毅带领新当选的 6 位主教候选人前往罗马，并为其亲自祝圣。

与此同时，在传教方法上，刚恒毅主张质、量并重。他的传教方法，可以说立足于教会初创时期宗徒保禄的传教原则，并在此基础上发挥、细化了前人的传教方法。比如，他不但重视利玛窦曾经强调过的、对知识分子和上层人士的传教方法，即传教的"质的方法"；也重视后来新教在中国采用的、注重针对普通民众的传教方法，即"量的方法"。同时，在"本地化"原则的指导下，刚恒毅摒弃了传教士以往有意识地在传教区移植西方文化、习俗和观念的殖民主义做法，抵制传教士当中普遍存在的"欧洲中心论"的文化傲慢，针对中国文化的特质，进行了一系列"本地化"的有益尝试。

图 8-3　1924 年第一届全国主教大会《会议公报与法令》封面
图片来源：罗马教廷传信部历史档案馆藏，Archivio Storico "de Propaganda Fide"，1924，NS. Vol. 806，p. 582。

作为宗座代表，刚恒毅自 1922 年底到达中国之后，曾屡次声明在华传教事业以不介入中国的国际国内政治为最高原则，试图传达对中国当局的尊敬，并传扬一种普世博爱的宗教。[①]与此同时，刚恒毅采取极为慎重的方式，避免卷入中国的内政外交，这一切有力消除了中国教徒和教外民众对于天主教的既有成见与误解。此外，刚恒毅还推行了一系列积极措施，试图挽救天主教会以往在传教活动中的过失，极力扭转教会在中国人民心目中的观感。

另外值得一提的是，天主教在中国的"本地化"虽说有教廷的权威性政策在先，但刚恒毅本人在此进程中表现出的灵活、机智和果敢做法，才是中国天主教会"本地化"富有成效的真正原因，并使 20 世纪二三十年代成为中国天主教会一段充

---

① Celso Costantini, *Con i missionari in Cina*（1922-1933）: *Memorie di fatti e di idée*, Vol. I, cit., Roma: Unione Missionaria del Clero in Italia, p. 233.

满活力的时期。

第一次"非基运动"与在华天主教

除了"本地化"举措，20 世纪 20 年代天主教对非基督教运动的立场与策略也是此时期值得关注探讨的议题。中国在 1922～1928 年爆发了两次大的抵制、反对基督宗教的社会思潮和运动，史称"非基运动"。这两次"非基运动"对于在华基督宗教的发展可谓影响深远。就消极层面而言，其对传教事业、教会声誉、教会财产、教会教育、教会慈善活动，以及对传教士的固有传教路线、传教活动的冲击和震荡不可谓不巨大。与此同时，其积极层面也同样引人注目，促使在华基督新教和天主教更加积极主动地贯彻本色化与本地化路线。

第一次"非基运动"源于 1922 年 4 月 4 日在清华大学举办的"世界基督教学生同盟"第十一届大会。这次"非基运动"有一个突出特征，即相较基督新教遭受的巨大冲击，天主教会多少有些置身事外和安然无恙，几乎未受到任何冲击和影响，教会层面的回应和评论显得凤毛麟角，造成这一奇怪现象的原因，恐怕有如下两点。第一，这一现象与基督教和天主教迥异的在华传教路线有关。与基督新教相比，天主教更注重受洗信徒的人数和慈善工作，而基督新教则侧重于信徒的质量、注重吸纳青年教徒，并强调发挥社会影响力。第二，国内某些学者针对史学界和宗教界长期以来有关"非基运动"组织者背景和动机的争论，进行了详尽的历史考证，从一个崭新的角度对"非基运动"的起源进行了更切合实际的解释，认为鉴于基督教青年会在中国社会的蓬勃发展和强势影响，中国共产党和基督新教争夺青年学生的竞争态势可谓在所难免。[1]因此，"非基运动"一开始就把矛头对准了基督新教而非天主教。如果我们再回头审视"非基运动"对基督新教攻击的种种理由，便不难明白基督新教在传播福音方面有别于天主教的地方，恰恰也是其遭受攻击的肇端。

第二次"非基运动"中在华天主教的应对

第二次"非基运动"相较第一次"非基运动"有着显著的不同。首先，其持续周期更长，即 1924～1928 年，而若以历史事件为节点，又可细分为三个不同的时期：1924 年夏至 1925 年五卅惨案前夕、五卅惨案期间、1926 年秋至 1927 年春的北伐战争直至"全国统一"。其次，第二次"非基运动"关注的目标并非单纯从思想

---

[1] 共产国际代表书记处成员的 C. A. 达林在 1922 年的报告中写道：基督教青年会当时在中国 30 个城市和 174 个专门的学生组织中拥有 7.2 万名会员，这些组织的 400 位领导人中有 80 名美国人，仅在 1920 年，美国花在中国青年会的经费就有 15 万美元。因此，达林得出结论说：基督教青年会"是我们很有力量的一个仇敌，也是我们要尽力去反对的一个仇敌"。参见陶飞亚《共产国际代表与中国非基督教运动》，《边缘的历史——基督教与近代中国》，上海古籍出版社，2005，第 77 页。

斗争层面排斥基督教乃至宗教，而是有其具体的政治诉求，即反对帝国主义、收回教育权和废除不平等条约等。再次，"非基运动"不可避免地走向了政治化。在列宁帝国主义理论的影响下，基督宗教不仅仅被视为资本主义的走狗，而且是帝国主义者的工具。最后，运动的中心地点也由一些重点城市向全国范围内弥散和覆盖，其范围、规模、广度和深度均非第一次"非基运动"可望其项背。

面对第二次"非基运动"三个阶段的冲击，天主教会有不同的回应。第一阶段的"非基运动"总体来说对天主教的冲击不大，加之运动爆发前夕，即1924年5月15日至6月12日天主教会于上海召开的第一届主教大会，通过了建立本地教会的决议，以摒弃传教士在中国教友面前的特权行止与意识，以免被人论断为过去备受指责的"殖民宗教"。同时，保护了中国人合法的爱国意识和行动，并明智适应对中国政治与文化处境等具有积极意义的大会《会议公报和法令》。这些举措和姿态有助于改善国人对于天主教的一贯印象，即天主教素来挟西方列强以自重和浓厚的"洋教"色彩。

在第二阶段，整个中国大地上涌动的反帝运动和民族主义浪潮，极大地震动了天主教在华外国传教士那种凌驾于中国人之上的优越感。教廷和天主教在华传教士当中的某些开明人士，针对中国此段时间内所产生的抵制基督宗教运动和批判其与帝国主义的勾结做出了积极回应。总之，虽然五卅运动之后，全国范围内掀起了针对基督新教和天主教的攻击与排斥浪潮，但是天主教会由于自上而下的表态和声明，以及驻华宗座代表对局势的巧妙应对，其所受到的冲击要远小于基督新教。不仅如此，在很多方面，天主教会还常常能和当时的政府当局保持一种密切的合作。

到了第二次"非基运动"的第三阶段，与基督新教遭受的巨大损失相比，北伐战争期间天主教会遭受的冲击在程度上要轻得多。虽然各种暴力、侮辱事件，随着北伐战事的激化时有发生，教堂和传教士驻地也常常遭到劫掠，即便如此，绝大多数的宗座代牧和传教士还是选择留在自己的传教岗位上。而在收回教育权运动方面，与当时大多数新教教会学校在"立案"问题上的对抗、抵制、讨价还价不同，天主教主办的3所大学——上海震旦大学、天津工商学院、北平辅仁大学——对北洋政府和国民政府的两次"立案"都报以相当积极、主动的态度。

总之，发生在1922~1928年的两次"非基运动"不像义和团运动那样，延续旧有的排外情绪和狭隘的民族主义，而是中国人在反对外国入侵和外国传教士对教会权力的控制方面，所发生的精神和心理层面的觉醒，其目标和宗旨是成为自己国家的主人。两次"非基运动"一方面冲击和打击了基督宗教在中国的传教事业，尤其是给基督新教的教会事工造成了很大的灾难，但是"非基运动"也有效推动和加速了基督宗教在中国的适应化和本地化过程，无论是新教的本色化，还是天主教的本地化。

相较基督新教，天主教在前后两次"非基运动"中遭受的破坏和冲击要轻微得多，第一次"非基运动"的原因正如本节开头所述，乃中国共产党与基督新教争夺青年阶层和社会影响力的一场较量；而第二次"非基运动"则因为基督新教缺乏一个类似罗马教廷之于天主教会那样的精神核心，从而可以有效地将基督新教各派的力量联合起来。

另一方面，就基督新教而言，中外教会人士之间的合作也因为教会内部民族主义情绪的抬头和本色化进程的加快产生了隔阂和分离。但是，脱离了外国差会和外国宣教师的本土教会往往缺少灵性滋养、管理经验和自养资本。而天主教则不同，当一些传教区被委托给本地神职之后，这些本地教区并不会成为一些"地方性"的组织，而是与罗马圣座——耶稣基督的在世代表和伯多禄的继任者——保持着紧密的联系。[①]

第三节　南京国民政府统治初期天主教的政治处境 及对政教关系的回应

自 1912 年民国成立，迄 1928 年国民政府完成"北伐"、重新"统一"中国。这个时期内中国一方面经历着严重的政治、经济、外交和社会危机，另一方面则孕育勃发着种种重生的阵痛。1928 年，国民政府"二次北伐"的胜利和中国形式上的统一的实现，引发了一系列的历史后果，即历经长期的动荡之后，中国方始进入一段较为稳定平缓的复原期。自此，南京国民政府的全面国家整合努力开始具有了一定的现实基础和意义，并随之在政治、经济、军事、外交、文化教育和宗教管理方面展开了一系列国家整合工程。该工程旨在对以往社会分化过程中所造成的分离倾向和现实加以调整、统筹，从而试图使整个国家形成一个具有向心力的整体。

从对基督宗教和在华外国文化、教育事业的态度来看，国民政府基于其民族主义立场，对于由西方创立并提供资金的宗教机构开始有意识地排除外国人的控制（主要表现在基督新教方面），对由外国人建立并提供资金的教育机构施行更严密的监管，而对由外国人士创办的慈善事业机构则坚决予以国有化。

由于南京国民政府在国家整合方面带来的和即将带来的变化，其合法性得到了国内外几乎所有政治和社会力量的支持和承认。起初处于观望状态的"西方列强"，开始接二连三地赶赴南京，期待与其缔结新的条约。

---

① 有关新教和天主教在组织形式上的差别对二者传教方式与结果的影响，可参见耶鲁大学教会史教授赖德烈的评述 Kenneth Scott Latourette, *A History of Christian Missions in China*, New York：The Macmillan Company，1929，p. 826。

天主教会对国家政治整合的态度和反馈："八一通电"

作为教廷驻华最高教务代表，刚恒毅敏锐地感觉到国民革命的胜利和南京国民政府为巩固政权而开展的国家整合工程，给天主教传教事业带来的划时代冲击。很显然，外国传教士在一个已稳固掌握政权，并采取强烈民族主义立场的新政府那里，地位已一落千丈。而且，考虑到以往外国公使就传教问题而采取的种种干涉和抗议给北京政府外交部制造的麻烦，南京国民政府在同列强订立新约时将会绕开这一棘手问题，并期待随着不平等条约的逐渐废除，从而一劳永逸地解决传教士问题。

考虑到国民政府对传教士问题的可能立场，刚恒毅认为对天主教在华传教事业而言，唯一的出路就是尽快成立更多的本地传教区，以免随着国民政府在外交方面的日益强势，而不断压缩外籍传教区的生长空间，甚至最终会将外国传教士扫地出门。因此，普世天主教会需要明确与新政府合作的态度，以免因国内拥护罗马教廷"本地化"路线的传教士和那些依然迷恋外交保护特权的传教士之间的对立、分歧给中国民众造成相当负面的印象。

1928 年 8 月 1 日，教宗庇护十一世给全体在华宗座代牧、神职、平信徒和中国人民发表了一份旨在承认中国国民政府的"八一通电"。[①]教宗的"八一通电"选择在一个适当的时机发表，取得了四两拨千斤的效果。教宗在中国信徒、普通民众和南京国民政府方面获得的支持和好感颇为明显。中国籍主教、神职和普通信徒尤其欣喜若狂，因为这一电文完全揭去了长期覆盖在他们身份上的耻辱印记。就在"八一通电"公布后次日，南京国民政府外交部的两位官员及时向宗座代表刚恒毅表达了对通电的满意态度。教宗的"八一通电"反映出罗马教廷从普世天主教会角度因应中国政治时局和国家整合努力的高度认同。[②]

对中国官方政治意识形态的妥协和对话

此后，在华天主教会在刚恒毅遵循的"本地化"传教原则下，试图有意识地向中国的官方政治意识形态妥协，即开始主动研究、对话和讲授"三民主义"。

1929 年，国民政府公布了各级学校教授"三民主义"的法令。从此，以"三民主义"为核心理念的党义教育成为各级学校的必修课程，这其中自然也包括天主教会开办的私立学校。刚恒毅在通读完由意籍耶稣会士德礼贤神父翻译完成的《三民主义》法文译本之后，认为其中只有极少部分与天主教的社会学说不符，因

---

① 该通电中文译本参见编者《读教皇致中国人民电有感》，《圣教杂志》1928 年第 9 期，第 385 页。

② Elisa Giunipero，"La Chiesa cattolica e la Cina. Dalla rivolta dei Boxer al Concilio Vaticano II，" in Agostino Giovagnoli（a cura di），*La Chiesa e le culture*，*Missioni cattoliche e "scontro di civiltà"*，Milano：Guerini e Associati，2005，p. 119.

此只要稍加修正即可。根据自己单方面的理解，刚恒毅认为不仅在礼仪之争禁令尚未解除之时便可以向孙中山先生的遗像敬礼，而且可以在教会学校内部讲授"三民主义"。

罗马教廷随后接受了刚恒毅就讲授"三民主义"提出的理由。由德礼贤神父翻译的《三民主义》法文本亦获得了极大的成功。为此，南京国民政府特意印刷5000册《三民主义》，并要求再将其转译为英文，以便在国际社会增加影响力。

接到罗马教廷的准允之后，耶稣会士徐宗泽神父受命负责将"三民主义"编印成教会学校的教材，并获得政府部门的批准。此外，北平教育联合会的圣五伤会中华省省会长马迪儒神父（P. Tarcisio Martina，1887—1961）也将孙中山"三民主义"学说中的社会原则和天主教会的社会原则加以比照，刊印成流行的小册子，供广大平信徒阅读。[1]

冲突与调适：教育权问题

南京国民政府"统一"中国之前，由于军阀和外国帝国主义者的深度干涉和操纵，中国在政治、经济、思想心理几乎各个层面均处于一种分裂状态。当时的天主教会很多时候更像是一个独立王国，更何况在法国保教权和其他列强的外交保护之下，它被强制性地和反常地与中国社会的其他部分隔离开来。

天主教会这一不需要政府即能够独立自存的共同体，恰恰是中国革命要打击的目标，因为它们是导致国家出现分裂混乱之物。中国政府采取严厉的手段，试图将分崩离析的社会结合在一起。[2] 为了保持社会的统一和完成国家整合，南京国民政府采取了集权主义意识形态。因此，在中国南北"统一"之后，天主教会就面临着两大棘手问题：教会教育和教会教产问题。[3] 因为这两者是此前的政府无法对天主教会进行有效干涉的独立领域。

首先是教会教育与国家教育的矛盾与协调。自"非基运动"以来，在国家主义者的极力推动下，从北洋政府到广州革命政府，及至日后的南京国民政府，全都不遗余力地试图以国家主义者的姿态，将教育权收归国有，即由国家全权控制教育的批准、考察和监管权。事实上，由国家垄断教育权无论在中国还是在西方，都是极晚近才出现的现象。

在中国，主张将教育权收归国家所有的思想，率先由国家主义者提出，其所主张的收回教育权的实施策略，均不同程度地被南、北政府和各类主张收回教会教育

---

① Il Problema della Coltura Missionari e la Cina d'Oggi, II, *Vita e Pensiero*, Giugno 1931, pp. 392-394.

② Richard Madsen, *China's Catholics, Tragedy and Hope in an Emerging Civil Society*, Berkeley, California: University of California Press, 1998, pp. 130-131.

③ Celso Costantini, *Con i missionari in Cina* (1922-1933): *Memorie di fatti e di idée*, vol. II, cit., p. 66.

权的社会团体采纳，并成为南京国民政府规范教会学校立案问题的蓝本。1929年8月，南京国民政府教育部正式颁布了《部定私立学校规程》。从此，政府有关包括教会学校在内的私立学校的管理办法以行政法令的形式正式确定下来，为国家收回教育权提供了有效的执法依据和手段。

虽然天主教会自近代以来一直在教育权方面受到世俗政府的挤压和蚕食，但其对教会教育权的申诉与争夺一直就没有间断过。最能完整体现教宗庇护十一世有关教会教育权观念的，是1929年12月31日发表的《神圣导师》(*Divini Illius Magistri*) 通谕。该通谕就国家教育和教会教育二者的共同点和差异性，以及二者的地位与次序从信仰角度进行了详细的比较。受此影响，国内坚持教会教育权的人士，从一开始就表现出强硬坚持教会教育的神圣性和优先性的立场，并利用媒体手段，释放和散布天主教会的态度和声音，试图影响和干预国家对教育权的垄断。

为贯彻落实私立高校注册立案政策，南京国民政府对立案不积极或不予配合的私立高校采取了惩罚措施，未按规定立案的坚决停办。其中最轰动的，当属1928年遭停办的杭州之江大学。[①]

1930年8月，为保证取缔工作的规范化与制度化，南京国民政府正式制定了《私立大学、专科学校取缔办法》。在强制立案措施的刺激下，包括教会学校在内的私立高校纷纷予以积极配合。全面抗战爆发前后两年，国内大多数私立高校均已注册立案，被纳入国家教育行政体系。

1931年8月，国民政府教育部颁布1409号令，准予辅仁大学以"私立北平辅仁大学"之名立案。1932年12月，国民政府教育部正式批准震旦大学立案。而天津工商大学因所设系科数量未达"大学"标准，于1933年夏在教育部注册时易名为"私立天津工商学院"。至此，3所天主教私立高校全部完成学校注册问题，而国家教育和教会教育之间一度的争执和较量最终以教会教育被整合进国家教育而告终，这也是天主教在中国"本地化"不得不面对的现实挑战。

背景知识8-2 法国保教权

在教会历史上，"保教权"最初出现于5世纪，由于当时天主教会常常号召天主教信徒帮助建立教堂及其他宗教设施，而作为回报他们也常常得到教会赐予的种种特权，如有权指定当地的主教、教区神父或任命修道院院长等。

法国之庇代葡萄牙而享有保护在华天主教会权利的特殊地位，盖自如下几个条约逐步"窃据"和扩大：1844年中法《黄浦条约》(*Le Traité de Huangpu*)、

[①] 参见《之江大学停办》，李楚材编《帝国主义侵华教育史资料——教会教育》，教育科学出版社，1987，第610~611页。

1858 年中法《天津条约》（*Le Traité de Tianjin*）、1860 年中法《北京条约》（*La Première Convention de Pékin*）、1865 年的《柏尔德密协议》（*La Convention Berthémy*）、1895 年中法之间签订的《吉拉德附加条款》（*Addition Gérard*）、1899 年总理衙门制定的地方官接待传教士的《地方官接待教士事宜条款》。此外，罗马教廷也于 1888 年 5 月 22 日正式承认了法国在华保教权（*Le protectorat religieux de la France en Chine*）。是日，罗马教廷传信部对全体在华的外籍传教士发布一张通函，声明无论其国籍，皆须向法国而非其他国家领取护照。

由此可见，法国的保教权既有来自中法之间外交条约的保障，也有罗马教廷的授权，有其在来源上的双重性。也正因如此，法国保教权具有多重关涉，既关涉罗马教廷，也关涉中国，其范围既包括外籍传教士，也包括中国信徒。

历史上，法国保教权于二战期间的 1942 年 6 月，中梵双方的直接建交宣告正式废止。

教产问题及天主教会对之的"本地化"举措

较之教会教育问题，教会教产问题的处理显然更为复杂，因其不仅牵涉天主教会和南京国民政府之间的利益和矛盾，也涉及法国的利益和法国保教权的适用范围。

1928 年 7 月 12 日，当南京国民政府外交部颁布《内地外国教会租用土地房屋暂行章程》，决意作为新政府改订新约运动的配套法案对包括天主教会在内的外国教会就租用土地房屋一事施行控制和管理时，引起了法国方面的极度不安。

这一新出台的法令直接关系到传教区教产的命运。截至 1928 年，中国教会共有77 个传教区，除 6 个本籍传教区，剩余的 71 个传教区均在该法令的冲击之列。有鉴于此，9 月初刚恒毅以驻华宗座代表的名义就新的土地征收法令向南京国民政府提出抗议。10 月 27 日，南京国民政府外交部就宗座代表的抗议进行了答复，内中称：制定《内地外国教会租用土地房屋暂行章程》之目的在于联合一切手段对于传教区之教产予以普查登记，以利保护。

1929 年 1 月 11 日，刚恒毅只身前往南京国民政府，交涉有关传教区教产的权益问题。[①] 刚恒毅与外交部长王正廷的会晤虽然被证明极富成果，但是由于法国政府的阻挠，罗马教廷一直未能就教会教产问题和南京国民政府签订相关协议。截至1929 年底，在华天主教会尚有 3/4 的传教区为外国传教士掌控，而本地传教区仅占1/4 左右。因此，1928 年 7 月 12 日由南京国民政府外交部通过的《内地外国教会租

---

① Celso Costantini a Conte de Martel, N. 29/29, Pekin, le 11Janvier, 1929, AA. EE. SS., Cina-Giappone, pos. 34 Fasc. 49., f. n. n.

用土地房屋暂行章程》对天主教会的限制可想而知。

鉴于法国保教权对解决教会教产问题的限制,以及中国和教廷在 1929 年建交尝试的失败,由驻华宗座代表出面解决教会教产问题显然已难以奏效。因此,通过具有良好政府资源和雄厚社会资本的中国教会代表人物出面解决教会教产问题则显得尤为必要。

1931 年 6 月,中国知名企业家、慈善家、天主教人士陆伯鸿,以上海公教进行会主席的身份致函南京国民政府外交部长,以"法律无追溯效力"的原则和 1929 年王正廷在会见宗座代表刚恒毅时的口头承诺为理由,请求后者就《内地外国教会租用土地房屋暂行章程》第五条予以明确解释,以平息各地政府官员在处理教会教产时所引起的争执。外交部长王正廷在复函中,承认各省对暂行章程第五条存在错误解释,并再次申明该暂行章程仅适用于章程颁布之后教会所获得的教产情况。陆伯鸿和王正廷两人的往来信件被天主教各大报纸广泛转载,并被视为天主教会处理教产的成功之举。当初法国驻华外交代表、驻华宗座代表和国民政府三方就此事所形成的长期争执,就这样轻而易举地通过一名中国教徒的出面而解决了。

同陆伯鸿和南京国民政府交涉所取得的成功相似,1931 年 5 月,河北省国民会议代表刘守荣,连同河北省国民会议代表赵恩庆、四川省国民会议代表朱显祯等人就"保障宗教教育及宗教团体财产以利民族文化之发展"向国民会议联合提案,目的是襄助临时宪法第 11 条有关宗教自由条款的顺利通过,该提案据悉在国民会议中争得部分代表赞同,为天主教会争取到相当大的权利。

无论如何,这两大事件均引起了天主教人士的极大关注,并给部分传教士以极大启发,即在外交保护主义变得寸步难行的时候,由中国教友或本地神职依靠中国法律寻求对合法利益的保护将成为一条新的路径。[①]

蔡宁总主教时代

1933 年,第一任驻华宗座代表刚恒毅因病归国后,第二任宗座代表蔡宁总主教(Mario Zanin,1933~1945 年在任)于 1934 年抵华接替,后续的本地化进程虽因全面抗日战争而中断,但是"本地化"的趋势已无可避免,其所奠定的基础也日益发挥积极作用。

就教区数量而言,1920 年全国共有 65 个传教区,到了 1933 年则猛增至 120 个,至 1937 年更增加至 129 个。[②] 就传教士数量而言,1920 年为 1951 名,其中外国传教士 1417 名,本地神职 534 名;到 1936 年则分别增加至 2717 名和 1835 名,共计 4552 名。

---

① Antoniuti al Card. Eugenio Pacelli, N. 669/31, Oggetto: Situazione Politica della Cina e Stato delle Missioni, Pekini, 8 agosto 1931, AA. EE. SS., Cina-Giappone, Pos. 29, Fasc. 43, f. n. n.

② 徐宗泽:《中国天主教传教史概论》,上海书店出版社,2010,第 171~181 页。

就信徒人数而言，1921 年为 205 万人，1937 年增至近 300 万人。本土主教由绝无仅有增加至 1936 年的 23 名，其中本地宗座代牧 13 名，本地宗座监牧 10 名。

从教会开展的社会活动来看，截至 1934 年，全国共有孤儿院 432 所，医院和安老院有 266 所，施医所共 74 所。教育事业也同样斐然可观，全国共有 3 所大学——北平辅仁大学、天津工商学院和上海震旦大学。全国男子中学有 55 所，女子中学 47 所。男高级小学 289 所，女高级小学 158 所。男初级小学 2545 所，女初级小学 885 所。幼儿园（蒙学校）10464 所。

在出版事业上，全国共有报纸杂志 30 种左右，印刷所增至 16 所，工作所 40 所左右。

从如上感性数字不难看出，该阶段传教区的局面大为改观，天主教会在中国的"本地化"可谓迈入正轨。上述传教成绩的取得，源于在传教活动中对于"本地化"精神的贯彻，以及罗马教廷的指示，尤其是与两任宗座代表的灵活有力的践行有关。

第四节　梵蒂冈与北洋政府、南京政府的建交尝试

北洋政府和梵蒂冈双方曾经在 1918 年有过建交的尝试。此后，刚恒毅遵照教廷的指示，一直设法在中国政府和教廷之间建立直接的外交关系，打破法国保教权的掣肘，积极寻求中梵在外交上的突破。1926 年的中梵秘密教约、1929 年的建交尝试，虽然都因法国方面的反对和干涉功亏一篑，但从中可看出罗马圣座试图与中国外交关系正常化，并积极推动在华天主教会本地化的努力。

第一次世界大战期间的建交尝试

历史上，在 1886 年中梵双方建交功亏一篑之后，教廷方面并未完全放弃希望。第一次世界大战期间，中国北洋政府借法国参战无暇他顾之际，试图与罗马教廷进行第二次建交尝试。

1917 年，北洋政府训令中国驻意大利公使馆和教廷接洽通使事宜。为不惊动法国方面，中国公使不直接与教廷国务院进行交涉，而是通过摩纳哥代表处这一中间环节。1918 年 7 月 12 日，罗马教廷方面指定白莱里主教（Giuseppe Petrelli，1873—1962）为驻北京公使（Nunzio）。同年 7 月 17 日，中国方面也做出了积极回应，中国驻西班牙兼葡萄牙公使戴陈霖被任命为驻教廷全权公使（Ministro plenipotenziario），并同时兼任驻西班牙、葡萄牙两国公使。[1]

---

① 〔意〕乔凡诺里：《本笃十五世任教宗时期罗马教廷与中国的外交关系》，《近代中国》第六辑，第 7、12 页。

但是，法国方面在获知此事后却出人意料地做出了激烈反应。由于新任外交部长为长期担任驻华公使的毕盛（Stephen Pichon，1857—1933），而后者坚信教廷公使的派驻一定会有损法国对华保教权，基于这一立场，毕盛强烈反对派驻教廷公使一事。

由于当时法国和罗马圣座方面尚处于断交状态，法国缺少对教廷施压的真正有效手段。法国转而向中国方面施加压力，声称即将派驻中国的教廷公使白莱里主教有亲德嫌疑，此举势必破坏中国与其他协约国的关系。于是，就在戴陈霖被任命为驻教廷全权公使不久，摩纳哥亲王卡贝罗（Capello）伯爵转给教廷国务院一封中国政府发给驻意大利公使的电报，内称白莱里主教有亲近轴心国的思想，其任命势必对中国与其他协约国的关系造成伤害。教廷国务院接电后迅速回复说，有关白莱里主教的传闻并无实据，而按照国际惯例，教廷可收回成命，改由比萨尼主教（Pietro Pisani，1871—1960）出任教廷驻华公使一职。但是，中国方面始终未给予答复。[①]

1926 年《中梵教约》的秘密制定

中梵双方以往两次失败的建交尝试，反映出天主教会在中国"腹背受敌"的处境，既和法国保持离心状态，不甘心被利用；又对中国的时局抱有畏惧和疑惑心理，担心有朝一日中国强大起来之后又被排斥和遗弃。正是在这种情况下，刚恒毅自1922 年担任教廷驻华宗座代表起，就坚定而灵活地推行教廷本地化的指示，建立本籍传教区，祝圣本地主教，为本地圣统制的最终建立铺平道路，试图减弱和消除长期以来笼罩在天主教会和传教士头上的仇恨气氛。

1926 年 6 月 16 日，驻华宗座代表在发给国务院特别教务部的报告中，附有一份以法文拟就的《中梵教约草案》（*Projet de Convention entre S. Siege et La Chine*）。"教约"共由 21 条组成，其内容仅涉及中国本地神职人员，从而尽量避免与法国保教权发生冲突。[②]刚恒毅力主中国和圣座之间签订《中梵教约》的计划和提议，既是一个大胆的尝试，也是一着险棋。

首先，《中梵教约》体现出对中国主权的尊重，将对国籍司铎和教友的宗教自由保护之权由法国保教权转移到中国法律之下，归位到正常状态。其次，鉴于当时的时代背景，中国国内第二次"非基运动"风起云涌，"收回教会教育权"、指责"教会为帝国主义走狗"的爱国主义运动都在威胁天主教会在华的传教活动；同时，对于废除不平等条约的社会呼声和政治努力，则又为教会摆脱法国保教权，洗刷自

---

① La Relazione della S. Congregazione degli Affari Ecclesiastici Straordinari sulla China，Trattative per stabilire le relattive diplomatiche，AA. EE. SS.，pos. 42，Fasc. 57，novembre 1937，f. 82r.

② 参见宗座代表刚恒毅给特别教务部的 N. 291/26 号报告，AA. EE. SS.，Cina-Giappone，Pos 4，20 P. O.，Fasc. 30，f. n. n。

己和列强的殖民主义、帝国主义活动的瓜葛提供了良机。最后，将会使天主教会的本地化事业迈上正轨，从而减少中国人在心理上的抵触情绪和怨恨心理，为日后成立本地圣统制铺平道路。

中国方面对 1926 年同时进行的两件大事——首批 6 位中国主教在罗马的祝圣活动和就《中梵教约》一事进行秘密谈判反应积极，当时的北洋政府外交部长有意派驻瑞士伯尔尼公使陆徵祥（1871—1949）担任中国代表，利用前往罗马参加 6 位国籍主教祝圣礼的机会，与教廷商谈通约事宜。但在这一历史性机遇的最后关头，教廷方面率先退缩了，也许是出于确保首批 6 位中国主教在罗马祝圣活动的顺利进行，担心走漏风声而功亏一篑。教廷谨慎考虑，反复权衡后拒绝了陆徵祥公使的列席。

背景知识 8-3　圣统制

圣统制，亦称天主教会圣统制（Catholic Church Hierarchy）。就教会论神学层面而言，圣统制系指教会的“神圣秩序”，即基督的奥体；就教会法和普遍的用法而言，圣统制则指天主教会内部的圣职（ministry）等级：主教、司铎、执事，其中主教扮演权威的角色，而司铎、执事则以助理、协作者和辅助者的角色辅佐主教。有时，圣统制则仅指教会正式的训导团体——主教们。

1929 年的建交尝试

南京国民政府建立之后，放弃了此前国民革命运动的基本内容之一——“打倒帝国主义”，而将重点放在“取消不平等条约”上，但其具体做法并非对不平等条约予以全然废除，而是继承了北京政府的“修约”外交，发起改订新约运动，企图通过与列强国家和平谈判，达到废除旧约、另立新约的外交目的。

作为上述改订新约运动的配套法案，1928 年 7 月 12 日，国民政府外交部颁布了《内地外国教会租用土地房屋暂行章程》。由于这一新出台的法令直接关系到传教区教产的命运，1929 年 1 月 11 日，刚恒毅前往南京国民政府，交涉有关传教区教产的权益问题。1 月 14 日，刚恒毅在上海正式会晤王正廷。从刚恒毅 1929 年 1 月 14 日发给教廷的密电内容来看，是南京方面主动提出和圣座建立友好关系，建议驻华宗座代表以递交国书（credenziale）的方式同中国处理所有传教事宜，其目的乃是不动声色地废除保教权。双方交涉的内容涉及修院、教会教育、教产及其他事项。

在王正廷的周密安排下，1929 年 1 月 22 日，刚恒毅在时任上海助理主教惠济良（Auguste Haouisée, S.J., 1877—1948）等人的陪同下受到了蒋介石的接见。1 月 28 日晚，王正廷在与刚恒毅的会谈中再次提出希望能就传教事务与教廷签订协议。不久，王正廷向宗座代表提交了一份日后和教廷谈判的协议大纲。就协议大纲内容来看，这一协议为带有外交性质的《政教协定》，其范围已超越单纯的宗教事务。可见，此次中梵之间的协议不仅谋求将华籍神职人员和信徒纳入中国法律的保护，还谋求梵蒂冈和中国政府建立直接外交关系。但是此次草案尚未及时详细磋商，却因消息不慎走漏而遭到法国方面的强力干预。在法国的压力和掣肘下，刚恒毅和王正廷最后不得不一致同意就教廷和中国之间的谈判暂时搁浅，以待来日。[1]

1929 年中梵的建交尝试再次说明：虽然法国保教权作为不平等条约的产物已然过时，而且法国自己也提出要和中国政府共同制定新的条约以替换原有的旧约，但是对于保教权一项，其始终不肯让教廷插足，并始终坚持利用教会来捍卫自己在中国的利益。

第五节　民国时期在华天主教神学本地化与礼仪革新

"本地化"的传教策略从教会初创时期，即成为传教工作的根本性原则。因此，建立本地教会，以及以"本地化"的传教方法在神学、教会礼仪方面寻求本地表达，恰恰反映了基督宗教的真实本质。曾先后于四川建昌和广东广州担任宗座代牧，1919 年担任宗座教务巡阅使的光若翰（Jean-Baptiste Marie Budes de Guébriant，1860—1935）和比利时籍著名神父雷鸣远是在华"本地化"运动方面的先驱者和积极推动者。但这样的人极少，直到 20 世纪 20 年代初，绝大部分在华传教士仍顽固坚持西方文化优越论和其对基督宗教专属权的保守心理。如上所述，"本地化"运动的全面开启，要等到 1919 年《夫至大》牧函发表之后，尤其是第一任驻华宗座代表成功就任后，才在培育本地神职人员，尤其是本地主教方面，以及神学思想与宗教礼仪方面进行了有益尝试，并取得了积极成果。

本地人才培育及本地教区的建立

有关教会本地人才培育的迫切性，早在 1912 年民国肇造之初，就曾有知名爱国天主教人士马相伯和《大公报》创始人英敛之（1867—1926）联署上书罗马教廷传信部，请求在华创办一所天主教大学，以补救天主教在华高等教育的缺失和匮乏。1917 年，英敛之更亲自撰写《劝学罪言》，对当时中国传教区普遍存在的不重视，或故意排斥平信徒文化培育的蒙昧主义和帝国主义做法提出批评，并痛斥修院教育忽视国学，导致本土神职人员因国学功底不足而广受教会内外人士之冷遇。

---

[1]　Celso Costantini，*Con i missionari in Cina*（*1922-1933*）：*Memorie di fatti e di idée*，Vol. II，p. 84.

有鉴于此，刚恒毅抵达中国后，就积极筹备在北京设立天主教大学。1922 年，罗马教廷传信部指示美国本笃会具体负责筹建北京天主教大学一事。1925 年 2 月，由罗马教廷传信部任命的大学监督、美国本笃会圣文森会院总院长斯泰来（Aurelius Stehle）协同校长、美国本笃会神父奥图尔博士（O'Toole）在北京与英敛之商议创办大学的具体事宜，并决定将北京天主教大学正式定名为"辅仁大学"，这一名称当与英敛之在 1913 年于香山创办的"辅仁社"有关。1926 年 9 月，斯泰来遵照发起人英敛之的遗愿，聘请著名学者陈垣担任大学副校长，并制定《董事会章程》，成立由 15 人组成的董事会，其中中国籍董事 8 名，宗座代表刚恒毅总主教亲兼第一任董事长。1927 年夏，大学本科开始招生，首先开办了文科院系，1929 年 6 月增设理学、教育学两个学院，三个学院共分为 11 个系，并附设医学预科和美术专科。[1]

除了积极在华筹备、设立天主教大学，以为教会培育人才，在华天主教会还积极选拔教会内优秀的神职人员前往罗马或欧洲各国进行深造，以培养教会的中坚和骨干力量。

从 1923 年起，驻华宗座代表刚恒毅就积极选拔中国传教区的优秀本土修生，前往乌尔班宗座学院学习和深造。通过对 1923～1931 年前往乌尔班宗座学院的中国修生进行统计和分析，可以看出获选派的中国修生与其他各国传教区前往深造的人数相比数量最多，且人数呈逐年递增现象。尤其值得一提的是，这些修生中涌现出一大批日后中国天主教会的精英人才，著名的如于斌、罗光、范学淹、杜宝缙等。而日后"本地化"能够在中国大地上开花结果，实则离不开当初对于本地人才的培养。

除积极筹办天主教大学、选送本地修生前往海外深造，同一时期，在华天主教会的本地化举措还包括积极深化本地传教区的筹建与本地主教的遴选、祝圣。继 1926 年第一批 6 位本地主教被祝圣后，一些关键的传教区，尤其是 1928 年之后作为首善之区的南京所在的南京传教区之委托于本地神职，可谓一引起中外瞩目的典型事件。

早在 1927 年，宗座代表刚恒毅就曾根据天主教会的"本地化"精神，建议罗马教廷传信部将隶属南京代牧区的上海浦东地区划归中国神职人员管理。迨至 1929 年，时南京代牧区助理代牧惠济良向罗马教廷传信部建议将南京代牧区一分为二，新成立南京本土代牧区，后者划归本土神职人员管理。1931 年，刚恒毅认真考察完惠济良 1929 年的新建议后，表示认同，从而放弃之前成立浦东本土代牧区的提议。

在新的南京本土代牧的人选中，1933 年曾经过前后两轮推荐，最终第二轮的候选人之一、国籍耶稣会士徐宗泽受到青睐。徐宗泽为徐光启的第十二代孙，1923 年起担任《教务杂志》主编，同时兼任徐家汇藏书楼中文部主任。在徐宗泽任职徐家

汇藏书楼期间，曾致力于广泛搜集全国各地地方志，一时蔚为全国之冠。1932 年，继上海的东方图书馆毁于"一二八"之役后，徐家汇藏书楼便跻身上海第一大图书馆，[①] 这一切都与徐宗泽的努力不无关系。

不过值得注意的是，徐宗泽并不是第二轮三位候选人中得票最高的一位，恰恰相反，他得到的票数最低，却是驻华宗座代表刚恒毅最为称许的一位。后者在给罗马教廷传信部的意见中毫不掩饰对徐宗泽的溢美之词，刚恒毅认为：徐宗泽是他所见过的上海代牧区最为博学的人士之一，思维开放，对于不同文化和传教方法均持开放态度；两人曾有多次交往，每次的印象都非常好。但是，刚恒毅对徐宗泽仍持保留意见，主要体现在徐宗泽对政府的姿态，以及因其富于爱国热情，容易引起外国传教士的猜忌和担忧。

由于当时中国南京国民政府、梵蒂冈、法国三方的复杂关系，尤其是法国保教权从中作梗，本土南京代牧的人选最终胎死腹中，改为由上海代牧区惠济良代牧担任即将成立的南京本土代牧区宗座署理，这样便可在中、梵、法三方之间维持一个平衡。[②]

1935 年，由于惠济良代牧的身体健康原因，南京本土代牧人选问题再次被提上日程。起初，刚恒毅曾建议前北洋政府总理、外长，已于是年在比利时安德鲁修院晋铎的陆徵祥担任南京本土代牧，但是第二任驻华宗座代表蔡宁对此提出反对意见，原因是陆徵祥的身体健康同样不佳，而且 1915 年陆徵祥曾受袁世凯之命，违心地和日本方面签署了《二十一条》，国内的舆论仍对其持极为反感的态度。在此情况下，已自罗马归国，时担任公教进行会会长的青年才俊于斌（1901—1978），便成为热门人选。于斌曾是被刚恒毅选拔、送往罗马宗座乌尔班公学的第二批本地修生，故刚恒毅对其被提名为南京本土代牧候选人转而持支持态度。

在刚恒毅、蔡宁前后两任宗座代表的大力推荐下，1936 年 7 月，于斌正式被罗马教廷传信部任命为第一任南京本土代牧，而且从任命的部令来看，于斌的南京代牧具有主教的性质（*Vicario Apostolico con carattere Vescovile di Nanking*），而这是之前所有被祝圣的本土代牧不具有的特殊待遇。[③] 鉴于南京在中国天主教历史上的特殊地位和影响，以及其在当时中国政治、社会中的特殊存在，于斌被任命为南京本土代牧，无论如何都可以被视为民国时期圣统制建立之前，天主教"本地化"所结出的最为引人注目的硕果之一。

---

① 王皓：《晚清民国时期耶稣会在华的学术活动及特点》，《经济社会史评论》2018 年第 2 期。

② 刘国鹏：《从民国时期第一任南京本土代牧的产生看在华天主教本地化的挑战与困境》，《基督宗教研究》第 23 辑，宗教文化出版社，第 250～266 页。

③ 刘国鹏：《于斌被任命为首任南京本土代牧的经过、结果及影响》，《基督宗教研究》第 25 辑，宗教文化出版社，第 180～197 页。

建构神学本地化的尝试

通过长时间的研究和体察，一些在华天主教的代表人物如刚恒毅等，认为儒家思想是中国文化中最能与基督教信仰相契合的因素。刚恒毅曾言，孔子乃"入学的门径，进教的前廊"。[①] 第一届全国主教大会《会议公报与法令》第 709 条，甚至规定了中国儒家先贤的一些定位。刚恒毅还认为，天主教会可以把孔子所说的"孝"作为一切有关民生的优良部分加以保留，对于死者的崇敬则可以使其升华，纳入天主教的"诸圣相通功"，不过必须对此加以说明，以便扬弃其中迷信的成分。此外，中国本土的天主教学者如曾勉，也著文呼吁，当在孔子的学说和基督宗教的信仰教义之间构建一座本土神学的桥梁。

诸如此类的关注都说明，民国时期天主教内的有识之士，不仅希望用儒家思想的精美酒壶来装基督教的佳酿，也希望有朝一日可以借中国传统的儒家经典，来创建一种基于中国文化经验的本土神学，从而丰富普世教会的神学学说。

此外，刚恒毅对待老子的态度和对待孔子的态度相近，他认为老子《道德经》中的真理之光，是闪烁在泛神论与怀疑论之间的一道电光。这种真理的电光，同样能够为富有学识的传教士提供光明，以便将人逐步引向伟大的信理。

除了刚恒毅非常关注对于道家思想中合理性观念的借用，教内那些试图贯通东西方思想脉络的有识之士，如陆徵祥也同样对《若望福音》中的"圣言"和老子笔下的"道"之间的可比较性表现出极大的兴趣。陆徵祥认为面对"天的神秘"，老子能够以极高的敬意和深刻的客观性，确定在不可言说的天主当中有"道"。这是原始至高之理，也是统御万物的无上智慧。这一概念至少与柏拉图所说的"逻各斯"（Logos）相等，甚或更胜一筹。

希腊的"逻各斯"概念，在圣若望笔下，经由基督的启示得到了无限丰富的表达，中国人"道"的思想或许更适于充实这一高贵的观念。[②] 基于这一从老子的"道"与柏拉图的"逻各斯"在阐释"圣言"时所表现出的更佳的契合性，陆徵祥进一步认为，中国的表意文字，以及东方的哲学思想方式，将非常适合于以明确和无与伦比的博大来表达《旧约》和《新约》中的思想和智慧，并以一种独特的方式，来阐释整本《圣经》有与圣若望的表达相类似的篇章。

教会礼仪革新

教会礼仪不仅是宗教行为或宗教生活的主要内容，同时也是其宗教观念和信仰、

---

① 〔意〕刚恒毅枢机：《请穿起天主的戎装——纪念刚恒毅枢机百年诞辰》，天主教主徒会出版，1976，第 153 页。

② Celso Costantini, *Ultime Foglie*, *Ricordi e Pensieri*, Roma：Unione Missionaria del Clero in Italia, p. 343.

教义的具体体现。在教会历史上，没有比礼仪更古老，更具时代特征的了。因此，天主教礼仪"适应"中国本土的语言、传统礼仪习俗也就成为一种不可避免的常态，从而呈现出不同的时代和"本土"特征。民国时期，尤其是"本地化"运动兴起后，天主教礼仪在如何适应中国本土语言、习俗和传统礼仪、服饰方面，教会内部以刚恒毅为代表的先锋人士，曾有诸多的思考和推动。

首先，20 世纪初，天主教在华礼仪问题成为信徒参加宗教生活的一大挑战，尤其是拉丁文礼仪，因为大部分教友根本不懂拉丁语。因此，他们对圣事礼仪的认识和参与度就不够深刻。在教会历史上，天主教采纳本土礼仪的事例一直络绎不绝，如元朝初期孟高维诺主教的尝试，明末耶稣会士如利类思、鲁日满（François de Rougemont，1624—1676）、南怀仁等的呼吁和尝试，清末布鲁神父（P. Brou）的再次关注等。[①] 但是，鉴于历史上罗马圣座对以本地语言施行礼仪问题所抱持的犹疑态度，这一问题始终未能解决。事实上，截至刚恒毅于 1933 年在驻华宗座代表任上离职，以本地语言施行圣事礼仪的夙愿一直未能实现，直到 1949 年 4 月 12 日，教廷圣职部（Sant'Uffizio）[②] 通过的第 3/49 决议，才最终批准中国教会可以选用本地语言举行圣事礼仪和采纳中文弥撒经书。

在中国，天主教圣事礼仪向本地语言适应的历程，说明教会要在当地扎根，要完全本地化是一个多么漫长而艰巨的挑战。

中国民间的丧葬礼仪在普通人生命价值中占有重要地位，不可能不对天主教固有的丧葬礼仪构成冲击。民国时期，对丧葬礼仪的"适应化"效果仍处于争议之中。比如在中国，白色为举丧之色，如孝服、白色挽联等，而传教士却规定教友的举丧之色为黑色。刚恒毅对此提出质疑，认为这一对西欧式丧葬礼仪的强行挪用是在给中国人的归化增加障碍，并对传教士未能效法宗徒在罗马帝国时代对于异教风俗的吸纳和适应提出保留意见。

此外，刚恒毅还发现，佛教寺庙和道教宫观中出家人在宗教礼仪中所着的服装非常体面，和天主教神职人员在举行圣事礼仪时所穿的祭服类似。为此，刚恒毅认为，适宜在东方采纳宽大且富于褶皱的"哥特式祭披"（Casula Gotica）来作为礼仪

---

① 〔意〕刚恒毅枢机：《维护宗教艺术》，天主教主徒会出版，1977，第 21~22 页。
② "圣职部"为罗马教廷的官方机构，由教宗保禄三世（Paolo Ⅲ）于 1542 年成立，最初命名为"神圣罗马及普世裁判所"（Santa Romana e Universale Inquisizione），由 6 名枢机组成，目的是保卫真正的信仰、监视及限制异端。1908 年，教宗庇护十世重组该机构并更名为圣职部（Sacra Congregazione del Sant'Uffizio，简称 Sant'Uffizio）。1965 年，教宗保禄六世（Paolo Ⅵ）将之更名为"信理部"（Sacra Congregazione per la Dotrina della Fede）。2022 年 3 月 19 日，教宗方济各颁布宗座宪章《你们去传福音》（Praedicate Evangelium），推动最新一轮的教廷改革，该部门随之更名为"信理部会"（Dicastery for the Doctrine of the Faith），由信理处（Sczione Dottrinale）和教律处（Sezione Disciplinare）两个部门组成。两个部门均由一名秘书长协助开展工作，以配合和协助该部部长在相关领域内履行职权。

祭服，既同东方异教的祭服在庄重和华丽程度上相匹配，也可以增加天主教圣堂的体面。对此，刚恒毅进一步提出一种设想，即以本地化的精神来创制一种罗马—中国式祭服，[①] 作为中国传教区特有的礼仪祭服。

可以看出，对宗教礼仪的"适应"和"本地化"是天主教"本地化"传教路线在宗教活动领域的表达，与教会教义及伦理相比，教会礼仪无疑更为外在和表象，正如树根之于树枝花叶，前者承载着信仰的核心，丝毫不能动摇，而后者则是如同外衣和皮肤，自然可以适应。

如果我们从教会在中国的整个传播历史来看，就会发现天主教在画了一个巨大的圆圈之后，又一次站到了和中国文化重新对话的起点上，而这场对话的命运无疑就是"本地化"的命运，或者说二者在中西跨文化语境下殊途同归，"同出而异名"。

结　语

本章主题围绕两个时段的核心事件和历史处境展开。1912～1922 年和 1922～1937 年，前一时段的表述集中于本章第一部分，集中展现了该阶段天主教在华的迅猛发展，包括教育、文字、社会服务等面向，强调了这一发展有其难以克服的悖论，即表面上的繁荣和内在根基上的虚弱。

后一时段的表述集中于本章的其余部分，分别考察了以罗马教廷自上而下在中国传教区所推行的本地化运动，包括有"传教大宪章"之称的《夫至大》牧函的发表，首任驻华宗座代表刚恒毅总主教的入华履新，及其在积极应对国内国际政治社会压力和挑战，如"非基"运动和法国保教权。积极推行天主教在华本地化，如（1）召开首届全国主教会议，为中国传教区制定切实可行的、统一的、本地化立场的传教方案和教会发展之路；（2）首批 6 位中国本地主教的祝圣；（3）倡导新的传教方法，主张质、量并重，上层、下层路线合流；（4）抵制传教士当中普遍存在的"欧洲中心论"的文化傲慢，积极探索文化和神学思想上的本地化路径，从而在较短篇幅内，多层次、多角度聚焦 1922～1937 年这一现代以来天主教最大、最无可回避的传教挑战——本地化是如何在短短的十余年间在中国完成决定性建基工作的。

由于抗日战争的全面爆发，在华天主教的本地化运动在中华民国后期几乎处于停滞阶段。1946 年圣统制在中国建立时，国籍教区仅有 24 个，占当时中国全部传教区（138 个）的 17.39%，可见在华本地化的不尽如人意，也由此带来了其在中华人民共和国成立后所面临的强烈不适感和巨大调整。

---

① Celso Costantini, *Con i missionari in Cina*（1922-1933）: *Memorie di fatti e di idée*, Vol. Ⅱ, cit., p. 159.

　　本章并未涉及 1937~1949 年天主教在华发展的具体及一般情形，这部分内容有赖于相关权威档案的挖掘和整理，尤其是梵蒂冈相关档案馆的开放，学术界才有可能进行更全面、系统的研究，相对完整呈现和剖析中国天主教于中华民国（1912~1949）时期的面貌。

第九章

全面抗日战争时期的中国基督教会

刘家峰　李　强

1937 年七七事变后日军发动全面侵华战争，中华民族遭遇了前所未有的浩劫，中国基督教运动也面临着生死考验。在华传教士同全国人民患难与共，在保护妇女儿童、救济难民和救治伤兵等领域做出令人瞩目的成就，为抗战胜利做出重要贡献。沦陷区的基督教会在日军高压控制之下，仍勉力维持传教、教育及慈善等工作。西南大后方因为中西教牧人员及基督教机构的大量迁入，各项事业不仅发展很快，而且开拓了边疆服务等新事工。可以说，中国基督教会在全面抗日战争的烈火中完成了一场洗礼，基督徒的民族和国家认同得到加强，政教关系空前和谐，基督教中国化也走向了一个新阶段。

第一节　全面抗战前基督宗教为和平而努力

中日两国基督徒对和平的推动

前章已经述及，自九一八事变之后，中国教会在对待日军侵华应持唯爱和平还是武力抵抗立场问题上发生了激烈的争论，当时就有人把这些论点总结为三派：唯爱派、武力抵抗派、中间调和派。唯爱派人士如吴耀宗、徐宝谦等从《圣经》"登山宝训"中"爱仇敌"的经文出发，认定耶稣在任何情况下都会反对武力和战争；而武力抵抗派也不难从《圣经》中找出耶稣在特定情况支持武力（如洁净圣殿）的教导。大部分中国基督徒的立场是在唯爱和武力抵抗之间，一方面他们认为面对侵略应奋起反抗；另一方面又认为使用武力、以战止战违背了耶稣基督的和平之义。中国信徒在国难当头民族危机之际并没有空谈和平，而是努力与各国教会包括日本教会联络，试图以此压制日本军国主义，寻求解决中日问题的和平之道。

背景知识 9-1　唯爱社

　　1914 年第一次世界大战爆发后，英国贵格会传教士霍德进（Henry Theodore Hodgkin，1877—1933）与 130 余位反战的英国基督徒在剑桥集会，为把分散在各种教会内的和平力量团结起来，决定成立唯爱社（Fellowship of Reconciliation）。霍德进曾于 1905~1910 年在四川传教，1920 年来中国宣传唯爱主义，吴耀宗于 1921 年加入并成为骨干。1922 年，唯爱社在北京成立，并在南京设立总部。吴耀宗曾担任唯爱社主席及《唯爱》杂志主编，他这样概括唯爱主义："唯爱主义主张人类一切关系都应当以爱为原则，并且要用不违反这个原则的一切手段。这个爱是无条件的爱，爱一切的人，连仇敌都在内。"中国唯爱主义的另一代表人物是燕京大学宗教学院的徐宝谦。

　　1931 年 12 月，中华全国基督教协进会分别给世界基督教协进会和国联致电，期望他们能为中国主持公道。协进会总干事诚静怡致电日本基督教同盟，期望日本同道能用和平方法解决中日问题。1932 年一·二八事变爆发，旅沪英美籍传教士 105 人立即签名对外发布宣言，谴责日本穷兵黩武，敦促各国政府采取必要手段制止武力。3 月 14 日，协进会向世界各国基督教机构发了公开信，呼吁全世界基督徒联合起来寻找正义之路、和平之路。日本基督教同盟自九一八事变后曾多次发表声明，主张以基督教的原则来处理中日关系。

　　为加强中日基督教的沟通，协进会按惯例派代表参加日本基督教同盟年会。1932 年 11 月，协进会张福良和圣公会鄂湘主教吴德施（Logan Herbert Roots，1870—1945）代表中国教会参加了日本基督教联盟年度会议，会见了日本著名牧师、社会活动家贺川丰彦（Toyohiko Kagawa，1888—1960）。贺川丰彦作为基督教社会主义者、和平主义者不仅在日本影响很大，在 20 世纪二三十年代也很受中国教会的欢迎。早在 1928 年 8 月，济南惨案发生之后，他和日本一批和平主义者组织了"全国非战同盟"，反对日本的军国主义教育。此后贺川丰彦多次应邀来华，并曾向中国同道为日本的侵略行径道歉。

　　在燕京大学教授徐宝谦和中国基督教青年会领袖顾子仁的努力下，中日基督徒会议于 1934 年 8 月 14~18 日在北平召开，有 8 名中方代表和 5 名日方代表（2 名教授和 3 名学生），皆以个人身份参加。遗憾的是，与会双方学生都认为对方有太强的民族主义。虽然中日之间政治关系长期紧张，但两国基督徒之间的伙伴关系仍能维持。1937 年 5 月，中华全国基督教协进会开会时，日本基督教界有 5 名领袖来华参会。

中日战争全面爆发后，日本政府制约了日本基督教的发声发力。在日军暴行面前，中国基督徒再坚持唯爱主义不仅于事无补，而且被国民指责有悖民族大义。[①] 1937 年 8 月，基督教中外教会人士在庐山集会，大部分与会中国信徒都支持自卫抗战，传教士发现中国基督徒对和平主义不再感兴趣，过去反对武力抵抗的唯爱派人士吴耀宗等人也都放弃了原有立场。

天主教方面的回应

1931 年九一八事变后至全面抗日战争爆发前，中国天主教的领袖人物马相伯、陆徵祥等人已通过各种方式谴责日本对中国的步步侵略，促成了天主教会在爱国立场上与主流民意相合，也加强了普通天主教徒的国家认同，同时一定程度上消弭了20 世纪 20 年代"反基督教运动"对天主教会的负面影响。在社会层面上树立起天主教会拥护国民政府、天主教徒是爱国者的形象。与此同时，天主教会也切实在难民救济等慈善救护上展开活动。

1937 年七七事变爆发后，教廷必须在外交和政治层面上表明自己的立场。英国联合社在此时爆出教廷与日本签订了秘密协定，作为罗马教廷驻华代表的蔡宁不得不回应此事。1937 年 9 月 18 日，蔡宁在西安发表通告，声称所谓秘密协定纯属谣传，希望中国各界不要被愚惑，并称卢沟桥战火燃起后，教廷已两次发布宣言说明中华民族爱好和平、尊重正义的美德，为了表明爱护中华民族的诚意，教廷曾拨发巨款至上海，救护中国伤兵和难民。同一天，西安主教意大利人万九楼（Pacifico Giulio Vanni，1893—1967）（见图 9-1）发表函告，号召天主教徒组织救护队和掩埋队等共赴国难，努力祈祷，并决定于 9 月 26 日召集全陕西省天主教徒祈祷和平，为中国抗日战争胜利祝福。

中国天主教神职的代表人物于斌则飞抵罗马，向教宗报告中日战争的实际情况。于斌时任中意友善会会长，他希望此行能唤起国际社会对中国作为被侵略者的同情，并奢望影响意大利政界特别是墨索里尼不要与德国、日本签订防共协定。于斌随后在各国周旋，呼吁国际社会表达对中国抗战的同情、理解与支持。

---

① 分析见姚西伊《"九一八"之后中国基督徒对战争与和平问题的思考与讨论》，刘家峰编《离异与融会：中国基督教与本色教会的兴起》，上海人民出版社，2005，第 57~88 页。

图 9-1　万九楼步入"中国阵亡将士追悼会"仪式会场

图片来源:《中华（上海）》1938 年第 68 期。

第二节　战争对教会的影响及财产损失

新教方面

战争不仅打乱了战前中国基督教会进展有序的各项计划,而且使中国基督徒和在华传教士的生命财产遭受威胁。据各种资料综合统计:1937 年春欧美在华传教士大约有 5747 人（其中 3/5 是妇女）,居住在 1112 个城市和市镇,其中有 4000 余人居住在沿海或邻近沿海的省份,900 余人在华中,800 余人在华西。这些传教士中原籍属于美国的有 2538 人,英国的有 1141 人（包括加拿大人）,欧洲大陆的有523 人。[①]

1937 年 9 月战争规模扩大后,美国国务院曾督促美侨撤离前线危险区域。每一个传教站都会尽力保留部分传教士坚守岗位,事实证明有一个外国人同日本当局打交道是很有帮助的。在全面战争早期阶段,华北、华东和湖南、广东的美北长老会

---

① 〔美〕盖伦·M. 费舍编《中日战争对美国在华教育和慈善事业的影响》,章开沅、马敏主编《基督教与中国文化丛刊》第 3 辑,湖北教育出版社,2000,第 415~487 页;〔美〕贝德士:《差会与远东文化的关系》,章开沅、马敏主编《贝德士中国基督教史著述选译》,上海社会科学院出版社,2017,第 249~296 页。

REV. FRANK JOSEPH RAWLINSON
Editor of the Chinese Recorder 1912-1937

图 9-2 乐灵生像

图片来源：《教务杂志》1937 年
9 月刊。

32 个传教站中只有一个没有传教士。在华北地区包括北平、天津等重要城市，日军几乎未遭抵抗，影响相对较少，传教士仍能继续工作。但华东地区不同，八一三事变之后，上海、南京、杭州等地被日军占领，战斗激烈，大部分传教士不得不临时撤离，或跟随学校、医院等机构迁移到公共租界等安全地带，有一部分传教士迁到大西南。与战争直接相关的传教士死亡案例并不多。截至 1939 年 8 月，死亡的美国传教士有 7 人，其中包括《教务杂志》主编乐灵生（Frank J. Rawlinson, 1871—1937）。

战争初期传教士人数有微弱下降，1937 年夏至 1939 年春有 5% 的传教士回国或退休。但到 1941 年 6 月，据协进会报告，仅有 68% 的男性传教士和 56% 的女传教士在工作，这些数据包括自由区和沦陷区，来自美国和加拿大的大多数传教士仍坚持在沦陷区工作。

太平洋战争爆发后，沦陷区大批英美籍传教士被关进集中营。1942～1945 年，共有约 2000 人被囚禁在山东潍县乐道院。燕京大学校长司徒雷登、宗教学院院长赵紫宸及十多位教授也被拘禁在北平，留在包括香港在内的沦陷区传教士共计 766 人。1942 年 8 月，在“格里普斯霍尔姆”（Gripsholm）号轮船的战俘交换中，有 420 名传教士回到母国，大约 450 人留在沦陷区，约 850 名北美传教士继续在自由区工作。这与战前近 3000 名传教士的规模形成鲜明对比。

背景知识 9-2 乐道院与潍县集中营

美国教育传教士狄乐播（Robert M. Mateer, 1853—1921，普林斯顿神学院毕业，著名传教士狄考文之三弟）于 1883 年来潍县传道，在县城东南李家庄购地建堂，取名“乐道院”，所有建筑后在 1900 年义和团运动中被焚毁。1902 年，差会利用庚子赔款和北美募款重建，占地 200 余亩。乐道院集布道、施医、兴学多功能于一体，潍县因此成为北长老会在山东传教的重镇。

1937 年抗战全面爆发后，乐道院一度成为当地居民的避难所。1941 年 12 月 8 日太平洋战争爆发后，日本将沦陷区的英美侨民抓捕。因乐道院交通方便、场地宽敞，遂被日军选中作为关押英美等侨民的集中营，最多时曾关押 2000 多名侨民，其中知名人士有华北神学院院长赫士（Watson Mcmillen Hayes, 1857—1944），齐鲁大学教务长德位思（L. J. Davies），曾获奥运会

400 米冠军的著名运动员李爱锐（Eric Henry Liddell，1902—1945），辅仁大学附中教师、后来担任驻华大使的恒安石（Arthur William Hummel，1920—2001）等。乐道院的清洁工张兴泰曾帮助集中营的侨民与外界联络，使其获得援助。1945 年 8 月 17 日，日军宣布投降两天后，美国一架巨型轰炸机飞抵潍县，7 名美国空降兵跳伞成功，集中营内侨民得以获救。

DR. HERMAN C. E. LIU, M.A., Ph.D.
Late President of the University of Shanghai

图 9-3　刘湛恩像

战争对中国教牧人员的影响更大。教会领袖不时遭受日军干扰、秘密监视及反传教士的宣传，也有教会领袖或信徒被关押和暗杀。1938 年 4 月 7 日，沪江大学校长刘湛恩（1896—1938）不幸被日伪特务暗杀。1938 年 6 月，在沦为战区的 9 个省份中，包括江苏、浙江、安徽、山东、山西、河北、河南、察哈尔、绥远，新教基督徒的人数约在 259700 人，只有少部分受过良好教育、拥有一定资产的基督徒和教牧人员提前转移到云贵川等地，大部分教牧人员只能留在原地。在自由区，因外地教牧人员和信徒大量迁入而得到了人力补充，教会士气高涨，但同时他们也遭遇了战时通货膨胀造成的生活困难。

据太平洋关系学会美国委员会 1939 年的调查显示，有 150 多个差会驻地曾遭受日军空袭，至少有 190 起美国差会财产受损的案例。财产损失最严重的是上海、杭州、南京等长三角地区。① 截至 1938 年 11 月的调查统计，中国一共有 268 家教会医院，12% 的教会医院受到战争影响，其中被轰炸或毁掉的有 11 家，12 家有损失或被抢劫，7 家被占领，4 家被迫关门。② 至 1939 年，至少有 62 家在沦陷区的医院已被毁灭或被迫关闭，或遭受重大损毁，或被洗劫一空。1940 年尚在运营的 217 家教会医院中，其中 121 家位于沦陷区，之后也都形同虚设；有 42 家位于战区，随后也被日军接管；只有 54 家医院处于安全的自由区。③ 在战区内有 8 所大学、22 所神学院、67 所高级中学、34 所

---

① 〔美〕盖化·M. 费舍编《中日战争对美国在华教育和慈善事业的影响》，载章开沅、马敏主编《基督教与中国文化丛刊》第 3 辑，第 442~443 页。

② Edward H. Hume, The Effects of the Sino-Japanese Conflict on American Educational and Philanthropic Enterprise in China, IV, *Medicine and Public Health*, New York: American Concil, Institute of Pacific Relations, 1939.

③ 〔美〕贝德士：《新教在华事业：1937—1949》，载刘家峰、徐炳三编《贝德士中国基督教史著述选译》，第 217 页。

初级中学，以及 400 多所小学校，也与教堂一样遭到了程度不一的破坏。[①]

太平洋战争爆发前，为了保护教会财产，美国传教士往往在教堂、学校、医院等建筑物上悬挂国旗。这一做法得到了美国政府和中国政府乃至中国基督徒的同意，并在各地推广，最大限度减少了财产损失，有效抵挡了日军骚扰。但太平洋战争爆发后，日军开始肆无忌惮地征用教会建筑，没收、侵占教会资产，严重影响了沦陷区教会的各项事业。

天主教方面

日本侵略战争也对中国天主教造成了较大损失。北平沦陷后，日本浪人在位于北平西部黑山扈的天主教修院一共绑架了 25 位修士、神父，修院院长被枪杀，16 人逃出，其余 9 人中有 3 名法国人、4 名德国人、2 名意大利人，共计被勒索赎金 50 万元。1937 年 10 月 9 日，日军在河北正定烧死荷兰人文致和（Franciscus Schraven，1873—1937）主教等多位天主教人士，史称"正定教堂惨案"。同年 11 月，日军军部特派代表调查该事件，该代表还要求当地天主教举行追悼弥撒大礼，并假惺惺地致唁辞。

背景知识 9-3　正定教堂惨案

河北正定代牧区于 1856 年（直隶东南宗座代牧区）建立，主教府设在正定县城，由遣使会管理。1937 年 10 月 7 日，日军进攻正定县城，大批民众涌入正定天主教主教座堂避难。为了保护中国百姓，特别是在教堂避难的妇女，正定代牧区主教文致和坚持不让日军进入教堂。9 日傍晚，日军闯入教堂，绑走了文致和主教和其他 8 位西籍神父和修士，并在附近天宁寺凌霄塔将他们全部烧死，酿成震惊中外的正定教堂惨案。

河北献县是华北天主教传教事业中心，1938 年 12 月日军进占献县前，天主教会相关设施被日本军机投弹达 40 枚。耶稣会总院最先遭受日军轰炸，所幸未有人员罹难。至 1939 年 8 月，日军称献县天主教传教士"勾结"中共游击队，致使 1 名教士当场受刑而死，其他 2 名教士随后遇害。至 1941 年底，献县天主教徒被杀者共计 43 名，其中中国修女 2 名，修生 11 名，以及多名天主教教师，另有 1 名法国传教士被日军指控"勾结"游击队而遭监禁。抗战期间，受伤游击队员伪装成平民，在献县天主教医院里接受救治。天主教会方面一度每天收容难民达两三千人之多。

[①]　陈文渊：《民国廿五年与廿六年中国基督教运动概况》，《中华归主》第 187 期，1938 年 6 月 1 日，第 11~14 页。

1937 年 11 月，在苏州张泾的中国神父金文祺被日军杀害焚尸，天主堂被焚毁。淞沪会战期间，上海地区天主教的教务工作完全停顿，神职及普通信众被迫出逃，教堂、学校、医院及慈善事业受损严重。浦东网尖天主堂的钟楼被日军炸毁，张家楼天主堂附属男女学校及神父住房、金家巷天主堂等建筑也被炸毁，此地 9000 余名天主教徒只得逃难。吴淞、江湾等地天主堂也被焚毁。嘉定南翔处于交战区，传教活动完全停顿。在南市等天主教信众集中的区域，也因临近战火，大多避难他方。安老院、新普育堂等慈善事业以及各处学校，都受到战事的极大影响，如松江光启中学在 8 月 20 日即被日军敌机轰炸，新建礼堂被炸毁，损失约 2 万元，而避居在此校的难民则大多逃出，死伤了七八个人。① 徐汇中学因其地处徐家汇，校园面积较大，特别是有个大操场，因而收容了大批难民，据称每天救济难民约有 8000 人。在日军炮火下，天主教徒与普通中国民众一样，感受到了国家和民族的危亡与个人的存亡息息相关，因而中国天主教全国祈祷宗会呼吁成员努力为祖国，为天主教事业，为被难同胞祈祷。②

其他城市天主教教堂等建筑也遭受战火摧残。1939 年 5 月，重庆天主教主教所在地被两个威力很猛的炸弹轰炸，25 人被埋在废墟中。圣若瑟堂安老院和贫民医院也中了两颗炸弹，8 人遇难。圣弥额尔堂和学校建筑被完全炸毁，6 人遇难。1940 年六七月间日本空袭重庆，造成当地及周边天主教损失财产 500 万美元。

1937 年，澳门天主教华人出于爱国热忱，举行炼灵祈求大会，纪念绥远地区抗战阵亡军民。1938 年 1 月，蔡宁在汉口组织天主教界人士举行追悼阵亡将士死难平民祈祷和平弥撒大典，军政教各界人士参加，典礼会场上还挂有中国共产党中央执行委员会所赠挽幛"成仁取义"，以及朱德、彭德怀所赠挽幛"虽死犹生"。天主教通过这些类似的纪念形式来振奋民族意识，同仇敌忾。

第三节　难民救济与战时服务

新教方面

七七事变后，日军在占领区制造了数以百万计的难民。在华传教士充分利用所属国的政治优势，尽可能留守本地，维持教堂、学校、医院运转，成为难民庇护所。协进会立即发起救济运动，组织了"全国救济委员会"，统筹全国救济资金的募集、拨付，对外代表中国教会，对内联合各地中西同工，组织各地的负责委员会，并与英、美、加拿大等海外差会、国际红十字会、华洋义赈会、中华医学会等机构密切

---

① 《上海天主教因战事所受之损失》，《圣心报》1937 年第 51 卷第 11 期。
② 《中日战争中之公教损失》，《圣心报》1937 年第 51 卷第 12 期。

合作推进救济事业。中外基督徒无不响应，尽己所能，投身难民救济与战时服务，这也是教会在全国抗战时期最有成就的一项工作。

1937 年 10 月 28 日，协进会考虑到难民给养问题日益严重，发起"全国基督徒分文救济运动"，每位基督徒每日捐 1 分钱。两年时间内，协进会收到捐款达法币 33.74 万元，其中国内捐款 6.84 万元，国外捐款 26.9 万元，拨付给各地救济款达 29.8 万元。

海外传教士也积极行动起来为中国募捐救济资金。美国主要的新教团体在纽约成立了救济中国教会委员会（The Church Committee of China Relief），1938 年 7 月到 1939 年 9 月就募集了 42 万美元。中国基督教大学校董联合会则在 1937～1938 年度和 1938～1939 年度分别募集了 30 万美元和 27 万美元。1941 年，救济中国教会委员会成为联合援华会（United China Relief）的组成部分，该会大量捐款通过传教士分配到中国各地。

全面抗战爆发后最大的难民潮出现在八一三淞沪会战后的上海。仅 1937 年 8 月 13 日这一天就有 6 万难民涌进租界，高峰时期达 70 多万难民，多数难民无栖身之所。此时，协进会与上海基督教联合会、基督教青年会、传道联合会等团体联合展开救济。上海基督教联合会设立了由 150 多名基督徒组成的非常时期服务委员会，在各大教堂、教会学校等地设立收容所，先后共计 17 处，收容难民 4000 余人。除供应难民饭食衣服、免费医疗，还教授难民卫生常识、读书识字，并设立难民工厂，教授一门技艺。收容所也从事布道工作，给难民以精神安慰。

1937 年 12 月 1 日，日军攻打国民政府首都南京。时任管理中英庚款董事会总干事、金陵大学校董会董事长的杭立武邀请在南京的外籍人士设立安全区。在南京沦陷前，由德国商人拉贝（John Rabe，1882—1950）和一批传教士组成的安全区国际委员会（见图 9-4）已筹划妥当，划定了安全区边界，并通知日军当局。12 月 10 日起，大批市民涌入安全区，很快就住满了金陵大学、金陵女子文理学院和其他校园。城陷以前，大约有 25 万难民住进只占市区面积 1/8 的安全区。

1937 年 12 月 13 日，日军攻陷南京。留守在金陵大学的贝德士、史迈士（Lewis Strong Casey Smythe，1901—1978）、林查理（Charles Henry Riggs，1892—1953）、史德蔚（A. N. Steward，1897—1959）、金陵女子文理学院的华群（Minnie Vautrin，1886—1941）、金陵神学院的宋煦伯（Hubert Sone，1892—1970）、美国圣公会的约翰·马吉（John Magee，1884—1953）等传教士，利用中立国的身份和校产在安全区的优势，保护了数十万平民免遭日军屠戮。国际委员会为保护妇女难民，把他们全部集中到金陵女子文理学院，原只准备容纳 2700 人的校园，在高峰时期达到 1 万人左右。日军几乎每天都在试图进入校园抢劫或强暴年轻妇女，华群等人多次制止日军的野蛮行径。国际委员会成员冒着生命危险去安全区以外抢运粮食、煤炭，向日本使馆递交报告，

图 9-4　南京国际安全区国际委员会部分成员（左三为拉贝）
图片来源：朱成山主编《南京大屠杀与国际大救援图集》，江苏古籍出版社，2002，第 35 页。

抗议日军暴行。正如一位见证南京救援的人士写道："开展救济是以生命、鲜血、坐监和眼泪为代价的。"南京市民亲切地称呼这些救命恩人为"活菩萨"。他们为亲人、教会写下了大量的书信、日记，马吉还用摄影机拍摄日军的暴行和传教士救援难民的场景。今天，这批珍贵的文献资料已成为侵华日军南京大屠杀的历史铁证。

随着战事不断扩大，救济对象也扩展到前线伤兵。1938 年 3 月，协进会成立了"基督教负伤将士服务协会"，得到了国民政府和社会各界的支持。孔祥熙担任会长，总办事处设在武汉，后迁重庆。具体工作由长老会传教士高伯兰（Asher Raymond Kepler，1879—1942）和范定九主持。至 1939 年，服务协会共有全职服务人员 973 名，有 5000 多名志愿者，在 147 个服务点为 675040 名伤兵服务。

1938 年 12 月，协进会设立难童救济委员会，由各城市教会或其他基督教机关办理难童救济所或保育所，凡 5~15 岁无家可归的儿童都在救济之列。至 1939 年 6 月，半年时间就有杭州、嘉兴、松江、湖州、宿州、芜湖、南京、宁波等 8 个城市设立了 30 多个儿童保育所，各地得到救济的难童人数共有 4195 人，到 10 月又在开封、怀远、徐州、九江等城市增设了 29 处保育所。大部分保育所的负责人都由在华传教士亲自担任，便于在沦陷区推进工作。

第二次世界大战期间，中国也成为欧洲犹太人避难的选择之一，上海是唯一方便登陆的口岸。协进会在上海成立了欧洲难民基督教救济会，在协进会大楼设立中英文补习班，以便难民将来谋生之用。犹太难民中有 200 多人是医生，协进会为他们介绍工作。

天主教方面

早在 1937 年 8 月 31 日，香港天主教主教恩理觉（Enrico Valtorta，1883—1951）即劝谕教众为国效力，实践爱国救国以为外人善表，并通令教众募捐善款，汇总交给中国红十字会以救护伤兵和难民。此后，恩理觉又发第二通谕令，嘱令天主教徒各尽爱国之职，尽力参加在武汉成立的中华天主教信友救护总会以及中华红十字会的工作。天主教会在各地纷纷成立抗战后援会、战时服务团、伤亡救济会等地方性救护组织。鉴于这些组织比较分散，缺少统一联络，而日军侵略战事日益加紧，于斌遂在经过武汉时，会同武汉三镇主教成立中华天主教信友救护总会，以募捐药品和现款来接济各救护团为宗旨，范围不仅面向本国天主教徒，也面向全世界各国天主教徒。

救护总会成立后，各省教区先后成立分会，天主教学校中的男女学生纷纷效仿组织起来成立青年分会。武汉的天主教青年组织募捐救济所用的各种用品，并发起每日一铜币运动。安徽芜湖的天主教学校成立了伤兵医院；江西九江、南昌各地的仁爱会修女医院也住满了伤兵，九江的修女又外出在轮船或路上临时救护伤兵。汉阳教区的神父和修女则在陆军医院内看护 400 余名伤兵。多处教区的传教士则救护和收养难民，并与地方当局合作维持难民秩序。

天主教会在中国各地的教堂、医院、学校，成为救护伤兵和难民的重要社会力量。河南郑州的主教座堂和城内各堂住满了难民和伤兵，其中包括从河北逃过来的多位天主教神父和修士，中外修女在天主堂医院中救护伤员；而在开封城关外的大修院也划出一大片区域作为伤兵医院。在日本重点进攻的上海地区，遍地都是逃难的灾民，时任上海宗座代牧区主教法国人惠济良（Augustus Haouisée，1877—1948）为救济难民特捐助 10 万元，在法租界吕班路震旦大学操场设立难民收容所，救护伤兵及灾民，另于 1938 年 12 月发布《为难民征募御寒衣物告阖属信众书》号召信众救助难民。由于战事扩大，租界无法容下大量难民，上海国际委员会难民救济组主席委员法国耶稣会士饶家驹（Robert Jacquinot de Besange，1878—1946）在上海南市设立难民区，一直维持到太平洋战争爆发之前，成为国际知名的安全区，救护了大量中国难民。该难民区的范围为上海旧城厢

图 9-5　饶家驹神父画像

原图说明："上海各种难民救济事业，大都由饶神父主持，其手创之南市难民区，至今尚有难民二万数千人。"

图片来源：《良友》1939 年第 149 期，第 25 页。

北部 1/3，东西北以民国路为界，南以方滨路为界，设立初期约可收容 10 万余名
难民。[①]

图 9-6　中国上海龙华拘留营厨房里的传教士（1944 年夏）

图片来源：美国南加州大学数字图书馆。

图 9-7　惠济良主教慰问遭受轰炸的金家巷天主堂信众

图片来源：《自由谭》1938 年创刊号。

背景知识 9-4　上海南市难民区

　　1937 年八一三淞沪会战爆发后，大批外地难民也拥入上海。而在华界南
市，由于部分居民迁入租界大批房屋腾空，收容难民有了不少可资利用的公共

[①]　《上海饶神父建议：划定收容难民区域》，《公教周刊》1937 年第 9 卷第 28 期。

场所。1937 年 11 月 2 日，法国耶稣会士饶家驹向上海市市长俞鸿钧建议，在南市划一区域接纳难民。11 月 9 日，南市难民区（the Shanghai Safety Zone）正式设立。最多时难民区约有 130 个收容所，难民人数超过 10 万。1940 年 6 月，难民区结束运作。在南市难民区运作期间，30 多万中国难民得到保护。饶家驹也被称为"难民之父""中国之友"。南市难民区的模式后被推广到南京、汉口、广州，乃至法国、德国，并推动了《日内瓦第四公约》的订立。

抗战初期，惠济良还发布通谕要求天主教信众发挥爱国心，关心国家命运，效忠国家。他引述托马斯·阿奎那（Thomas Aquinas，1225—1274）的话来说明要孝敬天主、父母及国家，为实现对国家的爱护，就应当组织后援，援助保卫国家的兵士，并为中国上下祈祷。受此通谕影响，在历时 3 个月的淞沪会战期间，上海天主教所属的广慈医院、震旦大学医学院、新普育堂、杨树浦圣心医院、租界内由方济各会传教会修女主持看护事宜的伤兵医院、法租界洋泾浜天主堂男女小学改成的伤兵医院、新闸德肋撒堂伤兵医院均提供了大量医疗救助和伤兵床位。在松江，因日军轰炸列车造成大量军民伤亡，且缺少医护人员和设备，震旦大学派医师和学生前来服务，由仁爱会修女担任看护，天主教会也在松江绅商的邀请下主持了该处红十字会的全部行政工作。上海天主教的救护服务也出现在浙江兰溪的伤兵医院，用实际行动实践了宗教群体的爱国意识。

已逾花甲之年的比利时传教士雷鸣远，也在日军屠杀中国兵民之际，组织救护队，前往战事前线救护伤员。他成为抗战期间天主教界颇具影响力的人物。曾与雷鸣远见面交谈过的黄炎培由雷鸣远救中国的志愿和实践有感而发，呼吁中国民众要自爱自助，以求抗敌复兴。1940 年，雷鸣远去世，国民政府发褒扬令以悼念他在抗日战争中组织救护团队的贡献。在其他城市和地区，天主教机构也在力所能及范围内开展慈善救济活动。在内陆城市长沙，天主教会在日军进攻期间救助了 8000 余名难民，地方政府为此向教会表达感谢。

第四节　沦陷区的基督教会

东北沦陷区的基督教会

九一八事变之后，日本和伪满政权考虑到教会背后的英美政治势力，采取了怀柔和利用的相对宽松政策，对教会各项事业没有太多干涉，对西方传教士还尽量给予保护。因此，在伪满统治的前三年，教会抓住战争带来的发展机会，在沈阳等地组织了大规模的难民赈济，学校也接收了大量公立学校的流亡学生，巡回施医布道的组织风起云涌。1933 年 12 月，《教务杂志》报道东北教会的"复兴运动"，各地受洗信徒增加很多。传教士认为教会复兴的一个主要原因是：在动荡不安的政治环境中，无处安身立命的人们纷纷求助教会。1935 年，根据苏格兰和爱尔兰传教士大会的报告，长老会在各个教区都取得长足进步，"死亡的教会再次复活，数不尽的受洗信徒，好几个地方用当地资金盖了大楼。但教会也面临着缺乏'一流领袖'的问题"。中华基督教会东北大会的信徒人数在 1932 年有 14523 人，到 1941 年增加至 24161 人，教会发展速度可见一斑。①

警察和宪兵队逐渐加大了对中西教会人士的跟踪监视力度，逼迫传教士花大量时间填写表格，汇报教会活动细节，学校教科书、布道文、来往信函也必须呈交备查。凡有任何与日本精神不符或有颠覆政权思想的活动与文字都被当局禁止。日伪特务甚至要求参加宗教会议。青年会的工作受到打击，日伪认定这是民众抗日运动的策源地。1935 年 10 月，日本宪兵队对沈阳教会突袭，逮捕 32 名信徒，同时在长春、吉林等地展开抓捕，至年底共逮捕 61 人。这些人大多是英国教会或英属公司雇员，后经传教士营救，大部分人得以释放，但这次逮捕行动令前期基督教发展的安全环境已不复存在。

日伪政权为加强对东北基督教的集中控制，筹划对基督教各个宗派进行合一。第一步是强迫各宗派改名，有"中华"字样的一律改称"满洲"，如中华基督教会关东大会在 1934 年就被改为"满洲基督教长老大会"。1936 年 12 月 1 日，各宗派代表于沈阳南大门基督教青年会会所联合成立了"满洲国基督教联合会"。加盟该联合会的有"满洲基督教长老会""满洲基督教信义会""满洲基督教会"等 13 个宗派和团体，其中长老会系统最多，有 309 个教会。② 值得注意的是，其中的"满洲基督教会"是 1933 年 9 月日本长老会在东京成立的海外布道会，以向东北的汉族人和朝鲜人传教为使命。

太平洋战争爆发后，东北新教传教士及天主教神父共计 269 人被逮捕，随之而来的是教会财产被冻结，国外差会补助也随之终止，中国信徒无力支撑，教会立即陷入生存危机，日本教会趁机接管。1942 年 3 月，在日军和日本教会的支持下，新的"满洲基督教会"成立，接管了东北的敌国教会和中国教会，把原来松散的"满洲基督教联合会"整合成一个实体，成为日本基督教团在东北的一个分会。日伪教会通过重新修订章程，调整教区，一年内完成了 15 个宗派的合一，把西方差会势力完全排除在外，中国基督徒被迫与之合作，会长虽然仍由中国人担任，但实际只起象征作用。这一时期东北的朝鲜基督教各教派也被整合成"满洲朝鲜基督教会"。

① 罗伟虹主编《中国基督教（新教）史》，上海人民出版社，2014，第 586 页。
② 徐炳三：《"扭曲"的十字架——伪满洲国基督教研究》，科学出版社，2018，第 162~163 页。

基督教复临安息日会凭靠日本人做牧师，敢于拒绝加入"满洲基督教会"。

日伪政权完成了对东北教会的组织改造后，更着力于言论统一和思想灌输。"满洲基督教会"通过组织培训、讲演班、召集会议等方式给东北教会领袖和信徒灌输日本侵华国策、宣扬"大东亚共荣圈"理论，以消除中国信徒的反日思想，彻底沦为日本侵华的助力。

伪满地区的天主教在外籍主教主持下与日军和伪满政权合作。1934年，伪满洲国成立两年之后，罗马教宗庇护十一世为了维持天主教在中国东北的传教利益，承认伪满政权，并任命吉林教区主教高德惠（A. Gaspais，1884—1952）为教廷驻伪满宗座代表。1934年2月10日，天主教在东北的中文机关刊物《满洲公教月刊》发表《天主公教会发表书》，正式声明伪满地区天主教事务交涉由吉林教区主教负责；同年3月1日，高德惠发布《吉林教区主教通令》，规定教众在每月1、2、3日弥撒中念《皇帝颂》《官府颂》经文，为伪满洲国祝福和祈祷，并要求各堂口、公所大门上悬挂伪满洲国旗，教众必须敬拜天照大神等。1938年时，伪满全境共有天主教徒184940人，另有待受洗者37039人，外籍神父和修士计有268人，本籍传教人员100人，初级小学233所，中级学校7所，《圣经》班613处，孤儿院54处，孤儿计有1712名，老人院计36处，收养老人有712名，医院5座，诊所62处。

从整体上来看，罗马教廷为了教务的发展，与伪满形成了一种互相利用的特殊政治关系。在此时期，东北地区的天主教没有遭受打击，信徒数量持续增长，但是日本侵略者借助天主教会控制东北民众的行为也引起具有爱国思想的中国籍神职人员的反抗。[①]

华北沦陷区的基督教会

华北沦陷后，日伪政权对教会人士积极笼络并加以利用，因此教会各项事业反而有所发展。例如，卫理公会冀东教会在全国抗战初期各项事工均正常进行，与战前相比还有兴旺之势。美北长老会在山东正常传道，所有教会医院正常运营，绝大部分教会学校继续开办，教堂里都挤满了人，战争危机期间人们对基督福音的反应让传教士兴奋不已。长老会山东差会1938~1939年度慕道友人数与5年前相比增长3倍，而潍县布道站增长5倍。齐鲁大学迁往华西，但其乡村服务社仍在附近的龙山镇继续乡村建设工作，在1939年秋还招收新生。燕京大学在司徒雷登的领导下尽可能与日伪政权协调关系，保证办学自由，一直到太平洋战争爆发。以末世论、千禧年主义等为追求的本土教会在战时也吸引了很多信徒，如耶稣家庭山东"老家"

---

① 参见吴佩军《20世纪上半叶东北天主教史的考察——以黑龙江省海伦县海北镇为例》，《外国问题研究》2010年第3期。

在抗战时期人口剧增，并且还在华北地区建立了几十个"小家"。[1]

日军为在占领区普及亲日思想，把包括基督教在内的各大宗教团体作为"思想战"的重要对象。1940年9月，日军制定了《北支那宗教团体指导要领（案）》，具体指导如何处理欧美系教会团体，提出将来要在北平设立统一的管辖机关，让日本牧师接手做主任牧师，对信徒进行思想渗透，协助"建设东亚新秩序"。在此方针指导下，华北日伪政权积极行动，加快了对教会的思想和组织改造。

1941年1月13～14日，日本在华的联络与情报机关"兴亚院"召集北平各教会代表召开第一次讲习会，目的是使教会了解日伪政府的施政方针，同时也让日伪政府明了教会的立场。但这时日军对英美系教会的政策，已从此前的积极笼络逐渐转向暗中拆台。华北日军新定《第三国系教会肃清要领》，确立自7月起逐步使华北第三国系教会中的中国人自立的方针。至1941年10月，时局日渐紧张，"兴亚院"再次召集各教会代表举行第二次讲习会，内容跟首次大同小异，但这次会议出现了教会联合的萌芽。

太平洋战争爆发后，整个华北教会被封锁，特别是英美背景差会的教会都成为"敌性机关"，聚会讲道必须取得当局许可，只有纯粹中国自立的教会如王明道的基督徒会堂无须请求许可。各教会领袖都认为"非有大规模之联合组织，不足以挽救时艰"，因此在傀儡政府"华北政务委员会内务总署"的召集下，于1942年4月18日在北平灯市口公理会成立"华北基督教联合促进会"。至9月，河北、山东、山西、河南的多个市县依次成立分会、区会，数目多达31个。"华北基督教联合促进会"声明其宗旨有三：促进自立自养自传，凡一切经济事工不能再仰仗欧美来维持；促进"华北中华基督教团"早日实现；促进完成中国化的基督教。[2] 由此可见，"华北基督教联合促进会"仅是一个过渡机构，日伪真正目的是要成立日本式的教团组织。

事实上，早在1942年2月22日，日军就出台了《北支敌国系教会整理经营要领》，明确了"华北基督教联合促进会"过渡到"华北中华基督教团"的具体细节和时间表，规定"华北基督教联合促进会"总会和分会必须在1942年8月底前解散。伪内务总署于1942年9月8～10日在北平灯市口妇女圣道学校召集华北各教会，举行第三次"华北基督教讲习会"，主要目的是筹备成立上述教团组织。10月12～14日，各教会领袖正式开会筹备教团成立。15日下午，"华北中华基督教团"在北平中南海怀仁堂召开成立大会，到会信徒约千人，大会选举北京卫理公会会督

---

① 陶飞亚：《中国的基督教乌托邦研究——以民国时期耶稣家庭为例》，人民出版社，2012，第135～137页。

② 华北中华基督教团本部编《华北中华基督教团成立周年纪念册》，1944年1月，第4页。

江长川任该教团主理，周冠卿任副主理。至此，全华北 30 余万名新教徒、40 余家教会组成的新教团遂告成立。先前成立的"华北基督教联合促进会"各地分会，也都逐步转变成为"华北中华基督教团"的分会。从华北的整体情况来看，只有基督徒会堂由于王明道的抗争，获准不参加该教团可以继续活动。[①] 1942 年 12 月，"华中中华基督教团"在汉口成立，华东地区也有一个类似组织在上海成立，成为日军和日伪政权对沦陷区教会实施监控、改造和利用的工具。

天主教方面

在抗战全面爆发的初期阶段，逐步沦陷的各地天主教都受到了冲击。就教育方面来看，北平沦陷后，天主教辅仁大学因有国际背景，日军未进入该校，教学活动得以继续，辅仁大学于当年倡议举办小型施粥厂，救济贫民和难民。但 1939 年 8 月，该校训育主任伏开鹏神父、教务主任胡鲁士（Henry Kroes，1903—1989）神父，因送学生南下，遭到日军逮捕，1 月有余才被释放。1940 年 6 月，伏开鹏再次被日伪逮捕。1941 年 11 月，辅仁大学秘书长英千里被告密遭日方逮捕关押 3 个月后才被释放。1941 年 12 月 8 日太平洋战争爆发后，美日宣战，该校美籍教职员被日军关押于集中营。1942 年 12 月，该校教师、文字学家沈兼士被日本宪兵列入追捕黑名单，为防不测，他南下前往大后方重庆。1944 年 3 月，日本宪兵逮捕以辅仁大学为中心的"华北文化教育协会"负责人及会员数十人，6 月该校被捕人士英千里等 27 人被日军宣判 4 个月至 15 年不等徒刑。1945 年 7 月 15 日，英千里等十余人被释放出狱。9 月 3 日，被北平民众誉为抗日大本营的辅仁大学举行抗战胜利后首次开学典礼，校长陈垣讲话，报告辅仁大学 8 年坚持抗日办学的经过。9 月辅仁大学撤销日本语言文学系，日本籍教员离校返日。

中等教育方面，男女中等学校共 10 所，包括小修院。北平教区小修院有学生 65 名。圣母会主持的上义中学有学生 93 名，在南堂主持的法文学校有 32 名。其他还有方济各会修女主办的专收教外儿童的圣心学校，及不同天主教男女修会主办的辅仁附中男部、盛新中学、竞存中学、辅仁女中、光华女中、佑贞女中，以及教外世俗妇女主办的不与教区发生任何关系的培根女中和辅仁女中分校。而在初等教育方面，在政府立案的小学校共有男女学生 2300 余名。

总体来看，根据天主教 1929~1939 年教育方面的数据统计，只有 1936~1937 年、1937~1938 年两个年度在人数上有所减少，前一年度减少了 1598 人，后一年度减少了 13386 人。很明显，这种减少是受到了日本侵华战争的影响。

---

① 胡卫清：《华北中华基督教团研究》，《文史哲》2014 年第 5 期。

在出版方面，由于战时社会环境不稳定和物资经济匮乏，以及日本方面对抗战爱国言论的管控，一些天主教刊物纷纷停刊。1937 年，停刊的即有天津《益世报》，献县教区的《海星》《献县教区公教进行会季刊》等。1938 年，上海天主教会的中文刊物《圣教杂志》也被迫停刊。《圣教杂志》被迫停刊的很大原因在于时任主编徐宗泽在该刊撰写了大量抗日爱国文章，包括《战争与爱国》《全国祈祷总动员的我见》等。徐宗泽早在 1932 年一·二八事变爆发后，即与马相伯、陆徵祥等人推动天主教信众的爱国意识。[①]

第五节　大后方及中共根据地的教会发展

华西教会合作事业

全面抗战爆发后，华北、华东地区的学校、工厂、机关、教会等团体大量西迁，西南地区成为支持抗战的大后方。在教会领袖眼中，西南不但是中国经济、政治及一切建设之中心，也是教会发展事工的要地。美南长老会、中华圣公会、监理会等教会都在云贵开展传教工作，青年会、女青年会还组织了布道团到贵阳、昆明、重庆、成都等地。中华基督教会在 1939 年先后开辟了贵州和云南两个传教区。协进会在成都设立办事处，于 1939 年成立了由中外教会领袖组成的"华西教务合作研究组"。华西教务合作最终确定在四川、西康、陕西、甘肃、青海、宁夏、云南、贵州和广西 9 省开展工作，包括教会布道、训练、基督教教育、医药事工及基督教文字事业的联合。

金陵神学院迁到成都后，联合华西神学院及四川基督教协进会，从 1939 年春开展乡村教会的推广工作，中和场、温江等 7 处被选定为乡村教会实验区，40 多处为联络通讯乡村教会。1940 年 9 月，华西成立乡村教会工作联合推广委员会，参加者有华西神学院、华西协合大学、四川基督教协进会、金陵神学院、金陵大学农学院、《田家》半月报社和协进会华西办事处等。

太平洋战争爆发后，广学会、青年协会书局、华英书局等在上海的基督教出版机构迁往成都，组成基督教联合出版社。西南大后方为教会提供了一个开发、试验及各宗派各教会合作的良机，大批外来教会人才为该地基督教发展注入了活力，信徒人数也比战前有了较大增长。

边疆服务运动

边疆服务运动是教会在抗战时期中最有建设性的一项工作，对教会、对国家都

---

① 参见徐宗泽编《徐文定公逝世三百年纪念文汇编》，圣教杂志社，1934。

有莫大的贡献。[①] 1939 年夏，诚静怡和中华基督教会总会青年执委、齐鲁大学教授张伯怀共同发起了一场以"边疆服务"为宗旨的运动。1939 年 6 月 24 日，国民政府行政院批准这一计划，还允在 3 年试办期内给予经费接济。

不幸的是，诚静怡于 1939 年 11 月 15 日突发脑出血去世，但"边疆服务"计划由张伯怀等人继续推动，同年 12 月在成都成立边疆服务部，主要服务川西和西康两个少数民族聚居区。边疆服务有三重目的：一是引领边疆同胞信仰基督教；二是增进民族团结和国家统一；三是帮助少数民族理解他们在世界民族之林中的地位。根据服务宗旨和工作计划大纲，主要致力于教育、医疗卫生、生产生计、妇女状况改善、社会救济、调查研究和宗教传播七项事业。工作重点在川西区的杂谷脑、威州、理番（今理县）等地。边疆服务部还非常重视边疆研究，曾组织学者和员工深入川康地区，开展对民族语言、文化教育、社会习俗、宗教信仰、生产生计及民族关系等方面的调查研究，产生了丰富的学术成果。

何明华会督与中国工业合作社

图 9-8　香港圣公会会督何明华像

日本全面侵华战争后，中国民族工业遭受重创。为了弥补工业生产力的不足，中国工业合作运动兴起，成为全面抗战时期最有影响力的生产自救运动。美国记者埃德加·斯诺（Edgar Snow，1905—1972）夫妇和新西兰人路易·艾黎（Rewi Alley，1897—1987）于 1938 年 4 月提出在中国建立一个"工业合作社"的计划，得到国民政府行政院院长孔祥熙的支持，并拨付法币 500 万元作为基金。同年 8 月 5 日，中国工业合作协会在汉口成立。1939 年 1 月，"中国工业合作社国际委员会"（简称工合国际委员会）在香港成立，由宋庆龄担任名誉主席，香港圣公会会督何明华（Ronald Owen Hall，1895—1975）（见图 9-8）担任主席，该委员会在马尼拉、纽约、伦敦等地成立了工合推进委员会，成为推动世界各国华侨和国际力量援助中国的重要机构。

在何明华看来，工合运动不仅是分享工作、经营和利润，也是"中国为自由而战"。他通过著作和英国国际广播电台向世界宣传中国军队在抗战中的表现，称赞中共领导的八路军战士，认为他们"代表了中国的勇气和力量"。何明华曾差派一

---

①　余牧人：《抗战八年来的中国教会》，《基督教丛刊》第 9 期，1945 年 2 月，第 9 页。

名加拿大籍教会医生前往延安。在何明华的努力下，工合国际委员会加大了对陕甘宁边区的支援力度。毛泽东曾专门致函何明华表示感谢。当时在皖南的叶挺也亲自致函工合国际委员会，感谢工合在游击区建立合作社，并请求工合国际委员会进一步援助皖南人民。何明华还多次与周恩来联络。1939~1943 年，工合国际委员会共资助延安 250 万元。因何明华与中共的关系极为密切，他一度被称为"红色会督"，中华人民共和国成立后，于 1956 年成为首批受邀访问中国的西方教会领袖。①

大学的福音工作

抗战时期许多公立和私立大学迁到大后方，昆明、重庆、成都等地高校云集，许多流亡学子彷徨歧路、烦闷不安，这为教会在大学中的福音工作创造了难得的机遇，特别是在国立大学，福音工作较战前有了很大进步。以往国立大学是非基督教运动的大本营，但在抗战时期，教会人士发现国立大学对基督教很开放。齐鲁大学教授罗天乐（Stanton Lautenschlager，1888—1950）在访问一些公立大学后写道："到处都向教会敞开了大门，学生作好了准备接受福音。在过去 18 个月里，我们旅行 6000 英里（约 9656 千米），访问了 20 所大学，我们到处受到欢迎。学生坦率表达疑惑，自由提问，但没有反对或者不友好的批评。"② 罗天乐发现国立学校和非基督教的私立学校对基督教的回应比教会学校的兴趣还大。陈文渊牧师观察到战时绝大部分学生对基督教的态度已从过去的反对、批评让位于目前的友好、开放和热情。

1939 年夏天，协进会举办了战时第一次全国基督教学生大会，动员学生了解基督教运动，加入基督教的各项事工。同年 11 月，协进会在上海开会，决定对迁到西部的学生展开有效的福音工作，特别是地处偏远的国立学校。1940 年春天制订了一个计划，由 5 个人负责西部 5 所国立大学的福音工作，分别是西北大学、武汉大学、浙江大学、广西大学、中山大学。青年会通过发放学生救济金，吸引了不少学生参加团契工作，大部分公立大学都有学生团契。

云南成为战时中国高等教育的中心之一，当时担任圣公会华南教区主教的何明华认为有一半中国大学生聚集在他辖下的教区。他在昆明创办了一间学生教会，选在高校集中的文林街，邀请燕京大学宗教学院院长赵紫宸担任牧师。赵紫宸将教会命名为"文林堂"，定期举办各类宗教活动，包括查经班、名人演讲、音乐会等，星期日有 3 次礼拜，在当时极具影响力。国立大学福音工作的拓展及成就，让教会人士感到兴奋，他们甚至声称"主要通过基督教大学让基督教对学生产生影响的时代就要过去了"。赵紫宸在 1948 年时认为，在国立大学的福音工作"对于中国的基

---

① 有关何明华与工合，参见吴青《何明华与中国关系之研究（1922—1966）》，浙江大学出版社，2017。

② Stanton Lautenschlager，"Evangelism Among Students," in *China Christian Year Book* (*1938 - 1939*)，p. 170.

督教运动，实在开辟了新的纪元、新的疆域"。①

中共对基督教的新政策

1935 年 12 月，中央红军长征到达陕北后，为集中打击日本帝国主义，中共对基督宗教的管制开始放松，改变了过去以打击、限制为主的政策，转而承认外国传教士在华拥有传教、教育、土地财产等权利。1939 年 2 月，中共中央制定的《陕甘宁边区抗战时期施政纲领》规定："在不损害边区主权的原则下，保护一切同情中国抗战国家的人民、工商业者、教民，在边区生产、经营与文化事业方面的活动。"这项政策很快在中共领导的所有抗日根据地内贯彻实施，对根据地之外的传教士也产生了积极、正面的影响。

太平洋战争爆发后，美英成为中国同盟国，中共更加重视对基督教会的保护。1942 年 1 月，中共中央制定了关于抗日根据地的土地政策，明确规定宗教土地（包括教会的土地）均不变动。1942 年 4 月，晋察冀边区政府出台关于外国教堂财产的规定，要求在全区内切实维护教会的财产权。1942 年 2 月 2 日，中共中央机关报《解放日报》发表长篇社论《在信教自由的旗帜下》，该社论认为传教士可以成为加强中国与英美等国国际关系的桥梁，对于他们应尽一切力量加以尊重和爱护，使他们对于抗战事业能多所协助。社论极力赞扬了各宗教团体在抗战中的贡献，特别提到各国在华传教士给予中共同情和援助，敌后抗日根据地的《晋察冀日报》、《新华日报》（华北版）、《大众日报》等均转载了这篇社论。

面对日本帝国主义这个共同敌人，中共与根据地的教会结成了联盟，传教士放弃了以往对中共的激烈批评，转而为共产党人的献身精神所感染，并赞成中共在根据地实施的社会建设目标，并为此提供合作和支持。美国公理会的传教士为根据地医院运送了大量设备，掩护共产党员。1937 年秋，英国记者贝兰特访问了山西抗战前线的内地会传教士，发现传教士与八路军友好相处，当地教会一致称颂八路军的纪律及其对平民的模范行为。1941 年冬，罗天乐访问延安，受到朱德等中共领导人的接见。次年，罗天乐在英国出版了题为《与中国共产党人在一起：中国西北共产党根据地访问记》的小册子，向国际社会介绍了中共在延安的成就，并强调中共"希望基督徒是朋友而不是敌人"。②

大后方的天主教会与抗日救国宣传

大后方天主教报刊大力宣传抗战爱国。1937 年 7 月 30 日，天津沦陷，天津

---

① 赵紫宸：《危机与转机》，《真理与生命》第 14 卷第 1 期，1948 年 3 月，第 6 页。
② 有关抗战时期基督教会与中共关系，可参见陶飞亚《抗战时期中共对基督教会的新政策》，《文史哲》
  1995 年第 5 期。

《益世报》由于宣传抗日，报社人员被捕，报务停顿。雷鸣远指示天主教神父牛若望率领编辑部南下转至云南。1938 年 10 月，《益世报》在昆明复刊，继续鼓动抗日救国，揭露日寇侵略暴行，成为中国天主教爱国人士的宣传阵地。1939 年 11 月 4 日，马相伯去世于越南谅山，重庆国民政府以及上海各界随后纷纷举行追悼纪念活动。

抗战时期的中梵关系

作为罗马教廷派驻中国的最高代表，蔡宁严守教廷不介入当地国家政治事务的原则，不仅避免与国民政府太过接近，也与伪满洲国和日本关东军保持着一定的距离。1939 年 3 月 14 日，蔡宁发表牧函，要求中国天主教主教及神职人员远离政治，站在所谓的"中立"立场上。重庆国民政府得知此事后，认为蔡宁的言论是对中国民众抗战精神的打击，就通过罗马教廷传信部秘书长刚恒毅转告教廷国务卿，表达中国政府的立场。教廷回应称，蔡宁发表的牧函事实上针对的是人数比中国神职还多的外籍传教士，系依据教会法和司铎执行神职时应有的操守，而且爱国及效劳国家是天主教徒的权利和义务。蔡宁在于斌的陪同下向国民政府要员做进一步解释，但这难以抵消国民政府和中国神职群体对蔡宁的不满。

1940 年 3 月 30 日，汪伪政权在南京成立，罗马教廷并不准备对其予以承认，但蔡宁依旧与重庆国民政府保持一定的距离。1941 年初，重庆国民政府再将订约换约一事通过驻意大利使馆向刚恒毅探询罗马教廷的意向，表现出建交的急迫性和积极性。结果是罗马教廷希望将中梵通使一事暂时搁置，留待大战结束后再商议。而重庆国民政府考虑到一旦美国和日本交战，德国和意大利势必会承认汪伪政权，若能早于日本与罗马教廷建交，则较为有利，故转托美国驻华大使促成此事。可以说，此时干扰中梵建交的主要障碍已不是法国的"保教权"，而是日本方面的外交动作。

中国天主教神职的代表如于斌、陆徵祥等着眼于梵蒂冈的外交力量，都竭力呼吁中梵建交。于斌自 1937 年至 1939 年外访欧美，在美国逗留 60 天，演讲 120 次，在美国和加拿大报刊撰文 200 余篇，引导国际舆论从中国的角度来谴责日军的侵略行径。中梵外交关系也是他作为宗教人士政治活动的要点。陆徵祥在 1931 年之后也在欧洲呼吁中国国内的对日抵抗。

太平洋战争爆发后，日本担心在外交上遭受同盟国的孤立，于是加紧争取与梵蒂冈建交。1942 年 3 月，中日分别与梵蒂冈展开建交谈判。但此时中梵建交的主要障碍来自国民政府于 1942 年 1 月颁发的《敌国国籍传教士集中及保护监视办法》，也即出于对意大利、德国传教士是间谍怀疑而制定的集中监视法规。经于斌交涉，5 月 28 日国民政府军事委员会发电给各地政府，在一定程度上解决了此问题。这为推动中梵建立外交关系提供了比较融洽的氛围，加上同盟国的大力协助，中梵建交的可能性逐步提升。1942 年 3 月，日、梵已就建立外交关系达成共识，随即干扰中梵建立外交关系，但破坏中梵建交的行为都得到了教廷的拒绝。

梵蒂冈最终同意中梵建交。但迟至 1942 年 10 月 23 日，教廷才在《罗马观察家报》刊登国民政府驻瑞士代办谢寿康任驻教廷使节的议案，正式宣布中梵建交。而实际上，不论是中梵还是日梵建交，都是单方面派驻使节，也即中国、日本各派驻使节到教廷，罗马教廷则不派出使节。[①] 这也是罗马教廷在抗日战争时期从外交层面维护其在两国传教权益的政治手腕，而且与远东的两个大国建交，也有利于提升它的国际威望。罗马教廷的这种具有弹性与中立的外交做法，对中国天主教会信众也产生了一些不便明说的心理层面影响。当日本侵略中国之时，罗马教廷虽然最终承认重庆国民政府，拒绝汪伪政权，但也与日本缔结了外交关系，且宗座代表蔡宁的言论一度伤害了天主教在中国的政教关系。而中国天主教徒在政治层面上的困难选择则在抗战结束后，特别是解放战争时期进一步显露出来。

结　语

以上对全面抗战时期中国基督教会的各项事工和发展做了简述。中日全面战争极大地影响了中国教会的正常发展，打乱了战前基督教运动的步伐，如基督教本色化、合一运动、奋兴布道运动、中国基督教高等教育协作计划等。世界基督教大会第三届大会原定于 1938 年在中国杭州举行，但因杭州沦陷不得不改到印度玛德拉斯。教会在战时救济和服务中的杰出表现，得到了国人很高的评价。1938 年 4 月 6 日，宋美龄在感谢教会在全面抗战爆发以来的贡献时说："几年前，中国人对教士不满的批评盛极一时。现在所有批评你们的人，今天已被你们的工作说服了。"[②] 上海一家中国人创办的英文周报《中国评论》（China Critic）通常对传教士和西方国家并不是很友好，但其在 1939 年写道："在战争爆发两年后的今天，基督教会已经在中国建立了他们可以引以为豪的记录。他们没有通过文字传教，而是通过实际行动表达对上帝的爱，他们无疑已经找到在中国生活的真正位置，通过自己的辛勤劳动满足了很多人的需要。"[③] 又如天主教方面，战时天主教的慈善救助活动，中梵之间外交关系的建立，以及教会上层抗日救国的呼吁，"从此教徒始被视为真正爱国者，而不

---

①　以上有关中梵关系，参见陈聪铭《中梵外交史——两岸与教廷关系（1912—1978）》，光启文化事业，2016，第 176~183 页。

②　宋美龄：《告基督教教友》，袁伟、王丽平选编《宋美龄自述》，团结出版社，2007，第 95 页。

③　Randall Gould, *China in the Sun*, New York：Doubleday & Company, 1946, p. 289.

再怀疑他们是'二毛子汉奸'了，天主教在社会上也赢得了荣誉与地位"。①

全面抗战时期的中国教会也赢得了国共两党的赞扬和尊重，政教关系空前缓和。战前规定私立学校不得把宗教课定为必修，也不允许在课堂上进行宗教宣传，小学不允许有宗教活动。1938 年，国民政府做出修改：私立学校如果开设宗教课程，学生可自由选修；如果有宗教活动在课外时间举行，学生可以自由参加。战时基督教会的所作所为，表明他们站在与中华民族共命运的立场上，是为中国人民的正义事业共同奋斗，这不仅大大提升了基督宗教在国人心目中的正面形象，信徒与非信徒、国家与教会都增强了信任和团结，教会也因此得到了比战前更大、更自由的发展空间。

基督宗教在中国近代史上，长期被看作帝国主义文化侵略的工具，中国基督徒因而也在身份认同上处于长期的辨识困境之中，如何在宗教教义的理论层面阐释"爱国"与"爱教"的一致、如何在社会实践层面抵销"多一个基督徒，少一个中国人"的负面评价等问题，是彼时各个阶层中国基督徒面临的时代之问。

全面抗战期间，中国基督宗教无论是传教士还是普通信众都处在与中国民众"同呼吸共命运"的战争环境中，抵抗日本军国主义的侵略是中国基督宗教和中华民族共同的历史使命。一些进步的中国基督徒知识分子也在理论层面论证了以武力反抗侵略战争的合法性以及基督徒爱国的必要性，比如徐光启后代、上海天主教耶稣会士徐宗泽在《圣教杂志》发表的《战争与爱国》中所言："当此我国在应战，抗战之中，国人盍一心一德在政府领导之下勠力拒敌，以尽我爱国之本分哉。"② 徐宗泽还在文章中祈求我国取得抗战的最后胜利，并直言爱国是包括基督徒在内的国民的应尽义务。这可看作中国基督徒在抗战时期表达爱国主义精神的代表性论述。

中国基督徒在全面抗战时期的"爱国爱教"实践，也在主客观上配合了中国共产党领导的抗日民族统一战线，同时也是全民族抗日救亡运动的重要组成部分。正如 1938 年《新华日报》编者在回应一封读者来信时所言："中国的基督徒，一般地说来，和信仰其他宗教的同胞一样，都是很好的爱国主义者。有许多基督教徒的团体和组织，抗战以来，发挥过许多积极的作用，进行过许多英勇的奋斗，可以作为各界民众的模范。"③ 回信中还特别提及了中国基督教青年会在抗战中团结青年组织抗战的具体贡献。可见，中国基督徒在全面抗战时期的爱国实践得到了主体社会的积极评价，也构成中国基督宗教在不同时期延续"爱国爱教"精神的重要历史资源。

---

① 〔法〕穆启蒙（Joseph Motte, S.J.）编著《中国天主教史》，侯景文译，光启文化事业，2004，第136~137 页。

② 徐宗泽：《战争与爱国》，《圣教杂志》1937 年第 11 期，第 648 页。

③ 《读者信箱：抗战与基督教徒》，《新华日报》1938 年 7 月 12 日，第四版。

| 第十章 |

战后中国基督宗教

杨卫华

　　抗日战争带给中国基督教会的危机是两方面的。许多传教士频繁强调自身的辩证法，危机一方面是危险，另一方面却是机会。战争留下的遗产除了满目疮痍，也有遭遇战争创伤的广大灵魂，他们亟待寻求心灵和精神的抚慰，这给基督教的介入提供了广阔的空间，因而战争时期中国基督徒的人数有所增加。同时，战争所激起的民族主义和国家动员，最大限度地将基督徒纳入国家进程，许多原本国家观念淡薄的基督徒获得了强烈的国家认同，他们也通过卓越的战时救济和服务赢得了广泛的认可，向中国政府和民众证明了自己的爱国之心。因此，战后基督教所面临的社会氛围更趋理想，战前曾经遭遇的那种反对甚或敌视不再。基督徒和中国人不再是不能共存的两种身份，加上1943年中国借助抗战废除了一切不平等条约，祛除了牵累基督教的外在枷锁，基督教的权利不再仰赖于条约保护，而是被赋予了新的法律地位。更重要的是，抗战的胜利让每一个劫后余生的人都充满希望和干劲，盼望能在战后的中国重建和教会复兴中释放自己的力量，但他们的热情很快就被一系列困境所消解。

第一节　战后教会的复员与重建

复员计划

早在1943年当胜利的天平向反法西斯同盟国家倾斜，中国基督教会战后复员计划即被提上了日程。1943 年，北美国外宣教事业协会（The Foreign Missions Conference of North America）即策划"战后复员与扩张计划"，专设"东亚委员会"并组织"中国战后教会事工计划委员会"，由葛惠良（Frank Thomas Cartwright，1884—?）任主席，制定中国教会战后方案。与该协会联系密切的中华全国基督教协进会，则于 1944 年在代理总干事邵镜三的主持下，召开"战后世界建设和中国基督教会建设"会议，由吴耀宗起草并通过《战后的世界与战后的中国教会》，主张召开沦陷区教会联合会议，以合作、调整为原则进行战后复员，重新分配教区、教堂、人力、物力，并加强培训中国教会领袖人才。① 此外，许多教会机构或个人都建言献策，强调领袖培养和人才训练、城乡教会发展、布道、医疗、教育、文字等，希望实现战后教会复兴，同时为战后中国重建贡献力量。

1945 年 3 月，世界基督教协进会干事德威廉（John William Decker，1890—1982）来华慰问考察，并与在华同工商议战后复员计划。他希望能得到国民政府的支持，所以在重庆等地拜访了蒋介石、宋子文等政府高官，这些人都是基督徒。德威廉非常高兴地看到这些官员基督徒提升了基督教在中国的影响力，但他也强调"谨慎的人都会意识到随之而来的危险，政府不能满足中国人民和平、民主和民众福利的要求与渴望，可能会有反作用，基督徒在政府中的凸显会成为一种负担"。② 尽管如此，他对基督教在中国的发展仍持乐观态度。1945 年 10 月，北美国外宣教事业协会也派葛惠良来华，以加强中美教会合作，与中国教会领袖商议教会战后复兴计划。在历时 6 个月的行程中，葛惠良先后访问重庆、上海、北平等地，并被蒋介石奉以上宾之礼。中西合作及预为筹谋为中国教会的战后复兴提供了保障。

背景知识 10-1 世界基督教协进会

世界基督教协进会（World Council of Churches）是一个全球基督教的联合性国际宗教组织，是 20 世纪基督教宣教运动和普世教会合一运动的产物。1910 年爱丁堡世界宣教大会开始倡议普世教会合一，1921 年国际宣教协会成立，开始开展联合性的国际传教事工。1937 年，国际宣教协会主席穆德开始倡议成立世界基督教协进会，1938 年正式成立筹备委员会。但直到 1948 年 8 月，才在荷兰阿姆斯特丹召开成立大会，正式宣告建立，旨在致力于全世界各宗派教会的合作与合一运动。赵紫宸和吴贻芳等应邀出席了成立大会，赵紫宸当选为大会 6 位主席之一。当时有中华基督教会、中华圣公会、浙沪浸礼会和华北公理会 4 个宗派组织加入该会。1951 年，因该会支持美国发动朝鲜战争，赵紫宸辞去主席职

---

① 吴耀宗：《战后的世界与战后的中国教会》，《基督教丛刊》第 5 期，1944 年 2 月，第 7~8 页。
② J. W. Decker, "Christian Movement in China," *Fast Eastern Survey*, Vol. 15, No. 4, Feb. 27, 1946, p. 57.

务，该会与中国联系中断，直到改革开放后才重建联系并一直保持友好关系。

归程

1945 年 8 月，抗战胜利的消息传来，基督教界在短暂欢庆后即开始各项复员工作。被迫内迁的人员和机构需重新回到原来地方，但困难重重。首先是交通方面，如内迁的燕京大学为做好复员准备，决定在成都继续开办一学年。成都燕京大学最终兵分两路，一路从成都坐汽车到重庆，改坐船沿长江东下上海，北上天津，最后乘火车返北平；另一路从成都乘汽车到宝鸡，改坐火车到西安，再乘骡子车或牛车到太原，最后坐火车回北平。两条路都不是简单的旅程，特别是第二条路，旅途中行李丢弃、路遇盗匪，许多档案财物滞留西安两年之后才空运至北平。[①] 至 1946 年 7 月，中华全国基督教协进会才回沪完成复员工作。中国基督教全国总会以"复员重于一切"，总干事崔宪详、代理总干事张伯怀等为复员奔波了 1 年多的时间，1946 年 10 月在南京召开扩大执行委员会，复员工作才告一段落。

为应对战后人才的匮乏，在战争结束前后，中华全国基督教协进会等国内国际组织就开始呼吁休假或遣返回国的传教士尽快回华，并大量招募新传教士来中国服务。许多在战时离开的传教士重新回到工作岗位，而被日军关入集中营或监禁的英美等国传教士也被释放，同时又有一些新传教士来华。例如美国归正会（The Reformed Church）传教士战时以交换俘虏等方式被日军遣返，在战争结束时仅剩下 5 位，但战后许多人先后返回，有的是单独回来，有的则是成群结队地回归。1946 年 9 月，12 位归正会传教士在旧金山登上著名的"海猫号"轮船，这是战后最大规模的一次传教士前往东亚，来自各差会的 400 多名传教士坐在同一条船上。[②] 至 1946 年已有 36 位归正会传教士回到中国，之后陆续又到来一些，最后接近 50 人，其中有 18 人是第一次来华。归正会的故事只是众多差会传教士回归中国的一个缩影。至 1947 年底，在华新教传教士猛增至 3500 名左右，他们被派赴各地执行复兴计划，其中美国传教士的比例占到 60% 以上，[③] 后者成为战后中国基督教会的中坚力量。

背景知识 10-2　中华全国基督教协进会

中华全国基督教协进会是 1910 年爱丁堡世界宣教大会精神影响下的中国产物，是 1949 年前在中国影响最大的基督教机构，其前身是 1913 年在上海成立

---

① 〔美〕艾德敷：《燕京大学》，刘天路译，珠海出版社，2005，第 323~326 页。
② 〔美〕杰拉德·F·德庸：《美国归正教在厦门：1842—1951》，杨丽、叶克豪译，龙图腾文化有限公司，2013，第 406~407 页。
③ 顾长声：《传教士与近代中国》，上海人民出版社，2004，第 383 页。

的中华续行委办会。1922 年 5 月，新教 70 多个差会、团体在上海召开全国基督教大会，正式宣告中华基督教协进会成立，余日章和诚静怡分别任会长和总干事，主要致力于协调全国各教会和基督教组织的合作运动，其机关刊物有《中华归主》等。该会会员包括公会会员和机关会员，前者有基督会、监理会、浸礼会、崇真会、中华基督教会、中华圣公会、华北公理会、礼贤会、美以美会、浸信会、中华行道会、行道会、循道会、遵道会、友爱会等；后者有中华基督教教育会、中华国内布道会、广学会、中华圣经会、中华基督教青年会全国协会、中华基督教女青年会全国协会等。该会本身并不带有神学色彩，但还是被一些差会或教会视为自由派，致使中华内地会等先加入的差会退出。中华全国基督教协进会在 1954 年中国基督教三自爱国运动委员会成立后宣布结束。

教产接收

战时，沿海、华北、华中、华南等原先教会事工规模巨大的区域先后成为沦陷区，教堂、医院、学校等教会不动产被日伪占据，部分在战后又落入国民政府军政机关之手，许多产业因数度易手更陷入民事纠纷。接收这些教产是当务之急，许多机构因此都会派几名代表轻装返回，与敌伪产业处理委员会等机构打交道争取顺利接收，特别是一些与国民政府或美国驻华军队、使馆关系密切的传教士；或是在联合国善后救济总署、国际红十字会工作的传教士。比如美国长老会传教士毕范宇（Frank Wilson Price，1895—1974）、卫理公会的许安之（D. L. Sheretz）、内地会的耿义德（A. R. Kennedy）等，都很快乘坐飞机回到沿海。针对教产被军政当局侵占，毕范宇曾代表教界多次向蒋氏夫妇交涉，通过中央通令对教堂等产业一体保护，并限驻军一个月内迁出所占房屋。[①]正是在蒋介石的干预下，基督教在战后的恢复才避免了更多损失。但教产划还问题复杂，尽管中央有令，但许多教产仍要经过长期交涉才能解决。在战后美国驻华大使馆处理的日常事务中，很大一部分就是要与外交部交涉各地美国教会财产纠纷议题，许多还走上了法庭。

重建工作

复员之后，即面临巨大的战后重建工作，包括物质和精神重建。基督教在抗日战争中蒙受了巨大的损失，特别是广大的沦陷区，教堂、学校、医院等房屋和内部设施遭到不同程度的破毁，这些都需要恢复、修缮或重建。比如燕京大学大多数房

---

① 《中华全国基督教协进会特派委员会报告接收及保护差会教会产业经过情形》，《协进》第 5 卷第 1 期，1946 年 4 月 16 日，第 5 页。

屋遭到严重破坏，特别是可移动的家具和设备几乎丧失殆尽，理科教学所需的仪器、标本以及相当一部分图书遗失，直到 1947 年秋，燕京大学才基本修缮完学生和教师的住处。而两度被日军占据的上海沪江大学，因战后国民党及朝鲜军队进驻，校园已面目全非。据新任校长凌宪扬报告，当他回到阔别已久的校园，感到非常伤感，在花费 5 万美元，雇用 200 多个工人，花了一个半月的时间后，才完成初步的物质重建。日本人对齐鲁大学的校舍维护得要好一些，稍微修缮即可利用，图书馆的破坏并不大，但仍损失了大量的设备。

图 10-1　燕京大学硕士毕业生（1948 年 6 月 29 日）

图片来源：耶鲁大学神学院数字图书馆图片特藏。

传教士的回归填补了教会急需的人才空缺，为战后教会的重建奠定了基础，但同时也打乱了战时慢慢形成的新的教会权力格局。随着战时传教士的撤退，许多工作开始转入中国本土领袖之手。随着传教士的归来和接手，又慢慢回复到战前中西新教共同建制的权力架构。更重要的是，因为中国国内经济状况的恶化，许多教会和基督教机构很大程度上还要仰赖西方，尤其是美国差会的经济援助，传教士尤其是美国传教士的权势进一步增强。

不过，美国传教士及其背后的美国教会确实是中国教会复员和重建的重要经济来源，这种关系也方便了他们从各种美国背景的救济机构中获取经费和物质补助。比如联合国善后救济总署，英、美、加拿大红十字会，美国教会援华救济委员会，美国联合援华会，等等。许多机构都提到了从联合国善后救济总署获取的资助清单。事实上，作为与其对接的行政院善后救济总署，许多领导和工作人员都来自基督教机构或与其有联系：一方面，想当然地认为这些人更清廉；另一方面，他们的美国背景、英文水平、办事能力也都在促进这种联系。比如总署的署长蒋廷黻，是公认的清廉人物，刚好也是一名基督徒；另外，西安基督教青年会总干事张博文也被招募其中；最典型的是广东分署正副署长，岭南大学前校长美国传教士香雅各（James McClure Henry，1880—1958）以及凌道扬、李应林，都是和教会关系密切的基督徒。当然，教会机构的经费是非常多元化的，中国自身的捐款也非常重要。比如归正会厦门鼓浪屿毓德女校的重建，既有美国归正会的捐款和传教士雅裨理（David Abeel）纪念基金的资助，也有善后救济总署捐赠的 6000 磅面粉，用以支付工人工资，而该校在各地的校友会几乎全部负担了校园的内部硬件设施，包括办公桌、课桌椅、钢琴、宿舍床等。

第二节　战后教会的短暂复兴

战后复员和重建尽管举步维艰，但传教士和中国基督徒还是以极大的热情投入复兴教会和中国的事业。因此，被抗战打乱的各项事工开始慢慢恢复和发展，在乡村建设、教育、医疗、文字出版等方面取得了一定的成绩。但这种短暂的复兴被一系列困境打破，内战的爆发是第一个冲击，而冲击更大的则是通货膨胀造成的经济困境。许多计划中的事工被迫大打折扣，中国基督教还未来得及收获战后复兴的果实，便开始进入一个新的时代。

宗教事业的发展

首先是以中华全国基督教协进会为代表的主流教会。1946 年 12 月，协进会以"基督的教会和中国的将来"为主题，在上海召开第十二届年会，发起三年奋兴运动，议决 1947 年以奋兴自己为目标，1948 年以奋进中国为目标，1949 年配合世界基督教运动奋进，实现世界大同。一方面，运动本身是宗教性的，以振兴教会为首要的目标，发展信徒、培养人才，促进教会的合一合作；另一方面，它也面向中国社会，以重建人民的精神生活为抓手，为建设新中国出力，诚如协进会主席梁小初所言：奋兴运动有对内对外两个层面的目标，希望基督教能够在发展自我的同时为化解中国的现实困境贡献一份力量，除开展布道、培灵、基督化家庭运动，也致力于难民救济、农村建设、边疆服务、平民教育、学生运动等事工，实现为教为国的双重目标。但因各方牵扯，奋兴运动延迟一年，到 1948 年才正式启动，并且协进会作为一个协调机构，还需仰赖各地教会和基督教机构的努力，各地的实践效果和进度不一。但经过 1947 年的准备、宣传和动员后，1948 年奋兴运动取得了一定的成绩，比如中国基督徒的人数到 1949 年已达到 83.5 万人，中国基督教在国际上的地位也有所提高。著名神学家赵紫宸 1947 年受邀参加加拿大举行的世界宣教会议，并赴美国接受了普林斯顿大学荣誉博士学位。而在 1948 年荷兰阿姆斯特丹世界基督教协进会成立大会上，赵紫宸当选主席，成为大会 6 位主席中唯一的东方人。不过随着国内局势的急转，三年奋兴运动不得不落个虎头蛇尾的结局，并未达到预期的目标。

相反，一些主流教派外的本土教派则受末世论影响，呼吁入教避难，战后的动荡则增添了其吸引力。这些本土教派重点在传福音，不太关怀现实议题，故而在布道事业上取得了较大的成绩。首先，是受五旬节主义影响的灵恩派，如真耶稣会、耶稣家庭等，他们主要在乡村耕耘。耶稣家庭，除山东泰安老家规模进一步扩大外，战后新家也以年均 10 个的速度发展，地域上推广到全国各地，甚至从农村发展到城市。战后一个新团体是受灵恩派影响的西北灵工团，1946~1948 年，在张谷泉牧师组织下，先后有 6 批 62 名山东潍坊灵修院和乐道院的神学生，来到西北新疆传教，足迹遍布新疆各地，还创办《西北灵工》，为西北特别是新疆的布道事业注入了一股新鲜的血液。其次，是坚守基本要道的基要派，包括倪柝声的"基督徒聚会处"和王明道的基督徒会堂等，致力于城市布道工作，在战后都获得了较大的发展。

劳工和乡村建设事业

早在 1944 年 5 月，王建新在《战后中国教会应注意劳工福利事业》中就呼吁教会要深入社会底层，建造劳工礼拜堂、寄宿营、俱乐部、托儿所、疗养院等，本着耶稣的劳工福音，推进劳工福利事业，以调和劳资冲突、化除阶级斗争。[①] 战后，中国经济、工业停顿不前，致使广大工人生存状态恶化，劳资冲突渐趋激烈。中共领导的劳工运动又起，劳工问题渐为基督徒所重视。主流的观点是在以互助合作为劳工谋福利的同时，避免劳资冲突，而一些激进的基督徒已开始将劳工的悲惨命运归结为不合理的社会制度。协进会工业委员会、基督教男女青年会劳工部延续了它们在战前的事业，但成绩不够理想。1948 年，协进会工业委员会编印的年度报告显示其工作范围和成绩非常有限，而青年会的浦东新村则毁于战火，战后只得到零星的恢复。陷入停顿的沪西公社也只是有限度地恢复了劳工补习学校。女青年会比较有特色的是上海女工夜校，1946 年已达 6 所，学生一度达到千余人，并编写《女工读本》作为夜校的教材。但整体而言，未能恢复到战前水平。

相对而言，战后基督教农村事业得到了更多的重视，成绩也相对多一些。1946 年 1 月，"华北农村建设促进委员会"改组为"华北农村建设联合会"，由美国公理会传教士胡本德（Hugh W. Hubbard）担任总干事，推进农村建设事业，培训乡村建设人才，举办农业展览会，进行农作物改良和畜牧推广工作。该会的《田家》杂志也搬到

---

① 王建新：《战后中国教会应注意劳工福利事业》，《基督教丛刊》第 6 期，1944 年 5 月 1 日，第 76 页。

北平，继续作为推进乡村教会和乡村建设的喉舌而呐喊。1946 年夏，金陵神学院的乡村教会科从成都回到南京，在代理科长朱敬一及余牧人等同工的努力下，恢复了学生培养、研究试验和江苏淳化镇的乡村实习处工作。此外，各教会大学也开始加强乡村建设系科的建设，比较突出的是华西协和大学的乡村建设系，1944 年获得了教育部的批准，正式列入正规大学课程，在战后继续致力于乡建人才的培养等工作，并于 1947 年创办《华西乡建》月刊以加强相关工作。根据中国教会大学战后计划，齐鲁大学把"乡村建设学院"作为战后建设重点，吴克铭校长积极推进该计划，但遭到部分师生的反对，也未能获得教育部的批准，最终夭折。① 1947 年，世界农业传教基金会干事、金陵大学农学院前院长芮思娄（John H. Reisner）来华考察，与协进会、金陵大学等商议战后乡村建设计划。总体而言，战后基督教的乡建工作，并未取得很大的成绩，也难以恢复到战前的规模。

教育、医疗事业的发展

早在 1943 年，纽约、伦敦以及中国基督教会高等教育委员会先后成立战后规划委员会，为战后中国的基督教教育出谋划策，各委员会间有联系并交换意见。中国规划委员会在 1945 年形成了计划草案，拟对散布中国的各教会大学进行重新规划与调整，包括地区性的合并和联合、各校学院建设的重新布局和增减等。1946 年3 月，形成最终报告，并获得了各校校董联合会的认可，成为战后发展的蓝图，但进展并不顺利。基于建设强大基督教大学中心的设想，在合并金陵大学和金陵女子大学、福建协和大学和福建女子文理学院失去可能后，华东联合大学的设想进入实践，企图联合圣约翰大学、沪江大学、东吴大学和之江大学，将上海打造成一个超强的基督教大学中心。中国基督教大学联合董事会极力推进该计划，但沪江大学因背后支持的浸信会不主张联合而退出。直到 1946 年，因纽约方面的推进和给予巨额资助的承诺，之江大学校长李培恩、东吴大学校长文乃史（Walter Buckner Nance，1868—1964）、圣约翰大学校长涂羽卿就此进行了积极商议。同时中国基督教大学联合董事会主席樊都生（Van Dusen，1897—1975）也来华推进此事，最终三校签署了初步合作计划。但校址、经费、校名、学院的设置、人事等很多问题的牵扯延缓了合并的进程，直到 1949 年 5 月中共解放上海也未能成功。随着新政权到来，联合最终化为泡影，战前已开启的联合之梦画上句号。②

1946 年秋，各教会大学已全部回到原址，恢复了招生和教学工作。据中国基督教教育会 1947 年的报告，14 所教会大学的学生总数约为 15000 人，但完全恢复元

---

① 刘家峰：《中国基督教乡村建设运动研究（1907—1950）》，天津人民出版社，2008，第 193~201 页。

② 刘家峰：《拯救基督教教育：中国教会大学的战后计划及其争论》，卓新平主编《当代中国宗教研究精选丛书：基督教卷》，民族出版社，2008，第 456~481 页。

气还需时间。每一所学校在重建中都花费了很多心力和金钱，中国基督教大学联合董事会及西方差会为各大学战后发展获取经济支持殚精竭虑。唯一一所在战争期间完全在沦陷区办学的圣约翰大学，尽管没有回迁的困扰，但同样必须面对战争后遗症。圣约翰大学校长沈嗣良因战时与日伪合作，在战后"锄奸倒沈"运动中被迫辞职，随后被国民政府逮捕判刑，导致校长职位一度悬搁，直到 1946 年 10 月中华基督教青年会原副总干事涂羽卿出任校长。涂羽卿着手解决了困扰圣约翰大学 20 年的立案问题，最终在 1947 年 10 月完成手续，获得国民政府的批准，完成了国立化进程。沪江大学也曾因校长之职陷入尴尬，重庆校董会和上海校董会分别确定了校长人选，战时留守上海的樊正康校长和从重庆回来的代校长凌宪扬。双校长并立的局面必须解决，幸运的是此事并未引发巨大风波，最终樊正康校长辞职，并于 1946 年 2 月选举凌宪扬为校长。燕京大学也在 1946 年司徒雷登走上美国驻华大使岗位后失去了一位能干的领袖，而 1946 年福建协和大学校长林景润则因身体原因离职，1947 年在美国去世。东吴大学校长杨永清战时被国民政府征召参与海外宣传和联合国工作，直到 1946 年 3 月才集中精力在美国为东吴大学重建募集资金，而他长期不归国的行径不但遭遇批评也影响到了东吴校政。主掌岭南大学的李应林也被征召担任联合国战后救济总署广东分署的副署长和署长，一身二任影响了他的精力，成为 1948 年他辞职的一个原因。这些人事的交接、更替与问题对各校的发展也造成了一定的影响。

各教会大学慢慢走上正轨后，开始积极提升师资数量和教学质量，以及提高学术研究水平，实施战后复兴计划，但很快就遭到诸多困境。首先，是通货膨胀、物价飞涨带来的经济困境。这种打击对学校的维持几乎是毁灭性的，特别是学生的学费和教师的薪资问题。学生开学时缴纳的学费在学期结束时已贬值得所剩无几，而教师尽管工资高，但所获薪金的实际购买力却日渐降低。杭州之江大学的队克勋（Clarence Burton Day, 1889—？）夸张地提到，从上海通过银行汇给西籍教员的薪酬，等到达杭州发到教师手里时已损失过半。这迫使许多学校不得不要求学生以大米等实物缴学费，并以米粮支付教师薪资。经济恶化的直接困境是学生和教师生活水准跌落，甚至有燕京大学学生因营养不良而无法参加体育课，部分老师则因生活问题影响到教学积极性和质量。其次，是校园政治的迭起，教师和学生卷入不仅扰乱了正常的教学秩序，也成为各校与国民政府周旋的一项日常事务。

战时教会医院损失惨重，1945 年 3 月德威廉来访时曾向国民政府卫生署署长金宝善请求政府协助战后恢复。据此，卫生署特制定《协助教会医院恢复办法》7 条，在经费补助等方面给予帮助，为战后教会医院的恢复提供了政策支撑。[①] 再加上外

---

① 《协助教会医院恢复办法》，《国民政府档案》，"国史馆"藏，典藏号：001-012101-0006。

国差会和联合国善后救济总署等机构的救济,总体而言大多数医院得到了恢复。据 1946 年底统计,有 203 家教会医院开办,病床达到 17000 张,但未能恢复到战前 250 家教会医院和 22000 张病床的水平。特别是医疗传教士下降到 100 人左右,不过这为中国医生成为各教会医院的骨干力量提供了可能。[①]

基督教青年和学生运动

基督教的青年工作主要以基督教男女青年会为中心,其事业在战时损失巨大,许多沦陷区青年会,比如南京、广州、厦门、杭州等停止了活动,各地会所破毁或受损严重或改作他用。像长沙和汉口会所全毁于战火,干事和会员流失惨重。战后,青年会全国协会和女青年会全国协会先后复员上海,梁小初和蔡葵继续担任总干事,着手全国协会及地方分会的重建工作以及恢复沦陷区青年会、加强自由区青年会工作,并希望能进一步扩展城市青年会,加强与国际青年会的联系。针对战时干事的流失,将干事培训和新干事的招募作为重点,同时加强与各地分会的联系,注重地方青年会领袖培训,并为各地方分会提供经费支持。据统计,1945 年 8 月全国城市青年会有 21 个,至 1948 年底达到 35 个,约为战前的 90%。而华籍干事的人数也慢慢恢复到百分之八九十。1947 年 10 月,青年会全国协会在杭州召开第九届干事大会,来自全国 29 个城市青年会的 120 名代表参加了会议,试图以乡村、工业、职业教育、文字等为重点,加强青年会与教会和基督教学生运动的关系,发挥其在战后道德危机和精神重建中的作用。女青年会的恢复要慢一些,1946 年 7 月女青年会全国协会战后第一次执委会在上海开会,讨论战后计划;而到 1947 年 5 月该会在杭州再次召开事工会议,出席的仅上海、南京、杭州等五市会,其他如武汉、长沙等尚未恢复。但在推进校会建设、女工夜校等方面也有一些成绩,特别是 1947 年成功在杭州召开了世界基督教女青年会大会。

战后基督教学生运动遇到新的挑战,一是基督教外部学生运动的迭起,二是基督教内部学生运动的分裂。全面抗战前,一部分偏向自由派的基督教领袖鉴于男女青年会组织负担的不便,试图超越该组织,发动一个应对时代挑战的中国基督教学生运动,但在抗战全面爆发后偃旗息鼓。直到 1939 年,在江文汉、施葆真等男女青年会干事支持下,在昆明召开了一个全国学联代表大会,议决成立"全国基督教学联协会"(简称"基督教学联"),致力于战时救济。但这项明显带有自由派色彩的运动遭到教内保守派的不满,指责它在满足学生的灵性需求上乏力。1945 年 7 月,赵君影等在重庆召开全国各大学基督徒学生第一届夏令会,参加的大学专科学校共

---

① M. Searle Bates, "The Protestant Enterprise in China, 1937–1949," in Wilber C. Harr, *Frontiers of the Christian World Mission*, New York and London: Harper & Brothers Publishers, 1962, p. 18.

42 所，与会代表 169 人，在会上发起成立"中国各大学基督徒学生联合会"（简称"基督徒学联"）。赵君影被选为总干事，1946 年内地会将英国传教士艾得理（David Howard Adney，1911—1994）借给该会担任副总干事，另有许多著名的传道人参与其中。他们以建立校园团契为推手，开展巡回布道。1947 年，举行了盛大的全国各大学基督徒学生第二届大学生夏令会，全国上千名大学生齐聚南京，宋美龄有出席。"基督徒学联"在战后大学生复兴运动中取得了巨大成绩，并推进边疆布道。战后短短几年即有近两万名大学生被带领加入基督教。他们严守基督要道，致力于学生属灵的需要，在战后处在彷徨中的部分学生中间有很大的市场。"基督徒学联"的蓬勃和战后世俗学运的冲击引发了自由派对学运路线的思考，但也带来参与或超政治立场的争论。

文字出版事业

战时基督教出版事业受到重创，很多出版机构倒闭或内迁，基督教刊物也大多停刊或西迁，故而战后面临繁重的回迁和恢复工作。早在战争结束前，许多机构就开始拟定战后重建计划。1945 年 3 月，德威廉来华时便与在华教会领袖商议制定《战后中国的基督教文字工作》草案。许多文字工作在战后得到恢复，但再也没能恢复到战前的规模。据 1947 年统计，全国出版机构已恢复到 14 家，到中华人民共和国成立初约有大小出版机构 19 家。[1] 许多内迁的出版机构重新回到沿海，特别是上海，使上海再次成为全国基督教出版中心，而战时华西基督教出版事业的短暂繁荣则就此结束。广学会、青年协会书局、宣道书局等回沪，圣教书会和中华信义会书报部也重新迁回汉口，准备在战后复兴中大干一场。基督教刊物也纷纷回迁或部分复刊，《中华基督教会全国总会公报》《时兆月报》分别从成都和重庆回迁上海。一些刊物的复刊也多有周折，部分恢复很快，部分则相对较慢，比如长老会的机关刊物《通问报》在 1945 年 10 月即在沪复刊，青年会全国协会校会组和市会组的《消息》和《同工》则在 1946 年于上海复刊，而中华信义会的《信义报》和金陵神学院的《金陵神学志》直至 1947 年才分别在汉口和南京复刊。不过总体数量仍有限，据统计 1947 年尚在出版的期刊仅 19 种，其中仅有 1 种是新办刊物。影响最大的是 1945 年 2 月基督教联合出版社在成都创刊的《天风》杂志，1946 年 6 月迁沪后，该杂志成为教内外民主人士的舆论平台，是战后民主运动中的一道风景。

---

[1] 〔美〕何凯立：《基督教在华出版事业（1912—1949）》，陈建明、王再兴译，四川大学出版社，2004，第 70~72 页。

整体而言，战后的基督教文字事业不大景气，甚至致使部分地区陷入瘫痪。通货膨胀、物价飞涨使很多出版机构经济窘迫，纸张、印刷日感艰难，再加上受国共内战影响，交通阻塞，没有足够的印刷资料和印刷作品，给发行销售造成一定困境。更重要的是政治和神学上的冲突，一定程度上撕裂了教会文字事业机构和工作者的团结。1942年成立的基督教联合出版社，随着战后复员，各机构各奔东西，为继续联合造成一定的挑战。战后因政治和神学上的分歧，导致各机构的分裂，如广学会就对《天风》杂志的激进倾向非常不满，所以迫使联合出版难以为继。联合出版社因此改组为联合出版协会，不再以其名义直接出版，而是退而成为一个各机构的协调组织，原各合作单位仍独立出版，实际上又恢复到各行其是的状态。《天风》杂志事件也导致其主编及背后灵魂人物吴耀宗的去职。

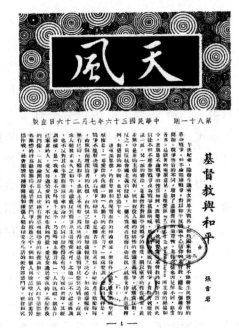

图 10-2　《天风》杂志（1947 年）
图片来源：《天风》第 81 期，1947 年 7 月 26 日。

第三节　国共内战与教会政治

徒劳的以民主求和平

1944 年，由毕范宇牵头，中外自由派基督徒共同努力，出版了《战后的世界——战后问题研究手册》，明确将战后的世界指向新民主，希望战后中国以"三民主义"为基础实现广泛的民主新中国。[①] 这是为应合世界发展潮流，同时化解党派冲突保障团结。民国基督教有一个传统，就是不以组织的名义参与政治或就政治发言，而是以一种超政治的态度保持独立的立场，以免为党派政治所累给教会带来危险，但并不反对以个人的名义参与政治，以践行公民服务国家和公共事务的国民义务。

1946 年，蒋介石曾向一些教会领袖表示："下一个十年将是基督教在中国最大的机会。"[②] 许多传教士和中国教会领袖如毕范宇、中华全国基督教协进会总干事

①　毕范宇：《战后的世界——战后问题研究手册》，《基督教丛刊》第 6 期，1944 年 5 月 1 日，第 18 页。
②　Frank W. Price, *China-Twilight or Dawn?* New York: Friendship Press, 1948, p. 102.

陈文渊等都与蒋介石保持亲密的私人友谊。早在 1945 年 10 月，曾在战时做过蒋介石顾问的毕范宇致信蒋："基督教会牧师教友基督教团体毫无疑问 90% 以上效忠国民政府，信徒每日为主席祈祷，现正加入战后建设工作。"[①] 1946 年，陈文渊曾飞往南京晋见蒋介石并拜会中枢各首长，同月蒋介石生日之际，他也以总干事名义致电祝贺。1946 年 12 月，协进会举行第十二届年会，蒋介石也电贺，勉励协进会在道德颓废之际领导教会推进精神建设。协进会也回电表示会尽力协助政府的建国计划。政教双方保持了向来的和谐关系，政教冲突并不是双方需要担心的事。

但在宗教之外，中外基督徒对战后国民党的统治却日趋失望，这也迫使他们不得不卷入或关注政治议题——为了中国，也为了基督教。接收的混乱和腐败盛行是战后基督徒失望的起点，许多基督徒在报章或私下场合都表达了对接收的不满。早在 1945 年 10 月对接收有点失望的毕范宇就苦心告蒋：日前为政府最后之良机，失此机会并失去民心，悔之勿及。[②] 他们对蒋介石寄予厚望，希望国民政府能纠正和改革。毕范宇曾陪伴一位美国朋友拜访蒋，朋友向蒋描述所看到的罪恶，并问政府为何不能纠正。蒋平静而悲伤地回答：中国就是这样的。

但让基督教界更忧心的是国共冲突激化走向战争，许多基督徒都投入民主化和平运动，以民主政治作为化解国共纠葛的砝码。战时集聚的党派团结，如没有民主的参与，必定分崩离析。1945 年《双十协定》的签订和 1946 年初政协会议的召开曾给教界带来巨大的希望，但昆明"一二·一惨案"、较场口血案等国民政府压制民主运动事件却增添了他们的忧虑。早在 1945 年底，包括两名传教士在内的 26 位著名基督教人士就在上海发起成立"中国基督徒民主研究会"，研究和举办民主讲座以协助新时期建设，取得了较为广泛的影响。1946 年，国共内战全面爆发前后，国内局势恶化，促使更多的基督徒走向和平民主运动。1946 年 6 月，上海人民和平请愿团赴南京请愿，发生"下关惨案"，著名基督教领袖吴耀宗即为其中代表。同年 7 月发生的"李闻惨案"，两位主人公李公朴和闻一多都是基督徒。

面对内战全面爆发的紧张态势，教界忧心忡忡，以各种方式表达和平民主的愿望。1946 年 6 月，协进会通电全国，要求各教会举行和平祈祷会，呼吁各方以诚相待、共商国是。8 月，梁小初、吴高梓、崔宪详、鲍哲庆等 11 位教会领袖也联合发表时局宣言，要求停止内战，争取和平，保障人民自由，并对目前的政治采取彻底的改革，以和平协商方式实现中国民主政治，建立联合政府。同年 7 月，在司徒雷登的斡旋下，中华全国基督教协进会正副会长梁小初、崔宪详等 3 人赴南京，遍访

---

① 《事略稿本一民国三十四年十月》，《蒋中正总统文物》，"国史馆"藏，典藏号：002-060100-00205-010。

② 《事略稿本一民国三十四年十月》，《蒋中正总统文物》，"国史馆"藏，典藏号：002-060100-00205-010。

国共两党代表吴铁城、陈诚、董必武等，向国共双方呼吁和平。1947 年 7 月，国内局势进一步恶化，在司徒雷登支持下，协进会组织了一个以吴贻芳为首的基督徒领袖代表团到南京进谏蒋介石，历史注定这是一次不愉快的会面：代表团诚恳地指出了抗战胜利以来国民政府声誉的跌落，要求停止内战，实现和平，采取切实的改革来回应民众的呼吁，却遭到蒋的埋怨，他要求基督教像天主教那样发表公开宣言明确地支持政府，被代表团拒绝。① 这是一个重要的转折点，标志着部分基督徒对蒋介石及其政府的态度从希望走向幻灭，同时也加速了基督徒的分化。

第三条道路的落幕

国共关系破裂后，国民党曾企图以民主姿态挽回国人支持。1946 年底通过《中华民国宪法》、1947 年 11 月实施行宪国大代表选举，并于 1948 年 3 月召开行宪国大，这些成为部分基督徒在失望中寻得的某种希望。1947 年 7 月，陈文渊在加拿大向国际基督教宣教协进会演讲中声称"国民党目的在效法英、美，树立民主政府，共产党目的则在使中国苏维埃化。"② 很多基督徒把破坏民主的责任推在中共身上，但国民党的行宪并未改善中国的现状及扭转国民党的败局，许多基督徒开始反驳国民党的民主是假民主，对国民党的失望也将许多人推向了中共——尽管对中共了解不多，但其所提出的新民主主义赢得了部分基督徒的认同。

1948 年，国共胜负的局势渐渐明朗，越来越多的基督教领袖担心和国民政府走得近会给其带来负面的影响，因此呼吁要保持距离和独立的精神，以免遭遇政治的利用或控制。1948 年 3 月和 8 月，中华全国基督教协进会接连发表两封"致全国信徒书"，强调教会在目前的时局中应有自己的立场，教会的立场是宗教的而非政治的，不能与任何政治合流，也不能借助政治来达成自己的理想。建议全国基督徒秉持超政治的态度，但仍强调基督教可对国家的道德发展发表意见，也重点提到基督教对个人自由和个体价值的重视与尊敬。这既是协进会对过去教会政治的一种检讨，也是对未来政治的一种应对，担心基督教在国共政治的裹挟中蒙受跌倒，同时也希望在中共胜利后能得到自由的发展和生存。在协进会影响下，许多教会组织和报刊都发表了类似的超政治宣传。

起初，面对国民政府的腐败无能，许多传教士和中国教会领袖倾向于将其归结为国民党内的保守派，而对国民党内外的开明派特别是自由民主主义者抱有厚望，希望蒋介石能够舍弃前者拥抱后者，做全国的领袖而非一党的领袖，带领中国走向

---

① Melville Williams and Cynthia McLean, eds., *Gleanings: From the Manuscripts of M. Searle Bates: the Protestant Endeavor in Chinese Society, 1890-1950*, New York: China Program, National Council of Churches of Christ in the U.S.A., 1984, p. 96.

② 《陈文渊会督在加拿大演讲》，《天风》第 80 期，1947 年 7 月 19 日，第 15 页。

民主新中国。以司徒雷登、毕范宇等为代表，开始在中国宣传超越国共，走向"第三条道路"。这不仅符合基督教的理想，也与现代西方民主政治相呼应，这种言论在中外基督徒中产生了巨大的影响。[1]许多基督徒看得更远，他们看到中国的纷争只是世界资本主义和共产主义纷争的一部分。他们认为两种主义各有优点，但也各有缺陷，而中国的现实决定了它既不适合走资本主义道路，也不适合走共产主义道路，而应结合双方优点规避双方缺陷走出一条属于中国自己的发展道路。这种中庸性的声音在整个内战时期的基督教界非常普遍，但对两极分化的现实政治并未产生实际效果。随着中共的节节胜利，以吴耀宗为代表的一些倾向中共的基督徒，彻底否定了资本主义，倡言它已走到尽头，为拥抱新社会铺路。而一些原本对国民党抱有希望的基督徒也开始批判资本主义，斥责曾经代表进步的资本主义已沦为革命的对象，而三民主义本是一个抵达社会主义的和平方案，但国民党的无能促使他们在对其失望中走向新政权。

第四节　拥抱新中国

应变与撤退

从抗战胜利到中华人民共和国成立，中共整体上延续了抗战时期的温和性宗教政策。基于统战和团结信教群众的需要，同时为了避免排外的国际印象，坚持宗教信仰自由，在中央或地方政府出台的许多纲领性政策文件和正式宣言中，都一再表示对合法基督教团体、宗教活动及守法传教士的保护。当然，也提出对从事反动活动和破坏法令者在法律框架下进行严惩。但随着形势的演变，特别是中共土地政策从战时减租减息向没收再分配的转变，1947 年 10 月颁布的《中国土地法大纲》废除了教会土地所有权，对其占有的广大耕地采取直接没收政策，但保留了教会宗教范围内的少量园地。此外，政策上的白纸黑字和复杂的地方实践往往有一定的差距，党的政策在很多地方落实程度不一，因为战事的需要，部分部队所到之处也曾出现征用教会设施等行为。1948 年 6 月，中原野战军首长邓小平在一份指示中就指出军队对教堂等造成破坏，引发了人民的反感，要求整顿。[2] 或者基于意识形态及对帝国主义的反感，地方干部对待传教士的过激行为也时有发生。这种政策和实践之间的张力也因不同地区的政策宽严或教会的地方生态差异而各有不同，基督教问题也并非中

---

① Frank W. Price, "China's Liberals Get Their Chance?" *The Christian Century*, Vol. 64, No. 20（May 14, 1947）, pp. 622-623.

② 陈金龙：《中国共产党与中国的宗教问题——关于党的宗教政策的历史考察》，广东人民出版社，2006，第 107~114 页。

共的当务之急，所以不可能有严格性、统一化的实践面貌。

中共的基督教政策随着解放军的推进，从北向南开始逐步实施，而教方对政策的了解并非源于宣言而是源于各地的实践，特别是中共与天主教会的冲突影响到了基督教对中共的态度。基督教会没有广大的地产，且不管是传教士还是中国基督徒，尽管政治观点不一，整体上仍保持超党派的政治面貌，所以激烈的冲突事件并不多见，但其遍布城乡的庞大附属事业则遭到了一定冲击。据英国浸礼会传教士南希（Nancy Bywaters）的信件，1947 年 2 月解放军占领青州后，对传教士非常友好，军队首长和传教士一起吃饭，士兵经常到教会医院串门，教堂礼拜也能正常举行。但教堂、教会学校、医院等被解放军征用作为驻军地点或会议场所。① 青州个案是解放区基督教会命运的一个缩影。

上述情况在一定程度上打乱了教会的原有格局，促使基督教会尤其是传教士不得不寻求应对之策，这种应对的急迫性随着中共的推进由解放区向非解放区梯次蔓延。大多数教会人士都承认中共的到来是教会的巨大挑战，而他们对中共的宗教政策则缺乏信心。不少人宣扬解放区的"恐怖"，认为基督教将在中共新政权下遭遇迫害的命运，传教工作的继续将不再可能；部分人尽管对中共的宗教政策有疑虑，但看到解放区宗教事业尚能运转，便相信在限制中仍有开展传教和正常宗教活动的可能；而少数进步的传教士和中国信徒则为中共的宗教政策辩护。这种多元化和矛盾的心态导致传教士和中国基督徒在时代洪流中走向不同的抉择——撤退、留守，还是拥抱新时代。同时也迫使基督教会不得不采取措施应对可能的变局。

1947 年 7 月，中共转向战略反攻。进入 1948 年，国共胜败的局势渐渐明朗化。从 1948 年 1 月开始，美英等国开始呼吁包括传教士在内的在华侨民撤离解放区。而随着 1948 年秋到 1949 年初中共取得三大战役的胜利，到 1949 年 4 月渡江战役打响，国民党败局已定，形势急转直下，成为基督教不得不共同面对的主题。除中华全国基督教协进会、中国基督教会全国总会等全国性机构外，各宗派教会（如中华圣公会、中华信义会等）、男女基督教青年会组织、各级教会学校等都开始寻求应对之策。1948 年 11 月，协进会宣言明确表示"时局无论如何转变，教会决不迁移"，表达了坚持的决心，但应对艰难的时局，必须采取一些应对措施。应变的短期目标是保护教会在战争危机中的安全，可以免于战火，也要防止国民党溃败时带来的骚乱；长远目标是能够确保在政权鼎革后教会能生存下来，总体而言是宗教性的，但难以摆脱政治化的色彩。

---

① Compiled and edited by Grace E. Woods, *Life in China: From the Letters of Dr. Nancy Bywaters*, Bristol: Booksprint, 1992.

各方应对举措大同小异。一是分批撤退传教士。从已解放的地区开始，未解放的西南地区暂不撤退。首先撤退的是传教士家属和老弱病幼，而没有家室所累的单身传教士以及有经验的、在华工作时间长的老传教士则继续留守。撤退的目的地是以广州为主的南方未解放地区，随后转往中国香港或到邻近的东南亚等其他国家和地区继续传教。二是加强对中国基督教领袖的培养和扶植，为传教士撤退后代替领导铺路，以确保教会在新政权下能正常运转，并将教会管理权和教会财产慢慢转移到中国基督徒之手。此外，着力农村基督教会的建设和发展，以赢得更多的生存空间，为延续教会的生命奠基。另外，推进基督教家庭化，特别是在中华全国基督教协进会基督化家庭运动委员会的领导下，出版《家——基督化家庭手册》，该委员会干事美国传教士海珥玛（Irma Highbaugh，1891—1973）等在重庆、贵阳等地推行基督化家庭运动周。与此同时，加快《圣经》和基督教书刊的出版，除广泛印刷《圣经》和各种福音单行本，在来不及的情形下大量重印过去的经典书籍，并加快销售的步伐，为可能出现的出版和传播环境限制做准备。中华圣经会加快了《圣经》的印刷，利用飞机等将其空运到中心城市，并增添售经员分售到各个地区，其目标是向各大城市运送可以至少满足 3 年之需的《圣经》数量。广学会也采取"不留钱、不留纸"的出版政策，大力印刷或重印宗教书籍。另有教会档案、教会土地契据、教会财产的保存和转移，主要是迁移到香港等安全地带保存。

走向新中国

走向新中国的不仅有中国基督徒，也有传教士，只不过有的人和组织是主动拥抱新政权，有的人则是抱着怀疑和忐忑进入新时代。至 1948 年底，中共胜利在望，中华全国基督教协进会于 11 月召开了第十三届年会，超政治的态度悄然地发生了转变，开始调整自己的立场，重新确立目标，公开宣言要检讨自我，废除少数教友自私自利的资本主义思想，深入工农之间，彻底实行基督教的社会主义。1949 年，形势的急剧转变也促使中华基督教会全国总会不得不走向新时代，向其所属的 21 个地方大会发出通告，决定无论政局如何演变，总会依然在上海办公，绝不迁移，并呼吁基督徒一起来参加这个大时代的转变，推进人类解放的运动，积极参与到与罪恶做斗争的行列。这种新的政治表态无疑是为适应新的社会形势铺路。许多传教士也决定留下来，甚至在 1949 年还有许多新传教士进入中国，部分传教士担心一旦离开就没有了再进入的可能，所以也决定工作到最后一刻。一些离开的传教士也只是将其视为暂时撤退，等局势稳定还会卷土重来，正如他们在 1927 年政权更替时所为。他们曾经历清廷的倒台、北洋政府的覆灭、国民党统治的结束，部分人并不认为在中共新政权下传教毫无可能，特别是中共的宣传并未完全关闭传教之门。在部分解放区工作的传教士为中共辩护，向西方报告关于解放军的负面报道是不真实的。

与这些为适应中共到来而发出的处境化表示相比，以吴耀宗、沈体兰、张雪岩等为代表的少数基督教人士，从 20 世纪 30 年代开始就渐渐向中共靠近，在战后的两极格局中，他们积极参与战后的民主运动，并对"德先生"做出了新的解释，并将中国的未来指向中共。其中的杰出代表是吴耀宗，1948 年他曾公开称基督教和资本主义合流是时代的悲剧，强调自由主义就是资本主义和基督新教结合所产生的人生观，故而主张循序渐进的社会改革，反对流血的革命。他呼吁基督教要打破这种维持现状的保守力量，与革命合流。这种激进化的观点可能难以获得广泛的认同，但吴耀宗对资本主义和基督教的连带否定，成为他接受共产主义的理论铺垫，使其成为中华人民共和国成立后基督教革新的先声。

1948 年 12 月，在世界基督教学生同盟副主席江文汉的组织下，吴耀宗等 8 位代表出席了在锡兰（斯里兰卡）举行的该同盟亚洲领袖会议。会后，吴耀宗绕道香港，在中共安排下秘密北上，参加了 1949 年 9 月召开的第一届中国人民政治协商会议。同时受邀的还有赵紫宸、邓裕志、张雪岩、刘良模。在宗教界正式代表 7 人中，基督教占 5 人，其他佛教 2 人，候补代表 1 人属于伊斯兰教，天主教和道教一个人都没有。另外，还有很多活跃的基督教人士夹杂在其他类别代表中，比如金陵女子大学校长吴贻芳、燕京大学校长陆志韦、上海麦伦中学校长沈体兰等。这是基督教和中共长久友谊的一个见证，也证明在适应社会主义方面走在其他宗教前面。会后，吴耀宗、邓裕志等开始全国巡回演讲，传达会议精神，中国基督教也进入一个新时代。

图 10-3　1949 年中国人民政治协商会议第一届全体会议宗教界代表合影
前排左起：邓裕志、巨赞、吴耀宗、赵紫宸。
后排左起：刘良模、张雪岩、赵朴初、马坚。
图片来源：《中国宗教》2000 年第 1 期，第 48 页。

第五节　比较视野：战后天主教

天主教在战后面对的时代境遇与新教一样，同样经历了复员、重建、国共内战以及经济困境，但因不同的传统、生存样态和政治意识，战后天主教也有它独特之处。

战后天主教中国化进程

与新教复员和重建工作的各自为政相异，天主教相对有统一的部署。罗马教廷传信部对中国天主教的战后复兴计划是"更加中国化"，这有利于中国籍神职人员的培养，以及他们在中国天主教权力格局中地位的提升。同时战后教宗新封枢机的国际化政策，为中国乃至远东第一位枢机主教的诞生提供了契机。中国驻教廷公使谢寿康乘机向教廷谏言，选任一位中国枢机，最终青岛代牧区主教田耕莘获得这一殊荣，并在 1946 年 2 月到罗马参加了加冠礼。先前呼声甚高的陆徵祥被教皇任命为比利时圣伯多禄修道院名誉院长。田耕莘枢机随后向传信部献策，在中国建立圣统制，并增加国籍传教区和国籍主教数量。1946 年 4 月，教宗庇护十二世正式发布谕令，在中国正式建立圣统制，将中国传教神职统序改为通常的神职统序，在中国设立 20 个教省，每教省设立一位总主教，由北平枢机总主教田耕莘负责全国教务。这是中国天主教历史上的一个转折点和新的开始，它标志着代牧制（由教宗委派代教宗管理教区）的终结，开启了天主教最普遍的常规主教制。由此，中国本土神职的地位得到了新的提升，意味着天主教在中国化向度上向前迈进了一大步，也代表着教廷对中国国际地位提升的肯定及对中华教务的重视。当然，这还只是一个开始，尽管战后中国司铎的人数在逐步上升，但在高级神职 20 名总主教中，华籍仅有田耕莘、南京总主教于斌、南昌总主教周济世 3 人，而全国约 140 名教区主教中，外国人即占 110 人，中国化仍旧任重而道远。

背景知识 10-3　中华圣统制

圣统制是以罗马教廷和教宗为中心，管理全世界各地天主教的制度性安排。中华圣统制即罗马教廷和教宗为管理中国天主教而在华设立的由本土教会统一管理的体制。1946 年之前，中国实行的是传教区体制，在行政体制上，各传教区被划分为宗座代牧区、宗座监牧区与独立传教区，由罗马教廷或传信部任命的宗座代牧、宗座监牧等代教宗管理中国各传教区。中国并没有统一的组织机构，各传教修会和教区直接听命于罗马教廷传信部，由宗座驻华代表代替教宗协调处理在华传教事务。1946 年 4 月，教宗庇护十二世正式发布谕令，在中国正式建立圣统制，将中国传教神职统序改为通常的神职统序，在中国设立 20 个教省，每教省设立一位总主教，由北平枢机总主教田耕莘负责全国教务。它标志着代牧制的终结，开启了天主教最普遍的常规主教制。

与中国化相对应的是战后美国天主教在华势力的增长。战时德、意、法等天主教传教士因本国政治的原因，其在华势力有所削弱，这为美国天主教力量在中国的成长留下了空间。特别是宗座驻华代表蔡宁常驻北平，其不得不在重庆建立宗座代表驻渝办事处，由美籍主教费悦义（Leo. C. Ferrary）负责，利用其美国身份就近与国民政府联络。战后，随着战时被迫离华美国传教士的回归及新派传教士的东来，美国传教势力进一步增长。美国传教士从战前的不足 300 人跃升为 800 人，约占在华天主教传教士总人数的 1/7。美国天主教会在战后中国天主教的重建中扮演着重要角色，利用其便利身份从各种援华组织中获取救济物资。抗战刚结束，美国纽约总主教史贝尔曼（Archbishop Spellman）即来重庆，遍访蒋介石等政要及各教会领袖，为援华特别是教会的复员和重建出谋划策。1946 年，史贝尔曼和田耕莘

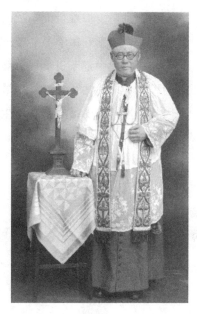

图 10-4　天主教第一位中国籍枢机主教田耕莘

图片来源：美国南加州大学数字图书馆。

同封枢机，到 1948 年他再次来华，主要是为应对中共的到来部署对策，受到蒋介石等教内外领袖的热烈欢迎，希望发挥其影响力为美国援华出力。同时南京总主教于斌 1947 年也曾访问美国，为国民政府争取美援。这一切都是美国在战后中国事务中影响激增的缩影。

天主教公共事业的发展

与新教一样，天主教的各项公共事业在抗战中遭受不同程度的损失，在战后重建中各有发展，但受时势的牵制也有它的限度，这从其教育和文字事业中可见一斑。

与新教在华所办大学不一样，天主教的 3 所大学战时均未内迁，而是选择与日伪周旋继续办学，它们在战后的重建相对顺利。辅仁大学因其德国圣言会背景得以坚持在北平办学，战后摆脱了日本人的监控，日籍教师回国，被逮捕的师生释放，到后方的教师回归，陈垣仍担任校长，但大学校务长由德国神父转为美国神父。大学很快恢复了正常，院系方面也做了新的调整，增设人类学系和农学院。天津工商

学院战时也因教会和租界的庇护未内迁，并因平津高校的内迁或难以为继，吸纳了新的师资和生源，获得了新的发展契机，这为战后升格为大学奠定了基础。战后学校推行美国教育制度，渐渐舍弃了先前的法国教育体制，院系规模进一步扩大，最终在 1948 年获得国民政府教育部的批准更名为私立津沽大学，渐渐向综合性的天主教大学迈进。上海震旦大学战时也因租界、教会和法国背景而得以延续，战后也恢复较快，在法学和医学教育上仍影响很大。这些学校在战后发展上有一些共同点：首先，在重建中都获得美国方面的援助，美国影响辐射到各学校，甚至徐汇公学都开始以英语取代法语教学；其次，都遭遇财政危机；最后，受到学生运动的冲击，但因都采取严格的措施禁止学生走出校园，相较而言受学生运动的影响没有新教大学大。

图 10-5　美国玛利诺修会修女在教学（江门，1947 年）
图片来源：美国南加州大学数字图书馆。

　　战后天主教也曾多方努力振兴出版事业。首先，因战争被迫停业的刊物或出版机构得以恢复。1945 年 12 月，在全国影响很大的综合性报纸《益世报》在天津复刊，1946 年香港的《公教报》复刊。其次，涌现出一些新办的刊物和出版机构，比如 1946 年在台北创办的《台光》及 1948 年田耕莘在北平创办的《铎声》。1946 年北平上智编译馆的建立系出版界的重要事件，编译馆由田耕莘创办，邀请复旦大学教授方豪司铎为馆长，目的是以文字推动福音的传播。在北平上智编译馆存在的两年多时间里，出版了约 20 种图书，并刊行《上智编译馆馆刊》；其出版口号是"七分对外，三分对内"，出版内容不仅是纯宗教读物，还关涉各种公共议题，以期通过丰富、多元的内容扩大在教内外的影响力，成为战后天主教文字事业中的一缕亮光。更值得一提的是，

1947 年 5 月在上海召开了第一次公教出版大会，黎培理（Antonio Riberi，1897—1967）、于斌及各地天主教出版机关都有派代表参加，决议组织统一性的全国出版机构，建立全国发行网，组织专门委员会，分工合作，有计划地开展文字事业。尽管该设想并未完全实现，但对推动战后的文字事业起到了较大的作用。

天主教、中梵外交与国共关系

战后中梵外交中亟须处理的是德国等敌国传教士问题，战时其作为敌籍传教士被集中管控。1945 年 5 月，德国投降后，教方不断恳请解除集中，但国民政府并未同意，强调德国仍在盟国管制中，对其侨民之处理，自应商诸各国后再定，在此之前应遵照敌国人民条例办理。① 直到 1945 年 10 月，国民政府受英美等邀组织驻德军事代表团参与驻德联军管制委员会。而教廷代表呈请蒋介石，请求给予在华全体德籍教士自由与保护，并愿负全责保证彼等行动而给予特别证件。行政院才于 11 月 27 日将《修正敌国人民处理条例》及施行细则废除，另颁《德侨处理条例》，规定德籍传教士除有间谍或助敌行为者依法处理外，其他经所属教会负责人担保并经内政部、外交部核准，可继续传教。② 至此，对敌籍传教士的战时控制才告结束。1946 年，教廷驻华公使馆建立后，又因德国、奥地利、匈牙利、西班牙等国并无代表在华，便由教廷公使馆向国民政府交涉，由其发给证明文件以凭彼等在华顺利进行教务工作。

1942 年中梵建交后，中国向梵蒂冈派驻了常任公使，但梵蒂冈未有同等之举，战后教廷派使再次提上日程。因蔡宁与国民政府关系不睦，教廷最终于 1946 年 7 月宣布设立在华公使馆，并任命黎培理为驻华首任公使。黎培理于 1946 年底来华，在南京建立公使馆，成为中梵关系史上的一件大事。同年，谢寿康去职，由天主教徒、著名法学家吴经熊担任第二任驻教廷公使。至此，中国与教廷建立起完全的外交关系。

与新教不同，中国天主教受梵蒂冈影响极大，这表现在对其政治意识的塑造上。梵二会议之前，天主教有反对共产主义的传统，从 19 世纪以来，历任教宗都对此有相关通谕发表，特别是 1891 年教宗良十三世和 1937 年庇护十一世的通谕，对中国天主教影响巨大。1939 年，即位的庇护十二世虽没有像他的前任那样掀起反共浪波，但显然对共产主义也没有好感。特别是战后随着美苏的对立及冷战的兴起，美国掀起宗教冷战，与梵蒂冈积极合作在全球防范共产主义。1947 年和 1949 年庇护十二世都曾通令禁止各国天主教与共产党政权合作，中国成为其中的一部分，这促

① 《处理敌侨敌产（四）》，《外交部档案》，中研院近史所档案馆藏，馆藏号：11-32-99-10-041。
② 《处理德侨有关办法条文》，《外交部档案》，中研院近史所档案馆藏，馆藏号：11-32-23-06-011。

使中国天主教紧密地与国民党捆绑，并走向中共的对立面。黎培理到任后，除表达对国民政府的支持外，也曾遍访全国，呼吁各地天主教支持国民政府，完成中国的战后重建。梵蒂冈的立场对中国天主教在国共纷争中的抉择影响巨大。于斌即是其中的一个典型，其与蒋介石等国民党要人一直保持着亲密的私人友谊，积极公开支持国民党反对共产党。他多次在公开演讲中强调与共产主义的战争是一种综合性的思想文化战，他在 1948 年中国天主教文化协会上讲道："今日的反共战争，决不是简单局部的内战，而是复杂地综合战，总体战，无国界亦无家界的文化思想战。"[①]尽管在天主教内部，像他这样赤裸裸地卷入政治的并非大多数，但这种政治氛围确实影响了天主教在国共内战中的立场，导致与中共新政权的适应难度更大。

图 10-6　梵蒂冈驻华公使黎培理在中国香港主教座堂（1947 年）

图片来源：美国南加州大学数字图书馆。

综上，中共所到之处与天主教在地方的冲突不时发生。相对而言，天主教较新教与中共的张力要大，除了意识形态上的对立，拥有广大地产的天主教也在中共的土地政策中丧失了巨大的经济利益，再加上梵蒂冈一贯的政策，导致许多地方天主教会秉持反共立场甚至建立防共组织。在东北、河北等地都有天主教传教士因敌对或间谍嫌疑而被驱逐，比如献县张庄教堂国际间谍案、顺德教区主教葛乐才等通敌案等。这也导致在天主教内部弥漫着一股强烈的"恐共"氛围，从而积极寻求应变之举，如禁止加入共产党和阅读及宣传共产主义，将各大小修院的学生撤离解放区。但对布道人员而言，除少数人外，均要求大多数人坚守岗位。与新教不同，天主教神职人员为独身，没有家庭的牵累，所以并未出现像新教那样广泛的撤退潮。黎培理考虑到各地天主教会安全，在国民党南撤之际，也不顾外交部长吴铁城的反对，坚持留在南京，直到 1951 年被驱逐。但田耕莘、于斌等中国高级神职都离开了大陆。

结　语

战后，中国基督宗教的处境有一些新的变化。随着不平等条约废除，基督宗教

---

① 于斌：《反共战争的意义》，时敏笔记，《文藻》新 1 卷第 12 期，1948 年 12 月，第 1 页。

获得新的法律地位，其社会环境极大改善，政教关系更趋和谐。尽管国民政府试图在新形势下加强对基督教会的国家治理，但管理政策一再流产。因此，战后基督教会能在相对友好的环境下自由发展，其中国化也更趋深广。天主教中华圣统制的确立为中国化提供了制度保障，极大增强了华籍神职的宗教地位。基督教华籍信徒的领导地位和责任意识也有所提高。尽管战后新旧两教都有美国因素增加的倾向，但这种影响也为战后的重建和发展提供了人力物力支持。不管是中国基督教还是天主教，面对的首要任务是迅速从战争带来的损失和创伤中恢复。带着抗战胜利的热情，他们很快投入战后复原和重建工作，促使其战后发展取得了一定的成绩。但他们大干一场的抱负遭遇一系列困境，特别是国共内战的爆发及财政危机的巨大困扰，使他们的建设目标大打折扣。他们也不得不面对国共冲突带来的政治分裂，相对天主教认同国民党相对统一的政治立场，基督教更趋多元化，沿着不同的政治认同走向不同的政治抉择。随着国民党的败退，基督宗教在中国发展进入一个新的时期。

第二篇

专题史

第十一章

东正教在中国

肖玉秋

马克思在《俄国的对华贸易》一文中指出，当英、美等国"连跟两广总督直接联系的权利都得不到的时候，俄国人却享有在北京派驻使节的特权"，这"使俄国外交在中国，也像在欧洲一样，能够产生一种决不仅限于纯粹外交事务的影响"。[①]马克思这里所说的"使节"就是俄国东正教驻北京传教团（中国史籍中亦称"俄罗斯馆"），即曾令欧洲国家艳羡的俄国在华常驻机构。1715～1956年，242年间共有20届俄国传教团被派驻北京，前后跨越了3个世纪。因此，要追溯东正教在华的传播历史自然离不开俄国传教团。

第一节 东正教入华和第一届俄国传教团来京

从17世纪开始，沙俄加紧向东西伯利亚和远东地区推进。俄国人以惊人的速度，用了短短半个世纪便横跨西伯利亚到达中国黑龙江流域。在以哥萨克为主体的东进队伍中，一般都有东正教神父随行，完全是"火枪与圣器同时并举"[②]。1665年，为了满足盘踞在中国雅克萨的俄国人的宗教需求，叶尔莫根（Гермоген）神父集资建造了主复活教堂。1671年，叶尔莫根又在沿黑龙江上行4俄里（约4.27千

① 〔德〕马克思：《俄国的对华贸易》，《马克思恩格斯选集》第1卷，人民出版社，2012，第786页。
② 蔡鸿生：《俄罗斯馆纪事》，中华书局，2006，第14页。

米）的一个叫"磨刀石山"的地方建立了仁慈救世主修道院。这是在中国土地上最早出现的东正教教堂。这样，俄国的东正教就随着野蛮剽悍的哥萨克进入中国。

在中俄雅克萨战役中，有许多俄国士兵被俘。1685 年末，雅克萨之战的俄国战俘来到北京，清廷因"罗刹归顺人颇多"，决定将原有的半个俄罗斯佐领扩编成一个佐领（牛录），"令其彼此相依，庶有资藉"，安置在负责保卫京畿的八旗兵的镶黄旗中，编为满洲第四参领第十七佐领，驻于北京城东北角的胡家圈胡同。在俄国文献中，俄罗斯佐领兵士及其后裔被称为"阿尔巴津人"。关于雅克萨战役俄国战俘的数量，中俄两国学者有不同看法。俞正燮在《癸巳类稿》中说自顺治五年（1648）以来"总得罗刹近百人"，何秋涛在《朔方备乘》中也因袭此说，后来中国学者大都接受了这个数字。

雅克萨战役俄国战俘前往北京时，随身携带了一些教堂用具和尼古拉圣像，同时逼迫列昂节夫（Maxim Leont'ev Максим Леонтьев, ？—1712）神父随行。康熙帝为了照顾这些俄国人的宗教信仰，将位于其驻地的一座佛寺拨给他们作为临时祈祷之所。俄国人清除了原来的佛像，将尼古拉圣像供奉其中，在列昂节夫的主持下过起了宗教生活。该祈祷所被俄国人称为"圣尼古拉教堂"，中国人则呼其为"罗刹庙"。这是在北京出现的第一座东正教堂，列昂节夫成为史载第一个长期居留北京的东正教教士。

俄国教会通过来华商队获悉雅克萨战役俄国战俘和圣尼古拉教堂的情况，立刻表现出极大兴趣。1695 年，托博尔斯克都主教伊格纳季（Ignatij Rimskij-Korsakov Игнатий Римский-Корсаков，约 1639—1701）派人给列昂节夫送来了圣餐布、圣油、神学书籍和教堂用具。伊格纳季同时还送来一封名为《致在中国的圣经传播者》的函件，表彰列昂节夫为维护雅克萨战役俄国战俘东正教信仰所做的工作，允许他将圣尼古拉教堂正名为"圣索菲亚教堂"。1711 年，当托博尔斯克及西伯利亚都主教菲罗费伊（Filofej Leshchinskij Филофей Лещинский，1650—1727）得知俄罗斯佐领无法抵御中国文化的同化作用，对东正教信仰渐渐失去热情的消息后，又给列昂节夫送来一封批评函，谴责北京的俄国人放弃祖先的信仰。

背景知识 11-1　圣索菲亚教堂

依据东正教的传统，在某一国家的某一城市建立的第一座东正教堂均以"圣索菲亚"的名字来命名。俄国教会允许更改北京第一座东正教堂的名称具有深刻的含义，"就如君士坦丁堡、基辅、诺夫哥罗德以及其他主要城市在基督教开始传播时修建索菲亚教堂一样"，期望俄国在华东正教事业能以此为开端，发展壮大。但是，雅克萨战役俄国战俘似乎并没有理会他们的新教堂名称，依然沿用"圣尼古拉教堂"的旧称。

雅克萨战役俄国战俘在北京落脚的消息也引起了沙皇彼得一世的重视。他于1700 年发布指示："为在崇拜偶像的中国各民族中间确立和强化东方正教信仰及传播上帝的福音，同时也为了使居住于托博尔斯克和西伯利亚其他城市交纳实物税的民族皈依基督信仰并接受洗礼，皇帝陛下在与神圣的牧首讨论后指示致信基辅都主教，命其为了神圣的上帝事业，在他管辖的小俄罗斯城市和修道院的修士大司祭、修道院院长或其他有名的修士中选择一位善良、饱学和品行端正的人赴托博尔斯克担任都主教，以便他能在上帝的帮助之下使中国和西伯利亚那些崇拜偶像、愚昧无知、执迷不悟的生灵皈依真正的上帝。同时带上两个或者三个善良肯学且年轻的修士学习汉语和蒙古语，待这些修士认清那些民族的迷信之后，用福音书中确凿的论断引领那些受撒旦迷惑的黑暗灵魂感知我们基督上帝的光明，使居住于那里（即北京——作者注）和来到那里的基督徒免受异教的种种诱惑。这样，希望他们能住下来，在那座已建成的阿尔巴津人圣堂（即北京的圣尼古拉教堂——作者注）中主持圣事，以便用自己高尚的行为引导中国的皇帝、近臣以及全部人民参与那件神圣的事业，让那些长年累月随商队贸易和被派往境外的俄国人受到约束。"[1] 彼得一世在这里将托博尔斯克作为向中国和西伯利亚进行宗教渗透的总部，而将北京视作重要的据点，期望通过这里的东正教教士给雅克萨战役俄国战俘、俄国商队和使节提供宗教服务，从而对中国皇帝、近臣乃至中国民众产生影响。

与此同时，俄方不断向中方提出派遣新的东正教传教士来北京的愿望。1712年，列昂节夫去世，圣尼古拉教堂的宗教活动陷于停顿。雅克萨战役俄国战俘请求来北京的俄国商队总管胡佳科夫（P. R. Khudyakov П. Р. Худяков）转达他们希望俄国政府派遣新神父的要求。正好在这一年康熙帝准备派遣太子侍读尹扎纳随同胡佳科夫商队赴俄，慰问和联络游牧于伏尔加河下游的蒙古土尔扈特部首领阿玉奇汗。为了保证中国使团顺利通过俄境，康熙帝特意准许俄国传教士在中国使团归国时一同来北京。1713 年初，托博尔斯克都主教约安（Ioann Maksimovich Иоанн Максимович，1651—1715）选定了俄国传教团的人选，由修士大司祭列扎伊斯基（Illarion Lezhajskij Илларион Лежайский，1657—1718）担任领班。1715 年 4 月 30日，第一届俄国传教团到达北京。

彼得一世之所以对远在北京的不足百名雅克萨战役俄国战俘和圣尼古拉教堂如此重视和关注，有深刻的背景。俄国是政教合一的国家。作为事实上的最高牧首和世俗统治者，彼得一世一方面力图使更多的中国人皈依东正教；另一方面把实现商业利益作为对华外交的首要目标，为此必须与中国建立经常性的联系，而以向雅克

① Адоратский Н. Православная Миссия в Китае за 200 лет ея существования. Казань, 1887, С. 57-58.
Adoratskij N. The Orthodox Mission in China for 200 years of its existence. Kazan, 1887, pp. 57-58.
尼古拉·阿多拉茨基：《东正教在华两百年史》，喀山，1887，第 57~58 页。

萨战役俄国战俘提供宗教服务为借口，派遣传教士来华是最可能为中国政府所认同的方式。中俄间特殊的地缘政治关系，彼得一世在华传播东正教的企图及与中国建立稳定联系的愿望，康熙朝对于外族归顺所采取的"怀柔远人""因其教，不易其俗"的一贯做法是俄国政府得以在北京设立传教团的主要原因。与此同时，雅克萨战役俄国战俘进京和尹扎纳使团假俄道慰问和联络土尔扈特部等机缘巧合也是不可忽视的促进因素。

第二节　俄国传教团的特殊性

俄国传教团是中外关系史上的特殊历史现象。之所以说它特殊，是因为它在缘起与沿革、人员构成与换班、给养与经费、组织与管理、使命与职能等许多方面都具有与西方来华传教士完全不同的特征。

俄国传教团长期受到中俄两国双边条约的保护。康熙帝允许第一届俄国传教团来北京只是临时性的举措。1727 年，在为解决划界和贸易问题而签订中俄《恰克图条约》时，俄国政府坚持将在北京建立东正教堂并派驻传教士和学生的内容写入条约。该条约第五款规定："京城之俄罗斯馆，嗣后惟俄罗斯人居住。其使臣萨瓦所欲建造之庙宇，令中国办理俄罗斯事务大臣在俄罗斯馆建造。现在京居住喇嘛一人，其又请增遣喇嘛三人之处，著照所请。俟遣来喇嘛三人到时，亦照前来喇嘛之例，给予盘费，令住此庙内。至俄罗斯等依本国风俗拜佛念经之处，毋庸禁止。再萨瓦所留在京学艺之学生四名，通晓俄罗斯、拉替奴字话之二人，令在此处居住，给予盘费养赡。"[①] 该条约的重要意义在于确立了俄国传教团的法律地位，成为以后 130 余年间俄国政府派遣第二届至第十三届传教团来华的主要依据。

1858 年签订的中俄《天津条约》是又一个对俄国传教团产生重要影响的双边条约。条约第八条规定："天主教原为行善，嗣后中国于安分传教之人，当一体矜恤保护，不可欺侮凌虐，亦不可于安分之人禁其传习。若俄国人有由通商处所进内地传教者，领事官与内地沿边地方官按照定额，查验执照，果系良民，即行画押放行，以便稽查。"该条约再次肯定了东正教在中国的合法地位，并允许俄国人前往北京以外地区传教。在中俄《天津条约》的庇护下，俄国政府连续向中国派遣了第十四届至第十八届俄国传教团。

俄国传教团名为宗教使团，但前 14 届均由神职人员和世俗人员构成。中俄《恰克图条约》规定，俄国传教团除 4 名传教士，还包括 6 名学生。而事实上每一届俄国传教团的人数不等，一般多则十几人，少则不足十人。神职人员包括修士大

---

① 王铁崖编《中外旧约章汇编（全三册）》第一册，上海财经大学出版社，2021，第 11 页。

司祭、修士司祭、修士辅祭和教堂差役。俄国传教团领班由修士大司祭充任。世俗人员中起初只有学生，后来逐渐增加了监护官、医生、画家，以及临时差遣人员。1860 年中俄《北京条约》签订以后，第十四届俄国传教团中的医生和 3 名学生被转入俄国驻华外交使团，而画家和 1 名学生的位置被取消。从第十五届俄国传教团起，世俗人员一律停派，俄国传教团完全由神职人员组成，规模被确定为 6 人。1875 年，俄国传教团的编制扩大到 9 人。据笔者统计，从第一届俄国传教团到 1902 年中国主教区成立（第十八届俄国传教团任内）以前，俄国一共派遣传教团成员 178 人次，其中神职人员 111 人次，世俗人员 67 人次。

中俄《恰克图条约》没有提及俄国传教团的换班问题。每届俄国传教团来北京，均需预先获得清政府的批准，由此渐渐形成定例。从第四届开始，俄国将俄国传教团在华的居留时间确定为 7 年，其中不包括往返北京路途用时。1755 年，俄国外务院又将俄国传教团学生在北京的学习期限规定为 12 年。1818 年，俄国政府在为第十届俄国传教团制定的指令中规定"本届传教团如往届一样为 10 年"。1845 年，第十二届俄国传教团领班佟正笏（Polikarp Tugarinov Поликарп Тугаринов，1799—1868）恳请理藩院准许缩短传教团班期，改为"5 年换班"。从第十三届俄国传教团开始，俄国政府将俄国传教团的在华任期改为 6 年，但也没有严格执行。中俄《天津条约》第十条规定："俄国人习学中国汉、满文义居住京城者，酌改先时定限，不拘年分。"实际上，在 1861 年俄国驻华公使馆建立以前，俄国传教团居留北京时间长短不一，最短的是第二届为 6 年，最长的是第五届，长达 17 年。

俄国传教团抵达北京后，清政府给所有神职人员授予品级不同的官职，并每月发放俸禄。一直到中俄《天津条约》签订，中国才终止了向俄国传教团提供给养。该条约第十条规定："所有驻京俄国之人一切费用，统由俄国付给，中国毋庸出此项费用。"

在很长一段时间里，俄国传教团接受俄国圣务院和外交部门的双重领导，其在华活动根据这两个部门的相关指令规定，其中最早的当数 1734 年圣务院向第三届俄国传教团发布的指令。一般来说，圣务院指令的核心内容是规范领班及其属下行为，提高道德影响力，并对宗教活动给予指导，使其更好地发挥驻华宗教机构的作用。而外务院的指令则更关注俄国传教团的使馆、学馆和情报机构的功能，意在通过俄国传教团培养对华外交亟须的满汉语翻译人才并秘密探听中国情报。

19 世纪初期，俄国政府更加重视俄国传教团对于俄国对华外交所具有的重要意义。1818 年外交部（1802 年外务院改称外交部）为即将赴任的第十届俄国传教团制定了新的指令。该指令的内容是：（一）传教团的构成及公职人员选拔；（二）路途管理；（三）换班程序；（四）从事工作：主持礼拜、宣讲福音、翻译《圣体血礼仪提要》、教育阿尔巴津人；（五）学习任务、学习分工、与伊尔库茨克总督及学会通信、选购图书及其他翻译工作；（六）与中国人的关系、结交手段、生活方式、提防措施；（七）内部管理、职务分配、传教团委员会、在华期间奖惩办法；（八）管理程序；（九）回国以后奖励措施。这是一个系统而全面的指令，条文涵盖了俄国传教团从组建、来华旅途、换班过程、在华活动和管理，一直到回国后待遇的所有方面。在第十届俄国传教团行将回国之际，外交部又为第十一届俄国传教团制定了新的指令草案和另一份密令。上述指令显示，1818～1863 年俄国传教团改组之前，主要接受外交部的直接领导，依外交部指令而动，而外交部不再要求俄国传教团在中国人中间进行传教。尽管俄国传教团还要设法维持俄罗斯佐领的东正教信仰，但学习中华语言与研究中国、搜集中国情报已变成其主要职能。

1858 年中俄《天津条约》签订后，圣务院随即下达了补充指令。圣务院对于是否应该立刻开始在中国传教一事信心不足，希望在中国的政治和社会情势明朗之后，特别是传教环境改善之后，再开始行动。1861 年，俄国政府在北京设立公使馆，其职能是负责对华外交事务。1863 年，俄国国务会议审议通过了关于改组俄国东正教驻北京传教团的报告，对俄国传教团和外交使团的地位、职能、构成及给养等问题进行了区分。该报告明确俄国传教团从此将完全由宗教部门管理，并且只保留神职人员。在新形势下，圣务院根据 1864 年决议制定了新指令。该指令为俄国传教团确定了三大任务："第一，在北京的东正教堂中组织礼拜和主持圣礼。第二，确立并维持由阿尔巴津人、俄罗斯逃人后代以及接受东正教的中国人构成的东正教群体的正教信仰。第三，根据需要在异教徒中传播正教。"指令要求俄国传教团成员学习汉语，以便翻译宗教书籍，并对以往俄国传教团所译东正教经书进行补充和完善。可以开办东正教学校，建立祈祷所或教堂。指令允许俄国传教团活动范围扩大到北京以外地区，但"不应参与政治和外交事务"，"在接受中国人入教时要格外小心"。[①]

在义和团运动重创俄国传教团之后，圣务院总监波别多诺斯采夫（K. P. Pobedonostsev К. П. Победоносцев，1827—1907）一度计划关闭俄国驻北京传教团或将其转移到西伯利亚或旅顺口。然而，中国东北地区大批俄国侨民的宗教需求，以及中东铁路护路军随军传教士和教堂的管理问题，对俄国政府最终决定继续保留俄国传教团产生了决定性影响。俄国陆军大臣明确要求圣务院派出主教并接管"满洲"（今东北地区）教务，此项动议获得了国务会议、财政部和外交部的一致支持。1902

---

① Шубина С. А. Русская Православная Миссия в Китае（XVIII-начало XX вв.）. Диссертация на соискание ученой степени кандидата исторических наук. Ярославль，1998. C. 102.

Shubina, C. A., The Russian Orthodox Mission in China（18th-beginning of the 20th cen.）Dissertation in pursuit of an advanced degree in historical sciences, Yaroslavl, 1998, p. 102.

舒碧娜：《俄国东正教驻华传教团（18 世纪至 20 世纪初）》，副博士学位论文，雅罗斯拉夫尔，1998，第 102 页。

年，尼古拉二世下令俄国传教团领班由主教神阶担任，使用"佩列亚斯拉夫尔主教"的名号，第十八届俄国传教团领班英诺肯提乙（Innokentij Figurovskij Иннокентий Фигуровский，1863—1931）被任命为主教，除领导俄国东正教驻北京传教团，同时负责俄国在东北地区的教务，兼管中东铁路沿线的教堂。但是，俄国政府内部在是否向中国人宣教一事上存在严重分歧。外交部及其驻北京公使馆认为，传教问题在俄国对华战略中并不占据重要位置，相反可能给外交工作带来困扰，俄国传教团应将工作重点放在俄国侨民集中的东北地区。然而，第一任主教英诺肯提乙赴任后却积极开拓教务，企图改变东正教在华影响长期不如天主教和新教的局面。驻华主教与外交部门的矛盾和分歧持续不断，显示了外交部门欲将传教纳入对华外交统筹部署的意图和努力。

背景知识 11-2　佩列亚斯拉夫尔主教

1721 年，根据彼得一世指示，英诺肯提·库利奇茨基（Innokenij Kul'chitskij Иннокентий Кульчицкий，1680 或 1682—1731）被提升为佩列亚斯拉夫尔主教（Bishop Pereyaslavskij епископ Переяславский），负责北京的教务，同时兼管西伯利亚、伊尔库茨克和涅尔琴斯克（尼布楚）的教务。佩列亚斯拉夫尔本是俄国南部的古老城市，11 世纪建立主教区。俄国政府在主教名号中回避使用中国地名，是为了避免中国政府的怀疑和耶稣会士作梗。由于清政府拒绝允许英诺肯提·库利奇茨基主教来华，俄国在北京设立主教区的第一次努力遂告失败。直到 1902 年俄国才最终在中国设立了主教区，但派驻的英诺肯提乙主教仍然沿用"佩列亚斯拉夫尔主教"的名号。

俄国传教团具有外交、商务和文化等多重功能，这是其最显著的特点。尤其是在外交方面，俄国传教团承担着一个使馆应该承载的所有功能。俄国传教团在中俄外交史上的作用大致可以鸦片战争为界分成两个阶段。鸦片战争以前，俄国传教团的作用是翻译两国外交函件、传递文书、搜集中国情报，以及开始介入中俄双边谈判。鸦片战争爆发以后，俄国传教团成员除了完成上述任务，更加积极主动地介入俄国侵华的过程。如在中俄《天津条约》的签订过程中，第十三届俄国传教团领班巴拉第（Palladij Kafarov Палладий Кафаров，1817—1878）是俄国方面的主谋之一，就连条约文本，也是由这届俄国传教团学生晃明（M. D. Khrapovitskij М. Д. Храповицкий，1816—1860）翻译的。在俄国政府全权代表伊格纳季耶夫（N. P. Ignat'ev Н. П. Игнатьев，1832—1908）使华期间，第十四届俄国传教团学生柏林（A. F. Popov А. Ф. Попов，1828—1870）往返北京、天津两地，传递情报，而此届传教团领班固礼（Gurij

Karpov Гурий Карпов，1814—1882）则是签订中俄《北京条约》时俄方的谈判代表。伊格纳季耶夫将固礼称为他与中国代表谈判中"最重要的助手"，称赞他"以满语和汉语知识为其带来巨大的益处"，而且谈判地点就在固礼的住所。有关俄国传教团在俄国侵华中发挥作用的事例，不胜枚举。可以说，在中俄关系史上，俄国传教团更多是代表了俄国政府的利益，而非俄国教会的意志。

第三节　俄国传教团在华发展教徒

俄国传教团作为俄国东正教会在中国的常设机构，传教布道是其主要活动之一。俄国传教团在华的宗教活动经历了四个时期：1715～1858 年；1858～1900 年；1900～1917 年；1917～1956 年。

从 1715 年俄国传教团来北京的第一天起，镶黄旗俄罗斯佐领即成为他们主要的宗教服务对象。但是，雅克萨战役俄国战俘后裔在中华文化的氛围中很快被同化，对其祖辈的宗教信仰越来越冷漠。初期有约 50 名雅克萨战役俄国战俘后裔保持了东正教信仰，而后保持在 20～30 名，最后恢复到初期水平并有所上升，第十届和第十三届俄国传教团任内均达到 90 多名。而在吸引中国人入教方面，俄国人虽然独占"地利"优势，却没有遇到可供发展的"天时"，在清政府禁教令的威慑之下，只能把发展对象锁定于在俄罗斯使馆任职的中国人身上。中国人入教人数往往不足 10 人，只有第五届俄国传教团任内例外。据史料记载，第五届俄国传教团领班尤马托夫（Amvrosij Yumatov Амвросий Юматов，1717—1771）"在 17 年的任期内为 220 名满人和汉人施洗"①。然而，这一记录是否准确，尚存疑问。总体说来，在 1858 年中俄《天津条约》签订以前，俄国传教团的宗教活动基本上局限于维持雅克萨战役俄国战俘后裔及其家庭的东正教信仰，对于中国人的劝化是秘密而谨慎地进行，规模很小，而且断断续续。

第二个时期伊始，俄国传教团的传教范围首次突破北京城。第十四届俄国传教团多次派人到距北京 50 俄里（约 53.34 千米）的东定安村，在贫苦农民中传教。在第十四届俄国传教团任内，共发展教徒约 200 人。在第十六届俄国传教团任职期间，

---

① Зимин С. Копия с доношения в Коллегию иностранных дел бывшего в Пекине в Духовной свите церковника Степана Зимина，поданного в 7 июня 1773 году//Православие на Дальнем Востоке：275-летие Российской духовной миссии в Китае. СПб.，1993.

Zimin，S.，Quoted from a report submitted June 7，1773，to the Board of Foreign Affairs，formerly held in Beijing by the Ecclesiastical Council of the Cleric Stepan Zimin，Orthodoxy in the Far East：the 275th Anniversary of the Russian Mission in China，St. Petersburg，1993.

齐明：《驻北京传教团教堂差役齐明 1773 年 6 月 7 日呈送给外交委员会的报告》，《东正教在远东：纪念俄国驻华传教团建立 275 周年》，圣彼得堡，1993。

圣务院批准中国人密特啰芳（Mitrofan Tszi Митрофан Цзи，1855—1900）晋升神父，密特啰芳因此成为第一个担任东正教神职的中国人。起用中国神品，并用汉语主持圣事，是俄国传教团在传教布道方面的一大突破。第十七届俄国传教团继续派遣俄籍传教士前往东定安村和天津等地，东正教势力向中国的其他地区扩散。当1897年第十八届俄国传教团领班英诺肯提乙抵达任所时，中国的东正教徒约有500人。[①] 英诺肯提乙着手整顿传教团工作，希望振兴俄国在华东正教事业。至1898年底，俄国传教团在华一共拥有5座教堂和1座墓地祈祷所。北京、天津和张家口共有俄罗斯男女教民120人，中国教民458名（主要集中在北京和东定安村）。1900年，北京共有东正教徒450人。然而，1900年爆发的义和团运动彻底烧毁了俄国传教团的驻地北馆（见图11-1），并杀死中国籍东正教徒222人。

图 11-1　俄国东正教传教团驻地北馆

图片来源：www. orthodox. cnlocalchurchindex. html。

背景知识 11-3　北馆

　　第一届俄国传教团驻于北京城东北角的胡家圈胡同，在圣尼古拉教堂从事宗教活动。从第二届俄国传教团开始，其驻地改为北京东江米巷玉河西畔的会同馆，清廷还帮助俄方在会同馆修建了奉献节教堂。人们按照地理位置将胡家圈胡同的俄国传教团驻地称为北馆，而将会同馆称为南馆。1729～1861年，俄

---

① Дацышен В. Г. Епископ Иннокентий（Фигуровский）. Начало нового этапа в истории Российской Духовной Миссии в Пекине//Китайский благовестник. 2000. No1.

Datsyshen, V. G., Bishop Innokentij（Figurovskij）, The Beginning of a new phase in the History of the Russian Spiritual Mission in Peking, The Chinese Evangelist,（2000）, No. 1.

达奇生：《英诺肯提乙（费古洛夫斯基）主教：俄国驻北京传教团新的历史阶段的开端》，《中国福音报》2000年第1期。

国传教团一直以南馆为驻地。由于 1860 年中俄《北京条约》签订后俄国传教
团承担的外交使命转移给俄国公使馆，1861 年南馆遂成为俄国公使馆的驻地，
俄国传教团迁至北馆。1955 年俄国传教团被关闭，1956 年苏联驻华大使馆迁到
北馆。现在北馆所在地为俄罗斯驻华大使馆。

　　受到义和团运动打击的俄国政府在短暂动摇后不但继续保留了俄国传教团，甚
至于 1902 年在中国建立了主教区。俄国传教团在华传教活动由此进入第三个时期。
俄国传教团的机关刊物《中国福音报》（见图 11-2）曾这样写道："在俄国驻北京
传教团历史上，1900 年具有非常特别的意义。这一年，旧的传教团不复存在了，一
个崭新的传教团诞生了。新传教团有新的方向，有新的目标。新传教团有意识地确
立了在中国传播基督教的宗旨，努力实现宗徒的召唤。"①

　　英诺肯提乙利用庚子赔款陆续在北馆内修建了 4 座教堂，包括英诺肯提堂、圣
母大堂、教众致命堂和圣尼古拉教堂。他命令将在义和团运动中殉难的 222 名教徒
尸骨集中埋葬于同一墓穴，在坟地上面修建了教众致命堂。圣务院将每年 6 月 11 日
定为"教众致命圣日"，纪念这些"殉教徒"。

图 11-2 《中国福音报》

图片来源：www. orthodox. cnlocalchurchindex. html。

---

①　Пекинская Духовная Миссия в 1902-1913 г.//Китайский благовестник. 1914. Вып. 1-2.
　　The Mission in Peking in 1902-1913, The Chinese Evangelist, 1914, Iss. 1-2.
　　《1902-1913 年的北京传教团》，《中国福音报》1914 年第 1~2 期。

除在北馆兴建教堂，俄国传教团还修建和改建了一系列其他建筑，如主教府邸、男子修道院和钟楼（见图11-3）等，在东定安村建立新教堂，为安定门外的俄国坟地修建围墙，并在其中修建了一座教堂。另外，在上海修建三层楼建筑和教堂各一座，在天津修建了教堂。英诺肯提乙还在圣彼得堡和莫斯科建立了俄国传教团会馆，用以募集资金。

图11-3　20世纪初北馆南门钟楼

图片来源：www. orthodox. cnlocalchurchindex. html。

1917年十月革命爆发之前，东正教势力已经扩张到中国的许多省份，包括雅克萨战役俄国战俘后裔在内的中国东正教徒总人数达到6310人。[1]直隶省除北京和东定安村外，还有天津、永平府（治今卢龙县）、通州、西山与涿州等地，河南省主要有卫辉府（治今卫辉市）、道口（今滑县道口镇）、开封府（治今开封市）、杞县与宁陵县，湖北省有汉口、袁家口（今仙桃市袁家口村）、峰口（今属洪湖市）与仙桃镇（今仙桃市），江西省有牯岭（今属九江市）和小池口（今属湖北省黄梅县），江苏省有上海和海门，浙江省有台州、杭州、宁波和石浦（今象山县石浦

① Шубина С. А. Русская Православная Миссия в Китае（ⅩⅧ-начало ⅩⅩ вв.）. С. 160.

　　Shubina, S. A., The Russian Orthodox Mission in China（18th-beginning of the 20th cen.）, p. 160.

　　舒碧娜：《俄国东正教驻华传教团（18世纪至20世纪初）》，第160页。

镇）。此时俄国人在华北、华中、华东各有一个传教中心。华北地区的中心是北京，这里是俄国东正教在中国的基地。英诺肯提乙不仅管理着北京的教务，同时也是俄国在华传播东正教的总指挥。俄国传教团在北京出版的《中国福音报》不断报道传教团的在华活动，同时刊登介绍东正教教义的文章，间或也发表中国教徒从俄文翻译而来的东正教经书。地处华中的汉口早在19世纪中期就成为俄国茶商的集中地，宗教需求相对明显，因而很早就有了东正教堂。进入20世纪以后，随着俄国人在华势力的增强，俄国传教团迅速将触角延伸到了汉口的周边地区。上海这个开放口岸城市不仅有俄国政府的代表常驻，而且有俄国侨民聚居，因而很快就成为东正教在华东地区的中心，对周边的江苏等其他地区和浙江产生了辐射作用。

此外，新疆和东北的东正教势力发展也与俄国传教团有关。1851年，中俄《伊犁塔尔巴哈台通商章程》签订之后，俄国在伊犁和塔城设立了领事馆，大量的俄国公司在两地设立代表处，俄国人迅速增多，主持圣事活动的神父由俄国临时派来。直到1905年英诺肯提乙才派遣神父前往迪化（今乌鲁木齐）传教。随着1897年中东铁路建设开工，大批俄国人拥入东三省，俄国在哈尔滨等中东铁路沿线的侨民聚居区修建了大量的东正教堂。满足俄国侨民的宗教需求在1902~1907年曾是俄国传教团的重要任务之一（此后中东铁路沿线东正教事务转由海参崴主教区管辖）。总之，西北和东北地区与其他地方不同，东正教徒主要由俄国侨民构成。

中国主教区成立之后，俄国向中国派遣的神职人员数量有所增加。由于主教拥有晋升神职的权力，英诺肯提乙还经常为各种原因来到中国的俄国人施洗，充实传教士队伍。然而，由于不通汉语，传道无门，许多俄国神父只能为俄国侨民提供宗教服务。与此同时，中国籍神职人员数量快速增长，并超过了俄国人的数量。至1913年，在俄国传教团的正式成员中，中国人为46人，俄国人为35人。[1] 中国教徒的圣事一般由中国籍神父主持，就此俄国传教团可以用汉语开展宗教活动。但从总体上说，传教人员匮乏、教育程度低、不能胜任传教任务仍是困扰东正教在华传播的重要障碍之一。

由于俄国东正教会具有国家教会的性质，此时俄国传教团所有开支用度应由政府提供，民间捐赠者寥寥。庚子赔款主要用在了北馆的重建和扩建上，并未对全国的传教布道产生明显的推动作用，且圣务院并未将《辛丑条约》规定的18000两白银赔款全额划拨给俄国传教团。英诺肯提乙曾多次致信俄国国内申述所遇到的财政困难，但其相关需求未能得到满足。俄国传教团所开办的印字房、铸造厂、装订厂、颜料店、木匠铺、蒸汽磨坊、蜡烛厂、肥皂厂、养蜂场、牛奶厂和砖窑等实业是其

---

[1]　Пекинская Духовная Миссия в 1902–1913 г. // Китайский благовестник. 1914. Вып. 1–2.
　　The Mission in Peking 1902–1913, The Chinese Evangelist, 1914, Iss. 1–2.
　　《1902–1913 年的北京传教团》，《中国福音报》1914 年第 1~2 期。

维持在华教务的主要经费来源。因此，除几个中心城市，其他地区的教务经常因为经费无着而处于难以为继的状态。

十月革命以后，大批白俄侨民拥入中国，俄国传教团基本中断了在中国人中的传教活动，转而为俄国侨民服务。1920 年，俄国传教团宣布隶属流亡的塞尔维亚教廷，并于 1922 年组建北京及中国主教区，由前一年升任大主教的第十八届俄国传教团领班英诺肯提乙领导。同年，上海和天津相继成立隶属北京主教区的助理主教区，哈尔滨成立了直属流亡教会的哈尔滨主教区。1924 年，俄国传教团更名为"中国东正教北京总会"。九一八事变之后，日本侵占东三省，大批俄国人南下，在天津和上海落脚，这两座城市的东正教徒数量显著增长。1934 年，东正教流亡教廷在新疆创建以迪化为中心的助理主教区，隶属中国东正教北京总会。1945 年，时任第二十届俄国传教团领班和最后一任大主教的维克多（Viktor Svyatin Виктор Святин，1893—1966）恢复了与莫斯科牧首公署的联系。中华人民共和国成立前后，在华俄侨一部分返回苏联，一部分移民到了美洲和澳大利亚等地。1955 年，莫斯科牧首公署下令关闭俄国传教团，并将其所有财产移交给苏联驻华大使馆。经莫斯科牧首公署允许，1956 年自主的中华东正教会成立，中国东正教徒进入自主管理教务的新时期。

第四节　俄国传教团在华翻译和刊印东正教经书

俄国传教团在 18 世纪末至 1858 年之前就已经开始尝试翻译一些礼拜用书，但目的并非在中国人中间传教，而是满足已忘记俄语的雅克萨战役俄国战俘后裔的宗教需求。

最早将东正教书籍译成中华语言的是第八届俄国传教团学生利波夫措夫（S. V. Lipovtsov С. В. Липовцов，1770—1841）。他在 1794~1808 年完成了《新约》的满文翻译，但这个满文译本没有得到俄国圣务院的批准，被英国圣经公会（亦称"大英圣经会"）出版。天主教传教士在其东北的教会学校中使用利波夫措夫的译本作神学教材，并在满人中传教布道。

第九届俄国传教团领班比丘林（Hyacinthe Bichurin Иакинф Бичурин，1777—1853）改编意大利籍耶稣会士潘国光（François Brancati，1607—1671）的《天神会课》一书，于 1810 年刊印。此事在费赖之（Louis Pfister，1833—1891）的著作中留有记载："俄国驻北京传道会长比丘林（Hyacinthe Bitchourin）曾节采此本之文，刻于北京，以供希腊宗之用。"[①]《天神会课》一共刊印了 400 册，现在发现有 1/3

---

① 〔法〕费赖之：《在华耶稣会士列传及书目》上册，冯承钧译，中华书局，1995，第 234 页。

（129 册）在俄罗斯，其中一册上有"被中国政府禁止和查抄"的俄文字样。比丘林在改编《天神会课》过程中发明的个别宗教术语译法沿用至今，其中最突出的例子当数"教会"一词。对于"Ecclesia"一词，潘国光采用了音译的方式，译成了"厄格勒西亚"，给人一种不知所云的感觉，无法体现该词"蒙召出来的会众"的希腊文本义，而比丘林将其改译为"圣教会"，比较好地解决了基督教传教历史上的一个难题。也可以说，汉语中"教会"一词乃是比丘林的创造。①

第十届俄国传教团领班卡缅斯基（P. I. Kamenskij П. И. Каменский，1765—1845）从北京耶稣会士的藏书中抄写并向其索取各种译成汉语的神学书籍。他还将利玛窦的《天主实义》由汉语翻译成了俄语。第十届俄国传教团修士司祭西维洛夫（D. P. Sivillov Д. П. Сивиллов，1798—1871）在译介经书方面多有尝试。他翻译了《东教宗鉴》，还翻译了早堂和晚堂经本、《玛特斐乙福音经》、《宗徒行实》、《简明教理问答》和《圣体血礼仪提要》。第十一届俄国传教团修士司祭基谢列夫斯基（Feofilakt Kiselevskij Феофилакт Киселевский，1809—1840）翻译了《简明教理问答》《正教本分》及两部布道稿。

1858 年以后，俄国传教团的主要任务之一是翻译东正教神学书籍，为大规模传教做准备。经书的翻译和刊印是俄国传教团在宗教活动第二个时期中最突出的业绩。在领班法剌韦昂（Flavian Gorodetskij Флавиан Городецкий，1840—1915）领导下，1883 年底前第十六届俄国传教团完成了往届传教团成员多部未刊经书译稿的整理，总字数达 30 万。1884 年 1 月起开始雕版印刷，一次就刊印了 20 多种教堂祈祷用语小册子。与此同时，这届俄国传教团也致力于翻译新的经书。有效的组织工作和独特的翻译流程是保障大量刊印经书的重要条件，其翻译流程是这样的：首先由尼阔赖（Nikolaj Adoratskij Николай Адоратский，1849—1896）和阿列克些（Aleksej Vinogradov Алексей Виноградов，1845—1919）将所要翻译的宗教书籍的斯拉夫文本与希腊原文进行校对，译成准确的俄语，接下来由法剌韦昂将俄语意思用汉语口述出来，由中国籍神父密特啰芳记录成文，再由中国先生鄂锡阿（Osya Zhan Ося Чжан）对汉语文本进行审阅，最后由耶乌哔尼（Evmenij Yuj Евмений Юй）检查。

据阿列克些记载，这一时期俄国传教团所翻译和刊印的东正教书籍包括以下

---

① Карезина И. Православный катехизис на китайском языке архимандрита Иакинфа（Бичурина）. Дипломная работа. М.，2004. С. 19，25.

Karezina, I., Archimandrite Jacinthe's（Bichurin's）Orthodox Catechesis in Chinese, Thesis, Moscow, 2004, p. 19, 25.

卡列齐娜：《亚金甫（比丘林）修士大司祭的汉译东正教经书》，学士论文，莫斯科，2004，第 19、25 页。

三大类。①

第一类为圣经类。固礼在担任第十四届俄国传教团领班之后即开始翻译《新约》。译本刊印于1864年，1865年重刊，名曰《新遗诏圣经》（见图11-4），包括福音经4册、宗徒经22册等。此外，固礼还翻译并改编了《圣经析义》（1865），编写了《新遗诏圣史纪略》（1861），刊印了《圣上史提要》（1863）。

法刺韦昂在阅读固礼的4部福音书译本时，发现了许多难以理解之处，于是决定对译文进行必要的注释和导读后再行刊印。"编写夹行注的方法在以后得以延续。译者们难以传达某些神学概念（尤其是圣三一、基督化身等基本教义）时便做出说明。"② 法刺韦昂改编后的《新约》刊行于1884年，名曰《福音经集解》，这是俄国传教团刊印的第二个《新约》汉译本。

图 11-4　固礼汉译《新约》
图片来源：www.orthodox.cnbible 1864ntindex.html。

伊萨亚（Isajya Polikin Исайя Поликин，1830或1831—1871）翻译的《圣史纪略》于1867年和1879年刊印。《圣咏经》的最初汉译本出自巴拉第笔下，为文言本，后来伊萨亚对其进行简化，法刺韦昂进行文字加工，于1879年在北京刊印。

第二类为神品学校用书或对中国东正教徒进行精神道德说教的手册。在这一类中，翻译和刊印次数最多的应该是《简明教理问答》和《详述教理问答》。《简明教理问答》的译者有固礼和伊萨亚，汉译本书名分别为《教理问答》（1865）和《圣教会要课》（1866年和1879年）。至于《详述教理问答》，第一个进行翻译的是伊萨亚，后经巴拉第修订，于1871年刊印，汉译本书名为《圣教会问答》。

① Алексий（Виноградов），иером. Китайская библиотека и ученые труды членов Императорской духовной и дипломатической миссии в г. Пекине или Бэй-Цзине（в Китае）. СПб. ，1889. С. 23-33. Archimandrite Aleksij（Vinogradov），The Chinese Library and Learned Works of the Members of the Imperial Spiritual and Diplomatic Mission in Peking or Beijing（in China），St. Petersburg，1889，pp. 23-33.
阿列克些（维诺格拉多夫）：《俄国驻北京（中国）宗教和外交使团藏汉文图书及成员学术著作》，圣彼得堡，1889，第23~33页。

② Иванов П. Православные переводы Нового Завета на китайский язык// Китайский благовестник. 1999，№1.
Ivanov，P.，Orthodox Translations of the New Testament into Chinese，The Chinese Evangelist，1999，No. 1.
伊万诺夫：《东正教的〈新约〉汉译》，《中国福音报》1999年第1期。

伊萨亚编译了《宗徒行实摘要》和《两个世纪的基督教历史及一月圣徒行传》，翻译了《世界东正教圣日》及圣徒伊利亚（Elijah Илия）和抹大拉的马利亚（Mary Magdalene Мария Магдалина）的行迹；固礼翻译的《东教宗鉴》于 1860 年和 1863 年两次刊印，他还翻译了《圣体规程》（1863）、《神功四要》（1860 年和 1864 年）、《诵经节目》（1869）和《早晚课》（1864）等；法剌韦昂于 1881 年翻译并刊印了《正教本分》和《圣堂仪物名义志》，次年编写了《正教略》，翻译刊印了《教规略述》，1883 年还翻译了《东正教信仰（简明基督教神学）》和《天道指南》；俄国传教团编写或翻译的青年教导手册主要有《劝上堂文》《交友文》《教子文》《领洗文》《劝告解文》等。

第三类为教堂仪式用书和中国基督徒个人用书。《正教历》由固礼翻译刊印；伊萨亚翻译了《须用经》（1865）、《颂典首节集》（1866）和《大圣颂典》（1869）；巴拉第和伊萨亚于 1870 年翻译了《新年祷告词及聆听上帝的启示》。《十二节日及大斋节颂歌及首节集》由伊萨亚译出，法剌韦昂完善，1880 年刊印。1881 年，俄国传教团刊印了《祝文册》。同年，俄国传教团刊印了法剌韦昂完成的《事奉经》全译本。《五旬大斋晚课经》由第十六届俄国传教团神父约安·拉辛斯基（Ionn Rakhinskij Ионн Рахинский）译出。《圣咏规程》1889 年刊印。此外，中国籍东正教徒卡西安·林（Kassian Lin Кассиан Лин）连续几年编制和印刷中国历法与正教历法合璧的日历。

其他教堂用书主要刊印于 1884 年。《时课经》和《代亡人祈经》的译者是伊萨亚。十二节日的祷祝词由第十六届俄国传教团成员和中国籍神职人员共同译出。这十二种祷祝词的名称为：《圣母圣诞瞻礼赞词》《圣母进堂瞻礼赞词》《圣母领报瞻礼赞词》《主降生瞻礼赞词》《圣母安息瞻礼赞词》《主进堂瞻礼赞词》《主领洗瞻礼赞词》《主易圣容瞻礼赞词》《圣枝主日瞻礼赞词》《主升天瞻礼赞词》《圣三主日瞻礼赞词》《举荣圣架瞻礼赞词》。另外，《主受难瞻礼赞词》《主复活瞻礼赞词》《主日八调赞词》也由中俄神职人员合作译出。俄国传教团在完善西维洛夫译本的基础上再次刊印《圣体血礼仪提要》。

第二个时期，俄国传教团在经书的翻译方法上，借鉴了天主教传教士对基督教神学著作汉译的经验及其作品，同时结合东正教经文的特点，开创了一种独特的翻译方法。比如，19 世纪 70 年代西方传教士经常用"天主"或"耶稣基督"来表达"上帝"的概念。为了使信徒产生东正教与天主教有所不同的感受，俄国传教士将"上帝"（Jesus Christ Иисус Христос）翻译为"伊伊稣斯合尔利斯托斯"，使其读起来更加接近古斯拉夫文。圣彼得堡大学东方系汉学教授伊万诺夫斯基（A. O. Ivanovskij А. О. Ивановский，1863—1903）对此提出批评，认为应该采用"耶稣基督"译法，因为这种译法经过长期使用和宣扬已经被中国人广泛使用。

19 世纪末 20 世纪初印刷技术的不断更新为大量出版经书提供了可能。1897 年，在天津俄国商人斯塔尔采夫（A. D. Startsev А. Д. Старцев，1838—1900）的资助下，俄国传教团印字房购置了一台小型印刷机和近 3 万个木刻汉字字模，附设了装订房，首次使用活字印刷。1900 年义和团捣毁了北馆的印字房，但于 1901 年恢复运转，印字房又于 1911 年建立了石印车间，而后又建立了铸字车间。1902 年，英诺肯提乙组建了专门的翻译委员会，其成员除俄国神父以外，还包括 6 名中国传教士和两名抄写工。自此东正教经书翻译进入第三个时期。

英诺肯提乙完成了俄国传教团历史上第三个《新约》版本的翻译，于 1910 年刊印《新约圣经》。英诺肯提乙译本各分册名为《玛特斐乙圣福音经》《玛儿克圣福音经》《鲁喀圣福音经》《伊鄂昂圣福音经》等，在语言上完全采用白话，尽量贴近口语习惯，成为俄国传教团使用的主要版本。他还编写了《祈祷经文》，翻译了《东教宗圣人行实》《东教宗史记》，主持重刊了《圣教会要课》《圣史纪略》《时课经》等。来自北京东定安村的中国东正教徒些儿吉乙长（Sergij Chan Сергий Чан）为密特啰芳之子。他不仅帮助校对俄国传教士译稿，而且于 1912 年刊印了自己翻译的《普罗帖斯唐特历史》《西教纪略》《东正教鉴》《东西教会纪略》《圣号解义》。些儿吉乙长将"新教徒"（Protestant Протестант）直接音译为"普罗帖斯唐特"。此外，中国籍教徒范中（Timofej Fan Тимофей Фань）编著了《天主圣教小引》，伊望·包（Ivan Pao Иван Пао）于 1912 年翻译刊印《信经问答》。在第十八届俄国传教团修士大司祭阿弗拉阿米（Avraamij Chasovnikov Авраамий Часовников，1864—1918）于 1916 年为纪念俄国传教团来华 200 周年而组织编写并出版的《俄国东正教驻中国传教团简史》中刊载了一个目录，共著录俄国传教团印字房刊印的 90 种神学书籍，可见当时东正教经书翻译和出版之规模。

第五节　俄国传教团在华开办学校

1822 年，俄国传教团在北京开办了第一所东正教学校。其实，第八届俄国传教团领班格里鲍夫斯基（Sofronij Gribovskij Софроний Грибовский，？—1814）早就指出，排除阻碍东正教在华传播障碍的最有效方式就是"设立神学校，以便仿效天主教传教士那样招收赤贫孤儿入学"，培养神职人员，他相信"中国神父使自己的同胞改信神圣的基督教的本领比俄国或罗马神父要大得不可比拟"①。但是，格里鲍夫斯基未能在任内实现自己的计划。在 1818 年俄国外交部给第十届俄国传教团领班卡

---

① 〔俄〕尼·伊·维谢洛夫斯基编《俄国驻北京传道团史料》第一册，北京第二外国语学院俄语编译组译，商务印书馆，1978，第 99 页。

缅斯基的指令中，明确要求卡缅斯基为俄罗斯旗人开办学校："传教团应收留几个阿尔巴津男童，对他们进行教育，费用全部由俄国承担。如果贫困的阿尔巴津人父亲情愿将儿子送来接受教育，则由你从中挑选男童。修士司祭和修士辅祭教授他们俄文和神学，而你应尽力提高他们的道德素养。这样，在你的有效管理下，目下这些不太开化的孩童逐渐会变成东正教在中国的传播者。此外，他们还可以成为很好的翻译甚至新传教团的老师。"[1] 根据这一指示，卡缅斯基于 1822 年开办了第一所东正教学校，招收 7 名俄罗斯佐领贫困家庭子弟入学。俄国传教团每月向这些学生提供 1.5 两银子的生活费，由修士司祭魏若明（Veniamin Morachevich Вениамин Морачевич）负责学校管理。俄国政府拨款 1500 卢布用以维持这所学校的开支。1824 年，这所学校的学生人数增加到 14 人。1849～1850 年来华的第十三届俄国传教团监护官科瓦列夫斯基（E. P. Kovalevskij Е. П. Ковалевский，1809—1868）在其所撰写的《中国纪行》中记载道："子弟学校教学生们学习斯拉夫语、汉语、圣经史、教理问答及唱圣诗。阿尔巴津人非常愿意把孩子送到子弟学校来，因为孩子将来可以进入唱诗班或成为观象台的观测员，能定期领到工钱，倒不是因为中国人必须要读书的缘故。"[2]

中俄《天津条约》签订后，俄国传教团在北京地区又增开了两所学校。一所为 1859 年在北京建立的女子学校，另一所为 1861 年建于东定安村的学校。固礼称他创建女子学校是为了"在妇女中间培养优秀的基督徒和传播基督教的可靠助手"，这所学校曾获得沙皇家族的捐款和俄国政府的资金支持。从俄国驻北京公使巴柳泽克（L. F. Ballyuzek Л. Ф. Баллюзек，1822—1879）夫人的一份报告中获悉，1861 年，女子学校一共有 18 名年龄从 7 岁到 17 岁不等的女学生，几乎全部出自极端贫困的家庭，由于生活所迫而被父母送到这里，其父母由此可以每月从俄国传教团领到相当于 2 个卢布的银两。学校里除了学习女工之外，还学习圣史、《旧约》、《新约》、《教理问答》及汉语。此外，固礼还利用晚上时间为学生开设俄语课。1862 年，该校第一届学生毕业。而东定安村的学校最初只有 7 名学生入学，学习的主要科目是读写汉字及祈祷文。固礼试图用这所学校来巩固俄国传教团与北京城以外最早的东正教基地的联系。

---

[1] Инструкция Архимандриту Петру, начальнику 10-ой Пекинской Миссии//Китайский благовестник. 1915. Вып. 13-14.

Instruction to Archimandrite Peter, Head of the 10th Peking Mission, The Chinese Evangelist, 1915, Iss. 13-14.

《给第十届驻北京传教团领班彼得修士大司祭的指令》，《中国福音报》1915 年第 13～14 期。

[2] Ковалевский Е. П. Путешествие в Китай. Ч. 2. СПб., 1853. С. 202-203.

Kovalevskij, E. P., A Journey to China, Part 2, St. Petersburg, 1853, pp. 202-203.

叶·科瓦列夫斯基：《中国纪行》第二卷，圣彼得堡，1853，第 202～203 页。

庚子之变以后，俄国传教团不断扩大办学地域，增加学校数量。在大多数情况下，俄国人只要在某地传教，就会设法开办一所学校，作为宣讲东正教义和培养当地传教士的重要手段。至 20 世纪初期，俄国人在直隶、河南、湖北、江西、江苏及浙江等地建立了规模不等且存在时间各异的东正教学校，自此俄国传教团在华办学活动进入第三个时期。

以北京、永平府和天津为例。1903 年，北京男子学校有 29 名学生，分大小两个班。女子学校由俄国传教团的修女管理，开始有 12 名学生。此外，俄国传教团还针对在其开办的工厂做工的童工开办夜校。1907 年，俄国传教团在北京又开办了一所神品学校，次年学生人数增至 17 人，其他学校有学生 62 人，童工 28 人，共计 107 人。1910 年，神品学校的学生仍为 17 人，男女学校共有学生 70 人，童工 28 人，总数为 115 人。1912 年，俄国传教团在东直门外又开办了一所学校，旨在吸收附近农村贫苦百姓的子弟。同年还在安定门外的俄国坟地开设了专门招收低龄儿童的学校，在北京的学生人数增至 225 人。[1] 1913 年，北京东正教学校的总人数为 208 人，其中包括男子学校大班学生 15 名，小班学生 42 名，徒工 42 人，女子学校学生 37 名，东直门外学校学生 36 名，位于俄国坟地的学校学生 36 名。[2]

俄国传教团在直隶省永平府地区的金山嘴（今河北省秦皇岛市北戴河区金山嘴）、台营（今河北省秦皇岛市抚宁区台营镇）、永平府城、建昌营（今河北省唐山市迁安市建昌营镇）和毕家窝铺（今河北省卢龙县印庄乡毕家窝铺村）开办过东正教学校。金山嘴学校开立于 1902 年，招生 12 人，但 1903 年大部分学生因不满被强迫劳动而退学。1904 年，台营的东正教徒马尔基安·赵（Markian Chao Маркиан Чжао）在自己家中开办了学校，由季米特里·韩（Dimitrij Han Димитрий Хань）担任老师，该校存在了大约 4 年时间。1907 年，马卡里·南（Makarij Nan Макарий Нань）到北京请求后获准在建昌营开办学校，教师由北京神品学校的毕业生保罗·唐（Pavel Tan Павел Тан）担任，但这所学校很快就停办了。1911 年，毕家窝铺也开办了学校，招收了 18 名学生，但过了 1 年学校也关闭了。永平府城是永平府地区的传教中心，永平府学校的情况特殊一些。该校于 1905 年开办，1907 年有 8 名学生，1909 年停办。1910 年，负责管理永平府地区教务的米哈伊尔·唐（Mikhail Tan Михаил Тан）（人称"唐神父"）试图重新办学，但没有成功。直到 1914 年米哈

---

① Пекинская Духовная Миссия в 1902–1913 г. //Китайский благовестник. 1914. Вып. 1–2.
The Peking Spiritual Mission, 1902–1913, The Chinese Evangelist, 1914, Iss. 1–2.
《1902-1913 年的北京传教团》，《中国福音报》1914 年第 1~2 期。

② Отчет о состоянии Пекинской Духовной Миссии за 1913//Китайский благовестник. 1914. Вып. 1–2.
Report on the Condition of the Peking Spiritual Mission for 1913, The Chinese Evangelist, 1914, Iss. 1–2.
《1913 年北京传教团的情况总结》，《中国福音报》1914 年第 1~2 期。

伊尔·唐才再次开办了永平府学校。

在天津，1904 年，俄国人曾将小关街的房子借给一所中国学校使用，希望能在课程中加入东正教内容，但被李姓先生断然拒绝。随后俄国人自己开办了一所学校，自聘教师。1914 年，天津东正教学校学生人数达到 20 人。[1]

到 1915 年，俄国传教团在中国境内开办学校 25 所，学生人数达到 680 人，共有 34 名中国籍教师，4 名俄国籍教师。1916 年，学生人数突破了 700 人。[2] 然而，由于在资金和人力方面投入不足，加之俄国人开办的学校办学目的单一，缺乏有效管理，无力与西方教会学校和中国新式学堂竞争，这些学校往往举步维艰，无果而终，其通过办学活动在中国传播东正教的目标与实际效果相差甚远。

总体来说，庚子之变以后俄国人在中国开办的东正教学校有男校、女校和徒工学校之分，其中以男校为主。在俄国人的传教点上，大都设有一所男校，只有部分地区有女校。仅有一小部分学生可以得到免收学杂费和食宿费的待遇，绝大多数学生只是免收学费，而食宿自理。徒工学校比较特殊，学生都是俄国传教团开办的各种工厂和作坊的工人，白天做工，晚上学习。

大多数东正教学校通常只有一名教师，多由中国人担任。这些人既没有足够的中学修养，也没有接受过系统的西学教育，只是稍通文墨，粗解东正教教义。他们中的绝大部分人，并非从心灵上皈依东正教，而只是将其作为一种养家糊口的手段，每个月从俄国传教团那里获得微薄的收入。还有一些人则是为了祛病禳灾、延年益寿，甚至求嗣得子。

东正教学校的管理非常不正规。除北京的学校，其他各地的学校一般都是由中国籍教徒筹建、招生并自任教师。俄国东正教驻北京传教团偶尔会派人前往巡查，为教师发放薪水，支付房租，并检验学生成绩。一旦俄国传教士长期不来，办学经费就会断档，学校只好关门。这种情况在当时经常发生。

由于俄国人所办学校以传播东正教为目的，因此教学内容以东正教教义为主，科学知识所占比重很少。以开封府学校为例，学生从早上 7 时开始上课，7~9 时学习《祝文册》等神学书籍，9~10 时祷告，10~11 时吃午饭，11~13 时练习书写，

---

[1] А. А. В Тяньцзине//Китайский благовестник. 1911, Вып. 9.
A. A., In Tianjin, The Chinese Evangelist, 1911, Iss. 9.
阿·阿：《在天津》，《中国福音报》1911 年第 9 期；
Иеромонах Смарагд. Поездка в Тяньцзинь//Китайский благовестник. 1914. Вып. 9-10.
Archimandrite Smaragd, A Journey to Tianjin, The Chinese Evangelist, 1914, Iss. 9-10.
斯马拉格德修士司祭：《天津之行》，《中国福音报》1914 年第 9~10 期。

[2] Шубина С. А. Русская Православная Миссия в Китае（XVIII —начало XX вв.）. С. 148.
Shubina, S. A., The Russian Orthodox Mission in China（18th-beginning of the 20th cen.），p. 148.
舒碧娜：《俄国东正教驻华传教团（18 世纪至 20 世纪初）》，第 148 页。

14～16 时学习汉语，16～17 时祷告，晚上复习《教理问答》等传教经典。"学校的全部生活节奏都与每日、每周和每年的礼拜相关，上课与下课时都要祈祷，过节时学生们全部要到教堂礼拜。"①

关于学生们的学习成绩，《中国福音报》也有记载。每有俄国传教士前往各地巡视，回到北京后必须提交一份报告，其中不仅详述所见所闻，还记录了对学生的测试结果。由于学生构成极不稳定，学习时间难以保障，长则一年，短的只有数月，加上教师素质低下、经费不足和管理不善，这些学校的教学效果非常不好。

东正教学校的毕业生，一般有几种出路：如果是北京学校的学生且皈依了东正教，就有可能在俄国传教团开办的工厂里谋得差事；一些毕业生可以成为俄国传教士的助手，或者成为诵经士和学校教习；个别成绩优秀者或可转入北京或上海的神品学校继续学习，而后晋升神职，成为东正教神父，独立主持一方教务，如上文提到的永平府地区的米哈伊尔·唐等。

第六节 东正教与天主教和新教在华传教活动比较

俄国东正教驻北京传教团在中国的宗教活动具有独特的面貌。东正教在传入过程、传教对象和目的、传播手段、传教规模和影响等方面与天主教和新教在华的传播相比，具有很多不同之处。

首先，东正教是随着俄国东侵势力于 17 世纪传到中国境内，后又随中俄雅克萨战役中的俄国战俘进入北京。最初的几届俄国传教团由圣务院派出。圣务院从名称上看似乎是一个宗教机构，而实际上从彼得一世取消牧首制之后便成为主管全俄东正教教务的政府部门。由俄国政府派遣的传教团，在中俄《恰克图条约》和《天津条约》的框架内，新来旧往，更替不绝。也就是说，俄国传教士从 1715 年来华后便有幸一直驻足北京。而耶稣会士早在明朝末年就由罗马教廷差遣涉海而至。当俄国传教士进入北京时，西方天主教传教士在中国传教的辉煌时期已经过去。"礼仪之争"使清政府与罗马教廷的关系极度恶化，西方传教士几乎全被赶到澳门，由此开始了持续 100 多年的中国禁教时期。直到鸦片战争结束暨中英《南京条约》签订之后，西方传教士才获准在中国恢复教务。

其次，俄国传教士起初的服务对象主要是北京的镶黄旗俄罗斯佐领后裔，中俄《天津条约》签订之后才开始向中国其他地区拓展。而且，在大多数情况下，传教布道并非俄国传教士的唯一使命，甚至不是他们最重要的使命。观察和研究中国社

---

① Священник Дионисий Поздняев. Православие в Китае（1900-1997 гг.）. М. , 1998. C. 41-42.

Rev. Dionisij Pozdnyaev, Orthodoxy in China（1900-1997），Moscow, 1998, pp. 41-42.

波兹德尼亚耶夫神父：《东正教在中国（1900—1997）》，莫斯科，1998，第 41～42 页。

会，向俄国政府提供情报才是这些传教士的首要工作。鸦片战争以后，俄国传教团更是将在华发展宗教势力置于俄国政府的政治与外交图谋之下，全力配合政府的侵华政策。而西方传教士是冒着生命危险东来，表现出一种宗教的狂热和献身精神。他们筚路蓝缕，行走四方，为的是让中国人放弃传统信仰，皈依基督教。尽管他们也与本国政府的侵华进程不无关系，但在表现上没有俄国传教士那样直接。换言之，在中国民众中广布福音是西方传教士的主要目的，而协助政府制定和实施对华政策则是俄国传教士的根本任务。

再次，俄国传教士在早期只是通过少量施舍和开办几所学校来维持雅克萨战役俄国战俘后裔的宗教信仰和吸引中国人入教，并未采取更加多样的传教手段。直到庚子之变之后，俄国传教团才开办了一些实业机构，但其真正目的在于为俄国传教团补贴活动经费，没有开办医院、孤儿院等福利机构，其所开办的学校也大都有始无终。而西方传教士采取了非常丰富的手段，既包括直接讲道、巡回布道和散发宗教宣传品等直接传教手段，也包括介绍西方科学技术，兴办教育、医疗和慈善机构等间接手段。此外，从首届俄国传教团来华一直到签订中俄《天津条约》，俄国传教团的生活供给一直仰赖清政府。俄国政府提供的经费主要用于维持北京教堂的开支，并不包括传教经费。因此，在传教布道方面，俄国传教士始终没有摆脱经费拮据的窘境。而西方传教士的在华活动经费，多由其在本国募集，或者来自信徒的捐赠，以及在华开办的教育、医疗及慈善机构的收入，资金相对充足。

最后，从1715年首届俄国传教团来华至19世纪末，俄国传教团基本上维持着大约10人的规模。在中俄《天津条约》签订之前，俄国总共在北京拥有两座教堂，每年入教的中国人人数仅为10人。而天主教早在1701年就在全中国拥有了229座教堂，103名传教士，教徒也达30余万人。中俄《天津条约》和《北京条约》签订之后，俄国传教团虽然在传教方面没有了限制，但与天主教和新教在中国的传教业绩相比，仍然非常悬殊。至1917年，中国东正教徒总数为6310人。而1914年基督新教仅是在华传教士就达到了5400人，至1919年达到6636人，超过了中国东正教徒的人数，而此时的新教教徒已经达到345853人。[①] 受传教手段相对简单和传教规模相对较小的制约，俄国传教团的宗教活动对中国民众及社会的影响非常有限，而西方传教士人数众多，手段多样，资金充足，影响较大。西方传教士不仅吸引了大批中国民众入教，而且在西学东渐的过程中扮演了独一无二的角色，"对晚清中国现代化运动特别是思想文化的变革产生了重要影响"[②]。

---

① 顾卫民：《基督教与近代中国社会》，上海人民出版社，1998，第360~362页。
② 王立新：《美国传教士与晚清中国现代化——近代基督新教传教士在华社会、文化和教育活动研究》，天津人民出版社，1997，第513页。

结　语

早在 19 世纪初第八届俄国传教团领班格里鲍夫斯基就认为传教团传教不力，主要有四个障碍。第一个障碍是俄国传教士野蛮无知，能力低下，加上不学汉语，不着华服，难以为中国人接受。第二个障碍是"连使异教徒真正了解上帝的最平常的慈善机关都没有"。第三个障碍是"俄国人本身的品行"使得中国人"觉得俄国的宗教不好"。第四个障碍是"皈依神圣的基督教的人反复无常"，自己都不能保证"永不崇拜偶像"。笔者认为，俄国传教团传教不力最根本的原因是俄国政府始终都没有将传教作为传教团最重要的任务。在二百余年的对华交往中，俄国政府一直将俄国的商业和政治利益置于首位，而自 1818 年之后又将学习中华语言和搜集中国情报作为传教团的日常工作内容。对于俄国政府来说，传教只是实现其外交利益和商业利益的手段之一。当传教有可能影响其根本利益时，俄国政府会非常谨慎小心。而一旦确信发展中国教徒可以有效地为其在华根本利益服务时，就会不遗余力地推动。从另一方面讲，俄国传教团在近一个半世纪里存在于清朝禁教的氛围中，传教团所代表的俄国政府的利益与中华民族的利益在中国近代史上发生了根本性冲突，俄国的侵华行径导致国人产生戒备心理等也是不容忽视的事实。

第十二章

基督宗教与中国的现代化事业

陈　铃

西方对华传教运动本身就是近代资本主义力量向东亚推进的结果。传教士作为来华西人中的特殊群体，一方面传播代表西方文明核心价值体系的宗教信仰，另一方面中国是传统文化高度发达的古国和大国，中国人普遍相信的是"用夏变夷"，要使他们接受西方宗教就像"种子撒在石头上一样困难"。传教士们在经历了早期单纯传教的失败之后，不得不向中国人输入自己国家当时先进的器物、文化和制度来佐证其宗的价值。因此基督宗教在促进中国人认识、接受西方文明的过程中，扮演了拓荒者和启蒙者的重要角色。从晚清到民国，教会世俗事业的发展与中国人寻求现代化的脚步息息相关，客观上为近代中国培养、储存了大量有用之才，孕育出一种中西文化对话互动的价值理念，加速了中国社会的多元化进程。

第一节　基督宗教与文字事业

19 世纪传播西学的先锋

1842 年以前，基督教传教士出版中文书刊的地方凡 7 处，共出书刊 147 种。其中，马六甲 47 种，巴达维亚 30 种，新加坡 50 种，广州 11 种，澳门 7 种，曼谷与槟榔屿各 1 种。上述中文书刊虽以宗教类居多，但也有《察世俗每月统纪传》和《东西洋考每月统纪传》这样介绍近代知识的。

鸦片战争结束后，香港割让、五口通商的格局让基督教传教士得以踏足中国东南沿海地带。当时西书出版是教会出版机构的天下，其规模和辐射力日渐扩大。在上海，传播西学最得力的当属墨海书馆。传教士慕维廉、伟烈亚力、艾约瑟等人和中国学者王昌桂、王韬、李善兰等人合译出版了大批科学书刊，比如数学方面的《续几何原本》，物理学方面的《重学浅说》，天文学方面的《谈天》。这些书刊及其西学内容实际上打破了中国传统以经史子集为主的知识分类体系。

19 世纪 60 年代至 19 世纪末，新的基督教出版机构纷纷涌现。广州的博济医局既是教会医院，又是同光之际编译西医书籍最多的机构，比较知名的有《眼科撮要》《割症全书》《内科阐微全书》等。上海的美华书馆出版了《万国通鉴》《格物质学》《代形合参》等历史科学类书，还有一本《造洋饭书》，是晚清中国为数不多介绍西餐的书。上海的益智书会是传教士编辑、出版教科书的机构。至 1890 年，益智书会出版和审定合乎学校使用的书籍共 98 种，其中最具规模和影响的是傅兰雅编写的《格致须知》和《格物图说》两套丛书。上海的广学会发行了著名的《万国公报》，出版书籍中影响较大的有《泰西新史揽要》《中东战纪本末》《格物探原》《自西徂东》等。《自西徂东》是德国传教士花之安的代表作之一，他在书中指出了中国文明的弱点，强调基督教是西方文明的基础，通过中西文明比较证明中国的改革者和知识分子在寻求富强道路上需要信奉基督教。[1]

背景知识 12-1　广学会

　　广学会，系英美基督教新教传教士及其他在华外国人士在中国设立的出版机构。该机构由 1884 年设立的同文书会改组而成，1887 年（清光绪十三年）创立于上海，1894 年始称"广学会"。由中国海关总税务司英国人赫德任第一任董事长，韦廉臣、李提摩太等先后任总干事。董事中有英美等国驻沪外交官、商人和传教士等。传布基督教和介绍"西学"，对清末维新派有很大影响。曾在北京、奉天（今沈阳）、西安、南京及烟台等地设立专门机构，进行会务活动。太平洋战争爆发后，迁往成都。抗日战争胜利后迁回上海。1957 年，该会与青年协会书局、浸会书局等合并，组成中国基督教联合书局。

天主教方面，上海土山湾印书馆从 19 世纪五六十年代开始萌芽，在翁寿祺（Casimir Hersant）修士等人的努力下，从一个附属于教会的单纯印刷机构发展为天主教在上海以及江南地区唯一的印刷和出版机构。它出版的中文报刊《益闻录》正

---

[1]　Albert Wu, *Ernst Faber and the Consequences of Failure: A Study of a Nineteenth-Century German Missionary in China*, Central European History 47, 2014, pp. 19–20.

式创刊于 1879 年 3 月 16 日（此前已出刊 6 期，为试刊性质），创办人兼主笔是中国神父李问渔。正式出刊的第一号《益闻录》上宗教内容急剧减少，新闻时政内容大幅增加，涉及科技的内容有"地体浑圆说"等。1898 年，《益闻录》和教会当年创刊的一份科技报《格致新报》合并，改名为《格致益闻汇报》，翌年又更名为《汇报》。这一合并使其兼具新闻和科技报刊的双重身份特色，在一定程度上也可视为填补了傅兰雅创办《格致汇编》停刊所留下的空白。① 土山湾印书馆还出版了大量的西文类科技书刊，主要是天文地学类、气象类和生物学类。上海第一份成册的天气预报，是 1874 年由其出版的法语著作《1873 年度气象观察》。这类著作学术价值较高，但读者群有限。②

图 12-1　上海土山湾印书馆里的印刷机器

图片来源：上海图书馆。

　　部分基督教传教士还接受清廷的委任，帮助清政府翻译西书。在上海江南制造局翻译馆工作的传教士有傅兰雅、林乐知、金楷理（Carl T. Kreyer）、卫理（Edward Thomas Williams，1854—1944）、秀耀春（F. Huberty James，1856—1900）、玛高温、伟烈亚力等人，其中译书最多、历时最长的首推傅兰雅。傅氏欣然接受清廷提供给他的这个固定职位。这个职位年薪高达 800 英镑，不仅让他能在上海这个城市生活得体面，而且不必再考虑去内地传教。其实傅兰雅对科学所知不多，但他全身心投入其中，"早上我仔细分析炭和煤矿，下午钻研化学，晚上则是研究声学"。③ 傅兰

① 赵晓兰、吴潮：《传教士中文报刊史》，复旦大学出版社，2011，第 267~273 页。

② 张伟、张晓依：《遥望土山湾——追寻消逝的文脉》，同济大学出版社，2012，第 36~37 页。

③〔美〕史景迁：《改变中国：在中国的西方顾问》，温洽溢译，广西师范大学出版社，2014，第 163 页。

雅的译书工作虽有些现学现卖成分，但也为长期闭锁在科举考试知识体系中的中国读书人带来了新鲜空气。

中国士人如何接纳西学

基督教传教士借助文字出版事业传播西学，起到了给中国士人带来启蒙开化作用。魏源的《海国图志》广泛征引了《地球图说》《平安通书》。徐继畬能写出《瀛寰志略》，与传教士雅裨理向其提供了丰富资料是分不开的。谭嗣同的《仁学》则深受《治心免病法》的启发。在协助传教士进行翻译、出版各类书刊的中国人中，涌现出不少杰出的翻译人才、报务人才乃至科学前驱。随着西学传播的深入，普通中国人对西方科学和物质文明的认同度和接受度也相应提升。

但是，中国人如何学习采纳西学是有选择性的。最典型的是江南制造局翻译馆在决定哪些西书需要翻译时，傅兰雅和政府官员之间的观点经常不一致。傅兰雅试图按照"大类编书"的方式进行译介，然而受制于"紧用之书"的束缚，不能按照"西学分列"。所谓的"紧用之书"，指的是军事技术和实用工艺的书籍。中日甲午战争后，朝野上下对社会科学书籍的渴求高涨。徐维则《东西学书录》收载 1896~1898 年出版的图书，其中工艺和兵制两类总数只占 19.3%。这期间因为维新变法致使科举制度出现松动，让投身考场的读书人对传教士作品青睐有加。比如维新派人士江标上任湖南学政后，考试范围涵盖西学，于是"三湘人士遂取广学会译著各书，视为枕中鸿宾"①。

此外，在中国传统知识体系基础上衔接西学还涉及文化心理学问题。19 世纪晚期的许多中国士人，包括冯桂芬、薛福成、陈炽、康有为、梁启超，在采纳西学时都会从"西学中源"说中寻求庇护或获得心理安慰。梁启超在《变法通议》《西学书目表后序》等文中，将已知的西学门类都纳入古已有之的中学。按此理论，首先，可以证明所谓的西学根本不是"西方的"，在政治上就能避免保守人士的攻讦；其次，它能使中国人在汲取西学时不会伴生文化自卑感和民族羞耻感；最后，它通过倡导古文化的复兴，来适应人们根深蒂固的中国文化偏好。在这个多少带有鲁迅笔下阿 Q "精神胜利法"色彩的理论背后，中国早期的或原始的民族主义也应运而生。② 当时的许多中国学者会参考利用广学会的书刊，但又很少在著作中注明来源，还会以不屑一顾的口吻，批评外国人隔靴搔痒。对于传教士在书中动辄将西方文明富强和基督教相联系以诱使中国人改信基督教的做法，大部分中国知识分子更是充满警惕。

---

① 潘光哲：《晚清士人的西学阅读史（一八三三——八九八）》，中研院近史所，2014，第 248、276 页。

② 〔美〕柯文：《在传统与现代性之间——王韬与晚清改革》，雷颐、罗检秋译，江苏人民出版社，2014，第 113、148~149 页。

传教士影响力的衰微及原因

进入 20 世纪后，基督教传教士在西学传播方面的影响力迅速减弱，比如《万国公报》的发行量在 1903 年达到 54400 份的顶点后就不断下滑，1907 年居然宣告停刊。这背后的原因复杂多样，主要有如下三点。

第一，传教士在翻译和传递西学过程中存在对知识的取舍、裁剪等再加工行为，以符合宗教要求。19 世纪 80 年代晚期，绝大多数中国士绅对达尔文理论还是茫然无知的，他们还在追随艾约瑟、韦廉臣等人修正了的自然神学。一旦中国知识分子洞悉传教士的这一宗教意图，内心自然会产生失望情绪。因此，中日甲午战争以后，中国人很快转向明治时代的日本，寻求现代科学的最新发展趋势。①

第二，翻译的主体和对象发生了变化。1900 年前后更多的中国人开始独立承担传播西学的责任，同时留学日本人数的增加促使大量日文书籍被转译成中文。据梁启超的《西学书目表》，1896 年以前出版的西学译著，翻译主体是传教士或中西人士合译，翻译的书籍多来自欧美的西方人著作。再据顾燮光编的《译书经眼录》，该书收录 1902~1904 年新出的西学译著，翻译主体已变成中国人，翻译的书籍也以日本人著述居多，而且不少日本人著述的译者署名是诸如"日本留学生""中国东京留学生""出洋学生"这样的字眼。不到 10 年，中国人汲取西学的能力和门径已经大变。

第三，中国人自己经营的出版机构不断涌现，而且在市场化策略上比传教士的出版机构更加成功。早在 1891 年的年报中，美华书馆的编辑们就感到中国人的印刷厂在迅速增加，随之而来的竞争（包括盗印）愈加激烈。而且中国印刷商大规模采用石印技术，石印书籍既符合中国人的文化审美需求，其低廉的价格又极大地削弱了教会凸版印刷业的竞争力。1905 年后，中国人自己铸造的活字加快了凸版印刷的速度，最终取代了传教士活字和石印。此外，中国人自己编写的书籍往往更能迎合市场要求。比如商务印书馆的国文教科书，1903 年出版第一册，不及两周，销售数量即达 30 万册，远超中华教育会（其前身即为益智书会）的教科书。

重回宗教本位

民国时期，基督教的文字出版事业虽有一定发展，但它已失去对中国社会的引领作用，其工作重心又回到服务教会和基督徒。面对新文化运动和革命风潮的冲击，深受宗派主义影响的基督教出版事业反而走向保守主义，在神学思想和社会观点上存在很大分歧，结果就是其内部始终各自为营，联合出版和发行困难重重，无法集

---

① 〔美〕本杰明·艾尔曼：《科学在中国（1550—1900）》，原祖杰等译，中国人民大学出版社，2016，第 435 页。

中力量发出响亮的声音。相对来说，青年会的青年协会书局对中国的社会政治较为关注。20 世纪 20 年代，为配合青年会倡导并发展至全国的平民教育运动、公民教育运动，青年协会书局出版发行了大量平民教育系列丛书、公民教育系列丛书。20 世纪 30 年代，青年协会书局又出版了青年丛书 50 本、社会问题丛书 20 本、基督教与中国改造丛书 20 本。此外，创刊于 1934 年 8 月的《田家》杂志作为一份农民刊物，持续向河北、山东等地的广大农村宣传通俗且实用的乡村建设知识，对改进农业生产和公共卫生状况、提高农民识字率有一定促进作用。

第二节 基督宗教与教育事业

中国现代化教育的推动者

传教士是中国教育现代化最早也是非常有力的推动者。早期教会学校学习程度较浅，办学规模较小，所招收的学生多来自底层家庭。与之形成鲜明对比的是，日本的基督教学校引起了知识阶层的更多关注，大批在社会变动中失势的武士阶层特别是中下级武士入校学习英语和西方知识。这一时期的教会学校，1877 年以前多相当于小学，1877 年以后则有一定数量的中学出现。在中学基础上，首批基督教大学雏形陆续出现，包括上海圣约翰书院（1879）、登州文会馆（1882）、北京汇文书院（1888）、通州潞河书院（1889）、杭州育英书院（1893），成为中国近代高等教育的开端。此外，像丁韪良这样的少数传教士受清政府雇用，在官学内任教，试图让科学教育渗透传统的科举考试。

天主教的办学规模不小，拥有广泛的学校网络。仅在耶稣会士管理的江南（江苏和安徽）宗座代牧区，据报道 1878～1879 年有 345 所男校和 6222 名男学生，213 所女校和 2791 名女学生。但相较新教，天主教在办学理念上要显得保守许多，教育对象主要面向父母为天主教徒的孩子们，大多数天主教学校的层次停留于小学水平。教育目的几乎都是加强学生的宗教信仰，很少或根本没有做出努力来介绍西方的非宗教知识。天主教教育的这种封闭与保守性，与其在华的传教方法有关。

办学理念和标准的变化

维新变法期间，中国人学习西学的兴趣显著提高。1905 年，清廷废科举、兴新学，各地新式学校蓬勃发展。外部形势的变化促使传教士大力发展基督教教育。教会学校的招生对象转向中上层家庭，并开始收取学费。进入民国后，基督教小学遵循公立教育体制，分四年制的初等小学和三年制的高等小学。1920 年，全中国共有 5607 所初等小学和 956 所高等小学。基督教中学的数量，1915 年为 116 所，1919 年增至 165 所，到 1924 年达到其发展顶点的 339 所。燕京大学等 10 余所教会大学也转型升级，到 20 世纪 20 年代最终定型，成为中国现代高等教育的重要组成力量。基督教教育规模的迅速扩张，也引发两大问题：教会学校如何保持自身的基督教性质，以及如何提升教育质量。与之相反的是，由于排外运动的冲击，特别是国家加强对教会学校的管制，再加上公立学校的迅速发展，日本的基督教学校没能像中国那样形成一个完整的体系，而是被嵌入公立教育体系，并不断被边缘化。

图 12-2　1912 年孙中山参观岭南学堂（即后来的岭南大学）留影
图片来源：耶鲁大学神学院图书馆。

面对 1922 年开始的非基督教运动和 1924 年兴起的收回教育权运动，基督教会所办的教会学校加快了中国化和世俗化的进程。在司徒雷登的领导下，燕京大学于 1926 年 11 月和 1928 年先后向北洋政府和南京国民政府申请立案并得到批准。中国人在学校的地位也得到提高，到 20 世纪 20 年代后期，燕京大学几乎所有的院、系领导基本上由中国人担任，神学教员从当初占全校教员的 25%，到 1925 年减少到 20%，1930 年更减少到 10%。其他教会学校也或多或少做了类似的变革，加强了对时代潮流的适应性。当然，改革不可能一帆风顺，其取得的成效也是因校而异。齐鲁大学在立案前后的 7 年中，就出现了华人校长频繁更迭、两度酿成学潮的局面，中央与地方政府、传教士、中国教职员、学生、校友都卷入其中，矛盾冲突时有发生，以至于学校发展明显滞后。[1]

---

[1]　刘家峰：《校园政治与中西博弈：齐鲁大学立案前后的易长风波》，《中山大学学报》（社会科学版）2018 年第 2 期。

背景知识 12-2　收回教育权运动

收回教育权运动是非基督教运动的继续与深入。1923 年 10 月，少年中国学会在苏州开会，明确提出反对教会教育，被认为是收回教育权运动之始。这场运动的实际发端是翌年广州基督教圣三一学校学生要求自治的斗争。1924 年 7 月，中华教育改进社在南京召开年会，通过关于收回教育权的决议案。同年 10 月，全国教育联合会在开封举行第七届会议，通过《取缔外人在国内办教育事业案》和《学校内不得传布宗教案》。这些决议案的发表，使运动逐步成为全国性的舆论。1925 年五卅运动时，该运动达到高潮，许多教会学校的师生出于爱国义愤，大批退校，后由学校风潮发展成群众性的社会运动。在群众运动推动下，北京政府于 1925 年 12 月公布《外人设立学校请求认可办法》，大学院于 1926 年公布《私立学校规程》等。此后，外国教会被迫做出让步，陆续申请办学立案手续。

与此同时，教会大学的学科专业化、学术化程度也在 20 世纪二三十年代显著提高。燕京大学的新闻系，齐鲁大学和圣约翰大学的医学，金陵大学和岭南大学的农科，东吴大学的法科，沪江大学的商科，华西协和大学的牙科，金陵女子大学和华南女子文理学院的女子高等教育，以及之江大学、华中大学和福建协和大学的文理科，均颇负盛名。从中西比较角度而言，教育传教士芳卫廉认为，到 1937 年中国所有的基督教大学均获得了一定的学术声望，它们中最强的完全可以和美国教会大学中较好的学校相媲美，不过大部分只是更接近美国的平均水平。可见，教会大学的学科建设大多各有特色，不求全求大，而求异求新。时至今日，在 20 世纪 50 年代初期高校重组及调整中受到教会大学学科影响（如北京大学、南京大学等）或直接传承教会大学主体（如华中师范大学）的高校在学科建设方面，仍具有当年教会大学学科建设的一些特色。[①]

这一时期天主教传教士仍然将主要精力放在直接的福音传播工作上，但是他们也意识到，如果教会想要对国家产生影响，就需要在中等教育和高等教育的世俗科目教育方面加大投入。1900 年，徐汇公学一改此前以国文为主的课程，明文规定法文及其他科学为必修科。1903 年，马相伯开办震旦学院，强调文理科并重，并倡导自治。但因为耶稣会干涉校政，马相伯于 1905 年带领师生出走另立复旦公学。原来的震旦学院受耶稣会管治，后来成为一所知名的天主教大学。1921 年，河北献县的

---

① 马敏：《中西交融取精用宏——中国教会大学办学经验对当代教育的启示》，载"回顾与展望：中国教会大学史研究三十年"国际学术研讨会论文集（未出版），2019，第 9 页。

耶稣会决定在天津新建一所大学，即天津工商大学。1923 年 9 月正式开学，开始招收预科，两年后开始招收大学本科。1925 年，辅仁大学的筹建工作终于结出果实，建成预科，聘英敛之为社长，仍沿用"辅仁社"之名，亦称"国学专修科"，专为教中子弟而设。英敛之逝世后，由陈垣接任，并按当时教育部规定，增添科目，并组织了辅仁大学董事会，学校渐成规模。至此，天主教在中国有了 3 所高等学府。1937 年 10 月，由上海耶稣圣心修女会创办的震旦女子文理学院正式开学。这所大学名义上是震旦大学的女子学院、女生部，但实际运作中则享有高度自主权。抗战期间它一直在沪办学，办学风格贵族化。这些天主教的高校在学科建设上基本坚持"小而精"的原则，发展方向各有侧重，同样培育出诸多英才。如 1908 年秋，浙江省举行留学欧美考试，震旦大学方面应试者有宁波的胡文耀、翁文灏及嘉兴的孙文耀，发榜时三人俱名列前茅，一时有"震旦三文"之称。辅仁大学一向以保存和开拓中国传统文化为己任，著名学者叶嘉莹在北平沦陷时期求学于国文系，并遇到文学和人生的导师顾随先生。

新型知识分子与爱国学生群体

教会教育加快了中国社会阶层的流动和构建，涌现出一大批思想观念、知识体系和身份意识都不同于传统士人的现代知识分子。出身寒微的容闳正是借助传教士的力量考入耶鲁大学，成为中国留学生的先驱。容闳成就的人生传奇尚处于教会教育的初创时期，中国家长对教会教育还多有抵触心理。到了西学日渐普及的 19 世纪末 20 世纪初，送孩子入读教会学校已成常态。后来成长为历史学家和外交家的蒋廷黻，即在 1906 年和哥哥一起入读湘潭的长老会学校。送他们进校的二伯想法很简单，就是让孩子学好英语、数学和一些其他课程，以便将来谋生。至于传教士宣扬的基督教信仰，二伯嘱咐他们不必在意。1920 年，圣约翰大学大约有 50% 的学生来自富裕商人家庭，只有 20%~25% 的学生是基督徒或有基督教背景。英语成为学生学习的重中之重。可见，在儒家经典教育逐渐崩解、传统士人身份日益落寞的当时，教会学校提供的新式教育已然被有见识的家长视为孩子未来成功的重要选择。至于教会学校的宗教性质，却被家长们有意忽略。

天主教虽然不能像基督教那样提供充足的世俗教育以促进个人成功，但如果我们注意到当时（1923）天主教徒女子入学率约为 14%，而整体国民入学率还不足 2%，并且大部分天主教徒其实来自较低的社会阶层这一事实时，就应该承认天主教所办的教育还是在相当程度上改善了部分国人的教育环境。同时，天主教创办的大学也为中国人提供了通向上层社会的渠道。

教会学校虽然深受西方文化影响，但不代表学生不爱国。诚如熊月之先生所言，教会学校培养了许多崇洋媚外、甘心为殖民主义者效劳的洋奴，但也为各行各业培养出大量人才。前者是支流，后者是主流。教会学校的学生和其他国人一样拥有强烈的民族情感。晚清登州文会馆学生创作的校歌《恢复志》中就有这样一段："有谁作中流砥柱，有谁挽既倒狂澜？默祈皇天多眷顾，令我华国速改弦……"① 岭南大学的第一批学生中，陈少白便是与孙中山结为兄弟，同倡兴中会，力佐其策划革命运动者。② 民国时期的历次爱国学生运动中，教会学校的学生不甘落后，他们不想被别人蔑称为帝国主义者的"奴才"或"走狗"，故愈加试图证明自己的爱国热情。抗日战争期间，教会学校的师生也用实际行动响应国家号召。1943 年 11 月，国民政府发动"学生从军运动"，仅燕京大学就有 79 名学生被录取。事实证明，教会学校的广大师生一样是民族不屈精神的代言者。

女子受教育的先声

早期教会学校招收女生的难度很大。上海圣玛利亚女校正式成立于 1881 年，早期入读的女学生，除了信徒的孩子，另有一部分是弃婴，以及穷苦人家无力抚养而交由教会的孩子。这些女学生学习的课程包括四书五经、圣经教义、西方科学、音乐、英文、体育等，其知识视野和人生轨迹与传统闺阁女子大不一样。碍于中国传统礼法的束缚，教会学校的女生很可能无法在婚姻等个人问题上完全做主，但是教会学校对其教育的确在一定程度上促进了近代中国女性的社会化，提升了女性的独立自主性。

进入民国，教会大学男校相继对女子开放。在这方面岭南大学扮演了开路先锋的角色，一直致力于推动女子教育和男女同校。1921 年，岭南大学第一位女毕业生获得文学学士学位，她随后获得奖学金前往美国密歇根大学深造，后获得硕士学位。1921~1929 年，岭南大学共有 141 名男生和 40 名女生毕业，女生占比 22%，这个数字是相当了不起的。③ 此后，其他教会大学先后向女子开放。在此背景下，入读教会大学的女生总人数从 1920 年的 117 人迅速增长至 1934 年的 1236 人。教会女子高等教育的发展，进一步促进了男女平等，能让女性拥有更好的人生选择。

第三节 基督宗教与医疗事业

传教士是近代西医在中国的奠基者。教会医疗事业主要由"三驾马车"组成，分别是教会医院、教会医学和护士教育、公共卫生。传教士医学的崛起，使中国传

---

① 郭大松、杜学霞编译《中国第一所现代大学——登州文会馆》，山东人民出版社，2012，第 117 页。
② 章开沅、〔美〕林蔚主编《中西文化与教会大学》，湖北教育出版社，1991，第 249 页。
③ Dong Wang, *Managing God's Higher Learning：U. S. -China Cultural Encounter and Canton Christian College* (*Lingnan University*)，*1888-1952*，Lanham：Lexington Books，2007，p. 110.

统医学领域发生了结构性变革，由中医一统天下变为中西医并峙的局面，中国人的就医观也相应大有变化。

教会医院

出于治病救人的现实需要，教会医院往往是最早发展的。早期的基督教医院多集中于广州、上海这类通商口岸，规模往往不大，有的只能称作诊所。到了19世纪七八十年代，一大批新的基督教医院陆续设立。但是，中国人并非一开始就信奉西医，因为西医不会如中医那样"望闻问切"，也不知诸如"阴阳失调"此类术语，所以当时的传教士医生千方百计吸引老百姓来看病。同时期，女医药传教士陆续来华，其中又以美国美以美会派出的人数居多。1886年，基督教在华的第一个全国性医学性质的专业机构——中华博医会（China Medical Missionary Association）于上海成立，次年创办《博医会报》，目的是在教会医院之间交流信息，总结工作经验。从19世纪末到民国初年，基督教医院无论是医疗水平还是设施，都有提升与改进，但其内部明显存在参差不齐的情况。当时许多基督教医院的医生、护士人数并不充足。1918年有专业报告甚至指出，许多教会医院看起来更像是"中世纪的旅馆"或小客栈，中国人会带着他们的寝具和食物入住，家人充当护士，设备奇缺。因此，医学传教界试图改善基督教医院的办院质量。

20世纪二三十年代，基督教医院的数量逐年减少，专业化水平进一步提高。其中，有政策施行上由追求量的增加转为保证质的提升这一原因。另外则出于经济上的考虑，此前教会医院中为数不少是专门为女性开办的医院，以便中国女性就医并为女医药传教士提供工作机会，但是时间一长，这种医疗资源上的重复性建设就会造成巨大的经济压力，最后不得不走上男女医院合并的道路。总的来说，相较当时的其他私立医院和官办医院，基督教医院在民国时期一直占有举足轻重的地位。即使全面抗日战争对教会医院打击严重，但据统计，1943年中国的西医医院大概有310家，其中基督教医院就占235家，官办医院60家，其余15家是天主教或其他私立医院。

天主教传教士一向注重以医传教，但在兴办体制化医院的兴趣和成效上要逊于基督教。比如在近代直隶（河北）地区，天主教传教士往往会选择巡回医疗这种简便的方式，四处奔波为民众看病，同时也便于传教。为巩固传教成果，他们逐渐在各地建立起一些小型的诊疗所。进入20世纪，具有一定规模的天主教医院才得以建立。虽然天主教也拥有像上海广慈医院这样的一流医院，但天主教体制化的医院数量要远少于基督教是事实。不过，如果考虑到天主教有限的医疗资源更多面向底层信徒和民众这一特点，就不会草率得出天主教的医务工作规模也不大这一结论。大量的诊疗和施药活动实际上是发生在医院和诊所之外的，这类似于天主教在教育上偏重于基础性教育的情况。

背景知识 12-3　中华博医会

　　中华博医会前身是中华医药传教会，1838 年由哥利支、伯驾在广州发起成立，宗旨是协调在华各教会医院工作，组织医学交流。1886 年，部分在华医药传教士在沪开会，决定组织该会，推举博济医院院长嘉约翰为首任会长，并将中国划成若干教会医事区，计划联合设置医疗仪器和进行医务人员之间的合作。次年出版英文期刊，介绍西医西药知识。作为中国最早的医学科学共同体，中华博医会的制度和精神为以后出现的中国本土医学团体提供了经验与示范。但中华博医会的高门槛、宗教性及其外国身份与中国社会合作的局限性，促使一部分中国西医精英创立中华医学会。1932 年，中华博医会并入中华医学会。

图 12-3　中华博医会医学传教士、他们妻子、护士及朋友

图片来源：《教务杂志》1907 年 2 月号。

教会医学和护士教育

　　教会医学和护士教育的目的是为教会医疗事业输送合格的专业人才。早期的医学教育一般和医院联系紧密，就地为医学传教士培养助手。1866 年，博济医院开办近代中国第一所教会医学校，由嘉约翰（John Glasgow Kerr，1824—1901）主持，标志着教会医学教育开始走向正规化。1879 年，该校招收了第一名女生入学，成为中国第一所招收女学生的西医学校。值得一提的是，1871 年，英国传教士德贞受聘京师同文馆医学与生理学教习，中国官方医学教育由此开始。19 世纪 80 年代，许多基督教医院在生徒教育的基础上开办了医学校，为此后基督教医学高等教育的出现奠定了基础。如 1880 年，文恒理（Henry William Boone，1839—1925）在上海同仁医院创办医学校，就是圣约翰大学医学院的前身。20 世纪初，基督教对医学教育更加重视，并体现出前所未有的合作精神，各地纷纷出现含有"协和"二字的医学校。1912 年，全国主要的基督教医学校一共有 12 所，其中有 7 所均为"协和医学校"。1919 年后，由于经费问题，以及合并办学政策的影响，医学院校的数量趋于减少，一直到 1927 年都固定在 7 所。20 世纪 30 年代，基督教医学院校不再开办预科，预科一般都由各教会大学举办。1934 年，共有 11 所教会大学进行预科教育。全面抗战前，基督教医学教育的最大变化是岭南大学孙逸仙博士纪念医学院的建立，该学院是在国民政府的关注和资助下，由博济医院、夏葛医学院、岭南大学合并建成。

1884 年以后，基督教护士教育也迈出第一步，一些受过西方护士教育的女医学传教士来华后到教会医院从事护士教育。1888 年，在福州出现近代中国第一所护士学校。1909 年，中华护士会诞生。1912 年，中华护士会正式制定章程，并订立了护士学校、护士考试的规章和助产护士考试的计划。护士教育的发展有了统一规划。1924 年，在中华博医会注册的护士学校有 80 多所，两年后升至 112 所。至 20 世纪 30 年代，一些大学或医学院也进行护士教育。如 1934 年，燕京大学、金陵女子文理学院、东吴大学就开办有"看护先修科"。

天主教的医学和护士教育以震旦大学医学院为代表。这所医学院的诞生既是震旦大学自身发展的要求，也是天主教和基督教事业抗衡的结果，同时它也与法国政府的支持紧密相关，体现了法国政府在远东医疗事业领域和德国之间的竞争。1912年，震旦大学开始设立医科，学生每周到广慈医院做临床实习。1917 年 6 月颁发首届医学博士学位证书，毕业生仅有两人。1933 年 10 月，医学院增设牙医系，学制一般为 4 年。截至 1933 年，历届毕业医师一共只有 80 人，人数似乎略少，主要原因是录取标准甚高、限制又严，期满毕业者仅占学生总数的 1/3。不过正因严格要求，让震旦大学医学院声誉日隆。前来投考医学院的学生不仅有中国青年，还有不少俄籍、菲籍、日籍及西欧各国侨民。1937 年，震旦大学医学院又设立两所高级护士学校，分设于广慈医院和圣心医院，实际上是医院办学。由于医院病房中护士奇缺，校方把护生当劳动力使用，虽然学生的临床实习因之缺乏应有的指导，但其实际工作能力较强，毕业后即可独立承担工作。

公共卫生

公共卫生是相较个人卫生而言的"社会共同的卫生"，主要内容包括改善环境卫生、控制传染病、对民众进行卫生知识教育、组织医护人员提供医疗服务、建立社会机构确保民众达到适于保持健康的生活标准等。近代中国政府和士绅阶层少有公共卫生方面的服务，寻常百姓对此也缺乏正确认识。教会医疗事业在提供公共卫生服务、普及公共卫生科学知识上起到了重要的引领推动作用。

1915 年，中华博医会建立公共卫生委员会。1916 年，中华博医会与基督教青年会、中华医学会合作成立"中华公共卫生教育联合会"，其后于 1922 年改名为"中华卫生教育会"，以"普及卫生常识，强壮国民体魄"为宗旨。在此影响下，各地基督教医院和医学院校通过各种手段或途径，积极开展公共卫生活动。天主教位于各地的诊所和医院也尽可能担负起有关公共卫生方面的责任。比如近代内蒙古地区斑疹伤寒危害巨大，许多传教士也不能幸免，20 世纪 30 年代初期，圣母圣心会的吕登岸（Joseph Rutten）神父、震旦大学医科毕业生张汉民为研制成功"防伤寒药针"做出了重要贡献。教会于公共卫生事业上的努力，最终推动了民国时期的政府卫生行政建设，使公共卫生成为政府的当然职责。

发展趋势——世俗化、本土化、合作化

教会医疗事业的世俗化的过程也是其不断提高专业化的过程，二者是相互促进的关系。尽管医疗工作的初衷仍是服务传教需要，但现实中治病和传教的双重使命难以兼顾，医疗工作按照自身发展的逻辑步入科学轨道，进而取得更加独立的地位。此后，教会医院中医疗传教士的传教与行医功能逐步分离，民国时期许多教会医院也不再强迫病人参加宗教活动。非基督教运动和北伐运动以后，教会医学院校也先后向国民政府立案，宗教课必修制度被废止。可以说，教会医疗事业的世俗化是有利于其提升自身的专业化水平的。但是，世俗化倾向绝不意味着教会医疗事业忘记"初心"、汲汲于利，其行为始终受到宗教观念的影响与指引。震旦大学医学院毕业生的宣誓词中就有这样一句话："余于任何病人，绝不需索其力所不逮之诊金，并愿每日牺牲一部分时间，为贫苦病人免费诊治。"

教会医疗事业另一个发展趋势是本土化。总体而言，可以归纳为以下五点。第一，是教会医院、医学院校内部中国职员人数上升，其地位不断提高。这既是医学教育培养输送众多本土人才的结果，也有民族主义的影响。直至 1937 年，大多数教会医院仍由外国人担任院长。有的中国医生正是看不惯这一点，又有赚钱的需要，便索性出来自立门户。第二，是在经济上，教会医疗事业对中国本土社会的依赖度加深，比如教会医院收费制度的建立、当地士绅的大笔捐献、地方政府的扶持等，自养程度有所提高。第三，是教会医疗事业遵守中国法律，愿意接受中国政府的管理监督，这一点在南京国民政府成立后尤为明显。第四，是教会医学组织的变动。这方面的典型是中华博医会，该会早期的会员都是西方人。1915 年，中国医生发起成立中华医学会。此后，中华博医会长期和中华医学会合作。1932 年，两会合并为

由中国人主导的新的中华医学会。这无疑是一种中国化取向的身份转移与资源整合。第五，是教会医疗事业不得不适应中国的一些特殊社会风俗。比如受男女有别的习俗影响，教会医院长期不能全面使用女护士，医学院校内不能男女同校。这些其实不利于医疗事业的进步。

图 12-4　齐鲁大学医科附设医院培养的男女护士

图片来源：耶鲁大学神学院图书馆。

　　教会医疗事业还有一个发展趋势是合作化。相较天主教，这一特征在基督教所属的医疗事业中表现尤为突出。早期的基督教各差会在办理医疗机构时往往各行其是，但到了中华博医会成立后的 19 世纪末 20 世纪初，医学传教界的内部合作明显加强。比如 1903 年，在山东的美国长老会和英国浸礼会决定将济南、青州、邹平、沂州（治在今临沂）的医学堂合并成为"共合医道学堂"，这就是后来齐鲁大学医学院的前身。除了内部合作，民国时期教会医疗事业和中国社会的合作日益普遍。湘雅医学院正是雅礼协会与湖南地方政府的合作产物。此外，民国时期教会医疗事业和西方国家的合作也屡见不鲜。因为美国洛克菲勒基金会的介入，北京协和医学堂发展成为具有国际水准的北京协和医学院，当然它也不再是纯粹的教会医学院。为了保证北京协和医学院有受过足够科学训练的学生入学，洛克菲勒基金会还长期向教会大学提供加强医学预科教育的资金支持。可见，合作能产生共赢的结果，对提升教会医疗事业的综合实力和社会声誉是有利的。

第四节 基督宗教与慈善事业

基督教和天主教都有从事慈善事业的传统，近代中国的积贫积弱、内忧外患又在客观上为教会投身慈善活动提供了机遇，内容大致分为以下五种：慈善医疗、育婴慈幼、特殊教育、赈灾救荒、战时服务。

慈善医疗

教会医院一开始就带有强烈的慈善特征，建立收费制度后看病"门槛"有所抬高，但始终保留着服务底层群众的特色。比如 20 世纪初，上海西门妇孺医院实行对一般病人收费较少，向高级病房收取较高费用的措施，医院的花费主要依靠高级病房收取费用、差会补助，以及社会捐款来弥补。

教会慈善医疗还体现在对特殊患病群体的照顾上，最典型的就是救治麻风病人。在国际麻风救济会的倡导资助下，传教士曾在广东、福建一带建立麻风病院。比较著名的有天主教康神父（Louis Lambert Conrarh，1841—?，又译"孔如古""孔好古"）1907 年创办的广州石龙麻风病院、德国礼贤会 1905 年创办的东莞麻风院、1901 年美国美以美会创办的福建兴华麻风院、美国南浸信会 1919 年创办的广东大衾岛麻风院。1926 年，一群中国基督徒精英还成立了带有独立色彩的"中华麻疯救济会"。全面抗战爆发前，该会创办或津贴的麻风病院有广东海口与北海（今属广西）、福建厦门、湖南新化、江西南昌及上海的中华麻风疗养院。早年因缺乏医学知识社会普遍对麻风病人态度冷漠，甚至残酷，教会兴办的麻风病院给这些被家庭和社会遗弃的病人提供了去处，他们中不少人也选择皈依了上帝。

图 12-5 北海的麻风病事工

图片来源：香港圣公会档案馆。

教会慈善医疗的另一大贡献是推动中国红十字会事业的产生与发展。中日甲午战争爆发后，清军伤病兵丁不断增多，医疗传教士司督阁（Dugald Christie, 1855—1936）等中外人士在营口开办简易的红十字医院，开展救护工作。这是近代中国最早开展的红十字救护行动。日俄战争期间，在传教士李提摩太的斡旋下，上海万国红十字会宣告成立，直至 1907 年完成救护使命，由中国红十字会取而代之。此后一段时间，中国红十字会蜕变为大清红十字会，具有浓重的官办色彩。辛亥革命爆发后，大清红十字会难以应付复杂的局面，正是在传教士和教会医院的大力协助下，中国红十字会万国董事会得以迅速成立。战火波及之处的许多教会医院被列为红十字医院，积极参与伤兵救护活动，功劳甚大。

育婴慈幼

在育婴慈幼方面，天主教要比基督教更为重视，成效彰显。大大小小的育婴堂、孤儿院，虽催生过流言蜚语，但确实挽救了数不清的幼小生灵。当然，天主教费心费力于此亦有传教上的考虑。这些孩子是再好不过的传教对象，他们长大成人后还能组建成一个个天主教家庭，使福音传播事业能快速稳定地扩张。

基督教在育婴慈幼事业方面也有一定成绩。特别是 1928 年中华慈幼协会成立后，基督教的慈幼工作有了统一的组织。该会会长由孔祥熙担任，一定程度上得到国民政府的支持。在灾年和战时，该会保护、救助了大量儿童。八一三事变后，中华慈幼协会在上海创立上海战区儿童收容所。至 1938 年底，先后收容难童 1516 名。民国时期的儿童节也在该会的推动下设立：1931 年 3 月 7 日，中华慈幼协会呈请国民政府规定将每年的 4 月 4 日定为儿童节，国民政府予以批准，并由当局教育部颁行《儿童节纪念办法》。

教会的育婴慈幼事业有一显著特点，即"养""教""工"三者密切结合。孤儿院不仅给孩子们提供庇护所，还会教授其文化知识，同时让他们习得一技之长，将来能自食其力。中国近代工艺美术的摇篮——上海土山湾孤儿院的教育模式就是采取半工半读的形式。男童入院后，大致上会先后经过诵经→简单的文化教育→半工半读式学徒→学徒→带薪学徒→满师参加工作等环节。男童满师后的主要出路就是留院工作（孤儿一般让他们留院工作），或者外出自谋职业（非孤儿一般都是自谋出路）。

特殊教育

特殊教育以身心有缺陷者为教育对象，基督教传教士最早对这部分人予以重视和培养，开启近代中国特殊教育的先河。传教士实施的特殊教育主要分为两种：盲人学校和聋哑学校。

Ateliers des peintres.

图 12-6　土山湾工艺院图画间

图片来源：上海图书馆。

中国第一所盲人学校是 1874 年苏格兰长老会传教士穆恩（W. Moon）在北京创办的瞽叟通文馆，较早引介了"布莱叶盲文体系"，后加以中文认读系统的改造，创立了中国盲文数字符号和盲点字系统，称为"瞽目通文"，又称"康熙盲字"，是中国盲点字的开端。至 1919 年，瞽叟通文馆的毕业生超过 200 人。上海首间比较正规的特殊学校则是 1912 年由傅兰雅创办的上海盲童学校，由其子傅步兰（George Bladben Fryer，1877— ?）掌校，孙中山先生列名校董。学校课程分为文学、音乐、体育、工艺、家政五大类，努力让学生成为德、智、体、美、劳都齐全的人。该校学生也有幸成为近代中国最早接受高等教育的盲者。1920 年 11 月，《教务杂志》宣称：该校有毕业生进入圣约翰大学学习师范。

近代中国第一所教育和训练聋哑儿童的学校——登州启喑学馆，由美国北长老会传教士梅理士（Charles Rogers Mills，1829—1895）及其继室夫人梅耐德（Mrs. A. T. Mills）于 1887 年设立。1895 年梅理士逝世，差会总部停止了经费供给，该学馆被迫停办，后得到其他方面的资助，于 1898 年在烟台重新开办。1907 年，学校设立女生部，正式定名为"梅理士启喑纪念学校"。1911 年，差会总部终于同意继续为学校提供资金，学校才获得长久发展的基础。学校除提供正规的学习课程，还开设职业教育，教授女孩子缝纫、刺绣及编织技术，教授男生学做木工、编织、种园技术。至 1914 年，学校男、女两部共有学生 43 人——男生 24 名，女生 19 名。

赈灾救荒

赈灾救荒方面，因为近代中国自然灾害层出不穷，百姓流离失所，客观上给教会介入提供了空间。1876～1879年，华北五省遭遇罕见大旱，史称"丁戊奇荒"。传教士深入灾区和地方官员及士绅合作，发放赈银，活人无数，有的传教士为此付出了生命代价。更重要的是，这次赈灾活动第一次将西方国家的赈灾模式引入中国，起到良好的示范推动性作用。在李提摩太等基督教传教士的努力下，以上海为中心，很快形成以"山东赈灾委员会"（后改名为"中国赈灾基金委员会"）为领导机构的中西各界人士共同参与的救灾网络。赈灾事宜则基本上被分解为募捐、解款、放赈等几个相对独立的环节，分工合作。此外，还在灾区开设医院、设立孩童收养处等，作为配套措施。在此后的多次大型赈灾活动中，传教士居中协调，联络中外各方，收到很好的效果。1921年11月16日，"中国华洋义赈救灾总会"（简称"华洋义赈会"）在上海成立。这是由基督教传教士联合中西力量设立的一个永久性的专业救灾组织，也是民国时期最大的民间性救灾组织。

相较基督教，天主教传教士更倾向于将赈灾救荒与传教事业挂钩。比如1909年，河北献县发生旱灾，天主教传教士以各种方式对灾民实行赈济，但前提是灾民必须研究教义并学习必要的经文。鉴于不少人在得到救济后就不再研究教义，更不肯领洗入教的情况，1910年献县教区还曾规定：接受教会赈济者须表示接受信仰并交出财产抵押券，开始读教理时可领钱三吊，领洗时再领钱二吊，中途不肯入教者须交还赈济款并领回财产抵押券。从清末到民国，塞外天主教会还会利用"土地换教民"的方式，吸引受社会动乱和自然灾害影响而大规模迁移的流民定居入教。

图 12-7　在南京国际安全区委员会总部等待救济的难民（1938 年 2 月）
图片来源：耶鲁大学藏南京大屠杀史料。

战时服务

战时服务涉及面广，除前文提及的教会医院和红十字会的服务，还包括难民保护、捐款和募捐、军人服务等。全面抗日战争期间，教会提供的战时服务达到了前所未有的程度。在难民保护方面：1937 年 11 月，法国天主教神父饶家驹在上海创立战时平民救护的难民区——饶家驹区，延续至 1940 年 6 月，保护了 30 多万名中国难民。在南京，史迈士、贝德士、宓尔士（W. Plummer Mills，又译"密尔士"）、福斯特（Ernest H. Forster）等基督教传教士和其他外侨组织"南京国际安全区委员会"，下设难民区，救人无数。在捐款和募捐方面：中国基督徒众志成城，为国捐输。比如广州有名的会督莫寿增将两广教友所赠的金十字架捐了出去。莫会督本属无产阶级，家无长物，只有这个十字架可值数百元。基督徒的类似爱国举动，不胜枚举。另外，战时服务也得到西方国家的大力帮助，成立于 1941 年 2 月的美国援华联合会（United China Relief）为中国抗战募集了大量资金。在军人服务方面：全面抗战爆发后，先后成立全国基督教青年会军人服务部、新生活运动伤兵慰问组、基督教负伤将士服务协会等机构。圣公会的何明华主教还资助了当时在河南进行救援工作的加拿大圣公会差会的布朗医生（Dr. Richard Brown）。布朗医生与白求恩医生共同为抗日的共产党八路军提供医疗协助。[1] 天主教著名的比利时籍传教士雷鸣远，则率领教友在前线追随国民党军队抗战，成立救护队和野战医院，全力救护伤员。

图 12-8　1918 年雷鸣远和汤作霖在浙江绍兴，手持《益世报》
图片来源：雷鸣远档案，法语鲁汶大学档案馆。

---

[1]　Philip L. Wickeri and Ruiwen Chen, *The Kingdom Come: A Photographic History of Anglicanism in Hong Kong, Macau, and Mainland China*, Hong Kong: Hong Kong University Press, 2019, p. 89.

背景知识 12-4　美国援华联合会

美国援华联合会的建立，是为了统一美国各地援华募捐活动，以及统一提供援华经费。团体会员有：美国公谊服务会、美国医药援华会、中国基督教大学联合董事会、美国援华会、美国对华急救委员会、美国教会对华救济会等。该会章程规定，其救济对象"纯为中国人民，绝无党派和宗教之分"。会址设在纽约市，各州设有地方劝募委员会。1942 年在重庆设立驻华办事处，接受中国各方面有关救济事宜的申请和初审。美国援华联合会对华援助分医药、灾民救助、教育、儿童福利等四个方面。1943 年 6 月，美国建立了全国战时救济基金会，美国援华联合会加入该组织。从此，该会不再组织劝募活动，它的经费来源主要靠全国战时救济基金会的拨款。抗日战争胜利后，其驻华办事处迁至上海。1946 年，美国援华联合会更名为美国援华联合服务会。不久，在美国政府内外政策影响下，该会逐步背离成立时规定的救济"绝无党派和宗教之分"的宗旨。

结　语

传教士群体究竟在多大程度上将西方文明成果介绍到中国，并对中国的现代化产生多大作用，这是一个值得进一步讨论的问题，因为"现代化"是一个流动性和复合型的概念。毋庸置疑的是，传教士扮演了类似中西方文明之间"摆渡者"的角色，他们是中国人寻求现代化道路上最初的启蒙者。传教士的文字工作，无论是就技术革新还是对中国社会政治改革都有一定的影响力。教会学校促进了中国传统学科体系由分科不明、讲求博通的"通人之学"向近代分科治学的"专门之学"转变。教会医疗事业则是西医入华的主要源头之一。教会慈善事业确立的慈善机制和理念受到中国人的认同和效仿。相应的，中国的典章文物、经济生活乃至民族地理，也得到传教士的"审查"和研究，推动了中学西传，成为国际汉学的源头之一。

同时，基督宗教对中国现代化的作用是双向互动的结果，兼具世界主义和民族主义的双重特征。正如传教士在向中国人介绍西方先进文明时，难免带有相当的文化甚至种族优越感，自以为身负导师职责，中国人向传教士的学习也是有选择性和超越性的。在中国自觉开展近代民族国家建构的历史进程中，教会一方面提供了现代化社会运转所需的媒介、教育、医药、慈善等公共产品，很大程度上弥补了国家投入不足造成的缺憾；另一方面则不得不应对来自政府和民间力量的竞争，防止自身被中国社会边缘化。因此，传教士办理的世俗事业几乎都经历过专业化、本土化、合作化的努力。

反过来，传教士的世俗事业对其主业——基督教信仰在华传播，究竟有多少作用呢？应该说，无论是天主教还是基督教，一开始都必须发展一定的世俗事业，不然无法在晚清中国社会开拓出一定的宗教发展空间。天主教在博物学、人文艺术、医学乃至工商业等领域做出了独特贡献，但其经营的世俗事业更多侧重于开办基础教育和慈善，在它看来这是增加信徒的有效手段。基督教在世俗事业上更有建树，到后来发展出一种专业主义和大型机构化的特征。长此以往，天主教的自我形象建构趋于乡村化和平民化，基督教则趋于城市化和精英化。表面上看，天主教略显封闭，基督教则对中国主流社会的影响以及对现代化的作用更大。但从传教角度而言，历史在此形成一种有趣的悖论。天主教通过抚养弃婴培育出天主教徒家庭、推动整个宗族或全村的民众入教、加强对教徒的人身和经济控制等手段，更多地继承了传统中国社会的特色，可以专注于发展自己的信徒数量。相反，基督教为所谓的世俗事业投入大量的经费和精力，教会内部为此不断争论发生内耗，对外则被迫卷入与中国社会各种主义或思潮斗争的"旋涡"，这些都不利于自身信仰的传播。从发展信徒层面来看，基督教各项社会事业到后期世俗化的趋势越发明显，所产生的边际效益呈递减态势，甚至出现一定程度的"内卷化"。相比致力于经营世俗事业的传统教派，内地会和灵恩派教会在吸收信徒和巩固信仰方面可能更富效果。据中华续行委办会调查特委会统计，相较其他宣教会，1920 年前后内地会在宣教地区面积、受餐信徒总数上是首屈一指的，但是内地会的每千名受餐信徒中两级小学学生平均数、每百万人口中外国医生平均数也是最低的。某种程度而言，这是对所谓现代化的一种"反动"。这也可以解释，至 1949 年时，中国天主教徒的总人数为何能数倍于基督教徒的总人数。

附表　1947 年主要教会大学概况[*]

校名	校址	校长	学院	学生（名）	教员（名）
华西协和大学	成都华西坝	方叔轩	文、理、医	1784	255
圣约翰大学	上海梵皇渡	涂羽卿	文、理、工、医、农	1865	156
东吴大学	上海	杨永清	文、理、法	1626	145
金陵大学	南京鼓楼	陈裕光	文、理、农	1084	216
沪江大学	上海杨树浦	凌宪扬	文、理、商	1064	67
岭南大学	广州康乐	李应林	文、农、理、工、医	1056	140
之江文理学院	杭州闸口	李培恩	文、商、工	889	72
燕京大学	北平海甸	陆志韦	文、理、法	901	267
福建协和大学	福州魁岐	杨昌栋	文、理、农	587	63
齐鲁大学	济南	吴克明	文、理、医	442	64

续表

校名	校址	校长	学院	学生（名）	教员（名）
华中大学	武昌县华林	韦卓民	文、理、教育	537	58
金陵女子文理学院	南京陶谷	吴贻芳	文、理	440	81
华南女子文理学院	福州闽侯	王世静	文、理	222	55
辅仁大学	北京涛贝勒府	陈垣	文、理、教育	2348	232
震旦大学	上海重庆南路	胡文耀	文、法、理、工、医	1241	145
天津工商学院	天津马场道	刘迺仁	工、商、文	761	91

＊本表主要依据国民政府教育部教育年鉴编纂委员会编《第二次中国教育年鉴（二）》（商务印书馆，1948）的相关内容制成。表格中的学生和教员人数系三十六学年度第一学期的统计数据，其中华南女子文理学院的教员人数包括职员。

第十三章

基督教与太平天国

周伟驰

鸦片战争只是使清朝开放了几个沿海口岸，并没有动摇清朝的统治，动摇其统治根基的是历朝末期都会遇到的农民起义。可是太平天国跟历朝农民起义的差异又是明显的，太平天国以西来的宗教起家，并以其理想作为建国宗旨。如曾国藩所说，太平天国跟李自成、张献忠的区别，乃在于李自成、张献忠只是要中国"改姓"，太平天国却是要中国"改教"。在太平天国跟清朝的战斗中，一方打的是"民族大义"牌，另一方打的是"文明教化"牌，兄弟相残，逆向而行。虽然太平天国认同基督教，但是太平天国的意识形态上帝教，却被大多数传教士视为"异端"。那么，作为中国文化和正统基督教的"双重异端"，太平天国的宗教上帝教到底是怎么回事呢？

第一节　太平天国简史

洪秀全接触基督教

太平天国出现的原因有多种，比如当时清朝人口的增多导致人多地少，普通人生存日益艰难；鸦片战争使清政府权威下降，会党活动增多；统治集团内部满汉矛盾，鸦片贸易危及清朝的财政；等等。具体到两广地区，国际贸易对广东经济和就业的影响，客家人和本地人的械斗，三合会、海盗、土匪的活动，政府治理上的不当（玩忽职守与无能）亦是太平天国出现的原因。但这些都只是环境因素，同样的环境下不一定会出现同样的事件。

初来广州的新教传教士喜欢街头布道，对读书人还喜欢散发小册子。在众多的传教小册子中，有马礼逊和米怜的中国弟子、传道人梁发写的《劝世良言》，书中大力渲染末日审判的可怕情景，劝世人赶紧抛弃偶像，只拜真神，这样便可上天堂，免下地狱。1836 年，到广州赶考的花县客家读书人洪秀全（1814—1864）不仅看到了西洋人讲道，还拿到了一本《劝世良言》。他回到家后，并没有仔细看这本书，就将其束之高阁了。1837 年，他又到广州应试，还是名落孙山，当场精神崩溃，不得不雇轿夫抬回家。回家后大病数日，做了一连串奇梦，梦中大喊大叫，驱妖赶鬼。不久，他翻出《劝世良言》，发现其中批评拜文昌魁星之误的言语，颇能安慰自己失意的心情，其中神魔斗争的内容，也竟然跟他梦中驱妖赶鬼的情境若合符节。他觉得这本书跟自身生命体验息息相关，不仅谈到了他的过去，还似乎预言了他的将来，于是继续深入阅读，不知不觉相信了其中的说教。于是他参照书中梁发对自己皈依经过的自述，[①] 拉着一个叫李敬芳的表兄，到附近的一个水塘里自行施洗。两人从此只拜上帝，不拜偶像，撤去了孔子的牌位，跟族人和乡里产生了矛盾。两人按捺不住新生的喜悦，要把福音传给他人，积极发展信徒。在亲朋好友中，冯云山（约1815—1852）和洪仁玕（1822—1864）成了追随者。由于这种反偶像的排他信仰，他们不再参与赛神和其他民间习俗，跟花县本地的族人发生了冲突，于是试图远走他乡，到粤北、粤西的客家人当中去传教。1843 年，洪秀全最后一次科举失败，绝了功名之望。1844 年，洪秀全和冯云山远赴广西贵县的客家亲戚处传播教义，看到亲戚家里贫困，难以供养自己，洪秀全便先行回广东花县。冯云山则继续留在广西传教，后来在紫荆山的客家烧炭工人中发展了大批信徒。他们遥奉洪秀全为精神领袖，将所拜的神称为"上帝"，因此被人称为"上帝会"。

洪秀全是一个喜欢舞文弄墨的读书人，在这几年里，他把自己有了新信仰后的心得、对现实世界的批判，以及对于理想世界的想象，写进了《原道救世歌》《原道醒世训》（见图 13-1）。它们保留着《劝世良言》的影响，认为只要拜上帝，弃偶像崇拜之恶俗，人人成为上帝面前平等的兄弟姐妹，去私从公，不仅能达到《礼记·礼运篇》中拟想的大同社会，将来末日审判时也可以上天堂，免于沉沦地狱。很多人认为，洪秀全的这几篇早期作品，以及冯云山这一时期的上帝会，是比较纯正的基督教信仰和组织。除了崇拜真神以及道德的诉求，没有后来出现的奇特内容。

广东人对外国人素来不陌生。鸦片战争后，英国人、基督教为更多的广东人所知。洪秀全、洪仁玕等人在花县传教，逐渐被人说成了在信洋教，有了一点基督徒的名声，

---

① 梁发：《劝世良言》，中国社会科学院近代史研究所近代史资料编辑组编《近代史资料（总 39 号）》，中华书局，1979，第 81 页。

图 13-1　《原道救世歌》《原道醒世训》《原道觉世训》刻本

图片来源：太平天国历史博物馆提供。

因此，1847 年，在广州传教的美国浸礼会牧师罗孝全派人找到他们，希望能会晤并切磋真道。洪秀全和洪仁玕到了广州天字码头罗孝全所在的教堂，跟随罗孝全一起学习《圣经》和基督教的教义与仪式。洪仁玕因事早走，洪秀全则学习了 3 个月左右。他跟罗孝全谈到了自己的怪梦，罗孝全认为这是福音要在中国这个异教国家传开的预兆。罗孝全教洪秀全读的《圣经》是郭实猎的新译本，而不是梁发在《劝世良言》中引用的马礼逊的老译本。这也是洪秀全第一次读到《圣经》，他以前只是通过《劝世良言》读到只言片语。

千禧年主义传入中国

浸礼会牧师罗孝全，可以说是一名"原教旨主义者"（fundamentalist）。他文化程度不高，按照字面意思解读《圣经》。跟他接触过的同道都说，他性情暴躁，难与人处。但在他信仰虔诚火热这件事上，却无异议。

19 世纪初英美新教传教士来华，其神学背景是 17~18 世纪的"德国虔敬主义"（German Pietism）和英美"大觉醒运动"（First Great Awakening），以及 19 世纪初的"第二次大觉醒"（Second Great Awakening）。以英、美、德为主的新教各宗各派向全球传教，成为全球宗教。新教之所以热衷向海外派出传教士，跟千禧年主义（Millennialism）所激起的"拯救异教徒"潮流有关。来华传教士如马礼逊、米怜、郭实猎、裨治文等人，都多多少少跟这种潮流有关。

千禧年主义源于拉丁文"millennium"（一千），对应的希腊文为"chiliasm"，可直译为"千年主义"。禧，读 xǐ（旧读 xī），有礼吉、幸福、吉祥等意，有年禧、福禧、禧贺等词，如我们常说"恭贺新禧"，就是祝贺新年喜乐的意思。前人在翻译"千年主义"时加上一个"禧"，是想要表示，信徒与基督在地上共同为王一千年，进入一种神治的状态，是无比幸福喜乐的一千年。

千禧年主义主要来自《启示录》20：4—6，尤其 20：6 之"（信徒）要与基督一同作王一千年"。基督死后，早期基督徒一直盼望着他复临。基督教前三百年，前千禧年主义（Premillennialism）占主导地位，受罗马帝国迫害的基督徒没一天不盼着基督复临，救他们出苦海，享受一千年的统治。基督教成为国教后，身份一变，反对宗教狂热，神学家（如奥古斯丁）也对相关经文进行寓意解释，认为这只是一个比喻。即使要说有一千年，它在耶稣时也已开始。它说的只是福音遍传，教会遍布。这种观点在中世纪天主教占据主流地位，被称为"无千禧年主义"（Amillennialism）。

宗教改革激活了千禧年主义，新教普遍认为当真会有一千年的非凡时期。新教千禧年主义又分为两派，一为前千禧年主义，一为后千禧年主义（Postmillennialism）。总体来说，前千禧年主义坚持字面解经，认为在这一千年的开始，有巨大的灾变发生，基督肉身复临，救出信徒，亲自跟他们一起在地上为王，统治世界一千年，最后施行末日审判。后千禧年主义则认为，这只是一种形象的说法，是指基督的精神在人间传播（而不是肉身复临），世上万国万民都信了福音，建立了基督教文明，一千年后，人间达到了完善的境地，到那时基督才复临，实行大审判。

形象解经法的代表是美国大神学家爱德华兹（Jonathan Edwards，1703—1758），后来有霍普金斯（Samuel Hopkins，1721—1803）等人，美国美部会来华传教士裨治文便持这种观点。这种观点在美国新教中占主流地位，是当时中产阶级、城市教会的主流。要让世上万民听闻福音，异教徒都皈依基督教，实现世界的基督教化，基督徒就有积极传教的必要。字面解经法则主要在与印第安人接触的前线地区和一些边缘教派里流行（如米勒派 Millerites、坎贝尔派 Campbellites、摩门教 Mormonism），其信奉者多为"被剥夺者"，自感无力影响他人，因此更相信由神施行灾变，引来世界大变革。除了少数教派认为基督马上就要肉身复临，来不及去救异教徒，它们多数都认为要赶在基督复临前抢救灵魂，免得没有听闻福音的异教徒沉沦地狱，因此也有向海外传教的必要。浸礼会多数持这种观点。①

---

① Richard Lee Rogers, "'A Bright and New Constellation': Millennial Narratives and the Origins of American Foreign Missions," in Wilbert R. Shenk, ed., *North American Foreign Missions*, *1810-1914*, Grand Rapids, Michigan; Cambridge, U. K.: William B. Eerdmans Publishing Company, 2004, pp. 42, 52-59.

《福音书》中说基督很快将要重新来到地上，赏善罚恶，给世界带来正义。早期基督徒最大的盼望就是等待基督重临。至于基督是以肉身的形式还是以精神的形式复临，是在千禧年之前还是千禧年之后复临，是复临一次还是两次或三次，各个教派都引经据典，结论莫衷一是。一些教派甚至依据《圣经》中关于上帝之一日相当于世上千年的这类说法，算出基督复临的具体时间。

罗孝全很可能就持前千禧年主义观点，坚持字面解经。罗孝全说他曾经教洪秀全读《圣经》，但没有谈到具体的解经方法和教学内容。从后来洪秀全写给罗孝全的书信来看，罗孝全很可能把字面解经法和千禧年主义观念传给了洪秀全。在1860年给罗孝全的一道诏书中，为了劝说这位从前的老师相信新的启示上帝教，并进而向外邦传上帝教，洪秀全说："天国迩来今真来，哥至如贼确不诬。"①当年我跟您学习过，知道《圣经》说基督会如贼一般出其不意地来，现在他真的这样子来了，而且他宣称的"天国近了"业已实现了，您应当向外邦传这个福音。

在广西发生神学变异

1847年夏天，在跟罗孝全学习了约3个月后，洪秀全要求罗孝全给他施洗。罗孝全误认为洪秀全入教是为了谋求教职，因此拒绝了他。无奈中洪秀全只好沿着西江逆上，乘船去了广西。

到了广西，洪秀全发现冯云山组织起来的上帝会已有数千人，信仰火热（类似今天的灵恩派）。他和冯云山想要在紫荆山（见图13-2）这个封闭的山区搞一个类似"山巅之城"的理想社会，一个只拜上帝、全无偶像崇拜的乌托邦。于是他一边和冯云山制定"会规"，一边四面出击，破坏当地的神庙偶像，被当地士绅告上法庭，引来官府介入，几个头领被抓走。为营救他们，洪秀全和冯云山到处奔走，教会一时群龙无首，人人说预言，个个做异梦，不断有"星宿"下凡，发布指示，上帝会有发生分裂之虞。这时杨秀清（1823—1856）和萧朝贵（？—1852）先后跳出来，一个声称代天父传言，一个声称代天兄传话，要求信徒们维护洪秀全的权威，终于保住了教会的团结。

---

① 洪秀全：《赐通事官领袖接天义罗孝全诏》，广东省太平天国研究会、广州市社会科学研究所编《洪秀全集》，广东人民出版社，1985，第205页。

图 13-2 紫荆山内景（本章作者供图，摄于 2012 年 5 月）

背景知识 13-3 传言

新教的《圣经》中译和解释中，有将道成肉身译为"下凡"的，有将先知译为"舌人"，将先知给上帝传话译为"传言"的，都非常形象。在上帝教中，杨秀清和萧朝贵的角色实际上是天父天兄的"舌人"，代天父天兄传话。他们平时是普通人，是东王和西王，只是在传话时才代表天父天兄。而天王洪秀全的角色则是全时段的。洪秀全不称皇帝，只称天王，是因为他认为只有上帝（天父）才能称"皇"，否则就是僭越。

洪秀全经过权衡，承认了杨秀清和萧朝贵的身份。应该说，这有实际利益的考虑，也跟他字面解释《圣经》有关。因为《圣经》中不乏上帝借先知之口传话的例子。有的学者（罗尔纲）认为这跟广西当地的"降僮"有关。即使杨秀清和萧朝贵是在模仿"降僮术"，但在洪秀全看来这跟《圣经》并不相违，上帝不是可以让驴子开口说话吗？不然，极端反偶像崇拜、正到处破坏土庙的洪秀全是不会容忍这种巫术的。但是，一旦承认杨秀清和萧朝贵的"天父""天兄"代言人身份，就意味着他们在精神权威上高过洪秀全，这就为天国的发展埋下了一颗定时炸弹。"天父""天兄"的下凡作为一个标志性的事件，使上帝会的神学框架突破了早期尚算正统的基督教思想，变成了基督教异端派别"上帝教"。

上帝会的追随者绝大多数是客家人，他们经常会因土地问题跟当地人发生"土客械斗"。在上帝会被告上法庭后，加上一系列"土客械斗"引发的矛盾，官府对

上帝会的处置越发严厉。在这种情况下，洪秀全、冯云山等人铤而走险，于是有了
1851年1月的金田起义。他们一路打到永安。在那里，洪秀全封王封爵，全面地制
定了太平天国的军制、礼制和建国蓝图。休整数月后，太平军进入湖南、湖北，顺
江进入江苏，于1853年攻下南京，改名"天京"，同年印行郭实猎《旧遗诏圣书》
（1838版）及《救世主耶稣新遗诏书》（出版年代不详，李聪首先注意到此版本），
命名为《旧遗诏圣书》和《新遗诏圣书》，内容丝毫未改。

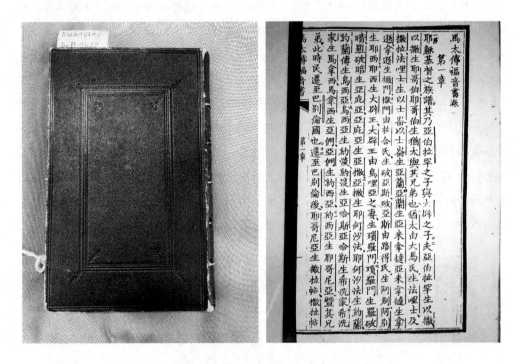

图13-3　剑桥大学藏《救世主耶稣新遗诏书》封皮及首页
图片来源：王希摄。

在经过湖南时，南王冯云山和西王萧朝贵战死。后来的战斗主帅，实际上是东
王杨秀清。在政治上，杨秀清地位低于天王洪秀全，洪秀全是"万岁"，杨秀清只
是"九千岁"。但是在神学上，杨秀清是天父代言人，作为二儿子的洪秀全不能不
听，因此发生过天父规劝洪秀全善待后宫，否则要打四十大板作为惩罚的事情。太
平天国是政教合一的体制，因此时间一久洪秀全与杨秀清到底谁听谁的，就产生了
问题。最后以洪秀全借北王韦昌辉（1823—1856）杀杨秀清，再借翼王石达开
（1831—1863）杀韦昌辉，1856年逼走石达开的"天京事变"惨淡告终。太平天国
精锐尽失，元气大伤，意识形态几近破产，此后虽然洪秀全修修补补，但是狂热的
信徒已不多了。

1854年，太平天国与西方人就太平天国的神学教义产生过争议（见本章第三

节），洪秀全意识到必须做好意识形态建设。1856 年"天京事变"后这个任务更为紧迫，因为太平天国是靠上帝教起家的，而且上帝教关系到天国所有方面，牵一发而动全身。因此，洪秀全花了很多心血删改、批注《圣经》，以维护和修正上帝教，也就是这个新三位一体（天父、天兄、天王）下凡创立天国的千禧年主义宗教体系。

1861 年，洪秀全正式确定上帝教的经文内容，包括经过删改的《旧约》《新约》，加上了太平天国自己的《真约》。《真约》的内容包括 10 本书，分为两类：一类是记载天父、天兄下凡后的命令和活动的，共有 8 本，为《天条书》、《天命诏旨书》、《天父下凡诏书》第一部和第二部、《天父上帝言题皇诏》（十全大吉诗）、《天父诗》、《天父圣旨》、《天兄圣旨》；另一类是记载天王事迹的，共有两本，为《太平天日》和《王长次兄亲目亲耳共证福音书》。[①] 在仪式上，太平天国早就坚持七日一礼拜，广西时就已确定洗礼和日常生活礼仪（如各类祷告词），大都是从基督新教搬用过来的，当然有一些中国化的改造（见图 13-4 和图 13-5）。在历法节庆上，也抛弃了黄道吉日一类的旧历法，节庆上则设立了六大节日，都跟天父天兄下凡升天有关，废除了传统的春节、中秋等节日，从而跟清朝的不同。在道德风纪上，太平天国官方禁止鸦片、赌博、娼妓，但私下里也存在破坏规矩的情况。

图 13-4　苏州太平军举行宗教仪式的场景

图片来源：呤唎《太平天国革命亲历记》，太平天国历史博物馆。

---

① 夏春涛：《天国的陨落——太平天国宗教再研究》，中国人民大学出版社，2006，第 160 页。

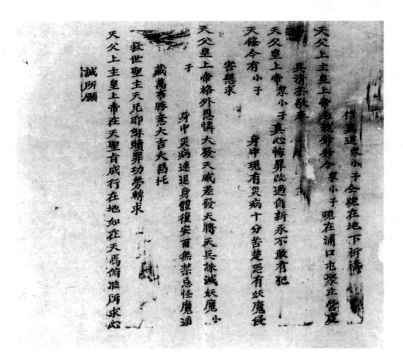

图 13-5 浦口太平军举行宗教仪式时宣读的《去灾病奏章》
图片来源：太平天国历史博物馆。

政教合一的神权统治

洪秀全用信仰建教，太平天国因教而起。上帝会首先是一个教会，造反后随着版图急速的扩张和人员的增多，上帝会成太平军，后成为太平天国，在原有会规和军规的基础上管理天国辖区，形成其独特的政教合一的治理模式，教政不分，以教代政，教管一切是题中应有之义。

上帝教贯穿太平天国由兴到亡的整个过程，渗透在太平天国的军事、政治、经济、外交、社会、教育、文化等所有方面。如军纪就以《旧约》中的"十诫"为令，战前动员要做礼拜，祷告上帝。由于上帝教从传教士那里学到了严格一神论的绝对排他主义，因此逢庙拆庙，见观烧观，所到之处儒释道的建筑和雕像被摧毁殆尽，因此引来曾国藩的"圣战"檄文。甚至在南京，太平军见到天主教堂内的圣像，都认为是偶像崇拜，要加以破坏，反而对清真寺很满意，因为那里面没有偶像的痕迹。

在社会生活方面，太平天国确有移风易俗的措施，烟（鸦片）、赌、毒、娼妓都一律禁止，禁女子裹足，平民实行一夫一妻制，都有进步的意义，这很可能是受了传教士倡议的影响。但同时，太平天国的"礼制"又非常烦琐，等级森严，上层是多妻制，财产虽说公有，但多被领导人占用。以往的研究者认为这是由于农民的落后性和传统的封建思想导致的。其实，从洪秀全的字面解经法来看，他都能从《圣经》中找到根据。《旧约》中亚伯拉罕、大卫、所罗门王不都多妻吗？基督教早期耶路撒冷教会试行过一阵子财产公有，但公有财产不是得有人保管吗？即使是带有中国本土特征的一些措施，也跟太平天国独特的神学观念有关。洪秀全认为，中国"三皇五帝"的时代尚能认识真神，秦汉之后才一步步堕落，不认真神。由于古书离真理更近，他就用先秦《礼记》中的规矩（如军制、爵制、内则）来治军、治国、治后宫，以"复古"来"开新"，这倒也符合"大觉醒运动"的本意：回到源头，返本开新。

在对外关系上，太平天国视西方人为同信上帝和基督的"洋兄弟"，对他们抱有不切实际的幻想，以为有同一信仰，他们就会跟自己共同对付"清妖"。即使像洪仁玕这样交游广泛、有见识的人，受传教士影响，也很难摆脱"基督教国家"的幻想，在现实斗争中难以区分西方传教士和西方外交人员是不同的群体，有不同的职责和分工。在英美早已政教分离，而不是政教合一。直到太平天国失败后，他才清醒过来。西方并没有因太平天国视其为基督教"兄弟"而仁慈，而是跟清廷联手绞杀太平天国。

太平天国极其排他的独一上帝信仰，也使他们难以跟当时其他的反清团体如白莲教、三合会、捻军合作，结成联合阵线。这些团体如果想合作，就要加入太平军，而这意味着教首要放弃其权威，教派要放弃其固有的多神信仰。三合会加入太平军就经历了这么一个过程。多数情况下，这些团体不跟太平军合作，甚至反对太平天国。太平军北伐时，在山东一带的白莲教本来也是反清的，双方有共同的敌人，但白莲教并没有跟太平军合作，甚至反对太平军，就是因为太平军意识形态的排他性使它无法兼容白莲教。

由于太平天国认为上帝教是真道，崇拜的是独一上帝，掌握了真理，故对其他意识形态难以容忍。太平天国在出版上实行严格的审查制，除了洪秀全"钦定"的《圣经》和《真经》，以及军队营规、历法等太平天国认为必要的书籍，其他的书都不让出版，也不让阅读。一些被认为是偶像崇拜的妖书，被付之一炬。即使钦定版《圣经》，也经过了洪秀全的删改。在教育上，太平天国要培养"新天新地新世界"的"新人"，旧人要改造，"脱鬼成人"。幼童则要从小学习上帝教经典，尤其是《真经》和《三字经》之类传播天国历史观的著作。

遭到清朝与"洋兄弟"的联合绞杀

虽然"天京事变"使天国元气大伤，随后几年的形势对其却大为有利。1856～1860年第二次鸦片战争期间，天国在忠王李秀成和英王陈玉成的率领下，趁机恢复和扩大了版图，一度颇有起色。但是，在英法和清廷签订了新的不平等条约，要求得到满足后，英法就和清廷联合起来，共同打击太平天国，太平天国终于在 1864 年溃败。天王病死，忠王被俘被杀，干王洪仁玕就义，幼天王洪天贵福被诱杀。

如果英法不跟清廷联手攻打太平天国，也许太平天国还能延续很长时间。至于英法为什么不照顾跟他们称"兄"道"弟"的"基督教兄弟"，实际上跟现实的利益有关。且不说法国从一开始就不认为太平天国是基督教，而只是邪恶的异端或异教，作为"新教国家"的英国，来华的目的只是商业利益和传教，有时还会有一些领土要求。太平天国兴起时，英法还保持"中立"，处于观望状态，看看太平天国能否比清廷更能满足他们的利益。后来他们发现，太平天国领导人（天王和东王）对国际形势一无所知，对外国人仍然是天朝上国的派头，况且天王自认上帝次子，获得上帝直接启示，在宗教上比西方还要"纯正"，因此神学地位也更高，自视高于西方基督徒一头。在贸易上，作为英国平衡中英贸易利器的鸦片，在太平天国是被禁止的，且太平天国占据长江沿线，不利于外商的货物销售。在传教上，太平天国用自己的科举制传播上帝教，并不欢迎外国传教士去内地传教。太平天国甚至不愿意承认清朝跟外国签订的不平等条约。而清廷则在第二次鸦片战争后，在所有这些方面都满足了英法的需求，还扩大了开放口岸，允许传教士到内地盖屋传教。所以，两相对比，太平天国成了西方跟中国"自由交往"的障碍，迟早都要被消除。

第二节　千禧年主义的中国变体

"天兄下凡"即"基督复临"

随便翻开太平天国的一部著作，都会发现里面充斥着上帝、十诫、礼拜、妖魔这类基督教字眼，也到处都有天父、天兄（基督）、天王这样的词。

洪秀全早期思想还可算正统的基督教。但在 1848 年杨秀清、萧朝贵分别托称天父、天兄，并得到洪秀全承认后，上帝会的信仰就产生了异变，逐渐形成了自己独特的神学内容。一般认为，这个异变是一个分水岭，形成了独特的上帝教。上帝教成了基督教异端或一种异教，而跟主流基督教区分开来。上帝教不仅让上帝（天父）下凡说话，还让基督（天兄）下凡说话，并支持天王，与天王一起在尘世创立天国。在一些基督徒学者看来，这是基督教的"堕落"或"变质"（简又文）。在一些非基督徒的历史学者看来，其原因在于上帝教吸收了广西当地的"降僮术"，已民间宗教化了（罗尔纲、王庆成、夏春涛）。

其实，从洪秀全受到千禧年主义影响，并自行解经来看，这个变化有其自身的逻辑。《劝世良言》中基督复临、末日审判的恐怖场景早已深印于他的脑海，当他按照罗孝全的字面解经法去读《启示录》的末世论，会很容易"读出"基督复临（下凡）的内容。与同时期美国的千禧年主义者相比，太平天国做得更加彻底，基督不仅肉身复临了，还多了上帝和天王一道下凡，三位一起创立了地上天国。天国就是上帝做主，上帝及其信众统治世界。在洪秀全这里，就是太平天国政教合一的神权统治。因此，我们才会看到洪秀全要对罗孝全说"天国迩来今真来，哥至如贼确不诬"。他认为，这已经得到了应验，太平天国的存在本身就是千禧年应许的实现。当然，他的这一逻辑，从正统基督教来看是对《圣经》的断章取义、误读和胡乱添加。

如果我们把洪秀全放到"基督教异端史"，尤其是"千禧年主义异端史"去看，对其定位会更清晰。宗教改革运动中，德国的再洗礼派（Anabaptists）认为，基督复临将发生在 1528 年圣灵降临节那天，那天基督会将正义之剑授予圣徒，开启千禧盛世。1534 年，再洗礼派夺取了明斯特城（Münster），要把它建设成为"新耶路撒冷"，在那里搞起了神权统治，财产公有，领袖多妻。一年半后，这个"千禧年主义"实验才告终结。19 世纪初的美国特别流行"基督马上就要复临"的信仰。如米勒（William Miller，1782—1849）在 1834 年预言基督复临将发生在 1843 年 3 月 21 日至 1844 年 3 月 21 日。尽管后来什么事情也没有发生，他却仍旧有一批追随者，并且导致了安息日基督复临派（Seventh-day Adventists）、耶和华见证人（Jehovah's Witnesses）、复临派基督徒（Advent Christians）这些新教派的出现。耶和华见证会创始人罗塞（Charles Taze Russell，1852—1916）曾预言世界末日将于 1914 年出现，耶和华与撒旦展开决战。历史上以基督、圣灵、三位一体、女基督自居的异端也不在少数。太平天国的创举，不过是认为现在天父、天兄、天王一同下凡，与妖魔进行决战罢了。

天王原型是大天使米迦勒

在洪秀全早期自传《太平天日》中，1837 年科考落榜后的"辛酉异梦"是一个关键情节，里面"神魔斗争"、"斩邪留正"、救世主与天国的思想，都深受《启示录》影响，其内容、主旨、情节和结构都有模仿《启示录》的痕迹。

在异梦中，洪秀全先是在天上战妖，将妖逐出天层赶到地下。然后天父命他下凡，使世人醒悟，从邪神归到真神。从大结构上看，这是一部"神魔斗争"史。在"神"的一方，《启示录》中有上帝、基督、天使、长老、十四万四千圣徒等，所用器物及方法有密封书卷、吹号、刀剑、灾祸等，在"魔"的一方，则有撒旦、大红龙、兽等，其所用方法亦是多种多样。在《太平天日》中，站在洪秀全一边的，是天父、天兄、天母、天嫂、小妹等天上的亲戚，还有诸多天使，他们的武器主要是剑与印（玺），而撒旦一方则有诸多的"妖魔仔"，它们会有许多的变身。它们在地上的代表，当然就是"清妖"清政府。

《太平天日》挪用了《启示录》中的许多词语和形象，比如天堂、天庭、新人、天书、生命河、生命果、从高天俯瞰人世、神魔关系、伪先知（孔子）、天上弹琴等，但核心是"天战"（war in heaven）。洪秀全把《启示录》中大天使米迦勒跟撒旦的战斗替换成了他自己跟撒旦的战斗。天王的原型其实就是大天使米迦勒。

天战是异梦的核心内容。《太平天日》中说："当时天父上主皇上帝命主（洪秀全）战逐妖魔，赐金玺一，云中雪（剑）一，命同众天使逐妖魔，三十三天逐层战下。"这对应郭实猎《圣经》译本《启示录》12：7—9，"当时天上有战，米迦耳及诸天使战龙，且龙并其使役打战，惟战不胜，致天上无处可居正。遂逐出大龙，即其老蛇，亦称魔鬼，恶敌，诱惑全世者，彼与本役被逐落地也。"①

上帝给了洪秀全两个武器战妖，一是剑，一是金玺。金玺似乎有中国特征。其实，这个"玺"对应于《圣经》中的"印"。《启示录》7：1—4，说到天使"手执永活上帝之印"，给上帝忠仆额上打上印记。被打上上帝印记，即表明归神所有，是上帝圣徒（共 144000 人）之一，不会再受伤害。这与"兽印号"表明属撒旦刚好相反。所以印的价值不在它本身，而在其在"神魔斗争"中的象征意义——你是属神还是属魔，是归"上帝国"还是归"撒旦国"，是上天堂还是下地狱——它跟整个末世论连在一起，也是太平天国作为"天国""神国"跟"撒旦国""清妖"斗争的主旨所在。

太平天国有独特的"天嫂""天妻""天妈""天兄""天弟"观念，其神学来源人们却不太清楚。《太平天日》中提到天嫂劝止天兄对洪秀全发怒、天母及众小妹出力帮助洪秀全战妖。关于天嫂，1853 年麦都思曾指出，《新约》中常用基督的"新娘"来比喻教会，洪秀全可能是从字面理解成了基督有妻子。确实，洪秀全在数年后（1860）批注《启示录》21：9 时说："神羔（基督）之妻，就是天嫂。朕上天时见过多少。今天嫂亦下凡，呼朕为叔也。"②既然天兄有妻（也因此有子），那么天弟有天妻也就顺理成章了。天妈、天弟又是怎么回事呢？《启示录》12 章提到大红龙追赶一妇人，要吞吃其儿子。洪秀全将这受龙迫害的妇人认作天妈。郭实猎译本《启示录》12：17 说："龙遂怒妇，往战其余剩之苗裔，所守上帝之命，亦从耶稣基督之道者也。"在洪秀全看来，这个妇人"余剩之苗裔"即是指他和东王、西王等几个兄弟。可见，天妈、天嫂、天弟这些观念，都来自洪秀全对《圣经》，尤其《启示录》的误读。

----

① 在后来钦定本的批注中，洪秀全提道："至朕在天上，当（亚伯）拉罕时朕还颇记得，知爷当差太兄由拉罕后裔而生。故朕下救拉罕，祝福拉罕。"这是指《创世记》第 18 章中耶和华与两位使者（天使）探望并帮助亚伯拉罕，许诺撒拉将怀孕生子以撒的故事。洪秀全认为自己即使者之一。参见罗尔纲、王庆成主编《中国近代史资料丛刊续编·太平天国》（一），广西师范大学出版社，第 359 页。

② 罗尔纲、王庆成编《中国近代史资料丛刊续编·太平天国》（一），第 367 页；简又文：《太平天国典制通考》下，第 1961 页。

中国异化史观

千禧年主义是近代新教传教的一个主要驱动力。为了在末日审判前抢救灵魂，基督徒有义务到野蛮落后的异教国家去传教，使那里的人们从黑暗的"撒旦国度"转到光明的基督国度，可以上天堂而不是下地狱。当传教士来到异教国家后，马上就面临如何看待当地宗教，如何评价本土历史和文化的问题。

早在明末，天主教传教士利玛窦就认为，原始儒家是认识上帝的，但到后来堕落了，儒学变质成了理学，因此，中国人要在天主教的帮助下恢复原初本真的信仰。这启发了后来的新教传教士。他们普遍认为，古代中国人是认识真神的，但是后来中国人堕落了，被佛道的迷信污染，逐渐远离真神，成了偶像崇拜者。中国新教徒也认同这种观点，梁发的《劝世良言》就坚持这个主旨。他劝世人赶紧抛弃偶像崇拜，转信真神，以免末日审判时沉沦地狱。洪秀全熟读儒家经典，能够看出基督教与先秦儒经深层次的同异。传教士对于中国文化和历史的批判，到洪秀全这里就内化成了一部"异化"的"中国史观"。它本身也有一个发展的过程。

在早期的《原道救世歌》中，洪秀全说："天父上帝人人共，天下一家自古传。盘古以下至三代，君民一体敬皇天。"但是后来君王垄断了崇拜上帝的权力（"君王私自专"），自称"天子"，造成了宗教异化。现在，"上帝当拜，人人所同，何分西北，何分南东"，[1] 将崇拜上帝的权力交回到每一个人的手里。

在《原道醒世训》中，洪秀全"遐想唐虞三代之世，天下有无相恤，患难相救，门不闭户，道不拾遗，男女别涂，举选尚德"[2] ——这种说法来源于《礼记·礼运篇》——只是这种"皇上帝主宰化理"的理想盛世后来被人们的私心所乱。此时洪秀全尚未读到《圣经》，其对于历史的构想只能是结合一神论与儒家的上古想象。

到写作《原道觉世训》时，洪秀全已在罗孝全处学习，并读到《圣经》，尤其是摩西五经讲"历史"的部分，已有一个"历史参照系"，他的"神学的中国史观"比以前具体多了，他说："总而论之，九黎、秦政作罪魁于前，历汉文、武、宣、明、桓，梁武、唐宪接迹效尤于后。至宋徽又更改皇上帝尊号，自宋徽至今，已历六七百年，则天下多惘然不识皇上帝，悍然不畏皇上帝，已历六七百年。"其间虽然"能不惑神仙怪事者非无其人"，如周武毁佛，韩愈排佛，但都做得不彻底。在洪秀全看来，九黎与秦政以来的整部中国史就是一部"上帝意识异化史"，被"妖魔"所迷，现在则是恢复真正的上帝意识的时候了。基督教无疑就是"真道"。他

---

[1] 太平天国历史博物馆编《太平天国印书》，江苏人民出版社，1979，第10页。

[2] 太平天国历史博物馆编《太平天国印书》，第15页。

警醒人们，末日审判在即，升天堂还是下地狱，端看是否信从"皇上帝"。①

在《天条书》中，洪秀全反驳有人指责他"拜皇上帝是从番"。他引用儒家经典，证明上古中国人都崇拜上帝：

> 盖拜皇上帝这条大路，考中国番国鉴史，当初几千年中国番国俱是同行这条大路，但西洋各番国行这条大路到底，中国行这条大路到秦、汉以下则差入鬼路，致被阎罗妖所捉。②

中国拯救史观

既然中国历史是一部异化史，是走岔了道路，那么就需要有人来进行"校正"，将中国人从错误中拯救出来，这就是天王的任务。洪秀全将基督教末世论与他的异梦、天王意识在特定的时空环境中结合了起来。我们看到，千禧年主义"救灵"冲动变成了中国广西的革命实践。

上帝会在紫荆山发展时，广西的种种乱象，在洪秀全和冯云山等人看来，都是预示着末日审判将要来临的灾变异象。随着上帝会与官绅和官府冲突的升级，洪秀全等人发出了"肯拜上帝者无灾无难，不拜上帝者蛇虎咬人""人将瘟疫，宜信者则得救""道光三十年，我将降灾劫于世，世人凡坚守信仰者将得救，凡不信者将遭瘟疫。在八月之后，有田无人耕，有屋无人住"等预示和警告。③ 大灾变，正是前千禧年主义所盼望的基督复临的预兆。在洪秀全看来，他被天父、天兄派下凡间来拯救世人的时候到了。在传统的基督复临观中，是基督下凡救人，现在则变成了天王下凡救人，而上帝与基督也都来帮助天王。在这里，千禧年主义和"中国史观"紧密地结合了起来。

1848年冬天"诏明"的《太平天日》，开篇即说上帝有四次"大怒"——因为世人不知感谢上帝，而被邪魔所惑。第一次是挪亚时降洪水，第二次是法老迫害敬畏上帝的以色列，第三次是西奈山设十诫后，"后世多中魔计，屡犯天条"，所以皇上帝欲尽灭世人，"幸有救世主天兄基督，是皇上帝太子，情愿降凡捐躯，替世人赎罪"，④ 但后世之人仍不感谢上帝，所以上帝现在再次（第四次）派出"太平真主"洪秀全下凡救世。

在1852年太平军以杨秀清和萧朝贵两人名义共同发布的《奉天诛妖救世安民

---

① 太平天国历史博物馆编《太平天国印书》，第21、22页。
② 太平天国历史博物馆编《太平天国印书》，第27页。
③ 转引自夏春涛《天国的陨落——太平天国宗教再研究》，第47页。
④ 广东省太平天国研究会、广州市社会科学研究所编《洪秀全集》，第149页。

谕》《奉天讨胡檄布四方谕》《谕救一切天生天养中国人民谕》三篇著名的檄文中，重述了上帝四次"大怒"，派天王下凡拯救沦落于"胡妖"之手的"神州"，使人民重归真正的信仰（见图13-6）。①

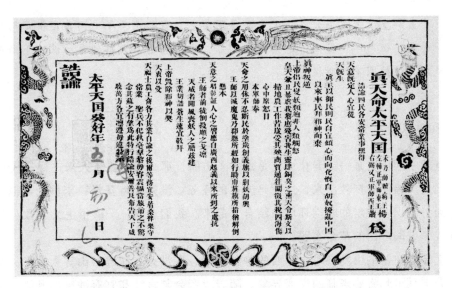

图13-6　1853年6月5日东王杨秀清等发布《安抚天京四民诰谕》
图片来源：太平天国历史博物馆。

此后，这种神学的中国救赎史观更加系统，它通过政教合一的体制演变为一系列的政策（如破坏偶像政策）影响了太平天国的方方面面，都显示太平天国正是要建立一个基督教千禧年国度。

为上帝教的基督教合法性辩护

在宗教认同上，太平天国认为自己属于基督教，普通太平军对西方人以"洋兄弟"视之。洪秀全在诏书中将西方基督教称为"西洋番弟""西洋同家人"②。上帝教认同基督教，类似于摩门教认同基督教。

随着西方人与太平天国接触的增加和深入，双方在信仰上的歧异立即显示出来，展开了一连串的争论。最主要的有两次：一次是1854年东王杨秀清与麦华陀（Sir Walter H. Medhurst，1822—1885）等英国人围绕三位一体和天国等教义展开书面辩论，它使天国领导人意识到上帝教的教义中存在严重问题；另一次则是天京事变后，洪秀全删改和批注《圣经》，以比较隐晦的方式为天国（天父、天兄、天王）的宗

---

① 太平天国历史博物馆编《太平天国印书》，第107、108、111~112页。

② 如《赐英国全权特使额尔金诏》和《赐通事官领袖接天义罗孝全诏》，分别见于广东省太平天国研究会、广州市社会科学研究所编《洪秀全集》，第189、205页。

教合法性做辩护，可视为他对西方人的一个答复。

1854 年 6 月，麦华陀和鲍林（Lewin Bowring，1824—1910）受香港总督之托访问天京，两人给东王杨秀清写了一封信，问了与通商、太平政制及宗教等有关的 30 个问题。东王回信回答了这些问题，并反过来提出 50 个问题。这 50 个问题都涉及基督教教义，可见东王对作为天朝根本的宗教问题极为关心。6 月 30 日，麦华陀和鲍林对东王的这些教义问题做了回答，他们的答复几乎全盘否定了太平天国的基本信条。[①]

第一，上帝是超越的无形的灵，因此太平天国关于上帝、基督、圣灵的种种神人同形同性的描述和理解（如高矮和婚娶等）都是错误的，即天王在"异梦"中所见全是荒谬的；第二，天王并非上帝的儿子，因为基督是独生子，他不可能有弟弟——王权神授也没有了；第三，东王不可能是圣灵，因为圣灵是纯灵，他不会成为一个凡人——东王的神话破产了；第四，天国是彼岸的，不是在此岸的——太平天国的合法性成了问题；第五，天国是和平的，不是暴力的，天王"斩邪留正"妄断"正邪"，是僭越上帝擅作主张——太平军的暴力革命没有《圣经》根据。

这对太平天国神学具有毁灭性的冲击，可以想象东王杨秀清看到信后的反应。过了几天，1854 年 7 月 7 日，天父（杨秀清）便下凡了，下诏说：太平天国所印行的《圣经》"多有记讹"，先不用出版了。[②]

洪秀全明白，这场争论事关作为太平天国立国根基的神学合法性。因此，此后的几年里，即使发生了"天京事变"这样的巨大变故，洪秀全阅读、解释、批改《圣经》的工作也从未停止。在 1860 年出版的钦定本《圣经》上，他做了许多修改和批注。他的思想还体现在此前后发布的一些诏谕上。正如基督徒用《旧约》经文证明拿撒勒人耶稣"实现"了《旧约》中关于弥赛亚的"应许"，洪秀全也引用《圣经》经文，证明太平天国业已"实现"了基督教关于基督重临、天国降临的千禧年主义"应许"。

洪秀全以自己的"异梦"经验证明他见过上帝，耶稣并非上帝的独生子，他是上帝的次子、耶稣的弟弟。这打破了传统基督教"三位一体"的上帝观。洪秀全对三位一体论的批判，主要见于《约翰一书》5：1 的长篇批注。关于暴力革命，洪秀全不难找到经文，比如《马太福音》（10：34—39，耶稣来使家庭不和；13：24—30；13：36—43，好麦坏稗喻；13：47—49，好鱼坏鱼喻），以及《启示录》中关于末日审判的段落（6：12—17，14：7，14：14—18，20：10）。关于天王，洪秀全认为《创世纪》第 14 章中的麦基洗德就是天王（他自己）的预像。

① 《麦华陀等一八五四年六月访问天京文件辑录》，黄光域、梁昆元译，北京太平天国历史研究会编《太平天国史译丛》第一辑，中华书局，1981。
② 罗尔纲、王庆成编《中国近代史资料丛刊续编·太平天国》（二），第 329～330 页。或参见王庆成编注《天父天兄圣旨》，第 110～111 页。

洪秀全重点在论证太平天国即《圣经》中耶稣所应许的天国。他认为，福音书宣告的乃是"天国迩来"（天国近了），《启示录》中基督又说"我必快来"，现在耶稣基督业已下凡，和天王、天父一道建立了太平天国。天国业已在太平天国实现。天京里立了天父上帝真神殿和天兄基督殿，也验证了《启示录》3：11—12 基督"我必快来"的预告。洪秀全的这种解经法，和西方异端利用《圣经》的弥赛亚盼望来宣称自己就是基督的做法大同小异，如出一辙。

第三节　太平天国的基督教国家蓝图

《天朝田亩制度》：洪秀全版的基督教乌托邦

太平天国的目的是什么？就是在地上建立天国。如洪秀全所说，地上的"小天国"跟天上的"大天国"紧密相关。小天国是对大天国的模仿，大天国是天堂。"神国在天是上帝大天堂，天上三十三天是也。神国在地是上帝小天堂，天朝是也。"① 那么，这个地上天国应该是个什么样子呢？早期《天朝田亩制度》给出了一个"理想"的图景，晚期《资政新篇》又给出了一个现代化的方案。但无论是前者中的平均主义乌托邦，还是后者中的工商业理想国，都是一个政教合一的上帝教神权国家（见图 13-7）。

"小天国"里的人们，都能认识独一上帝、只爱独一上帝以及他的几个儿子（尤其是天王），在礼拜堂里祈祷上帝，以上帝知识作为教育内容和科举题目。天国在精神和灵魂风貌上都是基督教的，"天国"是一个真正意义上的基督教国家。它尽管可能会吸收一点"异教"的成分（比如对儒教经典《礼记》的吸收），但绝不可能是一个儒教、佛教、道教国家。从犹太教、基督教沿袭来的强烈的"排他性"，对其他宗教和偶像的排斥，在天国里是无可置疑的。天国由始至终破坏偶像、毁灭庙观、焚烧古书的行为证明了这一点。这是新教从马礼逊入华起就一直强调的：在一个偶像丛立的东方国度，要树立基督的权威，就必须先从破除偶像做起。太平天国以最严格的政教合一体制做到了这一点：以革命、暴力和军事手段摧毁基督教之外的所有偶像。

太平天国的中国史观自然会推广到社会、经济、政治政策上。《天朝田亩制度》由于战事倥偬而未及施行，但无疑体现了洪秀全、冯云山有着浓厚客家人背景的打造天国的梦想。小农经济基础上的平均主义和"公家主义"，体现的乃是上帝旨意。"盖天下皆是天父上主皇上帝一大家，天下人人不受私，物物归上主，则主有所运用，天

① 罗尔纲、王庆成编《中国近代史资料丛刊续编·太平天国》（二），第274页。

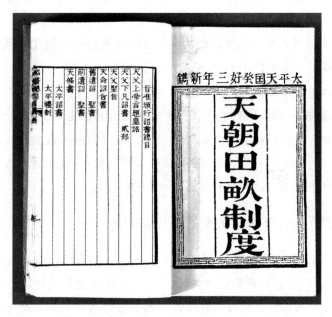

图 13-7 1853 年颁布的《天朝田亩制度》封面
图片来源：太平天国历史博物馆。

下大家处处平匀，人人饱暖矣。此乃天父上主皇上帝特命真主救世旨意也。"①

《天朝田亩制度》"公有制"的可能来源有多种，如《周礼》、《使徒行传》、客家人的公田制度，甚至以往农民起事的一些旧例，算不上什么新的创举，而唯一使它异于传统农民造反的地方，就是其鲜明的宗教性：它用一种基督教的意识形态控制了整个社会的方方面面。它的文化是彻底基督教的，这是它异于以往历朝历代农民造反的地方。

《天朝田亩制度》对在新的社会制度中，普通人民的日常生活"基督教化"的规定是：

> 凡二十五家中，设国库一，礼拜堂一，两司马居之。……凡两司马办其二十五家婚娶吉喜等事，总是祭告天父上主皇上帝，一切旧时歪例尽除。其二十五家中童子俱日至礼拜堂，两司马教读旧遗诏圣书、新遗诏圣书及真命诏旨书焉。凡礼拜日，伍长各率男妇至礼拜堂，分别男行女行，讲听道理，颂赞祭奠天父上主皇上帝焉。

---

① 太平天国历史博物馆编《太平天国印书》，第 410 页。

这完全是一个基督教村庄或社区，只不过跟西方基督教相比，它在组织上带有政教合一的客家土屋特征，其所读经典除了《圣经》，加上了太平天国自己的经典《真约》。因此，如果太平天国能够成功，并且将《天朝田亩制度》落实，则人们看到的太平天国将是一个类似于16世纪德国明斯特再洗礼派和19世纪中叶美国摩门教那样的基督教神权国家。

《天朝田亩制度》对礼拜的规定甚严，对各级官长的巡回讲道做了详细的规定。由于太平天国没有独立的牧师阶层或教阶制度，讲道的就是各级军政长官，因此它不仅仅是"政教"合一，还是"教、军、政、学"合一。在洪秀全版的天国里，是绝对不可能有思想自由、信仰自由和其他自由的。

《资政新篇》：一个新教国家的现代化蓝图

洪仁玕《资政新篇》可以说是近代中国的第一个现代化方案，它开宗明义地说："其要在于因时制宜，审势而行而已。"[①] 作者在香港和上海的"洋社会"接触并了解到世界发展的大势，实较当时埋首于四书五经的传统知识分子领先一步。在《资政新篇》中，根据对西方的了解，他分三部分（"风风类""法法类""刑刑类"）较为系统地提出了新政纲领。

在"风风类"部分，洪仁玕提出要自上而下地革除陈规陋习，改变社会风气，使中国成为一个重视科学技术的现代基督教国家。作者提出"三宝"说，对传统礼教社会的价值观进行了颠覆。"上宝"即上帝，"中宝"即现代科学技术，"下宝"才是中国传统文艺。将宗教和科学技术并重，是中国传统知识分子所无法想象的，而跟当时新教传教士一致。洪仁玕谈到要转变"风气"，改变"风俗"，有可能受到《六合丛谈》1卷6号慕维廉文章《劝友勿固守邪俗论》影响。慕维廉说："风教习俗，无论古今，别其美德，审其利害，美利者守之，恶害者去之。"[②]

在"法法类"部分，洪仁玕以英美之习惯法传统为模样，提出立足于本国良风良俗，"教法兼行"，建构国家大宪，并且对宪法的可能修正留有余地。他赞同自由通商，让传教士进入内地，引入外国科技人才。前两者反映了当时西方人的主张，而让科技人才进内地教育人民，在当时却是很先进的想法。这比日本明治维新后主动聘请西方人到日本传播新知识要早。对于传教士在太平天国辖区传教，后来并未实行，因为太平天国用科举制传教，而且上帝教与基督教教义出入颇大，二者之间存有争论。

"法法类"中洪仁玕对世界各大国的介绍，是今天人们最感兴趣的部分。洪仁

---

① 太平天国历史博物馆编《太平天国印书》，第677~694页。
② 沈国威编著《六合丛谈》，上海辞书出版社，2006，第608~609页。

玕对各国兴衰的看法，背后其实是渗透了当时传教士的基督教文明等级观：越是信奉上帝，则国势越强，越是崇拜偶像，则国势越弱。故此当今世界，以新教国家为最强（英美德），以天主教（法）、东正教国家（俄）为其次，以偶像崇拜国家（土耳其、印度等）为最弱。那么，弱者能不能变强呢？可以的。洪仁玕重点提到了暹罗和日本。他关于国际形势的知识来自传教士办的刊物《东西洋考每月统记传》《遐迩贯珍》《六合丛谈》等。传教士把日本、暹罗的变化跟基督教国家挂上钩，认为因为它们向后者开放，所以才有进步。略述世界大势后，洪仁玕提出了具体措施，如办报纸，造火车、建铁路、造轮船，建邮政、建银行、办保险，实行专利制，兴办各种矿业，建立新闻制度、现代财政制度、税务制度，兴办民间学会、现代医院，废除连坐制，禁酒禁鸦片等，都是他在港沪两地从西方人所办书报里学到的。

对于传统宗教，《资政新篇》的态度是严厉的，跟传教士对中国"异教""异端""迷信"的批判一样。太平军早已进行了"武器的批判"，洪仁玕比洪秀全要温和一些，对于寺庙不是一把火烧了完事，而是化废为宝，用于慈善和福利，对三教九流也是令其"改邪归正"，成为于社会有用的新人。但他本质上跟洪秀全一样，唯我独真，也唯我独尊，是偶像摧毁者，不能宽容其他宗教的存在。

在"刑刑类"部分，洪仁玕主张摒除对死刑犯的种种酷刑，而一律采用绞刑。至于贸易，他主张自由贸易，平等对待外商。中国商人有地利，在平等竞争的条件下，不会比外商差。《资政新篇》关于工商业的部分，充分反映了当时英美传教士们"互通有无""双赢"的自由贸易思想。这跟清朝拒绝与限制跟外国贸易，恰成对比。

洪仁玕《资政新篇》的意义何在呢？那就是他所说的"时势"二字。19世纪50年代，他是看见了世界发展大趋势的罕有的中国人之一。在绝大多数国人尚处在中世纪天朝大国梦幻中的时候，他预感到了随着西力西商的东渐，西教西法西学的东传，中国古老的制度和文化难以持续，必须"无者兴之，恶者禁之，是者损益之"，方能适应今后的世界。

第四节　太平天国给在华基督教的遗产

作为中西"双重异端"的太平天国被清朝和英法联合镇压后，由于它是政教合一的建制，军队、行政长官就是牧师，并没有在民间扎根。因此，随着太平天国的失败，上帝教也就销声匿迹，完全没有了影踪，其印发的书籍文献，也大多被焚毁。

由于太平天国在教义和仪式上吸收了基督教的许多因素，尤其是对中国传统宗教的排他态度，许多中国人起初将它视为基督教之一种。比如，曾国藩在《讨粤匪橄》中就说太平天国"崇天主之教"，后来才有人将之视为新教之一种。初期传教士和西方人对太平天国的同情态度，尤其是在摧毁偶像上的赞同态度，很容易使得中国人——尤其在南方经历过太平天国的士绅——将太平天国和洋教、洋人联系起来，认为基督教会产生革命性的宗教教派，威胁帝国政治、社会结构的完整和统一。一些士大夫认为基督教会将中国的宗教、伦理秩序尽数颠覆，并取而代之，因此人们将对太平天国的痛恨迁移到基督教和西方人头上。加上第二次鸦片战争，更是将西方侵略和传教连在一起。这无疑极大延缓了基督教在中国的传播。1860~1900 年，教案层出不穷，其中一个原因就是由太平天国引起的大乱，使上至儒士，下至普通百姓，都对基督教充满疑惑、警惕，对天主教和新教都力图加以抵制。这在引发反教风潮的一些著作，如《辟邪实录》、周汉所写揭帖中都有反映。

在晚清，太平天国与清廷的战争被许多人视为基督教与儒教的教战。清末民初，以"洪秀全第二"自居的孙中山先生将太平天国视为"民族革命"，影响了一批研究者，如简又文。20 世纪 20 年代后，随着阶级斗争学说的传入，太平天国又被视为农民革命，罗尔纲力主此说。改革开放后，尤其是 20 世纪 90 年代以来，太平天国研究相对整体趋冷，上帝教研究却"冷中有热"。现在，人们似乎可以政治的归政治，宗教的归宗教，客观地看待太平天国的宗教了。

结　语

与历代农民起义相比，太平天国引入了新的因素，是第一个明确地把西方思想作为建国蓝图的运动。新教千禧年主义为太平天国吸收利用，成为其意识形态和军政治理的内驱力。在中国，千禧年主义在一系列的想象和误读中发生了变异，当它落实到具体的行动中时，就带上了浓厚的中国本土的特色。由于洪秀全以新的三位一体取代了基督教传统的三位一体，而且实行政教合一的治理，因此，神权和政权关系中的内在差异（作为天父代言人的杨秀清和作为天王的洪秀全）就埋下了分裂的种子，导致内讧事件，破坏了太平天国的团结，摧毁了太平天国的有生力量。当清朝和英法达成和约，联手打击太平天国时，太平天国的失败就难以避免了。无论是对皇朝末期的革命者，还是对基督教而言，太平天国的兴亡都留下了值得深思的教训。

| 第十四章 |
中国基督宗教思想发展（1920—1949）

陈永涛

　　19 世纪下半叶特别是 20 世纪初以来，中国有识的仁人志士面对的切身问题就是如何挽救国运、重建国家。中国基督宗教的有识之士试图从神学上回应这一问题，开始神学本色化或中国化的探索，即便教会面临非难、质疑与反对，仍努力寻索基督宗教在救国和社会重建中的适切贡献。不但如此，在 20 世纪上半叶的几十年中，中国基督宗教徒和全国人民一道历经战火和苦难，内忧外患。正因如此，许多人在国家和民族的危难中，以中国基督徒的立场，在急剧的社会变迁和独特的处境中，发展出中国的基督宗教思想。1900~1920 年是基督教在华传教的"黄金时代"。不仅很多中国人入教，而且越来越多中国基督徒开始接受良好的教育和神学训练，这些基督徒知识分子不仅开始更深入地理解基督教，也开始寻索建立本色的中国基督教，为以后中国基督宗教思想的形成和发展打下基础。1920年代及以后的基督教本色化或中国化的努力，在不同时期，对不同的人物而言，虽有进路和关注点的不尽相同，但总的来说，都是围绕救国和社会重建的主题，并将基督论作为中心的议题。

　　本章是对 20 世纪上半叶中国基督宗教思想的一个概览，除了描述教会为回应社会变迁和时局变化而有的思想动态，更以救国和社会重建为主题，通过对一些基督宗教代表人物思想的诠释，尝试揭示这段时期中国基督宗教思想梗概。需要说明的是，本章的侧重点不是 20 世纪上半叶中国基督宗教思想的历史发展，而是聚焦于社会变迁的大背景如何影响这一时期的中国基督宗教思想，并试图通过几位人物①的思想剪影勾勒出这一时期中国基督宗教思想发展的轮廓。

第一节　中国基督宗教思想发展的神学背景

20 世纪上半叶的中国基督宗教思想发展，是以 19 世纪西方传教士的宣教神学为其背景的。19 世纪，西方传教士是基督宗教在中国的代言人，在中国的基督宗教神学上照搬西方，没有真正意义上的中国基督宗教思想。

不可否认，西方传教士千里迢迢来到中国，大多抱有拯救中国人灵魂的意愿，但同时又难免受到自己时代政治、文化，甚至神学的局限，无法摆脱西方中心论的羁绊。他们往往带有很强的西方文化优越感，认为西方文化是其他文化不可比拟的。②当时的西方传教士一般都持有这样的信念：中国社会是一个充满异教和迷信的社会，亟须福音的拯救。就基督新教传教士而言，他们中的很多人都是欧美奋兴运动的产物，深受奋兴运动神学的影响。因此，个人福音，即救中国人的灵魂脱离罪恶，悔改归正，是一般西方传教士前来中国的最大动力，也是他们宣教神学的核心。

基督宗教进入中国，首先要面对的就是基督宗教与中国文化的关系。早在 19 世纪，西方传教士为了在中国传教，便要对宣教所遇到的问题进行回应和思考，这些问题主要包括基督教与中国文化特别是儒家传统的关系、上帝的观念、基督的救赎，以及祭祖问题等。他们的言论成为当时在中国的宣教神学，这些神学见解是 20 世纪上半叶中国基督宗教思想发展的神学背景。当时的中国基督宗教徒，基本上全然接受了西方传教士的神学立场。

基督教与中国文化

在传统中国，儒家思想是中国文化的主流，享有正统地位。当西方传教士处理基督教与中国文化的关系时，不得不面对儒家传统。对于儒家传统，西方传教士主要持两种截然相反的态度。一种是基督教与儒家对立，中国人接受耶稣基督，就要

---

① 20 世纪上半叶，中国基督新教思想家在神学上无疑可以被归为两个不同的阵营：神学的自由主义和保守主义。一般而言，保守阵营的中国基督徒基本上直接接受神学上趋于保守的西方传教士的神学理解，他们的思想根本上反映了对基督教传统保守的解释。相对来说，自由阵营的中国基督教思想家则积极参与神学的本色化努力。这些积极参与本色化运动的神学家或教会领袖主要来自基督教高等教育机构，以及中华基督教协进会和基督教青年会等机构。Philip West, *Yenching University and Sino-Western Relations, 1916 - 1952*, Cambridge：Harvard University Press, 1976, pp. 58 - 74；Yamamoto Sumiko, *History of Protestantism in China：The Indigenization of Christianity*, Tokyo：The Toho Gakai, 2000, pp. 207, 263, 301, 324.

② 参见孙江《十字架与龙》，浙江人民出版社，1990，第 82 页。

抛弃儒家传统。这是一种"孔子或耶稣"的立场，即要么与耶稣一道上天堂，要么与孔子一道下地狱，没有其他的路可走。中国人如要接受救恩，只能在耶稣和孔子之间做出抉择，二者不能兼得。[①] 另一种则持较为开放的文化态度，秉承"孔子加耶稣"的立场，认为基督教与儒家不是非此即彼的选择，基督教与儒家思想可以融合。[②]尽管他们大多也认为基督教比儒家优越，可以纠正儒家的错误，补充儒家的不足，但基督教并不会取代或消灭儒家传统。不但如此，基督教应该肯定儒家传统中良善的道理。这种立场与利玛窦合儒补儒超儒的传教路线一脉相承。当时的中国信徒，对待中国文化的态度，都受到西方传教士的影响。

上帝的观念

对西方传教士来说，除了基督教与中国文化特别是儒家传统的关系，另一个亟须解决的问题就是上帝观。从传教的角度，传教士来中国的目的就是要使人认识上帝，从而获得救恩。但问题是，中国文化中缺乏基督宗教那超越的位格性的上帝观念，如何帮助中国人从本土文化的背景认识上帝，成为西方传教士一个棘手的，但又必须解决的问题。

尽管西方传教士之间，有关上帝译名的"圣号之争"相当激烈，但总的来说，19世纪绝大部分西方传教士信仰和传讲的上帝，是一位绝对的、完全的、至高的存有，这位上帝无所不知、无所不能、无所不在，并在历史和自然中施行他奇妙的作为。这位上帝威严具足，使信者上天堂，不信者下地狱。上帝的超越性被强调，而上帝的内在性则受到轻忽。上帝更像一位高高在上的法官。

基督的救赎

西方传教士大都以耶稣基督为显明上帝的独特渠道，是上帝启示自己的唯一途径。基督的位格和作为，成为福音的主要内容。在基督论方面，西方传教士理论上接受加尔西顿的基督论，相信耶稣是真正的神，是三位一体的第二位；同时他又是真正的人，是上帝的道成为人。在1907年召开的第三次传教士大会（又称百年大会）上，耶稣的神人二性备受尊崇，宣称他是先存的上帝之道，成为肉身，进入世界。但实际上，西方传教士更侧重基督论的玄思，强调基督的神性。

不但如此，西方传教士一般都相信，救赎有罪的世界和人类是耶稣基督来到世

---

① 参见林荣洪《中华神学五十年（1900—1949）》，中国神学研究院，1998，第18页。

② 使用理查·尼布尔的分类，"孔子加耶稣"是"基督在文化之上"类型，而"孔子或耶稣"则属于"基督反文化"类型。尼布尔在《基督与文化》一书中，提出处理基督与文化关系的五种类型：基督反文化；基督属文化；基督在文化之上；基督与文化相反相成；以及基督改造文化。参见〔美〕尼布尔《基督与文化》，赖英泽、龚书森译，东南亚神学教育协会台湾分会，1992。

界的主要使命。强调耶稣在十字架上的牺牲，具有代赎的意义。因此，突出原罪的观念，认为世界和人类全然败坏，只有耶稣基督在十字架上的死，才能除去世界和人类的罪。因此，人要认罪悔改，成为基督宗教徒（某一宗派的信徒）才能得救。信主的人可以得到永生，而不信的人则要沉沦，最后的结局就是地狱。对救赎观念的这种理解很容易造成教会与社会、神圣与世俗的二元对立，救恩往往被视作只是个人灵魂得救的事情。中国信徒对此的认识，与传教士保持根本上的一致。[①]

祭祖的问题

孝是儒家的核心价值之一，儒家强调事亲，主张事死如事生。在儒家传统中，祭祖是事亲的重要途径。中国古圣先贤提倡祭祖，旨在振兴礼仪，增进民德，传扬孝道。尽管祭祖礼仪后来慢慢演变为一种风俗，其中甚至掺杂着迷信的内容，但作为一种民俗，已经影响到中国人日常生活的方方面面，在社会教化和增进民德方面也有积极意义。但当时的西方传教士，对基督徒祭祖大多持强烈反对立场。正因如此，就如林荣洪所言，在19世纪的中国，"妨碍国人接受福音，特别阻止士绅信教的最大力量，竟然来自传教士，因为差不多全体西方传教士都公然反对祭祖，认为此举乃离经叛道的偶像崇拜。国人若奉教，就不应祭祖，但若不祭祖，便要背负不孝忘祖的罪名，这引致许多人对信奉基督教裹足不前"。[②]

在19世纪已有相当一些西方传教士和中国信徒致力调和基督教与中国文化特别是儒家传统的关系，传教士对禁止祭祖的立场却是十分坚定的，在一连三次的传教士全国大会（1877年，1890年，1907年）上，都有禁止中国信徒祭祖的决议声明。这种对祭祖的消极态度，直至20世纪后才逐渐有所变化。

第二节　本色教会与本色神学

20世纪上半叶，中国基督宗教徒与人民一道经历一系列史无前例的变局：晚清变革、辛亥革命、五四新文化运动、北伐战争、抗日战争和解放战争等。他们在动荡的时局中挣扎求存，大多虽历尽沧桑，但仍能坚守基督宗教信仰，并投身社会重建，尽自己的社会责任。不但如此，一些基督宗教领袖正视时代的问题及基督宗教须面对的挑战，或出于护教，或出于建立本色教会，或出于中国基督徒的身份寻索，纷纷发表言论，发展了中国基督宗教思想。这一时期的中国基督宗教思想，总是围绕着救国和社会重建的主题。

---

① 林荣洪：《中华神学五十年（1900—1949）》，第25页。
② 林荣洪：《中华神学五十年（1900—1949）》，第27页。

反思的问题

面对"非基运动"的批评和挑战，基督宗教在中国的"本色化"或"中国化"运动应时而起。1926 年，《中华基督教年鉴》的编者指出，基督教遭遇的挑战，使基督徒知识分子产生两个自省式的问题。一是"基督教是什么？"另一是"基督教在中国人的生活中扮演何种角色？有何种功能？"对这两个问题的回答，既反映了基督徒的救国情怀，也反映了基督宗教本色化或中国化的努力。

对第一个问题，基督徒知识分子大多持自由主义和历史主义的解释，注重基督教的道德意义，认为基督教的本质其实就是耶稣基督的博爱和牺牲精神，这种精神是中国社会急需的。对基督教做出这样的解读，是与当时的时代精神及中国知识界的现代化探索相一致的。而对第二个问题的回答，又可以再细分为以下三方面：第一，教会与社会的关系：基督教的现世意义何在？对中国人的生活有何贡献？第二，教会与国家的关系：当时国人关注的是国家的重建，以及自强自救。在这个大方向下，基督教有没有存在的地位，所能扮演的角色又是什么？第三，本色化或中国化的问题：基督宗教是一个外来宗教，且与帝国主义对中国的侵略有千丝万缕的联系。在当时，中国人迫切要求抵抗帝国主义的侵略，那基督徒应站在哪一边？为了使基督宗教与帝国主义划清界限，必须使教会脱去洋教的性质，建立本色的教会。一个本色化或中国化的基督教可以成为社会重建的积极力量。当时基督宗教的思想发展，或多或少与上面的两个问题有关。

基督教合一运动

教会合一的问题很早就被提出。中国基督教的分裂、宗派间的互相排斥，一直被非基督教人士所诟病及抨击。宗派的存在，明显带有西方差会的色彩，使基督宗教更易受到国人的拒斥。不但如此，在一个四分五裂的旧中国，一个合一的中国基督教能够成为中国社会统一的积极力量。

中国基督教的有识之士较早认识到教会合一的重要性。教会与教会之间、宗派与宗派之间开始寻求"合一"和"合作"的途径，破除阻碍合一的宗派观念。

基督新教于 1907 年召开的第三次传教士大会，体现了各教会的合作精神。在这次大会上，有人提出建立一个全国性无宗派的基督教协会或基督教联会。1910 年，爱丁堡国际宣教大会倡导的在宣教事工上宗派之间的合作精神，也对中国教会的合一运动起到推动作用。1913 年，"中华续行委办会"在上海成立，第三次宣教大会上有关成立一个教会合作机构的提议得到落实。在 1922 年 5 月召开的基督教全国大会上，该机构改名为"中华全国基督教协进会"。除了宗派间的联合，还有宗派内的联合，许多教派都成立了全国性的联合机构。1927 年，由 19 个宗派联合成立的中华基督教会，成为当时中国教会最大的宗派。中华基督教会可被视为20世纪上半叶中国教会合一运动的典范。

基督教的社会关怀

19世纪的在华传教士大多强调世界的腐败、个人灵魂的得救，以及对天堂的盼望，而基督教的社会责任却被忽视了。但到19世纪末20世纪初，来华传教士不少受到美国社会福音思想的影响，认为福音对人的肉身幸福也应有直接意义。故有传教士开始致力于中国社会的改造工作，其中最着力的是教育，希望通过教育改造中国社会。

社会福音思想也影响着一批中国基督新教徒如吴耀宗、徐宝谦、赵紫宸（特别是早期）、吴雷川等。他们对信仰的意义有相当社会性的理解。基督教青年会可以说是社会福音的主要阵地，推动了很多社会改革工作，例如扫除文盲、公民教育、社会救济等。他们着重福音的社会意义，认为这是当时中国最迫切的需要。像非基督徒知识分子的转变一样，20世纪上半叶的中国基督徒知识分子也经历了由文化取向关怀到社会取向关怀的转变，并相信基督教的信仰核心是耶稣基督那种直面罪恶，对真理抱有极大的执着以及热爱人类的精神。这种精神正可以激发并鼓励国人去面对社会、改革社会。并且，一些基督徒知识分子逐渐发现，许多问题其实是与国家的整个政治、经济、社会的制度有关，而非孤立地存在。因此，20世纪30年代后，有部分基督徒从主张社会改革转向主张政治革命，要求对中国做全盘的改造。除董健吾和浦化人等直接在行动上转向革命外，这种思想也在吴雷川、吴耀宗等人的神学思考中有所反映。

基督新教的本色化运动和天主教中国化

本色化运动包括本色教会和本色神学两个层面，目标是使在中国的教会在组织上、思想上真正成为中国教会，使基督教中国化。一方面建立自治、自养、自传的本色教会；另一方面建立"借着出于本土环境的文化范畴将基督教的道理表达出来"的本色神学。1920年代，本色化运动一时风头正劲，轰轰烈烈。1930年代以后，因国难当头，加之教会事工重点有所转移，本色化运动偃旗息鼓。但是，中国基督徒神学本色化的努力并没有停止。

"本色教会"的建立，是当时教会发展的愿景。教会有识之士反思并反省基督宗教和中国文化、基督教与中国社会、中国教会的本色化等问题。1922年5月，在上海召开的基督新教全国大会从理论和实践上开始了意义深远的"本色化运动"，该运动既是教会自立运动的延续，又是当时教会在神学上的努力。运动的两个目的就是"除西方化"和"中国化"，这既包括教会在政治上、组织上的自立，也包括教会在神学上、理论上的创新。神学上的本色化就是要发扬东方固有的文明，使基督宗教与中国文化"结婚"，洗刷其西洋的色彩，使基督教成为中国社会重建的积极力量。当时，许多中国基督徒知识分子和西方传教士都认为，中国教会若不除去西方的色彩，不消除"洋教的丑号"，就无法在中国立足，更不用说在中国扎根了。

神学的本色化大致有两个层面的内容：一是处理基督教与中国文化的关系；二是由中国基督徒写出中国的处境性神学作品。要融合基督教与中国文化，做法有很多种。一种是强调基督教讲的东西早已被中国人讲过。例如指出基督教之上帝即中国古时的"天"，基督教与儒家文化同样注重孝道，儒家的"仁"即基督教的"爱"，两个体系皆有"己欲立而立人"的道德金律，等等。比较进一步的，是看到传统文化与基督宗教的分别，各自有其独特性质，因而主张互补。①而无论是本色教会的建立还是本色神学构建都离不开中国基督教人才的培养。②因此，像赵紫宸、谢扶雅、贾玉铭等不仅积极投身神学教育事业，更认识到人才培养是基督教本色化的关键。

与新教不同，天主教有自己大一统的官方教义神学，20世纪之前，西方传教士及中国天主教徒在神学领域进行理论开创的空间并不大。但20世纪以来，随着文化沟通可能性的增加，中国天主教会的思想理论活动亦开始活跃。教宗本笃十五世（Pope Benedict ⅩⅤ，1914~1922年在位）于20世纪初发布通谕，命令在华天主教会改革其传教方法，推行天主教"中国化"措施。这一措施实际上包括两个层面，一是，在教会事务中开始大量起用中国籍的神职人员，即组织机构上的中国化；二是，在教义理论上开展与中国思想文化的沟通及适应，即教义阐释或神学上的中国化，这为现代中国天主教会展开处境性神学思考提供了契机。

第三节　20世纪上半叶基督宗教思想家群体

20世纪上半叶，在中国基督新教的舞台上活跃着一批较有影响的神学家，他们为中国基督宗教思想的发展做出了自己的贡献，且人数之多，可以用"群星闪耀"来形容。这其中有赵紫宸、谢扶雅、吴耀宗、吴雷川、徐宝谦、诚静怡、刘廷芳、王治心、韦卓民、陈崇桂、贾玉铭、张亦镜等。③相较而言，中国天主教神学不如基督新教神学那样活跃，其代表人物亦不多见。如有学者所言，这一时期在中国大陆

---

① 参见卓新平《当代亚非拉美神学》，上海三联书店，2007，第17页。

② 关于此一时期中国基督教的神学教育，徐以骅教授有详细的研究。欲进一步了解，可阅读徐以骅著《教会大学与神学教育》（福建教育出版社，1999）和《中国基督教教育史论》（广西师范大学出版社，2010）。

③ 此外，在这一时期的基督新教神学舞台上，也出现了女性神学家的身影，其中较为著名的有曾宝荪、诚冠怡、石美玉、丁淑静、蔡苏娟、王立明、胡彬夏、袁玉英等。John C. England et al., (ed.,) *Asian Christian Theologies：A Research Guide to Authors, Movements, Sources*, Vol.3, Northeast Asia, Quezon City：Orbis Books, 2004, pp.120-125.

较为知名，并可追踪其思想足迹的中国天主教学者包括李问渔、马相伯、英敛之、徐宗泽、吴经熊等人。因篇幅所限，这里仅选取八位基督教和天主教神学家加以剪影式介绍。

1920~1949 年中国基督宗教的思想发展有一条主线，即在中国现代化的进程中，一个什么样的基督宗教是中国需要的，以及基督宗教在挽救国运、重建社会的过程中应有的作用。由于救国与重建在不同的时期有不同的表述，这一时期中国基督宗教思想家对此的回应也不尽相同。

赵紫宸："相关神学"

出于其对基督教救国和重建社会的理解，赵紫宸（1888—1979）[1]毕生的努力都是在维护基督教独特性的基础上，寻索基督教的相关性。他的早期神学受西方有神论人格主义哲学、自由主义神学、社会福音，以及中国儒家人文主义的影响，强调上帝的内在性和基督的人格，提倡人格救国。从 1927 年开始，他的神学开始转向对内在生命的关注，特别是自 20 世纪 30 年代初起，他开始肯定上帝在耶稣基督里特殊启示的神学认识论意义。从 20 世纪 30 年代后期起，他开始强调罪的严重性。20 世纪 40 年代，在赵紫宸的思想中，启示和基督教传统的权威越来越高于经验。

为了构建自己的"相关神学"[2]，赵紫宸采用一种"拿来主义"的方法。[3]他博采众长、兼容并蓄，从而构建出与其时代密切相关的中国基督教神学。他试图先还原基督教的本质，然后再处境化或中国化。无论是前期还是后期，他都认为基督教的本质就是基督，就是上帝在耶稣基督里启示出来的爱，只是他前后期对基督的认识是很不同的。前期他认为耶稣只是历史人物，耶稣的神性源自他深邃的宗教经验，而后期他认识到耶稣是先存的上帝之道成为人。赵紫宸提出本色化的两个原则：首先，对基督教的解释应合乎当时科学、理性和民主的时代精神；其次，对基督教的解释应合乎中国传统文化的精神。为了回应"非基运动"批评基督教反理性、反科学，早期的赵紫宸试图构建一个合乎理性的、科学的基督教。

与五四一代非基督徒知识分子救国的理想相一致，赵紫宸希望通过个人的心理建设走向中国社会的重建。他认识到，中国的问题是人的问题，要改造社会首先要

---

① 赵紫宸，浙江德清人。20 世纪上半叶中国基督新教最有影响的神学家和神学教育家、普世教会运动的积极参与者。中国基督教三自爱国运动发起人之一。其在神学方面的主要著作有《基督教哲学》（1925）、《耶稣传》（1935）、《基督教进解》（1947，写于 1943 年）、《圣保罗传》（1947）、《神学四讲》（1948）等。

② 即"处境神学"，林荣洪在其讨论赵紫宸的生平和思想的著述中，认为赵紫宸的神学是"相关神学"，在处境和神学间建立关联。参见林荣洪《曲高和寡：赵紫宸的生平及神学》，中国神学研究院，1994，第 307 页。

③ Yongtao Chen, *The Chinese Christology of T. C. Chao*, Leiden, Boston：Brill, 2017, pp. 56-70.

图 14-1 赵紫宸与燕京大学宗教学院学生合影（1950）

改造人。因此，中国社会当务之急是精神的建设，即建立新的人生观，以便产生能改造社会的新人，以此作为社会重建的基础。而基督教正可以提供这样的人生观。20 世纪 30 年代，赵紫宸一直坚持精神建设的重要性，但不同的是，他开始强调十字架的意义。十字架的观念，在 30 年代中期已经成为他神学思考的一个重要主题。他认为，教会作为精神的团契，应该担负社会责任，应该入世，应该为正义而斗争，这无疑是当时的时局使他如此思考。40 年代，他强调耶稣基督在上帝启示中的独特性，认为人在救恩问题上完全无能为力。对于复活，他虽仍不接受身体复活的观念，但将复活视作心灵上的事实，是毫无可疑的真迹。不过，合乎理性在他的神学思考中仍是一个重要的考量。他对基督教和社会关系的看法也没有什么改变，仍坚持精神建设作为改造社会的途径。在他的整个神学思考中，他努力协调"中国人"和"基督徒"的双重身份，强调中国基督徒既应有作为中国人的民族意识，又应有作为基督徒的教会意识。

吴雷川："社会化福音"

吴雷川（1870—1944）[1] 人到中年才开始接触基督教。他接受基督教的主要原因，除了对作为一个政府高官的生活渐觉厌倦，还相信基督教能够提供一个有效的

---

[1] 吴雷川，浙江杭州人，生于江苏徐州。20 世纪上半叶知名的中国基督教思想家、基督徒学者、教育家，其主要著作包括《基督教与中国文化》（1936）、《基督徒的希望》（1939）、《墨翟与耶稣》（1940）等。

救国途径。在其接受基督教的最初几年，吴雷川对基督教教义表现出相当程度的接受，尽管觉得某些教义难于接纳——如童女怀孕、三位一体、身体复活、死后永生等。"非基运动"的爆发，使他认识到当时在中国的基督教太过注重教条，与时代精神不相一致。当时的中国基督徒过于关注来世及个人灵魂得救，忽视基督信仰的现世意义。他认为这是误解或曲解耶稣基督信息的结果，因此提倡要发现基督教的真面目和耶稣基督福音的真谛，即通过基督教来改造社会。

图 14-2　1928 年燕京大学执委会成员留影（前排中为吴雷川）

　　吴雷川对基督信仰的接受，以基督教对中国文化（特别是儒家传统）的认同为前提，认为只有基于这一认同，基督教才能改造并完善中国文化。基于真理同源的预设，他相信基督教的真理可以在中国文化典籍中被发掘出来。因此，他像寻宝人一样，努力在中国传统文化典籍中发掘基督教的真理宝藏。与此同时，在他的构想中，基督教的本质就是上帝国的降临，也就是一个理想社会的来临。基督教是中国所需要的，但基督教要真的有助于中国社会的改革，首先就要使中国人服膺基督的教训。

　　吴雷川从人类学的进路来构建自己的神学，他认为耶稣基督所有的言行都是从深刻的宗教经验来的。当吴雷川强调上帝的"父"性时，他着重的并不是"父"上帝之威严、慈爱或是他为人类所做的一切，他注重的是人类作为同一"父"上帝的儿女应有的关系。他因此强调上帝的公义，认为公义是满足上帝爱的要求的先决条件。他关注基督教对解决当时中国现实问题的可能性。在他看来，上帝国并不是一个只在来世才能实现的理想，并不是此世之外另有一个他世界。天国降临与社会改造是一回事，是指除去世界上所有不合仁爱和公义的事，以便世界充满有上帝的仁爱和公义。上帝的旨意就是要人类建立一个公义的社会。自 1930 年代，受社会主义思潮影响，他开始用社会主义经济理论重新解释基督教。

吴雷川的神学表述具有浓厚的中国文化色彩，在教义理解上有偏离基督教神学正统之嫌。邵玉铭认为，吴雷川的基督教思想是孔子学说、基督教和唯物主义的一种混合体。不可否认，吴雷川受到西方自由主义神学、唯物主义（社会主义）及中国传统人文主义的影响，所以他强调宗教应是人的宗教、社会的宗教、理性的宗教。为了救国的目标，他的基督教信仰逐渐成为一个彻底的"社会化福音"，他甚至将耶稣基督解释为社会革命者，并赞同暴力革命。

吴耀宗：改革社会的基督教

吴耀宗（1893—1979）[①]的一生，一直在不断寻求一个能够有效改善社会的途径。起初他对基督教并无好感，但在一次研经班的读经中，"登山宝训"（《马太福音》第 5~7 章）中耶稣的伟大人格使他深受感动，并接受基督教。"登山宝训"是吴耀宗解释基督教的中心和基础。他的基督教思想，就是围绕肯定基督教的社会意义及建立一个合理科学的基督教而展开的。他特别强调基督教的社会使命，并明确指出，基督教在当时中国的使命，就是本耶稣爱的精神，改造环境、改革社会，以解放民众，实现天国。

图 14-3　吴耀宗像

在吴耀宗看来，基督教既应关注灵性的需要，也应关注物质的需要。假如宗教要使生命得到满足，就不得不关注人的物质生活。基督教是个人福音，更是社会福音。基督教爱的原则不但是个人行动的原则，而且包括服务与改造社会。因此，他特别强调"上帝国度的实现"，而上帝的国就是一个在此世得以实现的理想社会。20 世纪 20 年代后期，他思想的重心开始从精神的改革转移到社会的改革。在他看来，中国当时最大的需要是物质生活的重建，是改善民生，这是在人间实现天国的必经途径。基督徒应本着耶稣的精神为人类服务，耶稣的十字架充分表现了这种真实的爱。20 世纪 40 年代，他认为基督教在中国面临着一个双重的改造，一是要积极参与中国社会的改造，另一是实行教会自身的改造，以适应中国社会巨变的形势。

《没有人看见过上帝》是吴耀宗唯一一部系统的著作，该书从一个新的角度诠

---

① 吴耀宗，广东顺德人。20 世纪上半叶中国基督教重要的社会活动家、神学家和教会领袖。中国基督教三自爱国运动的发起人和最重要的领导者。其主要作品包括《社会福音》（1934）、《没有人看见过上帝》（1943）、《黑暗与光明》（1949）等。

释基督教的上帝。在他看来，上帝一方面"临在"这个世界，呈现于被造的世界中；另一方面又是超越的，与被造的世界在本质上是不一样的。尽管人不能看见上帝的本体，上帝的作为却呈现在宇宙之中。吴耀宗指出，上帝就是一元化、人格化、情感化贯彻宇宙、支配人生的普遍真理。当他这样说的时候，并不是说上帝只是人的观念，而是说上帝是可以通过理智分析去认识的。人类虽看不见上帝的本体，但可以看见上帝的作为，看见在万事万物中呈现出来的真理。当然，上帝不只是真理，但真理之外的上帝，人没有办法去观察，只可以用直觉去体认。因此，上帝是抽象的又是具体的，是不可见不可知的，又是可见可知的。通过这样的解释，他试图建立一个科学的上帝观，以调和基督教与唯物论。

同时，吴耀宗认为，上帝为整个宇宙和人类订立一个计划，就是所有人都应当在一个理想的环境中发展，这个理想的环境便是遵行上帝旨意而建立的理想社会。在他看来，信仰上帝可以使人类除去自私的欲望，真诚地去跟随人类经过祷告和对宇宙的理解所认识到的上帝旨意。这样做就能够消除追寻自己私欲和忧虑的痛苦，就能够得救。这是一个"超脱"的过程，也就是得救的途径。耶稣的一生特别是他的死，揭示出爱是上帝对人的旨意，是人类生存的目的。由是之故，耶稣基督成为上帝的启示，同时成为人类的救主。

吴耀宗不仅是一名理论家，还是一名实践家，他的兴趣是在一个变迁的社会中践行自己信仰的耶稣基督的教导，效法耶稣基督，让上帝的旨意行在地上如同行在天上。他是一位真理的践行者。1950 年代，因发起三自爱国运动并成为三自爱国运动的主要领导人，吴耀宗受到很多批评和指责，而这些带有偏见的批评和指责，大都出于这样的假定，即基督教与共产主义是不相容的。因此，就如吴利明所言，吴耀宗常常成为教条式批评的对象。

徐宝谦："知行合一"

徐宝谦（1892—1944）① 生于一个宗教氛围浓郁的家庭。在上海求学期间，他对宋明理学产生兴趣。当他读到张载的《西铭》时，觉得儒教中自有天人一贯、解脱生死之道。辛亥革命后，中国出现的混乱局面使他感到失望。通过思考观察，他最终转到基督教青年会，并在 1913 年的一个夏令营期间决志皈依基督，影响他成为基督徒的三个因素：耶稣人格的伟大、所见信徒言行的真诚、科学与宗教并无真正的冲突。同时他宣称，即便接受基督教，也不会放弃儒家思想，因为二者可以并行不悖。

徐宝谦特别关注基督教与中国文化的关系，并试图用中国传统文化的思想模式

---

① 徐宝谦，浙江上虞人。20 世纪知名的中国基督教思想家、翻译家、实践家和教育家，其编辑和著述主要包括《新儒家的伦理实在论》（1934）、《宗教经验谈》（编辑，1934）、《基督教与中国文化》（1934）、《灵修的方法》（1936）、《灵修经验谈》（编辑，1947）等。

或理论学说来解读基督教，再现其信仰本真。受宋明理学影响，他试图用王阳明"知行合一"的理论去衡量耶稣的人格，认为耶稣人格的伟大是因为他能达到"知行合一"的理想。[①]他也把"知行合一"作为基督教与中国思想文化的重要契合点，这亦是其一生的理想和实践。

徐宝谦有相当高的神学素养，但他对象牙塔的生活不感兴趣。他实实在在关心中国的问题。他认识到，与儒家自然化的宇宙观不同，基督教的上帝是"人格化"的。这位上帝的本质是"爱"。因为上帝是万有的创造者，所以上帝可说是全人类的"父"。上帝的旨意就是要人类能够生存在一个理想的社会。上帝不只关怀人的命运，同时更借着"道成肉身"的行动拯救人类。耶稣基督和一般人的分别只是"量"的分别，而不是"质"的分别。在基督的身上有完全"神性"的存在，但这"神性"也多多少少存在于每一个人身上。当然，徐宝谦并没有完全忽略人的"罪性"，他深知陷入"罪"中的人没有办法拯救自己，所以人类只有依靠上帝的帮助才能脱离罪恶。在耶稣的人格中，徐宝谦不但看到上帝，同时也找到了"服务的伦理基础"。

徐宝谦清楚基督教与以儒道为代表的中国传统思想精神的明显区别。早在他皈依基督后不久，就指出基督教与儒教的不同。他那时认为，基督教是"溯源的"，而儒教是"截流的"；基督教重"内心改革"，而孔子主要想"移风易俗"。在《基督教与中国文化》中，他认识到二者在根本精神上的不同，因为基督教是神本的，而中国文化是人本的。他也指出，儒家缺乏对"罪"的深刻认识，在"得救"的问题上，不但是儒家，实际上儒释道所注重的都是"自救"，而不是基督教所讲的"他救"。然而，尽管看到基督教与中国传统有根本的不同，但徐宝谦仍认为，基督教可以与中国文化打成一片，对中国文化有所贡献，并在中国扎根。

徐宝谦坚信基督教是一个"爱的宗教"，他终其一生都是一个唯爱主义者。他将基督教"爱"的精神作为服事他人的动力，认为基督教是中国社会重建的基础，而中国社会重建的关键在于乡村的重建。正是基于这样的理解，徐宝谦于1935年毅然放弃燕京大学的教职，受邀到江西的黎川实验区担任总干事。1944年，在从成都去重庆的旅途中，他将自己的座位让给一位孕妇，自己坐在邮车的车顶，结果因车祸而逝世。

贾玉铭："基督人"

贾玉铭（1880—1964）[②]持守传统的神学立场，但又能接受有神进化的创造论。面对当时的处境，他非常关心本色教会和本色神学的问题。他主张中国教会自立，

---

① 吴利明：《基督教与中国社会变迁》，基督教文艺出版社，1981，第179页。
② 贾玉铭，山东安丘人。20世纪上半叶中国基督新教重要的福音派领袖、著作家、神学教育家、圣诗作者。中国基督教三自爱国运动的领袖之一。其主要著作包括《神道学》（1921）、《宣道法》（1922）、《新辩惑》（1923）、《教牧学》（1926）、《罗马新讲义》（1925）、《完全救法》（1949）等。

认为"自立"反映出中国教会自我意识的成熟，对内可增强中国教会的凝聚力，对外则可消除教外人士的种种误解和指责。在他看来，基督教的本色化就是以"中华基督教"为主旨来发展中国的教会，以便使基督教在中华大地得以广传，而福音的广传，是中国基督化的必要途径。对他来说，中国基督化就是使中国成为"基督的国度"，而"基督的国度"是一个属灵的国度。他希望中国教会及其信众能够"以爱主爱人之诚，尽力而为"，以便能尽早实现神国降临。他因此强调宗教与伦理、生命与生活的关联。借着这样的关联，将基督教的他世性和此世性联系起来。他坚信，基督教可以改造中国人的心灵，这是重建社会、挽救国运的第一步。通过这样的理解，贾玉铭将信心和行为结合起来，知行合一。

贾玉铭力证耶稣的神性，相信耶稣是"道成肉身"的神子，是上帝本体的真像，能够成为神人之间的中保（中间人、调解者）。他也维护耶稣基督真实而完全的人性，但认为耶稣并没有沾染人类遗传的罪性，既然无原罪，也无本罪，一生就完美无缺。他强调"道成肉身"的意义，认为耶稣来做人，目的是要彰显人生的真意义、真精神。对他来说，人类救恩的关键，端赖一位神而人人而神、亦真神亦真人的耶稣基督。耶稣基督原为人性神，复降世成为神性人，这是救赎的关键。只有这样一位神而人、人而神的神性人亦人性神才能够完成救赎。神格人格化就是道成了人身，是基督以神德神能，充满在人性里面，目的是要人格神格化，而人格神格化就是人性中原有的神的形象得以完全和放大所彰显出来的神格。贾玉铭的人格神格化观念是其救赎论的重要概念，甚至可以说是其"基督人"的核心概念。

背景知识 14-1 "基督人"

在贾玉铭的神学中，"基督人"的概念与基督徒的成圣生活有关。他强调基督的"道成肉身"，是为了人的"肉身成道"。"肉身成道"是在"道成肉身"的前提下，基督徒的言行须完全像耶稣基督，渐渐长成基督的身量。而"肉身成道"的境界正是"基督人"表达的内涵。一个成圣的"基督人"，旧人已经死去，基督的生命却在他里面成形，这就是人的"成圣"。

贾玉铭"灵命神学"的落脚点是"人生哲学"。在他看来，基督教的救赎就是中国人期望的成圣之道，即使人达到"人性"和生命的圆满。他指出，理想的救赎之道，全赖耶稣基督这位"神—人"为中保的"完全救法"，以及人如何借"道成人身"的基督生命，达致贯通联合而得以成为"神人相通相合"的灵生命，最终达至"基督人"至极完善的境界。

马相伯："以儒家言，论圣教事"

马相伯（1840—1939）[①]作为一位知名的天主教人士，与同时代的基督新教知识分子一样关注"中国的问题"。"圣俗"和"中外"一直是他思考的两个核心问题。一方面，他深爱中国，致力于救积弱的中华民族；另一方面，他愿意向西方学习，持守天主教的信仰。他竭力整合中国人和天主教徒的身份，做一个爱国的天主教徒。他的基督宗教思想旨在"唤醒中国"。他指出，能够真正促成基督宗教与中国思想文化相结合，从而在根本上"唤醒中国"的应该是"学术传教"，这也是他毕生努力的目标。为此，他主张"在华言华"，用中文言说教理，"以儒家言，论圣教事"，走天主教中国化的道路。

图14-4 于斌主教在南京拜访马相伯（1937）（右二为马相伯）

循着利玛窦等的思路，马相伯在强调"合儒"的同时，提出基督宗教"补儒"和"超儒"的必要性及重要性。他指出，儒家思想的重大缺陷之一，就在于过于关注今世而缺少一种终极关怀。马相伯不否认关注今世的合理性，但认为宗教的宗旨，是致力于生命超越的维度。这是基督教可以"补儒"和"超儒"的地方。他认为，基督教可以从超越的层面为实践儒家伦理提供内在动力。他找到的救赎中华之法正

---

① 马相伯，江苏丹阳人。中国天主教知名学者、著名教育家和社会活动家。其主要著作有《上教宗求为中国兴学书》（1912）、《宗教在良心》（1914）、《宗教之关系》（1914）、《〈圣经〉与人群之关系》（1916）、《五十年来之世界宗教》（1922）、《致知浅说》（1926）等。后人编有《马相伯先生文集》《马相伯国难言论集》《马相伯集》等。

是基督宗教信仰。他相信这一信仰乃"万法之根源"，比中国传统经典更具有启迪意义和升华作用，因而也能更有效地"唤醒中国"。

当时知识界流行以科学主义对基督宗教提出批评，认为宗教是反科学的。作为一位对科学颇有研究的天主教学者，马相伯拒绝宗教反科学、科学与宗教不能相容的观点。在他看来，"宗教"认知与"科学"认知虽有"形上""形下"之别，却仍有着"存在"意义上的关系及关联；而且，宗教对人生的理解，更在科学之外，且具哲学、伦理和美学的意义。科学的所以然离不开宗教的必然。

作为一位社会活动家和教育家，在变迁的社会处境中，马相伯认识到教育在社会重建中的重要性。他认为中国的现代化教育制度必须学习欧美，但也要有自己的特色。虽然其高校教育改革理念以办西学为主，但马相伯始终饱含浓厚的中国情结及情感，认为中国高等教育除了向西方学习，也必须植根于中国传统文化。尽管马相伯的神学思辨性著述不多，但其生命实践本身已成为"本地化"或中国化神学的一个独特典范。

徐宗泽："率性有神思想"

徐宗泽（1886—1947）[①]自幼浸润于儒家和基督宗教的双重传统，在其对基督宗教的体认中，遵循人类学的进路。他在儒家的"率性"观念与"宗教"之间建立内在的关联，提出以"率性有神思想"作为把握人类宗教本质的根本。他相信"究天人之际"或探"神人关系"是打开宗教奥秘的钥匙，并断言"率性有神思想"是最为合理而切中人性的。在他看来，宗教关涉"天人交际"，此乃宗教的共性。然而这种"天人交际"却有不同的路向，因此也会有不同的结局。一方面，"天人交际"表达了由人到神的路向，即宗教反映人的苦苦求索，想靠人的自我理性和主动能力来把握神、达到神；另一方面，这种"天人交际"也可暗示由神到人的路径，即人仅靠自己的努力不可能得到根本救度，其真正需要的应是神的"降临""启示"和与人同在。在此，徐宗泽指出基督宗教的独特性乃在于其作为"神启"宗教，具有唯一性和独特性，超越了其他宗教和文化且不可被取代。徐宗泽一方面表现出面对世界各种宗教和文化时的"开明""开放"态度；另一方面则从"护教"意义上特别强调基督宗教作为启示宗教的"独特性"和"优先性"。

面对"非基运动"对基督宗教的非难，徐宗泽一方面为天主教辩护，另一方面又认识到天主教本土化或中国化的急迫性和必要性。他认为，天主教传入中国也存在如何入乡随俗的问题，故其传教应取"本土化"进路，达成中西文化的真诚沟

---

① 徐宗泽，上海青浦人。徐光启第十二世孙。20世纪上半叶知名的天主教学者。一生著述甚丰，涉猎广泛，主要著作有《明末清初灌输西学之伟人》（1926）、《圣宠论》（1930）、《信望爱三德论》（1931）、《圣事论》（1931）、《中国天主教传教史概论》（1938）等。

通，实现信仰、思想的融贯。他提倡"学术传教"或"笔墨传教"，坚信此种方式既能被中国学者所接受，又能给中国文化带来根本性、实质性的提升，真正促进中西文化交流。

吴经熊：会通与超越

为在基督教与中国思想传统之间建立关联，吴经熊（1899—1986）[①]强调上帝普遍的启示，认为在非基督教世界有许多"预报"基督的人物，如中国的孔孟老墨等古圣先贤。尽管他们的教训是不完全的，有时甚至是错误的，但其中包含和共有的真理种子是福音微妙的影子。因为基督是世界的光，是东方与西方的光，东西方之间的差异是偶然的，不是本质上的。这些存在的差异和差别，只不过是尽一切可能的方式表达上帝的无限光荣。

图 14-5　吴经熊到访比利时布鲁日圣安德肋隐修院
图片来源：比利时荷语鲁汶大学档案馆藏陆徵祥档案。

背景知识 14-2　《爱的科学：利修·特蕾撒的言行研究》

　　《爱的科学：利修·特蕾撒的言行研究》是吴经熊用英文所写的介绍修女利修·特蕾撒（Saint Thérèse of Lisieux，又译"小德兰"）的作品，出版

---

① 吴经熊，浙江宁波人。20 世纪著名天主教学者、法律专家、外交家和翻译家。他初为基督新教徒，后改宗天主教。他学贯中西、博古通今，主要著作有《法律哲学研究》（1933）、《爱的科学：利修·特蕾撒的言行研究》（英文，1941）、《圣咏译义初稿》（1946）、《新经全集》（1949）、《超越东西方》（英文，1951）、《中国人文主义与基督教的灵性》（1965）等。

于 1941 年，后由宋超群译为中文，中译版于 1947 年出版。通过对利修·特蕾撒言行的研究，吴经熊试图会通东西方而又超越东西方。他指出，特蕾撒身上集中体现了中国儒释道的精神，既有儒家的美德，又有佛陀的心灵和老子的超脱。该书借着对特蕾撒言行，特别是其灵修思想的中国式解读，吴经熊更加体会到基督精神的伟大和超越性，且指出基督宗教的伟大正在于它超越了东西方。

吴经熊认为，中国传统的儒释道文化（宗教）使中国人的心理气质中存在积极与消极两种对立因素的交织，在积极有为和任运自然上可以进退自如。儒家思想的本质是伦理的，讨论人与人的关系；道家思想乃关涉不可言喻、神秘莫测的终极实在；佛教并非中国本土原创文化，而是印度智慧的引入。吴经熊意识到儒释道在中国文化中的并存共在和多元统一，它们共构了中国精神的最基本特征：抽象与具体、普遍与个别、最世俗与最脱俗、超越的理想主义与讲实际的实用主义的结合。儒释道因此为中国人接受基督信仰奠定了灵性基础，做好了精神准备。针对当时社会上认为基督宗教乃"西方"宗教的见解，他强调基督宗教不只是"西方的"，更是普世的。

尽管吴经熊基督宗教思想的特色与其在东方文化中的浸润与徜徉密切相关，但他认为东方文化中的"神秘感"和"内在性"并不只是属于东方，而是全人类的宗教"共性"。"超越"东西方因此首先需要一种"灵性"，需要一种"内省"工夫。

吴经熊的思想兼容并包，博大深邃，代表着 20 世纪上半叶中国天主教思想的一个高峰。他既同情西方的思想传统，又同情中国的思想传统，并将中国传统的儒释道思想与基督教相提并论，且在中国传统思想中看到基督宗教的亮光。他所努力的是会通东西方，又超越东西方，而基督宗教就是这种会通和超越的最好途径。他的灵修神学也是对东西方灵修遗产的会通。

第四节　20 世纪上半叶中国基督宗教思想的几个主题

1920 年代，在当时知识界反教的大背景下，一批基督徒知识分子在救国的大前提下，进行多彩多姿的本色神学构想，人格救国是其主旋律。1930 年代，国难当头，面对外患内忧：一方面，中国基督教会积极参与乡村建设运动，跟随耶稣，服务人群；另一方面，面对日本的对华侵略，基督徒知识分子反省信仰对国难的意义，强调中国所面临的苦难至终要在耶稣的十字架上才能获得解决。他们相信，因为上帝的存在，善终必胜恶。1940 年代，在抗战和内战时期，中国基督宗教的思想家们强调十字架的救赎意义，只有十字架能够消弭战争，成就和平与和睦。与此同时，有一批基督徒积极投入战后的民主运动，投身国家重建的工作。这一时期的基督宗教思想涉及诸多主题，限于篇幅，本节仅选择以下几个主题加以简述。

基督宗教与中国文化

基督宗教与中国文化的关系是民国时期中国基督宗教思想一个非常重要的主题。可以说这一时期的本色神学建设是一个漫长且复杂的过程，牵涉对基督信仰的效忠和对传统文化承继的双重任务。[①]无论是基督新教的本色化还是天主教的中国化，对基督徒知识分子来说，基督教与中国文化的关系实际上涉及中国基督徒身份建立的问题，即中国基督徒如何既能承继本国传统又能忠实于基督信仰。无论对中国文化的理解有怎样的不同，这些思想家都认为，基督教与中国文化可以和衷共济，因为中国文化有其自身的价值，也可以借基督宗教保存中国文化。

这些思想家指出，中国文化与基督教的相遇，既不能与中国的全盘西化相提并论，也不是为基督教简单地披上中国传统文化的外衣。基督宗教本色化或中国化包括两方面的工作：一是基督宗教在中国的传播；二是基督宗教神学中国化或本色化的工作。而后者的工作，正是要让中国的基督宗教摆脱西方文化的表达方式，是一个脱"洋"的过程。

此外，中国基督教神学的构建离不开基督教与中国文化的融会贯通。基督新教的韦卓民认为，中国文化需要基督教，基督教也需要中国文化。一方面，当中国文化与基督教相遇时，福音便可补其不足，纠其缺失，使其迈向更丰盛的境界；另一方面，虽然耶稣基督的启示是绝对的，但对之的诠释是相对的。不同时代、不同地域的文化，对这启示都有不同的表达，因此中国基督徒须从中国文化的角度去诠释基督教。天主教的吴经熊也指出，东西方要在耶稣基督里寻找和爱慕对方，但又应保持各自的身份。东西方唯有在基督里结合，才能真正彼此相爱，才会产生新人。提倡本色化或中国化的基督徒知识分子，大多持相近的立场。与19世纪西方传教士的合儒、补儒、超儒不同，这些基督宗教思想家在处理基督教与中国文化关系的时候，试图在自己的信仰身份和文化身份之间寻求平衡。

基督宗教与救国

在帝国主义和军阀势力的双重压迫下，救国成为中国民族的首要关切。20世纪上半叶的中国基督教史表明，有关基督教如何救国的问题贯穿整个时期，成为基督教思想的核心之一。救国问题跨越了神学的界限，不论是神学上自由的还是保守的

---

① 参林荣洪《中华神学五十年：1900~1949》，第208~230页。

基督徒，在民族大义问题上都没有回避，而是积极做出回应，只是前者的言论较后者更多。他们都肯定中国需要基督教，认为基督教能够救中国。尽管当时不同背景的基督徒，对什么才是基督教的特别理想和精神有不同的诠释，但归根结底，他们都有着同样的关怀，即认定基督教是拯救中国的不二途径。基督教救国的问题之所以成为一个备受关注的主题，是当时中国的需要，基督徒知识分子与非基督徒国人一样，在国家存亡的危机下，都在思考如何救国的问题。不但如此，这也是护教的需要。基督教的传入与帝国主义对中国的侵略是分不开的，这使基督教一直受到非难和指责。中国人为何要成为基督徒，是当时一个普遍的疑问。在此境况下，说明基督教对当下中国的贡献，就成为基督教能否被国人接纳的前设，也是教会存亡的关键。基督教如何救国，因而被提到讨论及实践的议程上。

至于基督教救国的途径，除了徐谦、冯玉祥等提倡的政治救国、革命救国，基督徒知识分子大多主张人格救国。如吴耀宗以牺牲的代价为救国的条件，指出真正去实践牺牲服务的人少，因为缺乏"自动的精神"。人若要获得这种精神，唯一的方法是去效法耶稣。赵紫宸早在19世纪20年代初就提倡人格救国。后来在评价"五年运动"时，他认为基督教对中国的承担就是救国，救国是上帝给中国基督徒的旨意。基督教对中国的使命，就是通过人格的培养去救国救社会。吴雷川也试图将基督教解释为一个能改造中国的社会福音。基督教救国的使命是吴雷川的核心神学议程。1920年代，在基督教救国的言论中，人格救国是重要的主题之一。

自1930年代始，与救国主题相关的是基督教对中国社会重建所做的贡献以及基督徒如何在抗日战争中做出自己的贡献。一方面，基督徒知识分子认识到，中国社会的重建首先是要将人们从贫弱愚私中拯救出来，去建设一个和平而富裕的社会。19世纪30年代时，这批知识分子认识到中国社会的重建根本上在于乡村的重建。在他们看来，救国首先要建设好中国的乡村，不少基督徒更是投身乡村建设的实践。晏阳初所在的河北定县试验区及徐宝谦所在的江西黎川实验区，都是基督徒参与乡村建设运动的典范。另一方面，面对日本的入侵，中国基督徒应如何支持抗日，也与救国的主题紧密相关。

"道成肉身"的基督论

五四新文化运动之后，特别是因应对"非基运动"而出现的本色化运动，中国基督徒知识分子认识到上帝之道在中国文化和中国社会中成为肉身的必要性，并在传统文化与基督教关系上，寻求一位可被中国文化接受的基督。他们期待这位中国人的基督能够挽救国家的危局，并重建中国社会。[①]这一时期的基督宗教思想以耶稣

---

① 参见林荣洪《中华神学五十年：1900—1949》，第230~231页。

基督为中心，指明他是中国人的救主，其所表显的博爱、公平、服务和牺牲精神，以及高尚伟大的人格，能感化国人共同承担救国的使命。在不少基督宗教思想家的言论中，耶稣被描述为一位彻底的爱国者，一生爱国救国。

可以说 20 世纪上半叶中国基督宗教神学是以基督论为核心，而在基督论的处境性解释中特别强调历史的耶稣或耶稣基督的人性。一方面这可能与中国文化，特别是儒家的人文主义多有契合之处；另一方面则与当时重建中国社会或救国的呼求相关，与中国基督徒知识分子的救国情怀或社会关怀倾向有关。这些思想家因此强调上帝的临在性，指出上帝是人类的父亲，而不是冷冰冰的法官。他们更关注上帝爱的旨意，而不是上帝的位格和超越的属性。因此，他们的思想聚焦于基督论，认为耶稣基督最完美地体现了上帝的旨意。

为了建立基督教与中国社会文化处境的相关性，耶稣基督常常被解释为道德典范。持自由主义立场的神学家往往将"道成肉身"理解为耶稣是上帝真理的具体化，在他们看来，作为完人的耶稣实现了上帝的道。他们将耶稣视为一个人，而将耶稣的神性建立在他深刻的宗教经验上。吴雷川认为，耶稣只是一个有完美人格的人，一个社会改革者。早期的赵紫宸也提到，中国人要救国，唯一的途径就是本着耶稣的精神，学效耶稣的人格，愿意为国为民牺牲，他指出"真正的人性就是真正的神性"，认为耶稣完美的上帝意识使他成为上帝的儿子，成为基督弥赛亚。[①]《真光杂志》的主编曹新铭亦指出，人的善性是可以栽培发展的，且可以管理克制其恶性，要培育人的善性就是要效法耶稣基督道德的榜样。

而神学上较为传统的神学家则在肯定历史的耶稣与中国社会相关性的同时，强调耶稣基督是先存的道，是超越的上帝进入人类的历史。如贾玉铭指出，耶稣基督是上帝成为人，进入人类的历史，通过十字架的牺牲，在历史上解决人类罪恶的问题。后期的赵紫宸经过半年的系狱之后，对信仰有了新的认识。他强调上帝在耶稣基督里的特殊启示，认为耶稣基督是先存的上帝之道成为人，即是上帝倾空自己超然的神性而成为人。在耶稣基督里上帝的下临与人的上升使救恩得以完成，这就是他所说的"同一论"[②]。谢扶雅则提出"直探耶稣"的基督论。他接受有关耶稣神性的教导，但不多谈论耶稣的神性，而是专注于谈论历史的耶稣。他认为，从中国文化的特质来看，中国基督徒的人格本身，远比说教、查经，甚至文字宣传更能收到潜移默化的效果。

信知行合一

民国时期的基督徒知识分子都仰慕在耶稣基督身上实践出来的儒家理想人格，

---

① 赵紫宸：《基督教哲学》，燕京研究院编《赵紫宸文集》第 1 卷，商务印书馆，2003，第 124~127 页。
② 赵紫宸：《神学四讲》，燕京研究院编《赵紫宸文集》第 2 卷，商务印书馆，2004，第 556~558 页。

并借着提倡"信知行"的合一，努力追求这种理想的人格。对他们来说，"太初有道"的"道"，与其说是"言"（Word），是"理"，不如说是"路"（Way），是可以"行"在其上的道路。他们清楚地认识到，中华文化是一个注重实践、注重行为或实行的文化，中国人注重"为人"与"做人"，一切学问都必须落实于"笃行"。中国文化的这一特征，反映于神学，便是力行神学或笃行神学。①而对中国基督徒来说，耶稣基督的"十字架"，就是中国基督徒"践行的道路"。

谢扶雅断言，中文"道"字的字形与字义，与其为"言"，毋宁为"行"。在他看来，尽管上帝的本体或静态的上帝是超越且不可测度的，但上帝在"历史的耶稣"里的启示，则是以"行"为，尤其是以甘登十字架为最高潮。上帝成为人是以"行"为的表证，而不是以启示的奥秘吸引人归向他。②谢扶雅很早就认识到，无论是从个人的层面还是从社会的层面，培养"君子基督徒"对于基督教在中国的"本色化"来说都极为重要，③他"将基督徒人格的培养和塑造，作为基督教本色化的基本途径"。④对他来说，中国基督教神学既不是信以致知，也不是以知证信，而应是"信知行"的合一。谢扶雅晚年仍一直坚称，中国基督教的希望就是一批"基督徒君子"的产生，他们在信心的基础上，即知即行，知行合一。

背景知识 14-3 "基督徒君子"

"基督徒君子"是谢扶雅"直探耶稣"基督学的目标。在他看来，"直探耶稣"的目的，是以人格感应为重心，用耶稣的大人格感化每一个个人的小人格，使每个人的小人格合一于耶稣的大人格。因此，他强调对耶稣高尚人格的"躬践表证"，以便获得人格自新，进而参与改造社会的实际工作。如此，他将基督论延伸到基督徒的生活。在他看来，人相信耶稣之后，并不就是理所当然的基督徒，也不是理所当然的"基督徒君子"，而只是正在成为基督徒，正在成为"基督徒君子"。"基督徒君子"是养成的，而非因信而是的。而且，只有当一大批"基督徒君子"产生之后，上帝国才可望在大地上降临。因此，他强调人格教育和实践的重要性。

---

① 汪维藩：《中国神学及其文化渊源》，金陵协和神学院，1997，第41页。

② 谢扶雅：《经学时代，佛学时代，基督学时代》，参见《谢扶雅晚年基督教思想论集》，基督教文艺出版社，1986，第124~125页。该文也收入刘小枫所编《道与言》一书，上海三联书店，1995。

③ 谢扶雅：《本色教会问题与基督教在中国之前途》（1925），参见张西平、卓新平编《本色之探：20世纪中国基督教文化学术论集》，中国广播电视出版社，1999，第254页。

④ 赵清文：《从"君子基督徒"到"基督徒君子"——从对基督教理想人格的理解看谢扶雅思想的演变》，《基督教文化学刊》第33期，2015，第211页。

　　吴雷川则肯定中国古圣先贤的"人格修养论"，认为基督教所能贡献于中华民族复兴的，就是它能造就效法基督人格，以此改造社会的人才。他将儒家的人格修养作为应当继承的民族文化之精华，并将其被成全的希望寄托于中国基督徒在实践上效法基督。吴耀宗也认为，要把一个富有革命性的信仰应用在中国的问题上，使之能够变成转移危机、救赎人生的力量；而只有进步的、革命的基督教，才能够真正表现耶稣基督的精神。他另指出，"道成肉身"作为"人子"耶稣的人格精神，正是孟子所追求的那种"浩然正气"，也是人类史上一切志士仁人追求的那种"理想人格"，中国社会需要这种人格，即把信知行结合起来的人格。

结　语

　　1920～1949 年中国基督宗教思想的形成和发展，与中国社会的急剧变迁无可避免地联系在一起，也与中国基督宗教对自我身份的寻索和对外形象的塑造息息相关。而这两者皆围绕着一个鲜明的主题：救国和社会重建。这一时期，救国重建是国人朝夕关心的问题，也是中国基督宗教思想发展围绕的主线。这一主题发端于 19 世纪晚期形成的救亡图存思想和高涨的民族意识，也是 1920～1949 年中国基督宗教徒经历宗教经验、道德挣扎、信仰抉择的具体缘由，并由此对基督宗教所面临的挑战做出了一系列的神学回应。这种面对时局变迁进行思想探索的局面，可以视作一种基督教跨文化语境下的传递与接收现象：大环境传递出变迁的信号，由此产生的对本色神学、本色教会的思索则是对这一信号所做的接收与回应。借此，中国基督宗教知识分子群体如赵紫宸、吴雷川、吴耀宗、贾玉铭、马相伯、徐宗泽等对基督教与中国文化的身份进行了一系列的糅合，从而发展出纷呈各样的本色神学，从思想层面尝试建构了中国化、本色化的教会。尽管这些思考可能并不系统，也深受时代的局限，但这一时期的基督宗教思想不仅是中国基督宗教的宝贵遗产，也是普世基督宗教的遗产，更是 20 世纪中国思想的遗产，故而应在普世基督宗教和中国现代思想史上占有一席之地，并对当今基督宗教的中国化探索具有不断的启发及借鉴意义。

| 第十五章 |

自立教会与本土教派

胡卫清

近代中国的教会自立始于 19 世纪 60 年代，自 20 世纪初开始成为潮流。在此潮流中，具有差会背景的大公会教会实行的是一种中西合作的渐进型自立；以中国耶稣教自立会为代表的独立性教会则采取的是与西方母会切断联系的激进型自立；而耶稣家庭、真耶稣教会教派、基督徒聚会处等团体则撇开西方宗派传统，另起炉灶，形成极具本土特色的教派。

第一节　中西人士的教会自立主张及实践

来华传教士的主张及实践

19 世纪的传教运动是 18 世纪福音奋兴运动的产物，19 世纪早期来华传教士中，郭实猎很早便重视本地教会建设，他高度重视本地中国人，雇用他们直接传播福音，于 1844 年成立福汉会，并写过很有影响的本地福音布道书。不过，郭实猎的试验并不是很成功，尽管一度颇有影响，但后来在传教界引发不少争议和批评。

19 世纪 40 年代早期，英国圣公会的亨利·维恩（Henry Venn，1796—1873）开始关注牧师、自养，以及建立正式的教会建制问题；自养成为亨利·维恩整个传教方法的关键，这也是来华传教士最为关注的问题。在他们看来，本地教会只有实现自养，才能实现自传和自治。亨利·维恩坚持，按立牧师的前提条件是本地能供养牧师。1844 年，他就提出了差会"安乐死"的主张，认为现代传教的目标就是培植本地教会，差会最终自然消亡。① 1861 年，在亨利·维恩发布的第二份关于"本地牧师与本地教会的组织"的文件中，对差会体制的弊端进行了分析，明确提出"实行自治、自养、自传"的"三自"宣教原则。② 美国公理会干事鲁弗斯·安德森（Rufus Anderson）在此前后也提出了类似主张。③

背景知识 15-1　"三自"原则

　　19 世纪中期，英国圣公会干事亨利·维恩和美国公理会干事鲁弗斯·安德森在总结各地宣教经验的基础上提出"三自"理论：通过传教士和当地教会人士努力，逐步实现教会的自治、自养、自传。近代来华传教士主张教会自立应当以自养为前提和核心，提倡由本地信徒来负担教会的财政，在自养的基础上实现自治，进而实现自传。在"三自"原则中，教会只有自养才能自治，自养、自治只是手段，而自传才是最终目标。1907 年上海全国传教士大会之后，"三自"原则为近代中国主流教会普遍认同。不过，一些本地教会人士认为的"三自"，取向与传教士有明显差异，主张建立没有任何西方宗派特征的统一中国教会，在具体实践上更重视自传和自治，而不是自养。

　　至 19 世纪中后期，来华传教士已开始使用"三自"模式来讨论教会工作，关注本地教会的建设问题。他们除了与亨利·维恩一样对自养问题尤其关注外，还探讨本地助手（native agents）的问题，指出雇用本地助手主要是为建立差传教会（mission church）服务，传教士不仅理所当然地在教会中居于核心地位，而且在本地教会的成长过程中是长期监护人和领导者。传教士在传教工作中既需要本地助手，又瞧不起本地助手，他们很多人抱有一种文化和宗教上的优越感，认为这些从传教士手中领取薪水的人多是唯利是图之辈，只是把传教当成一种职业，聘用他们只不过是教会发展初期的权宜之计。美国北长老会的倪维思宣传教会自立甚力，态度也最为激烈。他将差会聘用体制称为"旧方法"，指这种"旧方法"会滋长唯利是图的精神、增加贪财的基督徒人数，在传教实践中应当废弃，而应采用一种差会不付当地教牧薪资的新方法来实现教会自立。尽管也有不少传教士不赞同倪维思的主张，但除个别传教士能从文化和民族高度看待本地助手问题，多数传教士对本土助手和

---

①　C. Peter Williams, *The Ideal of the Self-Governing Church：A Study in Victorian Missionary Strategy*, Leiden, New York：Brill, 1990, p. 4.

②　William Knight, *Memoir of Henry Venn*, London, 1882, pp. 414-415.

③　R. Pierce Beaver, ed., *To Advance the Gospel：Selections from the Writtings of Rufus Anderson*, Grand Rapids, Michigan：William B. Eerdmans Pulishing Company, 1971, p. 97.

教会的重视明显带有一种工具性意义，着眼的是如何提高传教工作的效率。

1862 年 4 月，在厦门成立的漳泉长老大会是近代最早在中国实行教会自立的教会，通称为"闽南教会"，由美国归正会和英国长老会联合创立。这不仅是中国最早从体制上脱离原来差会的自治教会，而且是近代中国同一宗派体制内最早实行合一的教会。1863 年 3 月，该教会所属的厦门新街仔堂和竹树脚堂分别按立罗嘉渔和叶汉章为牧师。然而，此时的闽南教会只是实行了自治，并未实行自养，更没把自养作为自治的前提条件。[1] 闽南教会实行的是一种温和的渐进自立路线，这是当时大多数大公会体制下的差传教会通常采用的方法。

1881 年，英国长老会在潮汕创立潮惠长老大会，也是典型的差传教会。在该教会成立大会上，提出："本地圣会宜自管、自养、自播，故将来圣会坚固，人数加多，各事该归本地任职之人……"[2] 这是近代中国首次以中文明确提出"三自"口号与原则（见图 15-1），在中国基督教历史上具有重大意义。通过这次大会，长老会确立了一种不同于前期典型差会体制的新型教会体制，即中西合作的差传教会体制：传教士参加本地长老会，并在较长时期内领导该教会，但有计划地培养本地教会领袖，逐步移交教会事务的管理职权。本地教会则高度重视整个教会的财政自养，以自养作为自治和自传的基础，推行整个教会的自立。1907 年，在上海传教士大会上，大会主席汲约翰以"汕头计划"（The Swatow Scheme）的名义专门介绍潮惠长老大会的自立经验及对近代中国教会自立运动的开展起到的引领作用。

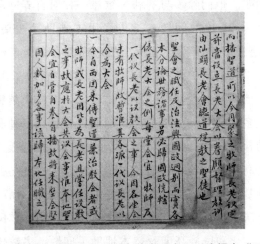

图 15-1　1881 年潮惠长老大会首次以中文形式提出"三自"

图片来源：汕头市档案馆藏。

---

[1] 姜嘉荣：《近代中国自立与合一运动之始源：闽南教会》，《近代中国基督教史研究集刊》2002/2003 年第 5 期。

[2] 《潮惠长老大会会议记录》，1881 年 6 月 8～9 日，民国资料 C282《长老大会记事册》，汕头市档案馆藏；参见《潮惠大会年录》，PCEFM Archives Microfiche，H-10，No. 626。

另外一个例子，是山东美国北长老会所属登州文会馆毕业的学生于 1885 年组织的酬恩传道会，其目的是自立传道，并通过募集经费，自行委派牧师传道。不过，因为该会成员分散，自立传道并不顺利，不得不请求长老会给予帮助，将该会所得款项转给长老会，由后者派遣传道，长老会经考虑后表示同意。后来登州文会馆毕业生人数增多，在工作和财政方面均有进步，于 1912 年改名为基督教自立会。

背景知识 15-2　差会与教会

所谓差会（foreign missions）系由西方教会在本国成立、以传教为目的的团体，一般设立差会本部，由其制定传教章程、筹集传教经费、聘用和分派传教士。所谓教会（church），通常系指由差会在各宣教地区设立和发展的当地教会机构。近代基督教各宗派在华成立的教会多系差传教会（mission church），传教士在其中发挥核心和领导作用，本地教会人士则处于辅助和相对边缘的地位。随着本土教会人员的成长，在教会中发挥越来越重要的作用，教会的本土化色彩越来越浓厚。

1890 年，全国组织完备的基督教堂会共有 522 个，其中完全自养的教会 94 个，半自养的教会 22 个，实现 1/4 自养的教会 27 个。1905 年，全国本地教会的捐款总额达到 301263 元。与此同时，本地教牧人员也迅速成长，当年在华传教士总人数为 3445 名，而本土教牧人员和教会工作人员总数为 9904 名，几乎是前者的 3 倍，其中被按立圣职的牧师为 345 名，未受按立的教会工作者 5722 名，妇女传道 887 名，医院助理人员 367 名，学校教师 2583 名。

1910 年，世界传教大会在苏格兰爱丁堡召开，大会的主题是"教会合一"，大会的第二个专题是"差传工场中的教会"。该专题会议的会前调查问卷要求各差会通讯人必须回答其设立的教会在自治、自养、自传方面所做的具体工作，以及教会成员的构成是完全本土化，还是包括传教士在内或者其他形式，还有本地教会与母会或传教士协会的关系等问题。[①] 由此，通过爱丁堡大会，教会合一成为教会自立理论中的题中应有之义，对后来中国教会的自立运动产生了深远的影响。

自立后的教会如何处理与西方母会的关系也是一个有趣的议题。这些本地教会只是西方宗派体制的复制品，还是具有独立精神品格真正的本地教会，成为传教士必须面对的问题。在 1907 年的上海传教士百年大会上，英国长老会传教士汲约翰作

---

① *World Missionary Conference*, *Report of Commission II*, *The Church in the Mission Field*, New York；Chicago；Toronto：Fleming H. Revell Company，1910，p. 277.

为大会主席做了"中国教会"的主题演讲，在演讲中详细阐述了中国教会应当自治、自养、自传，此乃西方传教士在全国性大会上正式提出"三自"模式。值得注意的是，会议决议时没有使用"中国教会"的提法，而是"在中国的教会"。实际上，无论传教士喜欢与否，"中国教会"作为时代产物终将走入他们的视野。

本土人士的自立言论及实践

自立问题成为中国本土教会人士思考的重要问题，大体始于 19 世纪 90 年代初。不过，教会自立的言论真正蔚为思潮，并由中国教牧和信徒主导，则是在义和团运动之后。义和团运动诚然给教会造成很大的冲击与挑战，但也带来了教会复兴的大希望。此后，人们将自立思潮视为教会改革，消弭教祸的重要途径。

鉴于 20 世纪初是中国近代民族主义勃然兴起并迅速蔚为大潮的年代，主张教会自立的人士显然也受到这种思潮的强烈激荡，开始主动吸取民族主义的符号与要素，作为论述教会自立的思想资源。当时通常的论述模式是以教会自立直接比附国家自立，而所谓国家自立实际就是国家独立，因此晚清教会自立思潮带有鲜明的独立取向。有人明确指出，人不能自立，其人非残疾即无赖，国不能自立，则其国必丧，或懦弱不振。不能自立的人，不能自立的国家自然不能与他人、他国处于平等之地位。有人则指出，国家不能自立称为附庸，人不能自立叫奴隶，教会不能自立叫差会、子会，中国教会已有上百年历史，却仍然依附外人，听人驱策，如果不迅速自立，就将永远是子会、差会，最终也不会有自立的希望。

当时《基督徒报》《圣报》等刊物所刊发的鼓吹自立的文章对教会中的"西方传教士"与"吾人"身份做明确区分，将西方来华教士单独归为一类，将本土牧师及传道人员归为另一类。不仅区分彼此，而且对传教士多有批评，对传教士的态度渐渐由精神上的仰视改为平视。在区分差会与教会时，有论者将教会认同上升到国家认同的高度，如《基督徒报》主笔范祎指出，宗教是普世和无国界的，人人可以信仰，他人不可干涉。但是，教会是有国界的，所以有英国之教会、美国之教会之说，教会非但有国界，而且须自立。他指出，"中国者，谁之中国也？中国人之中国也。中国教会，谁之教会也？中国人之中国教会也"。中国是一个独立国家，中国教会却是地球上非自立的教会。[①] 教会人士要真正获得自己的民族身份认同，只有通过教会自立才能达到。

在本地教会人士的各种自立思想主张中，最强调的是如何开展自立运动，其方案多具有实践价值，但缺乏深入的理论探讨，看不到对"三自"理论内在关系的探讨，自立思想似乎仅仅成为应对晚清政局和社会变化的一种方略，故降低了教会自立

---

① 范祎：《自立罪言》，《基督徒报》第 31 号，1911 年 5 月，第 1~2 页。

的神学意义。

晚清自立思想中最值得珍视的是教会意识的萌生与彰显，这种意识既与自由主义有一定关联，也吸取了传统儒学的一些要素，更重要的基石则是民族主义的支撑。本来教会与国家，民族主义与自由主义在近代思想领域应呈现紧张关系，但从晚清教会人士的言论中很少能看到这种张力，在其文章中教会意识与民族意识互为生发，而自由主义与民族主义也被交互使用，甚至将自由上升到国家层面，使教会自立与国家独立直接关联，这的确是一种奇妙的现象。教会人士证明自己是爱国之士，证明基督教与国家之富强有重要之关系的唯一方法就是脱离差会体制。

与此同时，本地教会人士的自立思想与来华传教士的自立主张呈现明显的差异。首先，近代来华传教士虽也提出要建立"中国教会"，但显然这是基督教在中国的教会，并非以国家统一理念建立、没有任何西方宗派特征的统一的中国教会，而后者恰恰是许多本地教会人士的主张。本地教会人士的教会自立与国家主权联结起来。在近代以闽南教会为典型的教会自立其基本模式都是由单个堂会先实现自立，然后由自立堂会帮助非自立堂会，逐步实现教区乃至整个教派的自立。但在民族国家观念支配下的教会自立模式，则从一开始就强调，只有所有的教派共同推进自立，教会自立才有可能。其次，本地教会人士更重视自传而非自养，这与近代来华传教士倡导的自立须以自养为前提和中心内容不同。

义和团运动之后，随着近代中国民族主义的兴起，教会自立运动出现了两种新的现象：其一，是本土信徒希望成立完全由中国人组成的全国性教会机构，实现福音自传，如中国基督徒会的成立；其二，是脱离大公会体制的独立，最具代表性意义的是中国耶稣教自立会。

1902 年 12 月 12 日，为商议该年夏在湖南辰州爆发的教案处理结果及补救方案，夏瑞芳、王亨统、黄家楠、高凤池、张桂华、龚伯瑛、谢洪赉、曹雪赓等 8 人在上海慕尔堂正式成立中国基督徒会。该会成立之目的是联合本国信徒，栽培信德，自立传道，并派遣人播道于内地，培养中国教会自立、自治、自养、自传的根基。这是本土信徒首次尝试建立完全本色化的全国性教会机构，非常鲜明地提出"三自"目标，在自养、自传的基础上实现自治。中国基督徒会成立后，曾在江苏宜兴和安徽颍上开展自传试验，聘用传道人在两地传教，但受各种因素影响，该项试验并不成功，于 1915 年 10 月由上海中国基督徒会召开会议决定结束该会事业，该会之自传遂告结束，该会也无形中自动解散。中国基督徒会由华人信徒自己出资，聘请传道员独立开辟教区，是典型的自传实践，实际开启了民国初年中国教会福音自传的序幕，是中国教会自传运动的肇端。传道人应由所在教堂的教友负责其薪资才是真正自养教会。但中国基督徒会的传道实际是对该会会董负责，他们与会董的关系是典型的雇佣关系，故而该会聘用传道的自传与差会雇用本地传道在实质上是一致的。且该会核心成员虽全为中国人，但都有长老会和监理会背景，其中多人另在基督教青年会任职，并不愿意直接挑战大公会的宗派体制，这些都阻碍了其实现真正的自养。

图 15-2 中国耶稣教自立会
创始人俞国桢像

稍后，由长老会海宁路堂牧师俞国桢发起的中国耶稣教自立会，是另一种教会自立的表述。该会于 1906 年 1 月 25 日在上海成立，标榜"爱国爱教之思想，自立自治之精神"，故命名为"耶稣教自立会"，要求各会中国籍教友不分彼此，不限区域，联合同志，合而为一。[①] 俞国桢一直发挥着关键性的领袖作用，是中国耶稣教自立会实际的大家长，该会基本上是依靠俞国桢个人的声望、能力和资源发展起来。1911 年 9 月，该会创立机关刊物《圣报》登载宣传自立的言论和各地教会自立的消息。

民国成立后，中国耶稣教自立会于 1913 年拟将该会办法向全国推广，获批准。1915 年，该会改定章程，设立总会、分会、支会三级制，总会名曰"上海自立总会"。1920 年，在国内 16 省设有支会，有教堂 189 处，会员 1 万余人，并于当年六七月在上海召开第一次全国联合大会，决定改名称为"中国耶稣教自立会全国总会"，会长由俞国桢担任。非基督教运动后，自立运动在各地普遍开展。在此形势下，中国耶稣教自立会发展更为迅速。1925 年，该会已有教堂 310 余处，信徒增加至 22000 余人。1929 年，该会建成总堂，名曰"永志堂"。

1932 年俞国桢去世后，该会的自立事业开始逐渐衰落。1933 年 10 月，中国耶稣教自立会第三届全国代表大会召开，为了缓解与基督教各大公会的紧张关系，这次会议对宪章做了较大幅度的修改，削弱了教会自治、挽回教权的内容，增加了与各方协同合作，实现本色基督教会的内容，并提出邀请公正的西人传教士来随时指导教务会务，担任名誉顾问的举措。1937 年，永志堂毁于淞沪会战战火。太平洋战争爆发后，中国耶稣教自立会各堂被迫加入日本当局组织的"上海中华基督教联合会促进委员会"。1937~1945 年，该会总会与分支会联络很少，至 1945 年时只剩下数处可以互通信息。[②] 内战爆发后，各地自立会艰难维持。据 1950 年的统计，至当年该会有堂会 211 处，牧师 40 余名，传道员 200 余名，信徒人数减少到 11564 名。

需要注意的是，中国耶稣教自立会虽号称自立，但实际与基督教各宗派有着十

---

① 柴连复：《中国耶稣教自立会》，《中华基督教会年鉴》第 11 期（上），中华全国基督教协进会，1931，（贰）第 92~93 页。

② 张化：《中国耶稣教自立会述评》，《史林》1998 年第 1 期。

分复杂的联系。中国耶稣教自立会虽以独立于西方差会相号召，但这种独立并非断绝联系的"脱离"，俞国桢等也未明确要求参加该会者脱离原来的差会。与此同时，各地分会在发展过程中有不少是因故脱离原来差会，加入中国耶稣教自立会的，这自然也会引发与原来差会的矛盾。尤为重要的是，该会标榜独立，不接受西方差会的庇护，但当时社会对于教会颇多隔膜和仇视，脱离了"治外法权"保护的中国耶稣教自立会为了自身的平稳发展，只得要求地方政府立案保护。当时各地独立的自立教会团体之所以加入该会，很大程度是因为俞国桢能够凭借个人的影响，为它们争取到地方官府的立案保护谕令。这种违背政教分离的做法，实际上在当时就引起了传教界的担忧。此外，因该会在各地的分会多从差传体制中分立或脱离出来，故而在人力、物力方面对原来的母会多有借重。另外，在组织形态上，分散型的自立堂会尽管加入中国耶稣教自立会，但实际上名称各异，宗旨参差，与各自母会的关系彼此之间也有不同，基本维持一种比较松散的联系。而所谓自立也不过是由堂会负责堂会的日用支出，以及教牧人员的薪水。再者，中国耶稣教自立会在神学上并无独特追求，除了彰显教会意识、诉诸民族认同，在教义信仰方面缺乏真正凝聚信徒的力量。同时，在教牧人员的培训方面也缺乏规范的培训机制，该会的牧师多系总会认定，教牧人员并没有接受系统的神学教育与培训，自然也就良莠不齐。这些都是中国耶稣教自立会骤起骤落、难以持久的重要原因。

除了中国耶稣教自立会这种独立型的教会，自立教会中还有相对比较温和、与传统大公会体制保持较多联系的教会，如民国初年北京、天津、济南、青岛、烟台、潍县（今潍坊市）等地成立的中华基督教会。这种教会多由本地教会人士发起，并得到差会容许和支持。

第二节　耶稣家庭和真耶稣教会

在教会自立运动中最有特色，并引起各方面广泛关注和争议，对后来中国教会发展影响巨大的是本土教派。其中，具有鲜明本土特征，且带有强烈灵恩色彩的是耶稣家庭和真耶稣教会。

耶稣家庭

耶稣家庭的创始人是敬奠瀛（1890—1957），山东省泰安市临汶区马庄敬家杭人。他十多岁时，父母双亡，家道中落。敬奠瀛的婚姻生活也不和睦，对其伤害极深。为求精神解脱，敬奠瀛求仙问道，但并无效果。[①]后来，敬奠瀛进入美以美会

---

① 陶飞亚：《中国的基督教乌托邦研究：以民国时期耶稣家庭为例》，人民出版社，2012，第56~62页。

在泰安开办的萃英中学，并受洗入教。

敬奠瀛所处的山东在 20 世纪初水旱灾荒不断，战祸连连，匪患迭起，人民生计难以得到稳定保障。为求生存资源，对抗外来威胁，一些人加入带有互助性质的宗教社团，不少人参加教门组织，结成和加入宗教团体成为普通民众应对乱世的重要方式。其时，五旬节教派已传入中国，带有基督教灵恩特征的宗教复兴运动从东北逐步蔓延至全国，形成了山东大复兴。敬奠瀛在早期曾与神召会接触，在泰安的阿尼色弗孤贫院工作过 1 年，深受灵恩派的影响，这成为他脱离美以美会，创建耶稣家庭的重要动因。1921 年正月，敬奠瀛在马庄当地信徒的支持下，集股开办"圣徒信用储蓄社"，该社是一个兼营商业的教会小团体，是耶稣家庭的前身。1926 年初，敬奠瀛在夏家马庄设立蚕桑学道房，同年，圣徒信用储蓄社结束，其股本绝大部分转入蚕桑学道房。不久，改名"耶稣家庭"，正式名称为"伯大尼耶稣家庭"。当时蚕桑学道房系借用信徒夏传真的房子，租用其 2 亩地，买了 3 张织布机，开始了男耕女织的生活。1930 年，耶稣家庭在马庄北坡盖草房 7 间，1932 年建造 7 间礼拜堂，家庭人口增多，对外影响也逐渐扩大。1932 年，耶稣家庭在其中心马庄已有 60 多名信徒，周边还有大量的信徒与其保持密切联系。信徒中不仅有农民，还有不少大学生前来耶稣家庭，寻求灵性上的帮助。

背景知识 15-3　五旬节派教会

19 世纪末 20 世纪初产生于美国。该派主张继承基督门徒在五旬节接受"圣灵"的传统，因此得名。该派与其他基督教宗派的不同点在于信仰一种自称为"（在）与圣灵中（一起）受浸"的经验。大多数五旬节派教徒强调灵洗、说方言（一种以舌根和上下颚颤动发音的方式）、《圣经》灵感、立即成圣和神医，信徒聚会时多带有强烈的灵恩色彩。在礼仪方面实行成年受洗，行浸礼与圣餐。五旬节派教会在成立之初就传入中国，有神召会、使徒信心会等名称。该派的传播及宗教经验对耶稣家庭和真耶稣教会等本土教派具有重要的影响。

耶稣家庭实行家长制管理，敬奠瀛不仅长期是耶稣家庭的精神领袖，后也成为耶稣家庭实际的大家长。耶稣家庭成立之初，并无家长名义，信徒彼此以弟兄姊妹相称。全面抗战时期，家长制正式形成。在敬奠瀛周围，逐步形成了包括董恒新、左顺真、陈碧玺、杜锡长、周新民为核心的领导层，其中左顺真、陈碧玺均为知识女性：左顺真为左宗棠的重孙女，护士出身；陈碧玺则受过系统的正规医学教育，负责耶稣家庭的医药房。董恒新、杜锡长、周新民等人，还有后来调入的郭钧翔曾先后担任过耶稣家庭老家（对马庄耶稣家庭称为"老家"，各地耶稣家庭称为"小家"）的副家长和家长。家长之下，设立总务部直接对家长负责。整个耶稣家庭分设农工部、生产部、针线部、厨房、医药房、铁工房、石工房、木工房、幼稚部、道学班、灵修院等机构。各地的耶稣家庭小家，其管理模式与马庄老家基本相同，也实行家长制度，只是分支机构较为简单。为了维护耶稣家庭的秩序，耶稣家庭要求信徒顺服，否则会受到各种惩罚。据不完全统计，在老家 310 人中挨打者有 232 人。

与一般的教会团体不同，耶稣家庭有着浓厚的"属灵"氛围。敬奠瀛本人每次祷告必哭，也喜欢别人祈祷时流泪。耶稣家庭特别重视神秘经验。据说信徒在祈祷中能够蒙恩，能得到从"圣灵充满"到"被提见主""说方言"等精神体验，有些人还能达到"做异梦""见异象"的境界。家中信徒认为获得这种宗教经验的人，便是"主"住在了自己心里，就能得到神的眷顾而"重生"，成为"新人"。

耶稣家庭的团体活动具有鲜明的乌托邦色彩，提倡基督教式的安贫乐道的生活方式。耶稣家庭否定财产私有和个人小家庭，参加耶稣家庭者首先必须彻底地"撇下"人世间自己家庭的亲人、财产、关系、职位，以及一切的个人私有的物质与观念，彻底地爱耶稣而"破家"，只有这样才能进入耶稣家庭。在耶稣家庭内部，所有人都参加劳动，平均消费。耶稣家庭要求所有信徒在一个锅里吃饭，彼此没有差别，但在吃、穿、住方面实际上仍存在着一些差别，这是后来导致耶稣家庭解体的一个重要因素。

耶稣家庭的迅速发展对泰安地区的美以美会也产生了很大影响。在美以美会所属的女子学校里，有的女孩开始接受"圣灵"，说方言。来自耶稣家庭的女性成员还直接到美以美会的乡村聚会点去说方言、跳舞，使得聚会者惊慌四散。这种不请自来的做法引起了美以美会的强烈不满。[1] 不过，其中影响最大的事件则为女传教士林美丽（Nora Dillenbeck，? —1938）脱离美以美会，加入耶稣家庭。林美丽在敬奠瀛加入美以美会的初期，就曾对后者的思想产生过较大影响，她被视为"耶稣家庭运动之母"。1932 年夏，林美丽在耶稣家庭接受敬奠瀛施行的浸礼，次年 5 月有人将林美丽接受浸礼时被拍照片的事情泄露出来，于是引起轩然大波。林美丽所在的妇女传道部一名女教士绕开该差会在泰安的负责人韩丕瑞（Perry O. Hanson，1875—1967）直接给本部写信，严厉指控林美丽的所作所为。1933 年 6 月下旬，差会本部发来一封电报，命令林美丽在 9 月初离开中国，返回美国，在整个传教区引起极大震动。林美丽轻蔑地拒绝了本部的命令，于 1934 年 2 月正式向差会提出辞职，[2] 后于 1936 年 10 月正式进入耶稣家庭。林美丽的进入对于耶稣家庭的发展不仅具有实际帮助，而且具有很强的象征意义，后来有多名外国教士陆续进入耶稣家庭。

---

① Perry O. Hanson to Frank, August 11, 1934, MEFB, Archives, Reef. 3589-57.

② Perry O. Hanson to Mrs. Hardie, February 15, 1934, MEFB, Archives, Reef. 3589-57.

全面抗战爆发前夕，马庄耶稣家庭的常住人口只有 20 多人，其中还包括 10 来名学生。七七事变之后老家人口逐渐增加，1941 年常住人口有 200 多人，到抗战结束时老家人口达到 300 人。各地的耶稣家庭在 1937 年前的 10 年内仅成立 13 家，而在 1937~1945 年这 8 年中新建小家 63 处。无论从人数、规模还是空间上看，在 1937~1945 年的 8 年里，耶稣家庭的增长速度都是很快的。

据统计，截至 1950 年全国耶稣家庭的人口总数为 12000 人。中华人民共和国成立之后，整个政治和社会环境都发生巨大变化，耶稣家庭赖以存在的外部条件和社会基础不复存在。通过三自革新运动和"分家"，各地的耶稣家庭正式走向结束。

真耶稣教会

真耶稣教会起源于直隶和山东，创始人魏恩波（1876—1919），直隶容城（今河北容城）人。早年丧父，家中贫穷。16 岁时上北京学做纸行生意，3 年后返回保定容城。1901 年，魏恩波与母亲、妻儿再往北京，改做洋货布匹买卖。他性情暴烈，一天与人打架，伦敦会信徒王德顺出面帮他，两人因此相识，经王德顺引荐，魏恩波到磁器口伦敦会的教堂听道。1 年多后，魏恩波由西人密志文（Samuel Evans Meech，？—1937）牧师施洗进教，后改名魏保罗。他热衷教会自立，1912 年曾捐银元 3000 元，参与北京中华基督教会的组建，该会得到伦敦会的支持。

民国初年，魏保罗开始与五旬节教派接触。1915 年，经基督徒商人的引荐，魏保罗成为使徒信心会附属的本地信徒团体的成员，并于当年 12 月接受使徒信心会的灵洗。魏保罗与使徒信心会的贲德新（Bernt Berntsen，1863—1933）见面，并开始守星期六的安息古礼。事实上，魏保罗已经成为贲德新负责的使徒信心会的平信徒领袖，并主持敬拜会议。其间，魏保罗的女儿魏惠英病重，贲德新的儿子和魏保罗祷告，据说魏保罗听到了神的声音，于是魏惠英的病就好了。这次祷告是魏保罗个人宗教经验的一个重要转折点，也是真耶稣教会创立之前的重要背景。

1917 年 5 月 21 日，魏保罗与友人，当时也是使徒信心会成员的张灵生（当时名叫"张重三"）参加使徒信心会聚会，在这次会议上张灵生突然站起来祷告，而使徒信心会的其他成员并不赞同张灵生这样做，魏保罗站出来支持张灵生。当晚，张来找魏，说是神让他这样做的，于是两人一起祷告，并大受圣灵感动。张灵生称得到圣灵的启示，说圣灵已经在魏保罗的心中，并让张灵生称呼魏保罗为"小耶稣"（Little Jesus）。第二天，魏保罗开始撰写《圣灵真见证书》，此乃他的自传，也是关于真耶稣教会早期历史的说明。其后，魏保罗开始禁食祷告，并自称这次禁食持续了 39 天。此后，他开始创建教会。至 1917 年秋，已先后创建黄村、南苑、北京 3 个教会，教会最初名为"更正耶稣教会"，后采用"真耶稣教会"名称。

在本土自立教会中，真耶稣教会不仅主体意识强烈，而且相当自信地认定自己是唯一的真正本色教会，是中国教会的唯一真正代表。真耶稣教会认为，所有的中国教会都应当走真耶稣教会的道路。在真耶稣教会看来，中国尽管教会林立，但大都是西来的，是"挂羊头卖狗肉"，甚至被帝国主义利用，成为其"侵略之先锋"，只有真耶稣教会才能为中国人开启正确的得救之路。其鲜明的民族意识，对大公会体制教会的强烈排斥，使之很难认可和融入协进会所倡导的中西合作的本色教会模式。

在基督论方面，真耶稣教会主张真信独一真神，反对无神论和多神论，反对基督教传统的三位一体论。真耶稣教会有五大教义，重视水灵二洗，强调圣洁。在末世论方面，认为自身是应"末世的晚雨圣灵"而产生的。这样，该会与当时普遍开展的五旬节运动分享了共同的神学理念；在教会论方面，真耶稣教会认为"真"字代表真神，为耶稣的元首，以耶稣为教会的元首，由此组成真耶稣教会，该会不是从各教会分裂而来，而是由"东方之北边所产生得赏的真人"（魏保罗）来重建圣殿，所以该会是独一无二的，不仅在中国会不断兴旺，而且会传遍天下。

真耶稣教会及其别派是一个独立的、甚具本土性色彩的教会，但这种本土性的展现并不是中国民间宗教的简单延续、衍生和变异，而是一种基督教的复古，是回归到最初的信仰，并通过《圣经》的中文翻译和基督教文本与该会的非常神迹奇事，来建立人与真神的关联性和现实性。尽管在技术表现形式上真耶稣教会的神迹奇事对传统民间信仰不无借鉴之处，但该会最基本的精神资源还是来源于《旧约》的预言传统，诸如使徒教会时期的治病赶鬼，此类宗教上的奇迹经验是真耶稣教会成员的日常经验，这种宗教的奇迹世界观是真耶稣教会的重要特征。

1919 年 10 月，魏保罗去世。真耶稣教会陷入群龙无首的状态。早期的领袖人物张灵生、张巴拿巴对当时的领导体制并不认同。1924 年夏，张巴拿巴自行在长沙召开第三次全体大会。1924～1930 年，真耶稣教会南北方实际处于分裂状态。1930 年 5 月，该会在上海召开第七次全体大会，决定实行南北合一，宣布张巴拿巴的罪状，革除其长老之职，并予除名。张巴拿巴虽然被开除，但后来成立了中华真耶稣教会，在中国福建、广东、香港、台湾，及马来西亚等地具有很大的影响。[1]

全面抗战时期，真耶稣教会表现出民族国家认同，不仅禁食为国难祈祷，"求主救我中华"，而且参与救护工作。至 1950 年，该会（含海外）共有专任传道 125 名，兼任传道 400 名，堂会 845 处，教友 125000 名。

第三节　基督徒会堂与基督徒聚会处

面对 20 世纪初中国的民族主义浪潮，当主流教会领袖们开始推动基督教的中国

---

[1] Melissa Wei-Tsing Inouye, *True Jesus Church and Chinese Christianity in the Twentieth Century*, Graduate School of Arts and Science, Havard University, PhD., 2010, pp. 33-34, 47-56, 61-62.

化进程时，一些从差传教会体制中游离出来的教会人士也开始崭露头角，建立自己的教会团体，并对自由主义神学和社会福音思想进行严厉批评。他们尝试建设带有明显本土色彩的神学，王明道和倪柝声就是其中两位杰出的代表。

王明道与基督徒会堂

1900 年，王明道出生于北京，童年生活异常艰难。9 岁时进入伦敦会开设的带有一定私塾性质的萃文初等小学读书。儒学经典系统的背诵学习对后来王明道的思想形成有明显影响。1914 年，王明道受洗，成为伦敦会的教友。中学毕业后，王明道曾在保定的一所初等小学任教。在学校任教的 1 年间，王明道的思想发生了转变。1920 年，他决定接受神的呼召，为其作工。1921 年，王明道受北京信心会的影响，决定接受浸礼，并因此被保定烈士田学校驱逐出校，失去教职。不过两三年后，王明道就放弃了五旬节派的信仰。

1923 年到 1925 年初，王明道在北京的家里已经有少量的信徒来聚会。王明道在讲道时结识一名潘姓老太太，通过潘老太太的介绍，王明道逐渐为众人认可，到他家里聚会的人也逐渐增多。1936 年初，王明道等决定购地建堂，教堂正式定名为"基督徒会堂"。基督徒会堂"以共同敬拜真神，宣扬基督福音，传讲圣经真理，培养圣徒信德为宗旨"，在信仰方面"以全部新旧约为信仰之准则"。[1] 1936 年 4 月在史家胡同买好民房。第二年春开始建堂，当年 7 月底竣工。全部建筑费用均为信徒自由奉献。8 月 1 日举行新堂聚会，到会者约有 500 人。[2]

全面抗战时期，王明道及其基督徒会堂遭遇严峻挑战。华北沦陷后，日伪势力为谋求统治稳定，积极拉拢伊斯兰教、佛教、道教等宗教人士，先后成立各种亲日的宗教组织。1941 年 12 月 8 日，太平洋战争爆发后，北平市内英美系各教会全部变成"敌性机关"，被日军封闭，所有教会活动几近瘫痪。此时日军要求英美系教会"调整"的呼声日炽，各教会乃成立"北京基督教维持会"，该维持会于 12 月 17 日给王明道发去公函，要求王明道参加次日在"内务总署"礼拜堂召开的会议。王明道拒绝参加。12 月 18 日，"内务总署"召开"北京基督教座谈会"，最后决定称为"华北基督教联合促进会"，会所设在"北京男青年会"，当时共有 15 个公会加入该促进会。1942 年 10 月，"华北基督教联合促进会"改组成立"华北中华基督教团"。在该教团成立前，"兴亚院"华北联络部调查官武田熙召见王明道，当面施压，但王明道拒绝加入。

王明道及其基督徒会堂对信徒的标准要求较严格。1933~1950 年的 17 年间，该

---

① 《基督徒会堂请求备案的呈文和社会局的批（附简章）》，1936 年 2 月 12 日至 3 月 5 日，档号：J002—002—00087，北京市档案馆藏。

② 王明道：《北京史家胡同基督徒会堂建堂报告》（1939 年 4 月 28 日），第 1~6 页。

会堂合计受洗者不过 570 余人。基督徒会堂不过圣诞节，也没有唱诗班，王明道希望通过直接传讲福音来培养信徒的信德。不过，该会堂每年纪念耶稣受难与复活，时间的计算以犹太人逾越节为准。

背景知识 15-4　现代主义与基要主义

基督教的现代主义（Modernism）也称"现代派"，系指 19 世纪末至 20 世纪上半叶流行的一种神学思潮。主张调和基督教教义和现代科学的矛盾，提倡在肯定《圣经》体现上帝启示的前提下，对《圣经》进行批判性研究，认为基督教的信仰如创造、堕落、神的恩宠与救赎应加以改造，以适应现代人的需要，以社会和政治的改进来推进神的国度的实现。这导致社会福音等思潮的出现。现代派的神学思潮与自由主义神学有重合之处。现代主义的对立面是基要主义（Fundamentalism），兴起于 19 世纪末，1909 年以来一些保守的神学家编写了 12 本小册子，总称为《基本要道》，其神学观念被称为"基要主义"。1919 年，世界基督教基要派协会成立，其特点是坚持基督教信仰基本教义，反对进化论、自由主义神学和《圣经》批判，自认坚守《圣经》权威。

王明道是从差传教会体制脱离出来的巡回布道家，对于差传教会的弊端自然洞若观火。由于外国传教士掌握经济大权，许多人竭力逢迎他们，以此谋得好处。只要能讨得传教士的欢心，就可以保住自己的地盘。因此在教会中越是假冒伪善、口是心非的小人，在西人那里越吃得开，而那些耿直忠诚的正人或遭到排挤，或洁身远避。[①]在王明道看来，现代教会最大的危机不是外界对基督教的逼迫攻击，而是教会"内部的腐败堕落"。如果教会自身强健清洁，即便遭受外界疾风暴雨的打击，教会只会更加坚固、更加清洁。如果教会本身有问题，则无法面对外界的挑战与困难。他认为，现代教会主要有五个方面的问题：（1）背弃神，崇拜金钱；（2）效法世界，不重视属灵；（3）容纳罪恶；（4）轻忽传福音的使命；（5）容纳不信派。[②]王明道有着极强的使命感，他以先知耶利米自比，认为神把"交付耶利米的使命"交付给他，希望他把世界和教会中的黑暗腐败以及邪恶不义都宣布出来，所以他义无反顾地站出来，希望成为"坚城、铁柱、铜墙"，不会顾及教会人士对他的排斥和攻击。[③]

在神学上，王明道持有鲜明的基要主义立场，对于现代派神学给予坚决抵制。王明道在讨论了现代派和基要派的基本神学分歧之后指出：每个人都有信仰的自由，

---

① 王明道：《五十年来》，第 88~89 页。
② 王明道：《现代教会的危险》，北平灵食季刊社，1933，第 1~2、9、18、29、38 页。
③ 王明道：《五十年来》，第 81~83 页。

我们应当尊重别人的信仰，别人也当尊重我们的信仰。不过王明道认为，这种尊重是针对不同的信仰说的，但是现代派是教会中的"不信派"，所以不能相提并论。王明道认为，现代派否认《圣经》要道，他们没有信仰，不信耶稣，不是基督徒；但他们伪装成基督徒，混在教会里面，讲一些似是而非的虚构的道理，去迷惑信徒，败坏信徒的信心，所以对这些人谈不到尊重，更不可能与之团结，因为神的真理与"不信派"的错误理论绝对不能妥协。①

王明道反对现代派以基督教改造社会、在地上建设天国的乐观主张。王明道认为尽管现在世界上一切人所建的国都不能蒙神悦纳，即便是那些所谓的文明先进的国家也充满了不信、自私自利、淫乱污秽。人不可能建设地上天国，即使基督徒也不行。王明道对人性的固有缺陷保持深刻的警惕，他指出现代派主张"建设天国"，实际上是以他们理想的社会为天国，以为将社会中一切不良的制度都革除，将种种恶劣的风俗都铲除，人民相亲相爱，世界充满和平，就是天国实现。可是，王明道相信这种乌托邦似的美好绝对没有实现的可能，即使能够实现也不是天国，而是人之国。② 在他看来只有先改造好教会人士自己，然后才能谈得上改造社会。王明道认为，地上的天国不是人能建设的，只有神才能建设，因为人都是有罪的，是必朽的，人所造的物绝不会比他们自己更强，只有神的国才是一个不朽的国。王明道指出，社会是人群的集合，如果社会中每一个人都变好，社会自然就会变好，因此，首先必须使人变好，使人获得重生。不过，王明道认为重生并不是伦理意义的个人痛改前非，因为人无法依靠自己重生，人只有认识到自己的罪，认识到犯罪的必要死亡，只有真正信靠神，才能获得重生。③

王明道对于现代派的批评在思想资源上固然受到 20 世纪 20 年代以来中国社会对基督教批评言论的影响，更来自传统儒学"修齐治平"和"内圣外王"主张的启迪，只不过他是以重生替代内省，通过属灵来真正成圣，将个体的灵性建设置于优先位置。王明道将属灵和属世对立起来，不仅完全否认现代派神学的合理性，而且对具有现代派神学倾向的教会人士深恶痛绝，对于现代社会的人之国充满怀疑，其神学主张不仅塑造了本土教会的保守品格，而且凸显了其自身与大公会教会和现代社会的紧张关系。

倪柝声和基督徒聚会处

基督徒聚会处是由倪柝声（1903—1972）等人在 20 世纪 20 年代初在福州创立的具有鲜明本土色彩的教会。与基督徒会堂的创始人王明道一样，倪柝声在早期也是基督教大公会的信徒，其祖父是美国公理会的牧师，是闽北三大差会中第一位华

---

① 王明道：《你们心持两意要到几时呢？》，北平灵食季刊社，1934，第 7、21 页。
② 王明道：《人能建设天国么？》，北平灵食季刊社，1933，第 11~12、14、21~22 页。
③ 王明道：《重生要义》，北平灵食季刊社，1935，第 1~2、4~5、52 页。

人牧师。倪柝声的父母则在美以美会受洗。① 1921 年,在另一名福州基督徒王载 (1898—1975) 的带领下,倪柝声等人开始擘饼聚会,创立基督徒聚会处。王载、倪柝声两人之所以能走到一起,是因为他们都反对将西方传统的基督教宗派体系引入中国,反对由牧师主领圣餐。其间,经过余慈度介绍,倪柝声结识了日后对他思想影响深远的英国传教士和受恩(Margaret E. Barber,1866—1930)。

1924 年,围绕传福音和是否按立牧师问题,王载等人与倪柝声发生激烈争执,倪柝声被迫离开福州。② 之后,倪柝声前往南洋和日本各地去领会。

1926 年初,倪柝声应传教士之邀南下厦门,向同文书院和美国长老会差会的神学院学生讲道。厦门的讲道使倪柝声与南京的灵光出版社有了联系,当时《灵光杂志》的编辑李渊如邀请他前往南京。此次南京之行,倪柝声得以结交新朋,与老友叙旧,并思考基督徒聚会的发展战略,他已看出上海有可能成为该会发展的基地。但倪柝声在南京数月,身体日渐虚弱,遂离开南京,途中在上海被查出患有严重肺结核。返回福州后,倪柝声以很强的紧迫感撰写神学巨著《属灵人》。

1927 年,倪柝声与李渊如到上海,与汪佩真一起共同构成了上海基督徒聚会处的领导核心。倪柝声开始推行其地方教会计划,发展信徒。1928 年 1 月,上海基督徒聚会处的第一个教会组织哈同路教会正式成立。1933 年,倪柝声报告称已有基督徒聚会处 100 余处。③ 至 1936 年,苏州、镇江、南京和嘉善、嘉兴等地也建立了聚会处多处。一些来华传教士也接受倪柝声的神学主张,陆续加入。

全面抗战爆发前,倪柝声亲自前往布道的地区有北平、天津、济南和浙江的杭州、温州、平阳等地,参加聚会查经。1932 年,他到济南,在齐鲁大学医学院查经聚会,吸收多名齐鲁大学学生入教。1937 年,济南基督徒聚会处成立,成员多为齐鲁大学学生。烟台基督徒聚会处则为倪柝声亲自建立,时间在 1934 年、1935 年前后,该基督徒聚会处的负责人为李常受。④

抗日战争时期是基督徒聚会处在全国大发展的重要时期。一方面,沦陷区的基督徒聚会处的大批信徒四处逃难,这些信徒在所到之处发展的新信徒,建立了新的基督徒聚会处;另一方面,上海基督徒聚会处的领导人充分利用这时日军对于英美系教会的打击,开辟新的传教工场,这些国家的传教士有的逃离中国,有的在太平洋战争爆发后被日军关进集中营,倪柝声先后派遣 120 名"使徒"分赴国内各地,

---

① 〔英〕金弥尔:《中流砥柱:倪柝声传》,陈建民译,中国主日学协会,2006,第 34~36 页。

② 陈则信:《倪柝声弟兄简史》,基督徒出版社,1997,第 24~26 页。

③ 连曦:《浴火得救:现代中国民间基督教的兴起》,香港中文大学出版社,2011,第 146 页。

④ 林绪武:《华北地区基督徒聚会处的历史考察》,林金水、郭荣刚主编《基督教中国化研究初探》,基督教以琳书房,2014,第 597~598 页。

大力推进该会发展。① 除西藏，贵州、云南、广西、四川均有上海基督徒聚会处的
领导人前往宣教，其中云南、贵州两省因工作难度大，由倪柝声直接负责。到抗日
战争结束时，基督徒聚会处已发展到二三百处，分布于全国多数省份。②

不过，就在基督徒聚会处在各地顺利发展之时，上海地方教会的内部却发生了
极大风波，倪柝声遭到部分同工的批评和责难，在巨大压力之下，他不得不于 1943
年 5 月致函长老执事辞职，离开上海。上海的基督徒聚会处被关闭，教会发展遭受
沉重打击。

抗战胜利后，上海的基督徒聚会处在 1946 年重新恢复活动。在倪柝声和李常受
等人的仔细计划和安排下，1948 年倪柝声先后在福州和上海恢复讲道，重新取得全
国地方教会的领导地位。1948 年 5 月到 1949 年 8 月，倪柝声在福州鼓岭先后举办两
期训练班，培训各地地方教会的执事工人约 170 人。③ 训练的内容包括个人生活方
面的操练、如何顺服别人和作别人的权柄、如何传福音、管理教会等。这种宣教神
学训练对于基督徒聚会处的发展是很重要的。至 1950 年，据不完全统计，基督徒聚
会处的信徒总人数约 8 万人。

在近代中国本土教会的领袖中，倪柝声的神学思想和主张最具系统性，也富有
原创性。倪柝声在神学上最重要的贡献是其教会论。倪柝声对近代从西方输入的基
督教宗派制度和圣品制度非常不满，认为这不仅导致中国教会宗派林立，腐败堕落，
而且违背了神设立教会的本意。为此，倪柝声提出了其独特的地方教会理论。

在早期，倪柝声重视基督徒的属灵生命，三卷本《属灵人》是他这个时期神学
思想的总结。倪柝声接受当时流行西方的灵、魂、体三元观念，认为三者之间的关
系原本是正常的，自人类始祖犯罪，这种正当关系被打破，现在灵的生命下沉，魂
的生命上升，人成为一个属肉体的人。人生下来就是属肉体的，无论用什么样的宗
教和道德来教育他，都不会改变其属肉体的性质。④ 人要改变这种属肉体的性质，
就必须重生，必须属灵，而人要重生，人必须破碎，让灵得到释放。⑤ 人得重生，
就是其最里面、最深隐的灵得到更新，蒙神的灵住在里面。⑥

不过，1931~1934 年倪柝声的神学思想开始发生重要转变，"教会中心论则越
来越占据他的内心"，至 1938 年倪柝声完成出版《工作的再思》，其关注的焦点已
经完全集中在教会问题上，其所有的工作"都开始以教会作基督的身体为中心"。

① 林荣洪：《属灵神学：倪柝声思想的研究》，宣道出版社，2003，第 44 页。
② 李少明：《对基督徒聚会处若干问题的考证和考察》，《宗教学研究》2006 年第 2 期。
③ 梁家麟：《倪柝声的荣辱升黜》，巧欣有限公司，2004，第 80、96~128 页。
④ 倪柝声：《属灵人》（上册），《倪柝声文集》第 2 辑第 10 册，第 68~69 页。
⑤ 林荣洪：《中华神学五十年：1900—1949》，中国神学研究院，1998，第 377~378 页。
⑥ 倪柝声：《属灵人》（上册），《倪柝声文集》第 2 辑第 12 册，第 68~69、85 页。

倪柝声非常独特地将教会定位为"团体的基督",将教会描述为地上和天上两个方面,这为其教会合一的主张奠定了神学基础。① 倪柝声认为,从使徒时代的经验来看,教会的设立并不需要什么特别的手续,也用不着介绍或声明,其核心就是传福音,如果有人相信了,自然就有了教会。② 教会是维持神权柄的地方,"神在世界上设立他的国度",在此范围内神的权柄能够通行,这个范围就是天国,神的国,也就是教会。③ 不过在倪柝声看来,末世是敌基督的时代,也就是现今的教会时代。他认为国度永远是神的旨意,教会的蒙召是为了国度,为了结束这个时代的末期,教会必须致力于传扬天国的福音。④

倪柝声对差传教会持强烈的批评和否定态度,反对传统的宗派体制。在倪柝声思想的指导和影响下,基督徒聚会处呈现出地方教会鲜明的自治、自养特征。倪柝声认为,在《圣经》中各教会是没有组成团体的,一有团体就成了公会,因此每个地方的教会都是独立的,互不干涉,一个地方只能有一个教会,由当地的基督徒负责。基督徒聚会处不设牧师,认为每个信徒均可事奉神,主持圣事,教务管理者和传道员分别称为长老和同工,每逢主日举行擘饼聚会。尽管教会内人人皆是祭司,彼此帮助,联合办事,长老只是监督大家作事,⑤ 不过倪柝声强调,教会是建造在全体的祭司职分上,职事就是权柄,神给一个人职事就是给他权柄,⑥ 人人当顺服权柄。

与那些基于单纯的民族主义立场,主张建立行政统一教会模式的教会人士不同,倪柝声的地方教会虽然主张"一地一会",要求隔断与西方宗派的联系,使"基督教脱去其西方文化的外衣,重新回归到安抚人心灵的宗教本质上来",⑦ 但是其最终目的并不是要建立一个民族教会,而是要建立一个以传福音为核心,超越宗派、种族、国籍和阶级的合一教会,⑧ 具有鲜明的普世性特征。倪柝声的神学主张与基督徒聚会处的具体实践对近代华人教会产生了极大影响,也引起了很大的争议。

结　语

总的看来,近代中国主流教会在追求自立的过程中基本沿袭了闽南教会的自立

---

① Luke Pei-Yuan Lu, *Watchman Nee's Doctrine of the Church with Special Reference to Its Contribution to the Local Church Movemen*, Ph. D. thesis. Westminster Theological Seminary. 1992. pp. 1–2, 319. 转引自郭荣刚《西方倪柝声之研究(1972—2006)》,博士学位论文,福建师范大学,2014,第117页。

② 倪柝声:《工作的再思》,《倪柝声文集》第2辑第10册,第132页。

③ 倪柝声:《鼓岭训练记录(卷一)》,《倪柝声文集》第3辑第13册,第160页 . 。

④ 彭淑卿:《倪柝声的末世论教会观》,中原大学宗教研究所、台湾基督教文艺出版社,2011,第149~150页。

⑤ 倪柝声:《工作的再思》,《倪柝声文集》第2辑第10册,第272~273页。

⑥ 《倪柝声文集》第3辑第11册,第276页。

⑦ 郭荣刚:《西方倪柝声之研究(1972—2006)》,第198页。

⑧ 倪柝声:《工作的再思》,《倪柝声文集》第2辑第10册,第152~171页。

方式，并在后来发展为本色教会。这种类型的自立教会一般与原所属差会保持良好的合作关系，在神学取向上较为开放，大多带有明显的社会福音色彩，重视医疗、教育和慈善事工，其所开办和接办的教会事工在近代中国产生过重大影响，受到社会的普遍欢迎。不过，这种教会的自立多局限于堂会层面的自治自养，整体上教会基本没有实现其预期的自立目标。在中国民族主义思潮的激荡下也出现了激进的独立教会，其典型代表是中国耶稣教自立会，该会在神学立场上与原来所属的母会并无明显的区别，但在管理体制上完全自治，与差会基本不发生关联。这种教会其创立时的宗旨具有强烈的民族意识和鲜明的独立取向，得到社会舆论的高度肯定。不过，这种类型的教会为了自身的存在和发展，为了与原所属教会相抗衡，多寻求当时政府官员的保护和支持，在高举独立旗帜的同时却将外部政治势力引入教会内部，自然对其自身的独立性会有所限制。

在教会自立运动中特别引人注目的是本土教派的出现，这种教派从其兴起的背景和思想资源的来源渠道看，与近世以来西方的宗教复兴运动和神学理论有密切的关联，但在教会活动和神学表达上多采用本土方式，传统民间信仰及其活动方式为灵恩型教会的发展提供了技术支持，而儒学的修身和内圣则为基要主义的本土神学提供了思想支持。这些本土教派在反抗西方教会宗派体制的同时，大都建立了极具中国特色的家长制管理模式。

无论是从差传教会中独立的自立教会，还是典型的本土教派都有一个共同的特征，即它们都没有采用主流教会的教牧人才培养模式，没有引入或建立系统的神学教育体制，而是采用师傅带徒弟式的培养方式和短期培训的方式，教会同工缺乏整全的神学素养，自然会撇开教会的神学和历史传统，采取复原主义的立场来解读《圣经》文本，或通过圣灵充满、说方言等方式来奋兴教会，其结果很可能是以解经者的权威替代《圣经》的权威，赋予教会领袖个人以神圣性。在神学立场上，这些教派都会强调自身信仰和礼仪的真理性和唯一性，否定其他信仰和礼仪的合理性，它们都试图取消主流教会的宗派体制，并准备以自己的教义信仰和体制机制来统一中国教会。

还应注意的是，自立教会和本土教派都没有像主流教会那样建立复杂庞大的教会产业体制，没有建立系统而庞大的医院、学校和慈善事业，个别教派如耶稣家庭虽开设有医院和学校，但主要是为教派自身服务，且规模不大、层次较低，与开设在通都大邑的教会医院和教会学校无法比拟。本土教派将圣俗截然两分，将个体灵魂的拯救看得高于一切，与基督教文明隔离甚至对其完全排拒，专注于传扬福音，关注信徒重生、属灵，在传教方面迅速取得进展，为其赢得了大量信众，但是这种方式也减缩了它们的社会影响。有的教派对现代性顽强抗拒，与时代趋向形成巨大的落差，教会信仰完全植根于草根意识，具有明显的反文化色彩。

第十六章

基督宗教与中国边疆少数民族

舒 健 王 皓

　　基督宗教在中国传播的过程中，与少数民族相遇，这些少数民族有很多分布在边疆地区，其在政治、经济、社会、历史、宗教和文化等方面有着独特的传统。在中华人民共和国成立以前，基督宗教在中国边疆不同少数民族当中的传播，产生了迥然不同的效果。这种相遇和碰撞与边疆地区的经济文化变迁、民族交融杂居的历史交织在一起，其内容之丰富，所涉及地域之广泛，不亚于沿海及内陆腹地。

　　基督教在中国边疆少数民族中的传播和发展，改变了中国少数民族的原有宗教生态，也刺激了一些少数民族在文化、观念和社会生活等方面的变迁。基督教与不同少数民族的相遇，碰撞出的火花可谓光怪陆离。这种"相同的冲击却带来不同的结果"，也从历史的实践层面反映了基督教在中国处境中因地制宜和因时而变的特征。

第一节　天主教在边疆少数民族中的传播与发展

　　元代的一些蒙古部落崇奉景教（即基督教中的聂斯托利派），这些部落包括土拉河、鄂尔浑河流域和杭盖山东段地区的克烈部，克烈部以西至阿尔泰山一带的乃蛮部，色楞格河流域的蔑儿乞部，以及阴山以北的汪古部等。除了蒙古诸部，畏兀尔人也早就受到景教的影响，蒙古各个汗国的很多官员都是畏兀尔景教徒，如贵由汗（1206—1248）的大臣镇海和巴剌，以及曾经出使欧洲的列班·扫马（Rabban Bar Sauma，1220—1294）等。[1]

元代，天主教也在蒙古人当中传播开来。高唐王阔里吉思为汪古部人，初信景教，后来在大都主教孟高维诺（Giovanni da Montecorvino，1247—1328）的影响下改宗天主教，而他的兄弟则继续信奉景教。[2] 由于历代可汗的大力推动，大量蒙古人信仰藏传佛教。元朝灭亡后，蒙古通向西方的路线被阻断，天主教在蒙古地区逐渐销声匿迹。景教由于传入时间较长，根基较为深厚，得以在一些蒙古部落中继续传播，但最终也走向衰落。

图 16-1　河北沽源县的阔里吉思陵墓"梳妆楼"（圆形的拱顶显示了其有别
汉地传统建筑独特的一面）

图片来源：内蒙古社会科学院翟禹拍摄、供图。

天主教再次在中国的少数民族中传播是在明末。17 世纪，耶稣会和嘉布遣会的传教士经印度进入西藏的阿里、日喀则和拉萨等地传教，这是天主教首次进入西藏。1624 年，耶稣会士德·安夺德（De Andrade）和马努埃尔·马科斯（Mauel Marques）经过千辛万苦，抵达阿里象泉河谷的古格王国首都札布让（今阿里地区札达县），在那里居住并开展传教活动。他们向古格王墀扎西查巴德送重礼以建立友好关系，得到了古格王的允许和支持。1626 年，他们在札布让地区建立了西藏第一座天主教

①　苏鲁格：《蒙古族宗教史》，辽宁民族出版社，2005，第 56~59 页。
②　陈垣：《元西域人华化考》，上海古籍出版社，2000，第 23~25 页。

堂。不过，随着传教活动的深入，他们招致了原本就与古格王矛盾尖锐的黄教寺院集团的严重不满，黄教僧侣采取扩招俗人剃度的方法来对抗古格王，据说一次就曾招收剃度 120 名平民入寺为僧。① 古格王针锋相对，开展了大规模的灭佛运动。1630 年，古格王病重之际，黄教僧俗大众与古格王之弟拉达克里应外合，推翻了古格王朝。此后天主教堂被摧毁，传教活动以失败告终。大约同一时期，嘉布遣会传教士卡西拉（Cacella）和卡布拉尔（Cabral）于 1628 年从不丹进入西藏日喀则地区，得到当地首领藏巴汗的允许，开展传教活动。日喀则地区自然条件恶劣，传教士与本国母会之间路途遥远，经济上迅即陷入困顿。不久，卡西拉病死，传教活动难以为继，加上当地僧俗群众的强烈抵制，这次传教活动同样昙花一现，在 1631 年宣告失败。

　　耶稣会士在四川、甘肃和广西等地都有传教活动。万历年间（1573~1620），意大利耶稣会士罗明坚进入广西境内传教，但是很快即被驱逐。另一位耶稣会士万密克（Michael Walta，1606—1644）曾从西安教区来到甘肃凉州（今武威）和张掖等地布道，并建造简易教堂。南明永历年间（1647~1661），瞿纱微（Andreas Wolfgang Koffler，1603—1651）和卜弥格（Michel Boym，1612—1659）等耶稣会士的才干得到朝廷赏识，一度活跃于永历朝控制的桂林、全州、南宁、柳州、象州及梧州等地。他们不仅担任钦天监职务，还劝永历朝中的两宫、太监和嫔妃入教，并且协助朝廷向澳门借兵抗清，参与遣使赴欧建立外交关系等事宜。不过，现存史料大多描述传教士与汉族士人和民众的交往情形，至于他们在少数民族中的宣教活动，往往付之阙如。

　　大航海时代，西班牙人在东南亚建立殖民地，天主教也随着殖民扩张进入中国台湾。天启六年（1626），西班牙派兵入据台湾北部基隆，建筑圣萨尔瓦多城，随军神父马地涅（Bartolome Martinez）等人开始学习当地语言，并在当地传教。1626~1642 年，有 47 位西班牙多明我会传教士先后进入台湾传教。西班牙语文献显示，在西班牙人占据台湾北部地区的 16 年里，居住于鸡笼、淡水河口地带的一些部落如大鸡笼社、三朝社、八里垄社等皈依了天主教，皈依人数达到千人以上。② 崇祯十五年（1642），荷兰人围攻淡水，西班牙人投降，天主教在台湾的第一阶段传教活动结束。

　　明清鼎革，欧洲传教士对这一历史巨变做了细致的旁观和描述。实际上，早在利玛窦时期，利玛窦就已经对中原汉族和北方少数民族的差异和冲突有所观察。③ 在传教士的记述中，蒙古和满洲诸部落被统称为"鞑靼"。耶稣会士留下了大量的记载明清战争的西文文献，如郭纳爵（Ignatius da Costa，1599—1666）《鞑靼入主中华纪》（*Relação da entrada dos Tartaros nesta China, tomado do Imperio*）、曾德昭

① 伍昆明：《早期传教士进藏活动史》，中国藏学出版社，1992，第 224 页。
② 张先清：《传教、冲突与文化解释》，《学术月刊》2013 年第 12 期。
③ 〔意〕利玛窦：《耶稣会与天主教进入中国史》，文铮译，〔意〕梅欧金校，商务印书馆，2014，第 7 页。

（Alvare de Semedo，1585—1658）《鞑靼围困广州纪事》（*Relação do que se passou no cerco de Quantum pelos Tartaros*），以及努内斯（Joam Nunez）《鞑靼进入海南岛纪事》（*Relação da entrada dos Tartaros na grande Ilha do Háynán*）等。这些文献多从政治和军事冲突的角度描述中国不同民族之间的冲突，天主教在少数民族中的传播不是这些文献的侧重点。

清朝建立之后，以耶稣会士为主的天主教会适时调整了在华传教策略。明末时期，耶稣会士主要采取"学术传教"策略争取上层士大夫的支持。入清以后，"学术传教"策略依然被坚持，但是传教士的"庇护人"则由士大夫阶层变成了皇帝。他们的中下层传教对象则包括满族在内的旗人。一些宗室也受洗入教，较为著名的有雍正皇帝（1678—1735）的从兄苏努（1648—1724）诸子，以及雍正皇帝的从弟镇国公德沛（1688—1752）等人。① 康熙初年，因杨光先（1597—1669）教案受牵连的钦天监官员李祖白（？—1665）和宋可成（？—1665）等人的妻子俱被流放至东北宁古塔。康熙皇帝秉政之后，他对西学抱有较浓的兴趣，对传教士善为委任，天主教在华传播一度获得较为有利的条件。法国耶稣会士张诚（Jean-François Gerbillon，1654—1707）和巴多明（Dominique Parrenin，1663—1741）等人曾经制定详尽的计划，力图开拓满洲地区少数民族的传教事业。至康熙末年，东北各族受洗教友至少3000余人。②

康熙朝末年爆发的"礼仪之争"事件，导致清廷采取禁教政策，该政策一直延续到第二次鸦片战争，历时约一个半世纪。禁教期间，一些边疆地区同内地类似，天主教以隐蔽的方式得以传播和延续。乾隆四十九年（1784），陕甘总督福康安（1754—1796）曾拿获几名天主教徒上报朝廷。③ 在内蒙古地区，也有"大批基督徒，越过了长城，前往鞑靼沙漠中。去寻找一点和平与自由，依靠蒙古人允许他们耕种的几片土地为生"。④ 1785年，法国遣使会接替法国耶稣会在北京教区的传教工作。1829年，为躲避教禁，留守北京的遣使会神父薛玛窦（Matthieu Sué，1780—1860）逃到一个叫西湾子（今属河北省崇礼县）的小村子，在那里设立了正式教堂，他本人成为西湾子教堂的第一位本堂神父。1835年，28岁的法国传教士孟振生（Joseph-Martial Mouly，1807—1868）神父到西湾子担任区会长。1840年，教廷设蒙古宗座代牧区，孟振生被任命为第一任主教，西湾子成为蒙古教区总堂。不过，这些边疆地区的奉教者以汉人为主，天主教在蒙古族等少数民族中的传播效果并不显著。

---

① 陈垣：《雍乾间奉天主教之宗室》，《陈垣学术论文集》（第1集），中华书局，1980，第140~183页。
② 闫瑞：《乾隆十一年奉天府禁教案探微》，载赵轶峰主编《文本、地域与解释的新视角：中国东北地区的基督宗教与中西文化交流（清初至民国）》，上海人民出版社，2013，第39~51页。
③ 《清实录》第24册，中华书局，1996年影印本，第375页。
④ 〔法〕古伯察：《鞑靼西藏旅行记》，耿昇译，中国藏学出版社，1991，第43页。

18 世纪，不同宗派的天主教传教士多次抵达拉萨传教。经过不懈努力，他们终于在 1721 年在拉萨城内建立了一座小教堂，但是直至 1741 年也没有一名藏族人受洗入教，入教的只有少数尼泊尔人、克什米尔人和汉族人。后来，传教士说服自己的佣人以及一些未成年人共 26 名藏族人受洗入教。天主教与藏传佛教之间差异较大，冲突明显。1745 年，西藏地方政府将天主教传教士从拉萨驱逐，天主教在西藏的传播又一次以失败告终。

天主教在四川、贵州和云南三个省份的传播关联密切。1696 年，罗马教廷首次在云南和贵州设立天主教宗座代牧区，由巴黎外方传教会管辖。当时，云南的信徒数量稀少而且分散各地，几位代牧主教均未到任，传教活动并不活跃。1744 年，巴黎外方传教士马青山（Joachim Enjobert de Martiliat，1706—1755）被任命为云南宗座代牧，兼理贵州教务。1762 年，教廷将贵州与四川代牧区合并，由四川代牧主教兼管。1846 年，教廷重新恢复贵州代牧区，继续归属巴黎外方传教会管理，暂由四川代牧兼管。1849 年，巴黎外方传教士白德望（Etienne Albrand，1805—1853）被祝圣为贵州首任代牧主教。是时，贵州全省教友仅 1200 人。至于云南，直到 1838 年，当时统辖川、滇、黔、藏教务的四川教区，派神父到该省探访教友，并且在盐津设立教堂和预修院之后，天主教才在云南开始了实际的活动和传播。1840 年，罗马教廷重新设立云南教区，由法国神父袁若瑟（l'évêque Joseph Ponsot，? —1880）担任主教。四川和云贵的少数民族众多，但是在清中叶禁教时期，天主教在这些少数民族中的传播历史乏善可陈。

鸦片战争以后，中外关系发生了结构性的变化，此后，天主教与中国边疆少数民族之间的故事变得异常丰富多彩。先看西北地区。1864 年，新成立的比利时"圣母圣心会"（Congregation of the Immaculate Heart of Mary）通过比利时政府与教会向法国和罗马教廷争得了蒙古教区的传教权。1865 年，南怀义（Theofiel Verbist，1823—1868）率领该会的韩默理（Ferdinand Hamer，1840—1900）等首批 4 名传教士到西湾子接替法国遣使会。南怀义在 3 年之后感染斑疹伤寒病故，他的同事则在草原上坚持传教。这些圣母圣心会士为了使蒙古族民众皈依天主教，发奋学习蒙古语、了解蒙古族的文化和习俗，努力接近蒙古王公贵族。但是，由于蒙古族民众信奉喇嘛教，对外来的天主教传教士有强烈的抵触情绪，因此不留他们食宿，不允许他们建立教堂。20 年下来，天主教会仅发展"蒙人教徒 10 余家"。[1] 这种传教不力的情形一直持续到义和团运动期间。除蒙古族原有的宗教信仰因素外，蒙古的领主制以及游牧经济的分散性和流动性，也使得人手有限的传教士无法紧随蒙古族牧民。[2] 于是，

---

[1] Patrick Taveirne, *Han-Mongol Encounters and Missionary Endeavors：A History of Scheut in Ordos（Hetao），1874-1911*, Leuven：Leuven University Press, 2004, p. 230.

[2] 张彧：《晚清时期天主教会在内蒙古地区活动研究》，中国社会科学出版社，2019，第 84~85 页。

圣母圣心会的传教士们将传教对象改为从内地来到关外的汉族移民，他们甚至从蒙古王公手中购买了许多土地，以吸引大批内地汉族人迁来耕种，从而在内蒙古建立了数百个移民点，并且在每处都建有大小不等的教堂。这一传教策略收到了明显成效，天主教在内蒙古迅速发展。除了发展教务，天主教还在内蒙古进行了大量的社会活动，如乡村建设、发展教育、医疗卫生和慈善事业等。至 1940 年，内蒙古有教堂 265 座，堪称天主教发展的鼎盛时期。1955 年，最后一名圣母圣心会士离开中国时，该修会共有神职人员 239 人（先后来华的共有 679 位会士），教徒 23.5 万人；创办中小学校 960 所，孤儿院、育婴堂 19 所，养老院 11 所，诊疗所 24 处。[①]

1878 年起，圣母圣心会也开始到甘肃传教，先后主持教务的有韩默理、陶福音（Hubert Otto, 1850—?）和费达德（Godefroid Fréderix, 1866—?）等人。传教士把甘肃划为陇东教区和陇南教区两部分。1904 年，陶福音主教借鉴圣母圣心会在蒙古置地揽民发展教徒的成功经验，在甘肃凉州购买荒地招揽饥民耕种，以扩大传教规模。然而购地计划遭到抵制，因为甘肃多山地丘陵，耕地稀少，重地轻物，而且甘肃官员也不支持圣母圣心会在甘肃的传教活动。1922 年，圣母圣心会离开甘肃时，建有教堂 30 座，发展教徒 10811 人。其后，传教活动由德国圣言会（Society of the Divine Word）接替。1953 年，圣言会离开甘肃时，有教堂 192 座、修道院 4 所、医院 33 所、小学 18 所，教徒 3 万人，但基本是汉族人，在少数民族中的传教状况不甚理想。

清末，新疆的传教情形与甘肃类似。1878~1922 年，圣母圣心会负责新疆教区。1922 年，该教区由德国圣言会接管。天主教传教士前后在乌鲁木齐、霍尔果斯、玛纳斯和呼图壁等地建立天主堂，但是受到多方势力的阻挠，传教效果一直不甚理想。在开辟新教区时，也曾发生因土地问题而导致的官教冲突和民教冲突等事件，不过与沿海和内地相比，这些教案并不突出。[②] 天主教的主要传教对象是北疆的汉族民众，教会学堂招收的学生也基本是汉族子女。1938 年，主政新疆的盛世才（? —1970）为了巩固自己的统治地位，制造了所谓"阴谋暴动案"，外国传教士也遭受牵连，所有天主教传教士均被逮捕入狱，天主教在新疆的事业遭到严重削弱。

天主教在西藏的传教从 1846 年罗马教廷建立"拉萨代牧区"开始，直至 1951 年传教士被驱逐为止，持续 105 年左右。负责西藏教区的主要是巴黎外方传教会，该会多次通过印度，再取道云南和四川，进入西藏地区。主要传教区域包括西藏的阿里、日喀则和拉萨等地。19 世纪五六十年代，传教士在上盐井买下地皮，创建了盐井天主堂，这是西藏唯一的天主教堂（见图 16-2）。天主教士发展教徒，开设圣徒药房，传授法国的葡萄酒酿造技术，教盐井本地人自酿葡萄酒。1940 年代，由于天主教受国民

---

① 刘国鹏：《天主教修会之组织及源流》，载卓新平主编《基督宗教研究》第 19 辑，宗教文化出版社，2015，第 231~232 页。

② 木拉提·黑尼亚提：《近代新疆天主教会历史考》，《西域研究》2002 年第 3 期。

政府和当地驻军的保护，势力渐长，占用刚达寺的地产，加上原先信奉藏传佛教的民众大批皈依天主教，这引发刚达寺信众的强烈不满。1949 年 8 月 11 日，盐井教区的神父杜仲贤（Bl. Maurice Tornay，1910—1949）前往拉萨，拟请见达赖喇嘛，在旅途中，他被当地仇教的喇嘛枪杀。历史上，藏传佛教对民众的影响巨大，天主教始终难以在西藏站稳脚跟，因此教会中有人哀叹："可知那些佛教势力雄厚，布道工作困难的地区显然被基督教会忽略了。"[①]

背景知识 16-1　盐井天主堂

　　盐井天主堂位于滇藏公路旁，是典型的藏式建筑。屋顶立有高大的十字架，教堂内设有哈达、圣像唐卡，皆为藏族文化的产物，但教堂的哥特式拱顶及天花板上的《圣经》题材壁画则体现出传统的天主教风格。

　　21 世纪初，盐井天主堂虽小却很完整，且拥有 560 名藏族天主教徒。该教堂是西藏自治区唯一一座天主教教堂。每日早晚，上盐井村的天主教徒集合到该教堂做弥撒，周日早晨来的人最多。该教堂有世界唯一的藏文版《圣经》，信徒用藏语念《圣经》，用藏语唱赞美诗，神父也身穿藏服。

图 16-2　盐井天主堂

　　1864 年，新任云贵总督劳崇光（1802—1867）因惧怕杜文秀（1823—1872）起义军而滞留贵阳，迟迟不敢到昆明就任。在云南传教的古若望（Jean-Joseph Fenouil，

---

① 中华续行委办会调查特委会编《1901—1920 年中国基督教调查资料（原〈中华归主〉）修订版》上册，蔡咏春等译，中国社会科学出版社，2007，第 697 页。

1821—1907）神父闻讯后，带人前去迎接劳氏，并护送至昆明。劳崇光为了表示酬谢，将云南府水利同知衙门的一块地（位于今平政街）赠予天主教会，这使得天主教在省会昆明有了立足之地。1881 年，古若望继任主教，将主教座堂由盐津迁到昆明。此后，天主教会在云南各地扩张。在滇西地区，他们以大理为中心建立 10 余座教堂。在滇东地区，他们以曲靖为中心建立 20 余座教堂。与此同时，进藏未遂的法国传教士从西藏退出，沿澜沧江和怒江南下到滇西北德钦、维西一带的藏族和傈僳族中传教，成立了"西藏教区云南总铎区"。1913 年，法国神父金梦旦（Félix de Gorostarzu）继任云南教区主教，他早年曾长期在滇东南文山等地的苗族地区传教，对边疆少数民族地区的传教工作颇有经验。他莅任后，除继续扩充城镇中的教会势力，还积极向滇边山区或半山区的少数民族村寨"拓荒"。20 世纪 20 年代，传教士们"加快了向西部边疆少数民族地区扩展的步伐。经过数十年苦心经营，教会在沿边少数民族地区的势力和影响力有了很大的提高，取得了出乎意料的成功"。[1] 1922 年，法国伯大郎圣心会（Societas Presbyterorum Sacratissimi Cordis Jesu de Bétharram）进入大理，该会于 1929 年正式接管大理教区。1930 年，瑞士伯尔纳铎会（Congrégation du Grand-Saint-Bernard）进入滇西北藏族、傈僳族和怒族聚居区，接替巴黎外方传教会对维西教区进行管理。20 世纪 40 年代末，传教士们已经深入滇西德宏州景颇族、傣族和傈僳族地区传教，以盈江县沙坡和陇川县弄贤为中心，逐步扩展到梁河、瑞丽等县，进而延伸到滇西南澜沧县一带的拉祜族和佤族地区，填补了天主教在滇地的一块空白，最终形成以滇东彝族、苗族地区，滇西白族、景颇族地区，滇西北藏族、傈僳族、怒族地区为主的分布格局。据统计，1920 年，云南共有天主教徒 18574 人；19 世纪 30 年代初，约有 21728 人；1946 年，计有 22695 人。从这几组数字来看，20 世纪 20 年代前后是天主教在云南传播的高峰期。[2]

19 世纪中叶，广西教务也由巴黎外方传教会负责，该会先以贵县（今贵港市）为总部，后以南宁为中心。桂西北一带是苗族、彝族、壮族聚居区，该地区与滇东南的各民族分布区连在一起，是巴黎外方传教会的主要活动区域。天主教传入十万大山民族地区与 19 世纪下半叶法国对越南和中国边境的侵略有密切关系。广西与越南交界处多是崇山峻岭，特别是有十万大山横亘其间，该处为壮族、瑶族等少数民族聚居地，与越南的瑶族、越族交往密切。19 世纪七八十年代，法国在侵占越南南部后，加紧向越南北部和中国南部边境侵犯，传教士肩负一定刺探情报和搜集信息的任务，并在中法战争爆发前进入十万大山传教并且建立教堂。他们首先从越南平辽县开始，到东兴（现广西防城港市防城区）峒中的那蒙，后来于 1873 年在米强

---

① 刘鼎寅、韩军学：《云南天主教史》，云南大学出版社，2005，第 204~205 页。

② 徐永志：《融溶与冲突——清末民间边疆少数民族与基督宗教研究》，民族出版社，2003，第 51 页。

建立教堂，接着经平福到在妙镇那蒙。至中华人民共和国成立，天主教会在十万大山吸收瑶族、壮族信徒四五百人。广西境内的京族在受到越南京族和法国传教士的影响之后，也开始信奉天主教。至 20 世纪初，传教士已经深入广西西北部的苗族、壮族地区的大部分州县，广泛建立基层教会，积极发展信徒。当时的巴黎外方传教会在贵阳设立主教区，下设石阡、贵阳、安龙分教区，其中安龙教区包括广西的西林、隆林、天峨、田西、凌云、融县等 15 个苗族聚居地。民国期间，教会利用军阀之间的混战和新旧桂系领导人的庇护，在广西苗族地区的发展不断增强。1922 年，黔西南和桂西北交界地区的苗族天主教信徒已经发展到 1000 人左右。一战爆发后，许多法国传教士回国参战，法国在广西的教会势力走向衰落。1913 年和 1936 年，美国玛利诺外方传教会（Maryknoll Fathers 或 Catholic Foreign Mission Society of America）在广西先后建立梧州教区和桂林监牧区，逐步取代了巴黎外方传教会在广西的地位。抗日战争时期，美国玛利诺外方传教会的神父和修女竭尽所能，与广西民众站在一起，自觉分担慈善和救助工作，赢得民众的广泛赞誉。

再述台湾地区。19 世纪 50 年代，天主教携不平等条约重返台湾时，西班牙教会首先在高雄前金区建立第一所教堂。由于受到汉人的排斥，仇教事件时有发生，天主教被迫从城镇转到乡下，主要面向平埔族人传教。清季台湾天主教吸收的信徒大部分是平埔族人。截至 1895 年，西班牙多明我会已经在台湾传教 36 年。共吸收 1290 名信徒，其中一半为平埔族人。平埔族人之所以大量入教，原因在于平埔族人在当时的台湾社会是弱势群体，他们在经济和文化等方面相对落后，处于主流社会的边缘，其原有的宗教信仰遭到削弱，产生了信仰需求。这些因素共同导致了平埔族人转向西方传教士，以寻求社会支持、政治保护和信仰补偿。日据时期，传教士的特权消失，少数族群对入教的兴趣也随之大大消减，天主教信徒的成分开始转变，汉人信徒的比例逐渐上升，并占据主要比重。至 1917 年 12 月 31 日，台湾天主教信徒共 4965 人。1930 年代，日本的军国主义日渐抬头，对少数族群的管理越来越严格，天主教传入少数族群的希望越发渺茫，在台湾的外国传教士对少数族群的吸引力逐渐丧失。

最后来看东北地区。东北的少数民族主要包括满族、朝鲜族、达斡尔族、蒙古族、俄罗斯族、鄂温克族和鄂伦春族等，其中延边朝鲜族聚居地成为天主教在东北的传播区域。中日甲午战争之后，不甘忍受日本殖民统治的朝鲜爱国志士和逃亡的朝鲜饥民大量迁移到延边。1896 年，天主教徒金英烈从朝鲜到延边传教，天主教正式传入延边。朝鲜族天主教徒在延吉西北的龙井（今龙井市）、三源峰、下教洞和八道沟等地一边垦荒生产，一边自发进行宗教聚会，逐渐形成初具规模的教民村。其中，尤以八道沟的势力为盛，至 1908 年教徒已经接近 1000 人。随着延边朝鲜族天主教徒的不断增加，在朝鲜教区长闵德孝（Gustave Charles Marie Mutel, 1854—

1933）神父的争取下，巴黎外方传教会下属朝鲜京城教区的朝鲜传教士获准到延边地区进行传教。1914 年，延边的朝鲜族有天主教堂 3 座，天主教公所 50 所，教会学校 17 所（学生 339 名），教徒计 5418 名，形成了一定的规模。1919 年，朝鲜爆发反日的"三一运动"，龙井各地的天主教徒积极参加了示威活动，他们组织了抗日武装"义民团"。义民团的财政由延边的天主教徒捐赠。一战结束后，延边教会由德国本笃会（Benedictine Order）接管。在德国神父的严格控制下，朝鲜族天主教徒逐渐放弃了反日旗帜，转入"纯宗教活动时期"。1928 年，延吉监牧区正式成立，包括延吉、和龙、汪清等地，教徒共 12000 余人。

1931 年，监牧区主教德国人白化东（Bishop Theodor Breher, 1889—1950）请来瑞士修女，在延吉市建立修女院。白化东非常重视学校建设，他在 1936 年创办《加特力少年》杂志，向学生和青少年传播宗教思想。1937 年，延吉监牧区升格为宗座代牧区。延吉教区在伪满洲国 11 个天主教教区中发展速度最快，信徒人数从 1936 年的 12573 人发展到 1945 年的 18000 人。整个二战期间，由于德国和日本的盟友关系，延吉教区的德国传教士对日本采取隐忍和顺从态度，原先开设的宗教课程被宣扬"惟神之道"的"精神教育"课程取代，可以说"延吉地区的天主教会大多为日本侵略战争服务"。[①] 东北解放后，延吉教区的天主教会处于半停滞状况。

第二节　基督新教在边疆少数民族中的传播与发展

基督新教在中国少数民族之中的传播，以台湾为起始。天启四年（1624），荷兰人进入台湾，这标志着基督新教第一次在台湾传播。荷兰人在台湾建立了以热兰遮城为中心的殖民统治，时常用武力讨伐当地少数族群。在荷兰人的征服威迫下，至 1639 年，共有 2014 名台湾少数族群信徒受洗。1635 年，荷兰传教士在少数族群部落办起了学校，开辟了基督新教在华传教办学的先河。1647 年，这些学校的学生人数达到 1364 名。1662 年，郑成功（1624—1662）收复台湾。随着荷兰人的撤离，新教没有在台湾留下任何实质性的影响。需要指出的是，荷兰新教传教士开创了在华传教办学的先河，这是他们同时期人——明末清初天主教传教士未曾做过的一件事。

新教传教士重返台湾是在两个多世纪以后。1860 年，英国长老会牧师杜嘉德（Carstairs Douglas, 1830—1877）和马肯查（H. C. Mackemzie）来到台湾传教，但未能打开局面。直到同会的马雅各（J. L. Maxwell, 1836—1921）医生的到来，他采用医疗与传教并行的策略，使台湾少数族群接受了基督教信仰。通过交往，少数族群发现传教士除了拥有先进的医疗技术，还获得清朝官员的支持，能够为信教民众提

---

① 黄有福等：《东北朝鲜族地区基督教传播史》，中央民族大学出版社，2014，第 90 页。

供有效庇护。新教在台湾平埔族人中的传播，获得了较大的成功。晚清时期，教会所吸收的信徒大部分是平埔族人。[1] 日据时期，传教士的特权逐渐失去，这使得基督教对少数族群的"吸引力"大为下降。这一情形与天主教在台湾的传播非常相似。以台湾北部为例，在著名传教士马偕（George Leslie Mackay，1844—1901）逝世之后，平埔族人竟有 3000 人退教。不过，教会并没有放弃努力，他们持续向山地少数族群宣讲教义。在传教士的努力下，台湾光复之初，共有两三千名新教信徒，主要是太鲁阁人和阿美人。

1881 年，丹麦人冶基善（C. C. Jeremiassen，1847—1901）进入海南，他是第一位在海南传教的新教传教士。同马雅各类似，冶基善充分利用自己的医疗技术治病救人。他深入少数民族地区和大山深处交通不便的地方进行巡回传教，同时为海南岛腹地的人们带去现代医药和信息。1900 年，冶基善与妻子进入黎族地区传教，与当地人民同吃同住，并且治病救人，与黎族和苗族等少数民族建立了良好的沟通。1915 年，中华基督教海南区会以嘉积教区为基地，向五指山腹地的苗族地区开拓新教区。他们通过医疗服务和扶持办学等方式深入群众，开展布道活动。1920 年 9 月，教会在南茂水竹村设立了一间福音小学，招收了 120 名苗族青少年入校读书。

在海南岛的传教活动中，女传教士发挥了很大的作用，其中以孟言嘉（Mary Margaret Moninger，1891—1950）最具代表性。孟言嘉于 1915 年受美国长老会派遣来海南岛传教，她一到海南就刻苦学习汉字和海南方言，不久便能与当地人对话。孟言嘉担任嘉积的基督教长老会女子学校校长，因聪慧、勤奋在教会里享有很高声誉。[2] 这些黎族青年接受教育之后，回到黎族地区开展传教工作。他们在黎乡和苗寨中治病救人，设立学校，传播新知识，鼓吹社会改良，倡导妇女权益，对海南少数民族的现代化产生了一定的影响。

新教在广西的传教过程较为艰辛。美南浸信会的纪好弼（Rosewell Hobart Graves，1833—1912）是医疗传教士，他于 1862 年从广东肇庆沿西江进入梧州，成为新教在广西传播的"开山之祖"。不过，当时的广西民众反教情绪异常激烈。直至 1866 年，纪好弼才在梧州说服两人受浸入教。中法战争结束后，负责美南长老会教务的富利敦（Albert Andrew Fulton，1849—1935）一家在 1885 年到达广西桂平，建立了一个医疗传教站，却遭到当地人驱逐，酿成所谓的"桂平教案"，可见广西教务的拓展异常艰难。

1895 年，美国宣道会的斐约翰（John A. Fischer）夫妇沿西江到达贵县东津，

① Danial H. Bays, *Christianity in China: From the Eighteenth Century to the Present*, Stanford: Stanford University Press, 1996, pp. 121-137.

② Kathleen L. Lodwick, *Educating the Women of Hainan: The Career of Margaret Moninger in China* (1915—1942), Lexington: University of Kentucky Press, 1995, p. 5.

两年后进入梧州创办新基址。至中华人民共和国成立，该会已经成为在广西开教范围最广、建立基址最多、发展教会最为成功的新教差会。总的来讲，由于广西地形复杂，区域差异较大，从不同路径进入广西的传教士建立的堂区较为分散和孤立，19 世纪基督新教并没有在广西少数民族地区得到特别广泛的传播。除了在壮族聚居人数较少的桂东地区有所成效，新教在桂西壮族地区始终无法取得突破性的进展。

背景知识 16-2　英国圣公会海外传道会与广西事工

英国圣公会海外传道会（Church Missionary Society）于 19 世纪晚期计划在北海开拓基址，开展教务。在当时的维多利亚主教包尔腾（John Shaw Burdon，1826—1907）的筹划下，1887 年，柯达（Horder）医生在北海成功建立了麻风病医院——北海普仁医院。包尔腾主教同该会传教士一起进入广西这片极少被传教士开垦过的地方开拓教务。1895 年，当包尔腾与希尔（L. G. Hill）医生携家眷一同到达北海拓展医务时，北海普仁医院共有 423 位住院病人，另有 4521 名来自 300 多个村镇的门诊病人。1896 年，北海普仁医院共有 85 张床位。圣公会另在当地开设男校和女校。教会也进一步向廉州、石康、常乐等地拓展教务。

到了 20 世纪，美国浸信会于 1927 年设立了"专以引导瑶民归信基督为主旨"的瑶山传道部。他们随即派遣传教士深入义宁（今属临桂）、龙胜一带传教，周游各处布道，"信者日增"。1931 年，"应瑶民之要求"，又在宝赠开设教堂，以广宣传。1944 年，桂林沦陷，各个差会的活动基本停顿。抗日战争结束后，一些英美差会卷土重来，但是势力均已不如往昔。据统计，1950 年代初，广西有新教教堂 169 座，教徒不过 7000 多人。①

与广西形成鲜明对比的是，新教在云南少数民族中的传播获得了巨大成效。1881 年，英国内地会传教士乔治·克拉克（George Clarke）夫妇经缅甸入滇到达大理，建立了新教在云南的第一个教会。1887 年，循道公会（Methodist Church）牧师柏格理（Samuel Pollard，1864—1915）和邰慕廉（Frank J. Dymond）到昭通开办教会。在 19 世纪末的十多年里，传教事业并不景气，入教者不过数十人，传教工作遇到较大困难。1900 年以后，情况有了转机：传教士调整了方向，由面向城镇转向边远农村，进入少数民族地区拓展教务。在那里，他们找到了最有希望的传教对象，在景颇族、拉祜族、土家族、彝族、苗族、瑶族、佤族、傈僳族及怒族等民族中掀起了前后约 40 年的"基督宗教群众运动"。与天主教类似，新教在云南少数民族之中的传播成效最为明显。

---

① 徐永志：《融溶与冲突——清末民国间边疆少数民族与基督宗教研究》，民族出版社，2003，第 61 页。

在这些传教事业中，最具代表性的当属柏格理在昭通的宣教。初抵云南时，柏格理以巡回布道和街头布道为主。为了配合每日的街头布道，他还买了一面中国式的锣。"每当柏格理在某个繁华地段敲响他的锣，这时候就会招致顾客们丢下手中正在进行的交易，跑过来观看发生了什么事情"，他以"敲锣的小个子洋人"而闻名，这使得昭通居民对这位外国人不再抱有敌意，而是慢慢被其吸引。[①] 在昆明，柏格理的巡回布道为他树立了声誉。1904 年，4 位不速之客来到他的传教所，他们是经在贵州安顺传教的内地会牧师党居仁（James R. Adams，? —1915）介绍而来。这 4 位苗族人的到来掀开了乌蒙山区苗族历史上的重要一页，也成为柏格理传教事业的转折点。随着这 4 位苗族人的离去，一批又一批苗族人来到昭通，受洗成为基督徒。由于 1904 年是龙年，苗族人称之为"龙年得道"。

图 16-3 柏格理像
图片来源：香港圣公会档案馆。

翌年春，为了避免苗族因信教而受地方官府和彝族土司的迫害，也为了更便利地向苗族和彝族等少数民族传教，柏格理把传教所搬到了位于滇黔两省交界处的贵州威宁石门坎。在石门坎期间，他在当地创办了医院、学校和其他公共设施。他还设法改良当地风俗，引入各种体育和文化活动，令石门坎这个偏远苗寨的面貌焕然一新，并且使大批民众皈依基督教。1915 年，石门坎地区流行伤寒，柏格理坚持把药物留给他人，自己不幸染病身亡。人们在他的墓碑上镌刻："牧师真是中邦良友，博士诚为上帝忠臣。"

受到柏格理的鼓舞，其他差会的传教士也穿起少数民族服装，使用少数民族语言和汉语进行传教。美国浸信会（American Baptist Foreign Mission Society）传教士永伟里（William Young，1861—1936）原来在缅甸景栋从事传教活动多年，1905 年，他跨过中缅边界，到双江县传教。十多年的时间里，永伟里辗转于双江、澜沧、沧源等县，发展拉祜族、佤族信徒万余人。1920～1940 年代，永伟里和他的两个儿子永亨乐（Harold Young，1901—1975）、永文生（Vincent Young，1903—1990）及另一个传教士彪克（Ray Buker）在拉祜族和佤族中共建立教堂 200 多座，发展信徒 6 万余人。

在中缅边境北段垂直地带，内地会的传教士致力于面向傈僳族和怒族的传教活动。

---

① 〔英〕柏格理等：《在未知的中国》，东人达、东旻译，云南民族出版社，2002，第 476 页。

1900 年前后，内地会的麦特卡尔（G. E. Metcalk）开始在腾冲傈僳族聚居区从事布道活动。富能仁（James O. Fraser，1886—1938）在泸水、碧江（现已撤销）等县吸引了大批傈僳族入教，他被傈僳族民众称为"使徒"。1930 年以后，滇藏基督会牧师莫尔斯（J. R. Morse）和神召会（the Assemblies of God）牧师马导民（Clifford Morrison）由丽江维西进入怒江，在贡山、福贡两县建立教会，培养了大批信徒，至此基督教传遍了怒江峡谷。其中，泸水县的傈僳族信教人数占该县傈僳族人口的 80% 以上，福贡、碧江的信徒则占当地人口的 29% 以上。

图 16-4　怒江流域最大的基督教堂老姆登教堂（杨伊拍摄、供图）

1907 年，缅甸勐巴坝教会的克钦族传教士德毛冬到瑞丽登戛传教并建立教堂，开创了景颇族信仰基督教的历史。此外，在滇西南中部哀牢山区的墨江、元江、新平等县，哈尼族、彝族也深受基督教影响。20 世纪 20 年代，云南"面积约 55% 已由差会认为责任地"，而"汉人信徒与少数民族信徒之比例为 1 : 13"。[①] 1950 年，少数民族信徒和慕教者接近 10 万人，主要分布在滇东北、滇西北和滇西南的苗族、彝族、傈僳族、怒族、景颇族、佤族以及一部分拉祜族和哈尼族等少数民族中。20 世纪 50 年代初期，云南省教堂数量 900 余座，信徒人数 11 万余人，云南成为全国基督教发展较为活跃的地区之一。

甘肃和新疆等地有很多信仰伊斯兰教的少数民族。在新教进入这些地区以前，天主教已经在这些地区传播多年。1877 年 1 月，内地会的美国传教士义世敦（George F. Easton，1853—1938）和巴格道（G. Parker）抵达兰州，他们是最早进入

---

① 中华续行委办会调查特委会编《中华归主——中国基督教事业统计（1901—1920）》上册，蔡咏春等译，中国社会科学出版社，1987，第 483、485 页。

甘肃的新教传教士。此后，各个差会的新教传教士接踵而来。19 世纪 90 年代，宣道会在穆斯林人口非常集中的河州（今甘肃临夏）设立了传教站。内地会的著名传教士胡进洁（George W. Hunter，1861—1946）曾在 1895 年前后在河州待了一年，致力于在穆斯林中宣讲福音。与此同时，内地会的胡立礼（H. French Ridley，1863—1944）负责在西宁向穆斯林传教。1916 年，一名叫哈丁（D. A. Gordon Harding）的传教士在甘肃张家川的穆斯林中传教，他认为这些穆斯林很开明，对传教士也非常友好。[①] 1917 年，中华续行委办会成立布道回族特委会（Special Committee for Muslim Work），后于 1926 年解散。后来，对穆斯林宣教工作仍有兴趣的在华传教士又于 1927 年成立了中国穆民交际会（Society of the Friends of Moslems in China）。海恩波（Marshall Broomhall，1866—1937）、梅益盛（Isaac Mason，1870—1939）和毕敬士（Claude Pickens，1900—1985）等人都是致力于向穆斯林传道的传教士。

内地会在西北穆斯林中的传教活动一直到 1951 年才停止。该会的传教活动主要通过直接布道、医疗布道和文字布道进行，就传教效果而言，不甚理想。在传教中心河州，1927 年只有 12 名穆斯林受洗。据甘宁青内地会代理主任席德思（Leonard Street）在 1939 年召开的内地会伦敦年会上所言："据说在中国其他地方约有 100 名信基督教的穆斯林，包括 1 名主教，几名牧师和教会领导人，但是西北只有少数，我认为事实上西北投入的工作量最大。"[②]

此外，在穆斯林之中的传教也是近代中西民间交往的重要组成部分。这种交往没有出现激烈的冲突，在相对平和的往来中，双方由相识、相处到相知，传教士还以文字、照片和影像的形式将中国穆斯林的情况介绍给欧美世界。

新教传教士最早进入新疆是在 1892 年。这一年，瑞典传教团开展了在南疆地区的传教活动。[③] 长期在沙俄高加索地区布道的瑞典传教士豪伊杰尔（Horiger）带领 3 名助手翻越帕米尔高原到达喀什噶尔，试图为其所属的瑞典传教团开辟一个连接高加索和中国内地的传教点。1893 年，在斯德哥尔摩召开的瑞典传教公会大会上，批准了在喀什噶尔设立新传教点的计划，接着便派出了第一批正式传教人员。至 1921 年，南疆地区已经形成 4 个传教中心：喀什、叶城、疏勒和英吉沙，有传教士 7 人。1933 年 4 月，因不满传教士在维吾尔族中传播基督教，一些穆斯林群众袭击了莎车

---

① D. A. Gordon Harding, "Notes on the Moslems of S. E. Kansuh," *The Moslem World*, 1916.

② Leonard Street, "Faithfulness, Failure and Faith," *China's Millions*, Vol. 66, No. 3（March, 1940）, p. 43.

③ 有些学者认为瑞典传教团属于"内地会"，又叫"瑞华内地会"。实际上，这两个基督教传教差会之间并无隶属关系。在新疆活动的瑞典传教团（the Swedish Mission Society）瑞典文为 Svenska Misions-Forbundet，其含义为"瑞典教会在华布道事业"。它是由瑞典基督教公会派出的传教组织，信奉路德派的信义宗，其活动事务由瑞典基督公会监理会负责。详见木拉提·黑尼亚提《近代西方内地会传教士在新疆的活动》，《西域研究》2001 年第 4 期。

县的瑞典教堂和学校，解散了瑞典传教团在该县开办的 3 个维吾尔族青少年学习班，并把学生送到当地的伊斯兰学校，请毛拉给他们讲授伊斯兰教知识。他们认为，传教士在维吾尔族中传播基督教是玷污伊斯兰教，诱导维吾尔族走上歧途。[①] 1938 年 8 月，瑞典传教团的最后 3 人被驱逐到印度，他们在南疆的传教活动就此终结。

1906 年，内地会传教士胡进洁创办了在北疆地区的传教点，传教士大都来自英美两国。该会编译散发汉语、满语、藏语、蒙古语、维吾尔语、哈萨克语和柯尔克孜语 7 种文字的基督教宣传册。胡进洁牧师认为，在新疆传教生活较为艰苦，而且由于新疆伊斯兰教势力的激烈排斥，传教士要在艰难与危险中周旋。1937 年以后，所有的外籍牧师陆续离开北疆地区，教务由中国教徒主持。至中华人民共和国成立时，新疆的基督教徒不到 1000 人，集中在北疆，而且全部是汉族。由于文化和信仰等原因，加上交通闭塞和政治动荡，基督新教对新疆少数民族的影响甚小。不过，传教士在传播基督教、介绍西方文化的同时，对该地区的地理、民俗、语言和宗教等做了大量和长期的田野调查。[②]

1870 年，伦敦宣道会传教士季雅各（James Gilmour，1843—1891）从北京到蒙古开展布道活动，所到之处和蒙古族人打成一片，以至他被蒙古族人亲切地称为"我们的季雅各"。但是到了 1874 年，连一个对基督教感兴趣的人都没有了。季雅各在蒙古旅行传教的过程中，也深感佛教势力的强大。1900 年以前，蒙古地区的基督新教主要有两大外国差会：一是瑞典内地协同会（Swedish Inland Alliance Mission），二是美国协同会（American Alliance Mission）。瑞典内地协同会的传教对象以汉族人为主，美国协同会的传教对象则以蒙古族人为主，为此他们还印制了蒙古文《圣经》。义和团运动结束后，传教士们再次返回蒙古，恢复教务。在义和团运动中死里逃生的美国协同会传教士费安河（N. J. Friedstrom）于 1902 年返回蒙古，索得五原县东达拉特旗 425 顷的土地。费安河利用出租土地获得的租金，在扒子补隆（今乌拉特前旗的新安镇）营造了一座可容纳 200 余人的美式礼拜堂。在礼拜日聚会讲道的时候，蒙古族人前来听道，教会预备饭食予以优待，并且送给每一位信徒现洋一圆，以广招徕。这些美国人很注意学习蒙古语，学好之后就用蒙古语讲道。他们外出巡回传道时，与蒙古族人同住蒙古包，同吃蒙古族饭食，教堂信徒人数增至数百人。[③] 1906 年，费安河还请王同春（1852—1925）设计、开辟水渠，人称"洋人渠"。水渠于 1907 年完工后，周围土地得以及时灌溉，农业产量大增。传教士还在

① "The Present Situation," in *The Chinese Recorder*, Vol. 71, No. 1 (January, 1940), p. 59.

② 木拉提·黑尼亚提：《族群、宗教与国际政治：新疆基督教传教士"间谍案"》，载特木勒编《多元族群与中西文化交流：基于中西文献的新研究》，上海人民出版社，2010，第 134~141 页。

③ 曹毅之：《内蒙西部地区基督教之沿革》，中国人民政治协商会议内蒙古自治区委员会文史资料研究委员会编《内蒙古文史资料》第 23 辑，内蒙古文史书店发行，1986，第 210 页。

扒子补隆等地建有学校，招收儿童，教授《三字经》、《百家姓》、《千字文》、《圣经》警句等，是当地最早的学校。美国蒙古传道会约于 1933 年来内蒙古传教。从其名称可见，该传道会的目的就是要集中在蒙古民族中"传道"。该会的牧师们也非常注重学习蒙古语以及和蒙古族民众往来。教会负责人为耿塞尔（Gancir）夫妇。耿塞尔擅长医学，经常为蒙古族人看病，借此向蒙古族人传教。

1866 年，苏格兰圣经会（National Bible Society of Scotland）的韦廉臣（Alexander Williamson，1829—1890）到中国东北售书，拉开了基督新教在东北传教的帷幕。1873 年秋，以辽东牛庄为定居地的苏格兰传教士罗约翰（John Ross，1842—1915）在东北旅行考察，远至高丽门，并与前来从事贸易活动的朝鲜人见面，《教务杂志》刊登了罗约翰此行的内容。[①] 此后，西方差会不断派遣传教士到东北布道，新教逐渐由沿海向东北腹地传播开来。

与天主教的传播类似，在东北少数民族中，朝鲜族对基督新教的接受比较突出。新教大约是在 1878 年前后从朝鲜半岛传到东北地区的朝鲜族。1887 年，第一部朝鲜文《圣经》在沈阳翻译出版。1898 年，集安县成立了朝鲜族教会。此后，各地朝鲜族教会相继成立，主要集中在珲春、龙井和安图等地。日本吞并朝鲜后，大量朝鲜爱国志士和义兵流亡到东北朝鲜族聚居区，推进反日文化启蒙运动，并且以基督教名义大力开展活动。1915 年，朝鲜族一些热血青年成立铁血光复社，主要成员都是基督徒。"三一运动"后，东北朝鲜族部分基督徒陆续成立新民团、珲春韩民会等抗日力量，在 20 世纪初延边地区的抗日斗争中起到了积极作用。1931~1945 年，伪满政府和日本侵略当局为加强和巩固其统治，对宗教采取了渗透、腐蚀和利用的政策。一些新教教派为了避免同日本当局发生直接冲突，被迫放弃了正面的反日斗争，转而专注于发展文化教育事业。在此阶段，朝鲜族各宗派持续受到伪满洲国和日本当局的不断打压，宗派被强行重组，并切断了与西方的联系。1940 年 5 月，长老会等其他宗派被迫合并为"满洲基督教联盟"。翌年 11 月，又被迫强制成立"满洲基督教总会"，受到了严密的管制和监控。抗战结束后，大部分朝鲜族神职人员和部分朝鲜族民众复归朝鲜，东北地区的朝鲜族教会一度陷入混乱局面。中华人民共和国成立后，东北朝鲜族教会在"三自"方针下，独立自主地发展了本民族的基督教会。

结　语

第二次世界大战之后，不管是天主教还是新教，都不约而同地从各自长期的宣

[①]　"Visit to the Corean Gate," in *The Chinese Recorder and Missionary Journal*, Vol. 5, No. 12（Nov. -Dec., 1874），pp. 347-354.

教历史中确认了原本就存在的共识：基督教的信仰要经过"转译"（translated）到文化之中，才有可能存在。这一点是基督教从一开始就具备的特质。"早期教会'在犹大和外邦世界之间坐墙观望的时候，就是在跨越文化的环境中以转译作为她的胎记'。因此在保罗建立的教会里，犹太人、希腊人、化外人、色雷斯人、埃及人和罗马人，都能在教会中感到自在。"①

中国拥有 55 个少数民族，基督教作为外来宗教，在这些少数民族中间散布数以百计的天主教或新教机构和人员，意欲劝使其皈依。"这个故事的详情确实难以尽述！"我们只能粗线条地分析中国边疆若干少数民族对基督教的迎拒和容受、接纳和改造。藏族、蒙古族、回族和维吾尔族等少数民族基本对基督教持拒斥态度。这不能归因于天主教传教士或者新教传教士努力程度不够，或者是他们不能入乡随俗。通过前文的描述可见，传教士在语言和习俗等方面都尝试融入当地，然而收效甚微。事实上，这种情形并不令人惊奇。不仅在中国如此，在非洲和亚洲其他信奉伊斯兰教或佛教的地区，基督教的传教情形皆大同小异。然而，中国西南和东南地区一些信奉所谓原生宗教的少数民族，如傈僳族、苗族、黎族、土家族、侗族、佤族、瑶族、纳西族、布依族等，他们在接受基督教时要相对顺利得多。②

除了少数民族原有的宗教系统，政治和社会权势也是影响基督教传播的重要因素。基督教在东北朝鲜族的发展，与朝鲜族民众逃离日本的压迫和抗击日本侵略密切相关。台湾平埔族人的信教，常常随传教士特权的消长而波动。中国政府对基督教在边疆少数民族中传播的态度也有一个转变过程：一方面，晚清政府会保护教会，预防教案，对传教士的不当行为采取措施；另一方面，随着对边疆少数民族的认知加深，民国政府制定法规，取消了对少数民族的歧视性称呼，并且扶植发展本色教会。

基督教与中国边疆少数民族的相遇，在构建全球知识体系方面也起到重要作用。近代基督教的传教网络和在地特点，使得传教士在民族志、博物学、语言学、考古学和人类学调查等方面享有得天独厚的优势。法国耶稣会士桑志华（Emile Licent，1876—1952）和德日进（Pierre Teilhard de Chardin，1881—1955）通过考古活动发现了"河套人"，推进了中国的考古事业发展。巴黎外方传教士邓明德（Paul Vial，1855—1917）和方义和（Joseph Henri Esquirol，1870—1930）等人对彝族、布依族等少数民族语言的研究使得他们荣获了 1910 年的法国儒莲奖（Stanislas Julien Prize）。比利时圣母圣心会士田清波（Antonie Mostaert，1881—1971）研究鄂尔多斯蒙古人的历史及语言文化，是国际蒙古学研究的巨匠。美国浸礼会传教士葛维汉（David Crockett Graham，1884—1962）在华西大学任职期间，曾组织对四川广汉三星堆遗址的首次

---

① 博许（David J. Bosch）：《更新变化的宣教》，白陈毓华译，中华福音神学院出版社，1996，第 607 页。
② Ralph R. Covell, *The Liberating Gospel in China*: *The Christian Faith among China's Minority Peoples*, Grand Rapids, Michigan: Baker Pub. Group, 1995, pp. 263-265.

图 16-5　法国神学家、耶稣会司铎德日进像

图片来源：本章作者摄于巴黎耶稣会档案馆（2016 年 5 月 30 日）。

考古发掘，使得这个遗址的重要性引起国内外学术界的广泛关注，经过其后历次考古调查和发掘，三星堆遗址已成为西南考古的核心内容之一。传教士的这些工作对全球现代学术体系的建构和中国学术体系的转型做出了重要贡献。

新教与天主教在中国少数民族中的传播有一个显而易见的重要差异，即新教翻译和出版了为数众多的少数民族语文的《圣经》。1627 年，荷兰传教士干治士（Georgius Candidius，1597—1647）对平埔族传教时，便使用罗马字母拼写平埔族文，成功地创造了"新港文书"（俗称"红毛文"）。1661 年，荷兰传教士倪但理（Daniel Gravius，1616—1681）用新港话翻译了《马太福音》和《路加福音》，这是历史上第一部台湾少数民族方言《圣经》。这个版本现在仅存一部残本，保留在荷兰莱顿大学（University of Leyden）图书馆。

19 世纪，新教传教士做了很多用少数民族语文翻译《圣经》的工作。1877 年，罗约翰开始韩文版《圣经》的翻译和出版工作，他于 1883 年译成《路加福音》，1886 年译毕《新约全书》，次年以《耶稣圣教全书》为名刊行，这便是所谓的"罗氏译本"。罗氏《圣经》全本刊行之前，《新约》的一些篇章曾以单行本印刷，并通过劝书人在中国东北东部、北部等朝鲜族人聚居区广为散发。① 由于部分少数民族没有书面语，传教士为了翻译《圣经》，甚至为其创制了文字，这为少数民族的文

① Richard Rutt, "Bible Translation and Modern Korean," in *Korea Journal*, June 1, 1962.

化发展做出了贡献。传教士在中国西南少数民族地区先后创制的文字有景颇文、载瓦文（景颇族载瓦支系文字）、苗文、西傈僳文、东傈僳文、拉祜文和佤文共七种。内地会传教士分别翻译了仲家（布依族的旧称）文《马太福音》、喇家文《马可福音》、东傈僳文《新约》和西傈僳文《新约》。1907 年，英国循道会的柏格理等人翻译了花苗文《马可福音》。苗族本来是没有文字的，柏格理与汉族信徒和苗族信徒一起研究，以拉丁字母为基础，结合苗族衣服上的符号花纹，创立了一套简明易学的拼音文字，一般称为"老苗文"或"柏格理苗文"（Pollard script）。除此之外，新教传教士翻译的少数民族语文《圣经》还包括藏文译本、满文译本、蒙古文译本和阿拉伯文译本等。[①]

基督宗教与中国边疆少数民族的相遇，在"融溶与冲突之中互相丰富"。在这种跨文化的宗教传播和接受的过程中，冲突是难以避免的，但是也在边疆少数民族地区与近代社会文明之间建立了联系。传教活动改变和推动了国人对边疆地区的观念和认知，也加深了西方社会对中华民族"多元一体"特点的了解。仔细分殊不同地区的个案，可以看出中国基督教史的丰富多彩，这些不仅是中国基督教史的重要内容，也是基督教全球史的重要构成。

---

① 蔡锦图：《中国少数民族方言圣经略论》，收入氏著《圣经在中国》，汉语基督教文化研究所，2018，第 602~610 页。

| 第十七章 |

基督宗教与女性

赵晓阳

在古今中外的历史长河中，女性在社会、家庭乃至宗教生活中都扮演着重要和基本的角色。但在父权社会中，女性总是处在一种卑微的、被主宰的地位。中国曾是一个自成体系的封建社会，在性别与社会方面，它是以宗法父权制结构为特征，三从四德的纲常伦理，以及宗法父权对女性角色的塑造和建构，确立了以男尊女卑的性别定位为核心的性别文化。生活在男权社会中的女性，只是被动地按照男性为中心的社会准则去生活。三从四德、三纲五常、殉节成风及政权、神权、族权、夫权的束缚，使广大女性生活于社会最底层。除了概率极低的一些传奇中的女性角色，女性几乎没有涉足男性统领的政治、经济空间领域，甚至没有可能涉足除家庭以外的其他社会日常生活空间。

随着基督宗教作为一种有组织的社区宗教输入中国，给女性在中国社会生活中，特别是在基督教的宗教生活中赋予了一种前所未有的新的角色地位。最初是人数较少的天主教贞女和修女群体，晚清以后是新教女传教士及数以万计中国女基督徒，她们成为生活在中国社会中最早不受传统礼教束缚的女性群体。其中传教士特别是女传教士是一种新的女性文化价值的传播者，中国女信徒则先是接收者，后来也成为这种思想风气的践行者和传递者。实际上，西方妇女文化透过传教等方式，来华女传教士给中国女性提供了女性解放的可能空间和实际成果。而基督教也至少在两个方面影响了部分女性的生活：一是这种新的信仰指引了她们的精神生活，使其在精神层面得到某种满足；二是这种信仰组织成为她们得以参与社会公共生活的一种机制。基督教的道德教诲及来世追求，在当时的社会条件下，为女性的现实生活提供了一个新的价值体系，成为她们得以超脱尘世苦难和为自身价值奋斗的动力。值得一提的是，来华女传教士也因为来到中国，获得了远比在本国更大的实现自身价值的空间。

第一节　天主教的贞女和修女

宗教与女性从来具有密不可分的联系。宗教信众中的独身女性是一个历史悠久的特殊信仰群体，如佛教的比丘尼和道教的道姑等就是专门为女性信徒提供的一个受到宗教庇护、与世俗社会疏离开来的身份，在《红楼梦》等传统小说中就有这两类信众的描写。明末清初，这个以性别为界的女性宗教群体中开始有了新的角色。自天主教进入中国后，中国不仅出现了天主教徒，而且出现了特殊的宗教女性群体——贞女和修女。[①]

新型特殊宗教女性群体——贞女

贞女是中国天主教史上出现的、与传统宗教社会中意义完全不同的女性群体。贞女的历史悠远，早在使徒时代就有基督徒贞女以独身方式表示自己的坚定信仰，形成了天主教的守贞传统。中世纪后，欧洲出现了贞女团体，她们自食其力，从事缝纫、刺绣、漂布、探访病人与穷人等工作。她们发誓将自己的身体奉献给天主，专心侍主，不仅守形体之贞，而且守精神之贞。

天主教有七件圣事，即洗涤、坚振、圣体、告解、终傅、品级和婚配，而婚姻与贞洁之间存在矛盾，就是婚配不能守贞，守贞不能婚配。贞女采取守贞形式，将"童贞"奉献耶稣，进入并保持"灵魂"与"神"融合的境界。她们一生都居住在家中，是把自己一生献给天主和传道的独身女性。她们用贞节誓愿来约束自己，和家人住在一起，在自己的家乡建立两三个小团体，用天主教信仰来教导女性和儿童，教她们祈祷文，照看教堂和救死扶伤。天主教百年禁教时期结束后，一些贞女逐渐走出家门，开始从事教会工作。

明末，意大利籍耶稣会传教士高一志（又名王丰肃，Alfonso Vagnone，1568—1640）曾在南京建立了圣母会，教导女性守童贞可以赎罪。中国最早的贞女院很可能出现在南京，时间在 1627 年前后，这是目前可知的最早记录。明皇宫中也有一些愿意守贞的宫女，她们是信奉天主教的宦官劝化的结果。宫女们虽然衣食无忧，但不能与

---

① 参见康志杰《基督的新娘：中国天主教贞女研究》，中国社会科学出版社，2013；周萍萍《明末清初的天主教贞女群体》，《江苏社会科学》2010 年第 6 期；张先清《官府、宗族与天主教：17—19 世纪福安乡村教会的历史叙事》，中华书局，2009。

父母家人相见，一生多在压抑哀怨中度过，从天主教宦官那里接触到天主教教义后，得知通过守贞可以赎罪升天，因此盼望通过守贞死后升入天堂。天主教中的禁欲主义思想是引导信教女性守贞的主要原因，此外，世俗社会中的男尊女卑、家中经济困难、夫家对女性压制、女性对婚姻的失望和恐惧等也是导致她们自幼守贞的原因。

早期这样的贞女人数很少，随着天主教在华教徒的增多，在一些已经有数代信奉天主教的老教友家庭中，常有少女自幼就立誓守童贞。现在可知，这样的女性在福建福安地区尤其多，她们基本是自幼信教、彼此之间有亲属关系、以家族为联系单位。明清鼎革之际，伴随天主教多明我会进入闽东福安地方，天主教的守贞观念也被传教士引入了闽东地区，并在当地社会找到了生根发芽的土壤，一些闽东妇女"崇奉西教，终身不嫁"，成为天主教在华的第一批守贞女。此后，守贞行为就从闽东扩展到四川，乃至全国各个天主教传教区域，在各地形成了"天主教守贞女"这个特殊的女性宗教群体。

贞女们不必像佛教的尼姑一样剃发，或穿着有特别宗教含义的服饰，只要穿戴朴素少配装饰即可。但她们还是有严格的规范和条例，行为做事避免张扬，没有父母家人的陪伴允许不能轻易出门；要回避直系亲属外 10 岁以上的男性亲戚，要与神父保持最严格的距离，不能进神父的房间、陪神父进餐、给神父端茶等；日常生活要简朴，不能饮食丰盛，不能饮酒。更重要的是，每天要在固定时间内背诵《宗徒信经》《天主经》《圣母经》等。她们要在神坛面前发誓守贞，做到朴实、信主、安贫、仁恕，生活是隐居、祈祷、驯服和体力劳动，要生活于俭朴和超脱之中。1744 年，云南教区代牧主教法国籍巴黎外方会士马青山还制定了详细的贞女在家修行的 25 条规章制度，称为《童贞修规》，一直遵守到 20 世纪。[①]

在天主教教义中，女性人格有两大范畴作用，修道女性承担"属灵"母职，结婚女性获得"世俗"母职。贞女在家庭和周围环境中起到传道人的作用，她们负责劝化那些教外妇女信奉天主教教义，当这些妇女希望领洗时，向她们讲解、教导信仰的灵迹。她们教授教会的女孩要敬畏天主，要学习天主教要理，以及准备庄严地领受那些圣洁的圣事的方式等。

贞女多为住家型，与原生家庭保持密切联系，其经济来源主要是家庭，也有一部分来自自身的生产劳动。因此大部分贞女都来自世代信奉天主教的家庭，贞女一般只需要发贞洁愿，修女注重出家隐修，贞女属于在家信徒。如果没有家庭成员的经济支持，传统社会的女性很难逃脱婚嫁的命运。如果原生家庭无法提供经济支持，她们必须依靠劳动来养活自己。

---

① 参见秦和平《关于清代川黔等地天主教童贞女的认识》，《四川大学学报》（哲学社会科学版）2004 年第 6 期。

因女性在家清修守贞不嫁与中国传统儒家道德观念相悖，所以家庭的支持是非常重要且必须的。传统社会讲求男婚女嫁有时，如果旷男怨女过多，有损社会风俗，导致社会不稳定。为了滋生人丁，朝廷要求女子必须适时出嫁。儒家伦理所认可的贞妇烈女，前提大多是她们都有婚姻关系，或已嫁夫亡，或者已聘未嫁夫亡，守贞是其对儒家从一而终贞节观的坚持。佛教、道教对出家女性，并没有未婚要求。而天主教的守贞行为则不同，这种守贞观念宣扬的是将童贞奉献给天主，女性要发愿终身守童贞不嫁、潜心修道。它与中国传统社会的守贞观相距甚远，因此经常受到教外人士的指责甚至反教者的攻讦。

贞女在中国持续了相当长的时间，主要原因大致有两个：一是因为清前期天主教处于被禁止的状态，没有取得合法地位，那时的天主教会没有办法像后期一样，开办医疗慈善学校等机构以供守贞女自养；二是传统中国社会也不允许女性，特别是未婚女性抛头露面，当时的社会条件不允许传教士将这些贞女单独组织起来在专门的修女院里守贞，以致她们必须在家族男性亲戚的支持下才能完成守贞行为。虽然天主教提倡男女平等，但贞女的地位比较低，必须服从神父和自己的父兄。

19世纪下半叶后，有的贞女开始走出家庭，参与到对女性儿童的传教工作中，还会投身各种慈善事业，如教育、医疗救护及收养弃婴孤儿等，为天主教各地的事业提供最基本、最艰苦的服务工作。后来贞女逐渐被修女所代替。

背景知识 17-1　清代教会中国童贞女规则

由于童贞女是中国社会的新群体，清中叶在禁教环境中，为保持贞女身心纯洁、增强信仰、避免社会干扰和预防反教打击，1744年遣使会云南教区主教兼管四川教务的马青山根据四川社会环境，结合西方修院传统，变通制定贞女在家修行规章25条，要求贞女个人严守童贞慎终如始、择居环境利于修行、社会交往谨言慎行、举止行为庄重肃穆、宗教功课坚持不懈。旨在通过努力和改善客观条件，保持贞女的信念。18世纪后期，教会在原有规章基础上增加数条内容进一步完善了对贞女操守的要求，为贞女群体适应社会环境提供了帮助。

天主教的修女

要成为一名修女必须有强烈的献身精神，在程序上也比贞女要复杂得多。女子领洗后，经面试合格后才可以进入初学院，在初学院学习6年后，经过发三愿，即贞洁、神贫、服从三圣愿，才能成为一名修女，修女不仅要脱离家庭，而且要终身不婚。和新教的女性传教士不同，她们不是天主教会里的神职人员，她们在教会中从事的工作是辅助性的。尤其在早期，由于男女授受不亲带来的严格隔离，她们的主要工作对象是女性教徒。此外，她们在宗教活动中协助神父和传教士进行祈祷、培养本地修女和集中女教徒过宗教生活等。她们也负有向神父详细汇报被其归化的教外妇女，发动教友和领读经文等职责。一些教会的后勤工作，如布置圣堂、装饰祭台、为神父打扫住所和准备饭菜等也常常由修女承担。在过宗教生活时，天主教有领圣体、告解、终傅等内容，这些仪式不免会出现神父与女信徒有肢体接触的现象，在男女之别防戒律森严的中国传统社会，就尤其需要修女来协助工作，以免引起社会上观念保守人士的诟病。

明末以来，无论上层宫廷嫔妃还是下层民众，一直都有女性皈依天主教，成为天主教延续发展的中坚力量。明末宫廷中不少宫女通过宦官接受洗礼。南明永历帝宫中皈依天主教人数甚多，包括太后、妃嫔等数十位女性。还有明末著名官员杨廷筠的女儿亚格内斯、徐光启的孙女徐甘弟大，以及清初皇室重臣佟国器的妻子阿加斯等。清前期皇族著名的苏努家族中，女眷大都成了天主教徒。此外，底层无数不知姓名的，如邓三妹、张杨氏、李王氏、陈林氏也都是皈依天主教的女性信徒。

虽然贞女、修女，以及女性天主教徒已经持续不断存在达几百年，但要勾勒出她们的形象却并非易事。她们生存在天主教会的历史中，被记录在天主教会的西文资料中。在一个长期以来由男性掌握话语权力和书写权力的传统社会，本土中文资料基本无法勾勒出她们的形象。她们是社会边缘底层的女性，是信奉边缘外来"洋教"的生活群体。她们只能以李张氏或张陈氏这样具有男权色彩的性别符号，或是缪玛利亚、徐甘弟大、佟亚加大这样鲜明宗教色彩符号，为我们今天所略知。她们更多的生活，如同她们的真实姓名一样，无从知晓。

第二节　新教女传教士和本土女基督徒

19世纪下半叶，中华大地上出现了异国来华传播基督教的专职女性宗教人士——新教女传教士，这是此前从来没有出现过的一种宗教现象和社会现象。之前从异域来华传播宗教的佛教、伊斯兰教、天主教，都没有女性神职人员。

直到近代，性别之间的隔离仍是中国社会的普遍现象，男女授受不亲的伦理观念深深根植在人们的思想观念中。从1807年第一位新教传教士马礼逊来华开始，早期来华的新教传教士多为男性。虽然男性传教士很注重对占中国人口一半的女性传教，却束手无策，很长时期内没有中国母亲、妻子、女儿皈依基督教。换言之，仅向男性宣传基督教义，没有教徒家庭的支持，基督教难以在亚洲扎根。[①]

最早来到亚洲的传教士大部分偕妻子同行，而这些能接触到中国社会的男传教士夫人往往要照顾传教家庭，不能将精力更多地放在向女性传教上，故而各差会都很期待女性传教士能被差派到中国。

女传教士来华背景和目的

欧美工业革命后，男性逐渐离开家庭，女性仍然留守持家，形成了以性别为基础的不同社会分工。19 世纪下半叶，欧美社会逐渐出现了"女性工作为女性"（women's work for women）的口号和社会氛围，呼吁女性走出家门，首先为女性提供服务。

这时正逢 19 世纪下半叶的欧美国家逐渐兴起的基督教奋兴运动，许多女性教会组织接受了"女性工作为女性"的思想，作为拓展传教领域的理念和方法。各国新教差会纷纷组织女性传教机构，成立女性传教会，作为海外传教力量的重要补充。其中尤其以美国基督新教会最为积极努力，美国几乎所有大宗派都成立了女性海外传教部。[②]

来华女传教士的背景和原因是多种多样的：或透过前辈传教士或家人亲戚的传承与激励，或追随丈夫赴华传教，或追求事业成功，或改变自身困境，或追求自身的职业诉求及期望实现其人生价值，等等。当然，她们也受到国际社会背景的影响，如新世纪福音运动的复兴，学生志愿海外传教运动的兴起，西方女性主义和女权主义运动的兴起，西方女性社会改革运动的推动，等等。

20 世纪之前来华女传教士大多来自美国中西部农村，且大多出身于农民、乡村牧师或传教士家庭。如果留在当地，除了结婚，基本上只有教师或护士职业可供选择。对有职业发展梦想的女性来讲，到海外传教是一份体面的工作，而且无须与当时主流意识形态对抗就能获得建功立业的机会。她们在看似自我牺牲的言辞下，可以寻找到自我解放的可能途径。到中国传教给她们带来了个人自由，以及事业成功和提升个人权利的机会。她们在中国得以突破在美国受到的性别与阶层限制，有着广阔的事业拓展空间。女传教士将自己看成生活在水深火热之中的中国姐妹的拯救者，希冀借由福传来救赎中国女性的灵魂，同时使自己的价值得以实现。因此，出身农村、新教家庭传统、海外传教呼吁，以及自身职业需求和实现人生价值等种种因素叠加在一起，激励着这些女性勇敢地走上海外传教的道路。

这当中有许多可诉说的例子，如美国南浸信会女传教士慕拉第（Lottie Moon,

---

① 〔美〕简·亨特：《优雅的福音：20 世纪初的在华美国女传教士》，李娟译，生活·读书·新知三联书店，2014，第 19 页。

② 参见段琦《清末民初美国女传教士在华的传教活动及影响》，《世界宗教研究》1994 年第 3 期；朱骅《"纯正女性风范"与来华新教女传教士的职能定位》，《妇女研究论丛》2014 年第 6 期。

1840—1912）克服重重困难投身海外传教运动来到中国。慕拉第毕业于弗吉尼亚女子神学院，1873 年来华时已经 33 岁。虽然身高不足 1.4 米，但毅力过人、性格异常坚强。她先到山东登州府，再到平度县传教，并很快学会了当地方言。她身穿中国女性服饰，尽力接触当地民众，在登州浸信会教堂创办了女童启蒙小学，后来还创办了一所住宿女校。她也在平度创办了女子小学、女传道会。1912 年春天平度饥荒严重，她拿出所有积蓄与大家同甘共苦，以至于自己健康严重受损。12 月 1 日，慕拉第饿昏倒在床上，其他传教士把她送上回美国的轮船。12 月 24 日，轮船经过日本神户港时，慕拉第去世。她在中国山东生活长达 40 年，最后被安葬在家乡弗吉尼亚州浸信会墓地。

19 世纪中叶到 20 世纪 20 年代末，有许多像慕拉第一样的受过教育的女传教士，在不可能被任命为传教牧师的情况下，以教师、医生、护士、社工等身份来到中国，从事原本由男性来承担的复杂工作。

一些女传教士还尝试通过自己的努力推进男女平等。如美国公理会女传教士麦美德（S. Luella Miner, 1861—1935）即体现出这样的精神。她于 1887 年以单身女传教士身份来华，并终身未婚。此前在美国的她，仅仅在社会地位较低的黑人学校里教授英文。来华后，她先在通州潞河中学任教，1903 年被聘为北京教会女子中学贝满女校的第三任校长。1905 年，她在北京灯市口创办了中国第一所女子高等学校——华北协和女子大学并任校长。1919 年，汇文大学堂与潞河书院两校合并后改名为燕京大学。1920 年，华北协和女子大学合并为燕京大学女部，麦美德出任燕京大学女部第一任主任。燕京大学也因此成为中国教育史上第一所男女同校的高等学府。1923 年，麦美德当选中华全国基督教协进会副会长，并任齐鲁大学女部主任兼宗教学院教授。正是通过女传教士这个身份，麦美德突破了"男女平等"的瓶颈，成为著名的教育家。

1830 年美国来华传教士中，有 49% 是女性；至 1890 年，女传教士占比已达 60%。1919 年美国在华传教群体中，单身女性、已婚女性和已婚男性三者的人数已经基本持平，女性传教士比例已达 2/3。

一些女传教士返回母国后，成了作家、学者、社会活动家，以及言说中国的权威，如著名的赛珍珠（Pearl S. Buck, 1892—1973）、基督教女青年会的陆慕德（Maud Russell, 1893—1989）等。她们所凭借的，是对中国各阶层、各类型社会的了解及自身丰厚的阅历，而这一切帮助她们打破了两性空间的社会分隔，争取到了言说空间和话语权。后来成为美国女传教士、著名作家、人权和女权活动家的赛珍珠在出生 4 个月后，即被在中国传教的双亲带到中国。18 岁时，赛珍珠返回美国攻读心理学，毕业后以传教士的身份回到中国，先在镇江崇实女校和润州中学教授英文。结婚后，赛珍珠先后在金陵大学、东南大学、中央大学等院校教授英文，在镇江、宿州、南京、庐山等地生活和工作了近 40 年。她最为人所知的一项成就是撰写了反映中国农民生活的长篇小说《大地》（*The Good Earth*），该小说 1932 年获得普利策小说奖、1938 年获得美国历史上第二个诺贝尔文学奖。作为唯一一位同时获得普利策奖和诺贝尔奖的女作家，以及目前作品流传语种最多的美国作家之一，赛珍珠的多部作品被改编成话剧、电影。可以说，在一定的范围和时间内，西方女传教士被中国人当作西方的知识化身，这令其感到自豪，也让她们获得了较自己本国更高的社会地位和成就感，据此也为自己争取到了比在本国更多的社会权利、自由度和安全感，深切感到自己的才能在中国才能充分地得以展现。这都是西方女教士长期停留中国的更为深层的原因。

图 17-1 1895 年福建泉州教会女子学校的女学生

图片来源：卞修跃主编、詹利萍分卷主编《西方的中国影像（1793—1949）：恩斯特·奥尔末 ｜ 托马斯·查尔德 ｜ 礼莲荷卷》，黄山书社，2015，第 135 页。

基督教女性意识的传播

女传教士们看到中国女性遭受悲惨的封建压迫，同时也出于传教利益的考虑，便多鼓励中国女性冲破家庭和社会的束缚，向其传播强烈的基督教女性意识和行为规范。从传教内容和方法来讲，单身女传教士的职能定位更倾向于参与以教育、医学、慈善救助等为主的社会服务性活动；已婚女传教士则定位于建立基督教家庭样本，在家庭意义上实现基督教的社会改造。

在传播基督教信仰的同时，女传教士也努力向中国信教女性普及并规范她们自身的基督教纯正女性意识，强调虔诚、纯洁、服从、爱家，努力将基督教文明下的基督教女性意识和品质扩展到海外异教徒中。这种基督教女性气质强调自我牺牲，但允许女性在教育与道德等领域充当楷模，扮演一些社会活动的角色，并希望通过信仰基督教以及相夫教子，逐渐改变家庭的日常生活意识和氛围。她们也试图通过中国女性在学校、教堂等公众领域的才能施展及发挥女性的潜在变革力量，改造中国传统社会，使之成为一个基督化的新型中国。在她们看来，这是一种拯救中国女性的使命，一种改变中国传统社会的使命，也是一种传播基督教文化文明的使命。①

在"女性工作为女性"的理念指导下，女传教士把主要精力和服务重点都放在努力让同性姐妹归信上。在传教空间狭窄的时代，她们在华最初发展的新教信徒大都是备受压迫的最底层穷苦女性，有受不了家庭虐待出逃的，有逃婚离家的，有遭遇种种不幸被迫出家的，也有传教士家中雇用的男仆的妻子、女儿或女仆，还有收养的弃婴、孤儿等，如早期著名的留学美国后成为医生的女性基督徒金韵梅、康成、石美玉等都是孤儿。

本土女性基督徒的成长

女传教士开展的女性工作，促使中国本土女性基督徒皈依成长。在女传教士们看来，中国女性能够担负一种基督教式的家庭女性和家庭主妇角色。这一角色不同于传统中国家庭中的角色，也不像女权主义所呼吁的那样超越家庭，是介于二者之间的一种妥协。她们以其女性特质力量，潜移默化地影响中国社会的公共生活传统。

背景知识 17-2 中国女性的皈依途径

　　中国女性皈依原因诸多。有的是受到基督教宗教象征、教义、观念的吸引，有的则是受礼仪或圣咏的吸引，也可能是在父权社会中随其父亲、丈夫、儿子加入教会。另外教会所带来的好处，如教育、医疗、就业等也吸引着其加入。此外，教会医院及诊所、教会办孤儿院及其他社会服务也是中国女性接触基督教的途径。

这些本土女性基督徒中，有许多在社会上做出了杰出的贡献。如最早倡导女权运动的杰出领袖、最早女报人之一的胡彬夏（1888—1931），在妻子、母亲角色外，她努力踏入社会职业，为推动近代女权运动而呼吁。1907 年，她与其兄胡敦复同时考上官费留学，是中国最早官费留学的女性之一，1914 年从美国威尔斯利女子学院毕业回国。1916 年，主编商务印书馆出版的《妇女杂志》（1915 年创刊），著名报人戈公振曾评价："女子之服务于报界，我国以裘毓芳为最早，次之，则为陈撷芬和胡彬夏。"她先后发表了多篇文章，涉及女性职责、女性教育、女性道德等方面，提倡发展女子教育，向妇女介绍自然科学、生理卫生等方面的新知识，力图以一种建设性的意见展现"20 世纪新女子"，在妇女界有一定影响。其后，胡彬夏和丈夫朱庭祺参加了黄炎培等人发起成立的中华职业教育社。1920 年，她还创办了上海妇女会、上海女权运动

---

① 参见林美玫《妇女与差传：19 世纪美国圣公会女传教士在华差传研究》，社会科学文献出版社，2011。

同盟会，曾任北平万国妇女会会长、中华基督教女青年会首任会长等多项职务。

又如 1944 年 1 月 15 日，李添嫒（1907—1992）由香港圣公会教区第七任主教何明华（R. Q. Hall）按立，成为圣公会第一位女牧师。她于 1907 年生于香港，1934 年入读广州协和神学院。这一按立是华人女性神职事工的标志之一。

背景知识 17-3　李添嫒的按立及争议

　　1944 年 1 月 25 日，何明华主教于肇庆草场路教堂按立李添嫒为牧师，此乃圣公宗首位女牧师。然而，反对何明华主教按立女性的声音一直存在。反对者指出这有违圣公宗的信仰及圣秩、破坏圣公宗对外交往，并指责何明华为"叛乱的主教"。1945 年，第二次世界大战后，中华圣公会正式反对这一按立行为。上海主教院与上海中华圣公会全国总议会分别于 1946 年 3 月及 1947 年 8 月确认教省反对李添嫒的按立，并议决其不能再行使牧职工作。1948 年，李添嫒作为何明华主教派出的 8 人代表团代表之一到美国研习教会事务，其间再次恢复其牧者身份。

图 17-2　1945 年秋，圣公会在中国按立的第一个女牧师李添嫒（前排中坐者）
图片来源：香港圣公会档案馆。

可以说，本土华人女性基督徒从女传教士那里汲取了成长的支撑力，寻找到了女性基督徒榜样和新的社会空间和发展环境。

第三节 基督宗教与新女性养成

随着女性主义在西方的兴起，女性接受公共教育的观念自19世纪初开始得以逐步付诸实践。西方社会逐渐出现了新式女子学校、新式女子医院、女性专租房屋、孤儿院、育婴堂、幼稚园及基督教女青年会等新鲜事物。这些新现象为现代教育在中国的公共化和学制化提供了借鉴榜样和推动的力量，为改变弱势女性的命运提供了希望。这些面向女子的教育、医疗、慈善和社会服务机构不仅培养了新式女性，而且帮助新女性获得了生活上不依靠丈夫的独立经济地位，为她们提供了自由生存和事业发展的空间。

早期女校经常是传教士丈夫外出布道，妻子在家收徒授课，几个女童聚在一起，以《圣经》和祷文为教材，再加英语、算术、地理、历史等西方教学内容，后来则发展成规范的学校。为了吸引女孩前来上学，女校经常给来上学的儿童免收学费、提供午餐。为了避免女童再度回到非基督教环境，成为异教徒的童养媳或小妾等，她们甚至还努力收养了一些孤女。如1835年德国传教士郭实猎夫人在澳门创办的澳门女塾，共招收了12名女学生和2名男生，这是女传教士在华创办的第一所女子学校。又如1846年后阿尔德赛（Mary Ann Aldersey）女士在宁波设立的宁波女塾，后与美国长老会女校合并为崇德女校，再改名甬江女子中学。1850年，美国传教士裨治文夫人（Mrs. Elijah Coleman Bridgman）在上海设立了裨文女塾，而美国公理会也在1853年于福州开设了文山女塾。同年，天主教在天津开设诚正小学及淑贞女子小学。1864年，美国公理会在北京设立了贝满女子学校。1867年，天主教在上海开设了崇德女校；1890年，监理会女传教士海淑德（Laura Askew Haygood，1845—1900）在上海创办了中西女塾。

19世纪最末10年和20世纪后，招生对象已经开始改变，特别是在沿海通商口岸城市，教会学校尽力吸收新兴买办的子弟或其他富家子女来上学。20世纪上半叶，教会学校已经成为教育先进的优质学校，收费甚至更高了。1905年，新教教会小学共有7168名女生，中学共有2761名女生。同年，女传教士们在北京灯市口创办了中国第一所教会女子大学——华北协和女子大学。1906年，在福州创办了华南女子文理学院。教会还在成年女性中开展识字运动，教授汉字拉丁化注音字母、新式家政学等。1907年，经过中外仁人志士对女学的不断努力，清政府颁布了《女子小学堂章程》和《女子师范学堂章程》，女性受教育成为社会可以接受的事实。1915年，在南京成立了金陵女子大学，后成为民国基督教会设立的13所大学之一。

背景知识 17-4：基督教在华女子教育：德本康夫人与金陵女子大学

　　1915 年，美国多个差会合作创办了金陵女子大学，是基督教在华女子教育典范之一。金陵女子大学的首任校长是美国北长老会女传教士、著名女教育家德本康夫人（Mrs. Laurence Thurston，1875—1958）。1902 年，她与丈夫、耶鲁大学学生、雅礼会创始人之一的德本康（Rev. Lawrence Thurston，? —1904）一起来华，后丈夫于 1904 年不幸于美国去世。1906 年，德本康夫人返华，在长沙湘雅医学院任教。1915 年，她以其优秀教育背景和卓越领导才能被任命为金陵女子大学首任校长。自 1913 年筹建金陵女子大学时起，德本康夫人主持校务 15 年，在 12 年校长生涯中，她为学校创建、筹募经费、课程设计、学校建筑等各方面倾注了大量心血。1928 年 11 月，德本康夫人辞去校长职务，将校长职务交给了金陵女子大学毕业生吴贻芳，标志着金陵女子大学在本土化转型上具有了实质意义。截至 1952 年院校调整合并，金陵女子大学共培养了近千名女性大学生，为中国女性接受高等教育做出了杰出贡献。

图 17-3　1948 年 11 月吴贻芳和金陵女子大学的校友

　　在这种情形下，得益于教会学校教育的中国女性甚多。如著名社会活动家、中华基督教女青年会第一任中国籍总干事丁淑静（1890—1936）就是其中著名一例。她祖籍山东临清，先后在山东德州和京北通州（今北京市通州区）的教会学校就读，1907 年在华北协和女子大学读书。1914 年她在北京贝满女中任教，1916 年到刚成立的北京基督教女青年会就职，1920 年任北京女青年会总干事。1926 年，丁淑静任基督教女青年会全国协会总干事，成为任全国协会总干事的第一位中国女性，为女青年会奉献了一生。作为世界女性机构的一员，女青年会为丁淑静提供了走向世界妇女运动的平台。1925 年 5 月，丁淑静出席了世界基督教女青年会大会，主持了第二届和第三届中国女青年会全国代表大会。在她的带领下，女青年会面向在城市生活和工作的女性服务工作项目全部建立起来，20 世纪 30 年代后逐渐从中上层女性扩大到劳动阶层的女性。

又如近代中国著名教育家、执教金陵女子大学长达 23 年的唯一华人校长吴贻芳（1893—1985），她先后就读于杭州弘道女子学校、上海启明女子学校、苏州景海女子学校等教会学校。1928 年，吴贻芳获得密歇根大学生物学博士学位，时年 35 岁的她立即回国被聘为金陵女子大学校长。1945 年 4 月，她作为中国无党派代表与中共代表董必武、国民党代表宋子文等赴美国旧金山出席联合国制宪大会，成为在《联合国宪章》上签字的第一位中国女性。1949 年 9 月，吴贻芳参加第一届全国政协会议，1951 年任江苏省教育厅长，1954 年任中国基督教三自爱国运动委员会副主席，1956 年任江苏省副省长。

正如近代著名思想家和改革家梁启超所言："……教会所至，女塾接轨。"① 让传统中国女性接受正规学校教育，无疑是对当时社会心理和教育体系的巨大突破和挑战。在传教士创办女子学校之前，传统中国女性要想读书识字，只能从自己兄弟的私塾先生或者自己的父母兄弟那里学得一点。基督教对中国女性的最早关注是从教育入手的，为女性提供了走向社会的机会和能力，使女性获得了自主选择职业的可能性。

图 17-4　1922 年圣玛丽学院女学生的歌唱比赛

图片来源：卞跃修总主编、刘萍分卷主编《西方的中国影像（1793—1949）：巴伯·玛格丽特·哈特 | 哈里森·福尔曼 | 洛蒂·韦奇尔卷》，黄山书社，2016，第 198 页。

---

① 梁启超：《倡设女学堂启》，《饮冰室合集·文集》卷 2，中华书局，1989 年影印本，第 1 册，第 20 页。

基督教与女性医护

基督教在华也培养了许多女性医护人才。近代中国护士学校的兴起，南始上海，北自天津。1887 年，伊丽莎白·麦克奇尼（Elizabeth M. Mckechine）在上海成立了护士训练班，标志着西医护理教育在中国的正式诞生。1888 年，美国人创办了中国第一所由教会创办的护士学校，而中国人自己创办的第一所公立护士学校则是 1908 年由清政府在天津投资创办的北洋女医学堂，校长是中国第一位女留学生、第一位女西医、第一位医院女院长、基督徒金韵梅（1864—1934）。1911 年，在湖南长沙创办的雅礼护士学校，首任校长也是一名女传教士，此校后更名湘雅护士学校。1920 年创办的协和医学院护士学校，在人员选拔和教育教学方面，均参照美国护理教育的模式，具有高淘汰率的特点。该校还在纽约州注册，学生可以同时获得美国和中国的学位。传教士们还创立了护理专业学会，1909 年在江西牯岭成立了中国看护组织联合会，后更名中华护士学会。

美国女传教士富玛利（Mary Fulton，1854—1927）于 1899 年在广州逢源开办中国最早的女子医学校——广东女医学堂。1902~1904 年，富玛利筹款建成了三位一体的夏葛女医校、柔济医院、端拿护士学校。教会还改革了传统接生婆来进行生育卫生的方式，倡导新式科学方法接生，劝导人们到医院或诊所来生育，努力培养女性助产士来改进传统生育方式。

康成（1873—1931）、石美玉（1873—1954）都是中国最早留学美国的女医生。两人早年都在教会女校里读书，后进入密歇根大学学习。1896 年毕业回国后，两人共同在九江创办的福德医院及护士学校工作。1916 年，康成出任天津女医局第二任局长，兼任女医局附设护士助产学校校长，后返回南昌继续行医十余年直至去世。石美玉不仅在医疗方面享有盛誉，她还是中国教会著名的女布道家。1918 年，石美玉与余日章、诚静怡等在江西牯岭组成了中华国内布道会，这是第一个华人布道组织，影响甚大。1915 年，石美玉与伍连德、颜福庆等筹组中华医学会，曾任上海分会副会长。20 世纪 20 年代，她还与女传教士在上海创立了伯特利教会、伯特利神学院、伯特利医院及伯特利中学等。

另外一个是例子林巧稚（1901—1983），她 1919 年毕业于厦门女子师范学校并留校任教，1929 年毕业于北平协和医学院，获医学博士学位，后成为中国妇产科学奠基人之一，北京协和医院第一位中国籍妇产科主任。虽一生未婚，林巧稚却亲自接生 5 万多名婴儿，被尊为"万婴之母"。1955 年，林巧稚当选中国科学院第一届学部委员，是新中国第一位女学部委员。1956 年，中国第一个妇产专科医院北京妇产医院建成，林巧稚任第一任院长，后于 1959 年任中国医学科学院副院长。家乡厦门鼓浪屿为林巧稚建立了纪念馆。

女性文字事业

基督教特别重视文字对于传播宗教的意义和方式。20 世纪后，在华基督教最大规模的文字撰写出版机构广学会敏锐地认识到，接受西学新知识的中国女性正在形成一个新群体，她们比任何时期都需要社会专业知识来指引。广学会遂于 1912 年创办了面向基督教中上层家庭女性的杂志《女铎》。作者和读者大都是教会女子学校毕业的学生。该刊还专辟文艺专栏，提倡基督教文学作品的翻译和创作，这些作品的内容涉及基督教家庭生活伦理等，是对基督教义婉转含蓄的抒写和传播。《女铎》是中国近代史上出版时间最长的妇女杂志，也是基督教出版时间最长、影响最广泛的女性杂志，从 1912 年 4 月到 1951 年 2 月，近 40 年间共出版了 412 期。

图 17-5　近代史上出版时间最长的女性杂志《女铎》

1925 年，广学会另在上海创刊了《平民月刊》，以中国社会底层平民百姓为主要读者对象。1932 年，又于上海创办《女星》，读者对象是劳动阶层的平民女性。两份刊物于 1937 年合并，直至 1951 年。为了让底层女性能够阅读，两份刊物都将使用的汉字限定在《平民千字课》的范围，每篇文章都不超过 1000 字，如果迫不得已要超出千字课词语，则会标识注音字母。刊物内容主要涉及家庭问题，旨在帮助家庭成员，使生活更加充实，更好地促进并保持基督化的生活方式。这些刊物还涉及现代育儿知识、儿童性格培养和儿童生理心理教育、家庭宗教观念养成、一般常见疾病防治以及个人卫生知识等。中国平民女性一生都会关注、关心的内容就是这些杂志关注的内容。此外还有《福幼报》（1915—1951）注重现代家政，抚养儿童，如何治疗常见病、妇女病，基督徒家庭生活等内容的书籍。

随着在华传教向传播社会福音方面转向，女传教士和华人女性基督徒在性别上的优势得以显现。她们在医疗卫生、民众教育、社会工作中都取得了更好的成就，这可以视为中国女子教育体系改变了中国女性的历史。在使中国社会接受新思想方面，传教士和华人基督徒是有所努力和有所贡献的。

移风易俗及新生活方式

女传教士尤其同情中国传统女性的处境。她们大声疾呼，反对缠足、纳妾、童养媳、溺女婴、一夫多妻、包办婚姻、人口买卖、无受教育权等，希望用基督教道德来改造这些恶习。因此，在女传教士的倡导呼吁下，几乎所有基督新教差会都组织发起各种各样的天足会和天足运动。1874 年，厦门成立了第一个禁止缠足的传教士团体，要求女性入教必须放足。教会学校则禁止缠足女子入学。如前文提到的慕拉第，即对女性缠足风俗异常震惊，想尽办法劝导妇女放足，在传教当地最早发起了天足会，并用禁止缠足者入学的手段推动当地妇女放足。在传教士的倡导下，许多维新人士亦起而响应。如 1898 年康有为上了《请禁妇女裹足折》，阐述缠足对女性的迫害，光绪帝同意康有为奏折，不缠足运动方才得到官方认可。1902 年，慈禧太后颁布懿旨，劝禁缠足。20 世纪 20 年代后，中国传统社会这种不人道的千年风俗，终成历史陈迹。

此外，基督教会还举办许多妇女工艺传习所，如纺织、抽纱、编织珠袋、刺绣等，让这些传统女红更系统化、更技术化，由基督徒自主经营谋求生计。有些地方的妇女工艺传习所已开始了工业化的细致分工，内分裁工、缝工、机织工、刺绣工、造花工等，使常见的家务劳动变成了女性可以在社会上谋生、生存的一种职业。有些地方教会还将改良后的农业良种分发给基督徒家庭，让他们有可能获得更高产量的收入。通过提供免费教育、食物、住宿，一些出身贫穷的女子也能获得接受教育的机会，同时介绍她们去当保姆、服务员、女管家、女店员、女仆人等，将女性的传统居家日常工作变成职业。但女性能够在社会上获得独立人格还是要到 20 世纪初的新文化运动以后，其时女性逐渐开始从事医生、护士、记者、会计等新式职业，而小学教师、护士等是最为普遍的职业。

再者，无论已婚还是未婚的女传教士，或是男传教士夫人们，都努力将自己国家的风俗文化移植到中国土壤上，尝试在遥远的他乡营造出家乡的感觉，排遣身居异乡的孤独。这也是让中国民众接受基督教道德、文化、思想的传教方式。此外，她们把在中国的生活圈建成了基督教家庭圈，谢饭、祈祷礼拜、庆祝生日，及至感恩节、圣诞节、复活节，西式聚会、分餐饮食、星期日进教堂等西式日常生活方式，逐渐为中国基督徒了解和接受，后被一般社会民众部分接受。

接受了基督教的女性，会参加定期的宗教活动，进而在基督徒中选择配偶，成为信徒的妻子，从而建立基督徒式的家庭生活，为下一代创造与传统家庭不尽相同的家庭环境。如著名基督徒谢颂羔的祖母就是阿尔德赛所办宁波女塾的学生，其丈夫是华人传道员，他们的儿孙都成了基督徒。家庭的代际传承的确是基督教传播和承继的最重要方式之一。禁烟、反对包办婚姻和童养媳、不缠足、办育婴堂收留弃婴等，首先在基督徒的家庭中显现出来。因此，这些信徒家庭在风俗习惯、伦理道德、行为方式上开始与传统偏离，并形成了初具现代意识和行为方式的异质群体。中国最早接受现代教育的女性、最早的职业女性、走上婚姻自主道路的女性很多出自基督教徒家庭。

20 世纪以前，除了结婚嫁人或出家为尼，几乎没有让女性自力更生的社会职业。随着女性接受教育，逐渐出现了女性独立职业者，也同时改变了她们的婚姻观。华北协和女子大学的毕业生中，最早两届（1910 年、1911 年）毕业的 7 位女性中产生了 5 名教师、1 名医生，还有 1 名去英国读研究生，7 人中没有一人结婚。1919 年金陵女子大学第一届 5 位毕业生，即徐亦蓁、吴贻芳、刘剑秋、任倬、汤惠菁，只有一人结婚，且为非自愿，5 人中有 2 位博士、2 位训导长和 1 位传教士。①

基督教女青年会

作为女性社会组织，女青年会所有工作人员和服务对象均是女性。在这里，女性决策一切、服务一切、分享一切、承担一切、享受一切。它扎根于不同年龄、不同信仰的女青年中，关注各个时期女青年会的利益和需求，帮助她们提高自身素质和适应能力，激发她们的社会责任感，鼓励她们参与社会事务。中华基督教女青年会是基督教建立的唯一以女性为服务对象、有宗教背景的社会组织，至今已有 100 多年的历史。1890 年在杭州弘道女子学校成立了第一个中国基督教女青年会，1899 年在上海成立了中国女青年会全国协会。1949 年中华全国妇女联合会成立时，女青年会是三大创会单位之一；1949 年全国青年联合会成立时，则是 4 个团体会员之一。

各地女青年会基本都设有会员部、德育部、智育部、体育部、劳工部、学生部、少女部、宿舍部和幼儿园等部门设置，可从中看出其工作内容和方式。1911 年，中国的女青年会创设了体育部，鼓励女性参加体育活动。1915 年，创办了女青年会体育师范学校，是中国第一所专门培养女子体育人才的学校，直到 1925 年并入金陵女子大学。著名体育前辈张汇兰就是从这里走出来的，1987 年她荣获联合国教科文组

① 〔美〕简·亨特：《优雅的福音：20 世纪初的在华美国女传教士》，李娟译，生活·读书·新知三联书店，第 283 页。

织首次颁发的"体育教育和运动荣誉奖"，是中国体育界获得的最高国际荣誉奖项。女青年会于1916年创办了《女青年》月刊（又名《绿色年华》），1931年又出版学生杂志《微音》，还出版反映社会、经济、宗教、国际主题，以及与女青年会工作息息相关的妇女、儿童等方面的书籍。

女青年会不仅面向城市女青年和学校女青年，而且为城市底层女工举办了长达近30年的女工夜校，分别设在上海、烟台、天津、武汉、重庆、广州、太原和香港等地，其中以上海的女工夜校最为著名、开办时间最长（1926~1954）。课本为当时社会十分常见的《平民千字课》《平民生活常识》等。教学方式以课堂教育为主，课外活动有游戏、讲时事、唱歌、演戏、春游、夏令营或春令营、自排自演晚会、演讲、辩论、戏剧、讨论会、参观等，有时还邀请名人来参观演讲，甚至邀请到安娜·路易斯·斯特朗（Anna Louise Strong，1885—1970）、埃德加·斯诺、陶行知、章乃器、冯玉祥这样的社会名流。女工夜校的活动项目有培训女工歌咏和戏剧人才、组织校友读书会、编写《友光通讯》和友光团活动资料等。学校内设有图书室、娱乐室和卫生室等，并为女青年会全国协会训练劳工干事提供实习场所。1933年，女青年会第三次全国大会上，161位代表中有23位来自缫丝业、烟草业、织袜业的女性劳工代表。①

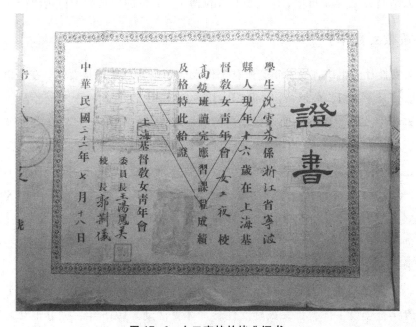

图 17-6 女工夜校的毕业证书
图片来源：中共上海地下组织斗争史陈列馆暨刘长生故居（赵晓阳摄）。

---

① 参见钮圣妮《近代中国的民众团体与城市女工——以中华基督教女青年会的劳工事业为例（1904—1933）》，《东岳论丛》2005年第3期。

结　语

正如胡适所言："忽然从西洋来了一些传教士，他们传教之外，还带来了一点新风俗，几个新观点。他们给了我们不少的教训，其中最大的一点是教我们把女人也当人看待。"[①] 1922 年，在上海召开的基督教全国大会，首次关注了女性议题，这应该是众多女传教士和华人女基督徒共同努力的结果。

基督教与中国社会、中国女性的互动从其一开始往来便即发生。一方面，基督徒女性如西方新教女传教士等，带来了更为女性化的基督教和西方女性解放运动思潮，为中国女性独立解放提供了可借鉴的思想资源及模仿对象；另一方面，透过女传教士及基督教自身传递的一切，促进了中国妇女的皈依及自身的升华。这一切对中国社会来讲，都具有革命性的作用和意义。这种基督教的传递与中国社会及女性的接收现象，即是本章强调的一个跨文化现象。而这种现象的结果便是，基督宗教在有限和特定的层面重新塑造了中国女性的面貌、影响了中国社会的结构，使部分中国女性不复"蚩蚩然、块块然、戢戢然，与常女无以异"（梁启超语）。基督宗教提倡的重视家庭与母性的温和改良女性观、对社会移风易俗的改造，以及对女性个体独立解放的提倡，通过教会女校培养中国女性社会精英、促成女性在教育与慈善等公共事务中服务等得以展现，都是跨文化语境下基督教与女性互动的中国诠释。

虽然基督教会入华以来，女性基督徒的人数逐步从少数变为多数、从多数变为大多数，女性信徒在事奉、献金、参与教会各种活动方面的贡献经常超过男性信徒。在传教领域，女性传教士、女性传道人、女性平信徒做了大量的工作，在日常生活的点点滴滴中影响了基督教的中国化进程。但这些都没有改变教会权力体制中男性处于中心、女性处于边缘地位的基本格局。在教会之外的大社会中，基督教女性带来的妇女解放只是冰山一角。女性传教士或女性基督徒在群体性上呈现出来的是"隐身"和"失语"现象，她们只能成为统计意义上的"多数派"。[②] 中国社会和中国教会中女性地位的彻底改变，还有待中国社会的根本变革。

---

① 胡适：《祝贺女青年会》，《胡适全集》第 3 卷，安徽教育出版社，2003，第 836~837 页。

② 胡卫清：《苦难与信仰：近代潮汕基督徒的宗教经验》，生活·读书·新知三联书店，2013，第 69、305 页。

第十八章

基督宗教与艺术

陈睿文

宗教与艺术作为文化的重要面向历来密不可分，基督宗教亦然。作为"所有宗教中最唯物的宗教"（汤朴威廉语），基督宗教希冀通过各种艺术形式表述出基督道成肉身的具体内涵。在耶稣基督离世后的 300 年，早期基督徒已借由艺术来呈现其信仰，而这一现象亦在基督宗教四度入华的历史中长流不绝。[①] 由此，"道"化为歌、作成了诗、砌成了建筑，铺陈出基督宗教丰富的精神与思想。本章希冀借由艺术这一视角勾勒在华基督宗教的发展面貌。"艺术"在本章中涵括绘画、图像、音乐、文学、建筑诸方面。

第一节　遥远的开蒙：唐时元季

"大秦遥可说"

中国基督宗教艺术可追溯至 635 年景教入华，时唐太宗准许宫内译经布道。781 年，波斯教士于长安（西安）立大秦景教流行中国碑。碑高 197 厘米，碑面正文约 1870 字，汉文、叙利亚文并列。碑首有蟠螭六条，左、右各垂三螭首。石碑以龟趺作底，碑头刻"大秦景教流行中国碑"字样，上有十字架，两侧配莲花云霓花纹，

下部有佛教莲花。耶佛相融，昭示景教开出中土佛教之花，结出基督教之果。寺僧景净叙述的碑文，记述了景教重要教义及其历经太宗至德宗数朝之发展。845年，唐武宗灭佛期间，该碑被埋葬，至明末1625年出土，转入西安崇仁寺，1907年置于西安碑林。

　　除景教碑，为人熟知的现存唐代景教艺术遗物另有1905年夏由德国考古学家勒柯克（A. von Le Coq）在吐鲁番高昌古城郊外发现的景教废寺一座。寺壁上有残破壁画，其中一幅《棕枝主日》，下半部右边绘有三位手持棕榈枝的信徒，簇拥着左边的立者耶稣；另有绘有手持十架的基督骑驴荣进圣城的绢画残片（见图18-1）。两画均具异域色彩。1907年，英人斯坦因（M. A. Stein，1862—1943）在敦煌藏经洞发现大量艺术品。其中一幅基督像绢画，将基督的右手绘成敦煌佛画中菩萨施法印的手势，至今为研究者所乐道。[1]

图 18-1　《基督骑驴荣进圣城像》
图片来源：香港圣公会档案馆。

　　1908年，伯希和（Paul Pelliot，1878—1945）于敦煌石室发现中国最早的赞美诗文本《大秦景教三威蒙度赞》，内容出自《荣归主颂》（*Gloria in Excelsis Deo*），译文运用"大圣""善众""慧性""广度"等佛教辞藻，赞叹三一上帝拯救世人永获救赎。1910年，罗振玉从伯希和处获得照片，刊于《敦煌石室遗书》。1921年，许地山（1894—1941）在《生命月刊》发表《景教三威蒙度赞释略》，是教内人士

① See A. Stein, *On Ancient Central-Asian Tracks*: *Brief Narrative of Three Expeditions in Innermost Asia and North-western China*, London: Macmillan Company, 1933.

第一次撰文研究。① 据《大秦景教流行中国碑》载，景教僧"七时礼赞""七日一荐""击木震仁惠之音"，可见景教十分重视礼仪与音乐。相关研究指称，景教僧在崇拜中颂唱拜占庭乐曲，亦可能吟唱叙利亚语之赞美诗，可视为其吸引人之缘由之一。1936 年，燕京大学宗教学院梁季芳以五声调式为《大秦景教三威蒙度赞》谱曲，后编入多部赞美诗集。黄安伦于 2003 年为之另谱新调。

唐时基督教艺术古迹另包括今陕西省周至县钟南山麓的八角七级阁楼式大秦寺古塔，正面朝北，远眺西安。北宋文学家苏轼曾于 1062～1065 年三次踏足于此，并撰《大秦寺》一诗：

> 晃荡平川尽，坡陀翠麓横。
>
> 忽逢孤塔迥，独向乱山明。
>
> 信足幽寻远，临风却立惊。
>
> 原田浩如海，衮衮尽东倾。

诗歌再现了平川尽处、翠绿山麓下的大秦孤塔，并指该塔在远处群山峦中十分显目。其后苏轼之弟苏辙亦作《大秦寺》描绘此处：

> 大秦遥可说，高处见秦川。
>
> 草木埋深谷，牛羊散晚田。
>
> 山平堪种麦，僧鲁不求禅。
>
> 北望长安市，高城远似烟。

其中"大秦遥可说"与"僧鲁不求禅"两句，意谓当时的读书人知晓景教乃是来自遥远的大秦，而这些僧侣因信奉景教不求禅而被视作鲁钝。

1199 年，金朝诗人杨云翼在游历这座大秦寺时写下《大秦寺》，描绘出该塔四周的满目疮痍：

> 寺废基空在，人归地自闲。
>
> 绿苔昏碧瓦，白塔映青山。
>
> 暗谷行云度，苍烟独鸟还。
>
> 唤回尘土梦，聊此弄澄湾。

---

① 许地山：《景教三威蒙度赞释略》，《生命月刊》第 2 卷第 1 期，1921，第 1～5 页。

废寺、闲地、暗谷、苍烟、独鸟，诉尽历史变幻事过境迁后的苍凉。清嘉庆年间，该塔焚于兵火，现只剩古塔和厢房两间。

除了对景教建筑的直观描绘，唐时的一些诗歌亦呈现出浓郁的景教色彩。如李白（701—762）所作乐府诗《上云乐》，描述了以文康为首的西域胡人向唐王歌舞祝寿的盛况，内中记述文康乃生于遥远西方之太阳落山之处（"金天之西，白日所没。康老胡雏，生彼月窟"），容貌奇特、睫毛长垂、鼻子高耸（"巉岩容仪，戍削风骨""华盖垂下睫，嵩岳临上唇"）；又指"大道是文康之严父，元气乃文康之老亲"。罗香林用《圣经》开篇"太初有道，道就是上帝"比附此处之"大道"，认为祝寿乃是景教僧侣入华后所学的汉人礼节，李白在京师时曾亲见之。诗中又云"抚顶弄盘古""女娲戏黄土"，意将基督教创世说与中国神话相糅合。方豪指"太白拟作，借托一景教徒，似于景教教义亦颇熟谙"，折射出当时景教的发展状况。[1]

杜甫（712—770）又作《赠花卿》，被指为另一首反映唐时景教之作品：

> 锦城丝管日纷纷，半入江风半入云。
> 此曲只应天上有，人间能得几回闻。

该诗为杜甫在朋友花敬定（花卿）所设宴席上闻乐有感之作，将具象的描述与自我的遐想相结合，赞美了花家演奏的音乐"半入江风半入云"。有研究称，花敬定源于景教徒聚居地灵武，故而该诗实际记录了杜甫与民间景教徒交往、聆听景教音乐的场景。

杜甫另在《海棕行》中提及"时有西域胡僧识"，又于《石笋行》中描述昔日胡人曾于石笋街立大秦寺："其门十间，以珠玉贯之为帘。后摧毁，故碧珠多瑟瑟。"白居易也在《秋日怀杓直》一诗中提及"西寺老胡僧，南园乱松树"。可见彼时有较多提及、描绘景教之诗文。

景教的传入也激发了中国古代文学创作的想象力，如唐代杜环《经行记》中指"拂菻国有大食法、有大秦法……其大秦善医眼及痢，或未病先见，或开脑出虫"，是据景教行医而抒发的大胆想象。而在《玄怪录》《续玄怪录》《太平广记》中，均有"蕃胡"的人或事涉及。

9世纪中叶，唐武宗灭佛崇道，处于会昌"闲爱孤云静爱僧"的杜牧在《江南春》中吟绘出莺歌燕舞的江南，也同样带出了"南朝三百八十寺，多少楼台烟雨中"的无奈，充满了对毁佛运动的复杂情愫。经此打击，景教僧与佛教僧侣均被赶出寺院，景教在中原内地几近灭绝。聂斯托利派信仰在中国内地失去生存空间，但

---

① 方豪：《中西交通史》，岳麓书社，1987，第296页。

在周边化外及今内蒙古地区继续存在。

十字寺、元十架、墓碑与圣歌

13 世纪，蒙古族建立元政权，景风再度吹来。1215 年，蒙古军攻下金中都（北京）后，景教传入北京，称"也里可温"，意谓"有福缘的人"。元世祖忽必烈的母亲即是景教徒。元朝基督教艺术遗迹包括现位于北京房山周口店的景教十字寺，是目前中国发现的唯一较完整的景教寺院遗址，相传建于隋唐前，唐时改为景教寺。1358 年重修，元顺帝赐名"十字寺"，恢复为景教寺庙。[①] 元代在全国建景教十字寺达 72 所，分布于吐鲁番、哈密、伊犁、沙州（在今甘肃敦煌西）、兰州、宁夏、济南、扬州、泉州等地。

元代十架亦是重要的景教艺术遗存。1928 年，英国圣公会牧师史培德（P. M. Scott）在今内蒙古包头发现 14 枚小型青铜十字架，后经考证判定为 13 世纪景教徒遗物。[②] 这批十架共计 1000 多枚，后由英国人聂克逊（F. A. Nixon）收藏，现存于香港大学美术馆。十架均为 3~8 厘米高的平牌高浮雕饰件，其背带钮，方便系于衣服或腰带。绝大部分为平头或圆头十架形，其他则有动物图形，以鸟形为最，或单只，或成双；另有兔形、鱼形、万字符等，鱼形表"五饼二鱼"之意，万字符之"卐"字，乃基督教与佛教混合风格。另有太阳形及各种中式印章形状。

扬州出土的也里可温教徒墓碑，碑额上部有莲花十架，与《大秦景教流行中国碑》相似。20 世纪 20 年代，甘肃河套出土的元代景教基督徒墓藏中有十架装饰陪葬品，上有象征佛教轮回的标志，暗示元代景教在表达基督教对永生、死里复活的教义诠释中，注入了佛教轮回的隐语；福建泉州亦有多处墓碑，上有莲花十架、带翅的打坐天使、飞天等。该地另有古石圣架碑式。1644 年，阳玛诺（Emmanuel Diaz, 1574—1659）撰《唐景教碑颂正铨》，所附古石圣架碑其一出自泉州水陆寺（见图 18-2）。此外，还有圆柱形十架石刻、天主教拉丁文墓碑等。

江西庐陵亦有十架遗存。14 世纪诗人刘嵩在其诗作《铁十架歌》中写道：

> 庐陵江边铁十字，不知何代何岁年。
> 何人作之孰置此，何名何用何宛然。
> ……

诗歌惆怅着十架流落于此的风霜。刘嵩之时天主教方济各会约翰·孟高维诺主

[①] A. C. Moule, *Christians in China before the Year 1550*, New York：Octagon Books, 1977, p. 86.

[②] P. M. Scott, "Some Mongol Nestorian Crosses," in *The Chinese Recorder*, Vol. 61, No. 2（Feb. 1930），pp. 105-106.

教在元朝设唱诗班，收养了 150 名幼童，为其施洗并编入唱诗班参加祭圣、吟唱颂诗。孟高维诺用蒙古语翻译了 30 首《圣歌》、2 篇《圣务日课》（150 章之祈祷文）等，成为元代天主教音乐遗存。1328 年，孟高维诺在刘嵩逝世后一年息劳归主，此后再没有总主教在元朝任职。1368 年，明推翻元统治，也里可温及罗马天主教亦随之淡出。

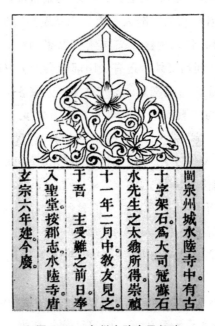

图 18-2　泉州水陆寺圣架碑

图片来源：香港圣公会档案馆。

第二节　"求人与我同"：明清时际

200 年后的 1552 年，第一位希冀踏足中华的耶稣会士方济各·沙勿略在离广州 30 海里的上川岛上息劳，至死未能进入中国内地。但其将东方传教的重点置于中国的主张，却被后继者认同。范礼安、罗明坚、利玛窦等耶稣会士纷沓而来，标志着基督宗教的第三度入华，也构建出另一番文化交流视域下的基督教艺术图景。

晚明：耶儒对话、《中国圣母》与洋乐器

秉承尊重文化之精神及入乡随俗的原则，耶稣会士希冀经由撰写、译述书籍来表述其文化适应的主张。罗明坚在编写《天主十诫》《要理问答》的同时，亦尝试将《大学》译为拉丁文；1584 年出版《天主圣教实录》，借用儒家名言，成为传教

士首部中文教义宣讲著作。而自述"八万里来……但求人与我同，岂愿我与人异"的利玛窦，则从 1591 年起便力图将《四书》译成拉丁文，并在交流中引据这些著作，以为中国人所接受。1595 年，利玛窦译成《交友论》，铺陈出中西方对友谊看法的共通性。1604 年，又取罗马哲学家伊比推图（Epictetus，55—135）的《手册》（Enchiridion）出版《二十五言》，是第一本中译欧洲宗教经典；另出版《天主实义》，以"中士"与"西士"的对话形式，以求援儒入耶。1608 年，在友教人士汪汝淳协助下，略仿《论语》刊刻《畸人十篇》以圣贤所言证天主实义；利还曾又与罗明坚合著《天主实录》，将天主教教义同儒家思想相糅合，用以谦和之词，为中国士大夫阶层所接受。除利玛窦外，还有法国耶稣会士金尼阁偕张赓于 1625 年汇前人之译，以本土化译法重版《况义》，是所谓《伊索寓言》的第一部中译本，内中寓言故事（证道故事）与传教互倚，推动了"外国故事、中国情境"的翻译热潮。意大利耶稣会士高一志神父所著《圣母行实》（1631），则为中国首部玛利亚故事集；又译《天主圣教圣人行实》，为中国首次译出之欧洲中世纪圣传；另有《譬学》，为中国首译之欧洲修辞学专著。[①]

1637 年，意大利耶稣会士艾儒略据圣伯尔纳（St. Bernard of Clairvaux，1090—1153）的《圣伯尔纳的异相》（Visio Sancti Bernardi）译出《圣梦歌》，为明末耶稣会士首度"自觉性"的文学翻译成果。内中之梦与《庄子》《列子》梦观相比，告诫世人人生如实。

除却文以载道，耶稣会士亦寄传教梦于绘画之上。如 19 世纪末发现于西安的一幅《中国的圣母》，画中圣母头覆斗篷，面目清瘦，怀抱一个中国孩童形象的婴孩耶稣。利玛窦曾多次于肇庆、南京展示，称大家都非常欣赏这幅画像的色调、线条及姿态，称其美丽高雅。1599 年，利玛窦经人介绍结识徽商程大约，赠 4 幅基督教铜版画予程氏。程大约后出版《程氏墨苑》，将利玛窦所赠纳入其中。作品融入中国民间画工语汇，尤以《信而步海，疑而即沉》为最，虽以焦点透视布局画面，但远处山峦、门徒衣饰及面部造型均具浓郁的中国民间木版画风。此外，罗儒望（Joao de Rocha，1565—1623）于 1619~1624 年以耶稣会版画家内达（Jerome Nadal，1507—1580）的《福音故事图像》为蓝本，取中国民间版画插图特长木刻出版《诵念珠规程》。其中，《园中祷告》中的山峦、树丛的布局及刻绘方式，与《西游记》的插图相仿，且首次出现了基督受难的画面，画中的基督具有中国人的特质，亦处于中国的环境情境中。《诵念珠规程》问世 18 年后，艾儒略亦以内达的《福音故事图像》为蓝本，于福州出版《天主降生出像经解》。唯一例外的是，在最后一幅

---

① 樊树志：《晚明大变局》，中华书局，2017，第 363~364 页；李奭学：《译述：明末耶稣会翻译文学论》，香港中文大学出版社，2012，第 3、5、11、36 页；李奭学：《中外文学关系论稿》，联经出版事业公司，2015，第 51~52 页；Jean-Pierre Charbonnier, *Christians in China: A. D. 600 to 2000*, p. 153.

《圣母加冕图》中，加了约 10 名中国面貌的天使及约 15 位戴有不同头饰的中国人，包括一位军人及一名额发小童。①

《天主降生出像经解》出版 3 个月后，在汤若望向崇祯帝进呈的一批欧洲宗教礼物中，包括有一本附 45 幅版画的耶稣事迹画册。汤若望另出版《进呈图像》，画中人物着中国服饰，且因杨光先在《不得已》中刊印了汤若望书中的 3 幅，使《进呈图像》更为人所知。②

与绘画相辅，音乐则是另一进路。1581 年，在罗明坚的广州会所中，已有声调悠扬的新乐器。罗明坚之后有"能辨中国五音，为当时诸西士所不及"的郭居静，利玛窦曾嘱其备"管琴一架"进呈明帝，但未完成。1582 年，利玛窦在广东肇庆建立了内地第一座天主教堂，内置有洋乐器。《利玛窦中国札记》载："他们（中国人）也羡慕我们的乐器，他们都喜欢它那柔和的声音、结构的新颖。"1589 年，利玛窦第一次进京觐见皇帝未果，但在其贡品中有八音琴一座。

1601 年，利玛窦第二次进京，在进贡的礼物中备有"西琴"一张，他称其为击弦古钢琴、铁弦琴，应是进入中国宫廷的第一件西洋乐器。利玛窦曾安排明末宫中最先传授西洋乐器及乐理之一的耶稣会士庞迪我每日教宦官演奏此琴。

除引进西乐，利玛窦亦是较为系统地将中国音乐介绍给西方的第一人。他认为中国"乐器很普遍、种类很多"；也论及中国音乐的不足，指"对于外国人来说，它（指中国音乐）却只是嘈杂刺耳而已"；亦喜介绍中国的道教及祭孔音乐。利玛窦所言虽带有"欧洲中心论"下的偏见，但也反映出当时耶稣会士对中国音乐的观察、比较及解读视角。

1611 年，在利玛窦的葬礼上，北京的传教士以大管琴及其他乐器为其举丧。利玛窦曾作著名的《西琴曲意》，是中国最早刊行的西方歌词集，内容传达出对韶华易逝的叹息，间接流露出这位西儒在异国绵长传教岁月中的复杂情愫。

清前中期：赐堂、宫里的音乐、郎世宁

1644 年，清军入关。1650 年，顺治赐汤若望宣武门天主教堂旁空地一方。汤若望以此翻建了利玛窦于 1605 年所建之南堂：内有亭池台榭，式仿西洋；堂前有大理古牌楼一座，署有上赐"钦宗天道"四金字。顺治曾 24 次亲临南堂，并赐匾"通微佳境"。康熙年间重修成巴洛克建筑风格，雍正、乾隆年间亦有重修，乾隆帝赐匾"万有真原"挂于其中。

汤若望在南堂内置西洋管风琴。除修缮旧琴，亦著《钢琴学》介绍西琴构造及

---

① 何琦：《基督教艺术纵横》，宗教文化出版社，2013，第 309、311、315、317 页。
② 顾卫民：《基督宗教艺术在华发展史（唐元明清时期）》，道风山基督教丛林，2003，第 145 页。

演奏法，并于日课间为陕人王徵（1571—1644）译述圣父苦修奇迹。王徵后汇成《崇一堂日记随笔》。

1662年，康熙即位。是年，意大利耶稣会士利类思及葡萄牙耶稣会士安文思在顺治所赐房屋处建教堂一座，为爱奥尼亚式建筑风格，俗称"东堂"，是葡萄牙传教士在北京的活动中心。现存建筑为3层罗马式建筑，融有中国传统建筑元素。

1666年，汤若望息劳，比利时籍耶稣会士南怀仁接替其位，为康熙讲解几何、天文、历算及音乐知识。康熙曾作《十架歌》，反映耶稣会士对之传教的影响及其自身对基督宗教的兴趣。诗歌运用数目与寸、尺、丈量度，描绘了耶稣从最后的晚餐至被钉十架的受苦历程：

> 功成十架血成溪，百丈恩流分自西。
>
> 身列四衔半夜路，徒方三背两番鸡。
>
> 五千鞭挞寸肤裂，六尺悬垂二盗齐。
>
> 惨恸八垓惊九品，七言一毕万灵啼。

南怀仁在给康熙讲音乐之余，推荐在印度传教的耶稣会士徐日昇前来。徐日昇"在御前用钢琴弹奏中国歌谣"，并"每闻中国歌曲，即能仿奏"，康熙十分欣赏，赐锦绸24匹。[1] 1707年，徐日昇撰写出第一部汉文西洋乐理著作《律吕纂要》。1681年又造风琴一台，置于宣武门天主教堂，且发明一架自动机械的巨型风琴，并在教堂内根据古钢琴的原理，制成大钟和一系列小钟，悬于楼中，又置一大鼓，上书有中国曲调。

1711年，遣使会士德理格（Theodorico Pedrini，1671—1746）到来，常为康熙演奏拨弦键琴，并指导皇子演奏西方键盘乐器。1712年，德理格制造新风琴一架献呈皇帝，又于1714年在徐日昇《律吕纂要》的基础上写成《律吕正义·续编》，在读谱法方面吸取欧洲乐理新成果，比徐日昇更进一步。1723年，德理格在北京西直门内购地建造天主堂，附3层尖顶塔楼，为较典型的哥特式建筑，此后一直在那里传教。

时清初有著名诗画家吴历（1632—1718）尝作《仰止歌》：

> 未画开天始问基，高悬判世指终期。
>
> 一人血注五伤尽，万国心倾十字奇。
>
> 阊阖有梯通淡荡，妖魔无术逞迷离。

---

[1] 方豪：《中国天主教史人物传》，宗教文化出版社，2007，第404~405页。

仔肩好附耶稣后，仰止山巅步步随。

诗歌以对仗的手法，陈述耶稣为救世人被钉十架，又吁世人背负十架追随基督。1688 年，吴历由第一位华人主教罗文藻授封为神父。他尝试以中国传统曲牌配上歌词作《天乐正音谱》，是中国人最早创作之弥撒文本，有南、北曲共 9 套，"浑雅渊穆，声希味淡"。

1703 年，法国耶稣会士洪若翰、刘应（Claude de Visdelou，1656—1737）因治愈康熙帝之疾，获赐蚕池口一带地皮一块兴建北堂。1864 年，由主教孟振生主持，在北堂原址建造哥特式建筑一座，后教堂迁至西什库。

1610 年，龙华民接替利玛窦，继任中国耶稣会会长。他不赞成利玛窦容忍中国礼仪习俗，反对中国教徒尊孔祭祖，并挑起神名的译名之争，形成"中国礼仪之争"前兆。1717 年，康熙帝下旨礼部全面禁教。雍正时期禁教，至乾隆年间，虽不能在华开展传教，但传教士仍在宫中受到较高礼遇。时值欧洲启蒙运动蓬勃，艺术从宗教性转入世俗性，中国宫内亦有所反映，故而西洋音乐在乾隆宫中更为红火。时德理格、魏继晋（Florian Bahr，1706—1771）及鲁仲贤（Jean Walter，1708—1759）在宫中组织合唱队一支，作曲作词 16 篇，以备宫中之用。后有法国耶稣会士钱德明（Jean Joseph Marie Amiot，1718—1793）于 1750 年来京。钱德明擅吹长笛及弹羽管键琴，1776~1779 年出版《中国古今音乐记》（Memoires sur la musique des Chinois tant anciens que modernes），是最早以西文写成的介绍中国古代音乐体系之著作，推动了中乐西传。钱德明之后有法国人梁栋材（Jean Joseph de Grammont，1736—1812）于 1768 年来京，此人擅拉小提琴，每遇宗教节日，即在教堂伴奏。

乾隆宫内西洋乐器亦增。据清宫造办处档案载，时有大提琴 1 把、中提琴 2 把、小提琴 10 把、西洋箫 8 件、象牙笛 4 件、琵琶与弦子各 7 件、木琴 1 件、笙 1 件、古钢琴 1 件，反映乐队已较具规模。此时期另整合康熙时期的《律吕正义》，相继编写《律吕正义·后编》共 120 卷。

其时，意大利耶稣会士郎世宁服务康熙、雍正、乾隆三朝，为"西洋画师第一人"。所作之画注重解剖比例结构、焦点透视，亦吸取中国传统工笔绘画技法。除为朝廷及皇帝作画如《聚瑞图》《百骏图》，也常作宗教题材作品，如《圣米迦勒战胜恶龙》及《守护天使像》（见图 18-3）等。在《圣米迦勒战胜恶龙》中，在诠释圣米迦勒带领众天使战胜魔鬼红龙这一题材时，为尊重中国传统文化，刻意回避直接表现龙形图像，只露出龙尾；而在《守护天使像》中，天使及儿童的面貌、衣着则均呈现中国人之特征。

郎世宁之外，乾隆时期另有画师艾启蒙、王致诚、潘廷璋（Giuseppe Panzi，1734—1812）等侍奉于北京南堂、北堂和东堂，所绘包括《乾隆平定准部回战图》等。

图 18-3　郎世宁绘《守护天使像》

图片来源：香港圣公会档案馆。

　　与此同时，礼仪亦是基督教艺术与中国社会互动的一环。钟鸣旦在《礼仪的交织》一书中曾探讨丧礼在 17 世纪中欧文化交流中扮演的角色，可窥天主教教徒通过处于中国文化核心位置的丧礼公开展示其信仰，亦在中西礼仪传统的相互碰撞中，使天主教葬礼在中国社会语境中逐步本土化，塑造出其教徒身份。①

　　嘉庆、道光两朝继续执行天主教禁教政策。新教传入后，中国基督宗教艺术发展另辟新章。

第三节　19 世纪：作为福传的艺术

中国线条

　　随着 1807 年马礼逊抵华拉开的新教序幕，基督宗教艺术与中国再度因缘际会。艺术顺沿福音踏足的各个角落，在 19 世纪成为重要的传教手段及活泼的信仰昭示。就绘画而言，巴黎耶稣会传教士于 1868 年在上海成立的土山湾画馆做出了可圈可点

---

① Nicolas Standaert, *The Interweaving of Rituals*: *Funerals in the Cultural Exchange between China and Europe*, Seattle, Washington: University of Washington Press, 2008.

的努力。馆内所藏江南主教倪怀纶（Valentin Garnier，1825—1898）所作《道原精萃》（1886），内中部分作品由土山湾画馆画师刘必振（1843—1912）偕同学徒博采名家作品而成，在展示西画技巧的同时，亦已自觉地将本土意识糅入艺术创作。如《耶稣基督受茨冠苦辱》一画，未采用西式绘画常用的大范围明暗对比，而是用中国画的线条刻画人物脸部造型。同样的，在土山湾画馆1892年出版的以图画形式介绍《旧约》故事的《古史像解》中，首页《训蒙图》中绘有一群中国孩童在长辈引领下习读《旧约》，耶稣则在画面浮云上方俯首聆听。画中人物与书房陈设为中国式样，轮廓线笔法亦参用中国传统笔法，对本土意识有淋漓的表达。[①]

对于这种图像传教模式，相关新教传教士大都注意到其重要性。如在1868年林乐知所办之《教会新报》中，专设"圣书图画"一栏，先后刊印《耶稣诞生图》《约翰说梦图》《淹埃及法老人海图》《约瑟见父母图》等。其他报刊如《画图新报》，亦有《圣经》故事插图；广学会刊行的《孩提画报》《训蒙画报》《成童画报》等，均希冀通过图画向孩童及成人宣教。

零散的组画如光绪年间展示于一家杭州教会医院内的《福音故事组图》，由戴氏父子所绘，以中国化的方式诠释福音的寓言。其中，《童女之譬》和《荡子悔改图》就人物、服饰、场景、构图、题款及笔具设色，表现出中国民间故事插图的风格，以求用中国民众乐见的方式，在福传中找到与中国文化较为一致的契合点。

此外，清季亦盛行以反教为主题的版画。如华中地区广为流传的《辟邪纪实》（1871），内中的《族规治鬼图》展示了教会力量难以融入中国宗族社会的景况；湖南士绅周汉散播的《谨遵圣谕辟邪全图》中的《射猪宰羊图》，将耶稣污名为"天猪精"钉于十架受刑。此类版画因切近中国各阶层文化及心理需求，对仇教之风有推助之效果。

传教士的"中国调"

绘画之外，音乐传教亦是19世纪福传的重点。一是，赞美诗集的翻译及汇编，如新教除出版中译官话赞美诗集《养心神诗》《祈祷文赞神诗》等，亦以方言翻译诗歌，如《榕腔神诗》《潮腔神诗》等。二是，传教士们费心研读中国乐史及古籍、学习中国乐器，后撰书成文向西人加以介绍。如比利时籍传教士阿里嗣（J. A. van Aalst，1858—?）在沪出版之《中国音乐》（*Chinese Music*）（1884）一书，被视为当时向西人介绍中乐最详尽，同时又最容易获取的一项资料。李提摩太夫人玛丽·马丁（Mary Martin）以其夫李提摩太所作中国音乐笔记为基础，于1890年在《教

---

① 参见褚潇白《聆听苦难：土山湾天主教绘画艺术中的空间意识及其宗教精神》，《宗教学研究》2012年第2期。

务杂志》发表《中国音乐》（"Chinese Music"）一文，就中国音乐概况详加介绍，诸如此类的文章或著作在近代中国日渐丰厚。中国乐律，中国五声音阶，中国器乐（如笙、磬、琴瑟、琵琶、月琴等）均是传教士津津乐道的对象，如传教士对大量存于中国乐曲中的五声音阶多有兴趣。李提摩太夫人在《中国音乐》一文中重点描述了这一音阶的构成及流变，又在参考中国乐典基础上，介绍这一音阶与中国阴阳五行、伏羲八卦间的关系，并涉及"宫属君、商属臣、角属民、徵属事、羽属物"的儒家礼乐思想；马乔里（Marjorie Spickler Cavanagh）在《中国音乐源头》（1912）一文中亦强调五声音阶与中国五味、五色、五气、五方、五季、五脏之间的关系；另外的探寻包括五声音阶在中国的发源、中西音乐比较视野中五声音阶及西方七声音阶的相似功能性等。[1]

对于中国音乐持正面评价的传教士不多，相反，其诟病秦始皇焚书坑儒导致中国音乐文本毁于一旦，亦指责孔子未将中国古乐较好地传于后人，但仍指中国人有很强的能力去创造好的音乐。传教士也曾深入中国各地寻求有助推动圣乐处境化的中国音乐元素：在中国的寺庙、乡村及城市街道聆听中国曲调，并将之运用于赞美诗创作。李提摩太在游历五台山时即指佛教礼拜仪式的音乐使人很强烈地想起格里高利圣咏和古老教会的应答歌，故而记下来用于以后的基督教礼拜仪式。另一些传教士则自行创作五声音阶赞美诗，指出中国的基督徒一旦被教会吟唱这些赞美诗，便会很高兴去那样做。

传教士们也提出在礼拜中运用中国乐器伴奏的建议，但终遭否决，这一做法反映出传教士对推进中国圣乐处境化的另一种思索。

背景知识 18-1　中乐落后西乐乎？——音乐传教之新诠释

相关史料表明，近代传教士在音乐传教过程中均不自觉地将中乐置于西乐评价体系中加以解读，故而使"中国没有和声，比西方落后一千年"等充满殖民气息的论述充斥于大部分传教士的思想及文本之中。然而在近代音乐传教过程中，对中国音乐的界定是否仅停留于此？中西音乐交流问题，是否只是西方音乐体系的优越性凸显与中国落后音乐体系的对抗？

可以看出，在介乎主观或客观地归咎出中国音乐的落后原因后，相关传教士均对中国音乐寄予期望，且就中国音乐本身入手，透过中西旋律借用、谱法

---

[1] See Mrs. T. Richard, "Chinese Music," *The Chinese Recorder and Missionary Journal*, Vol. 21, No. 7（July 1890）, pp. 305-314; "Chinese Music（concluded from p. 314），" *The Chinese Recorder and Missionary Journal*, Vol. 21, No. 8（August 1890）, pp. 339-347; Marjorie Spickler Cavanagh, "Origin of Chinese Music," *The Chinese Recorder*, Vol. 52, No. 7（July 1921）, pp. 462-468; C. S. Champness, "Music in China," *The Chinese Recorder*, Vol. 48, No. 8（August 1917）, p. 493.

相融及器乐替代来追寻中国处境化圣乐向度。这一局面将中国音乐从原有的西洋音乐评判体系中脱离开来，以平等的视角加以观之，为原有"欧洲中心论"主导下的中西音乐交流不平等性提供了相关驳论。在音乐传教过程中，近代中西音乐并未因各自体系的不同而相斥；相反，两者在以传教士为媒介的引导下打破原有论调的束缚，平等对话、双向并行，以两种陈述口吻互为支撑。这即是音乐传教在史学及音乐学层面为我们展示出的重要新图景。

除此之外，为方便中国人认谱，李提摩太夫妇研究出一套将中国工尺谱、西方五线谱及"首调唱名法"（Tonic Sol-fa）相结合的读谱法，使之在节奏方面具有与西洋音乐相同的记谱功能，后编入《小诗谱》，在教授信徒唱诗时颇具成效。另一位传教士约翰（J. W. H. John）则介绍了一种将西方音符与中国工尺谱音高记号相结合的办法，通过信徒相互协助完成认谱（见图 18-4）。这些方式均构成了 19 世纪音乐传教士对探寻圣乐处境化所做出的努力。

图 18-4　改良记谱法
图片来源：香港圣公会档案馆。

译介与书写

与此同时，文学亦是该时段基督宗教艺术发展的重要体现，在此过程中，传教士们向西方介绍了中国文学，亦开创了西方汉学新时代。如伦敦会的理雅各（James Legge，1815—1897），曾与中国政论家王韬（1828—1897）合作，将四书、《春秋》、《左传》等古典作品译成英文，成为晚清传教士汉学家与口岸知识分子关系的典型，而其合作及跨文化对话则是近代中西交流史的重要表征；另如德国同善会的卫礼贤（Richard Wilhelm，1873—1930），不但于青岛创办礼贤书院及尊孔文社，另将《论语》《道德经》《庄子》等儒道经籍及《中国民间童话》《会真记》等作品译成德文，成为东西方的中介者；美长老会的丁韪良则于报章刊物上发表多篇对中国神话传说、抒情诗的译介。他关注能表现中国人物情感及道德诉求的抒情诗，也特别重视其间对女性的描写，亦是最早将花木兰故事译成英文的外国人。

除却个人努力，传教士群体亦在近代传教期刊等载体上发表对中国文学的介绍与评述。如在《中国丛报》中，不仅有对《红楼梦》《谢小娥传》《王娇鸾百年长恨》等世情小说的译介，亦有对《三国演义》《南宋志传》等历史小说的介绍；而对《香山宝卷》《聊斋志异》等神怪小说，以及对《诗经》《春园采茶词》等中国诗歌，传教士们也饶有兴趣。他们希冀借历史小说来了解中国历史，借神怪小说来窥见中国宗教信仰，亦透过世情小说来理解中国的风土人情，以便传教；而在《教务杂志》上，也有对《红楼梦》《白蛇传》《聊斋志异》《三国演义》等小说译本或汉语读本的书评。[①] 这些小说使传教士对中国人的思想及宗教观念有所认知，亦助其批判性地看待中国宗教观念及思想。

此时期的西方传教士也注重翻译及创作具有浓厚本土化特征的基督教小说。此类小说惯以明清为背景，以官员、读书人及商人等为主要角色，在采用章回体的同时，多有对中国社会风俗的描绘，且注意会通中国传统经典与基督教思想。如首部汉译德文基督教小说《金屋型仪》（1852），围绕犹太女孩咄喳改信基督教展开宗教问题讨论，且译者"把这部戏仿小说俨然译成了一部中国传统章回体小说，使小说具备'回目'、'诗曰'、'看官'等形式及相关叙事特征"，反映出与晚清中国基督徒面对情况相仿的宗教、文化、民族冲突。另一些创作作品采用"中国史传小说的笔法，使之具有中国传统小说历史演义的叙述特点"，如理雅各的《亚伯拉罕纪略》（1857）等。中国基督徒亦于19世纪末参与此类小说的创作，借此针砭社会，借基督教思想文化探求强国之道。[②]

折中主义的处境化

该时期的教堂建筑亦有诸多处境化尝试，将中国元素和西方元素相结合，展现出西方折中主义建筑特点。如1870年的北京崇文门堂，整体为木质，呈独特别致的圆形双层伞结构；建于1878年的温州城西堂，整体为砖木混合结构，内部采用中国传统围栏式建筑；又有如辽阳基督教堂（1888），平面呈十字形，外观及局部装饰则透过青瓦屋面、白灰勾缝的清水砖墙、圆拱大门及门前红色木柱，突出其中国传统建筑风格；镇江福音堂（1889）采用砖木结构，以木质人字梁支撑屋顶；四川阆中三一堂（1895）则结合川北民居的建筑特点，高低错落，迂回曲折，有青瓦、粉

---

① 参见刘丽霞《近现代来华传教士与中国文学研究》，中国社会科学出版社，2017，第124~132页。
② 黎子鹏：《福音演义：晚清汉语基督教小说的书写》，台湾大学出版中心，2017，第5~6页。

墙、坡屋顶及穿梁斗拱；另有福建长汀的中华基督教堂（1896），其堂顶由木架和木柱支撑，以青瓦覆盖，墙体由青砖砌成，简洁且古朴。[①]

背景知识 18-2　西方折中主义与中国教会建筑处境化

　　随着 19 世纪下半叶出版业、印刷业、考古界的进一步发展，以及新的建筑功能如银行俱乐部的产生，另加上人们对过往历代建筑形式的不断了解，欧美出现了折中主义建筑（Eclectic Architecture）风格。第一种表现形式是将现有的建筑功能与过往的建筑样式相结合，如以古典式建银行、以巴洛克式建剧场等；第二种表现形式则是在同一种建筑内混用各种历史风格元素。当折中主义风格传至中国后，亦表现在对中国教堂、教会大学的建造上：中国建筑元素被嵌入，如屋身保持西式建筑，顶部则糅入南方或北方式样的中式屋顶，或在建筑中运用中国人所熟悉的符号等，这即是折中主义的表现，亦是所谓建筑处境化的反映。

　　一些教会大学建筑在此时期出现屋身保持西式建筑、顶部糅入以南方样式为摹本的中国屋顶样式，这是中国教会大学处境化建筑前期风格。美国圣公会于 1879 年所建上海圣约翰大学即是这一风格之代表，既有"西式外廊式与传统中式大屋两种建筑风格的叠加"，也有简洁红砖立面、中式大屋与大量中式装饰的糅合。[②] 其中，建于 1895 年的怀施堂沿用欧洲中世纪大学通用的修道院式带内廊、内天井的口字形平面，亦有重檐屋顶的钟楼，且翼角仿江南建筑，翘角显著，角部处理采用钢筋混凝土等现代技术来模拟中国木构建筑样式（见图 18-5）。

图 18-5　上海圣约翰大学怀施堂（1895 年建）

图片来源：香港圣公会档案馆。

---

① 《归耶和华为圣：中国教堂建筑掠影》，中国基督教两会，2015，第 1~3、12~15、62~63、67~70、93~95、126~127 页。

② 徐以骅主编《上海圣约翰大学（1879—1952）》，上海人民出版社，2009，第 150 页。

总体而言，19 世纪的中国基督宗教艺术呈现文化交流上的双向性。透过西乐中传及中乐西传、中西画风、建筑风格上的糅合互融，以及传教士译介中国文学、以中国手法创作基督教文学等面向，对原有理解下的殖民时期的文化交流单向性、不平等性及不平衡性提供驳论：通过处境化之传教手法，可见 19 世纪殖民时期文化的陈述主题实际有两个或两个以上，即一种双向多元之文化陈述与对话。而这一跨文化的互文性可说是 19 世纪基督宗教艺术与中国社会、政治、风土相糅后所建构的别样图景。

第四节　自我的诉求：20 世纪初至 1949 年

自 20 世纪起，伴随高涨的爱国情愫及中国教会对自立及变革的愿望日益强烈，加之中国教会开始进一步关注神学、礼仪方面的去西方化并植入中国文化元素，对基督宗教艺术处境化的追寻从 19 世纪以西方传教士为主、华人为辅的局面，转向以华人为主自行开拓的境况。

"颖调致中华"

民国时期的基督徒知识分子如赵紫宸、杨荫浏、刘廷芳等，均注意到须靠自身推进中国圣乐发展的重要性，如刘廷芳直言："从前我国圣歌圣乐之编辑与译述，都是西方传教士的工作，华人不过其助手耳。近来我国信徒，自己努力，在这园地中工作者日增，教会中团体重修圣歌之工作，亦十分积极的推行，这都是给灵修者极大的愉快……"[1] 由此为基调，在华人教会中出现了大面积探讨处境化赞美诗文本翻译、歌词创作、音乐择取的局面。各种赞美诗集亦纷呈而出，新教主流教会的作品如《青年诗歌》（谢洪赉，1908）、《中华基督教女青年会诗歌》（1924）、《儿童玩耍诗歌》等，小宗派作品如余慈度的《奋兴布道诗歌选集》（1909）、倪柝声的《小群诗歌》（1928）、耶稣家庭的《耶稣家庭诗歌》（1940）等，至 20 世纪 30 年代中达至高潮。

其中可圈可点的，当数 1931 年赵紫宸携美国传教士范天祥（Bliss Mitchell Wiant，1895—1975）共同合作的《团契圣歌集》及《民众圣歌集》。前者取世界知名赞美诗，由赵紫宸译出，融汇大量佛道化语汇，供燕京大学团契师生使用；后者由赵紫宸糅合其早期神学思想及对中国民众宗教文化生活之理解亲自撰写文本，曲调则采纳耳熟能详的中国民间传统曲调、孔教佛教音乐等，由范天祥配以和声，供中国普通民众基督徒所用。[2] 在此之中，赵紫宸自行翻译、创作赞美诗，在文本上不受西方传教士影响，

---

① 刘廷芳：《过来人言——"圣歌与圣乐"发刊词》，《圣歌与圣乐》第 1 期，《真理与生命》第 8 卷第 1 期，1934，第 31~32 页。

② See Ruiwen Chen, *Fragrant Flowers Bloom: T. C. Chao, Bliss Wiant and the Contextualization of Hymns in Twentieth Century China*, Leipzig: Evangelische Verlangenstalt, 2015.

代表着一个对处境化赞美诗有所觉醒的中国基督徒形象；而范天祥的音乐创作则既秉承 19 世纪前人之努力，亦代表着一位音乐传教士的新形象。赵范的合作展现出在当时中国教会、社会奋进又飘摇的岁月中，中国基督徒知识分子与西方传教士对中国教会处境化的理解与憧憬，并从音乐层面进行回应。两部诗本直接促成了 1936 年《普天颂赞》的问世，标志着赞美诗层面的教会合一精神。与之相辅，天主教方面亦有进展，如土山湾印书馆于 1935 年所出版的《圣歌》，内中《教友诸德歌》《圣教采茶歌》等诗歌，就文本及音乐均呈现出与中国民众、社会相融合的处境化特征。①

背景知识 18-3　赵紫宸早期神学思想与其赞美诗文本创作

早在 4~5 世纪，早期基督教神学家及教会领袖即对上帝论及基督论加以界定，后为东西方接受，并在所有文化中重新诠释。赵紫宸撰写的赞美诗文本如《民众圣歌集》等，即具这一特征，体现了其早期神学思想（一种界定是自 1917 年至 1934 年）。《民众圣歌集》文本展现其早期上帝观。譬如，上帝具有人格、有知有情，按《天恩歌》所述"不忧愁今天穿什么呀，不忧愁今天要吃什么，我天父，他知道"；又如，上帝为人父亲，按《三一歌》所示"管天地，爱世人，做人老父亲"；就基督论观之，文本反映"人而神"之耶稣，有别于西方"神而人"之耶稣形象。在《尊主歌》中，赵紫宸以"慈悲""有情""勇敢""聪明"等勾勒耶稣，将其视作有血有肉之人；另又描绘耶稣人格之圆满，如《圣子歌》所言"仁爱耶稣做榜样，也爱朋友爱仇人"，以仁爱平等建构耶稣作为一位以中国文化及哲学为进路的人子形象；再者强调耶稣深具师长模范之面向，须效法耶稣，如《好牧人歌》所言："独有主耶稣，发出慈悲声，自己前头走，羊群后面跟。"这些文本虽非完整全面地呈现赵紫宸的早期神学观，但可就一清晰视角折射其处境化特征，为中国普通民众所接受。

"中国场景"

此时期对处境化基督宗教绘画的追寻仍旧延续。1926 年，中华圣公会沈子高牧师（后成为主教）在南京创办旨在倡导中国化艺术创作的"圣路加工作室"，其间包括美国圣公会传教士郝路义（Louise S. Hammond，1887—1945）、郝夫人（I. L. Hammond）、徐三春、沈子高 4 位成员。1930 年，沈子高出席伦敦国际基督教艺术展，发表题为《中国基督教艺术之始》（"The Beginning of Chinese Christian Art"）之演说，并在这

---

① 南鸿雁：《沪宁杭地区天主教圣乐本土化叙事（1911—2006）》，中国社会科学出版社，2017，第 120 页。

次基督教艺术展上展出了由圣路加工作室徐三春所绘的 4 幅耶稣生平图，深获好评。徐三春曾创作多幅具有中国传统艺术特色的基督教题材作品，如《三博来朝》《撒马利亚妇人井边问道》《为门徒洗脚》等，笔调淡雅，意蕴流长。圣路加工作室的成员不仅创作基督教艺术，亦希冀培养基督徒艺术家。此外，另设计制作圣坛十架、烛台及挂饰等物。1934 年 11 月，在香港何明华主教建议下，圣路加工作室与教会艺术合作协会（Church Art Cooperative Society）合并，会有 20 名成员，旨在促进各类形式的基督教艺术发展，以及在中国教会鼓励富创造性、想象力之作品。该协会曾将徐三春所绘之《三博来朝》（见图 18-6）及《圣母神子》制成明信片，后者亦被制成一幅中国样式的墙卷轴。该社最为满意的作品之一，乃是出版了由英国画家威廉·霍尔（William Hole，1846—1917）所绘的《拿撒勒人耶稣生平》（*The Life of Jesus of Nazareth*）中文版：80 桢插图由英国制定而来，沈子高将一块南京丝毯用作书籍封面之质地，上嵌有基督教象征符号。由吴雷川为之题字，杨荫浏译述引言。[①]

图 18-6　徐三春绘《三博来朝》
图片来源：香港圣公会档案馆。

此时期，天主教方面因首位教廷驻华宗座代表刚恒毅对本土化艺术的鼓舞，呈

---

① T. K. Shen and Frances M. Roberts, "Christian Art in China," *The Chinese Recorder*, Vol. 68, No. 3（March 1937），pp. 164-166; "The Adoration of the Magi," "The Madonna of the Radiant Sun," *The Chinese Recorder*, Vol. 68, No. 1（January 1937），p. 1.

现出诸多作品，如画家陈缘督（1902—1967）等都对艺术处境化做出努力。刚恒毅枢机曾在陈缘督的一次个展上对其画技大加赞赏。在刚恒毅的邀请及鼓励下，陈缘督于 1929 年绘制了一幅中国样式的圣母端坐图，怀中抱有一孩童。[①] 作品在多部天主教刊物上刊出，激发了其他天主教画家之灵感。1932 年，陈缘督受洗，取圣名"路加"，后以中国工笔画法绘制《马槽降生》《救世之母》《逃亡埃及》《基督受难》《耶稣爱儿童》《天神之后》等作品。其弟子陆鸿年（1914—1989）亦以中国传统人物形象及中国村落景观为素材，绘制诸如《客店无房》《圣母子》《好撒马利亚人》等多幅福音故事。在《冬天里的圣家族》一画中，约瑟被绘成典型的中国木匠形象，肩扛锯子和斧头；玛利亚则怀抱婴孩立于华南或华中的一扇房门口。另一位弟子王肃达（1910—1963）则以禅院布景绘制《天使报信》等作品，富含致远意蕴。1940 年，这批画汇成铺陈耶稣一生的英文版《我主圣传图》（*The Life of Christ*），内中"所有画均为绢画，上色很精致，触感也佳，富有中国艺术特色"，且"几乎每一幅画均包含有一棵树，而具有中国特征的竹子亦时常出现"，"基督则通常出现于一些美好的中国生活场景中"。[②]

石头上的神学

此时期在建筑方面亦有诸多激荡及回响。何明华主教曾于 20 世纪 30 年代提出教会建筑"中国化"之倡议，建于 1912 年的香港圣公会圣马利亚堂（见图 18-7）即是对这一理念的回应：教堂入口仿中国传统牌楼建筑，外形则模拟中式传统民居"单檐硬山顶"建筑结构；入口台基由石栏杆护佑，阶级则伸向由四根朱柱组成的中式门廊。圣堂正脊上有鎏金宝顶，屋脊两边有龙形吻兽，檐下则有密密排列的斗拱。

该圣堂建筑诠释出基督教与中国文化的融合，表述出此堂作为一个华人教会而非西方教会的处境化特征。20 世纪早期具备这类建筑处境化取向的教堂不乏其数，如具有宫宇式外型的上海鸿德堂（1928），采用中国传统斗拱飞檐结构屋顶及"穿斗式"木质结构；又如带有典型牌坊式样式的四川绵竹礼拜堂（1923），以及以红墙围绕、岭南花窗装饰、内间为岭南传统古典建构的广州锡安堂（1936）；另有以中国传统青砖扁砌成、内有中式穿梁的安庆圣诞堂（1912）等。

与此同时，中国教会大学之建筑自 20 世纪初起由此前以南方民间样式为摹本向北方官式、宫殿式样式转变。一些建筑师如美国人墨菲（Henry Killiam Murphy，

① Jeremy Clarke, *The Virgin Mary and Catholic Identities in Chinese History*, Hong Kong University Press, 2013, p. 162.

② Chinese Artists, *The Life of Christ by Chinese Artists*, Westminster: The Society for the Propagation of the Gospel, 1938, p. 3.

图 18-7　香港圣公会圣马利亚堂

图片来源：香港圣公会档案馆。

1877—1954）在参观紫禁城等北方建筑后感叹"中国建筑艺术，其历史之悠久与结构之谨严，实在使余神往"。由沙特克（Shattuck）和赫士（Hussey）设计的北京协和医学院（建于 1919~1921 年）已出现端倪，而由墨菲设计的燕京大学及格里森（Adelbert Gresnigt）设计的辅仁大学则代表这一形式的日臻成熟。① 墨菲另主持设计了长沙湘雅医学院、福州协和大学、金陵女子大学等著名的中国教会大学，在教会大学处境化建筑推行上功不可没。

　　天主教方面，在刚恒毅于 1923 年就在华圣教建筑致信传信部后，该提案被写进上海第一届主教大会的《决议案》，旨在于中国传教区推广本地化教会建筑风格，以避免因建筑一律欧化而招致中国教外人反感。1925 年，刚恒毅请荷兰籍本笃会士葛斯尼（Adelbert Gresnigt，1877—1956）神父为北京天主教大学绘制图纸并监督工程，将中国传统建筑元素运用于天主教建筑物。后者亦负责设计了香港、开封的总修院等建筑。

　　这些建筑连同中国教堂不仅反映出 20 世纪二三十年代中国教会本色化运动对其之影响，亦折射出美国神学家奇克海夫（Richard Kieckhefer）所言"石头上的神

---

① 潘谷西主编《中国建筑史》，中国建筑工业出版社，2009，第 403 页。

学"（Theology in Stone）之理念，铺陈出道成肉身与教会建筑处境化间的关联。[①]

基督教文学作家群

与此同时，20 世纪上半叶的基督教文学成为基督道成肉身的具体表述。赵紫宸在言及文学与本色化关系时云："中国基督徒开始意识到建立本色教会体系的必要性，并日思夜想地寻求如何建立中国基督教文学。"[②] 在此之中，基督教新诗成为突出的表征形式。冰心（1900—1999）曾于 1921 年在《生命》发表组诗 16 首，就自然、颂赞等主题进行描绘，融艺术情感与宗教情感于一体，如"光明璀璨的乐园里，/花儿开着，/鸟儿唱着……/太阳慢慢的落下去了。/映射着余晖——/……微微的凉风吹送着……"（《傍晚》），描绘出伊甸园之景象；又如"上帝啊！你安排了这严寂无声的世界。/从星光里，树叶的声音里，/我听见了你的言词"（《夜半》），希冀透由自然景物见闻上帝并发出赞美；亦有描绘耶稣降生之篇幅，如"我这时是在什么世界呢？/看呵！繁星在天，夜色深深——/在万千天使的歌声里，和平圣洁的宇宙中，/有天婴降生"（《天婴》）；也有回应《圣经》篇幅的段落如"水晶的城壁，碧玉的门墙，只有小孩子可以进去。/……"（《孩子》），表述出《马太福音》中有关天国中孩子为大的经训。[③]

除此之外，吴雷川、刘廷芳、赵紫宸、陆志韦等基督徒知识分子也积极投身此类诗歌的创作，其作品在《生命》《青年进步》《紫晶》等期刊上多有刊载。如赵紫宸《圣诞前一夕》，强调耶稣"是背负重轭的苦人"，在此强调耶稣"人而神"的特点，此乃赵紫宸早期基督论的反映。他另在《牧师经》中描绘牧师的众生相，以一窥当时教会相关面向。[④] 也有诗歌提倡牺牲奉献精神，如刘廷芳的《老牧师》；并强调美善、感恩之心等，如田韫璞的《小孩》、刘廷蔚的《献诗给母亲》等。

此外，"五四"启蒙思想下成长起来的一代知识分子及中国新文学本身亦或多或少地受到基督教精神的影响。如鲁迅（1881—1936）在对基督教持批判汲取的态度时，也推崇基督的救世精神。小说《药》（1919）中的夏瑜之死，从被出卖、受折磨、被残杀至探坟、显灵，其情节与耶稣之死相仿，且如耶稣一般有"被抛入世界和人生的悲剧性处境，都面临着无法操纵控制的、绝对的冷漠世界"；而《复仇》（1924）则直接取材于耶稣之死，将"受难的基督视为一个为民众谋福音却反被凌

---

① 〔美〕魏克利、陈睿文：《万代要称妳有福：香港圣公会圣马利亚堂史（1912~2012）》，基督教中国宗教文化研究社，2014，第 98 页。

② Chao, "The Chinese Church Realized Itself," in *The Chinese Recorder* (May-June, 1927), p. 308.

③ 谢婉莹：《傍晚》，《诗》，《生命》1921 年 3 月，第 1 页；《夜半》，《诗》，《生命》1921 年 3 月，第 2 页；《天婴》，《诗》，《生命》1921 年 12 月，第 1 页；《孩子》，《诗》，《生命》1921 年 3 月，第 2 页。

④ 赵紫宸：《圣诞前一夕》，《生命》1924 年 1 月，第 2 页；赵紫宸：《牧师经》，《赵紫宸文集》（第四卷），商务印书馆，2010，第 646~647 页。

辱、迫害的精神界战士"。鲁迅亦将自我对基督教历史及思想的反思作为其向黑暗势力斗争的精神力量，故而"耶稣也是鲁迅的耶稣，或者说是鲁迅自己"。[1]

周作人（1885—1967）则指，现代文学上的人道主义思想几乎均从基督教精神而来。[2] 许地山亦对这种人道主义多有着墨。作为一名基督徒及宗教学家，其作多有基督教的博爱思想：《商人妇》（1921）中惜官对丈夫的忍耐与宽恕；《缀网劳蛛》（1925）中尚洁对窃贼的饶恕及其无为的"有所为"、不争的"有所争"等，皆是基督宽恕、牺牲之爱及无私胸怀的展现。

老舍（1899—1966）的一些作品生动地描绘出当时基督徒的众生相，如《二马》（1929）中的伊牧师、《正红旗下》（1961—1962）中的牛牧师，都是其极力嘲讽的西方传教士形象；《柳屯的》（1934）中倚仗教会势力的泼妇、《正红旗下》中通过入教谋取利益的多老大等，是他犀利描绘的吃教者；"祷告时永远是闭着一只眼往天堂上看上帝，睁着一只眼看那群该下地狱的学生"的伊太太、打不破种族成见的温都太太、回佛耶三位一体的老张、为赚钱把灵魂交给魔鬼的丁约翰等，是他所刻画的基督徒众生相。除此之外，老舍还努力塑造理想的人格灵魂，如《黑白李》（1933）中的两兄弟：黑李履行了福音上的教导，烧去脸上的黑痣，在人力车夫的暴乱中冒充弟弟白李被捕，以自我的牺牲表述出对信仰的践行。

另有一些文学作品描绘出人物对基督的皈依历程。如苏雪林（1897—1999）的自传性小说《棘心》（1929），从主人公杜醒秋对基督教文化的反抗，到受宗教环境影响开始对基督教文化产生兴趣，再至在心灵的苦痛中皈依基督等，富有层次地呈现西方文化冲撞中主人公的心路历程，赋予了中国现代文学独特的价值。而曹禺（1910—1996）的作品则亦带有诸多基督教文化色彩，如《雷雨》（1933）中的神秘悲惨命运、各人的罪感及悔罪心态、序幕及尾声中壁炉上钉于十架的耶稣像、教堂内的颂主歌及风琴声、胸悬十架的姑奶奶身影、壁炉边读《圣经》的修女等，均是小说受基督宗教影响之反映。

值得一提的是，这些基督教文学作品也因着基督宗教而出现新的精神意涵及语言变化，正如音乐、绘画、建筑一样，在自 20 世纪初至 1949 年与中国文明的相遇中，通过处境化地调适使自身内涵更契合中国社会及文化，在展现基督教普世精神的同时，亦强调其地域性关怀，由此直接或间接推动着去建立一个"中国人身心都可以接受的基督教"。

---

①　王本朝：《20 世纪中国文学与基督教文化》，安徽教育出版社，2000，第 67、70 页。
②　杨剑龙：《旷野的呼声——中国现代作家与基督教文化》，上海教育出版社，1998，第 38、63~64 页。

背景知识 18-4　黄安伦及其处境化圣乐作品

中国作曲家对处境化圣乐的追寻延绵不绝，黄安伦便是其中一例。黄安伦成长于四代基督徒家庭，其圣乐创作尤为独特。代表作有《复活节大合唱——生命的赞歌》《诗篇 150》《启示录》《安魂曲》等，均为立足中国社会场景，从中国社会文化处境生发出的自由的、有其独特经历的作品，旨在"用中国人的角度，用中国文化的底蕴……去表达那个超越时空的美"。黄安伦所作二胡协奏曲《中国畅想曲第五号》将西方圣诗《近主十架歌》与中国赞美诗《感恩的泪》《最知心的朋友》等糅于一体，从音乐层面铺陈出作为异质文化的基督宗教在中国处境中的适应及改造，以及其与本土文化（民乐二胡，中国基督徒所创赞美诗、中国基督徒本身等）的整合，由此创造出引人遐思的神圣空间及活泼生动的世俗空间，是成熟的处境化圣乐作品的具体展现。

结　语

作为一种跨文化及信仰的表述形式，艺术通常以非封闭、动态且灵活开放的姿态与自我文化及他者文化相会相知。在中国基督宗教的发展历史中，艺术透由与中国文化、社会的碰撞，在不同的时段被处境化地调适及再创造，生发出新的艺术形态，为中国基督宗教的底色绣上了或活泼、或隽雅的图景。

唐元景教所留下的斑驳壁画、十架、墓碑及诗文，明末清初耶稣会士在文化适应策略下偕西文、西画、西乐与中国社会展开的对话，19 世纪福传卷轴下的中西旋律互补、绘画技巧互融、建筑风格中西合璧，及至 20 世纪初至 1949 年前以华人为主导的艺术处境化再发展，均使基督教艺术自身内涵更为丰满，也成为历代来华传教士，以及中国基督徒生命经验、宗教经验及创造经验的共同表达。

如果教会的生命及事工是道成肉身的延续，那么我们可以说，在中国基督宗教历史发展的长河中，通过处境化的基督宗教艺术，这一道成肉身已被人动情吟唱、绘制、砌盖、书写了一代又一代，并将延续及发展。

| 参考书目 |

工具书

北京遣使会编《北堂图书馆藏西文善本目录》，国家图书馆出版社，2009。

丁光训、金鲁贤主编《基督教大辞典》，上海辞书出版社，2010。

〔法〕费赖之：《明清间在华耶稣会士列传（1552—1773）》，梅乘骐译，天主教上海教区光启社（内部发行），1997。

辅仁大学天主教史料研究中心编《中国天主教史籍汇编》，辅仁大学出版社，2003。

郭卫东主编，刘一皋副主编《近代外国在华文化机构综录》，上海人民出版社，1993。

黄光域编《基督教传行中国纪年（1807—1949）》，广西师范大学出版社，2017。

金以枫：《1949年以来基督教宗教研究索引》，社会科学文献出版社，2007。

居蜜、杨文信合编《基督教在中国：美国国会图书馆亚洲部藏十九世纪传教士中文文献解题》，汉世纪数位文化股份有限公司，2009。

雷立柏编《中国基督宗教史辞典：英汉对照》，宗教文化出版社，2013。

李淑仪：《碰撞与交流：澳门中央图书馆外文古籍提要》，澳门特别行政区政府文化局，2013。

林美玫：《祷恩述源：台湾学者基督宗教研究专书论文引得（1950—2005）》，世界宗教博物馆发展基金会附设出版社，2006。

刘志庆：《中国天主教教区沿革史》，中国社会科学出版社，2017。

丁立伟（Olivier Lardinois），SJ 等编《耶稣会士在华名录（1842—1955）》，台北利氏学社，2018。

〔法〕荣振华等著《16—20 世纪入华天主教传教士列传》，耿昇译，广西师范大学出版社，2010。

陶飞亚、杨卫华：《基督教与中国社会研究入门》，复旦大学出版社，2009。

王德硕：《北美的中国基督教史研究述论》，上海人民出版社，2016。

吴梓明、梁元生主编《中国教会大学文献目录》（共 5 辑），香港中文大学崇基学院宗教与中国社会研究中心，1996~1998。

徐宗泽：《明清间耶稣会士译著提要》，上海书店出版社，2006。

张美兰编《美国哈佛大学哈佛燕京图书馆藏晚清民国间新教传教士中文译著目录提要》，广西师范大学出版社，2013。

赵天恩编《中国基督教史书目——初编》，香港：中国神学研究院，1970。

中华福音神学院中国教会史研究中心编《中国基督教史研究书目——中日文专著与论文目录》，中华福音神学院出版社，1981。

中国社会科学院近代史研究所翻译室编《近代来华外国人名辞典》，中国社会科学出版社，1981。

Albert Chan, *Chinese Books and Documents in the Jesuit Archives in Rome: A Descriptive Catalogue: Japonica-Sinica I-IV*, New York, London: M. E. Sharpe, 2002.

Cross, F. L. and Livingstone, E. A. eds., *The Oxford Dictionary of the Christian Church*, 3rd ed. Revised, Oxford and New York: Oxford University Press, 2005.

Lodwick, Kathleen, *The Chinese Recorder Index: A Guide to Christian Missions in Asia, 1867–1941*, Wilmington, Del.: Scholarly Resources Inc., Scholarly Resources, 1986, 2 Vols.

Standaert, Nicolas, ed., *Handbook of Christianity in China, Vol one: 635–1800*. Leiden: Brill, 2001.

Tiedemann, R. G., ed., *Handbook of Christianity in China, Vol two: 1800–present*. Leiden: Brill, 2010.

Tiedemann, R. G., *Reference Guide to Christian Missionary Societies in China: From the Sixteenth to the Twentieth Century*, New York: M. E. Sharpe, 2007.

Wu, Xiaoxin, ed., *Christianity in China: A Scholars' Guide to Resources in the Libraries and Archives of the United States*, Second Edition, New York: M. E. Sharpe, 2009.

Yeo, K. K., ed., *The Oxford Handbook of the Bible in China*, Oxford and New York: Oxford University Press, 2021.

通史

顾卫民：《中国天主教编年史》，上海书店出版社，2003。

罗伟虹：《中国基督教（新教）史》，上海人民出版社，2016。

王治心：《中国基督教史纲》，上海古籍出版社，2004。

卓新平：《基督教思想》（宗教学新论之九），中国社会科学出版社，2020 年 12 月出版，2021 年 4 月重印。

卓新平：《基督教文化》（宗教学新论之十），中国社会科学出版社，2020 年 12 月出版，2021 年 4 月重印。

卓新平：《中国基督教》（宗教学新论之十一），中国社会科学出版社，2020 年 12 月出版，2021 年 4 月重印。

Bays, Daniel H. , *A New History of Christianity in China*, Malden, MA: Wiley-Blackwell 2007.

Bays, Daniel H. ed. , *Christianity in China: From the Eighteenth Century to the Present*, Stanford: Stanford University Press, 1996.

Breslin, Thomas, *China, American Catholicism, and the Missionary*, Philadelphia: Pennsylvania State University Press, 1980, 144p. An overview survey.

Cambridge History of Christianity. Volumes 1 – 9, Cambridge: Cambridge University Press, 2005–2009. [cite Chinese version]

Charbonnier, Jean-Pierre, *Christians in China: A. D. 600 to 2000*, trans. M. N. L. Couve de Murville, San Francisco: Ignatius Press, 2007.

Fairbank, John K. , ed. , *The Missionary Enterprise in China and America*, Cambridge: Harvard University Press, 1974.

Fenn, William Purviance, *Ever New Horizons: The Story of the United Board for Christian Higher Education in Asia, 1922–1975*, North Newton, Kan: Mennonite Press, *1980*.

Lutz, Jesse Gregory, *China and the Christian Colleges, 1850 – 1950*, New York: Cornell University Press, 1971.

Latourette, K. S. , *A History of Christian Missions in China*, London: Society for Promoting Christian Knowledge, 1929.

Neils, Patricia. ed. , *United States Attitudes and Policies Towards China: The Impact of American Missionaries*, Armonk, New York: M. E. Sharpe, 1990.

Paul A. Varg, *Missionaries, Chinese, and Diplomats: The American Protestant Missionary Movement in China, 1890–1952*, Princton: Princeton University Press, 1958.

Wickeri, Philip L. , *Reconstructing Christianity in China: K. H. Ting and the Chinese*

Church, Maryknoll: Orbis, 2007.

Wiest, Jean-Paul, *Maryknoll in China: A History, 1918 – 1955*, Armank, New York: M. E. Sharpe, 1997.

专著及论文

〔奥〕雷立柏：《论基督之大与小：1900—1950 年华人知识分子眼中的基督教》，社会科学文献出版社，2000。

〔比〕高曼士、徐怡涛：《舶来与本土：1926 年法国传教士所撰中国北方教堂营造手册的翻译与研究》，吴美萍译，知识产权出版社，2016。

〔比利时〕谭永亮：《汉蒙相遇与福传事业：圣母圣心会在鄂尔多斯的历史（1874—1911）》，古伟瀛、蔡耀伟译，光启文化事业，2012。

〔比利时〕钟鸣旦：《杨廷筠：明末天主教儒者》，社会科学文献出版社，2002。

〔德〕狄德满：《华北的暴力和恐慌：义和团运动前夕基督教传播和社会冲突》，崔华杰译，江苏人民出版社，2011。

〔德〕古爱华：《赵紫宸的神学思想》，邓肇明译，基督教文艺出版社，1998。

〔俄〕尼古拉·阿多拉茨基：《东正教在华两百年史》，阎国栋、肖玉秋译，广东人民出版社，2007。

〔法〕伯希和：《蒙古与教廷》，冯承钧译，中华书局，1994。

〔法〕费赖之：《明清间在华耶稣会士列传（1552—1773）》，梅乘骐、梅乘骏译，天主教上海教区光启社，1997。

〔法〕费赖之：《在华耶稣会士列传及书目》，冯承钧译，中华书局，1995。

〔法〕高龙鞶（Aug. M. Colombel）：《江南传教史（第三册上）》，佚名译，辅大书坊，2014。

〔法〕穆启蒙编著《天主教史》（四卷），侯景文译，光启出版社，1979。

〔法〕史式徽：《江南传教史》，天主教上海教区史料译写组译，上海译文出版社，1983。

〔法〕卫青心：《法国对华传教政策——清末五口通商和传教自由（1842—1856）》（上、下卷），黄庆华译，中国社会科学出版社，1991。

〔法〕谢和耐：《中国与基督教：中西文化的首次撞击》，耿昇译，上海古籍出版社，2003。

〔美〕艾德敷：《燕京大学》，刘天路译，珠海出版社，2005。

〔美〕奥尔森：《基督教神学思想史》，吴瑞诚、徐成德译，北京大学出版社，2003。

〔美〕布鲁斯·雪莱：《基督教会史》，刘平译，北京大学出版社，2004。

〔美〕丁韪良：《花甲忆记——一位美国传教士眼中的晚清帝国》，沈弘等译，广西师范大学出版社，2004。

〔美〕芳卫廉：《基督教高等教育在变革中的中国（1880—1950）》，刘家峰译，珠海出版社，2005。

〔美〕亨特：《优雅的福音：20世纪初的在华美国女传教士》，李娟译，生活·读书·新知三联书店，2014。

〔美〕胡斯托·L. 冈萨雷斯：《基督教史：初期教会到宗教改革前夕（上、下册）》，赵城艺译，上海三联书店，2016。

〔美〕杰西·格·卢茨：《中国教会大学史（1850—1950）》，曾钜生译，浙江教育出版社，1987。

〔美〕李榭熙：《圣经与枪炮：基督教与潮州社会（1860—1900）》，雷春芳译，社会科学文献出版社，2010。

〔美〕阮玛霞：《饶家驹安全区：战时上海的难民》，白华山译，江苏人民出版社，2011。

〔美〕史景迁：《太平天国》，朱庆葆等译，广西师范大学出版社，2011。

〔美〕威利斯顿·沃尔克：《基督教会史》，孙善玲等译，中国社会科学出版社，1991。

〔美〕魏克利、陈睿文：《万代要称妳有福：香港圣公会圣玛利亚堂史（1912—2012）》，基督教中国宗教文化研究社，2014。

〔美〕周锡瑞：《义和团运动的起源》，张俊义、王栋译，江苏人民出版社，2005。

〔意〕德礼贤：《中国天主教传教史》，商务印书馆，1934。

〔英〕阿·克·穆尔：《一五五〇年前的中国基督教史》，郝镇华译，中华书局，1984。

〔英〕约翰·麦克曼勒斯主编《牛津基督教史》，张景龙等译，贵州人民出版社，1995。

宝贵贞、宋长宏：《蒙古民族基督宗教史》，宗教文化出版社，2008。

蔡鸿生：《俄罗斯馆纪事》，中华书局，2006。

蔡锦图：《戴德生与中国内地会：1832—1953》，建道神学院，1998。

蔡香玉：《坚忍与守望：近代韩江下游的福音姿娘》，生活·读书·新知三联书店，2014。

陈方中：《崩落天朝的天国子民：义和团时期的直隶天主教会》，光启文化，2017。

陈方中、江国雄：《中梵外交关系史》，台湾商务印书馆，2003。

陈金龙：《中国共产党与中国的宗教问题：关于党的宗教政策的历史考察》，广东人民出版社，2006。

陈伟华：《基督教文化与中国小说叙事新质》，中国社会科学出版社，2007。

崔维孝：《明清之际西班牙方济会在华传教研究（1579—1732）》，中华书局，2006。

邓嗣禹：《劝世良言与太平天国革命之关系》，台湾学生书局，1965。

东人达：《滇黔川边基督教传播研究（1840—1949）》，人民出版社，2004。

董黎：《岭南近代教会建筑》，中国建筑工业出版社，2005。

董少新：《形神之间——早期西洋医学入华史稿》，上海古籍出版社，2008。

段琦：《奋进的历程：中国基督教的本色化》，商务印书馆，2004。

方豪：《中国天主教史人物传》，中华书局，1988。

辅仁大学天主教史料研究中心编，陈方中主编《中国天主教史籍汇编》，辅仁大学出版社，2004。

高时良、陈名实主编《基督教教育与中国科学文化》，香港人民出版社，2004。

高晞：《德贞传：一个英国传教士与晚清医学近代化》，复旦大学出版社，2009。

葛承雍主编《景教遗珍——洛阳新出唐代景教经幢研究》，文物出版社，2009。

古伟瀛：《台湾天主教史研究论集》，台大出版中心，2008。

古伟瀛主编《塞外传教史》，光启文化事业，2002。

顾卫民：《近代中国基督宗教艺术发展史》，道风山基督教丛林，2006。

顾卫民：《以天主和利益的名义：早期葡萄牙海洋扩张的历史》，社会科学文献出版社，2013。

韩承良：《中国天主教传教历史》，思高圣经学会出版社，1994。

韩军学：《基督教与云南少数民族》，云南人民出版社，2000。

何光沪：《宗教与当代中国社会》，中国人民大学出版社，2006。

何凯立：《基督教在华出版事业（1912—1949）》，陈建明译，四川大学出版社，2004。

何小莲：《西医东渐与文化调适》，上海古籍出版社，2006。

胡卫清：《苦难与信仰：近代潮汕基督徒的宗教经验》，生活·读书·新知三联书店，2014。

胡卫清：《普遍主义的挑战：近代中国基督教教育研究（1877—1927）》，上海人民出版社，2000。

黄一农：《两头蛇：明末清初的第一代天主教徒》，上海古籍出版社，2006。

简又文：《太平天国典制通考》，简氏猛进书屋，1958。

康志杰：《基督的新娘——中国天主教贞女研究》，中国社会科学出版社，2013。

康志杰：《磨盘山天主教历史研究》，宗教文化出版社，2019。

康志杰：《中国天主教财务经济研究（1582—1949）》，人民出版社，2019。

乐峰：《东正教史》，中国社会科学出版社，2005。

李传斌：《基督教与近代中国的不平等条约》，湖南人民出版社，2011。

李传斌：《条约特权制度下的医疗事业——基督教在华医疗事业研究（1835—1937）》，湖南人民出版社，2010。

李东华：《一位自学史家的成长：方豪的生平与治学》，台大出版中心，2017。

李金强、刘义章编《烈火中的洗礼：抗日战争时期的中国教会（1937—1945）》，宣道神学院，2011。

李奭学：《中国晚明与欧洲文学：明末耶稣会古典型证道故事考诠》，联经出版事业股份有限公司，2005。

李天纲：《中国礼仪之争：历史、文献和意义》，上海古籍出版社，1998。

李韦：《吴雷川的基督教处境化思想研究》，宗教文化出版社，2010。

梁家麟：《福临中华：中国近代教会史十讲》，天道书楼，1988。

梁家麟：《华人传道与奋兴布道家》，建道神学院，1999。

梁家麟：《倪柝声的荣辱升黜》，巧欣有限公司，2004。

梁寿华：《革命先驱：基督徒与晚清中国革命的起源》，宣道出版社，2007。

梁元生：《林乐知在华事业与〈万国公报〉》，香港中文大学出版社，1978。

梁元生：《十字莲花——基督教与中国历史文化论集》，基督教中国宗教文化研究社，2004。

林金水：《利玛窦与中国》，中国社会科学出版社，1996。

林美玫：《妇女与差传：十九世纪美国圣公会女传教士在华差传研究》，里仁书局，1995。

林美玫：《追寻差传足迹：美国圣公会在华差传探析（1835—1920）》，宇宙光出版社，2006。

林荣洪：《中华神学五十年，1900-1949》，中国神学研究院，1998。

林悟殊：《唐代景教再研究》，中国社会科学出版社，2003。

刘国鹏：《刚恒毅与中国天主教的本地化》，社会科学文献出版社，2011。

刘家峰：《中国基督教乡村建设运动研究（1907—1950）》，天津人民出版社，2008。

刘家峰、刘天路：《抗日战争时期的基督教大学》，福建教育出版社，2003。

刘家峰编《离异与融：中国基督徒与本色教会的兴起》，上海人民出版社，2005。

刘贤：《学术与信仰：宗教史家陈垣研究》，中国社会科学出版社，2013。

卢龙光、唐晓峰主编《基督宗教与中国社会：历史回溯与区域研究》，宗教文化出版社，2018。

吕实强：《中国官绅反教的原因（1860-1874）》，中研院近史所，1973。

罗尔纲：《太平天国史》，中华书局，2009。

罗尔纲、王庆成编《中国近代史资料丛刊续编·太平天国》（共 10 册），广西师范大学出版社，2004。

罗冠宗主编《前事不忘 后事之师：帝国主义利用基督教侵略中国史实述评》，宗教文化出版社，2003。

马敏：《基督教在华传播及其文化、教育事业》，宇宙光全人关怀机构，2006。

茅家琦、方选、童光辉：《太平天国兴亡史》，上海人民出版社，1980。

摩普绥提亚的狄奥多若：《教理讲授集》，朱东华译，道风书社，2015。

南鸿雁：《沪宁杭地区天主教圣乐本土化叙事（1911—2006）》，中国社会科学出版社，2017。

倪化东：《天主教修会概况》，真理学会，1950。

戚印平：《东亚近世耶稣会史论集》，台湾大学出版中心，2004。

秦和平：《基督宗教在四川传播史稿》，四川人民出版社，2006。

邵玉铭编《二十世纪中国基督教问题》，正中书局，1980。

石衡潭、李栋材主编《东正教研究（第一辑）》，民族出版社，2017。

史达：《沙俄侵华简史》，中华书局，1976。

苏精：《上帝的人马：十九世纪在华传教士的作为》，基督教中国宗教文化研究社，2006。

苏精：《西医来华十记》，中华书局，2020。

苏精：《中国，开门！马礼逊及相关人物研究》，基督教中国宗教文化研究社，2005。

苏智良、王海鸥：《上海拉贝——饶家驹》，人民出版社，2017。

孙尚扬：《基督教与明末儒学》，东方出版社，1994。

汤开建汇释、校注《利玛窦明清中文文献资料汇释》，上海古籍出版社，2017。

唐晓峰：《元代基督教研究》，社会科学文献出版社，2015。

唐晓峰：《赵紫宸神学思想研究》，宗教文化出版社，2006。

唐晓峰、李韦编《抗日战争时期基督宗教重要文献汇编》，社会科学文献出版社，2020。

陶飞亚：《中国的基督教乌托邦——耶稣家庭（1921—1952）》，香港中文大学出版社，2004。

陶飞亚、吴梓明：《基督教大学与国学研究》，福建教育出版社，1998。

陶飞亚编《性别与历史：近代中国妇女与基督教》，上海人民出版社，2006。

田燕妮：《同为异国传教人：近代在华新教传教士与天主教传教士关系研究（1807~1941）》，花木兰文化事业有限公司，2018。

汪维藩：《中国神学及其文化渊源》，金陵协和神学院，1997。

王本朝：《20世纪中国文学与基督教文化》，安徽教育出版社，2000。

王成勉：《文社的盛衰：二〇年代基督教本色化之个案研究》，宇宙光出版社，1993。

王兰平：《唐代敦煌汉文景教写经研究》，民族出版社，2016。

王立诚：《美国文化渗透与近代中国教育：沪江大学的历史》，复旦大学出版社，2001。

王立新：《美国传教士与晚清中国现代化：近代基督教传教士在华社会、文化与教育活动研究》，天津人民出版社，1997。

王列耀：《基督教文化与中国现代戏剧的悲剧意识》，上海三联书店，2002。

王明道：《五十年来》，龙文出版社股份有限公司，1993。

王庆成：《太平天国的历史和思想》，中国人民大学出版社，2010。

吴昶兴编注《大秦景教流行中国碑：大秦景教文献释义》，橄榄出版有限公司，2015。

吴利明：《基督教与中国社会变迁》，基督教文艺出版社，1981。

伍昆明：《早期传教士进藏活动史》，中国藏学出版社，1992。

夏春涛：《天国的陨落：太平天国宗教再研究（增订版）》，中国人民大学出版社，2016。

肖会平：《合作与共进：基督教高等教育合作组织对华活动研究（1922—1951）》，山东教育出版社，2009。

肖清和：《"天会"与"吾党"：明末清初天主教徒群体研究》，中华书局，2015。

肖玉秋：《俄国传教团与清代中俄文化交流》，天津人民出版社，2009。

邢福增：《基督信仰与救国实践：二十世纪前期的个案研究》，建道神学院，1997。

邢福增：《文化适应与中国基督徒：一八六〇至一九一一年》，建道神学院，1995。

邢福增：《寻索基督教的独特性：赵紫宸神学论集》，建道神学院，2003。

邢福增：《中国基要主义者的实践与困境：陈崇桂的神学思想与时代》，建道神学院，2001。

熊月之：《西学东渐与晚清社会》，上海人民出版社，1994。

徐凤林：《东正教圣像史》，北京大学出版社，2011。

徐以骅：《教会大学与神学教育》，福建教育出版社，1999。

徐永志：《融溶与冲突：清末民国间边疆少数民族与基督宗教研究》，民族出版社，2003。

徐宗泽：《中国天主教传教史概论》，土山湾印书馆，1938。

颜小华：《广西基督宗教历史与现状研究》，社会科学文献出版社，2014。

杨剑龙：《旷野的呼声——中国现代作家与基督教文化》，上海教育出版社，1998。

杨天宏：《基督教与民国知识分子：1922年—1927年中国非基督教运动研究》，人民出版社，2005。

姚西伊：《中国基督教唯爱主义运动》，基道出版社，2008。

叶仁昌：《五四以后的反对基督教运动：中国政教关系的解析》，久大文化股份有限公司，1992。

殷小平：《元代也里可温考述》，兰州大学出版社，2012。

张国刚：《从中西初识到礼仪之争：明清传教士与中西文化交流》，人民出版社，2003。

张化：《社会中的宗教·观察与研究》，上海人民出版社，2015。

张铠：《庞迪我与中国》，北京图书馆出版社，1997。

张坦：《"窄门"前的石门坎：基督教文化与川滇黔边苗族社会》，云南教育出版社，1992。

张先清：《帝国潜流：清前期的天主教、府层秩序与生活世界》，社会科学文献出版社，2011。

张晓林：《天主实义与中国学统——文化互动与诠释》，学林出版社，2005。

章开沅：《贝德士文献研究》，宇宙光全人关怀机构，2006。

章开沅：《传播与植根：基督教与中西文化交流论集》，广东人民出版社，2005。

章文钦：《吴渔山及其华化天学》，中华书局，2008。

赵天恩：《中共对基督教的政策》，中国教会研究中心出版，1983。

周萍萍：《十七、十八世纪天主教在江南的传播》，社会科学文献出版社，2007。

周伟驰：《太平天国与启示录》，中国社会科学出版社，2013。

朱峰：《基督教与近代中国女子高等教育：金陵女大与华南女大比较研究》，福建教育出版社，2002。

朱金甫（本卷主编），《清末教案》第一册，中华书局，1996。

朱维铮主编《马相伯集》，复旦大学出版社，1996。

左芙蓉：《基督宗教与近现代中国社会工作》，民族出版社，2016。

Mingana, A., *Commentary of Theodore of Mopsuestia on the Nicene Creed*, Cambridge: W. Heffer & Sons Limited, 1932.

Woods, Grace E., ed., *Life in China: From the Letters of Dr Nancy Bywaters*, Bristol: Booksprint, 1992.

Amundsen, Edward, *In the Land of the Lamas: The Story of Trashi Lhamo a Tibetan*

Lasse, London: Maeshall Brothers, 1910.

Austin, Alvyn. , *China's Millions: The China Inland Mission and Late Qing Society, 1832-1905*, Grand Rapids: Wm. B. Eerdmans, Publishing Compay 2007.

Bates, M. Searle. , "The Protestant Enterprise in China, 1937 - 1949, " in Wilber C. Harr, *Frontiers of the Christian World Mission*, New York and London: Harper, 1962.

Baum, Wilhelm and Dietmar W. Winkler, *The Church of the East: A Concise History*, London and New York: Routledge/Curzon, 2003.

Bays, H. Daniel and Widmer, Ellen, ed. , *China's Christian Colleges, Cross-Cultural Connections, 1900-1950*, Stanford, California: Stanford University Press, 2009.

Boardman, Eugene Powers, *Christian Influence upon the Ideology of the Taiping Rebellion, 1851-1864*, N. Y. : Octagon Books, 1972.

Bohr, Paul Richard, *The Politics of Eschatology: Hung Hsiu-ch'üan and the Rise of the Taipings, 1837-1853*, A Ph. D Dissertation of University of California, Davis, 1978.

Brock, Sebastian Paul, *Studies in Syriac Christianity: History, Literature, and Theology*, Aldershot, Hants. : Variorum; Brookfield, Vermont: Ashgate Publishing Co. , 1992.

Brockey, *Journey to the East: The Jesuit Mission to China, 1579-1724*, Cambridge: Harvard University Press, 2007.

Brown, Frank Burch, *The Oxford Handbook of Religion and the Arts*, New York: Oxford University Press, 2014.

Bullock, Mary Brown, *An American Transplant: The Rockefeller Foundation and the Peking Union Medical College*, University of California Press, 1980.

Carvalho, Pedro Moura, ed. , *Christianity in Asia: Sacred Art and Visual Splendour, Singapore: Asian Civilisations Museum*, Honolulu: University of Hawaii Press, 2016.

Charbonnier, Jean. , *Histoire des Chrétiens de Chine*, Paris: Les Indes Savantes, 2002. (Charbonnier, Jean-Pierre, *Christians in China: A. D. 600 to 2000*, trans. M. N. L. Couve de Murville. San Francisco: Ignatius Press, 2007) NOTE: There is also A Chinese edition.

Chen, Ruiwen, *Fragrant Flowers Bloom: T. C. Chao, Bliss Wiant and the Contextualization of Hymns in Twentieth Century China*, Leipzig: Evangelische Verlangenstalt, 2015.

Chen, Yongtao, *The Chinese Christology of T. C. Chao*, Leiden, Boston: Brill, 2017.

Cheung, David, *Christianity in Modern China: The Making of the First Native Protestant Church*, Leiden, Boston: Brill, 2004.

Christensen, Erleen J. , *In War and Famine: Missionaries in China's Honan Province in the 1940s*, Montreal: McGill-Queen's University Press, 2005.

Chu, CindyYik-yi, ed., *Catholicism in China, 1900 – present: The Development of the Chinese Church*, New York: Palgrave Macmillan, 2014.

Clark, Anthony E., *China's saints: Catholic Martyrdom during the Qing (1644 – 1911)*, Bethlehem, Pennsylvania: Lehigh University Press, 2013.

Clark, Anthony E., *Heaven in Conflict: Franciscans and the Boxer Uprising in Shanxi*, Seattle: University of Washington Press, 2015.

Clarke, Jeremy, *The Virgin Mary and Catholic Identities in Chinese History*, Hong Kong: Hong Kong University Press, 2013.

Cohen, Paul A., "Christian Missions and Their Impact to 1900, "in John K. Fairbank, ed., *The Cambridge History of China: Volume 10: Late Ch'ing 1800 – 1911, Part 1*, Cambridge University Press, 1978.

Costantini, Celso., *Con i missionari in Cina (1922 – 1933): Memorie di fatti e di idée*, vol. Ⅰ & Ⅱ. Roma: Unione Missionaria del Clero in Italia, 1946.

Covell, Ralph R., *The Liberating Gospel in China: The Christian Faith among China's Minority Peoples*, Grand Rapids, Mich. : Baker Books, 1995.

Dunch, Ryan., *Fuzhou Protestants and the Making of a Modern China, 1857 – 1927*, New Haven, Connecticut: Yale University Press, 2001.

Ehrman, Bart D, *The Triumph of Christianity: How a Forbidden Religion Swept the World*, New York: Simon and Schuster, 2018.

England, John C. et al., ed., *Asian Christian Theologies: A Research Guide to Authors, Movements, Sources*, Vol. 3, Northeast Asia, Quezon City: Orbis Books, 2004.

Freyn, Hubert, *China Education in the War*, Shanghai: Kelly & Walsh, Ltd., 1940.

Garrett, Shirley S., *Social Reformers in Urban China: The Chinese Y. M. C. A., 1895 – 1926*, Ceumbridge, Mass Harvard University Press, 1970.

Gernet, Jacques, *China and the Christian Impact: A Conflict of Cultures,* Cambridge: Cambridge University Press, 1985.

Goodwin, R. Todd., *Persian Christians at the Chinese Court: The Xi'an Stele and the Early Medieval Church of the East*, London: I. B. Tauri, 2018.

Gulick, Edward V., *Peter Parker and the Opening of China*, Mass. : Harvard University Press, 1973,

Harrison, Henrietta., *The Missionary's Curse and Other Tales from a Chinese Catholic Village,* Berkeley: University of California Press, 2013.

Hastings, Adrian, ed., *A World History of Christianity,* Grand Rapids, Michigan: William B. Eerdmans Publishing Company, 1999.

Hevia, James L. , "Leaving a Brand on China: Missionary Discourse in the Wake of the Boxer Movement, "*Modern China* 18. 3(1992).

Hsia, R. Po-Chia, *A Jesuit in the Forbidden City: Matteo Ricci, 1552 – 1610*, Oxford and New York: Oxford University Press, 2010.

Inouye, Melissa Wei-Tsing, *China and the True Jesus: Charisma and Organization in a Chinese Christian Church*, Oxford and New York: Oxford University Press, 2018.

Kemp, Hugh P. , *Steppe by Step: Mongolia's Christians-from Ancient Roots to Vibrant Young Church*, London: Monarch Books, 2000.

Kilcourse, Carl S. , *Taiping Theology: The Localization of Christianity in China, 1843 – 64*, London and New York: Palgrave Macmillan, 2016.

Lian, Xi, *The Conversion of Missionaries: Liberalism in American Protestant Missions in China, 1907 – 1932*, University Park, PA: Pennsylvania State University Press, 1997.

Lutz, Jessie G. , ed. , *Pioneer Chinese Christian Women: Gender, Christianity, and Social Mobility*, Bethlehem, PA: Lehigh University Press, 2010.

Lutz, Jessie Gregory, *Chinese Politics and Christian Missions: The Anti-Christian Movements of 1920 – 28*, Notre Dame, Ind. : Cross Cultural Publications Cross Roads Books, 1988.

MacCulloch, Diarmaid, *Christianity: The First Three Thousand Years*, New York: Viking-Penguin, 2010.

MacGillivrary, Donald, ed. , *A Century of Protestant Missions in China (1807 – 1907)*, Shanghai, The American Presbyterian Mission Press, 1907.

Menegon, Eugenio, *Ancestors, Virgins, and Friars: Christianity as a Local Religion in Late Imperial China*, Cambridge, Mass. : Harvard University Asia Center, 2009.

Minamiki, George, *The Chinese Rites Controversy: From Its Beginning to Modern Times*, Chicago: Loyola University Press, 1985.

Minden, Karen. , *Bamboo Stone: The Evolution of Chinese Medical Elite*, Toronto: Buffalo: University of Toronto Press, 1994.

Mingana, A. , *Commentary of Theodore of Mopsuestia on the Lord's Prayer and on the Sacraments of Baptism and the Eucharist*, trans. A. Mingana, Cambridge: W. Heffer & Sons Limited, 1933.

Moule, A. C. , *Christians in China before the Year 1550*, New York: Octagon Books, 1977.

Mungello, D. E. , *The Chinese Rites Controversy: Its History and Meaning*, Routledge, 2016.

Norman, Jeremias, "Eastern Christianity in China," in *The Blackwell Companion to Eastern Christianity*, ed., Ken Parry. Hoboken, NJ: Blackwell Publishing, 2007.

Pelikan, Jaroslav, *The Christian Tradition: A History of the Development of Doctrine*. 5 Volumes, Chicago and London: The University of Chicago Press, 1971–1989.

Rabe, Valentin H. *The Home Base of American China Missions, 1880–1920*, Cambridge, Mass.: Harvard University Press, 1978.

Reilly, Thomas H., *The Taiping Heavenly Kingdom: Rebellion and the Blasphemy of Empire*, Seattle: University of Washington Press, 2004.

Robinson, Lewis Stewart, *Double-Edged Sword: Christianity and 20th Century Chinese Fiction*, Hong Kong: Tao Fong Shan Ecumenical Centre, 1986. Rubinstein, Murray A., *The Origins of the Anglo-American Missionary Enterprise in China, 1807–1840*, Lanham, Md.: Scarecrow Press, 1996.

Saeki, P. Y., *The Nestorian Documents and Relics in China*, Tokyo: Toho Bunkwa Gakuin, 1951.

Schørring, Jens Holger et al., eds., *History of Global Christianity*, Leiden: Brill, 2018. Also available in German, Jens Holger Schørring, eds., *Geschichte des globalen Christentums*, Stuttgart: W. Kohlhammer, 2018.

Spence, Jonathan D., *God's Chinese Son: The Taiping Heavenly Kingdom of Hong Xiuquan*, New York: W. W. Norton & Company, 1996.

Standaert, Nicholas, *The Interweaving of Rituals: Funerals in the Cultural Exchange Between China and Europe*, Seattle and London: University of Washington Press, 2008.

Standaert, Nicolas, *Chinese Voices in the Rites Controversy: Travelling Books, Community Networks, Intercultural Arguments*, Roma: Institutum Historicum Societatis Iesu, 2012.

Standaert, Nicolas, *Yang Tingyun, Confucian and Christian in Late Ming China: His Life and Thought*, Leiden; New York: E. J. Brill, 1988.

Stanley, Brian, *Christianity in the Twentieth Century: A World History*, Princeton, New Jersey: Princeton University Press, 2018.

Starr, Chloë, *Chinese Theology: Text and Context*, New Haven: Yale University Press, 2016.

Sumiko Yamamoto, *History of Protestantism in China: The Indigenization of Christianity*, Tokyo: Tōhō Gakkai, Institute of Eastern Culture, 2000.

Theodore of Mopsuestia, A., *Commentary of Theodore of Mopsuestia on the Lord's Prayer and on the Sacraments of Baptism and the Eucharist,* trans. A. Mingana, Cambridge: W. Heffer & Sons Limited, 1933.

Theodore of Mopsuestia, A., *Commentary of Theodore of Mopsuestia on the Nicene Creed,* trans. A. Mingana, Cambridge: W. Heffer & Sons Limited, 1932.

Varg, Paul A., *Missionaries, Chinese, and Diplomats: The American Protestant Missionary Movement in China 1890-1952,* Princeton: Princeton University Press, 1958.

Vine, Aubrey R., *The Nestorian Churches: A Concise History of Nestorian Christianity in Asia from the Persian Schism to He Modern Assyrians,* London: Independent Press, 1937.

Wagner, Rudolf G., *Reenacting the Heavenly Vision: The Role of Religion in the Taiping Rebellion,* Berkeley: University of California, Institute of East Asian Studies, First Version 1982, Reprinted 1987.

Wang, Peter Chen-Main, ed., *Contextualization of Christianity in China: An Evaluation in Modern Perspective,* Sankt Augustin: Institut Monumenta Serica, 2007.

Whitefield, Brent, *Reforming China: The Christian Literature Society for China, 1887-1911,* Cambridge: Currents in World Christianity Project, 2000.

Williams, C. Peter, *The Ideal of the Self-Governing Church: A Study in Victorian Missionary Strategy,* Leiden, New York: E. J. Brill, 1990.

Williams, Melville and McLean, Cynthia, eds., *Gleanings from the Manuscripts of M. Searle Bates: The Protestant Endeavor in Chinese Society, 1890-1950,* New York: China Program, National Council of Churches of Christ in the U. S. A., 1984.

Wolferstan, Bertram. S. j., *The Catholic Church in China, from 1860 to 1907,* London and Edinburgh: Sands & Company, 1909.

Wu, Yi-Fang and Price, Frank W. eds., *China Rediscovers Her West: A Symposium,* New York: Friendship Press, 1940.

Wylie, Alexander., *Memorials of Protestant Missionaries to the Chinese: Giving a List of Their Publications, and Obituary Notice of the Deceased. With Copious Indexes,* Shanghai, American Presbyferian Mission Press, 1867.

Yao, Xiyi, *The Fundamentalist Movement among Protestant Missionaries in China, 1920-1937,* Lanham, Md.: University Press of America, 2003.

Zetzsche, Jost Oliver., *The Bible in China: History of the Union Version: or the Culmination of Protestant Missionary Bible Translation in China,* Germany: Institut Monumenta Serica, 1999.

Zheng Yangwen, ed., *Sinicizing Christianity,* Leiden: Boston: Brill, 2017.

Zwemer, Samuel, *A Primer on Islam and the Spiritual Needs of the Mohammedans of China,* Shanghai: Special Committee on Work for Muslims, 1919.

Бэй-Гуань. Краткая история Российской миссии в Китае. СПб., 2006. *Bei*

Guan. A Short History of the Russian Mission in China. St. Petersburg，2006.《北馆：俄
国驻华传教团简史》，圣彼得堡，2006。

История Российской Духовной Миссии в Китае：Сб. Статей. Ред. коллегия：
академик С. Л. Тихвинский，академик В. С. Мясников，А. С. Ипатова，свщенник
Дионисий Поздняев. М.，1997. *History of the Russian Spiritual Mission in China.
Collected Articles.* Editors：Academician S. L. Tikhvinskij，Academician V. S. Myasnikov，
A. S. Ipatova，Rev. Dionisij Pozdnyaev，Moscow，1997. 齐赫文、米亚斯尼科夫、伊
雅达、波兹德尼亚耶夫神父主编《俄国东正教驻华传教团史》，莫斯科，1997。

Краткая история русской православной миссии в Китае，составленная по
случаю исполнившегося в 1913 г. двухсотлетнего юбилея ее существования. Пекин，
1916. A Short History of the Russian Orthodox Mission in China，composed on the occasion
of celebrating its 200th anniversary in 1913，Peking，1916.《俄国东正教驻华传教团简
史（1913 年 200 周年纪念）》，北京，1916。

Поздняев Д. Православие в Китае（1900 – 1997 гг.）. М.，1998. Pozdnyaev，
D.，Orthodoxy in China（1900–1997），Moscow，1998. 波兹德尼亚耶夫：《东正教在
中国（1900—1997）》，莫斯科，1998。

Православие на Дальнем Востоке：275 – летие Российской духовной миссии в
Китае：Сб. ст. Отв ред. М. Н Боголюбов，архимандрит Августин. СПб.，1993.
Orthodoxy in the Far East：the 275th anniversary of the Russian Spiritual Mission in
China，Collected Articles，Editor-in-chief M. N. Bogolyubov，Archimandrite Augustine，
St. Petersburg，1993.《东正教在远东：纪念俄国驻华传教团建立 275 周年》，圣彼
得堡，1993。

| 后　记 |

　　经过 20 位作者近 8 年的努力，《中国基督教史（635—1949）：一种跨文化视野》这本书终于完成了。在此，我们再次向为本书出版做出贡献的众多人士和机构表示感谢。

　　本书大多数作者是中国学者，他们虽然从跨文化的角度写作，但始终以中国历史为出发点。在这里基督宗教的历史不是孤立的，而是基督宗教在中国处境下不断与中国社会和民众的相遇、对话、冲突和融合。这是从西方基督宗教向中国基督宗教逐步演进的历史。另外，本书作者和审稿者中也有西方学者，他们的参与为本书增添了与国际学术对话交流的深度，特别是对基督宗教的溯源与世界传教运动做了非常清晰的呈现。

　　基督宗教的本质及《圣经》是不变的，但对神学和《圣经》的诠释及其仪式和教会形态则是永远在与当地社会文化的相遇中不断变化的，这种变化的实现则是通过一代又一代的宗教传递者和本土接收者共同来完成的。本书在跨文化视野中关注了传递者和接收者的身份和关系，两者在历史中先是从师生关系演变为同事关系，最后又渐渐变化为主客关系。事实上，我们认为所有的宗教都是跨文化的，其传播往往以适应不同国家的不同文化为前提。这使得更倾向用本土文化诠释和传播基督宗教的中国接收者成为教会的主人。不过除了宗教内部的权势转移，更深层也更重要的是真正实现如赵紫宸所说的基督宗教与中国文化"结婚"，在不失掉基督教信仰核心的同时更契合中国的民族特性与生活方式，这将是一个漫长的旅程。尽管最后转变尚未彻底完成，但中国化的历史趋势已经是显而易见。

　　与其他宗教相比，基督宗教对晚清以后中国现代化进程的影响是独步一时的。基督宗教创办近代性的教育、医疗，推动翻译出版、慈善等事业，甚至对晚清改良和革命的同情，特别是民国基督新教在与民族主义对话和适应上也走在其他宗教的前列，在特定的时段远远超过教会宗教事业对中国社会的影响。这是基督宗教自西徂东传播跨文化的副产品。这对基督宗教的传教来说，其喧宾夺主的现象可谓史无前例，或许也是后无来者的。本书不仅梳理了这一现象，也指出了其兴勃亡忽的道理。

　　基督宗教与中国社会相遇后发生冲突是屡见不鲜的，晚清以后尤其如此。这种冲突通常被简单地归纳为西方对华侵略的直接结果。基督宗教的文化侵略是有的，可是实际上不仅如此，远在西方对华侵略之前，景教与明末清初的天主教也同样遭到激烈的排斥。但从跨文化理解角度看，其中有文化的原因，也有其他现实的理由，有对基督宗教伦理和神学的反对，也包含对基督宗教的曲解及对其可能的负面影响放大的结果。这些实际上都与官方对基督宗教治理有关。本书用"官教关系"取代了"民教关系"的分析方法，指出晚清以后的民教冲突乃至义和团兴起，以及此后教会所称传教黄金时期的到来，都与当时国家治理中的官教关系有关。实际上，不只在晚清如此，本书叙事中的唐代景教、元代的也里可温与罗马天主教、明末清初的天主教等在中国传教活动的顺利发展和销声匿迹都是与官方态度、政策的互动息息相关，这仍然是一个需要深入研究的问题。

　　基督宗教在中国的传播之路坎坷不断，中国比基督教更为古老和丰富的文明传统是其传入中国必须面对的挑战。在 20 世纪上半叶结束时，这个西方文明的果实之一已经在中国扎下根来，虽然新教一个多世纪在中国的耕耘只收获了约 80 万名信徒，在那时总人口中只占 0.15% 不到。从历史研究后见之明的视角看，毫无疑问基督教是可以和中国文明相适应的。这种适应的动力除了两种文明在中国处境下"求同存异"，更重要的是，中华文明需要吸取基督宗教及其背后西方文明的优秀成果，以海纳百川的恢宏气魄推动自身文明的创新性发展。同样，基督宗教要在中国走得更远，也取决于它是否能够为中国文化的丰富与发展提供有价值的内容。

　　《牛津基督教史》曾充分肯定基督教从耶路撒冷起源以来，在向世界传播过程中所具有的自我应变能力，大大小小的世界各国宗教改革运动推动了基督教的自我更新。[①] 实际上，基督教扩展到古罗马帝国已经沟通了东西方文化元素，演变成为西方文化的典型代表及其内在精神。当其重返亚洲时是以西方文化的身份与中国文化相遇的，加上与西方国家政治文化的复杂交织，使中国人感受到"异质"文化的压力及"洋教"带来的疏离感，也正是这种本土文化的质疑与挑战推动了基督教在中国与当地文明的结合变化。本书勾勒出来的 1949 年之前中国化的基督教就是这种

---

　　① 〔英〕约翰·麦克曼勒斯（John McManners）主编《牛津基督教史》（*The Oxford Illustrated History of Christianity*），张景龙、沙辰、陈祖洲等译，贵州人民出版社，1995，第Ⅲ页。

双边运动的结果。

实际上，宗教流动的背后是不同文明的民众的交流。本书提到开明的传教士对中华文明和中国文化的尊重，如明末清初的利玛窦，晚清的理雅各、傅兰雅等在翻译中西典籍、介绍中国文化方面做过很大的贡献，其实还有许多在中国知名度不那么高的，如医生胡美等，以及在穷乡僻壤传教办学的伯格理等也为中国的现代化贡献过力量。很多传教士作为宗教、教育、医学等方面的工作者推动了中国各方面的现代转型。当然，徘徊在中西之间的中国基督徒，特别是许多留学海外或在教会大学毕业的教会精英，也成为中西沟通的桥梁，在坚守民族主义的同时兼具世界主义，在各项爱国和世界和平事业中贡献自己的力量。他们还曾经作为中国基督教协进会代表走出国门，让世界了解中国。基督教在沟通中西文明，在增进中西方人民的理解和彼此认同方面，曾经起过一定的作用。虽然基督教在中国的影响有限，却是跨文化交流的重要范例。

在跨文化的视野中研究中国基督教的历史，可以发现，基督宗教作为西方文明的精神核心在进入中国的漫长岁月中，融合的力量大于冲突，因为最终结果不是零和博弈，而是取长补短求同存异。在本书研究的这个时期，基督宗教在中国并没有获得在西方基督教世界中那样的在意识形态和社会生活中的地位，但它确实成为中国宗教群体中的一名新成员。

卓新平曾经说过，"'一带一路'建设合作、人类命运共同体的达成等，这些方面都离不开对宗教的关注和正确对待，都不可能缺少我们学者，尤其是历史学者的智慧和参与"，他还认为"现在社会对宗教尤其是基督教看得并不很清楚、想得也不是很明白……"① 在全球冲突日益加剧的当下，希望本书能为认识基督宗教在中国的历史经验，并对中西文明如何和谐相处给读者带来有益的启迪。

---

① 卓新平：《中国基督教》，中国社会科学出版社，2021，第16页。

图书在版编目（CIP）数据

中国基督宗教史：635—1949：一种跨文化视野 /
陶飞亚，（美）魏克利（Philip Lauri Wickeri）主编
. -- 北京：社会科学文献出版社，2024.3（2024.5 重印）
ISBN 978-7-5228-2122-1

Ⅰ.①中… Ⅱ.①陶… ②魏… Ⅲ.①基督教史-研
究-中国-635-1949 Ⅳ.①B979.2

中国国家版本馆 CIP 数据核字（2023）第 152211 号

中国基督宗教史（635—1949）：一种跨文化视野

主　　编／陶飞亚　　〔美〕魏克利（Philip Lauri Wickeri）

出 版 人／冀祥德
责任编辑／孙美子
责任印制／王京美

出　　版／社会科学文献出版社·人文分社（010）59367215
　　　　　　地址：北京市北三环中路甲 29 号院华龙大厦　邮编：100029
　　　　　　网址：www.ssap.com.cn
发　　行／社会科学文献出版社（010）59367028
印　　装／北京联兴盛业印刷股份有限公司

规　　格／开 本：787mm×1092mm　1/16
　　　　　　印 张：29.5　插 页：1　字 数：574 千字
版　　次／2024 年 3 月第 1 版　2024 年 5 月第 3 次印刷
书　　号／ISBN 978-7-5228-2122-1
定　　价／128.00 元

读者服务电话：4008918866